Catherine CLÉMENT

W0390608

MÉMOIRE

Édition revue 2010

Champs biographie

Retrouvez le site Internet de l'auteur à l'adresse suivante :
www.catherine-clement.com

ISBN : 978-2-0812-4484-9

À Jean-Marc

1

Frère et sœur

Quand il avait un an, je l'ai mordu.

Il s'accrochait aux barreaux de son parc, il ne marchait pas encore et je l'ai mordu de toutes mes forces. La trace de mes dents formait un bel arc bleu sur la peau délicate de son ventre de bébé ; il n'y avait aucun doute, j'avais mordu mon frère. Il se mit à hurler. La punition tomba : une minute plus tard, j'étais privée de lui. Je n'eus plus le droit de le toucher. J'avais sept ans.

Le même, ce matin, soixante-trois ans plus tard. « Alors, tu ne m'aimes plus ? » dit-il d'une voix fâchée. On n'a pas réussi à se parler hier et cela ne rentre pas dans notre ordre des choses. En temps normal, on se parle tous les jours et quand il est en Chine ou que je suis en Inde, on s'envoie des textos. On a toujours besoin de savoir où l'on est, ce qu'on fait au long de la journée, si tout va bien ce soir. Nos chicayas ne durent jamais longtemps, deux heures de fâcherie dans le pire des cas. Il lui est arrivé d'écrire que nos liens étaient indestructibles et tout prouve que c'est vrai. Il est mon frère unique sans qui je n'existerais plus. Hegel dit cela très bien à propos d'Antigone : « La relation sans mélange a lieu entre le frère et la sœur. Ils sont le même sang, mais parvenu en eux au repos et à l'équilibre. » Enlevez l'un, l'autre va mal.

L'inconvénient avec cet amour-là, c'est qu'il pousse chacun de nous à croire l'autre immortel. Il va falloir bientôt penser à le préparer à ma disparition, car si je ne m'en occupe pas, il souffrira.

Cet amour-là, on ne nous l'a pas donné. Nos débuts ont été tumultueux.

J'avais un peu plus de cinq ans lorsque Rivka, ma mère, s'aperçut qu'elle était enceinte, en septembre 1944, juste après la libération de Paris en août. Ah, Rivka !

À l'état civil, elle s'appelait Raymonde, à cause de Raymond Poincaré ; mais son nom en hébreu est Rivka, en français Rébecca. Rivka, gloire de sa famille. Elle est dans un de mes romans et trois de mes récits ; elle est racontée dans un récit de mon frère, *Plus tard tu comprendras*, adapté pour la scène par Cécile, ma fille ; elle est jouée par Jeanne Moreau dans *Plus tard*, le film d'Amos Gitaï. En lettres capitales, le film lui est dédié : *À RIVKA*. Grand-mère de six petits-enfants, Rivka, dite Raymonde, garde encore de bonnes chances de survie artistique. La preuve, elle m'occupe.

Il existe une photo d'elle à trente ans, très posée, très coiffée, studio Harcourt. Sa bouche est pleine, gonflée, chaque lèvre égale à l'autre. L'ovale de son visage est parfaitement limpide ; la joue, rose et ivoire comme la peau d'une grenade ; le nez, légèrement busqué, ni trop long ni gros ; les cheveux sont denses et puissants, dégageant bien le front. Pommettes hautes. En vérité, tout ce qu'elle a d'Orient se trouve dans le regard : l'arc du sourcil étiré vers la tempe, l'œil, noir et vif comme pupille de colombe reflétant une tristesse qui veut dire au sourire « Cache-toi ! On va te voir, attention ! » Rivka, la fiancée du Cantique des Cantiques.

Pendant toute la guerre, elle avait réussi à survivre à Paris en changeant souvent de domicile, protégée par un médecin de l'Abwehr, un Juste allemand qui venait l'avertir quand la Gestapo ou la milice française allaient venir l'arrêter. J'ai déjà raconté cette histoire, mais quand j'écris ces mots, je suis chaque fois stupéfaite de ce qu'ils signifient. Un médecin allemand ?

Pendant l'Occupation ? Le médecin de l'Abwehr, le service de renseignements de la Wehrmacht ?

En 1936, il était arrivé sous les traits d'un réfugié politique allemand. En souvenir de son père, réfugié politique russe arrivé rue des Rosiers en 1911, Rivka avait aidé l'Allemand à s'installer rue du Cherche-Midi, dans la maison d'en face. Elle était pharmacien ; il était médecin. Elle lui envoya des clients. Elle était mariée ; lui, on ne l'a pas su. Ils étaient si complices qu'il m'est arrivé de rêver que, peut-être, ils se sont aimés un jour ou l'autre ; Rivka était si belle ! Elle parlait bien allemand et puis, un réfugié.

En juin 1940, le jour de l'entrée des troupes de Hitler à Paris, le faux réfugié politique sortit de chez lui en uniforme de la Wehrmacht. Il était de la cinquième colonne, il avait renseigné l'ennemi. Il s'installa juste à l'autre bout de la rue, à l'hôtel Lutetia ; l'Abwehr avait réquisitionné le palace du boulevard Raspail. Il était bien médecin, mais il était espion. Rivka n'en croyait pas ses yeux, mais il la rassura ; il était sincère comme l'Allemand de Vercors dans *Le Silence de la mer.* Après la rafle du Vel' d'Hiv, il comprit. Et il sauva la vie de Rivka chaque fois que ce fut nécessaire.

En avril 1944, mes grands-parents juifs, Georges et Sipa Gornick, furent déportés en Pologne et Rivka, leur fille unique, demeura sans nouvelles. C'est à ce moment précis qu'à cinq ans, sans le savoir, j'arrivai dans leur mort. Lorsque les déportés revinrent, mes parents m'emmenèrent tous les jours au Lutetia. L'hôtel était devenu vaille que vaille le centre d'accueil principal des survivants qui débarquaient des trains. Ils y étaient désinfectés, examinés, identifiés, et ensuite, ils sortaient.

C'était vers la fin de la grossesse de Rivka ; à cause du typhus, on nous refusa l'entrée du Lutetia pour éviter toute contamination. Nous attendions debout derrière des barrières en cherchant les nôtres parmi les revenants qui descendaient les marches. Georges et Sipa ne descendirent jamais les marches du Lutetia. Quand il n'y eut plus personne, Rivka ne me dit pas que mes grands-parents juifs étaient morts dans les camps. Elle n'en était pas sûre. Mon père, si.

Comme tout le monde, Rivka avait appris par les journaux ce qui s'était passé dans les camps de Pologne. Mais elle croyait encore. Parfois, des survivants revenaient de l'autre bout de la guerre. Partagée entre le désespoir et l'espérance, Rivka décida d'accoucher chez nous à la maison.

Le fils de ma mère

La chambre de mes parents donnait sur le mur de la cour, un haut mur qui montait jusqu'au ciel. Pour me laisser une chambre avec lumière du jour, mes parents avaient choisi la plus mauvaise pièce, la plus sombre. Je n'ai jamais rien vu d'aussi triste que ce mur gris couvert de traînées noires ; en ouvrant la fenêtre, on avait le nez dessus. La salle de bains était minuscule, selon les critères d'une France peu soucieuse de propreté corporelle ; l'existence d'une salle de bains était déjà un luxe inhabituel. Et Rivka préférait être privée de lumière.

Pascale, la sage-femme, était une vieille amie, familière de la pharmacie de mes parents. Deux ans plus tôt, les temps étant trop dangereux pour une jeune mère juive en cavale, elle avait avorté Rivka avec courage, en un temps où les lois pétainistes lui faisaient risquer la guillotine. La paix revenue, Pascale allait donner la vie à l'enfant de Rivka. Tout était prêt ; dans la grande chambre sur la rue de l'Abbé-Grégoire que j'allais partager avec le bébé, le berceau était là. Une semaine avant la date prévue pour l'accouchement, je déclarai la rougeole – il n'y avait pas de vaccin à cette époque.

La rougeole risquant de tuer le nouveau-né, on m'exila chez mes grands-parents chrétiens, Louis et Yvonne. Ils habitaient une villa avec jardin à Meudon. Meublée de style Empire en acajou, leur maison était un peu froide, sauf la cuisine, petite et lumineuse, domaine de ma grand-mère Yvonne. Je connaissais bien cette maison, j'y dormais très souvent ; j'avais mes habitudes, je grimpais le rude escalier quatre à quatre sans tomber, j'étais l'amie du chat tigré d'Yvonne. Elle me fourra au lit sous plein de couvertures. On était au mois de mai 1945 et malgré le printemps, la rougeole pouvait entraîner des complications pulmonaires – cinquante ans plus tard, au Sénégal, j'ai vu des petits mourir des complications de la rougeole, c'est une maladie qui aime tuer les enfants. J'avais chaud, les boutons sentaient drôle, Yvonne les talquait, c'était pire. Et pendant qu'Yvonne m'empêchait de me gratter, Rivka donnait naissance à Jérôme.

Un an plus tard, je l'ai mordu.

Je ne crois pas à la version méchante. Bon, il était le petit, le préféré, le mâle, j'aurais été jalouse comme souvent les grands avec six ans de différence. On me l'a beaucoup dit. La vilaine, la jalouse ! Ne le touche pas, surtout ! Va travailler !

Ce n'est pas cela du tout. Je l'ai mordu parce qu'il me donnait faim : il était ravissant, potelé, appétissant, de la bonne chair fraîche pour dents de lait. Les grandes personnes voulaient le manger de baisers, alors moi, je l'ai fait. Je l'ai un peu mangé. Je ne le regrette pas. J'ai encore la mémoire de la peau tendre et ferme. Les dents s'enfonçaient bien, c'était résistant, élastique, sans goût particulier.

Je fus privée de lui jusqu'à sa puberté. Un dragon féminin me barrait le chemin. Ce n'était pas ma mère.

À la fin de l'année 1945, deux personnes, les Rubin, vinrent parler à Rivka. Ils avaient quitté le camp de Drancy avec ses parents, ils avaient partagé le même wagon de marchandises, ils étaient descendus en même temps sur la rampe d'Auschwitz II-Birkenau. Georges et Sipa avaient été sélectionnés. Les Rubin les avaient vus monter dans un camion en direction des douches sans savoir qu'ils étaient les témoins de la dernière heure de leur vie. Ils surent le soir même.

Rivka ne reverrait plus ses parents. Apparemment, rien ne changea en elle, mais son âme s'effrita.

Travaillant tout le jour, Rivka remontait pour déjeuner par l'échelle de meunier qui reliait sa pharmacie à l'appartement, et revenait pour le dîner. Pour l'aider, elle avait engagé une gouvernante qui s'appelait Lucienne, surnommée Lulu, une petite femme vive, brave comme le bon pain, vieille fille exemplaire permanentée avec des reflets mauves. Et Lulu fit deux guerres.

Elle s'attacha aux intérêts de ma mère en la défendant bec et ongles contre son monstre de mari, et elle s'éprit de mon frère en le protégeant de sa sœur, le monstre qui l'avait mordu. Il y eut donc deux camps dans la maison. Le camp maternel, composé de la Mère, son Fils et leur Régente ; et le camp ennemi, les monstres, Père et Fille.

À compter de l'annonce de la disparition de mes grands-parents juifs, mon frère et moi, nous n'avons eu ni la même mère ni le même père.

– Tu exagères ! dit Jérôme.

– Pas du tout ! Tu vas voir.

Il y eut une Rivka d'avant et une Rivka d'après.

J'avais eu une enfance campagnarde parce que c'était la guerre. Les soldats allemands dans la maison, je les ai vus en 1940. Occupation. Mais ensuite, rien de tel. J'eus deux amours très tendres : ma grand-mère Yvonne et ma nourrice Rose. Rivka ? Tantôt là, et tantôt à Paris. Mais cette mère à éclipses qui me serrait sur son cœur avec une telle angoisse qu'elle manquait m'étouffer me donnait suffisamment d'amour. *A good enough mother*, comme le dit Winnicott. À part la guerre, j'avais un monde.

Passé l'énorme livre de mythologie grecque qui m'apprit à lire, j'eus trois livres préférés. Le premier, livre fétiche à couverture cartonnée orange et rose, est un conte d'Andersen, *La Petite Fille aux allumettes*. Elle est seule dans la neige, c'est la nuit de Noël. Quand il n'y a plus d'allumettes, elle meurt de froid. Ce n'était pas à moi qu'une pareille horreur risquerait d'arriver.

Les deux autres bouquins n'étaient pas plus heureux. *Little Women*, roman de Louisa May Alcott, publié en français avec un mauvais titre, *Les Quatre Filles du docteur March*, se passe pendant la guerre de Sécession dans une famille nordiste. Le père est à la guerre et les femmes, réfugiées. La plus jeune meurt des suites d'une scarlatine et en la célébrant, l'aînée devient écrivain. Le troisième livre d'enfance, *La Maison des petits bonheurs*, de Colette Vivier, prix Jeunesse en 1939, est le journal d'une fille de onze ans dans une famille nombreuse et modeste, dotée d'un petit frère intenable que l'on fouette souvent – à ce signe, je sais qu'il est devenu mon livre préféré à compter de la naissance de mon Jérôme.

Pauvreté, froid et faim, je lisais des livres pour enfants cruels comme le réel auquel j'avais affaire. Les mères étaient fortes, les maris à la guerre. Deux fillettes mouraient, mais la troisième, non. La troisième écrivait.

Elle épousait aussi un immigré allemand. Jo March est mon modèle.

Troué de peurs, d'angoisses et de disparitions, mon monde allait à la va comme j'te pousse, mais rempli de juments, de chenilles, de gardons et de volubilis. J'y recevais de l'amour et cela s'arrêta. En 1945, et la paix revenue, retour à la ville. Naissance du petit frère.

Lucienne, dite Lulu, avait de beaux yeux noisette brillant d'intelligence et de passion. Elle parlait avec un bel accent, roulant les « r » de sa campagne beauceronne, et elle ne cachait pas que nous étions sa famille, avec ceux qu'elle aimait et ceux qu'elle n'aimait pas. Or elle ne m'aimait pas. Je n'ai d'elle qu'un seul bon souvenir. C'était en Anjou, pendant les vacances d'été. Ce jour-là, pleine d'effroi, je découvris du sang sur mes draps ; elle m'apprit à me garnir avec des serviettes qui, en ce temps lointain, étaient en coton, et me présenta fièrement à ma grand-mère Yvonne : « Je vous présente votre petite-fille qui est devenue une grande fille. » Une heure de paix au nom de la féminité. Le reste du temps, tout en me dispensant une bonne éducation, Lucienne me persécuta dans les coins. Le savait-elle ? Non. Son amour était fixé ailleurs. Lucienne aimait passionnément mon frère.

Rivka pratiqua assidûment l'Intox. Notre père avait tous les défauts : indifférent, taciturne, infidèle en amour, il avait une maîtresse, il rentrait tard le soir, il buvait, et notre pauvre mère était une martyre, une épouse parfaite et délaissée. Lucienne aurait pu faire chorus, mais non. Pas question de laisser le petit manquer de respect à son père. Rivka lâchait un bout d'Intox et Lucienne : « Madame ne devrait pas. Pas devant le petit. » Et la grande ? De temps en temps, Lucienne exhalait devant moi des soupirs d'amertume désignant le monstre paternel ; j'étais sans importance, on pouvait tout exprimer devant moi. Le petit devait être éduqué proprement, mais pour la grande, c'était déjà trop tard.

De l'amour à n'en plus finir

Je ne sais plus comment je m'aperçus que Rivka avait un amant. Ah si ! Je sais. Ma cousine Babette, un peu plus âgée que moi, a toujours été plus délurée et plus observatrice. De son père, elle a hérité la tranquille bonté, le vague à l'âme ; de sa mère, des éclats de rire barbares. Dans ces moments, elle ressemble à un petit berger à l'œil vif sur les collines de Mongolie.

Ses parents ne s'entendaient plus ; Babette se replia. À quatorze ans, comme elle me trouvait franchement gourde, elle m'affranchit par un jour de grosse pluie. En éclatant d'un de ses rires des steppes, Babette me déballa les secrets de famille. La maîtresse de mon père, Pauline, était sa propre mère, et l'amant de ma mère, l'associé de mon père. En fouillant dans leurs poches, on trouvait leurs mots doux. Le ciel nuageux s'ouvrit, laissant place au grand bleu. Toutes choses s'éclaircirent, donc, c'était ça, l'Intox ! Ayant parlé, Babette s'arrêta et j'éprouvai une sorte de soulagement. Mon père trompait ma mère, mais elle aussi.

– Mais moi, j'étais petit, dit Jérôme. Je ne savais rien.

Justement.

Pauline et Rivka étaient amies d'enfance ; elles avaient fait ensemble leurs études au lycée. Rivka était brune, Pauline était blonde. Pendant l'hiver 1937, Pauline s'était mariée avec le cousin germain de son amie, Joseph, un grand beau garçon à l'allure de sultan, excellent cavalier. Sur ses jolies épaules, Pauline portait un mantelet d'hermine confectionné par mon grand-père fourreur et Rivka était là, avec son fiancé. Mais Pauline et Joseph, juifs tous les deux, s'étaient épousés sans encombre, tandis que Rivka avait choisi un goy. Mon père.

Elle m'a toujours dit qu'elle l'avait choisi pour s'intégrer à une famille française. Elle m'a toujours dit qu'il l'aimait, mais pas elle. Mais comme, dans le même temps, elle disait aussi que son mari ne l'avait jamais aimée, je l'ai crue de moins en moins. Menteuse ! D'abord, j'ai déniché, planqués dans un livre, des poèmes qu'il lui avait écrits, gauches et très amoureux. Ensuite, après la mort de Rivka, mon frère a trouvé ses lettres d'amour à elle. Ils s'aimaient.

Ils s'étaient épousés contre vents et marées malgré leurs deux familles, la juive, la catholique, également hostiles à un mariage mixte. Pas de cérémonie religieuse. On était en 1938. Sans états d'âme, Rivka promit de faire baptiser ses enfants. Elle lisait l'allemand et elle était lucide. Oui, les enfants de Rivka, juifs par leur mère, seraient prudemment baptisés.

Jérôme était petit. Il vivait dans l'Intox. Il y vivait encore quand les plus grands décidèrent de passer à l'attaque.

Depuis au moins cinq ans, nos parents respectifs vivaient une semaine légitime suivie d'un week-end adultère en famille dans une vaste maison près de L'Isle-Adam. Y venaient les enfants des uns et les enfants des autres, dans une harmonie, ma foi, très réussie, visionnaire pour l'époque ; dans les années cinquante, cette forme de mélange anticipait les vies communautaires des années soixante-dix, devenues aujourd'hui « familles recomposées ». Sauf que rien n'était dit et qu'on nous expédiait au loin dans la prairie quand c'était nécessaire, le dimanche dans l'après-midi.

Très vite apparurent des inégalités entre Rivka et Pauline. Rivka gagnait sa vie, Pauline, non. Pauline adorait cuisiner ; Rivka ratait à peu près tout. Jusqu'à la fin de sa vie, elle brûla les côtelettes, esquinta les asperges, calcina des foies de veau, résolue à imprimer son refus de la cuisine. Tout ça ne lui plaisait pas. Marcel, son amant, était un juif d'Alsace très puritain haïssant ce désordre amoureux. Il refusa de partager l'adultère du week-end et Rivka ne vint plus.

Finis, les réveillons joyeux où j'avais le droit de peindre sur les murs des fresques de Rois mages ; finies, les promenades d'hiver, les cabanes dans les bois. La maison de week-end eut des fuites, des accidents de plomberie ; des humidités apparurent sur ses murs ; elle devint grincheuse. Le bonheur recomposé s'arrêta.

Un jour, les enfants réunis mirent fin au désordre. Ils exigèrent de la régulation. La maison près de L'Isle-Adam fut fermée et le long processus commença. Pauline divorça et épousa mon père. Rivka divorça et épousa Marcel, directeur commercial de l'entreprise pharmaceutique dont mon père était le directeur de recherches. Restait Joseph, seul sans Pauline. Quelques années plus tard, il épousa la mère de son gendre, Jean-Marc Lévy-Leblond. Fin du quadrille.

Jérôme avait treize ans quand je le retrouvai, cette fois, à jamais. Rivka s'était remariée, elle était heureuse, Lucienne n'avait plus d'armes, l'Intox s'effilocha. Plus rien ne nous séparait, plus rien ne nous sépara. Mais lorsqu'il publia *Plus tard, tu comprendras*, je retrouvai l'Intox toute vive, quarante ans plus tard.

– Nous y voilà, dit Jérôme.

Son père

Nous n'avons jamais eu qu'un seul différend. Mon père.

Mon père à moi était un dandy à nœud papillon et lunettes d'écaille, adorant l'Angleterre. Anar tendance de droite, il contestait à peu près tout, raison pour laquelle ce fils de catholiques épousa successivement deux juives, Rivka et Pauline. Il maniait l'ironie grâce à une moustache rousse soigneusement taillée chaque jour aux ciseaux, et de gros yeux tout bleus, bien ronds derrière des verres épais. Élevé en fils de famille par un père boursier de la République et d'origine modeste, mon père resta un jeune homme raffiné jusqu'à son dernier jour.

Il fut un précepteur magnifique pour sa fille. Lorsque j'eus quinze ans, il me fit prendre des leçons d'escrime ; il m'acheta le justaucorps, le masque, le fleuret, et il m'emmena dans la salle où il s'exerçait au Quartier Latin. Nous étions en blanc, père et fille chevaliers. Il tirait à l'épée, mais il me mit au sabre, exercice merveilleux où l'escrimeur a le droit de frapper à l'arrière de la tête. Il me battait à l'épée, je le battais au sabre. Il adorait ça.

J'avais dix-sept ans quand il m'emmena à la Grande Chaumière pour apprendre à dessiner des nus. Il dessinait très bien, souvent à la sanguine. Le premier soir, j'étais interdite, n'ayant jamais vu une femme nue en vrai. J'avais honte pour les plis sur les hanches, les capitons aux cuisses, les seins imparfaits, les salières aux épaules. En prenant le fusain, la honte disparaissait.

Mon père à moi était un botaniste qui me fit faire un gros herbier ; un passionné d'insectes qui m'apprit la chasse aux papillons. Quand j'y pense, c'est affreux, mais quand il m'apprenait, j'étais au paradis. Filet pour attraper le petit animal ailé, en repliant la main doucement sur le voile. Bocal empoisonné, fermé au bouchon. Épingle pour transpercer le corps du papillon, épingles pour étaler ses ailes sur le bois. Nous avons fait ensemble une bonne dizaine de boîtes de papillons, chose rendue impossible aujourd'hui à cause des pesticides.

Mycologue émérite, mon père m'apprit comment distinguer les champignons néfastes des comestibles, sachant en trouver de nouveaux, tout petits, de tremblantes virgules pourpres ou orange qu'il faisait sauter à l'huile d'olive. La tête enveloppée dans un cube de tulle serré autour du cou, mon père m'apprit comment souffler de près sur l'ouverture des ruches avec un gros cornet plein d'une fumée blanche, soporifique pour les abeilles ; quand elles s'engourdissaient, il retirait doucement de ses grandes mains gantées les rayons pleins de miel et d'abeilles endormies. Mon père était un magicien assoupisseur d'hyménoptères.

Il avait attiré une famille de crapauds qui venaient le saluer tous les soirs poliment. Il se mettait sur le seuil, il sifflotait, les crapauds arrivaient en sautant mollement, le plus vieux d'abord, gros et lourd, et les petits derrière. Mon père était un charmeur de batraciens.

Il me montra ma première orchidée dans un pré sur les bords de la Loire, au milieu d'un mois de juin. Sentant le sexe et le sucre, les fleurons de l'orchidée sauvage qu'on appelle Pentecôte sont petits et mauves, avec un bout frisé interminable. Mon père, qui vénérait les catleyas, aurait adoré le culte des orchidées phalaenopsis, ces papillons blancs, roses ou violets qui aujourd'hui se vendent treize euros dans les supermarchés de Saumur.

Pendant la guerre, enfant, j'étais à la campagne et j'avais des parents que j'appelle « nourriciers » : le terme est impropre puisqu'Yvonne était là, mais il est réaliste car Joseph, paysan et vigneron, m'apprit les travaux des champs à mesure que je grandissais. À deux ans, dans les bras de Rose, ma nourrice, je reluquais la jument qui tirait le grand rouleau de pierre écrasant les épis ; à dix ans, la paix revenue, j'étais terrifiée par l'énorme machinerie, la rouge, la mécanique, la moderne sans jument qui faisait tout d'un coup ; à seize ans, maigrichonne, je portais à grand-peine de lourds plats de daube de canard brûlant aux moissonneurs attablés dans la grange. Ce que je préférais, c'était fouler le raisin, pieds nus dans le pressoir. Un jus rose et des bulles sortent entre les orteils, l'air titille les narines, tout le monde rit. Avec surprise, Éric, un de mes amis, s'aperçut récemment que j'étais, me dit-il, « une terrienne, une vraie, pas une Parisienne qui ferait ça pour rire ». J'étais aussi surprise que lui. Je n'y avais jamais pensé.

Terrienne pendant la guerre. Mais c'est mon père à moi qui m'apprit la Nature de façon globale et scientifique, à la façon de Goethe, avec des livres, des collections, des ruches. Il était profondément apiculteur, aimant à recueillir le pollen naturellement cuit par les abeilles ainsi que la pensée cuite par les naturalistes. Apiculteur, philosophe, c'est presque la même chose. Il vivait la Nature comme un intellectuel.

Mon frère n'eut rien de tout cela.

– Rien, dit Jérôme.

Son père à lui, qui ne lui apprit rien, était capable de se tromper de lycée en allant y chercher son fils. Il ne regardait pas ses bulletins scolaires, il ne s'occupait pas de lui comme de moi. Il avait la tête ailleurs, et je sais où. À cette époque, mon père était follement amoureux de Pauline dont il était follement jaloux. Mon frère avait entre cinq et dix ans et c'était l'âge fatal où les fils ont besoin d'un père qui les aime.

Son père n'y parvint pas.

Il faisait des efforts, mais chaque fois, l'Intox se retournait contre lui. Pour un anniversaire, il offrit à mon frère un chiot ravissant, un cocker caramel. À peine était-il entré à la maison que Rivka s'en mêla. « Pas de chien à la maison ! » disait-elle. Lucienne renchérissait : « Un chiot ! Ça crotte partout ! » Mon père décida de s'occuper du chien. Mon frère ne l'eut pas. La faute à l'Intox. On ne laissa pas mon père choyer son fils. En père de fils, il était maladroit, oublieux, distrait, mais plein de bonne volonté.

Mon père mourut à soixante et un ans en moins d'une minute, à minuit. Quand j'appelai Jérôme pour le lui dire, il était deux heures du matin. Ensommeillé, furieux, il m'envoya aux pelotes. « Qu'est-ce que tu racontes. Tu te trompes, forcément ! » C'est l'un des moments où je le vis témoigner d'un peu d'attachement à ce père rejeté.

Après la mort de Rivka, quand Jérôme éplucha ses papiers, je vivais au Sénégal. C'est donc sans moi qu'il trouva un papier qui combla ses désirs de fils en colère. C'était le certificat d'aryanité rempli par mon père pendant l'Occupation, attestant qu'il était aryen, que sa femme était juive, sans profession, et que leur fille, Catherine, était aryenne.

Donc, il l'avait rempli, ce maudit papier ! Donc, il l'avait fait ! Mon frère se révolta.

Son père était un monstre capable de remplir un certificat d'aryanité en dissimulant le métier de sa femme juive – pharmacien – pour inscrire à la place : « sans profession ». C'était un traître. Quand j'ai lu ça dans son récit, j'en ai perdu le souffle. En deux lignes, mon frère tant aimé niait mon existence.

Bien sûr, mon père a rempli ce certificat d'aryanité, pardi ! Pour protéger qui, sinon sa fille unique, née en 1939 ? Qui voulait à tout prix prouver que j'étais aryenne pour me mettre à l'abri ? Lui tout seul, sans ma mère ? Allons.

Bien sûr, il avait supprimé la profession de Rivka. Combien de fois m'a-t-elle dit que le Conseil de l'Ordre des pharmaciens aurait été dangereux pendant la guerre ?

Mon frère m'écoutait crier, un peu pâle, troublé, pas encore convaincu. L'idée que son père aurait pu concocter ce certificat d'accord avec ma mère relevait pour lui de l'impensable.

– Ils l'ont écrit ensemble, voyons, réfléchis !

– Tu crois ? disait Jérôme incertain.

– Mais enfin, j'étais née ! J'existais !

– Oui, c'est vrai, mais quand même, disait-il.

Son récit était truffé de graines d'Intox. Jérôme en a enlevé la plupart. Il en était resté une, bouleversante, qu'il a corrigée en 2009 dans une postface à son récit.

Une fois avérée la disparition de Georges et Sipa dans la chambre à gaz de Birkenau, mes grands-parents chrétiens quittèrent leur villa de Meudon et vinrent s'installer dans l'appartement de mes grands-parents juifs, rue de Paradis. C'était un appartement de location, soigneusement gardé par un couple fidèle qui, pendant toute la guerre, avait veillé au grain en attendant le retour des Gornick. L'installation de mes grands-parents chrétiens dans l'appartement de mes grands-parents juifs disparus avait deux motifs très précis : ne pas déloger subitement ceux qui avaient veillé sur leurs biens, et préserver leur mémoire dans cet appartement. Rivka me le disait ; elle ne s'en cachait pas. Aller rue de Paradis était une souffrance, mais c'était moins affreux que de voir disparaître le lieu de son enfance, et les ombres des siens.

Et qu'écrit mon Jérôme ? Que c'est une abomination. Que ma famille chrétienne n'aurait pas dû loger dans le même lieu que ma famille juive. C'est le comble de l'Intox.

Mais ce n'est plus la même Intox. C'en est une autre, commune dans la France d'aujourd'hui. Elle a sa certitude : ceux qui ont traversé l'Occupation sans dommages sont coupables, surtout quand ils étaient alliés à des juifs qui sont morts. Jérôme pense que mon père aurait dû refuser de remplir le certificat d'aryanité, puisque d'autres l'ont fait. Connaissant le tempérament anarchiste de mon père, je l'imagine tenté de se comporter ainsi. Rivka et mes grands-parents juifs étaient au contraire légitimistes, respectueux des lois de la République, des gens qui au grand jamais n'auraient refusé de remplir un papier, de porter l'étoile jaune puisque l'État français le demandait.

Mon grand-père Gornick était animé d'une foi pure et sans taches envers l'État français. Jusqu'à son dernier jour de liberté, et sans doute au-delà, il n'a pas pu comprendre que cet État n'avait plus rien de commun avec la République. Il était radical-socialiste, franc-maçon, c'était un esprit libre, mais pas suffisamment pour s'affranchir de sa foi en la France. Il l'avait transmise à sa fille. Si quelqu'un a voulu remplir le papier, c'est sa fille, c'est Rivka.

Cette Intox qui me navre est un anachronisme qui ne rend pas justice aux gens du gris, ceux qui ne furent pas exactement des Justes, mais simplement honnêtes, essayant de sauver de leur mieux ceux qu'ils aimaient. Tenez, par exemple, cet homme, ce journaliste ostentatoirement collaborateur des Allemands, et qui cacha des juifs chez lui pendant toute la guerre, parmi lesquels Rivka. Après la libération de Paris, il fut arrêté, emprisonné, jugé. Rivka se précipita juste à temps pour témoigner, empêchant son exécution. Ces gens déterminés qui jouèrent double jeu sont rayés de l'histoire. Ils sont trop gris.

Mon père ne prenait pas les décisions seul, et c'est faire à Rivka injure de penser le contraire. Elle décidait beaucoup. En revanche, elle n'avait pas son pareil pour paraître passive. « Décide, mais dissimule ! me disait-elle. Les hommes n'aiment pas les femmes qui ont une tête ! Cache ton intelligence, fais-toi bête, ma fille ! »

Avec les hommes, Rivka faisait la bête. Avec son fils aussi, parfois. C'était une vraie dissimulée. Pourquoi m'a-t-elle parlé à moi, et pas à lui ? Pourquoi a-t-elle voulu m'emmener à la synagogue, et pas lui ? Pourquoi m'a-t-elle très tôt tout expliqué, et rien à lui ?

Une mère juive

Elle préféra son fils ; c'est un fait. Elle le cachait très bien. Je ne l'ai découvert qu'en lisant le récit de mon frère et ce ne fut pas gai. Pendant que je vivais à l'étranger, ils avaient leurs rituels, leurs petits dîners, leurs habitudes à eux ; tout ceci est décrit dans le livre de Jérôme ; on s'y croirait.

Je ne connaissais pas les détails de leur vie à deux, je ne savais rien de leurs secrets. Passé la douleur, j'ai admis qu'une mère juive préfère toujours son fils. Tout le monde le sait ; je l'avais oublié.

Quand il était enfant, dès que mon père partait, mon frère se précipitait dans le lit conjugal retrouver la chaleur de sa mère. Moi, jamais. La faute à la guerre. Au moment où c'eût été possible, Rivka ne vivait pas souvent avec moi et puis l'angoisse, aussi, la mauvaise sueur des craintes qu'on ne veut pas laisser paraître. À la fin de la guerre, je ne la retrouvai pas entièrement.

Rivka se consola de la Shoah avec le petit corps potelé de son fils.

Cela dura longtemps. Le père y fit obstacle. Remplissant son devoir paternel selon Freud, il mit fin brutalement aux câlins du matin. Jérôme avait au moins sept ans. Je ne doute pas que ce soit la raison de l'hostilité posthume de mon frère qui ne lui pardonne pas la perte du paradis. L'Intox fit le reste ; elle tombait bien.

Tout ça, très œdipien. On ne fait pas plus normal.

Mon frère et ma mère avaient en commun des choses russes dont je suis dépourvue. Le jeu et les enchères. Mes grands-parents allaient au casino pratiquement tous les soirs à Enghien, ville qu'ils avaient choisie comme lieu de résidence secondaire : à cause du casino. Le reste du temps, chez eux, on jouait aux cartes. Tout le monde, et tout le temps. Quand ils furent arrêtés en pleine nuit par la Gestapo, des témoins qui étaient enfants en 1944 se souviennent qu'ils jouaient encore aux cartes la veille, à l'hôtel de l'Univers dans la petite ville de Salviac. Rivka était joueuse ; au casino, elle emportait très peu d'argent, et pas de sac à main pour être sûre de ne pas retomber. Son fils, pareil, son petit-fils aussi. Ce sont des joueurs contrariés. Moi, pas du tout. J'ai une phobie du jeu.

Une fois retraitée, Rivka allait plusieurs fois par semaine à Drouot, achetant n'importe quoi, parfois, ce n'était pas mal. J'y fus une seule fois avec elle. En la voyant lever le bras compulsivement pour un affreux tapis chinois, je compris. C'était encore le jeu. Elle ne revenait pas les mains vides, mais elle aimait surtout casser la barrière du temps, lever la main, enchérir, gagner. À son fils bien-aimé, elle a légué la passion des salles des ventes.

Elle le préférait. Si je ne le savais pas, l'Inconscient l'avait très bien compris, car je lui ai mené la vie dure, à Rivka. Colère contre l'infidèle, la menteuse prétendue innocente, colère sur colère. Il fallut du divan pour la faire disparaître et encore ! Le livre de Jérôme a mis le feu à ma plaine et je suis repartie comme avant alors qu'elle était morte, que j'avais tant souffert de sa disparition, des années à pleurer Rivka. C'est terrible, l'Inconscient.

Elle le préférait, mais elle répartissait.

C'est à moi qu'elle parla. À mon frère, elle donna des baisers, à sa fille, l'intellect.

Ce n'est pas mal non plus. Quand elle reprit le chemin de la synagogue où elle n'avait pas mis les pieds depuis longtemps, je me sentis contente. Libérale comme son père, Rivka avait choisi la synagogue de la rue Copernic qui ne sépare pas les hommes et les femmes et témoigne d'un judaïsme ouvert. Elle y allait pour Yom Kippour chaque année, cherchant à entraîner avec elle son deuxième mari, mon merveilleux beau-père intégralement athée. Il rechignait, il revenait bougon. Un jour, j'ai demandé à les accompagner. C'était après l'attentat de la rue Copernic ; j'avais été manifester sur la place Victor-Hugo, on avait sorti les Thoras brandies à bout de bras au-dessus de la foule dans leurs habits d'argent, et j'en avais pleuré.

L'heure venue, j'accompagnai Rivka à la salle Pleyel, transformée pour Kippour en synagogue à cause de l'affluence. Sur les travées, aux places des spectateurs qui venaient écouter de grands concerts classiques, se tenaient des hommes en châle de prière et des femmes en chapeau avec des cheveux intacts. Je revis les Thoras brandies à bout de bras, je vis Rivka ouvrir son livre de prières, c'était bien. Rivka était heureuse. Jérôme n'était pas là.

Maintenant que Rivka n'est plus, nous allons ensemble à la synagogue pour Kippour. Je lui ai offert un châle de prière, le plus beau que j'aie trouvé. Quand il n'y a plus de place rue Copernic, nous allons dans une autre synagogue parisienne et nous sommes une fois de plus séparés. Cela n'a plus rien à voir. Si nous ne sommes pas ensemble, l'être juif disparaît.

Rivka a bien fait son travail. Nous avons eu chacun une mère juive de fils : Jérôme pour la tendresse et moi pour les idées. Elle m'a traitée en fils d'une certaine façon, la meilleure pour une fille dans les années cinquante ; elle m'a appris la liberté de penser.

Il y eut plus précieux. Rivka avait une obsession : que sa fille travaille. Qu'elle soit financièrement indépendante. Cela n'allait pas de soi. Plus précieuse encore que la liberté de penser dont elle est la condition première, Rivka m'a donné les clefs de la liberté des femmes.

Les lapins et les noms

À l'automne 2007, commencèrent les préparatifs du film qu'Amos Gitaï allait tourner d'après le récit de mon frère. Pendant une longue année, Jérôme a écrit le scénario avec Dan Franck. Serge Moati produit le film ; Amos Gitaï va le réaliser.

Amos est dans ma vie depuis si longtemps que je ne sais même plus où on s'est rencontrés. Les collines d'Haïfa ? Un jour à Tel-Aviv ? Ou bien quai des Orfèvres ? Je le revois vautré sur le canapé, chez Jacqueline où il m'a entraînée. Depuis le premier jour, je lui trouve une allure seizième siècle, Médicis d'un côté, aventurier de l'autre. Cheveux bouclés, visage trapu, large menton, profil de médaille, œil rapide et rusé, il a tout d'un tyran florentin ; mais quand il parle, l'œil s'amuse, la voix cherche, analyse, enveloppe, séduit, il accroche des bouts d'âme, on ne s'en aperçoit pas, on est pris. Ce grand corps massif et brutal renferme une boule d'émotion comme la face de Socrate, une statue d'or cachée.

Notre dernière bataille touche l'un de ses films, actuel, violent, guerrier. Je ne vais jamais voir ça. Même pour des amis, même pour ceux que j'aime, je n'irai pas me fourrer devant de la guerre en images. Une image, je ne dors plus, mon enfance rapplique. Je lui ai dit cela ; mais il a insisté. J'ai dit « non, non et non ». Je sais qu'il ne m'a pas crue.

Veille de tournage. Je suis sur mes gardes. Mon frère m'a demandé d'aller voir le décor représentant l'appartement de Rivka. Visiter le faux appartement d'une mère qui n'est plus, c'est mêler le simili au deuil. Normalement, c'est du toc, cela ne doit pas faire mal, mais rien n'est normal dans l'histoire de ce film. Méfiance.

3, rue du Dragon, immeuble dix-neuvième avec stucs aux plafonds, premier étage, les loges sont au troisième. J'entre en enjambant les filins qui traînent, j'avance à pas comptés. Les portes sont ouvertes sur le grand bazar de la préparation, jeunes gens affairés dévorant des sandwiches papotant dans les coins tirant les fils déplaçant des choses les replaçant jusqu'à l'arrivée du décorateur, Manu de Chauvigny, l'autorité. Le décor comprend le salon de Rivka, sa chambre, une salle à manger chez mon frère et un petit bureau. C'est parfait.

Je n'éprouve plus ni crainte ni émotion, mais une immense jouissance : tel est l'univers où je vis constamment, ni tout à fait réel, ni tout à fait imaginaire. C'est dans cet entre-deux que je niche jour et nuit.

La chambre de Rivka. Tout y est sans y être ; le lit, un peu plus petit : le couvre-lit, bleu roi au lieu de beige, les vitrines, trop brillantes, les tapis, trop vifs et pourtant, trois fois rien ressuscite sa présence. Une coiffeuse basse, un pouf, des chinoiseries avec des oiseaux rouges sur fond turquoise, des appliques baroques simulant des oiseaux en verre argenté. Sur une étagère, une vache en faïence. Rivka disait tout le temps qu'elle rêvait de se réincarner en vache, mais attention, une vache en Inde, paisible, sacrée, sans danger de mort, une vache impunie que personne n'abattrait. C'était devenu un code. Jérôme et moi nous lui avons offert des vaches en porcelaine, en argent battu, en bois, en paille, un troupeau de vaches sacrées. Oui, tout y est. C'est elle, notre Rivka et ses airs d'Orientale, son goût des bizarreries et du kitsch, c'est elle.

Je fais la fière. Mais on ne sait jamais. Par précaution, j'ai apporté mon matériel d'aquarelliste.

Dressons la herse. Je sors mes pinceaux, ma grande boîte d'aquarelle, mon flacon plein d'eau, mon crayon, ma gomme et je me mets en face de la chambre maternelle. De la table de la salle à manger, je vois ce cadre de lumière vive où elle est censée vivre, où elle mourra demain. Je dessine, je pose les couleurs et la magie opère. Enfin je me retire, enfin je ne suis plus là. Enfin, j'aimerais bien.

On me parle gentiment. Manu, la lippe gourmande, lunettes sur le nez, compare sa minuscule boîte d'aquarelle anglaise avec ma grande boîte allemande, ses pinceaux miniatures avec mes gros pinceaux, surveille discrètement mon esquisse, complimente. Il faut faire la conversation.

Mon frère et moi nous avons fait les mêmes remarques idiotes : il manque des flots de bijoux en toc dans la coiffeuse ; et les Bouddhas dans les vitrines sont trop thaïlandais. Jérôme et moi ensemble : ça ne ressemble pas assez ! Réalisme imbécile ; tout le monde s'en fout. Au-dessus d'une cheminée, un trumeau représente sur fond vert un lapin, oreilles dressées, si longues qu'il devient lièvre. Georges Gornick ayant été fourreur et le lapin étant l'emblème des fourreurs, Manu a disposé toutes sortes de lapins absolument partout, en fonte, en acier chromé, en faïence. Je pense au lièvre de Maïakovski, ce lièvre au cœur battant au milieu du champ de blé, écoutant les chasseurs dans l'angoisse, debout, une patte en l'air, et les oreilles dressées.

Quand prendre la fuite ? Le lièvre se tient coi, il a peur, le lièvre. Antoine Vitez disait ce poème comme personne. J'ai fini l'aquarelle en renforçant le blanc des lapins de faïence à la gouache. Je suis le lièvre d'angoisse et j'attends les chasseurs.

Tournage du deuxième jour. Jeanne Moreau joue Rivka. Le décor bourdonne d'abeilles techniciennes ; Amos Gitaï, immobile, tête dans les épaules, replié sur lui-même. Je me mets à l'écart sur un brin de canapé. J'ai besoin de solitude, rêve absurde sur un plateau de tournage. Une jeune costumière s'approche de moi, s'assied et, délicieuse, me dit :

– Je viens de la part de Jeanne. Votre maman est sur son lit de mort, on lui met une robe noire, est-ce que ça va ?

Très bien, allez.

– Jeanne voudrait savoir, est-ce qu'on l'a enterrée avec son alliance ?

Cette question.

Voici Jeanne Moreau, toute petite et très belle, avec un je-ne-sais-quoi de Rivka – les lèvres. Elle me montre ses mains pour vérification : baguées à chaque doigt, ce sont les mains de Rivka, plus fines, plus longues. Elle me saute au cou « Ma fille ! » Et cela me chauffe le cœur. Même pour trois secondes, une mère de remplacement ne se refuse pas. J'oublie qu'elle s'appelle Jeanne Moreau, j'oublie tout. Et pendant trois secondes je profite de ma mère sans me soucier du reste.

Le lendemain, c'est le tour de Dominique Blanc. Elle me joue.

Nous nous sommes vues pendant deux heures intenses, je répondais à ses questions, elle prenait des notes sur un petit carnet. Assise sur un fauteuil rouge à la maison, elle avait l'air très sage ; son beau visage offert me donnait de la joie. Grand œil noir s'enfonçant dans le mien avec un tel sérieux ! J'en avais le vertige. Une actrice ou ma sœur ? Une actrice, vraiment ?

Après concertation, comme je m'y attendais, elle préfère que je ne sois pas là pour la voir jouer moi. Mais la costumière n'ayant pas trouvé les pendants d'oreille à pampilles dorées que je porte ces jours-ci, j'ai le droit de passer en vitesse à l'étage des loges pour apporter des boucles au cas où.

Dominique, maquillée, ne peut pas m'embrasser ; elle m'étreint. Elle porte une tunique en tissu d'or pâle, que je pourrais porter, c'est vrai. Elle a je ne sais quoi de moi – les yeux. Elle est plus belle que moi, elle n'a pas de lunettes, c'est moi si j'étais belle. Je ne m'attarde pas.

Mais Jeanne me retient. Ce lit de mort la tracasse. Sur la robe noire, une mousseline blanche, peut-être ? Et l'alliance, est-ce qu'on est sûr, vraiment ? Elle est dedans-dehors, en apnée, en Rivka.

Convaincre à tout prix Jérôme de ne pas assister au tournage du lit de mort. Sur le plan de tournage, en lettres capitales, il est écrit « MORT » sur deux jours.

Je n'ai pas vu maman sur son lit de mort ; à l'hôpital, on met les corps à la morgue en vitesse et j'étais loin de Paris. Le temps de rentrer et le lendemain matin, elle était déjà en uniforme cadavre sur une sorte de brancard dans une salle clair-obscur. En longue chemise de nuit, avec une mentonnière qui hante encore mes aubes. Cela n'a l'air de rien, ce bandeau blanc très strictement serré qui retient la mâchoire pour qu'elle ne s'ouvre pas. Deux jours plus tard, ayant fait son travail, la mort avait fixé la mâchoire de Rivka qui n'avait plus besoin de mentonnière.

Revenue à elle et déjà travaillée. Ce soir-là, regardant distraitement sans la voir n'importe quelle série sur le petit écran, j'ai vu soudain une femme médiévale avec une mentonnière comme on en portait au treizième siècle. J'ai hurlé. Dans le film d'Amos, Rivka – au lit de mort – sera en robe noire avec une soie rouge. Sans mentonnière.

Dernier jour de tournage. La scène se passe au mémorial de la Shoah, devant le Mur des noms. Le ciel est gris. En arrivant devant l'entrée encombrée par les rails d'un travelling, j'aperçois le blouson noir d'Amos, enfoui dans son fauteuil de toile. Caroline Champetier, directrice de la photographie, a les traits tirés et le nez un peu rouge ; elle s'emmitoufle ; il fait très froid. Hippolyte Girardot, dans le rôle de mon frère, se tient à l'écart, en manteau, concentré. J'ai mis ce jour-là la dernière relique de ma grand-mère Sipa, son manteau de vison fauve précieusement gardé.

Il est vieux, ce manteau fabriqué par Georges Gornick, fourreur ; il a beaucoup servi. Je l'ai fait raccourcir, des peaux étaient gâchées, mais maintenant qu'il est chaque année nettoyé, brillanté, qu'on souffle dans ses poils et qu'on s'occupe de lui, c'est un beau manteau de vieille dame juive.

Est-ce à cause du vison ? Amos m'embrasse, me lorgne et décide : « Je veux que tu sois dans le film. »

Très bien. « Tu te places derrière Hippolyte et tu regardes les noms. Par là », dit-il avec un geste vague devant la lettre « L », année 1944.

Va pour la lettre L.

Georges et Sipa sont un peu plus loin, en bas. Pour une raison inconnue, Sipa a été orthographié Cipa, ce qui nous ennuie tous énormément. Sur l'emplacement des « L », je repère Henriette Lazarovici, douze ans, flanquée de ses parents, Adèle et Maurice. Je les choisis. Trente secondes après le cri « Action ! », Hippolyte Girardot arrive derrière moi avec son petit cartable en cuir grenat ; je me pose devant Henriette Lazarovici, je la caresse du doigt, je la contemple, je ne cesse de la contempler. Ce plan-séquence sera la première scène du film.

À la cinquième prise, je me trompe, je regarde la caméra avant le signal « Cut ! » Amos accourt, faussement furieux, l'index brandi. Et à la septième prise, Jérôme arrive.

Il sera dans le film, nous serons tous les deux et toutes choses sont en ordre. Amos est enchanté. Ce n'était pas prévu. Il n'y a rien qu'Amos Gitaï désire davantage que cet ordre secret dans le hasard du monde.

Après le nom d'Henriette, Jérôme pointe le doigt plus bas : c'est une petite enfant de sept ans. Mon Dieu, sept ans ! Il fait de plus en plus froid. Pour toujours à jamais mon frère et moi ensemble nous aurons révéré Henriette Lazarovici pendant qu'un acteur caresse de son poing fermé les noms des nôtres. C'est un moment parfait. Les nôtres sont à d'autres et d'autres sont à nous.

« C'est la scène de l'incarnation ! s'exclame Caroline Champetier. On filme Hippolyte et ensuite, on a les vraies personnes ! »

On a même le manteau, le vrai vison de Sipa.

Projection

Un jour, le film est prêt.

Lorsque deux acteurs représentant Georges et Sipa valsent dans la chambre d'hôtel où ils se sont cachés dans un petit village du Lot, mes paupières m'envoient un premier signal. Elles battent, compulsivement.

Ils ne sont pas ressemblants ; c'est mieux. Georges Gornick avait de la rondeur, des yeux bleu-gris encagés dans l'écaille noire de lunettes pour myope, un nez démesuré ; Sipa était boulotte, le teint mat sous des cheveux très noirs. Sec comme un coup de trique, l'acteur qui joue Georges a le visage buriné ; l'actrice, le teint rosé sous une belle blondeur. Ils sont très émouvants, très tendres, ils s'aiment. La chambre est étroite, ils valsent contre les murs, attention ! C'est maintenant. Voix allemandes, hurlements, RAUS, SCHNELL, on les arrête, je plonge d'un seul coup, la tête dans les mains, cachée sur mes genoux. Je relèverai la tête lorsque le bruit cessera.

J'ai dû me cogner ça. Il n'aurait pas fallu. Je ne sais pas pourquoi je suis incapable de regarder la moindre image de ça. Je ne le fais pas exprès – « Tu ferais mieux de faire exprès de ne pas le faire ! » murmure la voix douce du fantôme de Rivka. Voici donc cinq minutes du film d'Amos Gitaï que je n'aurai pas vues. J'en suis sortie indemne. C'est ce que je croyais.

Quand la salle se rallume, je ne peux pas parler. Pas de mots pour le film. Je ne vais pas rejoindre ceux qui parlent du film ; je me tiens à l'écart, protégée par mes hommes, mon compagnon, mon frère, mon fils, mon neveu. Quatre gaillards barrent le chemin des autres ; les autres, je n'en veux pas. Un jour, peut-être.

Les nuits passent, les matins. Apparemment, je suis en état de marche, mais une semaine plus tard, plus du tout. Quand on ne m'en parle pas, je suis tranquille. Mais il suffit que je rencontre Serge Moati pour être prise d'une envie de mourir.

Pauvre Serge Moati ! Il n'y est vraiment pour rien. Il ne m'en parle même pas. Mais il a produit le film ; et dans le rôle du pharmacien ami de Rivka, il humanise la fameuse scène au pied de son lit de mort. Ce peu de chose suffit à me mettre en danger.

C'est une projection.

Je peux décrire la scène du lit de mort, y repérer l'Indien bizarrement vêtu en blanc doré façon maharajah, qui, je n'en doute pas, renvoie à ma personne – un Indien en costume de noces devant le cadavre de ma mère, c'est étrange et pourtant, il est vrai que Rivka était hantée par l'Inde. Je peux voir l'autorité de Gitaï, ses plans-séquences parfaits, le point de vue qu'il impose sur les juifs d'Europe, son goût de la famille, son amour du conflit. Je peux savourer le chagrin de Moati, le voir agiter les bras dans une désolation pleine d'entrain devant Jeanne Moreau en mère morte, je peux. Je peux analyser assez froidement le tout. Je peux décrire, écrire. Parler, non. Je ne peux pas échanger sur le mode furtif ces paroles qu'on dit à propos de nos œuvres, c'est fort, c'est puissant, plein d'énergie, vraiment bien, émouvant, passionnant.

Je suis scandalisée. *Scandalum* en latin : pierre d'achoppement ; obstacle, piège qui fait trébucher.

Une envie de mourir, pour un film ! Ce n'est pas d'hier que je sais la puissance d'un film sur un écran, la grande bouche brillante entourée de ténèbres, le noir d'où sort la vérité. Cette envie de mourir, je la connais par cœur. Elle me prenait souvent quand j'étais jeune, une envie organique à satisfaire d'urgence, allez, il faut mourir. C'était une injonction venue d'on ne sait où. Elle avait disparu depuis au moins trente ans et voilà qu'elle me sautait au cou, la scandaleuse. Trois semaines elle s'est tue, la scandaleuse. Et au premier visage qui se relie au film, elle m'agrippe. Va mourir !

Qu'est-ce qui m'est arrivé pendant la guerre ? Qu'est-ce que je ne connais pas, que je n'ai pas trouvé ? Pendant des années, j'ai rêvé d'un mot en lettres capitales, sans couleurs, imprimé dans la matière des songes : STERN. Je ne savais pas du tout ce que c'était. En deux temps trois mouvements sur le divan, j'ai su. C'était un mot allemand, il signifie « ÉTOILE ». Je n'ai pas porté l'étoile jaune. Je les ai vues sur mes grands-parents juifs.

Mais voir ne suffit pas.

Quand Roderich a été nommé à Vienne, en Autriche, j'ai pris des leçons d'allemand là-bas, trois fois par semaine. J'avais pour professeur une femme douce et austère qui me fit lire des nouvelles de Stefan Zweig. La chute de Byzance m'a appris l'allemand.

Au bout de deux ans, j'ai accepté de faire une intervention en langue allemande pour la première fois de ma vie, dans un séminaire sur l'opéra dont je connaissais tous les participants. C'était à Bregenz, sur le bord du lac de Constance ; il y avait de proches amis autrichiens, des Allemands, des Russes, des Anglais ; je ne risquais rien. J'ai répété mon texte très longtemps avec mon professeur et je me suis lancée.

J'étais presque à la fin lorsque c'est arrivé. J'étais en train d'expliquer que cette prise de parole était une victoire sur mon passé et voici qu'en disant le mot « Sieg », victoire, je n'ai pas pu finir la dernière phrase. Je n'étais que sanglot. J'ai plongé, la tête dans les mains, longtemps. Quand j'ai relevé la tête, j'ai vu tout le monde pleurer. Ce fut une belle victoire, plus belle que si j'avais réussi à dire le mot en allemand, ce mot victorieux qui m'avait fracassée.

Donc, c'est l'allemand parlé. Ce sont les voix allemandes qui me tuent, mâles, militaires, mortelles. Elles ont des casques, des armes, des bottes. Quand les ai-je entendues ? En juin 1940, quand les soldats allemands ont traversé la Loire à la nage, débarquant tout mouillés dans la maison d'Yvonne et Louis ? J'avais un an et demi. Ou quelques jours plus tard, quand un soldat allemand m'a prise dans ses bras pour me cajoler, tellement j'étais blonde que ça lui rappelait sa fille ? Autour de nous, tout le monde crevait d'angoisse. Pendant l'Occupation, quand les bombes tombaient sur Paris ? M'est-il arrivé autre chose que Rivka ne m'aurait jamais dite ? Pour susciter une telle envie de mourir, il faut que ces voix d'épouvante m'aient menacée de près. Il faut que l'enfant ait eu si peur qu'une voix intérieure lui disait « Mieux vaut mourir ».

Roderich, mon aimé, avait cinq ans quand il quitta l'Allemagne en 1939. Son père sortait de prison pour *Rassenschande*, honte raciale, car il avait épousé une aryenne avant l'arrivée de

Hitler au pouvoir. La famille s'établit à Paris. Dès la déclaration de guerre, le père, juif allemand, a été interné au camp de Villemalard où se trouvaient aussi le père de Cohn-Bendit et le mari d'Hannah Arendt. Il accepta de s'engager dans la Légion, il partit guerroyer au Maroc ; en juin 40, son épouse et son fils prirent le chemin de l'exode. Sur une route encombrée de voitures, de charrettes, de vélos, l'enfant de six ans vit un camion de boucher plein de gens en fuite qu'un avion allemand mitrailla. Le camion se renversa et les gens s'empalèrent sur les crocs de boucher. Il a vu.

Il s'en souvient très bien. Une à deux fois par an, son corps revit la scène quand il dort. Il est secoué de soubresauts, il gémit, il crie ; je ne le réveille pas, je lui caresse le dos. Il s'apaise. Le souvenir est en place, la souffrance est en rêve. Il sait.

Mais moi, je ne sais pas. Je ne me souviens pas. Le souvenir dont je ne me souviens pas est caché dans une crypte. Je vis avec ma crypte depuis plus de soixante ans. Je ne suis pas dedans, c'est elle qui est en moi. Les psychanalystes appellent « crypte » les souvenirs enfouis si profondément qu'ils ne ressortent pas. Trop dangereux. Il faut les refouler entièrement pour vivre.

Officiellement, je n'ai pas été menacée pendant la guerre. La crypte me dit que c'est faux. L'envie de mourir est là-dedans, dans la crypte. Voix mâle allemande brutale, elle ressort. Elle ne décline pas son identité, elle ne dit pas « Je suis l'envie qui te menace pour te rappeler le moment du danger. » Elle n'est pas causante. Elle enjoint. Va ! Va mourir !

Non. Jamais de la vie !

Mon frère Jérôme et moi nous avons deux histoires qui ne se ressemblent pas. Je suis d'avant la guerre ; il est d'après la guerre. Né avec la victoire, il consola Rivka ; il fut l'enfant sauveur. Moi, j'étais l'enfant qu'il fallait sauver. Nous avons eu chacun notre part dans nos corps : lui, né asthmatique avec de l'eczéma, moi, avec ma crypte et plus tard, de l'asthme. On ne peut pas s'attendre à ce que des enfants d'une mère juive française puissent avoir une vie absolument intacte s'ils sont nés juste avant, juste après la Shoah.

On en a fait du miel, de cette pourriture. Autrefois, les Romains croyaient – c'est dans Virgile – que les abeilles naissaient dans les entrailles d'une charogne puante au grand soleil. Nous sommes les abeilles nées de cette charogne. J'écris, lui aussi. Il peint, moi aussi. On ne fait pas des artistes avec des gens normaux.

Une mère bis

Quand mon père épousa la cousine de Rivka, je connaissais la blondeur de Pauline depuis mon premier jour. Elle avait subitement disparu de ma vie pendant la guerre.

Raflée à Paris alors qu'elle travaillait dans un centre de secours juif, un piège bien préparé par les nazis, la mère de Pauline fut assassinée à Auschwitz. Pauline, son mari et leur fille Babette s'échappèrent assez tôt ; ils passèrent la ligne de démarcation avec un bon passeur qui ne les dénonça pas ; la course à travers champs dans la nuit, l'imminence du danger, la peur au ventre, Babette me les raconta plus tard sous la couette dans la chambre que nous partagions à la campagne. Ils se réfugièrent dans une ferme du Lot ; mère de famille nombreuse, femme forte et modeste, la paysanne qui les sauva a reçu récemment la médaille des Justes des mains de mon frère Jérôme, en s'étonnant d'être honorée pour s'être comportée normalement.

La ferme n'était pas loin du village où s'étaient réfugiés Georges et Sipa. Pendant que Rivka se planquait dans Paris, mon père parvint à visiter ses beaux-parents, et aussi ses cousins. Pauline m'a toujours dit que le coup de foudre violent qui les saisit tous deux avait commencé là, sous le soleil du Lot, en plein été de l'année 43.

C'est en Inde que j'ai vraiment compris la fureur des amours qui naissent de la guerre. Jugeant que j'avais une image trop sainte de la vie des *freedom fighters*, ces durs lutteurs pour l'Indépendance de l'Inde, une vieille amie indienne me raconta leurs coups de foudre. Je raconte souvent ce qu'elle me disait d'une voix enthousiaste en levant ses mains fines comme pour une prière « Nous aimions ! Qu'est-ce que vous croyez ? Que nous étions de bois ? Que nous n'avions pas de corps ? Vous n'imaginez pas ! Notre vie était brûlante de passions... » Dans le court temps qui séparait les manifestations et les arrestations, les jeunes indépendantistes indiens, femmes et hommes, avaient des histoires d'amour. Brèves et violentes – c'est obligé. Ils sortaient de prison, se jetaient dans l'amour avant de se faire prendre volontairement, et retour en prison.

L'Inde une fois libérée, devenue indépendante, les amours rentrèrent dans la norme indienne, qui est plutôt maussade : loin de tout coup de foudre, le mariage est toujours « arrangé » par les parents et ensuite, difficile. Ma vieille amie regrettait la liberté sexuelle offerte par les combats, les prisons, les flics, leurs bâtons cloutés de fer. Après, ce n'est plus pareil. En temps de paix, moins d'amour.

Est-ce vraiment de l'amour, celui qui naît de la guerre ? C'est l'injonction de vivre. On n'a plus le temps, il faut faire vite, baiser, voler l'orgasme. Mais mon père ne toucha pas un cheveu de Pauline et l'amour s'installa.

J'ai adoré Pauline et Rivka m'en voulut. J'ai eu avec Pauline des conversations d'une liberté extrême ; elle parlait de son corps et du sexe sans retenue. Il y avait en Rivka de la mélancolie ; et Pauline était gaie. Tourmentée d'avoir à infliger à sa fille un divorce en un temps où c'était un drame considérable, Pauline gardait le goût du miel. Grâce à elle, j'ai su comment mon jeune père la suivait en voiture dans Paris, armé d'un revolver tant il était jaloux.

Rivka avait été son premier amour ; Pauline fut sa passion. Rivka était du temps des jeunes filles en fleur ; Pauline était une femme, et mariée par surcroît. L'adultère convenait à mon père, cet amant. Même presqu'officielle, connue de tous, leur passion gardait le goût de l'interdit. Pauline disait que c'étaient les plus belles années de sa vie ; il ne fait pas de doute à mes yeux que la passion de mon père la sauva de la mort de sa mère à Auschwitz.

Entre Pauline et Rivka, il y avait encore une inégalité. Le père de Pauline étant mort au front pendant la Grande Guerre, elle perdit sa mère – il faudrait oser écrire qu'elle ne perdit que sa mère. Mais Rivka perdit ses deux parents, père et mère ensemble, à ce point confondus qu'à la veille de sa mort, elle disait souvent « Ils m'attendent, je les vois. »

Pauline vécut les affres d'un amour salvateur. Bousculé par le parfum d'inceste entre cousins, mon père aima la blondeur interdite au moment où Rivka sombrait dans la tristesse. Vivre pour vivre. Rivka se remaria. Mon père était vertigineusement libre. Il épousa Pauline.

Il la désira moins. Elle cuisina passionnément pour lui ; pour sortir avec lui, elle porta des robes du soir en satin blanc exaltant la rondeur de ses seins ; elle était courtisée, brillante, très entourée. Un jour, il fit le portrait de Lollobrigida dans un film où elle jouait presque nue une belle Orientale ; sur la toile, Lollobrigida avait les traits de Pauline, mais la Pauline d'avant, la Pauline dénudée. Il devint taciturne, bougon, conjugal. Pauline commença à penser que mon père n'était pas fait pour le mariage ; finalement, ce n'était pas une bonne idée. Privé de jalousie, mon père courut les filles ; Pauline fut malheureuse. Il but à la folie ; Pauline s'affola. Quand Rivka de son côté filait le parfait amour avec son mari juif qui ne buvait jamais et qui la cajolait, Pauline répétait que mon père n'allait pas, qu'il ne voulait pas se soigner ni consulter le moindre médecin. Et puis il mourut. À la fin de la nuit, Pauline lâcha soudain : « Voilà que je suis veuve. » Je compris qu'elle était sauvée.

Le cri jaillit tout cru quand elle vit mon père dans sa petite boîte – c'est fou comme c'est vivant, une tête morte sur un coussin de cercueil. À eux seuls, les mots que criait Pauline justifiaient l'existence de mon père ; cet homme-là n'était pas né pour rien.

Elle retrouva du travail à Paris ; elle était dans le veuvage, cela ne lui allait pas. Elle se remit à vivre en se retirant dans le Lot, près de ceux qui l'avaient sauvée pendant la guerre. Vers ses soixante-cinq ans, elle eut une longue histoire d'amour avec un vieil Anglais qui venait en avion une ou deux fois par an. Il était plus âgé et tout à fait marié. Je savais presque tout de cet amour paisible, d'une fidélité inébranlable, régulier comme sont les amours de vieillesse. Quand il mourut au loin, Pauline se trouva veuve pour la seconde fois.

J'ai toujours eu du mal à aller voir Pauline dans le village où furent arrêtés mes grands-parents. Une fois dans son jardin, je respirais très bien. Dans sa maison, je me sentais heureuse. Mais pendant l'arrivée, panique, souffle coupé. Sortir dans le village, je l'ai fait une fois. Pas deux. Je n'y étais pourtant jamais allée pendant la guerre, mais cela ne fait rien. C'est un endroit maudit. Mon frère au contraire y passe beaucoup de temps. Pour écrire son récit, il y a mené une très longue enquête auprès des témoins de leur arrestation ; il y a emmené ses enfants, Amos Gitaï, les équipes du film.

Du vivant de Pauline, mon frère y allait peu. Moi, beaucoup plus souvent en dépit de la panique. J'ai vu vieillir Pauline, s'affiner ses cheveux, sa taille rapetisser, mais elle gardait son charme et sa gaieté. Elle aurait bien voulu retrouver sa Rivka, son amie d'enfance, mais c'était impossible. Retrouvailles interdites. À la mort de Rivka, Pauline récita le Kaddish toute seule chez elle dans le Lot, faute d'avoir pu venir à son enterrement.

Rivka ne voulait pas ; elle l'avait précisé. Pas à moi. À mon frère. Elle ne dit pas pourquoi. Secrets de guerre entre elles ?

Ou alors c'est le mariage où Rivka n'était pas.

Après quelques passions étudiantes forcenées où, déjà, l'héritage paternel montrait le bout de son nez, mon frère choisit d'aimer une femme pour la vie. Médecin pédopsychiatre, fille de famille nombreuse, rebelle à l'éducation catholique, réticente aux honneurs, antimondaine, ma belle-sœur est le sel de la terre. Personne n'en parlait mieux que Toscan du Plantier, qui éprouvait pour elle une sorte d'adoration. En dépit des protestations de l'intéressée, Toscan allait répétant que sans elle, mon frère n'existerait pas. Sans moi non plus, d'ailleurs ; cela n'alla pas sans mal au début entre nous. Comment a-t-elle admis pour finir l'amour très exclusif entre mon frère et moi ? Cœur généreux.

Leur mariage devait se dérouler en été sur les bords de la Loire, dans la maison de famille. Il ne nous reste qu'une famille, la catholique ; c'était là. Exceptionnellement, Rivka reviendrait dans le jardin où elle avait vécu sa première vie d'épouse. Elle aurait bien aimé. Mais son second mari avait des principes : on ne se mélange plus, on ne se recompose pas. Et il y aurait Pauline aux côtés de mon père. Rivka n'aimait pas cette idée. Ces tourments étaient à peu près aplanis quand Rivka, au printemps, eut soudain mal aux jambes.

Pendant sa vie de femme, chaque mois, elle craignait d'être enceinte ; c'était un affolement tellement puissant qu'il fallait lui administrer des gouttes de valériane. Elle ne voulait personne d'autre que moi pour presser le compte-gouttes ; c'était mon travail auprès d'elle. Une mère qui demande à sa fille de compter les gouttes de son calmant quand elle craint d'être enceinte, allez ! *No comment*.

Quand ce fut terminé, qu'il n'y eut plus aucun risque, elle remplaça la crainte de la grossesse par la peur du cancer. Je n'y pouvais plus rien. Chaque mois, elle voyait apparaître une nouvelle tumeur dans un coin de son corps. On s'était habitué. La vie n'allait pas sans cette hypocondrie qui la préserva de bien des malheurs. Le jour où elle se plaignit de ses jambes, personne n'écouta. C'était la panique ordinaire de Rivka. On haussait les épaules, on se payait sa tête et elle se taisait, grimaçant de douleur. Puis vint le diagnostic. Rivka était mourante.

« Cette fois, elle a gagné », me dit mon père, dévoilant une tendresse cachée pour sa Rivka.

Elle avait déniché une affection très rare, des kystes installés sur les parathyroïdes, une saloperie mortelle qu'il fallut opérer en urgence. L'opération était une première médicale ; on n'en connaissait pas vraiment les séquelles, mais on était certain qu'il y en aurait. Pendant qu'on l'opérait, mon frère et moi nous nous sommes retrouvés dans la rue, incertains comme on est au bord d'une mort possible. « Tu crois qu'elle va mourir ? – Et toi, qu'est-ce que tu penses ? »

Elle surmonta l'opération et sombra dans un délire hallucinatoire prolongé. Normal, c'était prévu, dit le corps médical ; le tout, c'est qu'elle en sorte. Pendant une longue semaine, me prenant pour sa mère, Rivka me dit en russe des choses infiniment secrètes auxquelles je n'entendais rien et le mariage approchait. Une semaine avant la date fixée, elle sortit du délire et en français, elle me fit jurer qu'au grand jamais on ne reporterait la date du mariage auquel, c'était certain, elle n'assisterait pas, clouée à l'hôpital.

La veille de la cérémonie, Rivka sanglota dans mes bras sur son lit médical. « Jure que tu ne diras rien à ton frère ! Je ne veux pas qu'il sache que j'ai pleuré. Il faut qu'il soit heureux le jour de ses noces. Jure ! » Le lendemain, le mariage eut lieu comme convenu sur les bords de la Loire, sans Rivka. Très fier, mon père avait accroché des lampions colorés aux branches des tilleuls et Pauline était là, un peu triste, comme nous tous.

Rivka avait gagné, mais elle ne pardonna pas.

Pauline survécut longtemps à Rivka, puis s'éteignit chez elle en compagnie de sa fille et d'un médecin de campagne qui veillèrent sur sa mort avec amour. Atteinte d'un cancer depuis de longues années, elle l'avait vue venir comme il fallait. Avant de s'en aller, elle me confia quelques-uns de ces secrets de guerre impardonnables, mais ils ne m'appartiennent pas. Ce jour-là, elle était amaigrie, les traits tirés, le teint gris. Mais elle avait gardé un peu de sa blondeur ; même grave, elle était gaie.

Les catholiques

Il paraît que les enfants nés d'un mariage mixte entre juifs et catholiques ne se portent pas bien. Il paraît qu'ils sont partagés, divisés à l'intérieur d'eux-mêmes, sommés de choisir l'une ou l'autre religion. Peut-être. Mais peut-être que non.

Ni Rivka ni mon père ne croyaient en un dieu. Sinon, comment auraient-ils convaincu leurs parents d'accepter un mariage laïque et civil ?

Mon grand-père Louis était catholique pour la forme et n'allait à la messe que par obligation. Je ne sache pas que mon grand-père juif franc-maçon ait été assidu à la synagogue. Rien non plus du côté de ma grand-mère juive. Personne n'était croyant dans ma famille, excepté ma grand-mère Yvonne. Si quelqu'un mit de la foi à s'opposer à un mariage entre un catholique et une juive, c'est elle. Certes, mes grands-parents juifs s'y opposèrent tout aussi fermement, comme aujourd'hui nombre de parents juifs redoutant de voir disparaître la communauté, mais je doute que ce soit au nom du Dieu unique. Le conflit dura presque deux ans. Les amoureux ne cédèrent pas. J'ai du mal à considérer que leur mariage mixte ait pesé sur ma vie pour raisons religieuses.

Je fus baptisée comme promis ; c'était sage. Mon frère le fut aussi. Nous sommes passés tous deux par les mêmes rituels : ondoiement, baptême, communion solennelle. Pendant la guerre, j'allai à la petite école catholique en haut de la colline, à l'opposé géographique de l'école de la République, située encore aujourd'hui sur les bords de la Loire. La petite école privée catholique nous assurait une sécurité ; mais pour le calcul mental et les mathématiques, cela ne valait rien. En 1945, Rivka décida de me mettre dans un établissement rue du Montparnasse ; des sœurs le dirigeaient avec une discipline comprenant l'uniforme bleu marine, jupe plissée chaussettes blanches souliers vernis, grands cordons de coton de couleur. En lisant le second tome de Saul Friedländer sur l'extermination des juifs, j'ai compris les raisons de Rivka. Dans ce livre paru en 2008 en France, Friedländer insiste sur l'antisémitisme français à partir de 1945.

Il était bien vivant. Le mot « Shoah » n'était pas employé ; et je n'ai entendu le terme d'« Holocauste » que plus tard, dans la bouche de Jankélévitch. On ne parlait pas du tout de l'extermination ; Simone Veil décrit cela très bien. Tout le monde se taisait sauf les antisémites, hostiles par habitude. Sans agressivité, Rivka me le disait. « Les Français sont comme ça, soupirait-elle. Ils sont comme les cosaques, ils ont l'esprit de pogrom. » L'antisémitisme vivait d'autant plus tranquillement en France que les amnisties, rendues nécessaires après l'épuration, avaient passé l'exécution des juifs par pertes et profits. Trop tard pour cette fois. Ou alors, bien trop tôt. À partir de 1987, l'antisémitisme bourgeois traditionnel s'est exténué en France après les grands procès de

Barbie et de Papon. Aujourd'hui, il chuchote à bas bruit, avec de grosses giclées foutraques de temps en temps.

Rivka avait une ouïe incomparable en matière d'antisémitisme. Une pharmacie est une chambre d'écoute ; les clients s'y laissent entendre comme nulle part ailleurs. La pharmacie de Rivka rue du Cherche-Midi était entourée de couvents peuplés de religieuses ; ces femmes irréprochables à l'accent rocailleux me cachèrent une fois ou deux en 44. Elles me donnaient des gâteaux, elles avaient l'haleine chaude, elles étaient affectueuses, pleines de compassion. Mais les clients, non. Les clients avaient la langue de pute des antisémites qui ne peuvent s'empêcher de faire des allusions. J'ai cru que c'était fini, mais pas du tout. Dans ce fichu quartier, il semble que les clients n'aient pas encore changé.

Voilà pourquoi, après la guerre, ma mère me planqua dans une institution archicatholique.

Mon frère y échappa. Fils de l'école publique dès le commencement, il eut une éducation catholique encadrée par notre seule grand-mère. Elle faisait ça très bien. Elle n'était pas bigote, mais simplement pieuse, ne manquant jamais la messe du dimanche, ni une confession, ni une procession. Les garçons de la famille étant exonérés de ce genre d'exercice, j'eus droit aux paniers retenus au cou par des rubans pastel, et contenant des pétales de roses pour les jeter sur le chemin de l'idole qu'on promenait. C'était sans prétention. J'ai pris goût aux rituels processionnels qui distraient de la prière. Je n'ai jamais su ce que c'était, prier.

Yvonne avait la foi, mais elle était bien seule. Par chance, Rose, son amie et ma mère nourricière, était une catholique inspirée. Décorer les églises, chanter à la chorale, prier agenouillée, Rose mettait dans ses gestes religieux un engagement fervent qui allait au-delà d'une pratique ordinaire. Lasse de faire la soupe au chaudron dans l'âtre et de cuisiner le civet du lièvre chassé par son Joseph, Rose voulait de l'absolu. Devenue tertiaire, elle eut une passion pour la nonne chef de chant qui l'entraîna dans de lointains voyages au sein des provinces de l'Ouest – son Inde à elle. Et quand je lui parlais de mon Inde à moi, elle était l'une des rares à comprendre sur-le-champ mes découvertes. Son discret mysticisme m'éduqua.

Rivka tint sous le boisseau sa part juive et la mienne jusqu'à la guerre des Six Jours. Israël en danger ; brusquement, Rivka redevint juive. Sur le coup, moi aussi. J'étais dans les rues avec mon jeune mari, un goy catholique et nous étions nombreux, de toutes les confessions. Pour la première fois, je vibrai pour le peuple menacé. Je pensai « c'est mon peuple », et tout de suite « je ne peux pas penser ça ; c'est à moitié mon peuple. » Une moitié de peuple, cela n'existe pas et pourtant, je me sentais reliée par un fil très fragile. J'étais devenue juive, mais à demi. Je ne connaissais pas ce sentiment étrange d'être partie prenante dans une histoire à l'autre bout du monde.

Mais c'est un sentiment que, depuis, j'ai éprouvé cent fois pour quantité de pays.

Comme tout le monde, je suis double. Père catholique breton, mère juive d'origine russe. Côté juif, on est catégorique ; les enfants d'une mère juive seront juifs. En cas de mariage mixte et selon les augures, cette duplicité ne se résout jamais. Pire encore quand la Shoah s'en mêle, une moitié disparue, une moitié survivante, allez vous débrouiller avec ça, disent-ils. Ce n'est pas mon avis. J'ai beaucoup balancé, et ça m'arrive encore. Une enfance catholique, une crise adolescente et tout le reste, athée ; quarante ans plutôt juive et cependant, athée. Il y a des avantages à cette situation.

Un jour, alors que je venais de publier *La Syncope, philosophie du ravissement*, Rivka me parla de son arrière-grand-père du côté maternel. Sipa, sa mère, étant née à Romny, village situé aux confins de la Pologne et de l'actuelle Slovaquie, l'aïeul avait été hassid. Cette idée m'enchanta. Qu'un de mes ancêtres ait pu être un juif en caftan noir pris dans le tournoiement des danses hassidiques, qu'il ait pu consulter les rabbis inspirés capables de faire flamber des flammes bleues dans l'eau du bain, ah oui ! Cela me plaît. Racines du ravissement.

Je ne suis pas agnostique. Je suis vraiment athée. Aucun de mes deux grands-pères ne m'a légué l'anticléricalisme que chacun incarnait d'une manière très française, le juif franc-maçon, le catholique railleur. J'aime les dieux auxquels je ne crois pas ; les dieux sont des amis qui me font bon accueil. Mon athéisme est si profond que je peux me glisser dans tous les lieux de culte, quelle que soit la religion. J'adore ça.

Je collectionne les bondieuseries. En Inde, j'étais comblée. Trois cent millions de dieux ! Autant de bondieuseries bizarres à rapporter. La féroce Kâli pointant ses tendres crocs sur le cou de Ramakrishna en berçant dans ses bras ce grand mystique hindou, poster dix-neuvième siècle ; divinité vampire suçant efféminé. Trouvée au marché de la magie à Belem au Brésil, poupée pour envoûtement, coton blanc habillé de satin blanc. Portrait d'Abd el-Kader au lion en fixé sous-verre déniché à Tunis. Naïve image de la bataille de Kerbala, sacrée pour les chiites, achetée au fin fond de l'Iran : deux guerriers à cheval, l'un portant à bout de bras la jambe coupée de l'autre et le schisme commence entre les héritiers génétiques du Prophète et ses élus. Corne de taureau fétiche vêtue de cuir et de cauris, cadeau d'une guérisseuse lébou au Sénégal, une fervente musulmane. Ce trafic du divin propre à l'esprit des hommes m'enchante d'autant mieux que je ne crois pas en Dieu.

Mais j'ai l'esprit rituel. Dans un temple hindou, je vais pieds nus, je joins les mains, je fais tinter la cloche, je me prosterne, je dépose des grains de sucre devant les statues minuscules des dieux, et sauf quand le temple hindou est intégriste, encadré par de rudes miliciens, je veux bien être hindoue pour la durée du culte. Dans un temple protestant, ce n'est jamais difficile. Dans une mosquée, quand elle est ouverte aux infidèles et sous condition de ne pas me faire caillasser, je suis très tranquille. Je m'habille de long, je me couvre la tête sans hésiter, je m'assieds jambes croisées sur le sol dans l'espace des femmes, je regarde à la dérobée. Dans une gurdwara, je lave mes pieds dans le ruisseau avant d'entrer voilée, et je vais recevoir devant le Livre sikh la poignée de semoule tiède et fade, nourriture des fidèles de la plus méconnue des religions du livre. Dans un temple tibétain, je m'incline au pied des grands Boddhisatvas dorés en reluquant discrètement les offrandes stupéfiantes qu'on dispose à leurs pieds : fleurs sculptées dans le beurre, roses et vertes.

Les églises m'oppressent toujours un peu.

Les synagogues, pareil.

Cette légère oppression est le seul écho de ma partition. Ces cultes sont les miens. Lesquels ? Église ou synagogue ? Je prends les deux, non sans remords. « Nous sommes toujours coupables au regard de Dieu », disait Kierkegaard, ce beau gosse tourmenté. Je préfère me passer de Dieu.

Le seul point difficile est le rite d'enterrement. Il faut choisir.

Deux fois, j'ai décidé de mes funérailles.

La première fois, poussée par un élan irrésistible, j'ai voulu être incinérée sur le Ghât de Manikarnika, à Bénarès, en Inde. J'ai même rédigé mon testament. Ce bel acte égoïste oubliait deux détails.

On ne peut pas être brûlé à Manikarnika si l'on n'est pas hindou ; et on l'est de naissance ou alors pas du tout.

Et pour les miens, le poids de cette crémation eût été insupportable. Une folie financière et administrative, de quelque façon qu'on s'y prenne. Bon ! me disais-je, et alors ? Ils n'auront qu'à me transporter malade à Bénarès et attendre que je claque !

– Sur les Ghâts ? Où ça ? Dans un mouroir, peut-être ? Couchée sur une paillasse avec une cuillère d'eau du Gange le soir, avant de mourir ?

Ah non ! Dans un hôtel ! Avec tout le confort !

– Pour attendre, c'est mieux, on est d'accord. Et ça prend combien de temps, ta mort ?

Enfin c'était complètement fou. Le mirage s'est lentement dissipé ; il a fallu dix ans. Et tout bien réfléchi, Roderich et moi nous avons acheté une vieille tombe disponible dans le cimetière qui domine la Loire près de chez nous ; je me suis assurée qu'il serait possible d'y convier un rabbin pour la cérémonie. Cela ne s'est jamais fait dans ce petit cimetière peuplé de catholiques, mais c'est raisonnable. Je m'y vois plutôt bien. Un enterrement juif à deux pas de la tombe où résident mes grands-parents chrétiens, ce sera le triomphe de ma double famille.

Il est bien vu de faire un drame de cette duplicité. Avoir survécu à la guerre me suffit. Pas de drame.

2

Fabrique d'une intellectuelle

Comment ai-je été fabriquée intellectuelle ?

C'est à cause de la guerre. Non pas une, mais deux guerres.

À cause d'une gifle et de Claude Lévi-Strauss.

Et d'un regard de haine qu'un philosophe marxiste jeta sur mon petit qui n'avait pas un mois.

En 1956, quand j'ai passé mon bac, la guerre d'Algérie avait déjà deux ans. Peuplés de travailleurs arabes recrutés comme main-d'œuvre et fort mal accueillis, les bidonvilles en banlieue parisienne étaient très comparables à ceux de Calcutta dans les années terribles après l'afflux massif des réfugiés venant du Bangladesh, en 1971 : sans électricité, sans eau courante, avec des sentiers de terre non goudronnés. La France était en voie de reconstruction, mais déchirée, violente, un pays noir de suie.

La fabrique des intellectuels passait comme aujourd'hui par les grandes écoles, Normale Sup et Polytechnique ; la toute nouvelle ENA recrutait assez peu, Sciences-Po, pas davantage. Le taux d'élèves d'origine modeste admis à Normale Sup ne dépassait pas 2 % – et c'est le chiffre actuel. En 1956, et cela n'a pas changé, la fabrique restait entre clercs au sein de la *middle class* à la française.

Je suis née dans cette petite bourgeoisie assoiffée de culture en un temps où elle commençait à peine à se démocratiser. La paix retrouvée et le changement de monde avaient un effet de souffle, comme une bombe sur l'esprit. Pendant quelques années, il fallut des tickets d'alimentation pour se nourrir et l'hiver, on avait plutôt froid, mais la soif de culture trouvait à s'étancher.

Mes parents étaient pharmaciens l'un et l'autre ; mon père passa plus tard une thèse de médecine ; ils lisaient régulièrement des livres et ils avaient le goût de l'art. S'ils ne fréquentaient pas les salles de théâtre, ils allaient un peu au cinéma et découvraient l'enchantement de la musique classique, des concerts, des chorales et des disques trente-trois tours. *Regarder écouter lire* : c'est le titre du dernier livre de Claude Lévi-Strauss.

À la fin des années cinquante, la longue marche des clercs commencée avec l'amour courtois au treizième siècle culminait avec la conquête de l'enseignement supérieur, vraie noblesse d'État. Grâce à la République, les clercs avaient enfin acquis le Jardin de la Rose, comme nous l'a si souvent raconté Georges Duby. Avant le treizième siècle, le Jardin de la Rose est pour la seule noblesse. Avec l'amour courtois, la porte s'entrebâille ; les clercs entrent dans le Jardin. Pour courtiser la Dame ou pour plaire au Seigneur ? Ils entrent. Eux seuls, pas les Gueux. À la Révolution, les clercs sont les premiers à faire la Révolution. Qui reste à l'extérieur ? La masse des paysans. Les Gueux n'entreront pas.

En 1956, les clercs gardaient la clef de la porte du Jardin. Objet d'amour sublime, baptisée Connaissance, la Dame inaccessible appartenait à ces nouveaux barons.

Pour les filles, c'était une autre histoire. Séparées des garçons par un geste naturel qui n'était pas mis en question une seule seconde, les filles n'étaient pas destinées aux études supérieures.

Au lycée Victor-Duruy, septième arrondissement de Paris, la directrice portait une pèlerine de drap bleu marine fermée par deux rubans de coton croisés sur la poitrine, entre le vêtement d'infirmière en campagne ou la robe de nonne. Cours de couture obligatoires. Ourlets roulés, points de broderie, smokes, technique des « jours ». Il allait de soi que la couture convenait à l'ancien couvent des Dames du Sacré-Cœur, transformé en Maison d'Éducation des filles jusqu'en 1904. On n'avait pas le sentiment de se préparer au mariage, mais il était admis qu'une femme ne travaille pas nécessairement. Ne travaille pas toujours. Une femme ne travaille pas, voyons ! Qu'est-ce que c'est que ces histoires ?

Rien n'était dit. Certes, il existait depuis assez longtemps une vaillante École Normale Supérieure de filles, dite « Sèvres » parce que, longtemps, elle avait été installée dans la commune de Sèvres, mais elle avait été soigneusement séparée de celle des garçons, dite « Ulm », la vraie, fondée sous la Convention par un décret du 8 brumaire an III. Depuis la fin de la guerre, il y avait deux concours, deux agrégations, mais fort étrangement, il n'y avait qu'un cursus avec les mêmes contenus.

Les intellectuels français existaient depuis l'affaire Dreyfus, mais les intellectuelles, non. Ce n'était ni la même fabrique ni la même courbe de vie. Quarante ans plus tard, la séparation des sexes a disparu. Mais malgré les progrès dus à la mixité, je n'ai pas le sentiment que la situation ait entièrement changé.

Comment ai-je été fabriquée intellectuelle ?

À l'origine, une guerre.

Je suis née huit mois avant la mobilisation générale. Huit mois de paix ! Ce trésor aura protégé mon entrée dans la vie. À partir du printemps 1939, je vis dans cet endroit béni que j'appelle « maison mère » et où je réside encore sur les bords de la Loire soixante-dix ans plus tard. Le fleuve y est dans sa plus grande largeur, le ciel, vaste et léger, les grèves, calmes et crémeuses. Cet air tellement aimable, je l'ai respiré très tôt. Au moins ça. On dira que la guerre menaçait, qu'on y pensait tout le temps, oui, sans doute, mais tant que la mobilisation n'est pas affichée sur les murs des mairies avec ses deux petits drapeaux croisés, c'est la paix.

En septembre 1939, mon père s'en va au front comme officier de santé, un poste plutôt tranquille, enfin, pour le moment. Rivka, si jeune et si désemparée, remplace le pharmacien de Gennes, gros bourg à cinq kilomètres de la maison mère. Les hommes sont au front, les femmes les remplacent comme pendant la Grande Guerre. À part ça, rien ne bouge. En plein hiver, Rivka va rejoindre son mari sur la ligne Maginot pour quelques jours ; ils se promènent au bord d'une rivière, lui en uniforme, elle en manteau de phoque ; ils sourient, tout va bien. Il n'y a pas de feuilles aux arbres, il fait froid. On appelle « drôle de guerre » ce moment suspendu.

En juin 1940, pour freiner l'avance des armées allemandes, l'armée française fait sauter tous les ponts sur la Loire. Mon premier monde explose. À seize mois, je suis sous la mitraille et j'entends. Personne n'aurait pu étouffer le sifflement des obus qui traversaient le ciel pour s'abattre près de nous dans le petit bois de pins. Il m'a fallu longtemps, et beaucoup d'écriture pour comprendre que le bruit des obus m'était resté comme de brillantes images de sillages dans la nuit. Transmutation de la mort en un feu d'artifice. La mémoire de l'enfance a bien fait son travail ; l'éclat d'obus est devenu lumineux. Là commence l'angoisse.

Elle ne cessera plus jamais. C'est ma chance. Sans angoisse, l'activité intellectuelle est privée de sa source. Pas besoin d'en faire une tragédie.

Au milieu des combats, Rivka remplit son devoir de pharmacien. Elle s'occupa des cadets de Saumur, des gamins de l'École de cavalerie qui choisirent de se faire massacrer à cheval en face des Panzer allemands. Elle fut dans le milieu du sang. Elle était brave, Rivka, très brave. La maladie, plus tard, la terrifia, mais en face des blessures par où la vie fuyait, elle tenait bon. Et quand elle revint m'embrasser ce soir-là, « il ne faut pas la serrer si fort », disait mes grands-parents.

Georges Gornick, mon grand-père juif, était un fourreur important, président du syndicat national de la fourrure ; comme nombre de fourreurs de l'époque, il faisait à la fois du gros en peaux de lapin et de la confection. Pour se rapprocher de sa famille, mon grand-père installa son stock de fourrures à Saumur, ville située à quinze kilomètres de la maison où séjournaient sa fille et moi, sa petite-fille. Le stock brûla mystérieusement.

Georges et Sipa vivaient tout près de moi. Pendant quelques mois, je les ai engrangés. Quand on est très petit, on ne voit pas le corps des grands dans sa totalité. Et comme je les ai perdus lorsque j'avais deux ans, je n'ai que des fragments. Des lunettes, des yeux gris, des « r » russes, des soupirs. De longs doigts. Du parfum. Des baisers. Au moins ça.

Je suis beaucoup trop sage. Personne ne peut me dire quand j'ai appris à lire. J'apprends à lire toute seule et terriblement tôt. Je ne joue pas, mais je lis. Et voilà toute l'affaire. J'ai quatre ans et je lis ; c'est un effet de guerre. C'est commode, l'enfant qui lit tout le temps. Évidemment, pour la nourrir, il faut un peu crier, elle a le nez dans ses livres. Mais en dehors de cet inconvénient, voilà une petite fille raisonnable qui ne fait pas de bruit et qui n'ennuie personne.

Le livre de mes débuts, magnifique, était lourd. C'était un ouvrage sur les mythologies grecque et latine, relié à l'ancienne, orné d'or, difficile à ouvrir pour de petites mains. *Nouvelle Mythologie Illustrée*, sous la direction de Jean Richepin, de l'Académie française. Il fallait surmonter cette beauté pesante, ouvrir le Livre, y pénétrer. Les dieux y étaient drapés et dessinés au trait, légèrement, un peu comme des brouillons. Ils changeaient leurs amours en laurier, en fleurette, en vache, en astre, en cendres. Zeus avait des maîtresses comme mon père en aurait ; Zeus avait un amant, jeune et tendre, qu'il enlevait dans ses serres d'oiseau de proie. Il était nu. Il avait fait une fille tout seul, née de sa tête. Pas de danger que j'oublie. Dans les nuées, la guerre éclatait entre dieux et déesses et se réglait avec du sperme jaillissant ; elle éclatait aussi entre les hommes, elle se réglait à coups de lance et d'épée mais toujours, c'était la faute des dieux. Les quitter pour aller s'empiffrer à table avec les grands, franchement, non.

Une fillette qui lit trop, des livres qui ne sont pas de son âge. Est-ce parce qu'elle a trop lu qu'il lui faut des lunettes ? À cinq ans, on lui découvre une myopie considérable et on lui pose des lunettes sur le nez. Cela n'étonne personne. Elle était faite pour ça.

Résignée, Rivka fait une croix sur ma beauté. Une fille à lunettes est perdue pour l'amour, elle est laide, il n'y a pas d'autre mot. Rivka ne le dit pas – mon Dieu, quelle horreur ! Bien sûr qu'elle ne dira rien. Mais elle pousse des soupirs. Et très régulièrement, elle dit à sa fille, « Enfin, heureusement, tu as un joli sourire... »

J'entends parfaitement. Je ne serai jamais belle. Il faudra se débrouiller autrement. Au goût des livres s'ajoute la laideur, voie royale pour une intellectuelle. Elle porte des lunettes ? Elle sera professeur. De lettres, pour une fille, c'est mieux. La messe est dite. D'ailleurs, à cette époque, les lunettes sont parfaitement affreuses.

Jusqu'à l'adolescence, rien de grave. Rivka caresse son fils et m'éduque de son mieux. J'enchaîne les robes à smokes, les jupes plissées, les chemisiers blancs à col rond, les manches ballon, les écossais, les souliers vernis avec des chaussettes blanches, j'accepte tout avec indifférence, on est en 1950. Chez nous, l'air est triste. Mon père ne dit plus un mot, Rivka est malheureuse, leur couche est désolée, pas une once de bonheur. L'étude, c'est la survie.

Je me trouve plutôt bien dans mes uniformes. Au lycée, c'est la blouse : échancrure carrée, liseré rouge sur coton écru. Signes religieux invisibles ; pas question de les montrer. La blouse a sa fonction : masquer les inégalités. Les petites mondaines du septième arrondissement ne se distinguent pas d'une fille de pharmacien dans le sixième, quartier d'artisans ébénistes et de tapissiers vivant dans des immeubles Directoire sans confort donnant sur des cours pavées populaires, et sans fleurs.

Vers quinze ans, Rivka tente de m'habiller. Tout ce que j'ai de révolte passe dans les vêtements. J'ai une aversion pour les magasins ; j'ai horreur du regard compatissant des vendeuses sur cette fille à lunettes, je jalouse cette si jolie mère au corps magnifique, je pique des colères. Pour Rivka, c'est une épouvante et pour moi, une torture. Dix ans plus tard, quand j'essaierai ma robe de mariée, je piquerai des colères dans le salon d'essayage. Rivka est toujours là. Sans elle, je suis perdue et avec elle, c'est pire.

Ensuite, c'est mon affaire. Comment s'habille une laide ? De travers. Ça ne s'est pas arrêté. Il m'arrive de penser qu'avoir voulu entrer plus tard au Quai d'Orsay était un défi à l'élégance française. Quand il a fallu représenter la France, j'ai rusé. En Inde, je m'étais libérée en m'habillant à l'indienne, tunique et pantalons bouffants le jour, large jupe brodée d'or le soir. Les Français s'étonnaient, les Indiens adoraient. L'étape suivante serait plus compliquée. Alors que j'allais devoir vivre à Vienne, ville d'Europe élégante, Pierre Bergé me proposa généreusement de me prêter des vêtements Saint Laurent, mais un grain de sable enraya le processus.

Né sur le bord de la Loire à trois pas de chez nous, Christophe Girard avait organisé en 1989 une rétrospective Saint Laurent dans une ruine moghole près de Purana Qila, le vieux fort de Delhi. Pour l'avoir vu essayer de flirter avec ma cousine quand il avait douze ans, je connaissais Christophe depuis longtemps. Nous sommes de vieux amis. Grâce à lui, j'avais reçu en Inde les mannequins Saint Laurent, fines et adorables.

En me voyant dans le salon d'essayage à Paris, elles s'exclamèrent.

– Mais qu'est-ce que tu fais là ?

– Vous voyez bien ! J'essaie des robes.

Elles reluquèrent d'un œil navré la jupe longue de velours noir trop serrée et le boléro surchargé de petites perles qui me raccourcissait, moi déjà si petite.

– Ne fais pas ça, dit l'une. Tu ne sais pas où cela peut te conduire.

– Tu emportes une robe à Vienne et comment tu la rends ? dit l'autre. Par avion ? Cela ne marchera pas.

– Il ne faut rien devoir, murmura la troisième. Reste libre !

Alors je renonçai. Le dirndl autrichien m'allait bien et je fis comme avant, tout sauf la mode française. Je recommençai à penser à mes vêtements à Dakar, ville où les Sénégalaises avancent la tête droite, fendant l'air librement dans de vastes boubous. Je les ai imitées. Trop mince à vingt ans, je suis enveloppée à soixante-dix ans, mais de vastes boubous et de vêtements indiens.

1952. Vacances adolescentes sur le bord de la mer. Rivka adore le soleil sur sa peau quand elle est étendue sur la plage sans rien faire. Sipa, sa mère disparue, avait suivi les prescriptions médicales de son temps en restant allongée tout le jour à cause d'une phlébite – on prescrit le contraire aujourd'hui. Fidèle à l'allongement maternel, Rivka aime gésir sur le sable en été. C'est sa seule paresse. La Baule, Saint-Jean-de-Luz, Cannes, plages d'un ennui profond. Avec espoir, Rivka tourne son regard vers les groupes de garçons auxquels je suis sommée de m'agréger.

C'était à Cannes, je crois, que le leader d'un groupe de garçons flirtait avec une bimbo de treize ans délurée pour l'époque avec son rouge à lèvres et son maillot deux pièces. Moi, j'avais un maillot une pièce fleuri. Nous étions quatre ou cinq et nous évaluions nos chances pour l'avenir.

Le leader avait les cheveux gominés, une bouche de voyou, les mains larges ; la bimbo avait la voix rauque et un rire excitant. En lui pelotant les seins, le leader promit à la bimbo un avenir amoureux de première classe. Je pris mon courage à deux mains. « Et moi ? »

– Toi ? Mais tu n'es pas trop bête ! Tout le monde le sait !

Pas bête, mais moche. En amour, *no future*. C'est quoi, l'avenir d'une laide ?

Je serai donc première avec obstination. Cela se fait tout seul. Je lis, je réussis. Pas de quoi fouetter un chat. Première dans le cours privé catholique où Rivka m'a inscrite à Paris, au cas où. Première dans le septième arrondissement alors qu'en mathématiques, je ne sais rien de rien. Première alors que je ne sais toujours pas mes tables de multiplication. Première par illusion envers et contre tout. Même pas drôle.

Je dois le premier événement intellectuel de ma vie aux dieux grecs. En troisième, le professeur de lettres me confia des leçons de mythologie. Et j'avais tout retenu du vieux gros livre d'or qui m'avait appris à lire dans mon enfance.

Je commençai ma première leçon avec l'histoire de Perséphone. Une jeune fille cueille des fleurs dans un pré. Un galant se présente, et lui offre une grenade. Elle la prend. Finie la liberté ! Le galant, c'est Hadès, souverain du royaume des morts. Ce fruit qui s'ouvre en saignant, ces peaux blanches velues à l'intérieur, oui, on se doutait bien que cette grenade avait des allures de coucheries. Ça couche énormément chez les dieux. Très vite, d'ailleurs. On dirait des pigeons. Et lorsqu'ils ont fini leur petite affaire, les dieux, se rajustant, laissent un cadeau, pluie d'or, peau de vache. Hormis les monstres, les dieux baisent. Tout le temps et librement. C'est ce que faisait mon père avec son amante, je ne le savais pas mais j'aimais tellement ça, la baise des dieux, j'aurais tellement voulu que ça se passe chez nous.

J'ai raconté sagement et sans débordement les histoires des dieux à la classe de troisième. Faute de sexe, j'avais le plaisir du conte. Laisser couler des mots est un plaisir sans fin, à la manière d'une source née quelque part en France au mont Gerbier-de-Jonc et qui, par les coteaux de vignes et les vallées, se transforme en grand fleuve dérivant vers la mer. J'aime tenir le langage en suspens pour le lâcher enfin, mais tout doux, bordé de digues de peur qu'il ne déborde. La langue, ce muscle ardent et fort, se fait oublier. L'énorme machinerie s'ébranle au service de la voix et elle porte le temps, la voix, elle s'écoule.

Et puis vint la philo, porte étroite, incarnée par Françoise Burgelin qui m'en donna le goût. Sévèrement habillée, elle était coiffée comme Simone de Beauvoir avec de grands rouleaux sombres sur son vaste front blanc, mais les cheveux s'échappaient, elle secouait la tête en fronçant le sourcil et renouait son chignon rapidement, en parlant. Quand elle souriait, ses yeux prenaient un éclat ravissant et le reste du temps, quand elle était sérieuse, elle avait l'air d'un mulot timide à l'œil vibrant, quêtant un grain de blé, une noisette, un concept. Françoise Burgelin était la philosophie.

On pouvait donc être une intellectuelle et sourire avec un air heureux.

À cette époque, le baccalauréat se passait en deux ans. Rivka me préparait à coups de Corydrane. Pour stimuler l'esprit, les amphétamines, c'était bien. Très usitée, la Corydrane était à base d'amphétamines. Au premier bac, je revins avec la mention Bien, 14 de moyenne. J'étais très joyeuse et Rivka, enchantée.

Mon père se tenait derrière son bureau avec l'air un peu flou qu'il devait au whisky. Il semblait mécontent. Je reçus une gifle si puissante qu'il cassa mes lunettes.

Je quittai l'appartement en claquant la porte et je partis faire le tour du pâté de maisons, privée de mes lunettes et l'œil brouillé de larmes. Rue Saint-Placide mal éclairée, rue de Vaugirard sinistre, rue de l'Abbé-Grégoire, coupe-gorge, les rues étaient très sombres, les murs, très tristes. On n'imagine pas comme Paris était noir avant que Malraux ne prenne l'initiative des ravalements obligatoires. Je pleurai dans le noir et je marchai longtemps. Quoi, ce n'était pas assez, mention Bien ? Eh bien, il allait voir ! J'en étais à mon onzième tour du pâté de maisons quand un fidèle ami de mes parents me rattrapa. « Allez, viens, on rentre », me dit-il. Lui aussi avait l'air furieux. Pas contre moi.

Le résultat de la gifle se fit attendre un an.

En terminale, je force le rythme. Je n'ai rien décidé, cela se fait tout seul, je n'y pense même pas, je force. Les comprimés de Corydrane s'accumulent. C'est plutôt agréable. Je lis *Tristes tropiques*, c'est une récréation, je prends le large avec exaltation, je ne comprends presque rien. Ah si ! Juste un détail.

Claude Lévi-Strauss raconte longuement comment il se lassa de la philosophie. Ce qu'il en dit me touche. Je ferai de la philosophie. La famille s'étonna; certains s'indignèrent. De la philosophie ? Mais qu'est-ce que c'est au juste ? Du fumeux, du rêveur, du jus de crâne !

Raison de plus. Je ferai de la philosophie.

Passé l'écrit du bac, mon oral fut étrange. J'entrai dans la salle où m'attendait l'examinateur ; quelle que soit la matière, il me coupait au bout d'une minute. En géographie, j'étais tombée sur le Japon ; craie en main, je commençais à dessiner les profils sous-marins des côtes japonaises, mais « Merci mademoiselle, ce sera tout. » En maths, matière où je ne savais rien, j'avais tout appris par cœur ; l'examinateur me renvoie de la même manière.

Cette fois, je suis faite aux pattes. Démasquée !

En philo, ce fut enfin normal. J'avais comme sujet les pulsions. « Ah, vous voilà, vous ! » s'écrie le prof. Cette phrase m'inquiéta. Quoi, qu'est-ce que j'avais ? Je lui parlai de Freud, Dieu sait comme. Il me garda longtemps en s'écoutant parler de Théodule Ribot. En histoire, sur la révolution de 1848, je ne pus dépasser le récit de la première journée. « Merci, ce sera tout », dit le prof. Cela recommençait. J'étais angoissée. Les gens me regardaient comme une bête curieuse. Qu'est-ce que j'avais fait ? Épreuve de physique, c'est pire, trente secondes. Anglais, pareil. Je flotte entre deux eaux, j'ai le cœur qui bat vite, je suis collée d'avance. Deux heures plus tard, les résultats s'affichent. Mention Très Bien avec les félicitations du jury, 18 et demi de moyenne. Je suis sous Corydrane, enveloppée de sourires, je ne touche plus terre. Le succès rend léger. Je n'aurai pas de gifle.

Pas de compliments non plus. J'ai rempli mon contrat de fille laide à lunettes. Trois mois plus tard, j'entrais en hypokhâgne au lycée Fénelon pour connaître l'humiliation. Oh ! Pas la mienne, non.

Le professeur principal était une agrégée de lettres pimpante et blondissime, parée comme une chamelle. Nous étions entre filles. D'une voix de cantatrice, elle fit son travail. « Je vais, nous dit-elle, faire l'appel des mentions au baccalauréat. Les mentions Très Bien avec félicitations du jury, levez la main ! Venez vous mettre au premier rang, mon enfant. Là, voilà. Mentions Très Bien... Deuxième rang. Les Mentions Bien, troisième rang. Les Assez bien, allez au dernier rang. » Et elle ajouta aussitôt : « Celles des deux premiers rangs ont une petite chance d'intégrer Normale Sup. C'est comme cela que ça marche ! Ah non, ne pleurez pas ! »

La philosophie s'incarnait dans une très belle femme, peau laiteuse et chignon blond cendré, avec accent de pigeonne.

Dina Dreyfus était considérée comme l'essence du professeur de philo, version femme. La rigueur était son maître mot. Elle parlait superbement de Spinoza, mais un jour, comme j'évoquais mon *Tristes tropiques* favori, elle me lança un regard bleu colère et me demanda de me taire. Sur le moment, je ne compris pas pourquoi.

Elle avait été l'épouse de Lévi-Strauss, elle avait partagé toutes ses expéditions, elle avait une charge ethnologique dans leur mission ; des collections, des fiches portent encore son nom, Dina Lévi-Strauss, dans les archives du musée du Quai-Branly. Il fallut la laisser en chemin à cause d'une grave infection oculaire qu'elle avait contractée sur les pistes au Brésil. Dans *Tristes tropiques*, Lévi-Strauss l'évoque brièvement. Leur divorce était assez récent. Dina Dreyfus ne s'était pas refrénée.

La philosophie, j'en ferai, mais pour m'en échapper, cela, j'en étais sûre.

J'eus la présence d'esprit de faire une maladie. Grosse fatigue et mauvaises analyses. Des ganglions partout, des taches sur le corps. Aucune douleur particulière, on me met au lit, je dors. L'appartement chuchote, Rivka cache mal ses larmes. Plus inquiétant, mon père tortille sa moustache. On ne me dit rien. Mais on me fait subir une ponction médullaire ; un énorme troquet s'enfonce dans mon sternum. Je le vois, cet engin, de très près. L'os craque avec un bruit sinistre. Très mauvais résultats. Affolement général.

Mes parents me conduisent chez le professeur Jean Bernard, le meilleur spécialiste des maladies du sang. Je suis trop fatiguée pour comprendre l'enjeu. Rivka, très pâle, attend. Et le diagnostic tombe. Pas de leucémie.

Les symptômes y ressemblent, c'est vrai, mais ce n'est pas cela du tout. Juste une mononucléose aiguë carabinée. Un an de cortisone et de repos au lit. Je pouvais me lever pour les « petits concours » à la fin de chaque trimestre, mais pas plus. « Si vous voulez réussir vos concours, me dit Jean Bernard avec bonté, vous feriez mieux de dormir huit heures par nuit. » En attendant, cortisone et plumard.

Aujourd'hui, la mononucléose se dispense du repos intégral. Mais dans les années cinquante, c'était une maladie assez rare, connue sous le nom de « maladie du baiser », car la légende voulait qu'elle fût transmise par la salive. Rivka ne manqua pas de me demander si j'avais embrassé, oui ou non.

La réponse était oui, deux ans auparavant, pendant un séjour linguistique en Angleterre. Deux ans auparavant ! Non, Rivka ne me priverait pas de mon premier baiser. Je lui répondis non sans mentir tout à fait. Aucun baiser récent n'était responsable de cette maladie sans effets secondaires autres que la fatigue avec l'obligation de lire toute la journée.

Un an entier pour lire ! Je plongeai. *La Comédie humaine*, *À la recherche du temps perdu*, *Les Thibault*, *Les Pasquier*, *Les Hommes de bonne volonté*, *Les Chemins de la liberté*, tout Dostoïevski, tout Flaubert, tout Zola, tout Tolstoï, Barbey d'Aurevilly, Maupassant en entier, roman, roman, roman. Rien d'autre. Pur plaisir. Pendant toute une année, je m'échappai, avec la claire conscience d'être en infraction. Je ne faisais pas de fiches, je ne prenais pas de notes, j'étais dans le roman jusqu'au cœur, jusqu'au sexe. La cortisone aidant, je me suis levée deux fois pour les petits concours, j'ai passé des épreuves de quatre heures, de six heures. Ça ne m'intéressait plus. Quelle vie, mon Dieu, quelle vie !

J'avais aussi le temps d'écouter la radio. Cette année-là, les chars soviétiques entrèrent dans Budapest. La répression du soulèvement hongrois fut sanglante. Pendant quelques semaines, je ne pouvais plus lire. J'avais constamment la main sur le cœur, il allait éclater, les salauds, les salauds. Ce fut mon premier vrai contact avec la politique, qui ne faisait pas partie des mœurs de la famille. Et puis tout retomba. La radio se mit à parler d'autre chose. Je ne savais absolument rien des grands tourments qui traversaient les communistes français. Ces gens-là étaient une espèce à part, des drôles d'animaux capables de soutenir les ennemis de la liberté.

Du roman et rien d'autre. Il fallait qu'il soit long, en série, avec des personnages qui devenaient des amis. Le reste importait peu. Je ne m'intéressais pas à la littérature. Il y avait chez Balzac des phrases mal bâties, inachevées chez Proust, relâchées chez Sartre, trop parfaites chez Flaubert, mais ça m'était égal. Je voulais savoir comment ça se terminait. Qui mourait et comment, ou qui allait survivre. Je lisais tard le soir quand les parents dormaient, je n'avais pas le droit, la cortisone aidait. J'en sortais épuisée, les larmes aux yeux, heureuse. C'est un goût qui ne m'a pas passé : encore aujourd'hui, après avoir écrit, je lis un roman la nuit. C'est le plaisir.

Ce que j'aime, c'est le roman. Tous les romans. Sans distinction. Surtout cela : sans distinction.

Cette année merveilleuse reste une sauvegarde ; pendant un an, j'ai oublié l'esprit.

C'est à peu près vers cette époque que Rivka commença à entendre parler de recherches sur le danger des amphétamines. Amnésies, dépressions, tout devenait possible avec ces poisons-là. La Corydrane, une drogue ? Rivka cessa de m'en administrer.

Je passe en khâgne. C'est le moment des amours.

La conscription s'est étendue aux jeunes étudiants avec une dispense quand ils passent des concours ; après quoi, leurs études terminées, ils partent se battre en Algérie quand ils ne sont pas chargés de famille. L'ombre des djebels est sans cesse présente ; on ne peut pas l'oublier. On est spontanément contre. Rétablir l'ordre ? Massacrer les Arabes ? Qui donne l'ordre, qui veut ça, cette horreur ? Cette guerre coloniale va détruire les garçons, en faire des criminels, des soldats assassins ou alors, des cercueils.

Comme moi, ils sont embringués dans la grande fabrique intellectuelle française, les khâgnes et Normale Sup. Dans le jargon de la khâgne, travailler dans le sens de la fabrique, c'était être « polar », du verbe polariser. Être polar veut dire qu'on travaille sur la forme sans se laisser prendre au contenu. S'arrêter, penser un seul instant d'un poème, « Que c'est beau ! » et le concours est perdu. Ne pas penser au fond, débobiner. Ne pas tenter de comprendre, collectionner des condensés de savoir. Apprendre par cœur. C'est un athlétisme comme un autre, ni plus ni moins stupide qu'une longueur de bassin, de la musculation, du jogging.

Lévi-Strauss a parfaitement décrit l'inanité de la dissertation, forme creuse qu'il suffit de bien connaître pour la remplir avec n'importe quoi. Or, le roman aidant, j'avais de l'habitude, une sorte d'expérience, un petit peu d'écriture. Cela ne suffisait pas. La première année, je fus enfin collée à quelque chose : je n'eus pas Normale Sup.

Je n'avais pas su répondre à la question fatale : décrivez la salle numéro 13 du musée du Caire. Le professeur Piganiol, examinateur en histoire antique, s'était fait une spécialité des sujets éliminatoires. Vous n'êtes pas allée au Caire ? Vous n'avez pas visité ce musée ? Collée.

L'année où je fus reçue, les épreuves orales donnaient une bonne idée de la fabrique. Nous avions toutes entre seize et vingt ans et qu'est-ce qu'on nous demandait ? En histoire moderne, j'eus droit au syndicalisme japonais entre les deux guerres. En histoire antique, on me demanda la description du Pergamon, musée alors situé à Berlin-Est – autre question fatale de l'affreux Piganiol. Quant au syndicalisme japonais entre 1918 et 1939, j'ai beau fouiller ma mémoire, je ne vois pas à quoi cela m'a servi. Exercice pour guenon savante.

En attendant de passer mon épreuve de français, j'écoutais la candidate qui me précédait sécher sur un poème de Verlaine reposant sur des analogies croisées. Les clefs de lecture étaient évidentes, mais la candidate, perdue, ne les voyait pas. Pendant un bref instant, j'ai pensé « Que c'est beau, ce poème ! » Mais ce n'était pas mon tour. Sinon, je ne l'aurais pas dit. La polarisation excluait la beauté, obscénité qui ne se disait pas.

À Normale m'attendaient trois années de labeur débouchant sur l'agrégation. La voie était tracée, je n'avais qu'à la suivre. Mais le roman aidant, je fis tout autre chose. Je me mariai dès la deuxième année, chose rare, mais admise. Ce qui ne l'était pas, mais alors, pas du tout, c'était de faire un enfant dans la foulée.

Pourquoi ai-je dévié ? Pourquoi ai-je préféré l'amour ?

Les chers professeurs

On n'avait pas le droit de se présenter à l'agrégation de philosophie sans un cycle d'études comprenant un certificat de psychologie – obligatoire –, et un certificat scientifique, au choix. Et en psychologie, tous les étudiants en philo affrontaient les présentations de malades à Sainte-Anne, hôpital psychiatrique qui, à l'époque, se contentait d'interner. La rencontre avec la folie s'agrémentait de cours de psychiatrie déclinant des classifications nosologiques dont les appellations ont presque disparu.

Délivrés dans un classique amphi à la Sorbonne, les cours de psychiatrie n'avaient rien pour troubler. On y emmagasinait de la schizophrénie, de la paraphrénie, de la psychose maniacodépressive, de la grande hystérie avec crise et opisthotonos, de la névrose obsessionnelle. Mots opaques.

Mais Sainte-Anne !

Expatriation. On sortait du Quartier Latin pour aller dans le fin fond du treizième, dans le cœur de l'enceinte bordée de hauts murs noirs. Frontière. La grande porte franchie, on trouvait des jardins, pelouses un peu pauvres, buissons privés de fleurs. A-t-on remarqué comme, dans les téléfilms français, les hôpitaux parisiens qui servent de décor sont de vraies floralies ? En 1957, les fleurs n'étaient jamais de saison.

S'y promenaient des gens indiscernables que les bandes d'étudiants n'osaient pas trop regarder, celui-là sur un banc, tête basse, mains crispées sur le crâne comme sur une toile de Van Gogh ? Et celle-ci, pieds nus dans des savates, un manteau jeté sur son grand corps ? On cheminait lentement, on n'avait pas envie. Et puis on pénétrait. L'amphithéâtre était vaste et banal, avec une longue table en contrebas. Présentatrice en blanc, blouse ouverte, un négligé signe d'autorité. Et le malade entrait. Assis derrière la table pour un interrogatoire serré destiné à la démonstration. S'enfuir ? Impossible. D'ailleurs on le choisissait bavard et de bonne compagnie.

Dès le début, j'ai su. Même à travers des voix ralenties par les médicaments, ça s'entendait très bien. Les fous étaient comme nous, juste un peu plus fragiles. La Blouse Blanche les questionnait avec une douceur calculée ; faire sortir un délire, ça s'apprend. Fiérote quand un paranoïaque déployait l'étendue des persécutions dont il était l'objet, elle semblait dire « Et voilà ! Vous voyez ? » On ne voyait rien du tout. Et s'il avait raison ? « Mais non, disait doucement la Blouse, vous faites erreur, il ne peut plus vivre en société. Cette pile de lettres accusatrices qu'il envoie à tout le monde, les juges, les gendarmes, le président du Conseil. La menace est trop grande, surtout pour lui, le pauvre, comment, vous ne voyez pas ? »

Jusque dans le milieu des années soixante-dix, on présenta en public des gens dans les amphis. Il n'y a pas de nom pour cette violation manifeste des droits de la personne, et c'était au programme du certificat de psychologie. Les étudiants étaient dans le grand monde, de l'autre côté du mur, là où on pense normal. Derrière la clôture étaient les fous, dans le monde brouillé où l'on ne pense pas droit. Les antidépresseurs n'existaient pas encore, mais les neuroleptiques, si. Les psychiatres les appelaient « la camisole chimique ». Le corps épaissi et la bouche pâteuse, les fous étaient affreusement calmes.

En écrivant ces mots cette nuit, j'ai vomi. D'ordinaire, je suis très économe en vomissements, même pendant mes grossesses. Mais cette fois, j'ai connu la puissance du corps qui rejette ce qu'on lui fait avaler. Tant d'années après !

En 1960, l'année où j'écoutais délirer les patients à Sainte-Anne, Michel Foucault soutint à la Sorbonne sa thèse de doctorat qui devait devenir un ouvrage admirable, *Histoire de la folie à l'âge classique*. L'amphi de Physique était bondé, l'événement était considérable et j'eus la sensation d'assister à un bouleversement de la pensée. De sa voix un peu mate tranchante comme une lame, Foucault décrivait comment l'internement fut introduit en France sous Louis XIV. Dans l'espace prisonnier de l'Hôpital Général, la police internait les mendiants, les errants, les rebelles, les libertins ; fers aux pieds, enchaînement. Et quand la Révolution française eut déchaîné solennellement les fous, la psychiatrie les enchaîna autrement, relayée, disait Michel Foucault, par la psychanalyse. De chaînes en fers, la folie, si libre sur la Nef des fous du Moyen Âge, n'avait jamais retrouvé son intégrité.

Si je m'étais précipitée dans l'amphi de Physique pour écouter Michel Foucault, c'était à cause du cirque de Sainte-Anne et de cette vieillerie d'avant-guerre, trop semblable aux folies criminelles dont nous avions été témoins pendant la guerre. Je n'étais pas la seule. Pendant quelque dix ans, peut-être davantage, tous les agrégatifs de philosophie connurent les jeux du cirque. Et tous en furent frappés. Je ne vois pas d'autre raison au succès immédiat du courant antipsychiatrique, qui, venu d'Angleterre, déferla sur la pensée française des années soixante-dix.

Il s'était donc trouvé des philosophes pour inscrire au programme des études la monstration des fous. Leurs intentions étaient pures, puisqu'après tout, le mouvement surréaliste, qui n'était pas si vieux, avait à sa manière fait un nouvel éloge de la folie. Pour étudier la raison, mieux valait connaître la folie, oui, oui, la bonne idée ! Il ne s'en est pas trouvé un seul pour comprendre la portée philosophique du cirque.

La philosophie ? Bonne à détruire. Toute ma génération l'a pensé peu ou prou. Si la philosophie française pouvait laisser faire ça, alors, pas de quartier. C'est ce que j'ai pensé.

L'autre certificat scientifique n'allait pas me faire changer d'avis. Six mois plus tard, je m'inscrivis en psychologie expérimentale et non en ethnologie ; étant enceinte à cette époque, j'avais fait le choix de la facilité. Facile, ça l'était. Pendant six mois, j'enfonçais des électrodes dans le crâne de rats qu'il fallait endormir et réveiller avec des stimulations électriques – on nous faisait faire ça ! Pour pouvoir dégager le nerf sciatique, élément fondamental de la connaissance universelle, il fallait trancher aux ciseaux des grenouilles vivantes, par le milieu, en deux. Personne ne voulait le faire, alors moi, je l'ai fait. Comme j'étais enceinte de sept mois, tout le monde a trouvé cela très bien. Vomissements nocturnes cinquante années plus tard.

Je ne vois toujours pas à quoi pouvait servir cette vivisection. Pour les rats, j'ai su plus tard que le prof en charge de ces travaux pratiques travaillait sur une zone du cerveau alors très mal connue, qu'il appelait « la formation cérébelleuse », centre de commandement du sommeil et de la veille. Nous n'avions pas droit aux conclusions.

Débauche de mécanisme. On nous demanda de nous soumettre, pour le comprendre, au test d'intelligence de Binet et Simon. Je recueillis la triomphale moyenne de 70. J'appris donc que j'étais une retardée mentale, très en dessous de la zone de normalité fixée entre 90 et 110. Incapable de poursuivre des études supérieures. Sourcil froncé, le professeur me fit refaire le test, car j'étais normalienne. Et j'obtins 70. Qu'est-ce que nous apprenions ?

Et pendant ce temps-là, je faisais un enfant.

Avant l'agrégation ! Les fondements tremblaient sur leurs bases. Je manquais aux commandements de la fabrique. Quand elle apprit ma grossesse, la directrice de Normale Sup filles me convoqua dans son bureau.

Elle était sculpturale, teint très pâle, mise en plis noir corbeau, un beau regard vif. Ses intentions étaient excellentes. D'une voix raffinée, elle me proposa au nom de la fabrique une solution un peu audacieuse, un peu risquée, certes, mais si j'acceptais, j'aurais l'agrégation. Une solution à quoi ? Je ne comprenais pas. Enfin voyons ! disait-elle. Tomber enceinte juste après le mariage ! Et votre agrégation, vous y avez pensé ?

Solution ? Mais de quoi parlait-elle ? Soudain, je compris. En 1960, l'avortement était illégal ; il ne cessa de l'être qu'en 1974.

Une fureur me prit, une fureur sacrée. Une fois, j'avais vu Rivka en colère claquer une porte chez nous à Paris ; sous le choc, les carreaux avaient éclaté. Et l'esprit de Rivka m'inspira. Je partis en claquant violemment la porte du bureau de la directrice. Je n'étais plus dans la voie de la fabrique. Je n'aurais pas l'agrégation.

Mon fils Michel naquit le lendemain du jour où je soutins mon mémoire de maîtrise après avoir tronçonné une dernière grenouille. Tout attendri devant mon ventre énorme, Jankélévitch fut très attentionné. Il me mit une note faramineuse et voulut le faire publier. Je pensais que c'était à cause de ma grossesse, qu'il était trop gentil, que ce n'était pas sérieux, que ce texte était nul. Je lui dis non. Dans mon esprit, je ne savais plus quel était mon avenir. Au vrai, je n'y pensais pas.

Trois semaines après la naissance de Michel, je le promenai fièrement dans son landau rue d'Ulm, au cœur de la fabrique.

Je croisai Althusser que je connaissais mal. Il s'arrêta pour me dire bonjour et je lui présentai mon fils dans le landau.

Ce qui se passa alors fut pour moi un séisme. Il regarda mon premier-né, la chair de ma chair, avec une telle haine que je le recouvris – on était en juillet.

C'est à cet instant que je les ai plaqués. Tous en vrac ; et très injustement. Les chers professeurs, les universitaires, la dame de Sainte-Anne, les embrumés du cœur. Si celui-là, qui déjà en 1960 était un grand penseur, un philosophe d'élite, si cet esprit qui refondait le marxisme pouvait exprimer de la haine pour un nouveau-né, je ne vivrai pas sur la même planète ; je ne partagerai pas mon monde avec eux. Après Dina Dreyfus, le regard d'Althusser ; décidément, les profs. Pas de philosophie.

Passé l'agrégation, je ferais autre chose. La directrice ayant clairement décidé que je ne pouvais pas avoir l'agrégation dans l'année qui suivait la naissance d'un enfant, je ne me fatiguai pas.

Mais si peu que ce soit, la fabrique m'avait reprise en main.

Les libérateurs

J'avais trois caïmans qui n'étaient pas de l'espèce Althusser.

Le premier, un homme assez âgé, sortait à peine d'un très grave accident d'intoxication au gaz de ville – une fuite indétectée. C'était le grand philosophe surréaliste Ferdinand Alquié. Ses leçons étaient d'exquises et profondes promenades intellectuelles qui se déroulaient chez lui, rue du Cherche-Midi, où il lui suffisait de se laisser parler pour transmettre des trésors de culture.

Le deuxième, tout feu tout flamme, était jeune ; son esprit pétillait, il était formidable et par-dessus le marché, il était beau. Son parcours m'enchantait : avant de devenir professeur de philo, il avait été officier de marine. C'était Michel Serres.

Un jour, sur le trottoir du boulevard Jourdan, nous marchions pour aller je ne sais où et le voilà qui part dans un développement associant librement les étoiles, Cendrillon, Leibniz, les petites différences, l'involution, les mondes possibles, la réincarnation, l'inconscient. Leibniz, c'était lui. Si plus tard j'ai compris la pensée cyclique qui gouverne la vie de l'Inde, c'est à lui que je le dois. J'avais l'impression bizarre d'être un sherpa aux côtés d'un alpiniste de l'esprit grimpant vers les Himalayas de la philosophie. Ce philosophe, chose rare, avait un corps.

Le troisième caïman était un logicien austère et magistral, Jules Vuillemin, mais il me terrifiait. Alquié et Michel Serres, pour moi, c'était parfait. Puisque je n'aurai pas l'agrégation, autant en profiter. J'avais les leçons magnifiques des meilleurs maîtres et je lisais pour moi, un peu tout, un peu rien, beaucoup de Lévi-Strauss, rien à voir avec l'agrégation. Cette année-là fut sans doute la seule où j'ai fait librement de la philosophie.

J'étais dans un groupe de travail avec Michel Pêcheux, dont l'humour excessif embellissait les jours. Les dernières semaines se passèrent à la campagne, dans la maison de mes beaux-parents. Les murs devant un jour être restaurés, nous avions écrit sur le papier peint défraîchi des phrases de Leibniz, des morceaux de Hegel et des extraits de Platon, les auteurs du programme ; c'était assez beau. Fichu pour fichu, je partais chaque week-end pour être avec les miens, mon mari et mon fils.

La dernière semaine, en revenant au phalanstère qui préparait l'agrégation, je trouvai mes gaillards mal en point. Nausées, vomissements ; des bruits épouvantables sortaient des toilettes. D'une voix mourante, Michel Pêcheux me dit que, pour les soigner, il fallait une tisane de fleurs de sureau. N'écoutant que mon bon cœur, je me précipitai. Dans la cour, le sureau fleuri sentait puissamment, attirant sur ses touffes très blanches mouches, abeilles et sansonnets. J'en cueillis, et je fis la tisane. L'odeur était abominable.

– Pouah ! dit Michel. Ça pue. Bois-en une gorgée, on te suit.

Je bus une gorgée. Une autre. Une troisième. Les gaillards se redressèrent, l'œil vif. « C'est mauvais, hein ? » Et ils éclatèrent de rire.

– On t'a eue ! C'est une blague ! On n'a rien du tout !

La tisane de sureau provoque de graves malaises. Je fus très malade. Les gaillards ne savaient plus où se mettre. L'écrit commençait deux jours plus tard.

J'y allai sans espoir, assez légère au fond. Je fus admissible, très loin. C'était fichu, voilà. La fabrique avait échoué. Je me présentai à l'oral pour la grande leçon sans aucune préparation, un 14 juillet. Je me servis de Lévi-Strauss. Je ne connaissais rien d'autre. J'avais d'autant moins de chances pour cet oral que, pendant qu'on y était, j'avais fait un scandale pour obtenir un livre de Lévi-Strauss qui venait de paraître et auquel j'avais droit, mais qui, trop récent, n'était pas encore arrivé dans les saints rayonnages de l'Université.

Puisque je ne pouvais pas compter sur la préparation que je n'avais pas faite, je m'étais faite belle en tailleur de raphia avec un bandeau chic sur mes cheveux dorés. J'avais vingt-deux ans, rien à perdre. Je parlai de *La Pensée sauvage*, le Lévi-Strauss tout neuf. Président du jury, Georges Canguilhem n'était pas homme à laisser entrevoir ce qu'il pensait. Il me remercia en bougonnant, l'œil pétillant sous ses gros sourcils noirs.

Le jour des résultats, je croisai dans la cour une candidate inquiète. À ce qu'il paraissait, une certaine Backès, quarantième à l'écrit, était cacique des filles. On ne disait pas « première », non, on disait « cacique », comme pour un chef indien. Je ne la crus pas, car Backès, c'était moi. Dix minutes plus tard, Canguilhem lisait publiquement la liste des reçus et François Regnault, grand échalas à l'œil bleu de chat siamois, cacique des garçons, sautait de table en table au milieu de l'amphi pour venir m'embrasser. Rivka pleurait de joie. La fabrique avait repris son dû.

C'était une imposture. Je n'y ai jamais cru. Mon apparence physique a dû les aveugler : à vingt-deux ans, j'en paraissais quinze. J'avais de jolies fringues. Normalienne, ça pose. J'avais une claire conscience que cette place de cacique allait grandement m'aider, mais c'était encore pire. Imposture, imposture.

J'eus droit à une année supplémentaire pour préparer mon doctorat d'État. En route pour ma baronnie.

Septembre 1962, trois mois après l'agrégation. Je déposai un sujet de thèse que Jankélévitch dirigerait : « Le paradis perdu ». J'avais une belle année pour y penser.

J'étais chez nous, préparant le repas de mon fils qui marchait à l'allure des enfants qui découvrent leurs jambes. Quelqu'un au téléphone me dit fort poliment « Puis-je parler à madame Catherine Backès ? Ici Claude Lévi-Strauss. »

Encore un canular ! Cela ne cesserait jamais !

Furieuse, j'ai répondu avant de raccrocher « Moi, c'est Napoléon. » Et je repris mon souffle. Pour la première fois, j'avais déjoué un canular de ces satanés normaliens.

Deux minutes plus tard, j'avais Isaac Chiva au téléphone. Il était l'assistant de Claude Lévi-Strauss, c'était bien le maître qui m'avait appelée, il avait entendu parler de ma grande leçon à l'oral de l'agrégation, il savait qu'elle portait sur son dernier ouvrage, il voulait m'inviter...

Impossible. Pas lui, pas Lévi-Strauss ! Non !

Si. Le maître voulait m'écouter dans son séminaire. C'était vrai.

– Vous allez recevoir par la poste le texte d'un mythe gouro et vous avez deux mois pour proposer une explication. Je dois vous dire que plusieurs ethnologues ont essayé en vain.

– Mais je ne saurai pas ! Qu'est-ce que c'est, gouro ?

Isaac Chiva était bienveillant. J'appris que les Gouro vivaient en Côte-d'Ivoire et que le mythe était mathématique. Je fus prise d'angoisse. Mathématique ! Alors que je ne sais pas compter !

Je ne connaissais rien à l'anthropologie, rien à l'Afrique, rien aux Gouro de Côte-d'Ivoire. J'avalai Lévi-Strauss, Marcel Mauss, Frazer, beaucoup de Freud, Balandier. Je torturai mes amis psychanalystes. Je fis très attention à l'apparence, robe prune, large col blanc, et je me présentai, avec le trac que je n'avais pas eu pour la grande leçon. Le public se composait d'ethnologues, de chercheurs et de philosophes en petit nombre, comme il convient à un séminaire de recherche en anthropologie. Lévi-Strauss me présenta à l'auditoire avec une phrase dont je rougis encore.

Le mythe gouro racontait l'histoire de héros fondateurs à qui arrivaient des aventures initiatiques reposant sur des chiffres mystérieux, le 1, le 2 et le 3. C'était un texte énigmatique comme celui de tous les mythes dont on n'a pas la clef. L'imprégnation ethnologique dont je m'étais pourvue n'ayant pas donné de résultats précis, j'appliquai la méthode dont Lévi-Strauss avait donné la recette dans l'*Anthropologie structurale*, tome deux, paru quelques années plus tôt. Je ne pris pas le mythe au mot, j'oubliai les chiffres et le calcul. Je cherchai les correspondances, je traquai les symboles. J'évitai soigneusement de simuler l'ethnologie. J'avais deux explications à proposer. L'une était structuraliste, l'autre inspirée de la psychanalyse. Comment faire du 3 avec du 2 ? Comment avoir des enfants avec un couple ? Comment faire du 1 avec du 2 ? Comment procréer ? Je n'étais sûre de rien. Lorsque je pense ainsi, j'ai le sentiment de jouer aux jeux de ficelle en tendant sur mes doigts des fils qui deviennent épervier, poisson, panier.

J'avançai lentement dans mes explications, attentive à ne pas manquer la moindre marche. Je ne regardai ni la salle ni le maître. Quand je me tus, je vis qu'au premier rang, invisible au public, Lévi-Strauss avait l'air très ému.

Je me mis à trembler.

Dans un petit espace à l'écart, je me retrouvai seule avec Claude Lévi-Strauss que je voyais pour la première fois. Il me dominait de sa haute taille, avec cette allure qu'avaient jadis les professeurs, pleine d'une dignité légèrement guindée qu'aujourd'hui, ils n'ont plus. Il y avait toutefois dans son habillement un air des lointains qui lui venait d'ailleurs : une veste confortable, un bijou d'argent retenant un foulard, trois fois rien qui le distinguait du professeur d'université ordinaire. J'avais en face de moi l'auteur de *Tristes tropiques*, parfumé des odeurs de miel et de tabac.

Il était réservé, réagissant au moindre mouvement de regard avec une vivacité sensible. Sa voix était profonde et bienveillante, sans la moindre trace d'arrogance. La fatigue intellectuelle favorise les sensations intimes ; je perçus en lui une émotivité constamment retenue. Il ne me submergea pas de phrases, il ne me fit pas de compliments.

Il me demanda ce que je comptais faire. Je répondis allégrement que je serais professeur de lycée et que j'allais taper la thèse de mon mari. Cette répartition des tâches conjugales s'était faite sans effort ; elle allait de soi. Mon jeune mari passerait sa thèse avant moi, il voulait écrire, il serait écrivain, et je l'y aiderais, point final. C'était indiscutable, charmant, tout un bonheur. Et j'entendis la voix de Lévi-Strauss grommeler quelque chose qui semblait me dire « Non ».

Non ? Comment ça, non ? Je ne taperais pas la thèse de mon mari ? Eh bien, justement, non. C'était exactement ce qu'il voulait dire. Désormais, j'étais libre.

Finie, l'humiliation de la fille aux lunettes, terminée, la proie préférée des canulars. Ce que l'agrégation ne m'avait pas donné, Lévi-Strauss m'en fit cadeau. J'avais de quoi penser et j'en étais capable. Mais le plus dur restait. Je ne taperais pas la thèse de mon mari.

Je me sentais si libre que je sortis des rails.

J'acceptai, juste pour voir, de mener une enquête dans la publicité, trois semaines sur le lancement futur d'une savonnette, dans le privé. C'était bien payé – une considération dont je tenais compte pour la première fois. J'écoutais sans mot dire des femmes raconter l'effet des savonnettes sur leurs rêves, leurs corps. Et c'était très curieux : futile, essentiel, écœurant, véridique. Je faisais connaissance avec mes semblables en un temps où la publicité pour savonnettes glissait timidement vers un peu d'érotisme, que fait-on du savon dans un bain, toute seule ? C'était délicieux et inintéressant.

J'enchaînai avec des jeux pour chefs d'entreprise, une étrange machinerie d'époque rassemblant des patrons qui devaient remettre un bilan d'entreprise toutes les demi-heures à l'équipe dont je faisais partie. Le gagnant était le patron qui avait le mieux rentabilisé son entreprise au bout de quarante-huit heures. L'entreprise était une affaire de machines à laver, et les patrons qui jouaient pour se former avaient entre dix et vingt ans de plus que moi. Pour avoir l'air sérieux, je fumai des cigares et cela me plut beaucoup. Pas le goût du cigare, mais l'allure George Sand, le théâtre, le jeu de rôle.

Le paradis de ma thèse se perdait de plus en plus. J'avais la sensation d'un plaisir interdit, quelque chose comme jouer au casino. L'année se termina, je n'avais pas écrit une ligne de ma thèse et je fus nommée au lycée de Beauvais, établissement au nom inoubliable, Félix-Faure-Jeanne-Hachette.

La fabrique a ceci de singulier qu'elle ne prépare en rien à l'enseignement. Un vague stage pédagogique dont je n'ai aucun souvenir et vlan ! Dans le grand bain. Une classe de philo, une classe de mathélém, j'avais vingt-quatre ans, j'en paraissais dix-sept. Ils en avaient dix-sept.

Je contemplai la table, meuble sur lequel le professeur pose ses notes et ses coudes, et derrière lequel il est censé s'asseoir. Je revis le cirque de Sainte-Anne, la Blouse Blanche derrière son grand bureau, tout ce que je détestais. Je ferais autrement.

Au lieu de m'asseoir derrière la table du prof, je m'assis franchement sur la table. Les jambes ballantes et libres, je me sentais très bien. Eux aussi.

Des parents d'élèves bougonnèrent, mais comme j'étais l'unique agrégée de philo du lycée Félix-Faure-Jeanne-Hachette, le proviseur me laissa en paix. Cette drôle de créature à l'allure de gamine, cela l'intéressait. Et comme je portais en hiver le manteau de bébé phoque que mon grand-père fourreur avait confectionné pour Rivka, le proviseur me surnomma la Panthère. Certes, la peau de phoque comporte des ocelles, mais pour la confondre avec une peau de panthère, il faut être dans le fantasme jusqu'au trognon. Il l'était.

3

Myriam ou l'aurore boréale

C'est l'amie de mon enfance.

Quand nous sommes-nous connues ? Nous avons deux versions. Pour Myriam, en classe de quatrième au lycée, et pour moi, en sixième. Elle est sûre de son coup : nous nous sommes connues l'année où Myriam tomba éperdument amoureuse de Laurence Olivier dans le rôle de Hamlet. La date de sortie du film en France coïncidant avec la « quatrième » à Victor-Duruy, elle m'en parla l'année durant et elle en parle toujours avec le même feu. Mais je préfère me raconter que j'ai rencontré Myriam en sixième, l'année où j'ai connu l'antisémitisme français.

En sortant de ma boîte très catho, je n'avais aucune idée de l'antisémitisme. Je n'ai pas le souvenir du moindre incident. C'était certainement un milieu protégé, Rivka veillait au grain. Mais au lycée, tout change. Une foule de filles grimpe les escaliers, ça se bouscule, ça crie, on s'énerve, on a le trac, on ne sait pas comment se diriger, on ne va pas trouver sa classe, on est perdue. Et des files se forment, une dame fait l'appel, on est dans une classe d'environ trente gamines.

Dès les premiers jours de l'entrée en sixième, je me liai avec une petite très comme il faut. Au bout d'une semaine, elle vint me dire que ses parents ne souhaitaient pas que nous soyons amies. J'étais stupéfaite. Pourquoi ? Mais pourquoi donc ?

– C'est que ta mère est juive, répondit l'enfant si bien élevée.

J'avais innocemment raconté à ma nouvelle amie que deux de mes grands-parents étaient morts à Auschwitz. Auschwitz ! Signalétique. Les parents avaient tout de suite compris.

C'est ainsi, à l'école, qu'Hannah Arendt fit connaissance avec l'antisémitisme prussien dans sa ville natale, Königsberg. Le ciel tombe sur la tête. Rivka très en colère. Que faire ? J'ai trouvé ma Myriam.

Myriam s'appelait Woler. Ses parents avaient sur les miens un immense avantage : ils paraissaient unis. Son père, qui me semblait vieux, tenait une chemiserie au nom de Simon Wolber boulevard Montparnasse ; le « b » dans son nom propre lui avait été suggéré pour éviter « Woler », trop semblable à « Voleur ». Il l'avait cru. C'était un taciturne plein d'autorité et qui m'impressionnait. Sa mère avait un rire magnifique, une grande ironie, de longs yeux verts bridés. Myriam m'a souvent dit qu'elle venait de Finlande, j'entendais Laponie, en tout cas boréal.

Myriam était très grande, fichée en terre sur des jambes solides mais qui pouvaient fléchir, cela, je le sentais. Chez elle comme chez moi, les jambes sont fléchissantes, comme celles de Charlot. On tient, on est debout, on résiste, on avance, mais il ne faut pas pousser, sinon, c'est simple, on tombe.

On a tellement marché ensemble qu'on titube.

Elle avait le teint clair, des cheveux blond cendré et des yeux d'un bleu fulgurant, avec la même forme bridée que sa mère. Les cheveux ont changé de blondeur, mais le regard, non. Ni sa voix, sublime et frémissante, une voix de comédienne, à faire trembler les foules. L'un de mes souvenirs les plus vifs est celui du jour où elle joua Ulysse dans une adaptation de l'*Odyssée*, sur l'estrade qui servait de scène dans la salle de gym.

Affublée d'une barbe en ouate de coton, coiffée d'une courte perruque à bouclettes dans le même matériau, Myriam faisait un Ulysse à la peau enfantine, mais quand sa bouche s'ouvrit, Homère s'exprimait par sa voix. Elle avait ce talent, elle aurait dû choisir le théâtre. J'étais dans les coulisses, chargée des éclairages. Lorsque Myriam disait : « Ah ! Le soleil se couche », j'éteignais l'électricité pour faire un noir. Il n'y avait pas de projecteurs mais un simple bouton qu'il fallait abaisser. Ce bouton faisait un bruit épouvantable. Le soleil se couche, clic ! Il faisait nuit. Le soleil revenait, clac ! Et c'était l'aube sur la grève où vient Nausicaa. J'y ai souvent pensé en Inde et en Afrique, où le soleil se couche en trois minutes.

Je passais tous les jours la chercher à pied rue du Cherche-Midi et nous descendions le boulevard Montparnasse jusqu'au carrefour Duroc où se trouvaient les dernières boutiques ; ensuite, en descendant le boulevard des Invalides, nobles façades et plus aucune boutique jusqu'à Victor-Duruy. Rien ni personne ne pouvait nous atteindre ; à deux, nous formions un couple invulnérable. Nous ne travaillions pas spécialement ensemble. Nous parlions. Nous n'arrêtions pas de nous parler. Myriam a vécu à Lyon, puis sur l'île d'Yeu, enfin à Nantes ; nous ne nous sommes pas vues pendant presque quinze ans quand je courais le monde. Mais depuis que je suis rentrée de mes voyages, la parlotte a repris.

Tenez, aujourd'hui, à propos de *Werther*. Myriam s'est prise d'une grande passion pour le livre de Goethe et l'opéra de Massenet. Et comme à quatorze ans avec Laurence Olivier, cette passion s'est d'abord incarnée dans un très grand amour pour un homme de scène, Thomas Hampson, titulaire du rôle-titre dans *Werther*, version pour baryton. Myriam l'aime sans le connaître. Avec quelle furia ! « C'est une révolution psychique », dit-elle.

De quoi parle-t-elle ainsi ? De cette excitation de la pensée qui saisit la personne entière et la transcende ? L'adolescence suscite ces états extrêmes sans le secours de drogues, pourvu que l'on soit deux, deux à penser ensemble. Une révolution psychique perpétuelle ? Oui. Nous avons vécu cela, elle et moi, en arpentant le boulevard Montparnasse.

Avec la correspondance entre Jacques Rivière et Alain Fournier, ardente aventure intellectuelle entre deux jeunes bourgeois idéalistes à l'aube du siècle des deux guerres.

Avec *Les Nourritures terrestres*, à cause des portes ouvertes sur les granges et de celle qui, pour finir, s'ouvrait, mais sur la plaine.

Avec Gérard Philipe, mais j'étais juste une fan adolescente amoureuse d'un acteur, tandis qu'avec Laurence Olivier en Hamlet, Myriam filait tout de suite vers la métaphysique.

Aucune femme là-dedans. Nous vivions avec des hommes illustres sans souci de leur sexualité. Quand André Gide mourut, j'allai déposer un bouquet de violettes à son domicile rue Vaneau, à deux pas du lycée Victor-Duruy. De lui, de sa vie, de son homosexualité, de son antisémitisme bon genre, j'ignorais tout, mais de son charme sec, de ses sinuosités, de ses sensualités d'écriture, je n'ignorais rien. La question de sa sexualité ne me tracassait pas ; elle n'était pas dans mon esprit.

Nous parlions avec le souci d'une pensée dégagée de ses supports. Nos révolutions psychiques étaient très innocentes, mais nous avions la même passion de comprendre. Comprendre et connaître par n'importe quel moyen.

– Il y avait deux pommes à l'arbre du paradis, dit Myriam. L'une pour toi, l'autre pour moi.

Il m'arrive de regretter cette période extrême où rien de ce qui était humain ne pouvait nous atteindre.

Pour nous récompenser d'avoir passé le bac, Yvonne, ma grand-mère nous emmena toutes deux faire le tour d'Italie, en autocar. À partir de Nice, voyage organisé et pas question d'avion. Et dès le premier soir, à Gênes, on fila. Yvonne s'était massivement endormie dans sa chambre et nous nous baladions dans le port en pleine nuit. Des putes et des marins, des passants, des bistros, des lumières dans la nuit, des chansons, des bagarres, des cris. Nous n'en menions pas large quand soudain, apparut un homme en turban, avec un perroquet posé sur son épaule.

– Quelle couleur, le turban ? Est-ce que tu t'en souviens ?

– Oui, dit Myriam. Je pense qu'il était bleu. Je me suis souvent dit qu'il était à l'origine de ton amour de l'Inde.

– Turban bleu ? Un Sikh, alors.

Yvonne n'en sut rien. On ne recommencerait pas.

Sages sur le Forum, sages dans les jardins. À la villa d'Hadrien, notre esprit se fixa sur une tombe étrusque où deux époux d'argile souriaient enlacés. Voilà, ce serait nous quand nous serions mariées. Nous aurions des époux fidèles jusqu'à la tombe et après notre mort nous souririons ainsi.

À Capri, je cassai mes lunettes et je n'eus plus pour voir que les yeux de Myriam. Ravenne : ciel d'or brouillé, une impératrice floue, deux yeux d'émail très blancs, prunelles invisibles. Venise, c'était affreux. J'entendais le bruit de l'eau, l'envol lourd des pigeons, le clapotis des gondoles et je reniflais l'essence, mais je ne distinguais rien. Myriam ne me lâchait pas. Il y avait trop à voir. Deux semaines, c'était trop court. Il faudrait voyager, s'arrêter, regarder, comprendre. Comprendre ! Notre obsession.

Nos choix pour l'avenir furent dans cette logique.

Hantée sans le savoir par la disparition de mes grands-parents, je choisis la philosophie à cause de Françoise Burgelin. Protestante, humaniste, elle rendait possible l'existence d'une pensée. Ce que je ne savais pas, qui allait se découvrir, c'est qu'Auschwitz à l'époque avait tué la philosophie.

Sitôt entrée en philosophie, après le bac, j'eus la sensation d'être en porte-à-faux ; les mots ne sonnaient pas juste, je ne savais pas pourquoi. Je progressais dans le cursus et la philosophie chantait toujours faux. Le choc des fous m'ouvrit une fenêtre sur l'inconscient de l'Europe, cet abîme. J'achevai mes études en me dissociant, révoltée par la philosophie que j'allais enseigner.

J'en fus délivrée en visitant Auschwitz, plus tard, en 1972. Alors je sus pourquoi j'avais fait le choix de la philosophie et pourquoi elle avait chanté faux. J'espérais poursuivre les révolutions psychiques, mais c'était cache-misère. Après un long détour, je les trouvai dans l'ethnologie et la psychanalyse qui, sur la vérité, ne font pas de compromis.

Pendant que j'enseignais, une obsession prit forme dans les années soixante, une obsession qui ne m'a pas quittée. Comprendre l'impossible, comprendre la possibilité d'Auschwitz. Comme je ne crois pas en Dieu ni au Mal absolu, il faut trouver les causes, toutes les causes, l'Inconscient. Mon obsession vient de Platon. « Nul n'est méchant en le sachant », dit-il. Nul, même un nazi. Je veux toujours passionnément comprendre comment le peuple allemand a pu laisser faire ça.

Myriam alla plus vite. Elle devint sans détour psychanalyste, métier qu'elle exerça avec feu jusqu'au jour où, sans crier gare, elle prit sa retraite et cessa d'écouter les autres à heures fixes, pour de l'argent. Désormais, elle écoute tout le temps et veut comprendre le monde, gratuitement. L'attention aux mouvements de l'âme est chez elle en éveil perpétuel. Bourrée de pensée comme un fusil chargé, elle vit une révolution psychique ininterrompue.

Myriam a du génie. Mais elle n'écrit pas. Pour moi, c'est un drame. Qu'une pensée qui enflamme la plaine quotidienne sans jamais se lasser demeure incognito, je ne peux pas m'y faire. Mais je crois que j'ai tort. Myriam est un barde du Septentrion, une aurore boréale colorée et mouvante. Il arrive que des êtres bourrés de pensée ne sachent l'exprimer qu'en paroles, qu'en affects. Ils sont sans limites, eux. Car l'écriture limite la pensée.

À compter de l'hypokhâgne, nous fûmes trois. Anne, qui fut la troisième, avait un charme fou, un visage de chat triangulaire, des cheveux à reflets un peu roux, et pour aller avec, des yeux verts. Elle n'était pas comme nous, elle avait un maintien, une allure élégante, un grand raffinement. Née dans une grande famille, elle avait un sens naturel du vêtement qui me faisait saliver d'admiration. Jamais je ne pourrais arrondir une écharpe sur l'épaule ou faire bouffer mes cheveux avec autant de grâce ! Il nous faudrait attendre.

Car Anne avait sur nous un grand privilège : elle avait vu le loup, elle n'était plus pucelle. Ce qui pour nous paraissait impossible, Anne l'avait accompli. Quoi qu'elle dise, même bonjour ou bonsoir, le moindre de ses mots nous paraissait marqué au sceau de l'âge adulte. Elle n'en tirait pas gloire, simplement, c'était là. La troisième du duo avait un autre corps. D'où ses gestes fluides, sa maîtrise et dans l'œil, une ironie terrible à de certains moments. Comment serions-nous après, Myriam et moi ?

Nous connaissions le loup qu'elle épousa plus tard. Il me paraissait vieux, pas très loin de trente ans, c'était un jeune énarque supérieur et quand il parlait de moi avec sa future, il m'appelait toujours « le petit cornichon ». Anne n'aimait pas cela, mais elle me le répéta. Cornichon ! Je pressentais la corne et le nichon là-dedans.

L'esprit d'Anne était profondément critique, adouci par un rire retenu. L'ensemble de sa personne était irrésistible. Nous avions trouvé un maître en quelque chose, quelque chose d'indéfinissable. Les choses de la vie ? La lucidité ? Une désillusion joyeuse ? Le goût d'améliorer ? Tout cela à la fois. Elle avait le désir de pénétrer les secrets, l'art de les deviner ; elle se trompait rarement. Son œil terrible voyait à travers les corps ; regard scalpel. Nous étions transpercées, incomplètes, cajolées en attente du grand soir. Et Anne riait de plus belle, la tendresse en dedans.

Anne épousa le loup, Dieu, qu'elle était belle le jour de son mariage ! Noyée dans le blanc, l'œil vert un peu perdu. Elle partit au Cambodge où les temples d'Angkor Vat n'ayant pas encore été truffés de mines, elle connut le bonheur de les découvrir tous dans leur intégrité aujourd'hui disparue. Puis, fixée à Paris, elle devint éditrice, exerçant son œil plein d'acuité sur les textes des autres. Sa volonté d'améliorer. L'essence de la critique. Le rire philosophique décapant le réel et la psyché des autres. La marche a endurci son corps fin et nerveux ; elle arrondit toujours son écharpe sur l'épaule avec la même grâce. Anne n'a changé en rien.

Encore aujourd'hui, lisant ce manuscrit :

– Si tu mets le perdreau sous le nez du pointer, il fera son travail, tu sais !

Et d'attaquer, patte légère.

Il y eut des orages dans le trio et autant de moments calmes de pensée échangée, autant de folies à trois joyeusement partagées. Un été, nous partîmes en deux-chevaux dans un chalet que la famille d'Anne avait au Tyrol. Sur le trajet, nous fîmes halte au camp militaire de Mourmelon-le-Petit où nos fiancés, énarque ou normaliens, commençaient leur service militaire. Puis, les jeunes gens quittés, la montagne du Tyrol se montra accueillante en herbes et en odeurs. Le chalet était en bois sculpté, immense pour trois filles sans surveillance. Libres, nous étions libres ! Plus de parents, plus de fiancés.

Dans la sèche odeur des lambris, enroulées dans les couettes, qui sont l'âme germanique, nous avons entrepris de lire Sade à haute voix.

Lire, c'est une façon de parler. Nous avons tellement ri qu'il était impossible d'aller au paragraphe dans son entier. D'éclats de rire en fous rires, nous avons lu *Justine* nuit et jour. Les couettes volaient dans l'air, mieux que les polochons ; quatre cents coups pour trois et plus question de critique. Ce Sade explosé par des rires de filles, je ne l'ai plus retrouvé. Lire Sade seule dans son coin, en silence, c'est horrible. On ne peut pas avancer, on suffoque, on le prend au sérieux, on souffre, c'est exprès. Mais lire Sade en riant aux éclats, quelle fête ! Ainsi riait Déméter quand la petite Baubô, pour sortir la déesse de la mortelle tristesse où l'avait plongée la perte de sa fille, retroussa sa tunique et lui montra sa vulve. Et le printemps revint.

4

L'entrée dans le monde

L'année du premier bac fut fertile en événements mondains. Rivka m'avait permis une « boum » chez des amis. Et mes grands-parents m'emmenèrent à mon premier bal, épreuve initiatique de ces temps reculés.

La boum m'affola jusqu'au dernier moment ; je ne savais pas comment m'habiller, je me sentais idiote, j'étais laide avec mes lunettes. J'en sortis avec une robe de faille à carreaux gris et gros nœud noir, et l'impression de m'être trompée de monde en frayant avec de jeunes snobs qui parlaient très fort, riaient trop haut et buvaient sans plaisir.

Le bal fut de la même eau. C'était le bal annuel de l'École de Physique et Chimie, dont mon grand-père Louis était l'une des gloires. Ma grand-mère Yvonne avait choisi pour moi une robe de satin rose très *Vacances romaines*, col fermé, jupon large, petits boutons de nacre montant sur le corsage. En pénétrant dans les fastueux salons de l'hôtel Continental, je n'en menais pas large. J'étais trop jeune, mal attifée, affreuse avec mes lunettes, et je ne danserais pas, c'était certain. Je songeais à la petite comtesse Natacha Rostov perdue dans son premier bal à Moscou, attendant fébrilement qu'une grande personne lui fasse l'honneur d'une danse. Adossée à un pilier doré, je contemplais sans joie les couples en train de valser quand un vieillard lugubre – trente ans ? quarante ans ? – en me voyant si triste, pencha la tête et m'invita. La peur au ventre, morte de ridicule, je valsai avec l'inconnu en tricotant des ballerines. Pas de prince Bolkonski et puis, à cette époque, je ne savais pas valser.

Lorsque j'entrai en hypokhâgne, j'étais sans ma Myriam, inscrite au lycée Camille-Sée. Pour la première fois, j'eus des profs masculins, un trajet en métro, trois stations aller-retour, et une vie au Quartier Latin. Dans cette vie, il y avait des garçons, hypokhâgneux au lycée Louis-le-Grand.

Je ne sais plus comment, avec Myriam et Anne, nous nous sommes retrouvées dès le début de l'année dans un groupe « tala ».

« Tala » pour catholiques, ceux qui vont-à-la messe.

La messe me barbait. Je n'y allais plus depuis des années, sauf avec ma grand-mère pour mariages et baptêmes. Les garçons se seraient appelés « catholiques », je ne les aurais même pas regardés. Mais ils s'appelaient « tala » et cela changeait tout. C'était juste des garçons, et la messe, un prétexte. Ce qui m'intéressait en eux, c'était le groupe et qu'ils soient des garçons.

Quand je tombai malade, ils sortirent de ma vie. Clouée comme j'étais sur mon lit de paresse, les livres me comblèrent tant que je n'allais pas bien. Mais à Pâques, j'eus envie de bouger. Malgré les consignes du corps médical, je décidai de suivre le pèlerinage de Chartres, à la grande fureur de Rivka.

– Un an entier au lit ! gémissait-elle. On te l'a répété, douze mois de repos, tu n'as pas oublié ! Le professeur Jean Bernard...

On me fit des conditions exceptionnelles et on m'agrégea au pèlerinage pour les infirmes en un temps où ils ne s'appelaient pas handicapés. Les autres pèlerinaient une semaine et dormaient sept nuits à la belle étoile, mais les infirmes et moi, une nuit seulement. Nous suivîmes en voiture jusqu'à la dernière étape et là, au flanc d'un petit bois, nous accédâmes enfin aux tentes pèlerines.

Il pleuvait. Sur un monticule, un jeune prêtre confessait en plein air ; faute de confessionnal, il avait pris, pour être séparé de ses pénitents, une fourchette dont il tenait les dents collées sur son visage vaguement éclairé par une lampe de poche. Je ne connaissais personne avec qui j'aurais pu partager mes sarcasmes et seul, on ne rit pas. D'ailleurs, tout le monde avait l'air de trouver sympathique cette fourchette dont les dents servaient de grille de confessionnal, allez, à la bonne franquette, on ne va pas se mettre martel en tête, lançaient les jeunes aumôniers d'une voix forte, allez, les enfants, il est temps de se coucher, allez, tout le monde au pieu ! Fourrée dans un duvet, j'avais froid sous la tente.

Le lendemain, les malades avaient le droit de marcher quelques heures, l'œil rivé sur la cathédrale de Chartres en déclamant les versets de Péguy.

Il y a de la joie à forcer ses jambes. Les ampoules aux pieds, déjà, c'est moins bien, mais avec les chants et les copains autour, on finit par ne plus les sentir. Un grand jeune homme élégant au front pâle m'insuffla l'esprit nécessaire pour continuer. Pas longtemps ! Je remontai piteusement en voiture, protégée par mon statut de malade. J'en redescendis pour le dernier kilomètre que les autres avalèrent avec l'enthousiasme de l'épreuve surmontée. L'arrivée triomphale dans la cathédrale fut célébrée par des centaines de jambes nues, de godillots boueux et de chaussettes mouillées.

Rivka était aux cent coups et me recoucha dès que je fus rentrée. À la fin de l'année, je passai en khâgne sans coup férir.

En khâgne, la compétition est impitoyable et la préparation du concours tourne vite au cauchemar. L'air aurait été franchement irrespirable sans les khâgneux de Louis-le-Grand. Eux aussi préparaient le concours comme des bêtes ; mais ils respiraient quand même l'esprit de Normale Sup. Les filles, pas du tout.

Les clans de l'École Normale se formaient dans la khâgne de Louis-le-Grand et dans celle du lycée du Parc à Lyon. En pleine guerre d'Algérie, Normale Sup se partageait entre les communistes et les talas. Les deux clans s'opposaient à la guerre d'Algérie. Je ne pris même pas le temps de réfléchir. Dans les lycées, nous étions tous contre la guerre d'Algérie, dans la ligne du manifeste des 121. Myriam et moi nous nous étions déterminées très tôt, d'un même mouvement. Au point de prêcher la désertion en refusant le service militaire en Algérie ? Les communistes disaient oui.

Au printemps 1958, j'allai manifester contre le coup d'État du général de Gaulle. Je décidai toute seule et sans hésitation. Quelques mois plus tard, le 21 février 1959, le général de Gaulle décida d'aller au Bal de Normale Sup.

Rivka s'était montrée intraitable : je devais revenir à minuit, point final. Ma robe était de tulle à bandes de satin, large et longue comme j'aimais ; je me sentais guérie. Propre et nette, l'École allait accueillir le chef de l'État, grand événement politique suggéré par Alain Peyrefitte. J'avais manifesté contre de Gaulle, j'éprouvais pour lui de l'animosité, mais j'étais spontanément républicaine : on devait l'accueillir.

En trottinant dans les plis de ma robe blanche, je cherchais du regard l'homme au pouvoir. Je l'aperçus, s'apprêtant à serrer la main de normaliens volontaires qui se prêtaient au jeu, alignés sagement.

Puis il y eut grabuge.

Tohu-bohu, rumeurs, chuchotements, le directeur, très pâle. Plus de Général. Le premier normalien de la file avait refusé publiquement de lui serrer la main, à cause de l'Algérie. « Je ne veux pas serrer la main de votre politique », avait-il dit, très crâne. Le deuxième non plus. De Gaulle était parti, mortifié. Le deuxième normalien rebelle était le fiancé de ma cousine Babette, Jean-Marc Lévy-Leblond, que j'admirais beaucoup, mais ce soir-là, misère ! Je lui en ai voulu. Je crois bien que je le lui ai dit. Comment, se faire choisir uniquement pour serrer la main du chef de l'État et lui faire cette offense ?

J'étais légitimiste comme mon grand-père Gornick à qui cette soumission avait coûté la vie. Incapable de dire non à la République, même mauvaise mère.

Il faut pourtant savoir la gifler, la République.

J'ai traîné longtemps dans les couloirs et ce n'était plus un bal, enfin, plus tout à fait. Je suis rentrée à pied à deux heures du matin et Rivka m'attendait, postée à la fenêtre. Furieuse, folle d'inquiétude. C'était bien.

Ma maladie ? Au feu ! Il n'en fut plus question.

Comme j'étais imperturbablement bonne élève, Henri Lemaître le professeur de lettres, un fou de cinéma, me désigna pour participer à ses côtés à une émission de télévision organisée par l'ORTF en noir et blanc. Ma première télé, 1959.

C'était un plateau composé de jeunes gens et jeunes filles tout ce qu'il y avait de propret, bien coiffés et bien mis ; j'étais en robe grise avec un col blanc. Le thème portait sur le film de Marcel Carné, *Les Tricheurs*, projeté juste avant le débat, dans le style de ce qui deviendrait plus tard *Les Dossiers de l'écran*. Marcel Carné montrait des jeunes en plein désarroi, picolant sec, couchant beaucoup et jouant au « jeu de la vérité » avec une telle cruauté que l'un d'eux se suicide. Trouble de la jeunesse devant la montée des périls ? Influence pernicieuse de la guerre d'Algérie ? Nous devions plancher là-dessus devant Maurice Clavel, dont les grosses lunettes d'écaille noire étaient terrifiantes.

Nous étions tous d'accord : les jeunes du film ne nous ressemblaient pas, mais alors, pas du tout !

Et s'il fallait aller enseigner en Algérie, là, maintenant, que ferions-nous ? Nous irions. Oui, nous irions.

Je ne me souvenais plus de cet épisode quand je reçus, il y a environ dix ans, la copie de l'émission, envoyée par un archiviste amical. Quand je la visionnai, je n'en crus pas mes yeux. D'une voix assez ferme, j'étais de celles qui affirmaient que, oui, à n'en pas douter, elles iraient enseigner en Algérie... Moi qui croyais avoir lutté pour l'indépendance de ce pays depuis le premier jour ! Certes, il y avait une légère ambiguïté touchant au statut de l'Algérie. Personne ne disait si, dans le cas où nous déciderions d'y aller, l'Algérie serait indépendante ou encore colonisée.

Mais si Maurice Clavel avait senti le besoin d'éprouver la vaillance des jeunes, c'est que cela bougeait. Deux ans après Budapest, chez les communistes, ça tanguait. Chez les talas aussi. L'agonie de Pie XII veillé par sa nonne allemande, son cadavre verdi en une de *Paris-Match* laissaient une pénible impression. Personne ne parlant encore de la Shoah, le pape défunt n'était pas clairement soupçonné mais on aurait dit que si. Ce pape était obscur ; Rivka avait sauté de joie en apprenant sa mort. Le patriarche de Venise qui lui succédait sous le nom de Jean XXIII voulait ouvrir les fenêtres, préparant la révolution qui devait aboutir au concile Vatican II.

Les talas de Normale étaient des libertaires. Faire craquer l'Église romaine universelle, changer ses valeurs, retrouver l'église primitive, montrer à tous que le communisme se fondait sur le christianisme à son état naissant, oui, c'était bien. L'engagement était presqu'obligé ; le soir tombé, je m'en fus alphabétiser des enfants algériens du côté de Barbès, le cœur battant, avec le sentiment profond d'exercer la justice en contrariant les craintes de Rivka, qui n'en sut jamais rien. Les normaliens et les khâgneux avaient les mêmes aumôniers, de jeunes révoltés en soutane. Un petit groupe de copains et d'amis se forma. On l'appela « la Bulle ».

Sous la houlette d'Alain-Noël Henri, jeune philosophe roux aux cils transparents, une revue catho naquit, qu'on appela *Vin nouveau* : on ne pouvait pas le verser dans de vieilles outres. On en brisa certaines frénétiquement. En 1958, quand sortirent *Les Amants*, le film de Louis Malle, la Bulle se partagea. L'« étudiant 58 » étant désabusé, une passion extrême valait mieux qu'*Un certain sourire* dont Françoise Sagan avait fait un roman.

Mais une femme mariée et mère de famille pouvait-elle quitter les siens au nom de l'amour, pouvait-elle sans un mot partir à l'aube avec son nouvel amant ? C'était anti-tala au possible. Alain-Noël invoqua Claudel, *Le Partage de midi*, *Le Soulier de satin* et l'amour absolu étant œuvre divine, la dame adultère fut absoute : oui, elle avait raison. Le sacrement du mariage ne valait rien contre la foudre d'une nuit passée dans la baignoire. Rédigé par des jeunes gens catholiques vierges et chastes, *Vin nouveau* approuva *Les Amants.* L'amour, oui, absolu. Clavel aurait aimé.

En un rien de temps, j'étais fiancée au grand jeune homme élégant du pèlerinage de Chartres, un cœur pur qui jamais ne me fit aucun mal. Mais moi, je lui en fis.

Au printemps, les aumôniers nous emmenèrent pour une « mission » pendant les vacances de Pâques, à Chinon. La mission consistait à visiter les pauvres, rafistoler des bâtiments ; la France était encore mal en point et la guerre mondiale avait laissé des traces. Le soir, on méditait, on chantait, on lisait du Claudel, *La Jeune fille Violaine*, *Le Partage de midi*.

J'étais chargée de la décoration de l'autel dans une église romane abîmée. Juchée sur une échelle, j'entrepris de coudre des fleurs de cassie sur un grand drap blanc comme me l'avait appris ma mère nourricière, Rose, si savante en bouquets pour l'église du village. J'étais quelque part dans un roman de Balzac, une jeune fille fiancée à l'aube de la vie. L'air respirait l'encens et la fleur de cassie, mais dans Balzac, je m'en souvenais bien, les fiancées innocentes vont à la catastrophe.

Et la catastrophe s'annonça. Il y avait dans la Bulle un jeune homme à l'œil vert qui disait des poèmes et jouait du violon.

À perdre l'esprit

Les ruines du château de Chinon sont trouées de vieux tunnels que les aumôniers réservaient pour la dernière soirée. Exploration à la lampe de poche, attention les enfants, ce peut être dangereux. Le jeune homme à l'œil vert me prit la main dans l'obscurité et comme dans Balzac, je défaillis.

Cet événement minuscule eut lieu il y a plus de cinquante ans et il est resté vif, plus qu'un premier baiser ; je l'écris et il me revient. Rien d'autre qu'une main qui s'empare de la mienne, une main avec des doigts trapus, timides et caressants. À compter de cet instant, je ne m'appartenais plus. Je n'eus aucune hésitation. Ne plus s'appartenir me semblait naturel, j'étais pieds et poings liés, amoureuse à perdre l'esprit. Invulnérable au doute, le grand amour était venu sur des pattes de colombe, par traîtrise, dans le noir. Et j'étais une traîtresse.

En un rien de temps, je fus défiancée, et fiancée au jeune homme à l'œil vert. Celui que j'abandonnai avec la légèreté d'une Carmen de bazar souffrit considérablement, mais je n'y pouvais rien. Ce n'était pas ma faute, mais celle de l'amour, qu'est-ce qu'on peut à l'amour ? Cinquante ans ont passé et je me souviens encore de cette aile bruyante qui faisait vibrer tout sur son passage.

Dire que plus rien n'existait serait mythologique. Le programme était fixé d'avance. On se marierait et on aurait beaucoup d'enfants, mais je n'arrêterais pas mes études et je travaillerais. Il rêvait d'écrire ; sa vie était tracée. Il voulait une maison retirée dans les bois. Je serais professeur de lycée. Nous serions normaliens tous les deux. Ensuite ? Ensuite rien.

Il était catholique pratiquant, il allait à la messe pour de vrai. Il était l'aîné d'une famille nombreuse d'origine étrangère, pas d'Allemagne, mais pas loin, du Luxembourg. Et tout cela m'enchantait. Qu'il soit né de l'étranger, qu'il sache l'allemand, qu'il soit musicien, peut-être bien tzigane ; la source des poèmes qu'il disait si bellement, son violon, c'était l'étrangeté en lui, sa part de rêve. Qu'il soit le fils de parents qui jamais ne s'étaient séparés – exotisme à pleurer pour une fille souffrant de si longues disputes familiales. Qu'il ait été élevé dans des conditions qui s'apparenteraient aujourd'hui à de la pauvreté. Qu'il soit en tout point le contraire de Rivka, qu'il puisse faire la nique à ma famille cassée, tout cela, je le savais. Quelle liberté !

Nos parents furent prévenus. Personne n'eut le droit à la moindre objection. Le jeune homme à l'œil vert me présenta à son père dans son labo de chimie à l'Institut Curie, rue d'Ulm, comme notre future École. Le père avait aussi l'œil vert et il ne plaisantait pas.

Je fus sommée d'interrompre la khâgne et de renoncer tout de suite à mes études ; d'ailleurs, quand il avait rencontré sa femme à Physique et Chimie, c'est ce qu'elle avait fait.

– Tu ne travailleras pas, ma petite, n'est-ce pas ? disait le père sur un ton bienveillant. Pour les enfants, c'est mieux. Pas de travail, hein ? C'est d'accord ?

– Non, dit le jeune homme. Nous ne sommes pas d'accord.

Il fut très respectueux, mais enfin, il dit « non ». J'étais émerveillée. Qu'aurais-je fait si le fils avait suivi le père ?

Prise comme je l'étais, j'aurais obéi. Je me connais quand je suis amoureuse.

À la fin du printemps il y avait le concours. Le jeune homme à l'œil vert fut reçu ; moi pas. Les choses étaient dans l'ordre. L'amour devait se payer quelque part et ce quelque part-là se jouait sur ma tête. J'avais plaqué le travail pour l'amour.

Pendant l'été, nos jeunes aumôniers aux soutanes révoltées nous emmenèrent en voyage d'études à Berlin-Ouest.

Le mur n'existait pas ; il s'en fallait de quatre années avant qu'il fût construit. Passer du secteur ouest au secteur soviétique, à l'est, était d'une facilité déconcertante : en métro, la rame s'arrêtait trois secondes, le temps qu'un haut-parleur annonce qu'on entrait dans le secteur géré par les Soviétiques ; à pied, rien ne se passait. Tout au plus fallait-il avoir son passeport et, pour les restaurants, un Ausweis aisément obtenu.

Nous avons donc sillonné Berlin sans souci de ses divisions, à l'ouest, au centre, au nord, au sud, à l'est. C'est à l'est que j'ai entendu pour la première fois *La Walkyrie*, dans l'opéra situé sur Unter Den Linden – sous les tilleuls. Après la représentation, nous nous sommes rendus en délégation dans les coulisses, pour attendre la cantatrice qui chantait le rôle de Brünnhilde, jeune femme assez vaste au beau visage calme. Elle avait des cheveux longs d'une grande blondeur, ondulés au petit fer et j'avais l'impression de visiter le paradis.

Les œuvres aujourd'hui réparties dans le quartier des musées se trouvaient entassées dans un petit musée à Dalhem. On voyait dans la même salle *L'Enseigne de Gersaint* de Watteau, *Saint Sébastien pleuré par sainte Irène*, de Georges de La Tour, et, au beau milieu, planté sur un pilier, le buste de Néfertiti. Qu'elle était belle, toute nue, simplement éclairée, rescapée de la guerre ! L'un des yeux de la reine Néfertiti, épouse du pharaon Akhenaton, inspire les maquillages des top-modèles. L'autre est blanc. Une taie mystérieuse le recouvre. Nous tournâmes autour de l'épouse blessée du pharaon maudit en contemplant tantôt l'œil maquillé, tantôt le borgne.

Le jeune homme à l'œil vert dont j'étais tant éprise manifesta une grande émotion devant le tableau de La Tour à cause de sa retenue et de son clair-obscur. Cheveux cachés par un simple bonnet, une sainte Irène en tablier tenant une flamme unique au-dessus d'un jeune saint au corps percé de flèches, voilà qui reflétait la pensée de sa famille et c'est ce que j'aimais. Modestie, dignité, femmes servantes retenant leurs larmes... Rivka aurait dénoué son bonnet, arraché ses cheveux, mordu son tablier et allumé des lampes absolument partout.

J'avais beau préférer le manteau à plis roses de la dame de Watteau, je suivis mon fiancé dans sa rigueur éthique. Au cœur de Berlin dévasté, surtout à l'Est, nous mangions du veau pané sec comme un coup de trique, des goulasch à la sauce visqueuse où traînaient des morceaux nerveux. Pauvre, la nourriture rappelait les mauvaises années d'après-guerre et nos tickets de rationnement. Les grandes avenues soviétiques s'étiraient devant d'immenses bâtiments blancs longeant les terrains vagues et les ruines de Berlin. Constructions d'après-guerre comme partout en Europe.

À l'Ouest, hormis l'église vouée à rester amputée en souvenir de la période nazie, plus de ruines, mais des boutiques clinquantes et beaucoup d'éclairage, des néons aux couleurs violentes, des bars à putes et de brillants cafés.

À l'Est, l'éclairage était faible et les ruines triomphaient. Elles étaient belles, les ruines au clair de lune. L'obscurité propice aux commencements de notre histoire d'amour dispensa ses bienfaits à Berlin-Est, et je passai une nuit intense avec le Bien-Aimé dans les ruines calcinées des églises protestantes dont les clochers s'étaient effondrés sous les bombes. Une nuit chaste, pleine de mots caressants et de baisers profonds.

Nos fiançailles furent célébrées par une messe dépouillée rue Madame, dans l'un de ces lieux œcuméniques où soufflait l'esprit de liberté, en présence de la Bulle au complet. Pour moi, c'était bizarre, une vraie messe, une sérieuse.

Soudain, par surprise, un long frisson me traversa l'échine. Et je me mis à croire en Dieu. C'était comme l'amour, une traîtrise. Entrée vaguement tala, je ressortis catholique comme Carmen avec Don José, amoureuse à perdre l'esprit.

Ce n'était pas désagréable ; pour une athée païenne, c'était même troublant. Un peu comme un coup de foudre avec personne en face. Aurais-je eu le frisson qui parcourait mon dos de la nuque à l'anus avec un tel plaisir si je n'avais été amoureuse en chair et en os ? Je ne crois pas. L'effet du mot « fiançailles » entraînait un appel vers je ne sais quelle flamme, une nuit pascalienne. Mes fiancés étaient là, l'homme et le dieu ensemble. Mais les dimanches suivants, plus de frisson.

Il fallait obéir, s'abandonner à des moments précis, baisser la tête à l'instant de la révélation, prier sur ordre. Je n'aimais pas trop ça. Je ne raffolais pas des chuchotements pieux de la confession, ni des murmures babillards de la messe. Je ne voulais pas faire de métaphysique, non, j'aimais la sensation du croire, toute crue. Ce que j'aimais ? Le souvenir du frisson.

Le frisson m'a servi plus tard pour écrire des livres sur les sorcières et d'autres sur les mystiques. Vingt ans pour penser clair.

Après la messe de fiançailles, nous avions préparé un pot pour les amis dans la thurne du Bien-Aimé. C'est assez grand, une thurne, haut de plafond, large et vaste. Nous étions gentiment en train de boire un verre quand l'eau apparut. De l'eau, sous la porte ! Elle monta. Habilement coincé par des petits malins, un tuyau d'arrosage déversait toute l'eau du jardin. Quand elle fut à un mètre de hauteur, il fallut s'en aller. C'était un canular de normaliens. Qui ? Les cocos, sans doute. On n'a jamais trop su.

Quelque temps plus tard, les petits malins choisirent le plus laid d'entre nous et lui firent envoyer un repas de mariage, entrée, plat principal, gâteau avec son couple, petit marié en noir, petite mariée en blanc. Le lendemain, le malheureux reçut la facture et fut obligé de payer. Il paraît qu'il ne s'en remit pas. C'est terrible, un canular de normaliens. Ça n'aime ni le bonheur ni le malheur.

Je fus reçue sans trop d'éclat. Parfait ! À l'automne 59, le Bien-Aimé devait partir pour Moscou où il resterait un an pour perfectionner l'usage du russe avant de passer l'agrégation. Nous étions tous deux très anticommunistes, convaincus de la dureté de l'épreuve, mais à Normale, il n'y avait pas le choix. Pour apprendre le russe, l'année à l'Université de Moscou était inévitable. Le Bien-Aimé ramassa tout son courage et partit.

Nous nous marierions en septembre 60, à son retour.

Internat de filles

Selon les règles en vigueur, les élèves de l'École Normale Supérieure de Sèvres, filles uniquement, étaient obligatoirement internes si elles étaient célibataires. J'emménageai donc dans une petite thurne située dans les vilains bâtiments du boulevard Jourdan, construction de la fin des années cinquante : petits pavillons avec toit de ciment, maigres pelouses, réfectoire de couvent, quelques forsythias étiques devant la fenêtre, murs sonores. Staliniens en diable, façon Berlin-Est. J'y fus très malheureuse, torturée par l'absence et par la jalousie.

Pas de téléphone. Pour avoir une ligne, il fallait la commander plusieurs jours à l'avance, sans aucune certitude ; un coup de fil à Paris, de Moscou, à l'époque ? Pas de téléphone. Je n'avais plus la voix du Bien-Aimé.

À la fin de son séjour, je reçus un coup de fil de Tachkent. La capitale de la république socialiste soviétique de l'Ouzbékistan était accessible par train à partir de Moscou sans trop de difficultés, moyennant les habituelles tracasseries administratives et la surveillance policière. Le Bien-Aimé voulait voir Samarcande, à deux jours de route de Tachkent.

En revenant de son expédition, il entreprit de me téléphoner. Je fus avertie par la poste française que j'allais recevoir cet appel.

Il m'arriva relayé par des demoiselles du téléphone très émues d'avoir à connecter des amoureux lointains, de Tachkent à Moscou, de Moscou à Berlin, de Berlin à Strasbourg, de Strasbourg à Paris, il m'arriva en comédie musicale, dansé sur les fils téléphoniques avec des voix complices et quantité d'accents. Et lorsque ce fut lui, la ligne était houleuse, semblable au bruit qu'on entend dans un grand coquillage qu'on porte à son oreille.

À Samarcande, il avait vu avec émerveillement la tombe de Bibi Khamin, la concubine chérie de Tamerlan. Bleue et turquoise, la tombe, un tapis de céramiques. Il me semble qu'il parlait aussi de peupliers cendrés, mais je ne suis plus très sûre.

En 2001, l'Ouzbékistan était indépendant, il n'avait pas encore subi d'attentats islamistes de provenance wahhabite et il ne souffrait pas de l'autoritarisme policier de Karimov. J'eus la chance d'y aller quelque temps. À Samarcande, la tombe de Bibi Khamin était couverte d'échafaudages, car on restaurait les céramiques bleues. J'ai ramassé un débris vert Nil et turquoise laissé à l'abandon et je l'ai pieusement gardé en souvenir. Nous étions divorcés depuis plus de trente ans.

Mais le reste du temps, pas de téléphone ; des lettres. Je passais ma vie à les attendre. C'est ce que je croyais. Dans le monde réel, j'allais suivre des cours, je rédigeais des dissertations, je préparais des exposés, je prenais des repas et je dormais, parfois. Mais l'essentiel se passait dans l'attente de ces lettres acheminées par la valise diplomatique, et que j'ai, bien sûr, gardées. Quand la lettre tardait – une par semaine, très longue –, je plongeais dans une folle jalousie. Forcément, il couchait. Forcément. Un jeune homme de vingt ans, célibataire, dans une université soviétique remplie de filles !

S'il ne l'a pas fait, il aurait dû le faire. Une voix minuscule me susurrait parfois que, peut-être, ce serait bien qu'il ne soit plus puceau, mais le torrent jaloux était trop fort. Violent ! J'avais dix-neuf ans, je me gardais pour lui, il se gardait pour moi. Ce n'était pas négociable. Toute infidélité aurait cassé le lien et c'était une folie dont je ne suis pas sortie. Pas d'infidélité ! Une seule, et je casse.

« Un seul mot et je reste », dit Prouhèze à Rodrigue dans *Le Soulier de satin*. « Un seul mot et je reste », dit cette folle cinglée qui, pour s'accoupler dans le ciel à l'aimé, préfère s'en séparer dans le monde. « Un seul mot et je reste ! » dit Doña Prouhèze quelques secondes avant de s'embarquer pour aller vers sa mort, dans un fort qui, sous peu, explosera. Tout le monde le sait, Rodrigue, ses marins, Prouhèze. Tout le monde sait qu'elle va mourir. Un seul mot suffirait, mais il ne le dit pas. Il la préfère morte. Eh bien, je suis pareille. Une seule infidélité, et je casse, j'explose.

C'est une infirmité dont je ne suis pas guérie.

L'internat de l'École Normale Supérieure de Jeunes filles était un lieu de grande étrangeté. Tout y était moderne, c'est-à-dire fonctionnel, simple, gris et moche. Nos thurnes étaient spacieuses, avec vue sur une absence de fleurs. J'eus beau y apporter un tapis, des tableaux, des vases, un samovar, j'eus du mal à reconstituer la tente turkmène du Cherche-Midi. Mais j'avais deux voisines, deux amies véritables, filles de lettres toutes deux, toutes deux talentueuses et qui se retrouvèrent pour un temps au Carmel, sitôt l'agrégation passée.

Elles étaient formidables, mes petites bonnes sœurs, affectueuses et folles de gaieté ; Mariette, la plus blonde, osa se déguiser en soutane noire pour jouer le rôle de l'aumônier de Sèvres, le futur cardinal Daniélou, un grand diable sympathique au visage torturé. En cela, il ne déparait pas. Un internat de filles prédispose aux tourments, et celui-ci était à grand-peine tempéré par l'intensité du travail intellectuel.

L'aimable directrice à mise en plis corbeau était intelligente. Puisque, à cette époque, nous étions toutes vouées à l'enseignement, elle imposa des cours de diction et de chant classique pour exercer nos voix. De tout ce que j'ai appris, ce fut le plus utile. La diction était enseignée par un vieux sociétaire de la Comédie-Française, Henri Rolland, sanglé dans un costume trois-pièces ; il s'ennuyait avec ostentation. Mais le chant ! J'avais une voix perchée, fragile, une voix de tête. En quelques semaines d'exercice au piano, je dégringolai le long des tessitures et de soprano coloratura mal placée, je descendis jusqu'au presque mezzo.

Une autre voix, une autre vie. Excepté les pâtes de coings au dessert, la nourriture était très médiocre. Les garçons avaient droit de visite jusqu'à minuit seulement, mais souvent, ils restaient en faisant le mur à l'aube dans les thurnes des filles délurées.

Moi, j'étais dans le coin chrétien. J'attendais mes lettres, moi. J'étais fiancée. J'avais un petit diamant de fiançailles que je ne quittais jamais et que ma fille Cécile porte au doigt aujourd'hui. L'an prochain, je quitterai la thurne du boulevard Jourdan.

La guerre d'Algérie continuait. À l'abri dans notre monastère, nous vivions en boulevard extérieur. Mais les cours étaient au Quartier Latin, flics partout, casqués, bottés, armés de matraques, violents. Le sacro-saint gaullisme était aussi une saloperie de régime policier qui ne laissait pas un coin de ciel libre pour l'avenir. D'Alger nous arrivaient des nouvelles confuses qui concernaient l'armée, mais entre l'armée et les policiers en armes, nous ne faisions pas de différence. Malgré le risque, nous manifestions contre la guerre, talas et communistes ensemble ou dispersés ; l'aumônier Daniélou s'était rendu célèbre pour avoir brandi un livre de saint Augustin à la face des flics avant d'être embarqué.

Une nuit, tout bascula.

La prof de philo, jeune femme à l'air sévère, nous sortit de nos thurnes avec agitation. Michel Debré, Premier ministre, venait de lancer à la radio un appel désespéré exhortant les Parisiens à barrer la route aux paras qui avaient débarqué à Orly par avion.

Les paras ? Des putschistes ? Contre le Général ? Une dictature en marche ? Sauver la République en sortant du sommeil, voilà ce qu'il fallait faire. C'est ce qu'elle nous disait.

Par n'importe quel moyen, il fallait barrer la route aux paras. Pas le temps de s'habiller. Nous nous retrouvâmes postées sur le boulevard Jourdan, en chemises de nuit et chaussons, armées de balais, de pelles, de râteaux, n'importe quel moyen. Nous sommes restées ainsi plusieurs heures à attendre les paras pour leur barrer le chemin. Au petit matin, nous retournâmes au lit avec le sentiment du devoir accompli. Ils n'étaient pas venus, mais nous avions sorti les balais.

La même nuit, Ousmane Sow, le grand sculpteur sénégalais, se porta volontaire au commissariat du cinquième arrondissement. On lui mit dans les mains une vieille pétoire, on le fit monter dans un camion. Au petit matin, il rendit sa pétoire et tout ankylosé, descendit de son camion. Quarante ans plus tard, nous nous fîmes le récit de notre nuit des paras un beau soir sur l'île de Gorée, à la lueur de la lune. Ousmane riait encore de cette grande attente tournée en eau de boudin.

Nous avions échappé au coup d'État.

Lorsque de Gaulle parla d'un « quarteron de généraux félons », je baissai légèrement la garde. Pas trop. Ces histoires de militaires entre eux restaient des affaires soldatesques et le Général faisait partie de l'armée. Tous militaires ! Dans le même sac.

En Algérie, apparut l'Organisation Armée Secrète, un terrorisme français d'extrême droite combattant pour garder l'Algérie française. Il y eut des attentats, y compris à Paris. Visage ensanglanté, une petite fille devint aveugle à cause des bombes de l'OAS. Grande photo de la petite Delphine Renard en gros plan à la une de *France-Soir*. Nommé avant de Gaulle et gardé par de Gaulle, Maurice Papon était le préfet de police.

Papon ? Oui, le même. Les flics balançaient leurs victimes à la Seine. Deux cents Algériens morts ? On tuait dans la nuit. Sur ordre. Qui le savait ? Le Général pouvait-il l'ignorer ? Pendant qu'en ce temps-là Papon organisait la mort des « ratons », des « bicots », personne ne souffla mot de la ville de Bordeaux, personne n'évoqua ses crimes sous l'Occupation. Ce n'était pas l'époque. Qui savait ? Le Général ? Comment croire que non ?

À Pâques, flanquée d'une partie de la Bulle, j'allai rendre visite au Bien-Aimé, en train.

Un voyage à Moscou

La frontière entre le monde soviétique et le nôtre était à Brest-Litovsk ; nous étions très anxieux. Policiers en longs manteaux de cuir, premières chapkas. Changement dans les wagons. Tapis dans les couloirs, lampes roses et lumière douce, samovar et distribution de thé ; il y avait un air d'humanité. Les haut-parleurs diffusaient une musique tout ce qu'il y a de russe, des chansons en russe, la langue de ma mère et soudain, en voyant par la fenêtre des bouleaux sur la neige, je me mis à pleurer. La Russie, mon Dieu, la Russie, quel bonheur ! J'étais dans le chromo et c'était magnifique.

Le Bien-Aimé était différent. Mûri, un peu triste, plus tout à fait le même. Six mois étaient passés, qui l'avaient transformé, mais je n'y pris pas garde. Je trouvais ça normal. Il vivait dans une thurne tout à fait comparable à celle du boulevard Jourdan, à une exception près.

La *dejournaïa*. À son étage, cette affreuse créature remplissait le tableau de conduite sur lequel il avait toujours de mauvaises notes : il ne faisait pas son lit. Un mauvais camarade ! Tout était à l'avenant. Et pas de téléphone à cause des écoutes ; l'ambassade recommandait la plus grande prudence. Le Bien-Aimé avait des amis hongrois, Andras et Esther, un couple extraordinairement vivant qui buvait sec, vin blanc et vodka autour d'un goulasch. Je soupçonnais Esther de coucher avec lui, mais j'aurais soupçonné même la dejournaïa. Nous n'eûmes pas un instant d'intimité. Dès que nous étions enfermés dans sa chambre, la dejournaïa débarquait. Surveillance des baisers.

Zagorsk, grand monastère, n'était pas loin de Moscou. Pour les cérémonies de la Pâque, autorisées, les fidèles se réduisaient à de vieilles babouchkas qui marchaient sur la neige avec des bottes de feutre. La tête couverte de laine fleurie frangée, elles apportaient des brassées de saules en offrande. Ce n'est rien, un rameau de jeune saule au début du printemps. Juste une branche rouge à boutons duveteux. Mais ces femmes étaient vieilles, penchées sur leurs offrandes et leurs boutons de saule semblables au crâne d'un nouveau-né. Privées de popes et de culte, sans bougies pour les iconostases, ces vieilles femmes portaient des bourgeons d'avenir. Le culte allait renaître. En 2001, j'ai éprouvé la même sensation à Tachkent ; quelques années après l'indépendance, les soufis de l'Ouzbékistan retrouvèrent le chemin des pèlerinages et les séances de « Zikr », ces transes sèches, recommencèrent en sourdine près des tonnelles couvertes de vignes grimpantes, à l'ombre des mûriers.

Trente ans plus tard, le monastère aux bulbes d'or avait changé de nom et s'appelait Sergueï-Pasad ; le nom de Zagorsk, patronyme d'un révolutionnaire, était passé aux oubliettes. J'y fus un beau dimanche, la foule était compacte. Des jeunes gens amochés, avec, sur le visage, des bleus, des écorchures, se prosternaient avec de gros sanglots. L'alcool du samedi soir, me dit-on. Époque Eltsine. Les popes avaient de jolis ventres et de belles croix et partout, des églises se construisaient. C'est aujourd'hui.

En 1960, à Léningrad, tout le contraire. Le musée de l'Athéisme était très fréquenté. Visites scolaires, passage obligatoire. On y voyait sur les murs de grandes fresques narrant les méfaits des popes, ces infâmes, comment ils violaient les femmes et les battaient, comment ils exploitaient le pauvre monde. Par instants, on retrouvait vaguement les silhouettes des films d'Eisenstein, les méchants boyards en fourrure, les opritchniki, le grand manteau d'Ivan le Terrible, sa barbe en pointe, ses sourcils épais. La gigantomachie était dérisoire et le musée, grotesque. Où trouver la Russie ? Elle n'était plus que dans les chatons de saule portés comme des palmes par les babouchkas le dimanche de la Résurrection.

Nous vénérions Eisenstein farouchement, nous adorions en bande Nicolaï Tcherkassov, le grand acteur à l'œil bleu qui, dans sa prime jeunesse, avait joué Alexandre Nevski avant d'incarner Ivan le Terrible. Et justement, miracle ! L'immense acteur jouait dans une pièce de théâtre qu'il n'était pas question de manquer. Lui, en vrai ! Et ce fut pitoyable. Vieilli, un peu voûté, le grand acteur jouait un médecin dans une pièce bourgeoise et ennuyeuse, loin des souffles épiques. Il essayait, le pauvre. Il poussait ses tirades sur le devant de la scène en dardant ses yeux bleus sur la salle, comme avant. C'était grandiloquent, mais un peu de Russie passait dans le vieil homme.

Aucun de nous n'étant communiste, la virée à Moscou ne causa pas de déception. Nous étions atterrés comme prévu. Huit ans plus tard, quand j'adhérai au Parti communiste français, j'étais restée farouchement hostile à l'Union soviétique, comme beaucoup de camarades. Rien à sauver là-dedans. Nous le savions presque tous.

Quand je revins à Paris, restaient encore six mois. Le mariage aurait lieu au tout début septembre, un singulier mariage rempli de difficultés.

Mariage à quatre

Premièrement, il fallait réunir mes parents divorcés, et fraîchement remariés. Ça n'allait pas de soi.

Deuxièmement, la sœur du Bien-Aimé épouserait son fiancé philosophe, Michel Pêcheux. Mais le père de Michel était fragile et le sortir de ses troubles n'était pas une petite affaire.

La décision fut prise. Le père de Michel, mes parents batailleurs, on allait les brasser tous le même jour dans le même mariage, passez muscade ! Allez, quatre au lieu de deux.

Le mariage serait très catholique et se déroulerait dans l'église Saint-Séverin, à Paris. En confrontant mon père et ma mère au type de mariage qu'ils n'avaient pu avoir, je réveillais sans doute de très vieilles douleurs. Elle, juive, lui, catholique, en 1938, aucun compromis entre les deux religions, pas de cérémonie religieuse.

Au printemps, ma chère vieille Myriam se maria à Lyon. Elle était juive, et son fiancé tala, mais à l'approche de Vatican II, les choses évoluaient. Il n'était pas question de messe dans l'église, mais une cérémonie dans la sacristie était devenue possible. Aux marges de l'Église, on pouvait négocier.

L'un de mes plus beaux souvenirs reste le jour des noces quand Myriam prit son bain avant de mettre sa robe de mariée. Anne et moi nous étions les servantes de la Dame dont la peau rosissait sous la mousse de savon et qui riait de bonheur, les yeux étincelants. Jamais je n'avais vu Myriam toute nue, et c'était très étrange, très pudique, l'amie nue. Il y avait dans cette fille au bain quelque chose de biblique, un rituel sacré. Elle était rayonnante, elle crevait le ciel, elle était à elle seule une provocation pour le Dieu des juifs et celui des chrétiens, une liberté dénudée à l'œil bleu.

Ensuite, la sacristie, les rites, pfft ! Tout passa dans un éclat de rire, une profonde émotion. Myriam épousa son rouquin normalien, philosophe et génial, l'homme de *Vin Nouveau*.

À la fin de l'été, les essayages de ma robe de mariée me mirent en péril. Longue, en satin princesse, très ajustée, à traîne. Je pesais à peine quarante kilos, j'étais trop fluette pour ce grand apparat. Rivka avait choisi une bonne maison trop chère. J'avais des remords confus, de sales pressentiments. Angélique, ma future belle-sœur, était grande, sculpturale ; sa robe de velours blanc, toute simple, était confectionnée par une amie couturière d'un village près de Chartres. Moi, j'étais petite, en princesse avec traîne. Sur les cheveux blonds naturels d'Angélique, un voile tombait sans apprêt ; sur les miens, artificiellement blonds, je portais un diadème de strass et de perles retenant un voile ébouriffant. Angélique ne portait pas de lunettes, et moi, bien sûr, j'avais les miennes. Je fis crise sur crise à la pauvre Rivka. Le Bien-Aimé revint au milieu de l'été. Il avait profondément changé, mais tout était prêt pour le double mariage.

Ce jour qui semblait impossible passa comme un miracle. Les parents difficiles étaient là, sans histoires. Les femmes de ma famille arboraient des chapeaux en forme de champignon et d'oiseau de paradis. Au bras de l'arrière-grand-mère, mon jeune frère de quatorze ans portait son premier complet-veston. Les amis étaient là, c'était un grand bonheur. Quatre jeunes gens qui s'aimaient s'épousaient devant leurs aumôniers émus.

Quarante-neuf ans plus tard, le Bien-Aimé a épousé une autre, je vis depuis vingt-cinq ans avec un autre que lui, Michel Pêcheux est mort et Angélique est veuve.

L'effondrement des rêves

L'année de l'agrégation, Michel Pêcheux devait être reçu premier. Cela allait de soi, tant il était génial. Mais contre toute attente, il fut collé.

Je revois le camarade qui vint nous annoncer les résultats de l'écrit, dans notre thurne, rue d'Ulm. « Toi, Catherine, toi, Marc, ça va », bougonna-t-il. Puis, jetant un regard inquiet sur Michel, il se tut. Michel avait de grands yeux noirs et rieurs qui soudain s'éteignirent. On eut beau lui rappeler mille fois que Sartre avait été collé la première année avant d'être reçu premier la seconde fois, rien n'y fit. Michel plongea dans la mélancolie. Il ne quittait plus Angélique d'une semelle, il se terrait dans son ombre, dans sa force. L'année suivante, il fut reçu premier, mais la mélancolie avait jeté sur lui son dévolu.

Il se tourna vers une discipline qui n'avait pas bonne presse, la psychosociologie, dont il renouvela la théorie en compagnie de Michel Plon, élaborant des analyses qui, aujourd'hui encore, font école. Il fit de nombreux séjours en Amérique latine, vivant comme l'oiseau sur la branche, un jour ici, l'autre là, sans trop d'attaches. La barbe qu'il portait était devenue fleuve, et ses yeux riaient toujours, d'un rire mélancolique. Il était drôle, Michel, drôle comme un comique. Il fit partie du groupe d'Althusser, il s'attacha à lui profondément. En 1980, quand Althusser étrangla sa femme Hélène, Michel fut dévasté.

Trois ans plus tard, mon fils m'avertit avec précaution que Michel avait disparu. Où ? Sur le bord de la Marne, où sa voiture était restée. Puis mon fils me dit toute la vérité. Après des mois d'absence, on venait de retrouver le corps d'un noyé, et c'était lui.

Encore aujourd'hui, j'ai du mal à le croire. Lui mort, ce grand vivant si gai, père de si beaux enfants ? Au Mexique, on m'a dit qu'il se cachait sous une fausse identité ; c'est tout juste si l'on ne m'a pas dit que le sous-commandant Marcos, c'était lui. Au Brésil, Michel Plon a trouvé récemment des tee-shirts à son effigie. Il m'arrive de rêver qu'il reviendra.

Le Bien-Aimé me quitta en juin 1968, par amour pour une jeune étudiante qu'il épousa après notre divorce. Nous avions deux enfants, un garçon, une fille ; ils en eurent deux autres, une fille, un garçon. Il y a encore dix ans, je n'aurais sans doute pas pu écrire ces lignes sans douleur. Les quatre enfants du Bien-Aimé se sont chargés de l'effacer.

Il n'était pas dans mes capacités de pouvoir le retenir à mes côtés. Je n'ai pas réussi. Sans doute l'aimais-je mal, sans doute trop, sans distance. Il n'y a pas de quoi en faire un drame et je mis près de vingt ans à m'en remettre. J'aimais à la folie un homme expressément choisi dans une famille nombreuse, un catholique ardent dont j'étais sûre qu'il ne divorcerait pas. Manqué.

Après son départ, j'attendis ; l'été passa. Je le revis un jour qu'il était venu chercher nos enfants, et je pleurais tellement que je n'ai pas pu parler. Ma mère et mon beau-père évoquaient le divorce, il fallait être raisonnable, refaire sa vie, passer à autre chose, je ne voulais rien entendre, rien, surtout pas de leur part à eux, les divorcés. Le seul mot de « divorce » me mettait en fureur. J'espérais.

À l'automne, un ami m'invita en Alsace pour me réconforter. Il s'appelait Gilbert Lascault.

Je l'avais rencontré à Cerisy, dans un colloque sur le Diable, car il est spécialiste des monstres dans l'art occidental. Qu'avais-je à faire avec le Diable ? Je préparais une thèse sur le Paradis perdu et j'étais normalienne, première d'agrégation, viande à colloques. Ce grand homme au corps rond et à la voix flûtée m'avait paru très sympathique. À Cerisy, on danse au casino. Gilbert se dandinait, il était un peu rouge, je le croyais puceau, je le lui dis. Il éclata de rire.

Il était séparé et père de deux enfants. Je le baptisai aussitôt le Biquet. Nous écrivîmes ensemble un article sur les dessins de Grandville pour la revue *Critique*, et nous nous mîmes à travailler de concert, courant les séminaires plusieurs fois par semaine. Son jugement était et demeure infaillible ; il a toujours été d'une grande modération.

C'est cet ami fidèle qui m'accueillit à Obernai, sa ville natale. Au cimetière, je posai un caillou sur la tombe de son père avant de revenir dans l'épicerie familiale.

Une fissure s'ouvrit dans le flanc catholique.

J'étais juive, je l'avais oublié. Dans son angoisse, ma mère Rivka avait si bien caché la part juive de sa fille que je ne connaissais rien aux usages des cimetières. Cette pierre sur la tombe du père de Gilbert était le tout premier caillou juif de ma vie. Pas de tombe à Auschwitz pour mes grands-parents juifs. Où poser un caillou ?

Je décollai de moi sans m'en apercevoir.

Bien que ce fût l'automne, les cerisiers de l'année 68 avaient choisi de refleurir en Alsace et certains portaient même des cerises. Nous étions dans les cerisiers en fleur en septembre quand le Biquet me parla de divorce.

Mais au lieu de parler raison et raisonnable, il me fit l'éloge d'une liberté inouïe, celle de la femme jeune et divorcée, délivrée des contraintes du mariage. Ce destin, je pouvais y accéder. Il suffisait de demander le divorce.

Et cette fois, j'entendis. L'enjeu de la liberté était un bon appât.

Le divorce d'avec le Bien-Aimé prit environ six mois, un record de vitesse pour l'époque. Il n'y eut pas de bataille, pas de contestation. Seule la conciliation fut éprouvante, car nous étions tous deux dans un brouillard extrême, reste d'amour dans les ténèbres.

En partant si vite, si soudainement, le Bien-Aimé avait laissé dans les tiroirs de son bureau des récépissés de loyer pour une garçonnière et je ne m'étais doutée de rien. Pourtant, j'aurais pu.

Nous ne vivions ensemble que deux jours par semaine.

J'accuse le ministère de l'Éducation nationale.

Le Bien-Aimé avait été nommé à Asnières et moi, à Beauvais. Cet éloignement était strictement interdit pour les professeurs mariés et chargés de famille, mais le ministère s'en moquait royalement.

Pour aller à Beauvais, il fallait se lever à quatre heures, changer de train, arriver à huit heures, se rendre en salle de cours à 8 heures 30. À raison de trois fois ce manège par semaine, j'ai tenu deux mois, puis j'ai fait comme tout le monde ; j'ai loué une chambre en ville et je rentrais le week-end.

Seul à Paris, le Bien-Aimé tomba vite amoureux. Une fois, deux fois ; la troisième fut la bonne. Sa garçonnière était rue Terre-Neuve, un beau nom pour un nouvel avenir. Ce n'était pas sa faute, ni la mienne.

Ma vie changea de cours. J'étais libre en effet. J'eus des amours en nombre. Ils furent importants, mais bâtis sur le sable. Je me remariai, mais c'était sur le sable. Les enfants grandissaient ; ils quittèrent la maison. À ce moment seulement le sable disparut. J'étais revenue sur terre. Il fallut dix-sept ans.

Reste un étonnement. Les plus grands événements de ma vie ont été deux naissances, celles de mes enfants. Le regard que m'offrit chaque fois le Bien-Aimé s'est imprimé dans ma mémoire. Reconnaissance, remerciement, fidélité. Cela aura été. Cela ne s'efface pas.

5

Larmes russes

« Dans cette maison, me disait Myriam l'autre jour, on chantait beaucoup. Comme des Russes, quoi. »

Voilà, c'est exactement ça. « Comme des Russes, quoi. » Je me demande d'où cela m'est venu, ce goût de la Russie qui ne me quitte pas.

Né à Odessa, mon grand-père juif a passé son enfance à Bakou, en Azerbaïdjan ; il a fait ses études de médecine à Tiflis, aujourd'hui Tbilissi, capitale de la Géorgie. Ma grand-mère juive est née à Romny, petit village aux confins de la Pologne et de l'Ukraine, tout près de cette zone dont l'Empire austro-hongrois appelait les habitants « les confinaires ». Bakou, Odessa, Tiflis et Romny étaient partie intégrante de l'Empire russe quand ils y naquirent et quand ils le quittèrent, après la révolution manquée de 1905.

Pendant l'année qui vit la révolte des matelots du cuirassé *Potemkine*, mon grand-père avait fait partie des jeunes révolutionnaires antitsaristes. Il avait été jeté en prison et s'était évadé dans un panier de linge sale avant de gagner Odessa. Après qu'un pogrom de cosaques eût dévasté son village, ma grand-mère avait quitté Romny et elle avait rejoint Odessa. J'ai toujours pensé qu'ils s'étaient rencontrés sur les célèbres marches des escaliers d'Odessa avant de gagner la rue des Rosiers à Paris.

Ni Moscou ni Saint-Pétersbourg, aucune des grandes cités de la Russie, mais l'Azerbaïdjan, l'Ukraine, la Géorgie. Mes grands-parents relevaient des provinces impériales, mais comme dans tout l'Empire, en dehors du yiddish, ils parlaient russe. Ma Russie est d'abord une langue que je ne parle pas.

Des trois sœurs Lévitzky, deux avaient survécu. Il y avait Tania, il y avait Bella et il y eut Sipa, ma grand-mère disparue. Après la mort de Sipa, Bella et Tania se voyaient tous les jours sur la montagne Sainte-Geneviève où elles vivaient toutes deux. Puis Bella eut plusieurs attaques cérébrales et se coucha jusqu'à sa mort. Tania concentra sur elle-même sa colère. Tendue, les yeux exorbités, noirs et furibonds, elle se hérissait au moindre danger, prête à défendre sa nièce Rivka. Elle habitait rue d'Ulm, dans un vieil immeuble dix-neuvième aujourd'hui absorbé par l'Institut Curie. Mon frère et moi allions goûter chez elle chaque semaine dans le minuscule salon de son petit appartement envahi de choses russes ; invariablement, Tania préparait des nouilles à la cannelle suivies de losanges fourrés à la confiture de framboises, bien bourratifs et très sucrés.

Elle avait la tendresse agrippante. Quand elle embrassait, on aurait dit du lierre : elle accrochait ses bras autour du cou et elle ne lâchait plus. On entendait à l'oreille sa voix plaintive gémir des chapelets de « nou... nou... », sorte de lamento qu'elle avait inventé pour pleurer sa sœur disparue – c'était tout à la fois terrible et dérisoire. « Nou... nou..., galoubtchik, mon petit pigeon », soufflait-elle enfin quand elle lâchait sa proie en posant de menus baisers sur nos joues. Avec Rivka, elle parlait toujours russe. Pour lutter contre l'émotion, elle avait dans son poing fermé un mouchoir très fin, arme défensive qui servit beaucoup ; la tante Tania pleurait tout le temps.

Chanter comme des Russes. Tania ne chantait jamais. Ma mère ne chantait pas en public, mais elle chantait à ses enfants des airs russes, « gamtchikneganilochodié » ; si je ne sais comment l'écrire, je sais qu'on est en traîneau, qu'il y a des chevaux et aussi un cocher. Née à Paris en 1914, Rivka parlait le russe avec l'accent adorable d'un titi parisien, mais dans une chanson, cela s'entend moins. Ma première Russie fut celle du cocher et des chevaux qu'il faut faire avancer.

Elle ne m'a jamais laissée longtemps tranquille.

Je ne me souciais pas trop de Russie avant de tomber amoureuse du Bien-Aimé, mais comme par hasard, il était « russisant », et déjà spécialiste de Pouchkine. Le Bien-Aimé m'avait écrit suffisamment de lettres non censurées pour que je sache à quoi m'en tenir. Mais c'était tout de même la Russie de la langue de ma mère.

Celle qui me tirait des larmes à la vue des premiers bouleaux, ces démunis aux écorces pendantes traînant leurs maigreurs sur la neige d'avril, à Brest-Litovsk.

Chaque fois, la Russie me touchait le cœur d'un doigt sans insister. Je n'y pensais plus et ça me rattrapait. Après l'avoir longtemps dédaigné, je me pris de passion pour *Eugène Onéguine*. J'entends encore Pierre Macherey me dire « Comment, tu n'aimes pas ? Mais c'est l'opéra de la jeunesse ! » Et c'est vrai. Des femmes chantent au crépuscule. Une voix grave, une voix de soprano ; c'est en août. Les jeunes filles s'enflamment ; Tatiana, la plus folle, écrit une lettre d'amour à un dandy qui s'en fout complètement. La jeunesse fait la fête et elle chante et elle pleure. Un jeune homme en mourra, abattu dans un duel. Simple comme un soir d'été, l'opéra de Tchaïkovski est un concentré de la Russie que j'aime.

L'opéra était un bon vecteur. Dans les années soixante-dix, le Bolchoï vint donner à l'opéra Garnier une série de représentations d'opéras tout ce qu'il y a de plus russes : *Boris Godounov* – classique ; *La Khovantchina* – nettement moins connue ; *Eugène Onéguine* et *La Dame de pique*. Les mises en scène étaient d'un réalisme pointilleux ; pas une fleur ne manquait dans les cheveux des filles, pas un col de loup sur le dos des boyards. J'aimais tellement ça que je voulus le peindre. « Ça », l'opéra russe en vrac, fourrures, fleurs au front, épis de seigle doré, manches de brocart tombant jusqu'au sol, flammes sur les isbas. Sur des cartons blancs et lisses d'un gros mètre carré, je restituai au pastel l'opéra du Bolchoï. Le pastel est une technique difficile ; le bâton de craie s'effrite, se casse sous les doigts, il faut allonger la couleur avec la pulpe du pouce, on se salit, on en sort bariolé, mais ces poussières vivantes convenaient à la Russie. Ces cartons russes poudrés sont l'unique liberté que je me suis accordée en matière de peinture. Bravant mes règles véristes, j'inventai. Des chapeaux sans tête, des femmes embrassant l'univers de mains démesurées, des paysannes enceintes dont on voit l'embryon dans le ventre, des yeux sans visage et la flamme des cierges.

C'est *La Khovantchina* qui me plaisait surtout. L'histoire des Vieux-Croyants qui résistent aux nouveaux rites que propagent les jésuites au seizième siècle est folle, absolument : penser qu'ils s'immoleront en masse pour éviter de se signer avec l'index, le majeur et le pouce au lieu de se signer avec l'annulaire, l'index et le majeur ! Pour un signe de croix où il y a toujours trois doigts ! Rien d'autre ! Un million de Vieux-Croyants se jetèrent dans le feu. L'opéra de Moussorgski s'achève avec les trompettes martiales des armées de Pierre le Grand qui débarrasse la Russie de ces exaltés, allez hop, on change tout ! Cinq siècles plus tard, les Vieux-Croyants n'ont pas disparu ; ils résistèrent au régime stalinien ; l'habitude.

Quand je décidai de prendre ma carte au Parti communiste, la Russie n'y était pour rien ; je n'y pensais même pas. Désabusée d'avance sur l'Union soviétique, je ne cherchais pas à l'embellir. Et quand, un mois plus tard, les tanks soviétiques entrèrent à Prague, ce n'était pas non plus ma Russie. Mon esprit avait clairement séparé l'Union soviétique de la Russie ; je ne saurais très bien expliquer comment, sinon que j'avais la langue russe et le chant russe au cœur, sans le moindre rapport avec la tyrannie autrefois soutenue par les communistes français.

Le Kgbiste amoureux

Un jour de 1975, en Géorgie soviétique, des psychologues conduits par Serge Tsouladzé se mirent à préparer un congrès sur l'Inconscient qui devait se tenir à Tbilissi. Aujourd'hui, cet énoncé n'a vraiment l'air de rien ; pour un peu, il aurait une allure passéiste – qui se soucie encore de l'Inconscient ? Pourtant, le moindre élément de ce complot de savants était contestataire. En Géorgie, pas à Moscou ? Depuis quand tenait-on un congrès scientifique en Géorgie ? Des psychologues ? Depuis quand existait-il des psychologues dignes de ce nom en Union soviétique ? Ils étaient confinés dans l'expérimental ! Et l'Inconscient ! C'était cela le plus fort. L'Inconscient, en Union soviétique, la part du monde qui avait mis Sigmund Freud à l'index ? Au moment même où le régime flanquait les dissidents sous neuroleptiques à l'hôpital psychiatrique pour schizophrénie supposée ?

Ça ne pouvait pas marcher. Cela n'existait pas. Ou bien l'Union soviétique voulait éradiquer le freudisme une bonne fois, ou bien c'était une dangereuse provocation des Géorgiens. Restait une dernière hypothèse, la plus improbable. L'Union se fissurait.

Le Parti communiste français décida d'y aller.

On écrivit de part et d'autre des textes préparatoires réunis en deux gros volumes imprimés à Moscou, et qui sentent encore la colle de poisson aujourd'hui. Louis Althusser écrivit un texte un peu hirsute et puis se désista pour cause de maladie. Il y eut des tourments, des hésitations, puis il y eut une délégation française. Pour le Parti communiste, Élisabeth Roudinesco et moi ; pour la psychanalyse, Serge Leclaire, René Major ; pour l'hypnose, discipline heureusement située à mi-chemin de la Soviétie et du royaume freudien, Léon Chertok, qui, ayant de la famille en Russie, avait de nombreux amis soviétiques. L'ensemble était sous la tutelle d'un vieux psychologue soviétique nommé Philip Bassine, personnage de légende ayant connu la Révolution d'Octobre et survécu à tout, mi-sorcier mi-flic, très tiraillé. L'expédition paraissant hasardeuse, nous partions tous au front. À l'aéroport de Moscou, au moment où nous allions passer le poste de police, René Major glissa d'autorité une grosse liasse dans ma sacoche :

– Qu'est-ce que c'est que ça, René ?

– Chut, ne dis rien, ce sont les documents d'Amnesty International, murmura Major de sa voix tendre.
– Ah bon ? Pourquoi moi ?
– Mais tu es au Parti ! On ne te fouillera pas.
– Tu rêves !
– On n'a plus le temps, on arrive au guichet.

On ne fouilla personne, ni moi ni les autres. Je gardai avec moi la liasse d'Amnesty. Désormais, ma sacoche ferait l'objet de l'attention générale – qui me suivait de près, qui pouvait découvrir les papiers, attention, Catherine, ne perds pas la sacoche ! Et ainsi de suite.

Ensoleillée, fertile en banquets arrosés sous tonnelles, Tbilissi était la ville où mon grand-père avait été étudiant en médecine. Hormis le séminaire où Staline avait séjourné, on n'y voyait guère l'Union soviétique. Dans une de ces maisons à balcons de bois ouvragés que je retrouverai, plus tard, au Cachemire, j'eus un rendez-vous haletant avec Sergueï Paradjanov, alors sous le coup d'une dangereuse inculpation. Tracassé, harassé, le grand cinéaste des *Chevaux de feu* semblait à la dérive. Il me confia les minutes de son accusation et me fit cadeau d'une petite étole de coton brodé – Paradjanov vivait de troc à cette époque. Flottait dans Tbilissi un air de clandestinité conforme à la mémoire du jeune révolutionnaire qu'avait été en 1905 Georges Gornick, mon grand-père.

Le Congrès fut houleux. Rien n'y était fluide. Visiblement déchirée, la partie soviétique craignait pour sa peau et la partie française vivait dans le soupçon. C'était un colloque d'ennemis. Nous avions chaque soir des réunions secrètes. Philip Bassine à qui rien n'échappait de ces complots français tâchait de tricoter une maille à l'endroit une maille à l'envers comme il avait sans doute fait toute sa vie. Chaque exposé fut l'objet d'une négociation, surtout celui d'Élisabeth Roudinesco, qui obtint de haute lutte de parler en séance plénière. Haussant ses sourcils touffus, Serge Leclaire fit une intervention théâtrale réussie. René Major reprit la liasse dans ma sacoche pour une réunion archiconfidentielle avec les dissidents signalés par Amnesty International, puis me rendit la liasse pour plus de sûreté. Pris dans des réseaux aux intérêts contradictoires, surveillé de tous côtés, le malheureux psychologue géorgien organisateur du Congrès de Tbilissi vécut un calvaire.

Nous redoutions surtout l'œil de Moscou. C'était un jeune philosophe moscovite froid comme un brochet, qui ne disait presque rien et dont l'œil bleu Staline nous surveillait tout le temps. Il était moustachu, blond, le teint pâle. Un homme du KGB, cela ne faisait pas de doute. Nous l'évitions soigneusement, surtout moi, à cause de la sacoche. Et le troisième jour du Congrès de Tbilissi, le voilà qui se met à me suivre comme mon ombre.

Réunion secrète le soir même. Attention ! Danger ! Fallait-il transférer la liasse de la sacoche ? Ne rien faire pour ne pas éveiller les soupçons ? Fatigue aidant, comme chaque soir, on ne décida rien. Et le lendemain matin, l'œil de Moscou continua à me filer le train. Dans l'avion du retour à Moscou, il choisit la place à côté de moi. Et quand d'autorité il me prit la sacoche, je fus prise de panique. J'étais cuite.

Il se pencha vers moi et il ouvrit la bouche. Et de ces lèvres russes sortirent des mots d'amour en anglais sous la moustache blonde. Il m'avait aimée dès le premier regard – oh, il savait bien que cet amour n'avait pas d'avenir, mais pour quelques jours, quelques heures, il voulait que je sache combien j'étais aimée. Sidérée, je ne répondis rien. L'œil de Moscou me tendit ma sacoche après l'atterrissage avec un regard bleu où roulaient quelques larmes, et me demanda un rendez-vous pour le lendemain matin.

Le soir venu, j'allais trouver Léon Chertok, celui d'entre nous qui connaissait le mieux l'Union soviétique. Il hésita un peu ; pas longtemps. Chertok rendit son diagnostic : l'œil de Moscou était simplement amoureux. « Les Russes sont comme ça, prêts à s'enflammer d'un seul coup ! » conclut-il. Pardi ! Je le savais. J'étais comme ça aussi. J'étais devant Chertok avec un trouble au cœur. Un piège ou un coup de foudre ? « Acceptez le rendez-vous », dit Chertok.

Tard dans la nuit, je prévins mes amis. On vérifia d'abord l'intégrité de la liasse dans la fameuse sacoche ; mais il n'y manquait rien. Dans ces conditions, il fut décidé que, conformément à l'avis de Léon Chertok, j'accepterais le rendez-vous. J'irais me promener avec l'œil de Moscou et si je ne revenais pas, il faudrait alerter l'ambassade en urgence. Je n'étais pas entièrement rassurée. Je descendis, anxieuse.

L'œil de Moscou m'attendait dans le hall de l'hôtel avec des roses rouges à la main.

Il n'y eut pas même un baiser entre nous. Il y eut mieux. Pour me prouver l'intensité de cet amour sans futur, il m'emmena dans un magasin pour étrangers.

Seuls à être à peu près approvisionnés, ces magasins de luxe étaient normalement interdits aux citoyens soviétiques, sauf avec des passe-droits. Membre du Parti à un très haut niveau, mon amoureux en possédait un. Mais même avec un passe-droit et une carte du Parti, il devait gagner deux fois moins que moi. Pourquoi voulait-il m'emmener dans un magasin de luxe ? Je redoutai le pire et le pire eut lieu. Émue et accablée, je vis ce jeune homme russe se ruiner en babioles et boîtes de chocolat pour moi. Nous fîmes une longue promenade dans les rues de Moscou ; je lui laissai ma main dégantée. Le soir venu, avec cette élégance désuète que les Russes avaient conservée à cette époque, il posa ses lèvres sur le bout de mes doigts. Ce fut tout.

Nous partions le lendemain. Il m'attendait dans le hall avec d'autres roses rouges qui n'échappèrent pas au regard attendri d'Élisabeth Roudinesco. Il alla jusqu'à l'aéroport, marcha jusqu'aux guichets, fit un saut jusqu'à la boutique free-tax pour une ultime boîte de chocolats, et me fit ses adieux sans un mot, simplement avec cet œil bleu russe qui n'avait jamais été l'œil de Moscou.

Il n'a pas su que, dans ma sacoche, se trouvaient des documents compromettants. J'ai eu de ses nouvelles après l'effondrement de l'Union soviétique : comme tous les communistes de l'Institut de Recherches en Philosophie auquel il appartenait, il avait perdu son poste et son gagne-pain. Je l'ai revu une fois à Paris, fatigué, épaissi, privé de l'instinct de vie qui l'avait rendu amoureux pour quelques jours. Il s'était recyclé dans le privé, mais ça ne lui plaisait pas. Du charme de cet amour précipité, il ne restait presque rien. Un œil bleu et un sourire ému.

Je pense souvent à lui, ce jeune homme russe dont je fus l'éphémère Occident.

La désunion de Soyouz

Soyouz, en russe, veut dire « union ».

Lorsque j'entrai au Quai d'Orsay en 1982, les soviétologues tenaient le haut du pavé. Rien ne se pensait sans eux. Leur doctrine était simple : l'Union soviétique durerait au moins mille ans. Il était admis qu'on pouvait s'intéresser à la Chine populaire, régime indestructible pour les mêmes raisons, mais s'intéresser à l'Inde, pas question. Pouah ! Une si grande démocratie ne pouvait pas marcher ; c'était une indécence de l'esprit. Alain Peyrefitte était l'expression de cette pensée adoratrice des dictatures communistes, très étrange pour des démocrates français. Le goût de l'ordre, la peur de l'immense, le dégoût du bordel indien démocratique, toutes sortes de vilaines choses qu'on taisait.

Je n'en revenais pas. De temps en temps, je rappelais qu'Adolf Hitler aussi pensait que le Troisième Reich allait durer mille ans, mais on me rétorquait que n'étant pas diplomate, je ferais mieux d'écouter et d'apprendre. Moi, j'avais au cœur le souvenir de l'œil de Moscou amoureux rencontré dans un Congrès hautement subversif en Union soviétique, et j'étais pleine de doutes. Ils avaient l'air si sûrs d'eux, pourtant, ces diplomates soviétologues ! Un jour, en 1983, dans une réunion rassemblant les jeunes sous-directeurs dont j'étais, j'osai affirmer que, peut-être, l'Inde jouerait un rôle majeur sur la carte du monde parce que ce pays était à l'origine du mouvement des Non-Alignés et que...

– On voit bien que vous n'êtes pas diplomate d'origine, siffla une collègue très engagée à droite. Le mouvement des Non-Alignés, quelle blague ! Et l'Inde. Ma pauvre. Vous vous rendez compte, l'Inde ? Ce sont les Soviétiques qui tiennent le monde !

Et elle sortit, tête haute, sûre de son fait.

Au printemps 1987, mon frère, qui dirigeait alors le Centre National du Cinéma, se rendit au festival international de Moscou. Il revint dans un état d'extrême excitation. Il avait vu à Moscou un film soviétique de fiction mettant en scène le désespoir des soldats de l'armée d'occupation en Afghanistan, drogués et suicidaires.

– Cette fois, il se passe quelque chose, me dit-il avec enthousiasme. Ça bouge !

En septembre 1987, je partis en Inde aux côtés de mon cher Roderich qui venait d'y être nommé ambassadeur. Et dès la première réception diplomatique, j'engageai un curieux bras de fer avec l'ambassadeur du Pakistan en Inde. Aligné sur les soviétologues du monde entier, il jurait lui aussi que l'Union soviétique allait durer mille ans. Je pris mon souffle.

– Et moi, je vous parie que d'ici trois ans, l'Union soviétique s'effondrera, dis-je d'une voix qui se voulait tranquille.

– Vous avez consulté un astrologue ? me dit le Pakistanais en riant de bon cœur.

L'immense Konrad Seitz, ambassadeur d'Allemagne fédérale en Inde, me toisa avec amusement du haut de ses deux mètres. Comme si une compagne d'ambassadeur pouvait penser sérieusement en géopolitique !

– Vous voulez parier ? Vous êtes un peu folle, non ? Alors si vous gagnez, je fournirai la caisse de champagne.

Chiche.

En 1988, nous vîmes arriver à Delhi l'ambassadeur d'Allemagne de l'Est et sa femme, jeune couple effarouché. Ils venaient tout droit de Moscou où ils avaient fini leurs études ; c'était leur premier poste, un gros poste pour un débutant. Ils étaient sympathiques et ouverts.

Je vivais encore à Delhi quand le mur de Berlin tomba en 1989. Roderich l'apprit par téléphone et accourut. Ce jour-là, nous avions avec nous François et Irène Frain, et François refusa de croire l'événement. Je le revois se tenant la tête entre les mains, répétant en secouant sa crinière brune « Mais ce n'est pas possible ! » en attendant qu'on lui fournisse les preuves.

Nous n'avions pas d'images pour vérifier. L'événement du mur de Berlin fit dix secondes au journal sur la chaîne nationale indienne, Doordarshan. Dix secondes ! Cette si petite fraction de temps en dit long sur la séparation des mondes : en Inde, la chute du mur de Berlin était un petit événement. Nous ne vîmes pas Rostropovitch jouer du violoncelle devant le mur cassé, nous ne vîmes pas la liesse du peuple allemand. Les preuves semblaient minces. Mais quand Roderich apporta les télégrammes diplomatiques, François Frain se rendit. L'impossible était vrai.

L'ami Konrad Seitz prit soin de son collègue de l'Est dont le poste venait de disparaître, qui n'avait plus de salaire, plus de toit, plus rien. Et il reparla de la caisse de champagne de mon pari. En 1990, il me l'achemina. Le Pakistanais avait été muté ; mais de toute façon, il n'aurait pas pu boire le vin de la Champagne.

Comment mourut Ladia

À peu près à la même époque, Rivka, ma mère, ouvrit la porte à un visiteur inconnu.

Le gros jeune homme au bon visage russe qui venait de sonner s'appelait Marek Zylberberg ; et il était le fils de Ladia, son cousin germain. Rivka n'avait plus eu de ses nouvelles depuis près de soixante ans. Elle le croyait mort à Stalingrad, c'était ce qu'on disait dans la famille. Eh bien ! Il vivait.

Son long silence avait une explication. Le cousin Zylberberg était médecin militaire et dans l'armée soviétique, tout contact avec l'Occident était strictement interdit. La Perestroïka ayant changé les choses, le vieux cousin Ladia avait envoyé son fils chercher sa cousine française à Paris.

Lui aussi de son côté pensait qu'elle était morte, disparue à Auschwitz. Chirurgien urologue à Léningrad, Marek

Zylberberg avait claqué ses économies pour venir une première fois à Paris ; il s'était adressé à la Croix-Rouge en vain. La seconde fois, il avait demandé à l'organisation de Serge Klarsfeld l'adresse de ma mère. C'était la solution. Et il avait sonné à la porte de Rivka en connaissant le sort de mes grands-parents.

Folle de bonheur, Rivka avait retrouvé un peu de sa famille russe. Les uns après les autres, nous fîmes le pèlerinage de Léningrad, qui n'avait pas encore retrouvé le nom de Saint-Pétersbourg.

Je fus la dernière à rendre visite au cousin Ladia. En débarquant à l'aéroport de Moscou, je retrouvai l'émotion de la langue et un désordre complet. Je pris le train pour Léningrad ; les petites lampes n'avaient pas perdu leur voile de tissu rose et le thé était toujours offert, préparé dans le samovar du wagon. Mais à l'arrivée, sur le quai de la gare, le cousin Marek m'agrippa le bras en pleurant. Son père venait de faire un troisième infarctus et il m'attendait dans son lit d'hôpital.

– Vite ! Il peut mourir tout de suite. Papa veut te connaître avant, répétait Marek qui avait appris le français.

Le cousin Ladia était hospitalisé à l'hôpital Ex-Lénine numéro un, où travaillait son fils. Marek se précipita dans sa chambre. J'étais dans le couloir.

Des cris s'élevèrent, comme une violente dispute avec l'infirmière. Marek criait, elle criait et soudain, elle leva le bras.

Je la vis tripoter la perfusion avec fureur. Marek se mit à hurler.

Je vis du sang jaillir, Marek sortir en larmes. Son père venait de mourir.

L'infirmière lui avait demandé un bakchich pour continuer les soins. Marek n'avait pas d'argent sur lui. Elle s'était énervée. Puis, d'un coup d'un seul, elle avait arraché la perfusion au bras du mourant.

Je n'ai connu Ladia que sur son lit de mort. Un vieil homme sérieux au sourcil froncé, un grand cardiaque assassiné.

Nous rentrâmes tous les deux dans l'appartement où nous attendait l'épouse de Ladia. Ils s'étaient rencontrés au front pendant la guerre ; Liouba était infirmière, et Ladia médecin. Ils ne s'étaient plus quittés.

Liouba accueillit la nouvelle en poussant de grands cris. Puis, tout en larmes, elle se mit en devoir de préparer le thé sucré à la confiture de griottes prélevée à la cuillère qu'on replonge dans un verre d'eau, contente qu'au moins un membre de la famille française de Ladia soit là au moment de sa mort. C'était une grande consolation, un signe du destin. Liouba ne parlant pas français, il fut décidé qu'on ne lui dirait pas dans quelles conditions son mari était mort. On pleura embrassés les uns avec les autres.

Dans l'une des trois pièces, Liouba faisait pousser des salades dans de petites caisses de bois alignées sous la fenêtre et le reste du temps, elle cultivait des légumes près de la petite datcha dont Ladia disposait dans la banlieue de la ville. On sentait une femme à toute épreuve, une résistante à la rudesse des temps. Marek était fragile, plus sentimental et pendant qu'il préparait les obsèques, je ne le quittai pas.

Le crime de l'infirmière demeura impuni. C'était le moment Gorbatchev.

Pour faire démarrer sa vieille guimbarde, Marek devait ouvrir le capot, brancher une pince crocodile, attendre qu'un voisin passe en voiture et alimenter la batterie, opération qui pouvait prendre une demi-heure, mais qui se déroulait dans la bonne humeur. Contre mauvaise fortune, Marek avait bon cœur. Et pourtant ! Sur les trottoirs de Léningrad, les vieux et les vieilles, retraités privés de toute ressource, mendiaient en tenant dignement dans leurs mains une paire de chaussures, quelquefois une seule, une tasse, un parapluie, une boîte de conserve vide, un col de dentelle, un vieux jupon. Il faut avoir vu cela pour comprendre ce que fut l'humiliation russe des vieilles gens après l'effondrement de l'Union soviétique. Soviétique, peu importe, mais l'Union, leur Soyouz ! Après cela, on s'étonne.

En repassant à Moscou, je vis un jeune homme en haillons, le visage sali, couvert de chaînes d'acier, et qui se traînait sur le sol en tendant un crucifix. Jamais je n'aurais cru voir pour de vrai la fameuse figure de l'Innocent, l'idiot traditionnel qui, dans la sainte Russie, ose dire au tsar Boris qu'il a tué le tsarévitch, qu'il est un criminel, qu'il doit se repentir. On construisait déjà une petite église sur la place Rouge et les popes étaient de retour. Les fous de Dieu aussi ; ils vont avec.

Marek vint passer un an de formation médicale à Paris et habita dans notre appartement. Liouba vint quelque temps. Je ne vivais plus en Inde, mais en Autriche ; je venais plus souvent. Chacun de mes séjours était une course folle pour retrouver ma famille, mes amis, mes éditeurs, sortir un bouquin. Mère exemplaire et possessive, Liouba supportait mal mon emploi du temps. Un matin, alors que je prenais mon vol, ma sacoche à la main, bottée, gantée, fin prête, Liouba se mit en travers de la porte en écartant les bras pour m'empêcher de passer.

Marek traduisit. Sa mère m'interdisait de partir avant d'avoir mangé au moins une saucisse.

– C'est une blague ! Allons, Marek, il faut qu'elle me laisse sortir.

– Pas question, dit Marek. Saucisse, il faut manger.

Je bousculai Liouba, mais elle était plus forte que moi. Je m'assis dans la cuisine et je mangeai en vitesse la saucisse, chose que j'ai en horreur. La Russie, c'est aussi la bouffe qu'on doit absolument ingurgiter sous peine de manquement à la vie.

Marek est mort à Saint-Pétersbourg l'an dernier, foudroyé par une crise cardiaque. Liouba lui survit.

Le banquet funéraire de la mafia de Moscou

Quand nous vivions à Vienne dans la Résidence de France, nous disposions d'un petit trois pièces auquel s'ajoutait en contrebas une grande chambre agréable réservée aux jeunes enfants des ambassadeurs. Nos enfants étant de grands adultes, nous hébergeâmes quelque temps dans la chambre enfantine Irina et Aliocha Parine, un couple d'amis russes musicologues qui travaillaient à Vienne et n'avaient pas de quoi se loger.

Fils d'un médecin envoyé au Goulag sans raison, Aliocha devait à la réhabilitation de son père un appartement à Moscou, un logement de plusieurs pièces, luxueux pour l'Union soviétique. De retour à Moscou, ce grand spécialiste de l'opéra m'invita pour une série de conférences en 1995. J'habitais chez lui. Irina, sa femme, est une délicieuse petite créature à la Tolstoï, une Natacha Rostov aux longs cheveux frisés et qui me parle allemand en anglais. Je passai dans un enchantement perpétuel une semaine de concerts avec eux à Moscou.

La veille de mon départ, le 3 octobre, était le jour anniversaire de la naissance de Sergueï Alexandrovitch Essénine, l'un de mes poètes russes préférés, un Vieux-Croyant qui s'enthousiasma pour la Révolution avant d'en désespérer. Retrouvé mystérieusement pendu à un tuyau en 1925 à Léningrad, Essénine est enterré à Moscou.

Quel bonheur ! J'étais là. Je voulus aller porter une rose rouge sur sa tombe. Et nous voilà partis, Aliocha et moi. Dès l'entrée au cimetière, Aliocha flaira de l'inhabituel. De grosses Mercedes s'alignaient devant la grande porte et des hommes en veste de cuir noir en sortaient d'étranges paniers de pique-nique, entassés dans les coffres. Nous fîmes quelques pas.

Au-dessus d'une tombe se dressait une longue table avec une nappe blanche. Silencieusement, les hommes de cuir y disposèrent des vivres sortis des paniers, fruits, bouteilles, canettes de bière, volailles. En parcourant du regard le cimetière, je vis des tireurs armés de Kalakchnikov, les pieds bien calés sur des tombes alentour. Alors je compris.

– Mon Dieu, mais qu'est-ce que c'est ? murmura Aliocha effaré.

– Un banquet funéraire géorgien, lui dis-je à voix basse. Est-ce qu'un parrain de la mafia géorgienne ne serait pas mort récemment ?

Justement. C'était ça. Un banquet de commémoration.

D'où me venait ce drôle de savoir ? Je me le demande encore. Un souvenir livresque des premiers banquets funéraires chrétiens avant leur interdiction ? Ou bien la Géorgie ? C'est mon côté sorcière. La Russie de ce temps-là, c'était dans un cimetière un banquet funéraire d'allure un peu romaine, selon l'antique tradition de Géorgie d'où venaient les mafieux qui nourrissaient Moscou.

Ces mafieux affligés ne barraient pas la route et, comme d'autres visiteurs, je posai ma rose sur la tombe d'Essénine, heureuse de constater que je n'étais pas seule à lui rendre les honneurs.

La digestion d'Israël

À peine avions-nous retrouvé notre famille russe que Marek Zylberberg nous apprenait l'exfiltration d'autres cousins, sauvés d'extrême justesse par un avion de la compagnie israélienne El-Al qui les avait arrachés au massacre à Bakou – événement passé par pertes et profits de l'information.

C'était la branche restée en Azerbaïdjan. Rivka avait donc une autre cousine germaine que, à la différence de Ladia, elle n'avait jamais vue dans son enfance. La famille venue de Bakou comprenait la très vieille cousine, sa fille, son gendre et son petit-fils. Où étaient-ils en Israël ? Personne ne le savait. Je fus chargée de les trouver.

J'ai un très cher ami israélien, Emmanuel Halpérin, autrefois conseiller culturel à Paris ; c'est ainsi que je l'ai connu quand j'étais en fonction au Quai d'Orsay. J'appelai Emmanuel à Tel-Aviv. Il se mit à rire. Dénicher de nouveaux arrivants en provenance de Bakou ? Rien de plus simple. Il téléphona au ministère de la Digestion, comme il disait, et il trouva l'adresse des cousins de Bakou.

Je dessinai sur une page de carnet un arbre généalogique et je m'en fus à Holon, banlieue de Tel-Aviv. En montant l'escalier du petit immeuble où j'allais peut-être découvrir le reste de ma famille, j'avais le cœur serré. Étaient-ils là ? Me ferais-je comprendre ? Qu'allais-je dire, « je suis votre petite-cousine, la fille de Rivka, vous savez, Rivka Gornick » ?

La porte s'entrebâilla. La vieille dame que j'avais devant moi parlait parfaitement l'anglais, langue qu'elle avait enseignée à Bakou. Je lui montrai mon arbre et sur l'arbre, la place que j'occupais. Elle m'ouvrit les bras, je m'y blottis et les larmes coulèrent.

Leur situation n'était pas facile. La vieille dame touchait une petite retraite et son petit-fils avait été incorporé dans Tsahal. Mais sa fille et son gendre, professeurs de physique, n'avaient pas trouvé l'équivalent en Israël. Comme autrefois Georges Gornick était devenu fourreur à Paris avec son diplôme de médecine obtenu à Tiflis, ma petite-cousine faisait des ménages et mon petit-cousin était devenu pompiste. Cela ne leur plaisait pas. Leur rêve était de quitter Israël au plus vite pour les États-Unis.

La vieille dame me montra d'un geste large les rayons de sa bibliothèque.

– Tout ce que j'ai emporté de Bakou, me dit-elle. Le plus important, ce sont les livres.

Par correspondance et téléphone, les deux cousines qui ne s'étaient jamais vues convinrent d'un rendez-vous à Haïfa. Rivka prit l'avion pour Tel-Aviv et gagna Haïfa. Mais il n'y eut personne au rendez-vous. Et cette fois, Emmanuel ne les retrouva pas. Rivka mourut l'année suivante. Avec un peu de chance, sa vieille cousine aura emporté ses livres en Amérique.

6

Les normaliens

C'est une École dont les mots parlent tout seuls : Normale, et Supérieure. Quand on y est entré, on y demeure à vie. C'est un lieu où l'on cultive l'intelligence comme d'autres les carottes ; c'est une secte, un club, une société secrète, le comble de l'élitisme ; mais c'est aussi l'école la plus républicaine, puisqu'on y est sélectionné par des épreuves écrites strictement anonymes. C'est une maison de fous, une prison magique où les errants de la pensée font leur nid, là et nulle part ailleurs.

C'est une école de la République qui salarie ses étudiants et qui, en retour, attend d'eux qu'ils servent leur pays pendant quelques années. À l'époque, le service du pays passait par l'enseignement pour les littéraires, dans le second degré ou dans le supérieur, avec très peu de chercheurs ; tandis que les scientifiques allaient vers la recherche presqu'automatiquement. La sécurité financière des élèves de Normale devrait leur mettre un peu de plomb dans les têtes, mais souvent, c'est le contraire. Le salaire mensuel versé par l'État français à de très jeunes gens à peine sortis des prépas de lycée ouvre la porte à de la liberté, ou de l'extravagance. Je claquai l'entièreté de ma première paie dans un flacon de parfum pour Rivka. Est-ce une extravagance ? Cette paie lui était due.

Le jour où j'y allai pour la première fois, je n'étais que khâgneuse. En montant les degrés sous le porche du 45, rue d'Ulm, j'étais intimidée comme à l'entrée d'un temple. Le lieu était ouvert ; il n'y avait pas encore de portail à glissières, pas de contrôle à la loge, même pendant l'OAS. On allait, on venait librement et pourtant, un invisible mur semblait vouloir fermer la porte aux intrus. Des affichettes manuscrites punaisées sur les murs indiquaient les horaires d'enseignements austères, l'air sentait un mélange de chou et de café ; de longs jeunes gens cavalaient activement dans les couloirs. Ils n'avaient rien de plus pressé qu'apprendre ; je trouvai ça splendide. Le temple du savoir, voilà ce qu'était Normale.

Je venais retrouver mon fiancé normalien ; j'étais donc légitime. Mais pas entièrement. Je n'étais pas normalienne. Une fois franchi le concours, après deux ans de khâgne, je suis entrée à Normale. Avant, j'étais khâgneuse.

Les mots, décidément. Khâgne vient de cagneux, pour un cheval qui a les pieds en dedans ou un homme qui les a écartés tandis que les genoux se cognent, enfin, des mal fichus. Selon le grand Larousse, une cagne est une femme mauvaise ; mais ce mot désigne également la classe qui prépare au concours d'entrée à Normale Sup. Afin de compenser la grave infirmité induite par la langue française, on a mis des « k » aux khâgnes et aux khâgneux ; et pour avoir l'air grec, on les a chapeautés d'un accent circonflexe. Enfin, on a fabriqué le mot d'hypokhâgne, ce qui, en bonne logique, rabaisse encore davantage les petits, les malingres qui, pas encore khâgneux, aspirent à marcher de travers comme leurs aînés.

On n'en a pas conscience, mais quand on est khâgneux, on se range d'emblée parmi les mal fichus. Tout dans la tête ; pas de corps. Juste ce qu'il me fallait.

Les khâgnes avaient un hymne, la Vara. Chantée sur l'air des trompettes d'*Aïda*, l'hymne des khâgnes célébrait en latin la gloire de la Vara, *Vara, tibi Khâgna celebrat gloriam. Vara* signifie chouette. Nous portions au revers de la veste un insigne métallique, une petite chouette grecque ravissante. C'est l'oiseau d'Athéna, déesse de la sagesse ; un oiseau philosophe, mais un peu attardé, car comme l'écrit Hegel, « la chouette de Minerve s'envole au crépuscule ». Le travail de la chouette est nocturne, peu fait pour le social. Il vient toujours après, jamais dans le feu de l'action. Cela s'appelle réfléchir. Changer le monde ? Plus tard. Une autre fois.

À cet après-coup s'ajoute la malvoyance. Une chouette, ça voit la nuit, mais de jour, ça ne voit rien. Les scientifiques ne sont pas mieux lotis : ils préparent dans une taupe et ils sont des taupins. Tout ce joli petit monde est affublé de lunettes. Et les khâgneuses aussi. Pile ce qu'il me fallait.

J'étais donc embringuée dans le monde des myopes, des astigmates et des hypermétropes, des travailleurs de nuit, des porteurs de lunettes qui vont s'user les yeux à apprendre sans corps. Là, j'étais comme les autres. Normale.

De 1886 à 1889, le normalien Romain Rolland rédigea un journal publié par la suite sous un titre limpide : *Le Cloître de la rue d'Ulm*. Fondée par la Convention en 1794, remaniée par Bonaparte en 1802 puis par Napoléon à l'époque de l'Université impériale, l'École est devenue avec la République un éclatant symbole de la laïcité. Masculine de naissance, destinée aux jeunes gens qui avaient fait le choix de consacrer leur vie à la transmission du savoir, l'École a été construite comme un couvent. Immenses couloirs vitrés autour d'une cour carrée ornée de massifs classiques avec, au beau milieu, un bassin à jet d'eau avec des poissons rouges qu'on appelle les Ernest. À la place des statues de la Vierge qu'on voit dans les couvents chrétiens dans le milieu des cloîtres, nous honorons une troupe de *Carassia Aurata* aux écailles cuivrées. Ce lieu où l'on apprend étant dépourvu de culte hormis celui du savoir, les normaliens ont sécrété leurs rites.

Au temps de Romain Rolland, il y avait déjà le canular, qu'on peut écrire aussi « khânular » si l'on veut. Les repas s'appelaient déjà le Pot ; les chambres étaient des thurnes ; ceux qui partagent une thurne s'appellent des cothurnes. Parce qu'il a été reçu « carré » s'il a fait une année de préparation et « cube » s'il en a fait deux, le normalien reçu s'appellera « archicube » pour la vie ; c'est un mot que j'entends souvent prononcer aujourd'hui, « Ah bon ? Ce ministre n'est pas un archicube ? C'est curieux, j'aurais cru. » À l'époque de Rolland, il y avait déjà des « talas ». Comme il n'y avait pas encore de communistes, il y avait un groupe d'« antitalas » très anticléricaux. Quant à Romain Rolland, il se définissait comme « atala », ni l'un ni l'autre, à part, spiritualiste en diable.

Rien n'avait disparu lorsque je suis entrée. Les actes de la vie quotidienne étant transfigurés par une langue inventée, rien n'y était normal. C'est bien ce que j'ai vu en 1960.

Pas de corps. Un apprenti linguiste court nu dans les couloirs, mais il ne le sait pas, enfin pas tout à fait. Dans les thurnes on discute interminablement. Dans l'histoire normalienne de Romain Rolland, la hantise, c'est la guerre. Entre l'Allemagne et la France, cela va recommencer ; on n'y échappera pas. « Depuis 1880, écrit-il, la guerre est certaine ; elle est imminente. Soldats sacrifiés d'avance, nous sommes campés, partout où nous sommes ; nos sacs ne sont pas entièrement défaits ; à tout moment, nous attendons l'ordre de partir. Impossible de faire des projets d'avenir. » Commandés par le capitaine Bonvoust, les exercices militaires sont obligatoires et se passent à l'École.

À mon époque, la hantise, c'est la guerre d'Algérie. Reporté à la fin des études, le service militaire s'appelle le Bonvoust ; il se passe à l'École de cavalerie de Saumur. Mes camarades attendent l'ordre de partir et mon fiancé aussi. « Ceux qui ont vécu avant, qui vivront après, auront toujours l'idée de la mort qui peut venir, à tout instant. Mais c'est une mort indécise, indéterminée, vague, générale », écrit Romain Rolland quand il a vingt-deux ans. Porte-drapeau de la France antisémite qui s'apprête à condamner le capitaine Dreyfus, le général Boulanger menace le pays d'un coup d'État militaire et les normaliens se préparent à résister. Oui, la guerre menace. Le visage caché sous un chapeau mou et brandissant des cannes, ils iront à l'émeute s'il le faut.

À notre époque, nous résistions au coup d'État du général de Gaulle ; nous ferions le coup de poing pour une Algérie libre. S'engager, agir enfin, mourir peut-être. La menace de la guerre pouvait donner un corps à ceux qui vivaient pour l'esprit et lui seul.

Je me souviens d'un de mes camarades avec lequel je travaillais un texte dans sa thurne. C'était un bon ami, lunaire, un peu distrait, l'un des rares normaliens d'« origine modeste », un des « 2 % ». Nous faisions du « petit latin » en traduisant un texte sans dictionnaire, exercice qui se pratique commodément à deux. J'avais posé la main sur une page de Descartes et soudain, sans prévenir, il caressa l'un de mes ongles. « Ces petits ongles qui brillent... », dit-il rêveusement. Pas le moindre soupçon de drague dans son geste, mais l'esquisse d'un mouvement. Le corps, ça existait. L'Algérie également.

Les normaliens qui seront plus tard dirigeants maoïstes n'auront jamais connu l'obsession des djebels. La mort ne les menaçait pas d'aussi près. C'était une bonne raison. Devenir mao, s'établir, risquer son corps, c'était en avoir un.

Fiancée et amoureuse, je repérai très vite ceux qui avaient un corps.

Alain Badiou surtout. Grand, la tête droite, portant haut une tignasse cuivrée, il était marié, philosophe, flûtiste et déjà romancier. Il rédigeait sous le signe de Saint-John Perse des romans devenus une trilogie à titres maritimes évoquant le grand large, l'espérance, l'idéal : *Almagestes*, *Portulans* et *Bestiaires*. Il serait le grand écrivain français qu'on attendait, un futur Julien Gracq. Amoureux de l'amour, Badiou avait un corps éclatant.

C'est ce que vit plus tard Antoine Vitez qui mit en scène plusieurs œuvres dramatiques d'Alain Badiou ; la plus remarquable était un opéra, *L'Écharpe rouge*, sur une musique de Georges Aperghis. Or *L'Écharpe rouge* était un opéra maoïste racontant une révolution populaire dans une île au milieu de l'océan.

Alain Badiou ne serait pas le Grand Écrivain de l'École Normale. Ce coup était manqué. À la place, Badiou deviendrait le Grand Philosophe contemporain. Il a une particularité : contrairement aux autres, il est resté mao. Mais contrairement aux autres, Badiou a connu l'Algérie ; son père y était professeur. L'Algérie libre, pour lui, n'était pas qu'un mot d'ordre. De là cette épaisseur têtue, ce corps qui se tient droit. Si raide, parfois, la tête, qu'elle tourne au mépris.

Dans une de ses revues, *Le Perroquet*, il m'a parfois moquée, mais cela m'est égal. Le Badiou maoïste m'intéresse assez peu ; le Badiou polémiste me navre assez souvent, mais cela m'est égal. Je l'aime pour autre chose. En 2008, un de ses livres a connu un succès d'aubaine reposant sur son titre : *De quoi Sarkozy est-il le nom ?* Et voilà qu'en plein milieu d'analyses politiques somme toute assez banales, Badiou redevient le chantre de l'amour qu'il n'a pas cessé d'être.

J'étais à peine surprise de trouver dans ce pamphlet d'époque trois pages sur l'amour, trois pages magnifiques. « Tenir le point de l'amour est grandement éducatif sur la mutilation qu'impose à l'existence humaine la prétendue souveraineté de l'individu, écrit-il. L'amour enseigne en effet que l'individu comme tel n'est que vacuité et insignifiance. À soi seul, cet enseignement mérite de considérer l'amour comme une noble et difficile cause des temps contemporains. » Qui d'autre oserait ces lignes aujourd'hui ? Il n'y a que lui.

Pour retrouver cette franche condamnation de l'individualisme et cet éloge du Deux, je ne vois qu'Aragon. Fidèle à ses romans, mao et romantique ; cette posture singulière est celle d'Alain Badiou. « Un docteur de l'amour », me dit Jean-Claude Milner.

Le roseau pensant

Pendant près de trente ans, on ne s'est pas connus. On ne s'est pas parlé ; on ne se connaissait pas. Milner n'avait pas de corps ; je ne le voyais pas. Lorsque, tenant son séminaire à l'École, Jacques Lacan fit allégeance aux normaliens qu'il avait distingués, je vis celui d'entre eux qui était pourvu d'un corps : Jacques-Alain Miller. Milner intervint plusieurs fois, mais je ne le vis pas. Il ne me vit pas non plus ; j'étais mère de famille, je n'étais pas de son monde. Longtemps, il me considéra comme une écervelée. Aujourd'hui, c'est le contraire. Une amitié très tendre est née sur le tard ; nous nous voyons l'un l'autre, nous nous parlons tout le temps.

On dit qu'il est glacial ; la presse adore l'image de l'ancien dirigeant mao austère et redoutable. On se laisse prendre à son teint pâle, à ses yeux d'un bleu clair envahis par de grandes lunettes, à sa parole d'airain ; on se laisse séduire par son autorité quand il parle en public, martelant ses belles phrases à la façon d'un chef. Il s'exprime dans une langue magnifique avec une voix d'acteur mélodieuse et sophistiquée. À peine si certains repèrent l'élégance du dandy. On a envie de penser qu'il pourrait être Robespierre ou Lénine, enfin, quelqu'un comme ça, un révolutionnaire intégral.

Il l'a été, c'est vrai. Il était l'un de ceux qui dirigeaient la Gauche Prolétarienne ; ce devait être effrayant pour lui comme pour les autres. À cette époque, consciemment obsédé par la haute figure de l'Incorruptible, il commença à s'intéresser de près à ses vêtements ; on oublie trop souvent que la Terreur s'accommode du dandysme. Passagèrement sollicité par Jean-Edern Hallier, il prit un pseudonyme et signa « Maximilien » ses articles dans *L'Idiot international*. Mais Robespierre, cette fois, s'est arrêté à la mort d'Overney. Le sang versé, non.

On le voit comme s'il en était resté là, fixé au maoïsme comme coquille au rocher. Un pur intellectuel, un intraitable.

Mais moi, je vois un corps. Je connais son sourire, sa malice, ses rires étouffés, sa courtoisie, la manière dont il façonne l'espace avec ses longues mains, sa gravité soudaine, ses ombres éphémères. Milner a décidé une bonne fois pour toutes qu'il n'a pas de biographie. De lui, il a décidé qu'on ne saurait rien. Ni enfance ni famille ni amours. Mais pour moi, c'est étrange. Il fait partie de ma vie, je fais partie de la sienne. Un peu de sa biographie s'échappe à travers moi.

Que font ensemble une philosophe lacanienne écervelée et un ancien dirigeant lacanien de la Gauche prolétarienne ? Ils vont au restaurant et ils soupent à l'ancienne. Ou bien je cuisine pour lui ; c'est une de nos grandes joies. Partager la cuisine, en soi, ce ne serait rien sans les paroles qui vont avec l'assiette. Nous savons cela. Nous sommes des activistes de la conversation, pourvu qu'elle soit à deux. C'est un début d'amour. On se salue, il dit « Alors ? Donnez-moi des nouvelles » et lorsque j'ai fini, je dis « Maintenant, expliquez-moi ». Quand je raconte à Jean-Claude Milner comment, à Bénarès, j'ai suivi le *Ramayana* du haut d'un éléphant, il me dit comment le président Mao a fait tuer les oiseaux pour protéger les champs que les insectes dévastèrent du même coup. Je lui fais Rouletabille en Inde, il s'amuse et me renvoie de la pensée en échange. « Vous êtes ma fenêtre sur le monde », me dit-il à la fin des histoires. Il est ma fenêtre sur l'esprit.

Cette conversation ne s'interrompt jamais; au bout de quelques jours elle reprend au point exact où elle avait cessé. Nous bâtissons un monde en détail et en grand. Son passé de mao et le sort des moineaux friquets brusquement disparus dans le ciel de Paris sont des objets de pensée d'égale distinction; écrire chacun son livre et ramasser sous l'arbre les mirabelles tombées sont des occupations d'égale dignité.

Que je sache converser et que je sois une femme, que je sois résolument ancrée dans le réel, que je sache cuisiner, cela compte à ses yeux.

J'avais treize ans quand ma grand-mère chrétienne me mit aux fourneaux. Langoustines flambées à l'armoricaine. Une feuille du journal tournée en tortillon enflamme l'eau-de-vie, gagne le manche de la poêle; vite, il faut la secouer. Suivirent le veau Orloff et le bœuf Stroganoff, cuisine dite bourgeoise et du dix-neuvième siècle. Plus tard, Pauline m'apprit le foie gras. Plats de cérémonie, mais chaque jour, comment faire ? Quand je me retrouvai au sortir de mes noces en charge de tous les repas, j'appelai ma grand-mère. Recettes par téléphone. Petits pois en cocotte. « J'ai mis le cœur de laitue. Et là, qu'est-ce que je fais ? – Ajoute trois morceaux de sucre, un grand verre d'eau, du poivre, referme la cocotte et compte une demi-heure. Sans soulever le couvercle, attention ! Tu n'as pas oublié les petits oignons, j'espère ? – Non, mais la menthe ? – La menthe, pas maintenant; tu la poseras juste trois minutes avant. »

La cuisine, le réel, la matière politique, la matière de la vie, celle des corps et celle des idées, nous savons lui et moi que c'est indissociable.

Quand nous parlons de Normale, Jean-Claude Milner et moi, nous n'en finissons pas d'énumérer les facteurs de folie de l'École qui fut la nôtre. L'architecture du cloître ; les garçons séparés des filles ; les épreuves du concours d'entrée faites pour sélectionner les obsessionnels ou les grands délirants ; l'obnubilation des examens ; la mise systématique en compétition ; l'atroce absence du monde. L'attraction du vide.

Journal de Romain Rolland, 3 mai 1887. « Où trouverais-je à Paris un jardin comme ici, où je pourrais, une heure durant, rester étendu sur une pelouse qui sent l'herbe nouvelle, et que percent çà et là des primevères – les yeux perdus dans le bleu du ciel, où il semble qu'on plane. Nous disons tous, entre nous, que nous sommes prisonniers, entre les quatre murs de ces galeries de cloître, où nous nous sommes tant promenés pendant l'hiver. Lorsque je suis couché sur mon tapis vert et que je me plonge dans le ciel, je jure bien que je ne me sens pas enfermé : j'ai l'immensité bleue. »

Voici la vérité de Normale Sup : l'extase. Mystique et donc, sensuel, Romain Rolland l'écrivait avec ingénuité. On avait à l'École des amitiés homosexuelles tenues sous le boisseau – Romain Rolland aussi. J'ai connu ce temps-là. Pour passer le concours, on renonçait au monde avant d'intégrer un univers sans femme et sans berceau. Un jour qu'Althusser m'agaçait, je lui demandai brusquement pourquoi, à la fin des fins, il préférait habiter à l'École avec son épouse et pas à l'extérieur, comme tout un chacun. Sa réponse m'arriva comme une balle de fusil.

– Parce que c'est ce qui me rappelle le plus le stalag où j'étais prisonnier.

Un univers sans femme et il en avait une.

Ne pas avoir de corps n'empêche pas de penser, mais ça freine la jouissance ; c'est exprès. Il en va parfois de la pensée comme des rituels du torero la veille d'une corrida : pas d'orgasme, pas de jouissance, garder le sperme intact pour la confrontation du jour d'après. Ainsi font les yogis, convaincus qu'en retenant leur sperme à l'infini, ils le font remonter par la moelle dans le cerveau. Et là, jouissance, extase ; petite mort de l'esprit.

Le cloître de Normale Sup apprend à la pensée qu'elle peut jouir toute seule. La sublimation est presqu'inévitable. Chrétien et agnostique, Rolland tourna son esprit vers Ramakrishna et Vivekananda, deux mystiques bengalis. Il fit bien davantage. Lorsqu'il vivait en Suisse, il reçut un par un les militants indépendantistes, accueillit le Mahatma Gandhi, s'engagea follement dans la lutte à ses côtés, mais il ne réussit jamais à se rendre en Inde. Il voulait, il voulait, mais il ne pouvait pas. Trop de réel, sans doute. À la fin de sa vie, il s'éprit d'une Russe et devint ardemment communiste. Une espionne soviétique ? On le dit. Trop d'ardeur. L'immensité bleue.

L'immensité bleue se retrouvait dans l'engagement mao. Pas sur les barricades, pas avec des pavés : aucun des dirigeants maos issus de Normale ne participa à Mai 68. Même si le réel printanier n'était pas la vraie révolution rêvée, il offrait aux corps du risque et du danger, des jambes fatiguées à force de courir, des poumons à bout de souffle, des yeux larmoyants, des gorges asphyxiées. Mais pas pour les chefs maos venus de l'École Normale.

Tous s'engagèrent après, comme s'ils avaient eu peur de manquer leur rendez-vous avec l'absolu. L'immensité bleue, puissance de l'esprit, excitation de la pensée, force de la parole agissant sur les autres. L'esprit changera le monde, on mise tout là-dessus. Couchés sur tapis rouge, plongés dans le ciel de Chine. Une extase en action. Leur pensée les poussait. Pour le goût de diriger ? Je ne crois pas.

Pour avoir un corps ? Oui.

Avant Mai 68, avant le maoïsme, la folie cavalait déjà dans les couloirs. Elle éclatait de rire, montait des canulars, se perdait dans l'étude, on appelait ça « polar ». Quand on était « polar », on vivait dans les livres. Mais quand on ne l'était pas, on manquait son agrég. On était donc polar pendant au moins quatre ans. Il fallait se plier au travail sans rompre. On en perdait la tête, on ne pensait presque plus.

Sauf Milner. Contraint malgré lui de céder à la coutume qui exige qu'on place sur la porte de sa thurne sa carte de visite pour indiquer son nom, Jean-Claude trouva un jour sur le petit carton un sous-titre : *Le roseau pensant*. C'était lui.

La folie normalienne suscitait des amours juvéniles et des passions intellectuelles qui les contrariaient ; à cause de ce chiasme, elle allait au drame. Quand elle s'assagissait un peu, la folie avait des espérances, jamais matérielles, c'eût été trop petit. De grandes espérances. La carrière ? Sûrement pas. Professeur, cela ne suffirait pas à combler ce grand vague à l'âme. Une vie de famille ? Solution pour écervelée. Dans ma génération, deux normaliens s'enfuirent vers la scène, théâtre et opéra, François Regnault, Jean-Marie Villégier. Tout le monde ne le peut pas. Alors quoi ? Gouverner ? Georges Pompidou, Alain Peyrefitte, Alain Juppé, Laurent Fabius, Laurent Wauquiez ont fait ce choix. C'est un métier ingrat pour un normalien, même s'il a fait l'ENA. On a beau vouloir oublier qu'on est écorché vif, on prend des coups dans le monde réel, on se fait systématiquement rabaisser le Narcisse, on est injustement accusé, on est insulté dans les manifs. On souffre infiniment, on n'a pas le droit de le dire. On écrit aux amis des petits mots secrets, on les appelle à l'aide, on est Premier ministre... Soudain, on n'en peut plus.

La vraie grande espérance est tout à fait ailleurs.

Avoir de l'influence sur deux générations, la sienne et la suivante.

Les normaliens d'avant la mixité restaient fixés à l'âge adolescent. Trois ans dans le cloître ; dix-sept ans pour la vie. Peu doués pour le réel, certains n'en sont jamais sortis. D'autres sont devenus fous. Et l'un d'eux a tué.

Les normaliennes n'étaient pas moins givrées. Retraites, dépressions, bouffées délirantes, couvent. Qui restait dans la norme était en danger ; qui en sortait se singularisait. Mariée à vingt ans, mère à vingt et un ans, je fus considérée comme une folle perdue ; c'est ce qui me sauva.

C'est à la bizarrerie de Normale Sup que j'attribue une part du destin de Françoise Verny.

Verny

Elle sortit de la fabrique à toute allure. Passé l'agrégation, elle devint journaliste dans la presse féminine avant d'entrer dans l'édition. Quand se mit-elle à boire ? Je ne l'ai jamais su. Le jour, elle était sobre ; pas une goutte d'alcool avant sept heures du soir. Ensuite, le whisky. Très vite, elle devenait folle. Elle injuriait beaucoup ; elle beuglait des horreurs souvent divinatoires ; elle touchait les points faibles, elle mettait à bas. Elle s'y mettait aussi, à rouler sous la table, mangeant avec les mains, lâchant tout de son corps. Quand elle recevait chez elle rue de Naples, même scénario. Un ministre qu'elle traitait avec tous les honneurs reçut en pleine figure une assiette d'épinards. Tout pouvait arriver ; rien ne pouvait l'arrêter. C'était une chose inouïe, désespérante, cinglée. Et cela ne l'empêchait pas, le jour, d'être éditrice. Avec quel génie !

Elle fut chez Grasset, ensuite chez Gallimard, enfin chez Flammarion avant de revenir au bercail chez Grasset. Si je ne suis pas une de ses découvertes, elle fut mon éditrice chez Flammarion avec un roman qui fut un best-seller, *Pour l'amour de l'Inde*. Elle ne disait pas grand-chose, sinon des « chérries » qui réchauffaient le cœur. Lorsque j'eus terminé l'ours de mon roman, je lui dis que j'allais peaufiner et lisser.

– Non ! grogna Françoise. Laisse des saletés !

Comme ça lui ressemblait ! Et elle avait raison. Elle détestait les textes trop léchés, les bien écrits, les culs serrés. J'ai laissé des saletés. Il y eut du flou, mal jointoyé, des à-coups, des zigzags, de la vie. Cette injonction brutale la résume. Elle laissait des saletés.

Un soir, elle vint dîner à la maison. J'avais préparé le premier verre de whisky et une montre à trotteuse. Lorsque j'ouvris la porte, Françoise était normale. Teint rosé, œil ouvert, massive, mais solide sur ses jambes. Je lui tendis son verre ; pendant qu'elle le buvait, je regardai ma trotteuse. En moins de cinq secondes, elle changea de visage. Son visage devint mufle ; ses paupières s'alourdirent ; la peau rougit brutalement. Ce n'était plus la même Françoise. De ses lèvres subitement gonflées sortaient une autre voix, légèrement plus basse, une voix rauque aux accents gouailleurs et déglingués. Or le temps du passage de l'alcool dans le sang déborde largement cinq secondes.

Était-elle une simple alcoolique ? Je n'en suis pas très sûre. Il n'est pas impossible que Françoise ait été la proie d'une double personnalité, victime d'une démonopathie particulière. Les possédées aussi étaient capables de changer tout soudain de visage, de voix, de langues ; elles lâchaient des obscénités et des pets ; elles devenaient furieuses comme Françoise. En d'autres temps, on aurait appelé l'exorciste.

Elle avait un démon qui se montrait le soir. Un démon qui prenait un malin plaisir à provoquer son monde par des énormités, un démon qui choquait, bouleversait, secouait. Avait-elle les moyens de le tenir caché ? Je ne crois pas. D'ailleurs, sans son démon, Françoise ne serait pas devenue la grande Françoise Verny, l'éditrice de génie. Elle en avait besoin ; il était sa sauvegarde. Quand après des années d'évitement, elle se mit à écrire sur sa foi catholique, je ne m'étonnai pas. Pour calmer le démon, c'était une bonne idée.

Elle n'en buvait pas moins. C'était son exorcisme.

Elle aurait pu très bien finir sur le bûcher dans les temps où l'on brûlait les femmes pas comme il faut.

Peu de gens s'indignaient. On percevait en elle une force incroyable et on la laissait faire. On s'apitoyait.

– Comment était Françoise au dîner hier soir ?

– La pauvre. Comme d'habitude, tu sais...

Elle fut très entourée. Françoise eut des amies, des soigneuses, des gardes. Le monde des éditeurs veillait sur sa fille malade. Je fais partie de ceux qui lui doivent des livres. À cause de mon père, j'ai horreur de l'alcool ; pourtant, j'aimais Françoise ou plutôt, son démon.

C'était un personnage digne de Bernanos. Elle condensait en elle deux figures normaliennes : la couventine et la dévergondée, la nonne et la clocharde. On trouve ces figures aussi chez les garçons, mais cela se voit moins. Était-elle hystérique ? Ce serait trop petit. Son démon exigeait davantage de son corps que de simples symptômes d'étouffement ou de crises. Françoise aurait pu faire une grande hystérique aux temps où l'on voyait encore comme je l'ai vu le corps en arc de cercle, raidi, acrobatique ; mais ce symptôme était celui des illettrées. Pour une lettrée comme elle, il fallait autre chose : un relâchement total, une perte de soi.

Le contraire du contrôle qu'exigeait le concours d'entrée à Normale Sup.

Des fous, de la création

Ce temps est révolu. Dans la cour des Ernest, les filles et les garçons travaillent côte à côte sur les bancs et ils rêvent ensemble sans être privés de corps. Cela se voit. Leurs têtes penchées se touchent, les caresses ne sont pas loin. Le cloître des extases mâles est devenu l'abbaye de Thélème. Les normaliens d'aujourd'hui ont entre les mains un passeport pour la vie ; ils réalisent leurs rêves, ils deviennent ce qu'ils veulent, directeurs de journaux, ethnologues, journalistes de radio et bien sûr, écrivains. Ils font du théâtre ensemble, ils vivent. Ils ne sont plus fous.

– Tu crois ça ? me dit Mariame.

Nous sommes quatre normaliens dans la famille ; deux scientifiques, deux littéraires. C'est une bonne moyenne. Mariame, c'est la troisième, metteur en scène d'opéra, comme Villégier. Elle a trente-quatre ans et se souvient qu'il y avait encore des fous à Normale Sup quand elle y est entrée, malgré la mixité.

Au fond, je préfère.

Très bien ! Alors c'est autre chose. C'est un autre point de vue, celui de la création. S'il y a des normaliens qui survivent dans le monde réel sans rien produire, il y a aussi des créateurs à Normale Sup. Ils peuvent créer de la pensée comme Jacques Derrida ou Michel Foucault, des livrets d'opéra comme Badiou ou des foules de romans comme Jean d'Ormesson : c'est le signe certain d'un dérèglement qui, chacun le sait, provoque la création. Personne n'a mieux expliqué ce phénomène que Claude Lévi-Strauss dans un texte fameux, la préface à *Sociologie et Anthropologie*, une anthologie de textes de Marcel Mauss.

Toute société, dit-il, comporte à l'intérieur d'elle-même un pourcentage variable d'individus placés hors système. Ce sont des personnes déplacées dans leur monde. On peut les appeler fous ou bien poètes. À ceux-là, la société demande d'incarner des contradictions que Lévi-Strauss appelle génialement « des compromis irréalisables sur le plan collectif », des « transitions imaginaires » ou des « synthèses incompatibles ». Par exemple, Marcel Duchamp, ou les surréalistes ; Rimbaud ou Artaud ; François Villon ou Pierre Guyotat ; Hélène Cixous ou Ariane Mnouchkine. Toujours, elles et ils anticipent.

Un jour, les compromis irréalisables deviennent réalisables ; les transitions passent de l'imaginaire au réel ; d'incompatibles, les synthèses deviennent compatibles. La société qui les met à l'écart aura eu besoin d'eux ; ils sont ses fous à elle, ses graines d'avenir. Ils sont parfois violents, grossiers, d'une grande brutalité ; ils ne sont pas conformes, c'est même leur fonction. « On peut dire que pour toute société, le rapport entre conduites normales et conduites spéciales est complémentaire », conclut Claude Lévi-Strauss.

Quand l'École Normale Supérieure de filles fêta son centenaire, je fus invitée à faire un discours dans le grand amphi de la Sorbonne. Pourquoi moi ? Josyane Serre, la directrice de l'époque, me le dit sans ambages. Parce que j'étais entrée dans le siècle. Malheureux professeurs ! Ils restaient au couvent.

Verny était exceptionnelle. Des grossiers, des brutaux, il n'y en a guère à Normale Sup. Mais des violents, cela, oui. Normale Sup a été le théâtre du crime d'Althusser et Althusser avait une pensée créatrice. Plus discrets, les autres dissimulent leur léger grain de folie sous des feutres mous comme celui de Marc Lambron, une écharpe rouge, ou un regard de braise. Quelque chose les marque au sceau de la liberté : ils ont beau s'intégrer, jouer les professionnels, faire une belle carrière, ils se rebifferont tôt ou tard.

C'est ce que je leur souhaite. Un bon dérèglement. Et c'est ce que j'ai fait : je me suis déréglée. Je suis sortie des rails plus souvent qu'à mon tour ; je n'ai jamais été où l'on m'attendait. Est-ce que je suis folle ? Certainement un peu. On n'est pas normalien philosophe sans cela.

7

Les cousins, la musique

J'avais treize ans et c'était à Ostie. Cette année-là, Rivka avait décidé de m'envoyer passer une semaine auprès de son cousin. Ce n'était pas n'importe quel cousin. Bernard Hilda était chef d'orchestre, et ce n'était pas non plus n'importe quel orchestre.

Célèbre pour son orchestre de cirque télévisé dans *La Piste aux étoiles*, le cousin Bernard dirigeait un big band à l'américaine avec maestria et beaucoup d'optimisme. Et c'était un héros. Il avait réussi de grandes opérations d'espionnage en Espagne pendant la guerre de 39-45 ; sa sœur Irène Hilda, toute jeune, s'était engagée aux États-Unis où elle avait chanté pour les GI. L'un et l'autre exécutaient à la lettre les désirs de leur mère qui voulait à tout prix en faire des bêtes de scène.

Hormis quelques célébrations familiales, je ne connaissais pas Bernard Hilda. Rivka me mit dans le train et le cousin Bernard vint me cueillir à Rome.

C'était un homme rapide un peu chauve, un peu rond, l'œil noir et fureteur, un charmant séducteur. Il parlait le français avec un accent que je ne connaissais pas : anglais vaguement latin, style international. Il était délicieux et pressé ; vite, regagner Ostie pour la prestation du soir. Il conduisait une berline élégante à l'opposé des teuf-teuf familiaux qui sentaient le tabac de la pipe et l'essence. À l'arrivée, le cousin pressé me remit dans les mains de sa chanteuse, une belle et longue brune au sourire éclatant. J'étais intimidée ; ce n'était pas mon monde. J'entrai dans l'univers pailleté des soirées de casino animées par la baguette enchantée de mon cousin Bernard.

La chanteuse m'envoyait au lit très tôt, vers minuit. En fin de matinée, à moitié endormie, elle m'emmenait sur la plage où je m'ennuyais ferme. Et un jour, en étendant sur le sable sa grande serviette éponge, elle bâilla et se mit à parler avec une voix cassée. Je m'inquiétai.

– Qu'est-ce qui t'est arrivé ? Tu as pris froid ?

– Noon, dit la chanteuse d'un air embarrassé.

– Mais si ! Tu n'as plus de voix !

– Qu'est-ce que tu veux... C'est l'homme !

J'écarquillai les yeux.

– L'homme ?

– L'homme, il a mangé ma voix ! dit-elle avec un grand sourire.

Elle était tellement fière, la chanteuse, tellement belle. Tellement contente d'avoir perdu sa voix à cause d'une nuit d'amour. Je comprenais vaguement sans comprendre ; un frisson me saisit, elle parlait de sexe. Le soir, la voix revint et la chanteuse chanta de ces chansons d'amour italiennes en anglais qui plaisent aux spectateurs quand ils viennent en touristes.

C'est ainsi que je compris le pouvoir de la voix.

Je revenais de loin. Passé la guerre, les parents écoutèrent les musiques que les petits-bourgeois aimaient à cette époque : d'abord les *Quatre Saisons* d'Antonio Vivaldi, ensuite, les *Concertos brandebourgeois* de Jean-Sébastien Bach. Rivka et Pauline allèrent à la chorale et je pris des leçons de piano avec la tante Suzanne, une femme mélancolique de noblesse bretonne qu'avait épousée le terrible Michel, un oncle de Rivka joueur à se damner.

J'avais dans les dix ans et je partais à l'école quand, dans l'entrée de notre appartement, l'oncle Michel sortit un revolver et menaça Rivka de se faire sauter la cervelle si elle ne l'aidait pas à rembourser ses dettes. Effrayée, elle céda. En échange, j'eus des leçons de piano. Suzanne était douce, triste et peu sévère.

L'entrée de l'appartement était vouée aux rencontres. Un soir, j'allais me coucher quand Rivka fit entrer un vieux et grand monsieur auquel elle donna un petit flacon dans un sac de papier. À dix heures du soir, c'était extraordinaire ; la pharmacie fermait avant huit heures. Je me tenais debout devant le vieux monsieur en me demandant de quoi il souffrait lorsque Rivka me dit « Va chercher du papier ». Je revins avec une page arrachée à un cahier de classe et le vieux monsieur griffonna quelques lignes avant de s'en aller.

Je regardai, surprise. C'était de la musique. Trois lignes de partition, signées Francis Poulenc. Sur le haut de la feuille, il avait mis le titre : *Les Biches*. Rivka m'expliqua que Poulenc avait en urgence besoin d'un élixir et plus tard, je compris l'usage qu'il en faisait.

Le souvenir du revolver sur la tempe de l'oncle me gâcha le piano. Quant à Francis Poulenc, il m'avait effrayée.

Réservé aux cérémonies exceptionnelles, l'opéra n'était pas de saison. J'y eus droit quand le cousin de Pittsburgh vint visiter les survivants d'Europe dans les années cinquante, porteur de biens de consommation élémentaires, eau minérale, savons et dentifrice que ces pauvres petits Français ne pouvaient pas trouver en magasin. Pour le remercier et lui montrer de quel bois on se chauffait, les parents réservèrent des places à l'opéra Garnier qui donnait en grande pompe *Les Indes galantes*, assorties d'un événement considérable : à de certains moments, la salle était entièrement parfumée à la rose. Hormis le festival d'Aix-en-Provence, c'était le premier grand spectacle d'opéra de l'après-guerre. Je trouvai cela superbe et ennuyeux.

Le cousin de Pittsburgh repartit s'occuper de son centre commercial et la vie familiale reprit sans opéra.

Non, la musique ne me vint pas du tout de ma famille, mais à cause de la chanteuse de Bernard Hilda, j'avais des aperçus sur la nature des voix. La nuit, le sexe de l'homme mangeait la voix.

La musique m'arriva avec le Bien-Aimé. Il ne pouvait pas vivre sans la musique ; il savait déchiffrer une partition ; il chantait des lieder avec une belle voix de baryton Martin et la vie avec lui se passait en chansons. Toute sa famille connaissait le répertoire des vieilles chansons françaises que, sous le nom de Henri Davenson, Henri-Irénée Marrou, grand spécialiste de saint Augustin, avait fait paraître à Neuchâtel en 1943 comme un acte de résistance à l'Occupant. C'est un livre dont je me sers encore : *La belle est au jardin d'amour*, treizième siècle, *L'amour de moi*, fin quinzième, *J'ai descendu dans mon jardin*, *Comment vouloir qu'une personne chante ?*, *Nous étions dix filles dans un pré*.

Donc nous chantions ensemble. C'était délicieux. L'été 59, entre la fin des concours et le départ pour Berlin, nous étions à Fiesole en bande avec la Bulle. Le jour, nous avions entrepris de mesurer à Florence une petite chapelle Renaissance blanche et verte, pour vérifier le nombre d'or ; et le soir, nous chantions en chœur la fin de la *Passion selon saint Matthieu*, pas trop vilainement.

L'Italie dans la Bulle s'appelait Gilles de Van. De nous tous, c'était le plus singulier.

Fils du musicologue Guillaume de Van, il avait perdu très tôt ses parents et avait une marraine qui s'occupait de lui. Or c'était une duchesse italienne, même qu'elle avait un palais à Naples et cela nous faisait rêver. Gilles disposait d'un esprit formé en Italie ; c'est pourquoi il devint plus tard spécialiste de Verdi. Il avait une particularité pour nous extraordinaire. Inséré dans la Bulle tala au petit bonheur, Gilles n'était plus vierge ; il avait dans sa vie une femme en Italie. Je l'entends encore parler d'un air malin de la saveur spéciale des étreintes matinales, « quand les draps sentent encore les humeurs de la nuit ». Et j'en tremblais d'envie.

Je ne sais plus comment nous parvînmes à nous retrouver au festival d'Aix-en-Provence, première époque, celle des étoiles nues et de la simplicité. Ce premier pas franchi, nous allâmes au plus rude avec, gravé au cœur, le troublant souvenir de la blonde Walkyrie aux cheveux crêpelés que nous avions vue à Berlin en 1959. D'un coup d'un seul, une *Tétralogie* entière, un *Parsifal* et un *Tristan* au festival de Bayreuth, en 1966.

Pour nous, jeunes parents de deux enfants, le festival de Bayreuth était une grosse dépense, et un événement fondateur dans nos vies. Nous avions emmené le cousin Jean-Marie, futur généticien, musicien accompli dont la fille aujourd'hui met en scène l'opéra. Tout était singulier. Logement chez l'habitant, chambres bavaroises fleuries avec bibelots partout et têtières aux fauteuils ; repassage quotidien des smokings et des nœuds papillon – mon travail ; nourritures étouffantes ; bières d'orge au citron ; leçon wagnérienne en public le matin ; spectacle à partir de seize heures. Public en robe longue, smoking, habit, beaucoup de monocles ; vieilles barbes décorées possiblement nazies, jeunes musiciens fiévreux venus bénévolement souffler dans leurs instruments à vent les sonneries d'appel au public ; bourgeoisie parisienne tâtant l'eau wagnérienne en y plongeant l'orteil ; habitués fanatiques, livret en main. Parfois, il pleuvait dru. Quand il ne pleuvait pas, nous allions lorgner la sortie des artistes, d'où sortirent un jour, une rose à la main, Wolfgang Windgassen, le grand et gras ténor qui chantait le rôle de Tristan totalement immobile et Birgit Nilsson, Scandinave baraquée au menton en galoche qui, d'une voix admirable, nous faisait une Isolde de compétition sportive.

Que de corps si massifs et si disgracieux sortent des voix limpides, c'était cela, l'opéra à Bayreuth avant que Patrice Chéreau n'offre de vrais corps aux voix avec une vraie histoire. Dans les années soixante, la scène était d'une austérité mystique : jeux de lumières sur du gris, du vide, un ciel opaque. Comme décor, un plateau circulaire dénudé. Costumes de cuir sombre. Ainsi en avait décidé Wieland Wagner, petit-fils de Richard, résolu à éradiquer le mal nazi de Bayreuth en épurant décor, accessoires et costumes. Direction d'acteurs ? Ils ne savaient pas bouger. Je songeai tristement à la chanteuse d'Ostie.

Le Bien-Aimé avait disparu de ma vie quand je fus capturée par l'opéra. J'y allai très souvent, une à deux fois par mois. En devenant journaliste au *Matin de Paris*, j'avais soudain trouvé dans ma besace des invitations tout terrain, y compris l'opéra. Miracle ! J'en profitai. Il m'arrive de penser que tout ce que j'ai fait, je l'ai fait pour assister à des spectacles vivants sans avoir à me soucier de réserver des places. Ce n'est pas financier, non; c'est juste plus pratique. Grâce à ce privilège luxueux de journaliste, j'entrai dans la société très réduite, très fermée, de ceux qui vont à l'opéra au doigt et à l'œil et s'y retrouvent en bande de vieux jeunes gens. Bonsoir ! Tu as vu *Butterfly* avant-hier à Genève ? Non, mais je vais voir *Boris* à La Scala demain.

Un soir, au premier rang d'orchestre, je remarquai le courant d'air exquis qui envahit la salle quand le rideau se lève. Ce léger courant d'air entraîna ma pensée. C'était une *Traviata*, je crois, ou une *Bohème*. Deux agonies de femmes sacrifiées à l'amour. Au dernier acte, je tenais l'idée d'un livre. Les femmes que l'on voyait chanter sur scène mouraient souvent d'amour. Si elles ne mouraient pas, elles souffraient toujours. Et quand elles ne souffraient pas, elles perdaient quelque chose : leur liberté, comme la princesse Turandot qui, voulant à tout prix éviter le mariage, se retrouve amoureuse et mariée au dernier acte.

J'écrivis d'un seul trait *L'Opéra ou la Défaite des femmes*, livre ardemment féministe qui me valut des volées de bois vert de la part des musicologues, mais qui inspira plus tard de nombreuses mises en scène. Maurice Fleuret, pourtant un ami, ne décolérait pas. Qu'est-ce que j'allais chercher ! Les cantatrices, des travelos ? Quelle abomination. Toutes vouées à la mort ? Mais leur voix est sublime ! Enfin c'était un malentendu digne de la Callas dont on portait le deuil avec jubilation.

Si j'avais à le réécrire, je concentrerais mon analyse sur l'opéra du dix-neuvième siècle, car ce siècle fut terrible pour les femmes. Après la percée du dix-huitième siècle, une fois les révoltes féministes révolutionnaires écrasées par les jacobins, le dix-neuvième siècle broya le destin des femmes. Les opéras l'expriment et les divas le chantent. J'ajouterais à ces femmes défaites, sopranos et mezzos, quelques rôles de ténors que leur voix surélevée entraîne vers la même mort. Ce que dit l'opéra du dix-neuvième siècle, c'est la haine des jeunes gens, des jeunes gens qui s'aiment, filles et garçons ensemble, Carmen et Don José.

Ruggero Raimondi

1980. Je suis en reportage à l'Opéra-Comique, où se prépare une *Carmen* d'anthologie sur la scène où fut créé l'opéra de Bizet. Teresa Berganza chante Carmen, Placido Domingo, Don José. Ruggero Raimondi s'apprête à prendre le rôle du « toréador » Escamillo.

En recueillant l'entretien avec Raimondi que je dois publier dans *Le Matin*, je le découvre inquiet. Qu'est-ce qu'un toréador ?

– Un toréador n'existe pas. On dit un torero.

– Bon. Mais qu'est-ce qu'il fait ?

– Au début de la corrida, des mouvements amples avec la grande cape, la rose doublée jaune. La passe papillon, par exemple. Ou bien la véronique. C'est facile ! On parle de véronique pour rappeler le geste de la sainte qui essuie le visage du Christ. Le torero essuie la face du toro.

– Montrez-moi.

Et nous voilà dans les jardins du Palais-Royal. Avec l'imperméable de Ruggero Raimondi, j'esquisse la véronique devant un toro fantôme. Il reprend son imper, il répète. On enchaîne. Sur certains mouvements de mains, je ne sais comment faire. Pas grave ; à l'époque, je suis l'épouse d'un ancien apprenti torero. Il fera savamment répéter les mouvements au chanteur dans la salle de répétition, sous les combles.

Tous les jours pendant trois semaines, je suis à l'Opéra-Comique. L'amour étant ce que chante Carmen, il frappe en bohémien. Ruggero tombe amoureux d'Isabella, une Espagnole assistante à la mise en scène qui deviendra sa femme ; et je tombe amoureuse de Piero, le metteur en scène, un petit génie qui s'en fiche royalement. Ruggero veut m'en persuader ; il me dit tous les jours que je rêve pour rien. Pas grave, c'est vite passé. Les artistes quittent Paris. J'ai gagné un ami, Ruggero Raimondi. Si grand qu'il ne passe pas la porte sans se courber quand il vient dîner à la maison.

C'est l'époque où circule la rumeur d'une liaison entre nous. Qui a lancé cela ? Françoise Verny.

– Mais Françoise, c'est faux, archi-faux !

– On s'en fout, chérrrie, c'est bon pour ton standing.

Lui, il hausse les épaules. Nous nous verrons souvent. À Paris, à Vienne, à Milan, à Genève. Il est en Don Juan, en Boris Godounov, en Falstaff ou en Philippe II. Pour la prise de rôle en Boris Godounov, il avait beaucoup de mal avec Joseph Losey, qui ne lui disait rien.

– Rien du tout ! Pas un mot ! Comment je fais, moi ? Qui est-ce, ce tsar malade ? Qu'est-ce qu'il voit quand il meurt ?

On essayait d'élaborer quand Losey dit quatre mots. Se lover en fœtus. Ce fut tout. Suffisant pour que la grande carcasse se love en fœtus à cause de ses fantômes.

Le soir de la première de *Don Giovanni* à Genève, Maurice Béjart l'a costumé en vert. Ruggero est très croyant, un brin superstitieux et le vert, le vert...

Tout le monde sait que le vert porte malheur aux artistes en scène. Histoire d'en rajouter, à quelques-uns, on sème sur le trajet qui sépare la loge du chanteur de la scène de gros clous. Bien lourds.

Le clou aussi, sur scène, est maléfique. Il ne faut pas le laisser traîner sur le plancher. Ruggero voit un clou sur le sol, il le ramasse et le met dans ses chausses. Un autre, il le ramasse, et ainsi de suite. Quand il entre en scène, il en a deux kilos. N'empêche, il est superbe : une perle à l'oreille, lesté de ses gros clous, en vert, il est Don Juan.

Il n'en peut plus, de Don Juan. Il l'a tellement chanté ! Au Staatsoper de Vienne, le système des castes des habilleurs est tel que l'habilleur en second, préposé aux barytons, passe premier habilleur quand le rôle-titre est un baryton. Quand on joue le *Don Giovanni* de Mozart, c'est le cas. Cette année-là, l'habilleur en second est si content d'être promu pour un soir qu'il boit trop de vin blanc.

Dernier acte, le banquet, la statue, damnation. Ruggero entre en scène. Nous sommes au premier rang et sa femme Isabella fronce le nez. Au lieu de chanter frontalement, Ruggero va se cacher en zigzaguant, tourné vers les coulisses. Oh ! On l'entend très bien, mais c'est très étrange. Il chante tout le dernier acte tourné côté jardin. Et il ne vient pas saluer.

Au souper, il explose. L'habilleur en second préposé baryton promu premier à cause du rôle-titre a tellement picolé qu'il lui a enfilé le costume d'un autre, plus étroit. Ruggero entre en scène et crac ! Les boutons cèdent. Tous ensemble, laissant voir la peau nue.

– C'est comme pour Attila ! Je me mets à genoux devant Sa Sainteté, et c'est la fin de l'acte. Au moment où je dois me relever, la jupe lâche sous la cuirasse. Si je me relève, ce sera en caleçon. Alors je reste à genoux.

Avec le léger zézaiement et le doux ronronnement qu'il a dans la gorge quand il parle, Ruggero est un conteur magnifique. Chanteur ? Tout le monde connaît l'ampleur de sa voix. Mais peu de grands chanteurs ont autant de pensée, autant de fidélité, autant de bravoure secrète.

Et la tauromachie ? Nous n'en parlions plus.

Rivka m'emmenait, petite, aux arènes de San Sebastián. J'adorais Dominguin, ses amours, ses folies, Ava Gardner, Lucia Bose, people toro. J'en avais l'habitude quand naquit la folie des passions d'intellos pour la corrida. Par fournées en avion, des psychanalystes allaient à la feria de Madrid, très tendance. Plus tard, ce fut Pampelune. Après Mai 68, apparurent des chimères françaises : des trotskistes toreros, l'un entraînant l'autre. Nimeño II mourut ; sa mort créa un mythe. Simon Casas lança Nîmes. En riant, Paul Guilbert disait qu'il y venait pour « faire le voyou » ; il voyait juste.

J'aimais la voyouterie cachée dans la tauromachie, j'aimais me confronter au triomphe macho planqué sous l'élégance. J'aimais apprendre les codes, le nom des passes, on aurait dit Lacan. J'aimais la corrida tellement que j'écrivis, avec François Coupry, l'ex-apprenti torero, un livre sur la tauromachie, *Torero d'or*.

Je débattis à la télévision avec El Cordobés, qui, en complet tabac, gardait un air gamin et je retrouvai Ruggero à Séville dans un séminaire à l'Université où nous devions plancher en commun sur la corrida et l'opéra. La séance était présidée par un illustre torero retraité, Antonio Ordóñez. Il ne dit pas grand-chose, mais il était là, posé en monument, grand torero vieilli, un survivant.

Quelques années plus tard, mourut dans une arène un torero que j'avais souvent vu jeune et brillant. Il s'appelait Paquirri. La cornada avait été terrible. À peine entrée dans la movida, l'Espagne prit le deuil. Comme si Johnny mourait.

J'ai gardé les journaux.

L'Inde entra dans ma vie. Traiter de la mise à mort d'un bovidé en Inde est impossible, et d'ailleurs, cela tomberait sous le coup de la loi. Sous la contrainte, je mis la corrida entre parenthèses, mais je fus très étonnée de voir, chez un vieil ami Sikh, des photos de corrida, bien visibles. Khushwant Singh est un écrivain provocateur, un esprit libre, un agnostique qui se baigne dans le Gange tout en vomissant les brahmanes. La corrida lui sert d'anticléricalisme.

Ma surprise fut encore plus grande quand un jour, je m'aperçus que la corrida était sortie de ma vie. Elle qui m'accompagnait depuis l'enfance, elle qui avait bercé mes amours de trentenaire ! Elle ne me manquait plus. La mort de Paquirri avait sonné le glas.

Mais on ne se sépare pas de la musique.

Une vieille chanteuse

L'Inde entra dans ma vie aussi par la musique. Je ne m'y attendais pas, car le sitar m'ennuie. Non, c'est une voix de femme, encore une et la même, une main qui se lève et des lèvres qui s'ouvrent, lançant une flèche d'or comme l'archange qui transperce les chairs de la sainte Thérèse sculptée par Le Bernin. Cette chanteuse était vieille et elle venait du Sud, du Tamil Nadu plus précisément.

Ses cheveux étaient blancs, sa peau était fanée. Elle portait des lunettes et avait les yeux noirs, ainsi sont les Tamouls. Mais sa voix était si profonde, si intense que je lui vis des yeux bleus.

Bleu saphir étincelant, bleu sombre presque marine. Pourquoi mis-je du bleu sur le noir de ses yeux ? Parce qu'ils brillaient de larmes. Elle chanta plusieurs heures d'affilée, sans une pause, la main tantôt posée sur un genou, paume retournée au ciel battant légèrement la mesure, tantôt ailée, perchée sur son oreille pour faire résonance.

Elle est morte il y a cinq ans. Elle s'appelait Maduraï Subbulakshmi ; c'est ma Callas à moi.

Ce qui change surtout, c'est la façon d'entendre. On est assis par terre sur de minces matelas couverts de coton blanc. On est occidental, et les jambes encombrent. Quand les Indiens possèdent depuis des millénaires la technique pour replier leurs jambes sous leurs fesses ou pour se tenir accroupis sur les genoux pendant de longues heures, nous ne savons pas quoi faire de nos guibolles. Elles s'ankylosent, on souffre, on change de position, on voudrait se lever, on n'en a pas le droit, on se tord, on est mal et c'est dans la douleur du dos que vous arrive la voix. Elle enlève le corps et elle le rend léger. Et quand soudain le concert est fini, sans crier gare et sans applaudissements, on voudrait rester là, accroupi sur le sol et le dos humilié pour entendre la voix encore un peu.

Cette drôle de musique, voix de femme ou voix d'homme qui n'a ni commencement ni fin mais s'élève sans prévenir et s'arrête comme la mort, elle enveloppe comme le drap d'un lit d'enfant ou d'un suaire. Elle caresse comme la main de la mère. Winnicott l'appellerait « espace transitionnel » parce qu'elle est le voyage, le but et l'arrivée. Mes phrases pour le dire s'allongent et refusent la ponctuation qui serait un faux rythme : ainsi de la voix infinie de ma chanteuse.

Pas d'opéra en Inde. Du moins, quand j'y vivais. C'est en train de changer.

En 2006, j'étais à la première de *La Traviata* à Delhi. Auditorium de 6 000 places, pas de cintres pour les décors. Peu de place pour l'orchestre, nécessairement réduit en petite formation. Du mobilier sur scène, des écharpes, du tulle, tissu qui, en Inde, s'amollit. Salle comble ; la gentry de la capitale était venue en masse. Qu'allaient-ils faire, ces Indiens si rétifs au genre opéra ? Jusque-là, mes amis indiens bâillaient quand je leur faisais écouter l'opéra. L'un d'eux, un ministre, ronfla devant Placido Domingo dans *La Bohème* à l'opéra de Paris. Allaient-ils applaudir ? Jamais dans un concert classique en Inde on n'applaudit.

Ils applaudirent beaucoup, parfois à contretemps, mais ils étaient ravis et surtout, honorés. Depuis quelques années, l'Inde s'était ouverte économiquement ; et l'opéra suivit. Les classes moyennes grandirent vertigineusement : de 90 millions à 350 millions en moins de dix ans. Mais quand il y a bourgeoisie, il y a opéra.

Ce soir-là à Delhi avec *La Traviata*, l'unique représentation de l'opéra de Verdi surchargeait l'ascenseur social. Les Indiens montrèrent avec ravissement qu'ils savaient applaudir à la fin des arias et quand ils se trompaient, je me rappelai qu'autrefois, quand j'étais innocente, je me trompais aussi de la même façon. Les voix de cette *Traviata* étaient assez convenables, le livret ressemble trait pour trait à un *hindi movie* produit par Bollywood, et la mort de la pute, alors ça, magnifique. *La Traviata* ne rata pas son entrée chez les « Delhi-Walla » – les habitants de Delhi.

Aude Priya est une jeune soprano française née en Inde. Sa voix est d'Europe, ses manières sont de l'Inde. Il y a comme cela des êtres jardiniers qui déracinent une herbe et la replantent ailleurs. C'est le cas du père d'Aude Priya. Juif français originaire de Turquie, né pendant la guerre sur un paquebot au large du Venezuela, il s'éprit de l'Inde ; il mit vingt-cinq ans à devenir un citoyen indien, par amour – les naturalisations, en Inde, sont rarissimes. Déraciné d'origine, replanté, il est le meilleur passeur que je connaisse. Et voilà que sa fille, son Inde à qui il a donné un prénom sanscrit dont elle fit son nom de scène – Priya – devient cantatrice dans le plus vieux genre d'Europe. Il faut replanter.

Ainsi va l'opéra, genre musical né dans les cours d'Europe au seizième siècle, passager clandestin et nomade apatride aujourd'hui chanté au Japon, en Corée, en Chine populaire et désormais, en Inde.

Le barattage du cœur

Retrouver l'opéra après l'Inde fut un deuil. On ne traverse pas des mondes impunément. Il faut réhabituer le corps au fauteuil, la vue aux mises en scène, l'oreille à l'aria. C'est une affaire de dos. Le grand frisson nocturne que suscite la voix que l'homme n'a pas mangée commence à revenir. Je re-frissonne.

C'est une affaire de dos qui s'en va jusqu'au sexe comme le frisson de ma messe de fiançailles et cela, ce chemin de la nuque à l'orgasme, les yogis l'ont connu avant nous.

Après Delhi, Roderich fut nommé ambassadeur à Vienne. Je me faisais une fête de connaître cette ville et ses intellectuels ; une ville où Freud avait vécu en même temps que Schnitzler ne pouvait pas me laisser indifférente. Mais vidée de ses juifs, Vienne n'était plus la même. On n'y pensait plus aussi activement sauf sur une focale à distance de musique. La musique, la musique. Elle était obsédante, on ne parlait que d'elle, l'esprit était pour elle. Il n'y avait qu'une pensée possible, celle de la musique. Et la musique à Vienne déborde l'opéra.

Changeant de spectacle chaque jour selon les flux de touristes que débarquaient les cars, le Staatsoper de Vienne débitait de l'opéra comme de la mortadelle avec des voix parfaites et des mises en scène moches. Ce n'était pas le cœur de la musique à Vienne. On la trouvait ailleurs, au Musikverein, boîte à chaussures dorée sublime de beauté à l'acoustique parfaite pour les concerts, chaque soir. On trouvait la musique aussi dans l'opérette, genre dont Vienne est la reine au point de l'avoir transmise par juifs interposés, réfugiés de la mauvaise période, à Hollywood où elle devint le genre comédie musicale. Et là, surprise.

Quel autre lieu au monde aurait pu inventer une comédie musicale dont les personnages sont les concepts de Freud ? Cela s'appelait *Freudiana*. Le Moi, le Surmoi, le Ça étaient sur scène et chantaient divinement. Voir la *Métapsychologie* chantée et costumée, je ne m'y attendais pas. Je compris que, à Vienne, la musique est un genre populaire et qu'il faut la chercher ailleurs qu'à l'opéra.

Une soirée d'été, on dîne chez des amis, l'un d'eux est au piano, l'autre sort sa guitare ; un Russe est venu avec sa balalaïka, l'hôtesse s'éclipse et va chercher son tambourin. On se met à chanter un peu n'importe quoi, des airs slaves, du Schubert et des chansons à boire, surtout celles de Brahms. C'est l'instant où je comprends que le grand Johannes Brahms, l'ami de Johann Strauss, le président de l'association des musiciens de Vienne, un fameux buveur de vin blanc, vivait dans la même ville que le jeune Sigmund Freud qui n'en savait rien. La naissance de la psychanalyse prend une nouvelle allure : tout contre la musique, cette grande dévoyeuse, cette pute vendeuse d'affects et qui obture l'esprit. Et la valse ! Quand Roderich et moi nous valsions à Vienne, les couples de jeunes danseurs tombaient sur notre passage par inexpérience ; nous valsions comme des fous avec une vitesse à renverser le monde. A-t-il jamais valsé, Sigmund Freud, a-t-il jamais connu le vertige qui traverse les pieds et remonte à l'esprit à la fin d'une valse ? Non. Tout pour se protéger du vertige. Pas plus la valse que l'Inde. Pas de ça, Lisette.

Les collines de Vienne sont couvertes de guinguettes à tonnelles et à tables de bois. On y boit du vin blanc et parfois du vin de glace, fait avec des grappes passées par le premier gel de la fin de l'automne. C'est doux et très sucré, à l'image de la valse. Il y a toujours des touristes charmés et toujours des tziganes approchant leur violon à l'oreille des dames en roulant de gros yeux comme dans tous les *Sissi*. Un soir, mon Roderich emprunte son violon à un de ces musiciens et le voilà lancé. Debout entre les tables, sous la tonnelle de vignes, lui le juif allemand blond, il jouait comme un tzigane. Les musiciens s'étaient arrêtés pour l'écouter ; ce n'est pas tous les jours qu'on voit dans une guinguette l'ambassadeur de France à Vienne jouer du violon. De tous les souvenirs que Vienne m'a laissés en matière de musique, c'est celui que je préfère.

Mais c'est à Bregenz que naquit notre plus grande émotion. Au bord du lac de Constance, il y a un festival d'abord imaginé par le général Bethouard, commandant des forces françaises d'occupation en Autriche à partir de 1945. Opérettes sur des barges dans les commencements ; aujourd'hui, grands opéras sur scène au milieu de l'eau. Très populaire, le public vient avec chausses de caoutchouc, impers et parapluies. Il y a tant de monde et la scène est si grande que les chanteurs sont équipés de micros. Autant dire que les amateurs chic n'y sont pas. J'appartenais à un groupe de recherche qui assistait à toutes les répétitions, celles des opéras sur l'eau et celles, plus convenables, de l'opéra fermé, toujours des œuvres rares.

Cette année-là, on jouait *Nabucco* sur le lac. Pour cette œuvre de Verdi supposée se dérouler à l'époque de Nabuchodonosor, le metteur en scène anglais n'avait pas lésiné sur la Shoah, stockant les choristes vêtus en prisonniers hébreux derrière des barbelés de camp de concentration, et faisant descendre parmi les spectateurs des enfants juifs en caftan noir, papillotes sur les joues, leurs violons dans les bras. Je déteste ce genre. Roderich également. Nous n'étions pas contents de cette mise en scène quand, le soir de la troisième répétition, il se mit à pleuvoir furieusement sur le lac.

La répétition commença. Sous une pluie battante, les choristes entonnèrent le chœur de *Nabucco*. Les gouttes d'eau ruisselaient sur leurs bouches ouvertes, on aurait dit des larmes ; leurs costumes trempés se chiffonnèrent, leurs cheveux dégoulinaient, l'orage se déchaîna, les enfants en caftan descendirent dans la salle à la lueur des éclairs et soudain, les équipes techniques se mirent à pleurer en haut des gradins. Nous aussi. Roderich et moi nous étions à deux mètres des mains qui se cramponnaient aux barbelés. Nous n'étions plus devant des choristes chantant le célèbre chœur de Verdi, nous étions devant la misère du monde. La répétition continua sous la pluie ; le tonnerre fracassa le temple de Jérusalem et Nabucco, vaincu, perdit la tête. Le lendemain soir, le ciel était serein, la mise en scène, normale et personne ne pleurait plus.

C'était un soir d'orage et de pluie, un soir de grâce sur le lac de Constance.

Retournerai-je un jour aux corridas ? Pas sûr. Me reste un beau concept tauromachique, le *duende*, grâce charnelle et fugace qui s'appelle la « fleur » dans le Nô, et *rasika* dans le vocabulaire de la danse classique en Inde.

Duende, quand le torero épouse le mouvement des muscles de l'animal, l'animal qu'il va tuer. *Fleur*, la main tendue vibrante sur l'éventail d'un acteur japonais qui joue la jeune fille. *Rasika*, mot qui signifie « étincelle », dérive du terme magnifique de *rasa*.

Rasa, traduit littéralement : le barattage du cœur.

Ce qui est beau tourneboule le cœur comme la crémière, le lait. Le cœur change de substance. Il bat différemment, il s'en va dans le dos. Il voyage, le cœur, il palpite ailleurs, dans un violon tzigane. On pourrait facilement mourir pour cela.

J'ai un peu de nostalgie en Inde, quelquefois, en croisant une femme en sari rose vif bordé de jaune, comme la cape du matador déployée pour une véronique. *Duende.*

L'éclat des acteurs

Aux leçons de piano de la cousine Suzanne s'ajoutaient le dimanche les opérettes. Ma grand-mère Yvonne m'emmenait au Châtelet où nous vîmes tout le répertoire, *Le Chanteur de Mexico*, *L'Auberge du Cheval Blanc*, une fois, deux fois, dix fois. L'aventure s'arrêta quand j'entrai au lycée.

Il y eut une dernière tournée à la Gaîté-Lyrique avec *Les Trois Valses*, opérette d'Oscar Strauss au livret romantique. Répété sur trois générations, un même coup de foudre y frappe sans espoir deux ados que la vie sépare ; à la troisième génération, ils s'épousent. Au dernier acte, la chanteuse qui tenait le rôle de la star amoureuse tenait, pour faire la star, un mouchoir en mousseline qu'elle agitait bêtement. Je vis que c'était bête et j'avais l'œil ailleurs. Le temps était venu de la Comédie-Française.

Ma grand-mère Yvonne avait pris une loge pour ses petits-enfants, mais comme j'étais l'aînée, c'est moi qu'elle emmena d'abord. Les abonnements classiques étaient le jeudi et commencèrent – que ce souvenir est frais ! – par un Marivaux dans lequel un nouveau pensionnaire jouait le valet. Jean-Paul Roussillon était blond, svelte, bondissant, l'air filou face aux dames sociétaires ; l'image de la jeunesse. La cérémonie avait lieu tous les mois. Parfois, Yvonne dormait. Les grandes tragédiennes savaient la réveiller, Annie Ducaux drapée en Andromaque, Maria Casarès, qui frémissait tellement dans le rôle d'Elvire que ses mains en tremblaient. Tout Racine, tout Molière, et trop peu de Corneille. Beaucoup de Marivaux et pas mal de Musset. Victor Hugo ? Bien sûr. *Hernani*.

Je ne m'ennuyais pas, non, j'attendais.

Le moment important pour moi, c'était après. Chaque mois, j'allais attendre les artistes au milieu d'une petite foule de lycéens qui, comme moi, voulaient des autographes. J'avais imaginé un truc. Pour être sûre de me faire remarquer, je dessinais les costumes des rôles, je mettais des couleurs – j'évitais les visages, mais mes petits croquis faisaient leur effet. Les Comédiens me semblaient souvent de vieilles personnes, mais ils étaient élégants, bien vêtus, ils sentaient bon. Ils avaient un port de tête inhabituel, une démarche aisée, un éclat singulier.

La première fois que j'eus un autographe sur une photographie dédicacée, ce fut pendant une Kermesse aux Étoiles dans les jardins des Tuileries. Inventée dans l'immédiat après-guerre, la Kermesse aux Étoiles comportait des tentes rudimentaires où des vedettes signaient leurs photos. Rien de plus. N'osant pas affirmer son être de groupie, Yvonne adorait me pousser en avant – ce n'est pas pour moi, vous savez, c'est pour la petite. La première photo qui me fut dédicacée était celle d'une célèbre danseuse qui se prénommait Violette.

Violette Verdy avait de grands yeux étonnés et une peau nacrée. Je ne la connaissais pas. Mais Yvonne, si.

Voir un artiste de près devint une passion. Elle ne m'a pas quittée. L'artiste est mon semblable, il a mal aux dents, il boit, il fait la gueule ou bien il est heureux, mais un peu de l'éclat de la scène lui reste, comme une de ces fragiles guirlandes de Noël après la fête. Cet éclat, je le veux. Comment fait un acteur ?

Comme mon amie Myriam quand elle jouait Ulysse sur la scène du gymnase au lycée. Ce jour-là, j'étais éclairagiste ; c'est une vocation, chez moi. Éclairagiste.

Le Bien-Aimé aimait tellement le théâtre qu'il monta sur scène pour jouer *Le Convive de pierre* de Pouchkine : une vraie scène, un vrai théâtre, pas de l'amateurisme. Notre fille Cécile est donc metteur en scène ; logique éblouissante dont elle fait des soleils. Et lorsque le Bien-Aimé fut parti, j'entrai à France-Culture pour des émissions qui touchaient au théâtre.

France-Culture à l'époque comprenait un programme musical dirigé par Guy Erisman, communiste discret, petit monsieur modeste à l'œil pétillant et grand musicologue passionné de Dvořák. Après 68, France-Culture monta des coproductions de théâtre musical avec le festival d'Avignon et Guy Erisman m'embaucha pour les commenter. « Avec ta langue bien pendue... », disait-il.

Je n'avais jamais mis les pieds en Avignon.

Avignon

Je travaillais avec Jean-Louis Cavalier, véritable artiste de la radio, dans une chambre étroite transformée en studio sous les combles. On montait la nuit. Le jour, trop de chaleur. Prêt à diffuser le lendemain. Le théâtre musical existait à l'époque ; c'était une forme nouvelle, pleine d'espoir. Pour ma première année, Georges Aperghis et Marie-Noëlle Rio présentèrent l'une des cinq psychanalyses de Freud, *L'Homme aux loups*, dans une mise en scène peuplée de papillons machaons jaune et noir. Aperghis avait composé une musique structurale, parfaite pour s'assortir avec un texte de Freud. Mon travail était simple ; je faisais la conteuse. En avant-première, je racontais la longue histoire de la psychanalyse de l'homme aux loups.

Avignon, c'est une chaleur extrême et suffocante, la peau qui sèche ou transpire, les pieds nus qui gonflent dans les sandales, la course d'un point à l'autre, les dossiers sous le bras, magnétophone au cou, le micro qui se défile, la porte qui se ferme, le spectacle commence. Avignon, c'est le souffle glacé du mistral dans la Cour, la couverture pour s'emmitoufler, les doigts gourds. Avignon, quand on y travaillait à l'époque sans climatisation, c'était une épreuve pour le corps mais justement.

Justement, la chaleur, la course infinie, la poussière, la cohue transformaient le théâtre en oasis. Une fois installée et le dos immobile, ma pensée s'évadait. Je ne sentais plus mon corps et je filais sur scène. De loin, les petites silhouettes des acteurs dans la Cour semblaient des marionnettes dont un géant terrible tirait les fils d'en haut. De près, la sueur coulait sur les fronts quelquefois. Quelquefois le mistral désossait le décor, soulevait les jupons.

Lorsque Jean-Pierre Vincent monta *Macbeth*, tout le monde frémit : Macbeth porte malheur. Et dans la Cour d'honneur ! Les Comédiens français ! S'il y avait du mistral... Le soir de la première, il était là, le maudit. Le mistral plaqua sur le visage du premier acteur entré en scène sa petite cape courte. Il était aveuglé, il trébucha. Le mistral rendit si difficile l'entrée de Lady Macbeth en grand vertugadin version Thierry Mugler que deux machinistes durent solidement agripper de chaque côté de l'actrice l'armature bousculée par le vent. Le mistral.

Au Théâtre municipal, il faisait si chaud que les spectateurs devaient sortir souvent pour prendre l'air sous peine de malaises et pourtant, devant la création d'*Einstein on the Beach*, opéra de Philip Glass, mise en scène Bob Wilson, je retenais mon souffle au point de suffoquer. Les corps circulaient sur la scène au rythme répétitif d'une musique de rêve et le décor donnait sur l'océan. Chaleur hypnotique d'une plage en été.

L'aventure d'Avignon dura plus de vingt ans. Quel que soit mon métier, j'avais une bonne raison, une vraie, une excellente, d'aller au festival. Pour France-Culture d'abord. Ensuite, pour *Le Matin*. Au Quai d'Orsay, puisque j'étais chargée des échanges artistiques, je venais y sélectionner les œuvres pour les tournées. Et quand je partis en Inde...

Bernard Faivre d'Arcier me demanda d'animer les débats du Verger pendant toute la durée du festival. Ce n'était pas sorcier : un artiste venait devant les spectateurs qui posaient des questions. Hormis quelques poussées de fièvre de temps en temps, l'exercice était passionnant. À un détail près.

Les débats du Verger commençaient toujours le 15 juillet et j'étais retenue en Inde par le 14 Juillet. Bernard me dit « Essaie, on verra bien. » C'est le genre de parole qu'on ne me dit pas deux fois. Je voulais mon épreuve ? Eh bien, je l'avais.

Je passais tout le jour à Delhi dans le cérémonial de la fête nationale : lever des couleurs le matin, six mille invités pendant la réception de l'après-midi. Dans la nuit, vers deux heures, je prenais l'avion d'Air France.

Arrivée à Paris le 15 juillet à six heures du matin, je sautais dans un train. À six heures de l'après-midi, j'étais dans le Verger avec le public. La veille, j'étais dans le grand hall de l'ambassade de France.

Quand Michel Guy mourut, Avignon me quitta. Il y a dans ma vie des morts qui me séparent. Paquirri, Michel Guy. Ils emportent mes objets dans la tombe. J'écrivis sur le festival d'Avignon *La Pègre, la peste et les dieux* et comme à l'ordinaire, l'écriture fit le deuil.

Avignon m'avait apporté la création du *Mahabharata* monté par Peter Brook par un beau soir d'été. Le ciel était parfait, d'un bleu délavé. L'air était tiède. Le spectacle se déroulait en plein air dans une carrière dorée sur une scène de sable. Commencé au coucher du soleil, il s'achevait à l'aube. Les héros et les dieux s'affrontaient dans le sable dont les grains jaillissaient ; la distribution comprenant des acteurs japonais, anglais, français, indiens, africains, la bataille de l'Inde semblait universelle. Le soir de la première, j'étais au premier rang avec ma vieille amie indienne, Pupul Jayakar ; émue aux larmes, elle voyait enfin la grande épopée de l'Inde représentée d'un seul tenant.

La gigantesque bataille qui durait toute la nuit exigeait ces absences. On avait le droit de rêver, on avait le droit de dormir, celui d'aller pisser, celui d'aller manger. Oui, c'était comme en Inde ou bien en Europe dans le théâtre d'avant. Libres sont les spectateurs ! On va et on vient, c'est comme dans l'amour ou la télévision. Au retour de l'absence, il y a eu un mort. Un seul ? Non, deux. Un héros s'arrachant la chair de la poitrine, un autre décapité. Les dieux sont enchantés. L'héroïne se fabrique une perruque avec les intestins de celui qui l'a violée, mais ça, elle l'avait dit trois ou quatre heures plus tôt. On savait qu'elle ne reculerait pas.

Au lever du soleil, les acteurs titubaient. Où étaient-ils ? Nulle part. En Inde, sur le sable. Enroulés dans leurs couvertures, sirotant le restant de la Thermos de café, les spectateurs étaient très contents d'eux. Ils avaient réussi ! Ils étaient restés ! L'ovation du public saluait autant la force du spectacle que sa propre prouesse.

Avignon, c'est l'épreuve sublimée. Commencé au coucher du soleil, *Le Soulier de satin* monté par Antoine Vitez obtint exactement la même ovation lorsque l'aube apparut. Comme on les aime, les acteurs à bout de forces ! Blêmes, les traits tirés, heureux. On les a bien soutenus, on ne les a pas lâchés. On a passé la nuit avec eux. On est un monstre dévorant, on ne le sait pas.

Vitez, lui, le savait. Mais Vitez savait tout.

Antoine Vitez

Il ôtait son pourpoint et, en se démaquillant, il disait d'un ton las « Tous les acteurs sont bêtes. » C'est une phrase effrayante et pourtant, ce n'est rien, juste le paradoxe du comédien. Metteur en scène, Vitez était aussi acteur. Sans cela, cette fameuse phrase qu'il disait si souvent avec irritation eût été insultante.

Je l'ai connu alors qu'il s'apprêtait à prendre la direction du théâtre de Chaillot. Le poids de l'héritage l'impressionnait. Il y avait eu Vilar dans cette immense salle que j'avais bien connue : groupie de Gérard Philipe, je m'étais précipitée pour deux pièces de Musset, *Lorenzaccio*, *Les Caprices de Marianne*. La scène était énorme, vingt-deux mètres d'ouverture ; parfait pour les concerts, mais pas pour le théâtre. Pour faire partager son théâtre populaire et se rapprocher du public, Jean Vilar avait aménagé un très grand proscenium. Cela marchait. En pourpoint gris souris à crevés écarlates, Gérard Philipe se couchait là devant, simulant la folie débauchée de Lorenzaccio avec génie.

Mais l'héritage avait changé de look. En 1974, brièvement nommé codirecteur de Chaillot avec Vitez, Jack Lang avait changé la scène en un plateau tournant qui jamais ne fonctionna. Quand Pierre-Jean Rémy nomma Antoine Vitez seul patron de Chaillot, ce fichu plateau était dans l'héritage. Les immenses rideaux de velours noir inventés par Vilar pour reconstituer les nuits d'Avignon n'existaient plus. Tout était à refaire.

Très droit, portant haut un profil de général romain, Antoine tressait des mots autour de la colline, mot magique aspirant aux rites de la nuit. Il lui fallait cela, créer une légende, pour se protéger de l'affreuse bâtisse dont il était chargé. Il détestait l'architecture du bâtiment de Chaillot. Quand je relis l'entretien qu'il m'avait accordé, mon Dieu, quel étrillage ! Une salle de type fasciste, une architecture unanimiste faite pour le Souverain, juste bonne pour l'inauguration, « c'est fait pour être inauguré ou plutôt : pour avoir été inauguré, pour qu'on sache que ça existe. Le Palais de Versailles, l'Université de Moscou. »

Contre mauvaise fortune bon cœur. Antoine analysait les deux utopies, celle du Palais de Chaillot et celle de Jack Lang. Le nouveau théâtre était plein de ce divorce : « Autrefois, c'était cohérent, on descendait les escaliers de marbre et on entrait dans le grand auditorium fait pour des jeunes filles en blanc chantant le jour du 14 Juillet des cantiques républicains. Maintenant, on descend les escaliers de marbre et on entre dans le noir technologique des années soixante. L'avantage, au moins, c'est qu'on voit vivre l'histoire. On voit la destruction. » Et il pestait. Le théâtre peut être populaire devant deux cents personnes, disait-il. Tout le monde ne sera jamais tout le monde, disait-il. Et aussi : le théâtre est toujours un abri, jamais un édifice.

Il commença par *Faust* pour l'amour de la colline et par goût de la nuit, celle de Walpurgis. Il travaillait dans un méchant préfabriqué accolé au bâtiment fasciste. Là, dans son bureau, surplombant du regard les orbes des patineurs sur le parvis et voyant leurs walkman posés sur leurs oreilles, il voulait se mettre à l'écoute des intellectuels comme les patineurs entendaient leur musique. Et comme il ne s'imaginait pas penser sans les femmes, Antoine s'entoura aussi d'intellectuelles, Danièle Sallenave surtout. J'y fus souvent conviée. C'est l'un des rares espaces où je me suis sentie pleinement intellectuelle sans aucun sentiment d'humiliation.

Antoine aimait penser, il vivait pour l'esprit. C'était son maître mot. À quoi se mesure une politique culturelle ? lui demandai-je un jour.

– Mais à l'esprit ! Il n'y a que l'esprit ! En général, il n'y a que l'esprit ! Il faut bien se dire cela.

Idéaliste, Vitez ? Oui, en vrai communiste. Il avait été traducteur, secrétaire particulier de Louis Aragon et le théâtre était venu ensuite. Il était poète. Quand il affronta la scène, il était construit. Les langues l'avaient construit, les Slaves qu'il traduisait, celle de ses poèmes et celle d'Aragon. Vitez n'avait pas son pareil pour dénicher, dans un poème d'Aragon, les vers secrets dévoilant le double jeu de l'officiel communiste, le traître poétique. Ainsi, dans « Les poètes » :

J'ai fait semblant souvent Souvent dissimulé l'échec sous un simulacre Il faut dire

pourtant que le rétablissement n'est pas toujours facile entre l'image et le mot le mot et l'image Qu'on s'y perd

Une bonne éducation. Ayant observé le semblant du poète et les figures des langues, Antoine traduisait la pensée dans l'espace en construisant les trajets des acteurs sur le sol. Étrangement, ce genre de construction mentale s'apparentait aux schémas de Lacan représentant le Sujet dans sa division. Il voulait « essayer de mettre en scène le fonctionnement graphique de la pensée ». Je m'attachais à lui.

Comment faire autrement ? Au moment où ses maîtres n'étaient plus entendus, Vitez était l'incarnation théâtrale de la pensée structuraliste.

Cela rendait possible le choix des répertoires romantiques oubliés ; il faudrait être aveugle pour ne pas comprendre l'étroite corrélation entre le romantisme et le structuralisme. Vitez reprit *Les Burgraves* et *Lucrèce Borgia*, pièces de Victor Hugo rarement représentées. Il se sentait heureux.

À peine avait-il pris la mesure de Chaillot qu'il fut nommé administrateur de la Comédie-Française.

Ce n'était pas une bonne nouvelle ; d'ailleurs, il n'avait rien demandé. Cédant au jeu de taquin qui veut déplacer X pour placer Y, François Mitterrand avait promu Vitez au Français pour dégager Chaillot. Le moyen de refuser ? Il n'y en avait aucun. Contre mauvaise fortune bon cœur ; Antoine dut affronter la Comédie.

L'acteur Jean Le Poulain, son prédécesseur, était mort d'une crise cardiaque en plein mandat. La Maison était lourde. Elle est lourde par essence. C'est son être, la lourdeur. Quelquefois, c'est utile et parfois cela tue.

Lorsque après la victoire de François Mitterrand, Jean-Pierre Vincent avait été nommé administrateur, on se réunissait un dimanche par mois, le matin à l'heure de la messe, pour penser ensemble à la Comédie. Nous étions cinq ou six, des militants de l'art, des anciens communistes ou bien des compagnons. C'était dans le Saint des Saints, la salle du Comité tendue de broché bleu où se trouvent, sur des toiles de maître, les portraits des illustres acteurs.

Puisque Jean-Pierre Vincent et moi nous avions agencé en 1980 les Grands Jours de l'Art et de l'État, présidés par Maurice Schumann, nous avions repris un titre de ce genre. Au début, c'était un groupe de pensée – j'adore ça. Mais vite, le groupe changea de titre. Il s'appela le SAMU. Nous avions besoin d'aide, chacun dans sa fonction, Jean-Pierre au Français, moi au Quai d'Orsay, Vitez à Chaillot. Nulle part nous n'étions bienvenus dans le réseau secret des administrations de la culture en France. Et au Français, la Maison faisait des misères à son jeune administrateur, ce blanc-bec gaucho et intello.

Comment la Maison allait-elle en user avec Vitez ? Antoine était sombre. « Je n'ai plus de temps, je n'ai plus de temps ! » disait-il à sa compagne Élisabeth Léonetti. Parfois, il me le disait aussi et j'entendais qu'il n'avait plus le temps, mais ça, comme tout le monde. Trop à faire.

Mais non. Antoine disait tout autre chose. Il n'avait plus de temps devant lui. Son temps était devenu petit.

Je chante pour passer le temps
Petit qu'il me reste de vivre

J'étais dans mon Anjou sur le bord de la Loire avec ma fille Cécile et Serge Sobczynski, ancien directeur général du Français à l'époque de Jean-Pierre Vincent. C'était une fin d'avril idéale, l'heure des boutons de rose. Et la nouvelle tomba sur le petit écran. Antoine venait de mourir, anévrisme rompu.

Cécile avait été son élève à Chaillot, elle était comédienne, elle vivait du théâtre. Elle ne dit pas un mot, elle ne poussa pas un cri, mais des larmes se mirent à couler sur ses joues. Ce silence, ces larmes qui n'en finissaient pas, je les ai dans le cœur, elles ne m'ont jamais quittée. Dans la nuit, Bernard Faivre d'Arcier nous donna des nouvelles. Corps donné à la science, aucun enterrement. Antoine avait une épouse légitime et deux filles ; mais depuis quatre mois, la compagne d'Antoine attendait un enfant.

Danièle Sallenave et moi nous portâmes candidates à la succession d'Antoine Vitez à la Comédie-Française. Si Danièle était une candidate plausible, je n'avais pas la moindre illusion ; simplement, je voulais suivre de près le destin de la compagne d'Antoine. Jacques Lassalle fut nommé ; juste et bonne décision. Je lui téléphonai, je le félicitai en lui recommandant de prendre soin de la compagne d'Antoine. Il était très ému ; cela allait sans dire. Bien sûr qu'il prendrait soin.

Mais c'était oublier son administration. Élisabeth fut limogée le lendemain au mépris de sa grossesse.

Un an plus tard, Jack Ralite, maire d'Aubervilliers, célébrait le baptême républicain de Camille, fille d'Antoine et d'Élisabeth. Yannis Kokkos est son parrain et je suis sa marraine. Antoine m'avait confié une lettre personnelle qu'il m'avait demandé de transmettre à Depardieu, mais quand je voulus le faire, Gérard se rebiffa. « La lettre d'un mort ! Non. C'est trop terrible. » Je l'ai toujours.

Je ne suis montée sur scène pour y dire des mots qu'une seule fois dans ma vie. C'était dans le Verger sous le Palais des Papes, le lieu de mes débats avec le public. Pour rendre hommage au metteur en scène disparu, le festival d'Avignon avait monté un long podium sur lequel les amis et les acteurs d'Antoine liraient ses textes pendant toute la nuit.

Alain Milianti me fit répéter. Il avait bien du mal. Je suis une chouette malhabile, sur une scène. J'avance de travers, je ne sais pas me poser, je pense à mes lunettes et je retiens ma voix. Au bout d'une bonne heure, je savais à peu près où il fallait grimper et comment me tenir. Mon cœur battait si fort que je crus m'évanouir. Je ne sais pas comment j'ai dit le texte d'Antoine.

Il disait, je m'en souviens : « Je pense à qui j'aime, ceux, ou plutôt celles, qui me donnent la position sur la durée. »

8

Le corps enseignant

J'ai follement aimé le métier de professeur. De 1964 à 1978, j'ai instruit dans le bonheur. Transmettre est une passion dont on ne se remet pas ; j'ai pris d'autres moyens, mais le but est le même. Transmettre des connaissances, c'est un acte magnifique.

J'ai toujours eu le trac avant d'entrer en scène. Mains moites, cœur palpitant, jambes molles ; c'est un théâtre. Une fois trouvée ma pose, je ne l'ai plus quittée.

Assise sur la table, assise sur la chaire dans les amphis de Sorbonne, jambes pendantes, même en short lorsque c'était la mode. Quand on me demandait pourquoi, j'avais mon explication : je ne voulais pas être une femme-tronc. Je voulais être entière et présenter un corps. J'avais vingt-quatre ans lorsque j'ai commencé ; à la Sorbonne, c'était extravagant. Je me demande encore comment il se fait que personne ne m'ait rien dit. Mais non, aucune remarque. Une liberté totale. Jambes pendantes sur la chaire.

Pendant un Forum Psy en 2007, j'étais à la tribune à la Mutualité aux côtés de Jacques-Alain Miller qui m'avait invitée. Et voilà que le patron de l'École de la Cause se met à parler en public de mes tenues Courrèges.

– Courrèges ? Tu rêves ! Courrèges, c'était trop cher !

– Mais la robe trapèze et les petites bottes blanches ?

Ça lui était resté dans le fond des rétines. J'étais la jeune prof qui s'habille haute couture et qui montre ses bottes blanches, courtes façon Courrèges. Et tout de suite après, il y est arrivé. Œil allumé, souvenir.

– Assise sur la chaire et on voyait tes jambes.

Cela mettait de l'Éros dans les amphithéâtres, mais je ne m'en souciais pas. À peine si je percevais l'atmosphère électrique quand j'enlevais mon manteau. Je trouvais ça normal ; somme toute, j'avais leur âge. Si je n'étais pas la seule jeune enseignante, j'étais la benjamine. Vingt-quatre ans ! Nous étions des jeunes gens. J'en savais à peine plus long que mes étudiants. Je n'allais tout de même pas jouer à l'autorité ! Non, j'étais leur égale. Je les traitais comme tels.

J'allais dans les cafés avec eux. Plusieurs années de suite, j'emmenai un petit groupe d'agrégatifs à la campagne, une fille, trois garçons, reproduisant le travail collectif qui marchait si bien à Normale Sup. C'était comme dans Platon, idyllique, campagnard, un nouveau phalanstère. Quand la Sorbonne ouvrit son antenne à Jussieu, nous traînions souvent après les cours dans le salon de thé de la Grande Mosquée. J'avais de longues conversations en tête à tête sous les charmilles du Jardin des Plantes, de vraies bonnes conversations philosophiques dénuées d'ambiguïté. Il y avait les cours et il y avait le reste, une proximité intellectuelle adolescente où je retrouvais l'état de conversation que j'avais entretenu jadis avec Myriam.

Il entre dans le corps enseignant un désir insensé de voir ses étudiants réussir. C'est un orgueil extrême, mais on n'y échappe pas. Encore aujourd'hui, je trouve de la vanité à suivre les succès de mes anciens petits. Dans mon groupe d'agrégatifs, Marie-Françoise, dite Fanchette, devenue énarque, a dirigé l'ENA ; Daniel, d'abord chanteur, est un grand écrivain. Lui qui tournait de l'œil pour un rien ! La blonde Élisabeth, austère et réservée, est devenue le phare des Lumières françaises. Susan, la belle Américaine, est l'une des étoiles de l'altermondialisme. Christian enseigne à l'étranger et écrit des papiers dans *La Quinzaine* ; quant au couple ravissant des amoureux parfaits, Blandine et Philippe, ils sont passés maos et ils sont dignitaires, désormais séparés, l'une à droite, l'autre à gauche ; chacun aura été conseiller de ministre ou de président. Quelques-uns ont suivi la tradition et sont devenus profs à leur tour. Leur parcours m'a souvent serré le cœur. Balancée dans une Lorraine en crise, France a tenu bon et c'est une héroïne. Tant d'intelligence et de charme ! Je la rêvais ailleurs, j'avais tort. France voulait être philosophe devant des classes de terminale.

Quelque chose m'est resté de ce corps enseignant qui avait le même âge que ceux qu'il enseignait. Une tendresse émue qui ne me quitte pas et un peu de leur gloire que je chipe au passage. Je m'étais mariée tôt, j'avais un petit garçon, je fus bientôt enceinte et j'eus un bébé fille, mes étudiants me donnaient une jeunesse libérée que je n'avais pas eue. Est-ce que cet Éros intellectuel diffus suscitait de l'amour ? Pas toujours. On sublimait beaucoup. Pas toujours. Je ne m'en souciais pas.

Une fois que j'étais perchée, j'enseignais. J'oubliais mon corps, mes bottines, mes tenues et je me lançais éperdument dans l'art du conte. Les plus grands philosophes peuvent se raconter. Un texte, quand on l'explique, on lui met des césures, des accents, on marque la ponctuation, on le coupe, on le respire, on le hache, il saigne, on le mâche, il nourrit. Je vivais les idées comme des corps qu'on cuisine. Quand je ne comprenais pas, j'inventais mes moyens. Certains textes de Hegel sont vraiment difficiles ; voyez les *Principes de la philosophie du droit*. Isolés, ils sont presqu'incompréhensibles, mais lorsqu'on les remet dans le parcours de l'œuvre, alors on les comprend. Pour transmettre Hegel dans sa totalité, j'avais inventé un escargot géant qui allait de la pierre à l'Esprit absolu. C'était un grand dessin où il ne manquait rien : toutes les œuvres s'inscrivaient dans le luisant sillage de l'escargot. C'était pédagogique, ludique, efficace ; ça n'allait pas au fond. Mais le fond des philosophes, je ne sais pas s'il existe.

Transmettre, je voulais bien. Sans illusions, surtout. Je me suis engagée dans la philosophie avec la conviction que je n'y trouverais pas les idées nécessaires pour expliquer mon siècle. Tout ça, c'était du vieux, du dix-neuvième siècle, même les contemporains. Le neuf était ailleurs et pour comprendre

Auschwitz, ethnologie, psychanalyse, histoire étaient mieux équipées. Et donc, j'interprétais. Trouver les causes par n'importe quel moyen. On se trompe ? Peut-être, mais on cherche. Parfois, on tombe juste.

Comme aujourd'hui, le métier était accidenté. Au lycée Félix-Faure-Jeanne-Hachette de Beauvais, j'avais une terminale de philo et ce qu'on appelait alors une mathélém. La philo, cela allait ; élèves passionnants, aucune difficulté. Mais le jour où j'entrai dans ma mathélém, il y avait une inscription à la craie sur le tableau noir.

Rallumez les fours

Des groupes de nazillons prospéraient à Beauvais.

À l'automne précédent, André Schwarz-Bat avait eu le prix Goncourt pour un livre sublime, *Le Dernier des justes*. Les dernières phrases, je m'en souviens encore. Comment les oublier ? Elles enchaînaient les noms des camps de la mort avec le texte sacré, *Loué soit. Treblinka. Loué soit. Auschwitz*. Je décidai de lire à mes mathélém le roman tout entier. Cela me prit du temps. À la fin, ils pleuraient. Alors j'enseignai.

L'autre prof de philo était un écrivain.

Je n'en connaissais aucun.

Roger Laporte

Comme moi, les autres professeurs du lycée de Beauvais étaient jeunes et novices, et comme moi, contraints d'adopter une vie célibataire quatre jours par semaine. Nous devînmes très vite une bande de potaches capables d'escalader de nuit la façade de la cathédrale de Beauvais en chantant à tue-tête *Da-dou-ron-ron*. Nous allions voir du catch, le Bourreau de Béthune contre l'Ange blanc. Aznavour vint donner un concert. Passé ces distractions, nous étions sans ressources. Le lycée, les élèves, nous, nos logeurs.

L'autre prof de philo qui était écrivain s'appelait Roger Laporte. Roger avait sa vie et il m'impressionnait. Il avait de l'expérience, il était plus vieux que moi, c'était un vrai adulte, marié, deux enfants. Nous fîmes connaissance en salle des professeurs. Quelques mois plus tard, je lui proposai un échange de nos classes pendant une semaine. Surpris, il accepta.

Roger Laporte était un homme pointu. Sa voix élégante jouait sur le pointu, son nez était pointu et ses idées aussi. Roger était lyonnais, réservé, entier. Il me paraissait terriblement austère, sauf quand ses yeux noirs se mettaient à briller derrière ses fines lunettes. C'était sa façon de rire, une façon très rentrée. Il avait de l'humour, mais à cette époque-là, je n'en avais aucun. Quand je voyais ses yeux s'illuminer, je pensais aussitôt « Qu'est-ce que j'ai fait de mal ? »

Et je ne comprenais rien de rien à ses livres.

Il me parlait de Bataille, il connaissait Blanchot, deux noms que j'ignorais mais dont je pressentais qu'ils étaient importants. À ses yeux, j'étais une gamine surdouée mais inculte, la seule agrégée du lycée de Beauvais, une gosse de riches qui avait fait Normale.

Je parvins à pousser la porte de son œuvre lorsqu'il publia *Une voix de fin silence*. Il y décrivait un monde pour moi incompréhensible : il cherchait l'Écriture qui parfois ne venait pas mais quand elle arrivait, c'était une lumière ou alors une voix, mais une voix silencieuse ; j'étais perdue. Peu à peu j'entrevis une mystique athée que plus tard je trouvai en Hélène Cixous. J'écrivis pour la revue *Critique* un article où je comparais son œuvre au grand *Traité de Nô* de l'acteur Zeami, un texte japonais du quinzième siècle. Vieux ou jeune, qu'il incarne un démon ou une jeune fille, l'acteur de Nô armé de son éventail doit savoir trouver en lui la fameuse « fleur », une grâce que l'on trouve aussi dans l'Écriture.

Il n'était pas content. Le Japon qu'il aimait n'était pas celui-là ; à l'époque, les intellectuels se passionnaient pour certain traité de tir à l'arc – un art martial. Le Nô, l'éventail, ce n'était pas son monde. Son monde était celui de Blanchot, Derrida, Nancy, Lacoue-Labarthe, un monde qui ne serait jamais le mien. Il était écrivain, il était philosophe, les idées et les mots, pour lui, avaient un corps, une chair, des os et pour moi, pas du tout.

Tout nous séparait, mais ce fut le contraire. Nous ne nous sommes pas quittés jusqu'au jour de sa mort. Avec les années, je compris mieux son œuvre, une œuvre grave dédiée à l'Écriture, cette déesse inflexible. Après avoir longtemps traité mes livres avec dédain, il finit par leur trouver du charme et m'écrivit un jour une des lettres élues qu'il réservait aux amis écrivains : de grandes lignes bleues avec des jambages qui remplissaient la page, et des mots en rouge aux endroits essentiels. Vingt ans avaient passé. Nous étions devenus inséparables.

Il y avait une raison qui s'appelait Jacqueline. Il l'avait épousée quand elle avait seize ans, au sortir de la classe de philo. Une histoire d'amour entre prof et élève, cela m'émerveillait. Jacqueline s'était éprise de son prof et elle l'avait suivi jusque dans l'écriture. Une phrase de René Char avait frappé Roger : l'épouse d'un écrivain doit être une « femme-lampe ». Elle éclaire. Travailler, gagner sa vie, pas question ; tout le travail de l'épouse d'écrivain est d'entourer l'écrivain de ses soins. Jacqueline l'avait fait. Elle aimait l'écriture de Roger, le corps de Roger et Roger. À partir de seize ans, elle avait tout appris de Bataille, Blanchot, Derrida et les autres. Certains l'avaient prise pour amie, elle, la femme-lampe si rare. Lectrice par instinct et très avant-gardiste, elle connaissait l'œuvre de Roger par cœur, mais l'Écriture étant prioritaire, elle connaissait l'ensemble des écrivains français mieux que n'importe qui.

J'étais émerveillée et un peu effrayée. Ce destin aurait pu être le mien sans l'intervention de Claude Lévi-Strauss. Avais-je eu raison ? Jacqueline semblait comblée malgré quelques orages ; si elle ne travaillait pas au sens social du terme, elle était la moitié de l'écriture d'un autre. Ce que j'aurais dû faire, Jacqueline l'avait fait ; mais ce qu'elle ne pouvait pas faire, je le faisais. Je me reconnus en elle, elle se reconnut en moi. Jacqueline lisait mes livres et elle les adoptait. Née par intermédiaire, notre amitié prit son autonomie et déborda le mari écrivain.

J'emmenai Jacqueline en Inde sur un long tournage. Quand tant d'autres Français rechignent et se débattent, Jacqueline intégra l'Inde comme si elle y était née. Élevée en Tunisie, elle connaissait la cuisine en plein air, le chaos, la poussière qui vole, les effets de la chaleur sur le corps. Rien ne la rebutait. Pour moi, c'est un critère. Qui éprouve du dégoût en Inde ne vit pas tout à fait dans le même monde que moi.

Roger était content, de loin.

Quand, dans un livre éprouvant qu'il titra *Moriendo*, il mit un point final à son œuvre, je fus épouvantée. Un beau jour il le fit. C'est un texte sublime, celui qui annonce qu'on n'écrira plus, que le miracle s'achève, que la voix va s'éteindre. Il le fit et s'y tint. Il était encore jeune ; et il n'écrirait plus de la même façon. Était-ce sa décision ? Il affirmait que non. La déesse était venue et elle était repartie. Le jour où Roger voulut ne plus écrire est l'un des jours les plus affreux de ma vie. Je n'y comprenais rien, enfin, peu de chose et soudain, cela manquerait ! Comme dans les films de science-fiction, un portail se referme qui va vers d'autres mondes, le portail de l'écriture de Roger s'était refermé.

Il semblait soulagé, il écrivit encore des articles auxquels il refusait la qualité d'écrits, mais il connut des crises de dépression profonde et à d'autres moments, des crises d'excitation où il devenait léger, aérien, plein de mots. Ces troubles bipolaires, il les avait en lui. L'Écriture l'en avait protégé pendant plus de vingt ans, mais elle disparue, les troubles apparurent.

Que l'écriture protège, les écrivains le savent. Pourquoi s'arrêta-t-il ? La déesse intraitable se vengea cruellement d'avoir été rendue à son intégrité.

Le dernier soir, nous marchions à quatre dans une rue de Montpellier, les deux hommes d'un côté et les deux femmes de l'autre. Roger était joyeux, c'était inhabituel. Il parlait beaucoup, il était tendre et gai, lui si réservé. Il zigzaguait un peu sur le trottoir, ses jambes le portaient mal, je l'observai avec inquiétude. Puis je n'y pensai plus. Nous étions des amis attablés devant un aligot ; nous avions en commun nos enfants et nos vies. Cette charmante tendresse soudain si manifeste était un signe étrange. Roger était complètement guéri. Il mourut peu après.

Il avait cessé d'écrire depuis presque vingt ans et nous fûmes nombreux à pleurer l'écrivain. Moi, je pleurais aussi un ami romantique. Je ne l'entendrais plus commenter le football ou bien Hölderlin ; je ne le verrais plus, les yeux brillants de joie, parler de nourriture avec gourmandise, ou bien de l'aria de la Comtesse dans les *Noces de Figaro.*

Dans les amphis d'ailleurs

En marge de Delhi, sur des collines pierreuses envahies de broussailles qu'on appelle « jungle » en Inde, du sanscrit *jangala*, désert, lieu inhabitable, on a construit le campus de l'Université Jawaharlal et Nehru, communément appelée « JNU » (prononcer « Djéniou »). Aussi grand qu'un gros campus américain, il est très fonctionnel quand il n'y a pas de coupures d'électricité. Lorsque j'y enseignai, à partir de la fin mars, l'électricité était coupée quatre à cinq heures par jour. L'Inde était encore pauvre ; les groupes électrogènes étaient chers. Les universités prennent toujours leurs vacances juste avant la mousson, en mai-juin, quand la chaleur monte à cinquante degrés dans l'Inde du Nord.

Dans la salle de cours du département « *Sciences of language* » où j'enseignais les maîtres du structuralisme français, les fenêtres étaient conçues sans vitres ; parfois, il faisait froid. Mais toutes les demi-heures, un *bearer* apportait de grands plateaux couverts de verres de thé au lait pour tous les étudiants – une grosse cinquantaine. En toutes saisons, l'Inde ne conçoit pas la parole sans le thé à l'anglaise, bouilli dans le lait vingt minutes et sucré ; cela change la vie. J'en ai pris l'habitude au point de ne plus supporter l'impolitesse française qui ne sait pas offrir. Du café ? Allez au distributeur payant. Il ne marche pas ? Alors c'est la maintenance. Le café, dans un mois.

Quand j'arrivai là-bas, je venais d'un autre monde, celui des ambassades avec climatiseurs. Je devins vite amie avec des professeurs qui vivaient sur le campus dans des maisons très simples. Deux étages de béton, un petit bout de jardin, des escaliers revêches, une électricité aléatoire, un téléphone peu fiable, pas de climatiseur.

Au bout de deux ou trois ans, Harbans, spécialiste de l'histoire des Moghols, nous invita pour un dîner intime. D'une voix tout en douceur, Harbans mit des tas de mots dans son invitation. Chez lui, ce ne serait pas comme chez nous, nous devions nous préparer à de la simplicité, *well*, c'était très gênant, *you know*, il présentait le dîner comme une expédition. Roderich prit grand soin de faire placer le drapeau de la République sur le capot de la voiture pour honorer nos hôtes. Nous vivions dans le luxe et eux, ils le savaient. Belle et ronde, Boni, prof de lettres, avait cuisiné un repas bengali. Le luxe de l'ambassade s'oublia.

Harbans et Boni ont pris leur retraite à Gurgaon, une ville moderne poussée comme un champignon en grande banlieue de Delhi. Leur maison est plus grande et leur jardin aussi. Ils sont dans le confort avec climatiseur. C'est un signe des temps. L'enrichissement des couches moyennes en Inde leur fait une retraite heureuse.

Sauf l'électricité. Elle dysfonctionne toujours. En plein dîner, coupure. Personne ne fait ouf. On sort les lampes tempête. « *We manage* », disent les femmes.

Professeur de sciences du langage, Hardjeet Gill m'avait demandé d'enseigner en anglais. Cela allait sans dire, mais avec les Français, il vaut mieux préciser. Mon anglais étant un baragouin affreux, Roderich me le déconseilla, mais je n'obéis pas. J'acceptai. Et le premier jour, ayant appris par cœur les mots nécessaires, je me mis devant le mur. Je demandai à mes étudiants indiens de bien vouloir m'aider à le sauter, ce mur. *I do not speak english. Would you be kind enough to help me ?* Mon baragouin les amusa. Ils m'apprirent l'anglais.

Ce fut un dur travail, beaucoup plus difficile que passer les concours. Parfois, mes étudiants parlaient à toute vitesse, surtout les Bengalis, je n'y entendais rien, mais l'oreille se forme. Trois ans plus tard, je leur parlais anglais avec l'accent indien, en dodelinant du cou.

Spécialiste de sémiologie et de littérature médiévale européenne, Hardjeet, un Sikh toujours coiffé du même turban gris-bleu avec une éternelle chemise à carreaux assortie, connaissait l'univers intellectuel français. Et il savait qu'en Inde, à la fin des années quatre-vingt, personne n'avait lu une ligne de Lévi-Strauss, sinon dans des livres anglo-saxons très critiques où traînaient des citations faussées. Lacan était inconnu. Freud également. Ma tâche serait d'introduire à Lévi-Strauss, Freud et Lacan.

Je repris l'art du conte tel que je l'avais laissé ; il fonctionne en Inde tout aussi bien. Mais le structuralisme, en Inde, c'est facile : c'est le mode de pensée spontané des Indiens. Classer, ils ne font que ça. Analyser le genre de classement en fonction de l'horoscope ou bien de la naissance, ils n'ont jamais fait que cela. Quand à la Sorbonne, il me fallait une heure pour faire comprendre la relation contradictoire entre l'espace du village bororo, son système de parenté, sa division en clans, à JNU, un quart d'heure suffisait.

Freud les laissait de marbre. En Inde, la bisexualité s'expose chez les ascètes ; le phallus de la mère est sur les grandes déesses ; et les vagins dentés sont partout dans les rues. Plus près de l'abstraction, Lacan leur plut beaucoup, encore que la famille composée de trois personnes, le père, la mère, un seul enfant leur paraissait étrange ; quant au stade du miroir, ça, ils ne voyaient pas. Je fus confrontée aux structures d'ailleurs qui ne s'emboîtaient pas avec mes maîtres. Sauf un. Lévi-Strauss. Et là, ça galopait. La rapidité d'esprit de mes étudiants me laissait pantoise. Parce qu'il connaissait cette qualité de l'Inde, Rajiv Gandhi décida de faire passer son pays à l'ère de l'informatique. On connaît le résultat.

L'Université de Dakar porte le nom de Cheikh Anta Diop, le grand intellectuel sénégalais anticolonialiste. Les fenêtres n'ont plus de vitres ; elles ont été cassées. En arrivant dans la salle de cours, les professeurs munis d'un chiffon essuyaient le sable sur la table et la chaise ; le vent de sable souffle fort. Mais dans cet univers décomposé, les étudiants avaient la même rapidité que mes étudiants indiens. Du vif argent agressif, de l'acide. Moins ils étaient titrés, plus ils étaient rapides. Inventifs et brouillons, immensément curieux.

Ils étaient enthousiastes de Lacan, sauf sur un point : l'objet du désir, tellement indéfini que Lacan l'appelle l'objet a (prononcez « petit a »). Ils me fixaient avec de grands yeux ronds pleins d'appréhension. En terre musulmane, une femme n'évoque pas le désir impunément, même petit, même a. Prudemment, je glissai de Lacan au psychanalyste anglais Winnicott, inventeur de l'« objet transitionnel » : c'est le bout de chiffon ou la peluche chérie que l'enfant ne lâche pas et qu'il suce ou tripote et qu'il garde, même adulte.

Mais rien. Ça ne marchait pas. Vous comprenez, madame, chez nous le petit reste longtemps sur le dos de sa mère, ou alors de sa tante, ou bien de sa grande sœur ou de la deuxième épouse, il ne quitte jamais la peau du dos d'une femme jusqu'à ce qu'il tienne debout, alors cette peluche, ce chiffon, vraiment, on ne voit pas.

Je passai un trimestre à leur demander de trouver l'équivalent de l'objet transitionnel. Une poupée de paille de mil ? Un grigri ? Un collier protecteur ? Finalement ils trouvèrent. Une poignée de terre. Quand l'enfant se détache du dos féminin, il mange une poignée de terre. À ce signe, on sait qu'il a grandi. C'est ce qu'ils me disaient. Je les interrogeais. Comment l'enfant reconnaît-il sa mère dans toutes ces peaux de dos ? La réponse fusa. Il ne la reconnaît pas, madame.

Un de mes amis dogon sut à douze ans seulement quelle était sa mère biologique parmi les trois épouses de son père. Les trois étaient sa mère.

À ce séminaire de troisième cycle de philosophie venaient des étudiants de premier cycle, des inspecteurs d'académie et des collègues professeurs dont certains avaient été mes étudiants.

C'est une heureuse surprise qui ne se dément pas. Soudain, quelqu'un s'approche. Il est très respectueux et un peu familier. Une connivence est là, je le vois dans ses yeux. Vous me reconnaissez ? J'ai suivi vos cours à la Sorbonne. Cinq à six fois par an dans tous les coins du monde.

Anne Sinclair m'invita à *7/7* avec Raymond Barre quelques jours après la mort de François Mitterrand. Comme j'envoyai des piques aux journalistes qui ne ménageaient pas le défunt président, la belle Anne me reprit. « Oui, oui, les politiques, les journalistes... » Je la coupai.

– Je n'ai pas dit « les politiques » ! J'ai dit « les journalistes », eux seulement, ils ont tort. Ne les confondez pas avec les politiques !

Raymond Barre pouffa derrière le dos de sa main et d'un air engageant, me laissa « la responsabilité de mes propos » d'un ton qui valait entière approbation. Anne riait un peu jaune. En quittant le plateau, je vis au fond de l'immense studio de TF1 un trio qui me fusillait du regard. Patrick Le Lay, Gérard Carreyrou, Robert Namias. Attaque de journalistes, cela ne se faisait pas. Ils n'allaient pas me rater.

Robert Namias m'ouvrit les bras avec un grand sourire. « Tu ne me reconnais pas ? J'ai suivi tes cours à la Sorbonne... »

En 1981, sur l'aéroport de Cotonou, capitale du Bénin, un ministre en grand boubou de cérémonie m'attira dans ses bras formidables. Noyée dans le bazin blanc, j'entendis la rengaine : « Tu ne me reconnais pas ? J'ai suivi tes cours à la Sorbonne. Viens là que je t'embrasse ! »

Il y eut une variante le jour de Cotonou.

– C'est toi qui m'as appris le marxisme, dit l'homme en boubou blanc. Tu vois le résultat ? Aujourd'hui, je suis ministre. Ministre de l'Éducation nationale. C'est à toi que je le dois.

J'étais prise de court. Je songeai en frissonnant au jour où, comme d'autres profs, j'ai vérifié mes fiches pour voir si, d'aventure, j'aurais eu comme étudiant un jeune philosophe cambodgien connu pour son surnom, Pol Pot. La réponse était non, à mon grand soulagement.

Mon ami en boubou blanc ne s'est pas signalé comme fauteur de massacres, mais d'autres ? On ne sait jamais.

Cerisy

Cela se passait l'été et plutôt en juillet dans un château de larges pierres bretonnes d'un rose sombre, avec un toit d'ardoise. Cela s'appelait « décade » car cela durait dix jours.

Nous nous réunissions dans la bibliothèque, à la va comme j'te pousse sur des canapés, des fauteuils ou des chaises. Le dispositif était simple : une table, une lampe, un orateur. C'était à Cerisy-la-Salle en Normandie.

Héritées d'une belle tradition d'avant-guerre, les rencontres de Cerisy rassemblaient des écrivains et des profs de tous âges autour d'un thème puisé dans l'air du temps. Après une décade sur le diable, j'y retournai pour une décade fameuse sur la *Nouvelle Critique* à l'époque où Barthes venait de divorcer d'avec les éminences littéraires de la Sorbonne qui l'avaient traîné dans la boue. Trois ans avant Mai 68, la révolte grondait contre les mandarins. L'intuitive Anne Heurgon, la maîtresse des lieux, invitait toujours des jeunes gens d'avant-garde, Jean Ricardou, Philippe Sollers, Marcelin Pleynet, et de jeunes profs mêlés à des barbons actifs.

Anne Heurgon était une figure exceptionnelle. Imposante, rebondie, coiffée comme ma grand-mère avec des friselis argentés, elle avait une voix forte et un superbe accent, roulant les « r » avec une telle autorité qu'on s'attendait à la voir annoncer : « Messieurs, le Roué ! ». Elle mariait cette allure à l'ancienne avec un souci des idées, une intelligence des temps, une passion pour le neuf qu'on n'imaginait pas si vifs en la voyant.

Elle dirigeait Cerisy comme un pensionnat. À huit heures, première cloche et petit-déjeuner pain grillé-confitures dans la grande cuisine sur des tables de bois. À dix heures, au travail dans la bibliothèque, deux-trois interventions, discussion. Ensuite le repas et l'on recommençait. À dix-sept heures, s'il faisait beau, Madame Heurgon faisait servir le thé dans le parc. Les soirées étaient libres pour farces et attrapes, amourettes, idylles et sentiments. C'était un lieu de pensée infiniment sérieux entrecoupé de rires et de cérémonial dans un château entouré d'un grand parc, comme chez Marivaux.

Les disputes entre intellectuels tournaient parfois vilain. Il y avait des drames majuscules, des sorties, de grands mouvements d'épaules. Mais au bout de quelques jours, vers la fin de la décade, il y avait aussi des blagues sur la plage voisine.

Timide et éperdu, Serge Doubrovsky, qui n'y voyait pas bien et ne voulait pas se baigner, avait accepté d'enlever ses chaussettes pour goûter le plaisir du sable entre les doigts de pied. On avait eu du mal à le convaincre. Il voulut les remettre. Il ne les retrouva pas. On les avait fauchées.

La nuit, dans les couloirs, ça trottinait beaucoup de chambre en chambre. Si cela n'allait pas aux batailles de polochons, c'est qu'elles avaient eu lieu le jour, avec des mots. Et selon la loi commune des groupes d'ados, des clans se formaient avec des exclusions.

C'est à Cerisy que, le cœur battant, je pris pour la première fois la parole en public. Quand on ne l'a jamais fait et qu'on a vingt-trois ans, on rumine son intervention, on se la met en bouche longtemps à cause du trac. Enfin, on lève la main. C'est à vous. Il faut parler. Poussez votre chaise, levez-vous. La tête bourdonnante et les jambes flageolantes, on ouvre les lèvres, on propulse sa voix, on lance à l'aveuglette des phrases sans savoir si elles parviendront à faire le silence. Les chaises grincent au début ; les gens toussent. Et puis cela s'arrête. Ils écoutent.

Et la deuxième fois, à peine avais-je fini mon intervention que je vis un grand type escalader les chaises en souplesse pour se rapprocher de moi.

Je ne savais presque rien de ce long jeune homme, sinon qu'il n'était pas un universitaire. Journaliste, écrivain, quelque chose comme ça. Pas universitaire ? Je ne connaissais pas ce genre d'animal. Pas universitaire. Je n'en revenais pas. Qu'est-ce que j'avais dit de si extravagant ?

Bernard Pingaud

Le long jeune homme avait une figure émouvante avec des yeux étonnés. Bouche sensible, mèches lisses, le dos droit, une minceur de jeune chat. Il semblait triste et gai indissociablement. À peine sorti de l'adolescence. C'est ce que j'ai pensé.

Il avait la trentaine et il s'appelait Pingaud.

Bernard Pingaud a quatre-vingt-cinq ans et il n'a pas changé. S'il a quand même quitté son air adolescent, on dirait un jeune homme. C'est une étrange histoire, le jeune homme qui ne vieillit pas. Quelque chose le protège. Une sorte d'immensité.

Nous fîmes connaissance et il me recruta comme membre du comité de rédaction de la revue *L'Arc*, aux côtés d'Hubert Nyssen et de René Micha.

Aujourd'hui disparue, *L'Arc* était une revue qui rassemblait des textes autour d'un nom célèbre. Pas de thème ; des personnes et rien d'autre. Comme nous étions très peu nombreux, Bernard recruta également Gilbert Lascault, mon Biquet préféré. Au Biquet, les artistes, Dubuffet, Klossowski ; à moi, les sciences humaines, Freud, Lacan, Jankélévitch, Derrida, Foucault, Deleuze. À Bernard Pingaud, Lévi-Strauss, Samuel Beckett, Alain Resnais, Beethoven, Ivan Illich.

Fait extraordinaire, *L'Arc* était financé par l'héritier d'un riche parfumeur belge, Stéphane Cordier. Ancien résistant, ce grand honnête homme nous réunissait deux fois l'an dans sa propriété d'Aix-en-Provence pour choisir les noms propres des numéros suivants, nous laissant ensuite une liberté entière. Une fois les noms choisis, chacun était responsable de son sommaire ; Bernard Pingaud et moi nous étions souvent dans le même attelage.

Parfois, ce n'était pas simple. Hostile à l'exhibition médiatique, Derrida refusa obstinément sa photo sur la couverture ; à la place, je mis un dessin d'Escher représentant deux caïmans tête-bêche. Michel Foucault dit oui d'abord, non ensuite, puis finalement peut-être avec une solution ni oui ni non. Le choix des personnes n'allait pas sans ce risque. Il y eut des acrobaties. Nos sommaires pouvaient être imparfaits, les articles, inégaux, mais le type de lumière que nous savions projeter sur les figures de la pensée du monde était irremplaçable.

Je dois à Bernard une étrange aventure. J'eus besoin de trouver un endroit retiré pour rédiger je ne sais plus quel article. Bernard Pingaud me conseilla le Moulin d'Andé, lieu de résidence pour artistes fondé par Suzanne Lipinska et dont Maurice Pons était le Grand Seigneur. J'avais vu *Jules et Jim*, je connaissais le Moulin qu'on aperçoit dans le film de Truffaut, vaste demeure romantique d'allure médiévale – le Moulin date du douzième siècle. C'était en Normandie ; profitant de courtes vacances à l'Université, je pris ma 4L blanche et je m'enfuis pour écrire. Les résidents se retrouvaient aux repas, chacun prenant sa part aux cuisines. Un petit homme bizarre à la barbe crépue et aux cheveux faunesques me prit en amitié. Il n'était pas beau, il était mieux que ça ; attendrissant et lumineux. Je savais faire le bortsch ; il m'en demanda un et me regarda éplucher les betteraves et les choux pour dix. Et pendant que je taillais menu les légumes, il me proposa d'écrire un texte philosophique où nulle part n'apparaîtrait la lettre « e ».

C'était un jeu, disait-il. Un jeu de langue. Il en faisait tâter à toutes sortes d'amis. Je ne connaissais pas du tout Georges Perec et j'ignorais tout de l'OuLiPo. Je n'aime pas le jeu, mais il me mit au défi. La nuit même, j'écrivis une dizaine de pages à la main où Kant et Spinoza jouaient les premiers rôles. Georges était très content et il me prit les pages. J'en parlai à Bernard qui ne s'étonna pas ; le devoir de vacances commandé par Perec était bien dans le style de l'OuLiPo. Et quelque temps plus tard, je reçus un exemplaire numéroté de *La Disparition*, livre sans aucun « e » avec, au beau milieu, mes pages philosophiques. Georges Perec n'y avait pas changé une virgule ! La lettre « e » avait disparu, mes pages, non. J'avais beau regretter confusément que mon nom propre aussi soit passé à la trappe, je me sentis honorée d'être pour partie l'auteur de *La Disparition*. Cinq ou six ans plus tard, en 1975, Georges Perec publia *W*, livre terrible plein d'Auschwitz, et je ne m'étonnai plus d'avoir été choisie.

Nos vies devinrent plus politiques. Pingaud était sartrien et moi, lacanienne. Il passa socialiste et moi, communiste, mais ce genre d'alliance, je la connaissais bien ; j'avais cela en famille avec mon frère Jérôme. Il n'y eut pas de dispute. Ou bien j'ai oublié. Rien de bien décisif ; il me tombait sur le dos quand il revenait de Prague, où il soutenait les dissidents de la Charte de 1977. En 1981, à la demande du nouveau ministre de la Culture,

Jack Lang, Bernard Pingaud prit la tête de la commission qui devait étudier le prix unique du livre ; tout naturellement, il m'enrôla comme secrétaire générale de la commission du Livre. Dès le mois de juillet, nous étions au travail. C'est dur, une commission. Ça tiraille, ça bavarde. Il y a toujours un zig avec lubies, un autre qui rêvasse, une qui n'est pas d'accord, cela n'en finit pas. Mais la loi sur le prix unique du livre votée dans la foulée par le Parlement a finalement sauvé les librairies françaises.

Ensuite ? Nos vies ensemble. Bernard divorça et se remaria avec une jeune femme tombée amoureuse de son écriture, comme Jacqueline avec Roger Laporte. Leur traversée fut longue ; il épousa Françoise au consulat d'Alexandrie, face à la mer, en un temps où il était devenu conseiller culturel en Égypte. Il connut le malheur et il perdit deux fils. Il fêta ses quatre-vingts ans au Moulin d'Andé entouré de sa famille et de beaucoup d'amour. Il a un labrador qui veut bouffer nos chats. Il est dur de la feuille. Il est très émotif et pour un rien, il pleure. Au moindre souvenir sensible, son menton tremble, ses yeux se plissent, il s'énerve et les larmes lui viennent ; j'adore ça. Comme il a eu plusieurs pneumothorax, je m'inquiète souvent, il est beaucoup trop mince. Et il est écrivain.

J'avais lu *L'Amour triste*, un roman qui avait manqué le Goncourt de si près que l'éditeur avait déjà commandé le buffet quand le prix fut annoncé et ce n'était pas Pingaud. J'aimais sa simplicité, sa façon d'effleurer l'essentiel sans emphase. Puis Bernard fréquenta comme moi les séminaires et fit une analyse. La déesse intraitable raffole des divans ; il devint accro à l'Écriture sans renoncer au roman. Mais comme il est romancier et qu'il reste sartrien, il a réfléchi sur le sens du roman. Sur l'histoire du roman, ses styles, ce que roman veut dire, le faux pour dire le vrai, la fonction sociale. Du roman ou de l'auteur, qui des deux est le maître ? C'est une question de Pingaud dans *Mon roman et moi.* Profondément instruits par la psychanalyse, ses romans ressemblent à des dessins d'Escher où l'envers et l'endroit se confondent. On grimpe un escalier dont les marches vont en bas ; on croit être à l'étage, non, on est aux

Enfers. Le passé recouvre le futur ; le père est un enfant et cet enfant, c'est lui.

Les rôles entre nous étaient bien répartis. Bernard était mon ami écrivain romancier, spécialiste du roman. C'était son apanage. Tant que j'écrivis des essais dans la langue conceptuelle de l'époque, Bernard ne broncha pas. Je passai au roman. Au début, cela allait ; j'écrivais distingué, très chic, assez classique. Puis, l'expérience aidant, j'écrivis dans un style plus libre et Bernard se fâcha.

– Quand aurez-vous fini avec le « Ben alors » ? grondait-il. Ce n'est pas digne de vous. Vous n'écrivez pas. Ayez un vrai style ! Écrivez !

Le contraire de Verny et des années durant. Il me corrigeait, il m'admonestait ; il était très patient. Il disait « C'est mieux, vous êtes en progrès » ou bien « Vous avez recommencé ! Vous valez mieux que cela ! » Si quelqu'un m'a appris à écrire à la dure, c'est l'ami intraitable, c'est Bernard Pingaud. Pourquoi l'ai-je écouté ? Parce qu'il est généreux. S'il ne m'aimait pas, il ne me gronderait pas. Bernard n'a pas de fille, mais il m'a, moi.

Je ne suis pas très sûre d'être absoute aujourd'hui. Il rédige ses mémoires avec minutie, consultant ses archives dans l'ordre chronologique ; je fais tout le contraire avec mes souvenirs.

C'est dans ses mémoires qu'on aura lu l'un des retournements que je préfère en lui.

Dès le début de notre amitié, il m'avait confié que, jeune normalien, il avait été brièvement fasciste pendant la guerre. Il était un gandin paumé et un peu snob. Quelques articles dans de mauvaises revues, pas davantage. Puis le sol trembla sous ses pieds.

La guerre terminée, le directeur de l'École Normale rassembla ses normaliens rue d'Ulm dans son bureau. Il portait le pyjama rayé de son camp de concentration. Cet homme leur parla, leur dit ce qu'il avait vu. Bernard fut bouleversé. Il changea pour toujours. Mais il a décidé de ne rien dissimuler. Nous avons enregistré ensemble un cycle d'émissions sur France-Culture ; il raconte ce dur moment avec des larmes.

Il signa le manifeste des 121 contre la guerre d'Algérie et comme il était secrétaire des débats à l'Assemblée nationale, quand on voulut sanctionner un coupable, ce fut lui. Les autres, dans le privé, étaient inaccessibles. Les fonctionnaires, non. Pingaud fut privé de traitement ; le seul des signataires à être financièrement sanctionné. Il était sartrien, antifasciste, autogestionnaire ; il devint un ardent militant socialiste, se tapant les réunions de section les embrouilles les courants la bisbille les discordes, et trouvant le bonheur en dirigeant la commission culture au Parti socialiste, après François-Régis Bastide. Il n'est plus militant mais il reste socialiste, agacé et fidèle.

Fidèle, c'est son être. Il écrit toujours sur le sens du roman. Son écriture est pure comme on parle d'or pur, matière noble et qui rend immortel. Il n'a pas de scories, il est transparent. Il l'a toujours été. En bon normalien, il cherche l'immensité bleue.

9

Le passage du printemps

C'était un bruit lointain et ordinaire. Nous autres philosophes jeunes profs à la Sorbonne, nous avions l'habitude de ces mouvements d'étudiants qui soudain prenaient feu et aussi soudainement, s'arrêtaient. Nos étudiants trotskistes ayant fait notre éducation, je ne m'en souciais pas outre mesure.

Ça bardait à Nanterre depuis le 22 mars, date de la fondation d'un mouvement étudiant dont je ne savais rien. Échauffourées, disputes, violences contre professeurs, bref, la routine. La Faculté de Nanterre dépendant de la Sorbonne, la maison mère décida de sanctionner les agitateurs. L'ordre du jour appelant la doyenne ainsi que la benjamine du corps enseignant non « titulaire » au rang d'observateurs, je fus convoquée en avril dans la salle Louis-Liard aux lambris brodés d'or.

Transformé en conseil de discipline, le Conseil de Faculté de la Sorbonne s'était réuni pour juger les étudiants coupables, je ne savais même pas de quels méfaits. On ne disait rien aux observateurs du corps enseignant supérieur. Quand la doyenne et la benjamine firent leur entrée sur la coursive dominant l'assemblée des profs, ça renaudait dans les travées comme si nous étions confusément complices de ces agitateurs. Madeleine Madaule, mon amie la doyenne, ayant passé les quarante ans, je me sentis visée, avec mes vingt-huit ans.

Quand tout le monde fut assis, les présumés coupables entrèrent dans la salle Louis-Liard en martelant le parquet de leurs santiags. En soi, le bruit traînant de ces pas bottés était une provocation. Le reste à l'avenant. Blousons de cuir, foulards, l'œil insolent, superbe. Ils étaient quatre ou cinq, ils n'ont pas dit grand-chose. Leur présence suffisait. Ils furent exclus comme des lycéens. C'était sans importance et pourtant, c'était neuf. Même si rien ne laissait prévoir l'ampleur de la suite, les étudiants de Nanterre apportaient des nouvelles de la vie.

J'étais assez contente. Trois ans plus tôt, j'avais pris la tête d'une révolte et conduit une manif jusque dans le bureau du secrétaire général de la Sorbonne.

J'enseignais dans un amphithéâtre de chimie empuanti par de sombres vapeurs suffocantes et j'étais enceinte de sept mois. Mes étudiants étaient inquiets pour moi. Dis donc, et ton bébé ? Tu ne vas pas te laisser faire ? La moutarde me monta aux naseaux et le ventre en avant, j'emmenai mes étudiants au pas de course à travers la Sorbonne. Le secrétaire général de la Sorbonne était un type très bien ; scandalisé de l'état de l'amphi, il me donna raison. La révolte, parfois, sortait gagnante.

Le 3 mai, je venais de finir mon cours et je traversais la cour de la Sorbonne avec ma petite serviette de prof bien sage quand je vis les policiers. Dans la cour ! Devant la chapelle ! Mais c'était interdit ! Stupéfaite, je m'arrêtai pour voir et un flic voulut m'embarquer – ils embarquaient les jeunes sans distinction. Je criai au blasphème « mais dites donc, je suis prof ! » et je sortis furieuse.

Les franchises ! Ce foutu gouvernement avait osé violer les franchises de la Sorbonne ! Les profs se mobilisèrent presque tous. Depuis le Moyen Âge, la Sorbonne était inviolable.

Ce n'était pas encore vraiment Mai 68. Réunions syndicales, réunions de profs, réunions, réunions. Dehors, les noirs CRS avaient fait leur apparition avec leurs casques de scarabée. Ils frappaient tout le monde, surtout les filles à terre. Ils avaient la même violence débondée qu'autrefois pendant la guerre d'Algérie, quand Maurice Papon était préfet de police ;

ils en avaient gardé les habitudes. Depuis les morts de Charonne, tués pendant une manif par des plaques de fonte qui protégeaient les arbres, je connaissais l'autre face du gaullisme. Un État policier. Dès le 4 mai, ce fut l'un des mots d'ordre : fin de l'État policier.

Je commençai à passer plus de temps en dehors de chez moi. Les enfants étaient sous bonne garde, mon mari à l'Université de Caen où ça ne bougeait guère. Il revint le week-end et c'était le 10 mai, la nuit des barricades. On alla se promener dans le Quartier Latin, flânant dans l'air de mai quand les marronniers roses dispensent l'odeur du miel. Les barricades se construisaient. La plus belle était celle de la rue d'Ulm, presque devant Normale Sup. Nous n'étions pas peu fiers que notre École sût édifier une barricade comme dans Victor Hugo, avec un mur de pavés très réguliers où se dressait, sublime au crépuscule, le drapeau rouge. Nous n'avions pas perdu la main. Nous écrivions *Les Misérables* ! Et c'était prodigieux.

Nous avions avec nous Pierre Trotignon, un collègue philosophe assistant comme moi. C'était un jeune homme très sérieux, très kantien, avec de gros carreaux pour myope sur un œil gris. Il avait l'habitude de tout cisailler avec un humour dévastateur. Rien ne semblait devoir jamais ébranler la kantitude de ce charmant collègue, modèle d'austérité et d'équilibre. Et soudain, Pierre Trotignon eut peur. La belle barricade n'allait pas rester comme ça pour le plaisir des yeux ! Les flics. La police. Les CRS. Ils allaient attaquer dans la nuit, c'était sûr ! La rumeur circulait. Un passant se mettait à courir en criant « Ils arrivent ! » et tout le monde courait. Moi, je n'avais pas peur, mais je n'ai jamais peur quand il y a du danger. Le nez en l'air, j'étais dans l'enchantement de ce temps suspendu. Pierre Trotignon se mit à trembler de tous ses membres et le Bien-Aimé décida qu'il était raisonnable de s'en aller. Oh, encore un peu, dis, encore un peu ! Non. Nous avions deux petits à la maison.

Au matin, Élisabeth de Fontenay trouva sa voiture enfoncée par un pavé, et la garda longtemps ainsi, dans sa gloire.

Le 11 mai au matin, les portes de la Sorbonne restèrent obstinément fermées. Il y eut une Assemblée générale dans un amphithéâtre du côté de l'Observatoire, où pour la première fois l'ensemble des profs, maîtres-assistants et assistants de la Sorbonne se réunissaient sans distinction de castes : c'est ce jour-là que j'entendis pour la première fois le mot « enseignant ». Je le trouvai affreux, ce mot, mais on me dit qu'il avait l'avantage d'être égalitaire. Tous à la même enseigne ? C'était à peine croyable. Les assistants comme moi et les maîtres-assistants comme Madeleine Madaule étaient la piétaille de la Sorbonne et voilà que, d'un coup, le Tiers-État des profs s'apprêtait pour sa nuit du 4 août.

Pour la première fois, Jacques Julliard, maître-assistant d'histoire et militant du SGEN, se leva, plongea la main dans sa poche et en tira une motion de synthèse soigneusement préparée qui emballerait tout le monde avec un grand talent – exercice dans lequel il excellait. Comme celles qui suivirent dans la bouche de Jacques, la motion était absolument parfaite. Abolition des privilèges. Profs, assistants, titulaires et piétaille, tous égaux dans la dignité. Les étudiants ne seraient pas oubliés et on les embrasserait dans la grande réforme.

Bernique ! La rue Soufflot était entièrement dépavée et nous autres, les profs, on ferait notre petite révolution bourgeoise bien tranquillement ? Nos étudiants nous envoyèrent aux pelotes. Je ne comprenais pas ; j'étais désolée de les voir refuser des privilèges que nous avions arrachés pour eux à l'institution. J'entends encore l'un des miens, François Balmès, parmi les plus doués, m'expliquer gentiment que les étudiants ne voulaient pas se voir octroyer des concessions. « Tu sais bien qu'on n'octroie pas des droits dans une révolution ! Nous voulons les arracher nous-mêmes, voyons ! » Nous en étions restés aux États Généraux quand nos étudiants en étaient à la Convention.

Bernique. Mon étudiant si doué était encore en retard. Le 13 mai, eut lieu une gigantesque manifestation de travailleurs et d'étudiants unis sous toutes les bannières syndicales – quand j'entends aujourd'hui le chiffre qu'on annonce, cinq cent mille personnes, je rêve ! Un bon gros million de manifestants et la classe ouvrière en ordre de bataille. Nous autres de la Sorbonne, nous avions notre propre bannière, notre drapeau, nos troupes d'enseignants-tous-égaux. La Sorbonne fermée ayant été le symbole de l'autoritarisme, nous allions être au premier rang, c'était sûr. Bernique !

On nous stocka à la gare de l'Est, loin des tractations du début de cortège. Syndicat d'enseignants, combien de divisions ? Pas beaucoup, il est vrai. Les syndicats de travailleurs défilèrent les premiers. Assis par terre, nous attendîmes cinq heures. Enfin, le noble cortège des enseignants de la Sorbonne s'ébranla, les pattes ankylosées. En voyant sur la banderole le mot « Sorbonne », les gens applaudissaient. C'était encore un mot qui avait de la valeur, un mot que les Parisiens, massés sur leurs balcons, aimaient voir et entendre, et dont ils étaient fiers. Comme j'étais la plus jeune, je portai bravement le drapeau de la Sorbonne. Bottée, en pantalon, une cape de tweed sur les épaules, je brandis mon drapeau de la gare de l'Est jusqu'à la Sorbonne, et là ! À deux battants, les portes étaient ouvertes. Quand je posai le drapeau, il y avait des gens jouant sur un piano et c'était adorable, ce piano dans la cour de la vieille Sorbonne. Dans la douceur du soir et l'amour du printemps, Mai 68 venait de commencer.

En temps normal, j'aurais dû faire un exposé le lendemain dans une petite salle de l'hôpital Sainte-Anne devant mes camarades de l'École freudienne, dont j'étais membre associée depuis la fondation. Lacan viendrait peut-être. J'étais fin prête longtemps avant la date, mais plus question de ça devant des psychanalystes. J'avais tout vu, je pouvais dire que j'y étais. Je résolus de lancer un appel aux psychanalystes présents.

La salle était comble ; pas pour mon exposé. Lacan était venu, chose inimaginable. Il voulait que je témoigne des premiers jours de Mai. Moi aussi, je voulais. Gonflée de mon importance, j'étais en train d'expliquer pourquoi il n'était plus décent de parler de Kant avec Sade dans un moment pareil quand la porte du fond s'ouvrit. Précédé par des psychanalystes irradiant l'orgueil et l'enthousiasme, un jeune rouquin entra, ébouriffé. C'était Cohn-Bendit. Lacan l'invita à me rejoindre sur l'estrade et nous prenant chacun par les épaules, il lança son affiche : « L'Étudiant et l'Université ! » J'étais très émue, Cohn-Bendit se marrait.

La séance s'arrêta. Lacan sortit de la salle avec ses deux starlettes et décida de nous emmener à la Sorbonne dans son coupé décapotable. Lacan au volant, moi à côté de lui, Cohn-Bendit juché sur le coffre arrière. Et puis ils pénétrèrent tous deux dans la Sorbonne, Lacan et Cohn-Bendit.

Et moi ? Loin derrière eux. Laissée en plan. Plus tard, Lacan développa des graphes démontrant que l'Université, en imposant le savoir, s'éloignait de la vérité.

Plus question d'enseignants. Tout le monde s'en foutait. Tout le monde voulait parler et s'aimer. Tout le monde disait vouloir se retrouver en groupe pour bâtir l'avenir, en construisant des relations nouvelles entre le travail et l'école, le pouvoir et les masses, la vie et la mort, tu causes, tu causes. Tu parles ! La vérité était dans l'idylle et la baise, elle avait la parole et elle avait le sourire. On se parlait dans les rues ; et tout le monde disait n'avoir jamais vu ça. Moi, je me souvenais d'août 1944 ; à la Libération, on disait déjà ça, qu'on ne reverrait plus jamais un moment d'élation où les baisers se posaient sur n'importe quelle bouche.

Pendant deux ou trois semaines, il y eut de l'amour à ne savoir qu'en faire et des mots qui volaient comme abeille sur pollen. Puisque les mots volants étaient l'essence du théâtre, l'Odéon fut pris d'assaut et les Barrault-Renaud, vaincus, ouvrirent les portes – penser qu'ensuite ils furent jetés dehors pour cette seule raison ! Il y avait une scène brillamment éclairée. Qui montait sur scène s'exprimait. Dans quel but ? Parler. De quoi ? Question sans objet.

Le cœur craintif, je finis par me décider. J'allai toute seule à l'Odéon pour y prendre la parole et moi qui avais la langue si bien pendue quand je faisais mes cours, je suis restée muette de frayeur. Peur d'être huée. Trop bourgeoise, trop tout. Un homme monta sur scène et tourna longuement sa casquette dans ses mains.

– Je suis venu pour vous dire… Je voulais vous dire… Je voulais dire…

Il s'arrêta, ému. Il fut ovationné. La parole que j'avais apprise avec tant de soin était morte. Il faudrait tout recommencer depuis le début si j'en avais le droit – ce n'était même pas sûr.

Repris en main dès la nuit du 10 mai par le préfet Grimaud, les CRS ne cognaient plus à tort et à travers. En haut de la rue Saint-Jacques, j'allai causer un brin avec un CRS qui attendait l'assaut. Pourquoi ai-je fait cela ? Une intuition. J'avais crié « CRS SS » en pensant que ça n'allait pas trop. Le barrage de CRS était au croisement de la rue Saint-Jacques et de la rue Soufflot ; la manif était encore très loin ; on voyait les drapeaux à la hauteur du fleuve. Le nez couvert d'un mouchoir imbibé de jus de citron, les étudiants montaient. Le CRS a tout de suite engagé la conversation. Il crevait de peur. Dans les manifestants, il y avait son fils. Il était sympathique et il était de gauche, ce gros scarabée noir. Puis il entendit l'ordre, me dit de m'en aller et leva sa matraque.

Ce devait être juste avant Charléty, ce meeting où j'étais enthousiaste sans savoir que ni Mitterrand ni Mendès n'avaient la moindre chance d'arriver au gouvernement populaire qu'ils voulaient constituer. C'était ensoleillé, c'était bon. Un baiser, un baiser encore… Ainsi dit Othello au moment de mourir sur le corps qu'il vient d'étouffer. Charléty, c'était le dernier baiser d'Othello. Mendès refusa de prendre la parole. De Gaulle disparut et puis ressuscita. Et le 30 mai, lorsqu'à seize heures trente à la grande pendule de la chapelle de la Sorbonne, j'entendis le discours du Général sur le transistor – on aurait dit qu'il parlait en uniforme – je ne le crus pas. Il martelait comme si ses poings cognaient sur le bord de la table « Je dissous l'Assemblée nationale… » Mais non ! Pas tout de suite ! Allez, on va gagner ! Il ne va pas y arriver, ce vieux militaire tyrannique ! Non ?

Si. La droite appelait à une grande manif de droite rive droite. À dix-huit heures, Rivka défilait sur les Champs-Élysées avec mon beau-père tant aimé. Elle n'avait pas fait ça ?

La guerre éclata entre Rivka et ses enfants. Elle avait tremblé pour nous pendant un mois, pour son fils, un ado lycéen, pour sa fille, mère de deux petits, elle avait craint pour son commerce, elle avait vu éclater les vitres de sa pharmacie située dans une rue exposée en fin de manif, elle détestait la chienlit. La chienlit, c'était nous. Redevenue gaulliste après avoir longtemps voté communiste, elle nous reçut un jour en nous menaçant de nous tirer dessus – avec une carabine ? Tu es complètement folle, maman, arrête ça ! – et de nous quitter pour aller vivre en Israël. Jamais je ne l'ai vue si violente. Rien ni personne n'aurait pu freiner ce trop-plein d'angoisse enfin déversé. Les manifestants de droite sur les Champs-Élysées, c'étaient des gens comme elle, des morts de peur pendant un long mois pour tout ce qu'ils chérissaient sans oublier le commerce.

L'essence n'étant pas encore tout à fait revenue dans les pompes, je continuai à me rendre à pied à l'Assemblée générale des étudiants de philosophie de la Sorbonne dans un amphi de Censier. Montparnasse-Censier, c'était une bonne trotte à faire tous les jours dans les deux sens ; cela me rappelait le pèlerinage de Chartres, il y avait de la joie à faire marcher ses jambes. Présents dans les débuts, les professeurs titulaires s'étaient vite éclipsés, sauf Jankélévitch et Georges Canguilhem. Mais quand les étudiants décidèrent par un vote à main levée que désormais, ils éliraient les professeurs, même Jankélévitch tourna les talons. Moi pas. Les quitter ? Je me serais quittée moi-même.

Ce ne fut pas très agréable. Les « enseignants » de philosophie étaient si furibards qu'ils me convoquèrent devant un tribunal. Je n'avais pas le droit de me solidariser avec des étudiants qui voulaient élire leurs professeurs. C'était indigne ! Certains collègues prirent donc la décision de me rayer de la liste des enseignants de philosophie. Je ne serai plus enseignante à la Sorbonne.

Et quelqu'un toussota. C'était Georges Canguilhem.

D'une voix posée, il leur fit remarquer que j'avais passé l'agrégation, un concours national validé par les textes de la République et qu'ayant été président du jury à cette époque, il pouvait l'attester. Qu'il n'était pas en leur pouvoir de me désagréger. Enfin que, hormis peut-être le ministre de l'Éducation nationale, personne n'avait le droit de me radier de la liste des enseignants. À la fin, il se tut ; et tout le monde avec lui. Chers collègues.

En fin de semaine, mon jeune mari le Bien-Aimé revenait de l'Université de Caen qui s'était enflammée à son tour. Il avait pour amis deux collègues communistes, Jeanne et Jacques Seebacher, deux êtres magnifiques, elle, brune et sensible, et lui, long matou aux yeux jaunes brillant d'un éclat magnétique. Jeanne était très inquiète. « Les anarchistes espagnols ! Il ne faut pas oublier. C'est à cause d'eux que Franco a gagné ! On doit aux anarchistes la défaite de l'Espagne républicaine, attention ! »

Je ne connaissais pas en détail l'histoire de la guerre d'Espagne, mais les paroles de Jeanne me marquèrent au fer rouge. Elle fut la première communiste à laquelle je prêtai attention – si belle, si vivante, toujours exacte.

Quelques jours plus tard, j'acceptai de prendre un tour de garde aux portes de la bibliothèque de la Sorbonne, menacée par les Katangais. Les Katangais étaient des êtres vagues ; on ne savait pas d'où ils étaient sortis. Ils portaient ce nom en souvenir des mercenaires qui avaient fait la guerre au Katanga ; on disait qu'ils venaient de là. Il faut les avoir vus arpenter la Sorbonne avec leurs chaînes de vélo et leurs coups-de-poing américains ! Ils avaient un regard à vous bouffer tout cru. Pierre, l'un de mes étudiants en philo, expliquait avec feu qu'il fallait s'en tenir à Lénine : « Pour faire la révolution, il faut ouvrir les portes des prisons ! C'est ce que disait Lénine ! On a besoin de la pègre ! » criait-il devant un amphi emballé. Plus tard, il est devenu psychanalyste. J'entends encore le mot rouler. Pègre ! Pègre ! Il en avait lui-même le souffle coupé. Comme je suis brave ! Je justifie la pègre !

La nuit où je pris mon tour de garde, la pègre mit le feu à la bibliothèque. Je m'étais enroulée dans une couverture sur une banquette de bois quand le feu éclata dans le secteur des thèses et nous ne pûmes rien faire, sinon donner un coup de main aux pompiers. Au petit matin, tout le secteur des thèses avait brûlé.

Dans la rue des Écoles, se dressaient des tas de livres en cendres dégouttant d'eau. J'en ramassai un dont le haut des pages était noirci. C'était la thèse d'État de Canguilhem. Quand je me relevai, Canguilhem était là, contemplant le désastre. Je lui tendis sa thèse sans un mot. Il pleurait. Moi aussi.

Lénine avait justifié un incendie de livres. Mai se brisa en moi. Le pire allait venir. Ce fut dans un bel amphi solennel à la vieille Sorbonne, dans un état de révolte désespérée. Déterminée à ne pas quitter mes étudiants de philo, je les vis voter à l'unanimité la destruction du savoir bourgeois. Puis une voix s'éleva. Il fallait brûler les livres, tous les livres ! Ce que la raison, les collègues, le goût de l'université, ma mère et mes enfants n'avaient pas obtenu, cette assemblée d'étudiants l'obtint. Une seule voix me suffisait. Partir, il fallait partir.

L'enfer, ce sont des livres qu'on rêve de brûler sous les acclamations de jeunes philosophes à qui l'on a cru pouvoir enseigner la liberté.

J'étais exclue, mais je revins rôder autour d'eux. Ils me faisaient de la peine. On était en juin. Tout était terminé depuis longtemps et eux, ces fous, ils bavassaient encore ! Que voulaient-ils ? Qu'allait-il arriver ? Quand les forces de l'ordre finirent par évacuer la Sorbonne, j'étais là. Nous n'étions plus que deux profs ; Jean Laplanche était l'autre. Nous rédigeâmes un communiqué de protestation, nous appelâmes Europe 1, et Jean Laplanche me laissa lire le communiqué. J'y mis toute la solennité dont je suis capable et les portes de la Sorbonne se refermèrent.

Le Bien-Aimé m'avait quittée fin juin. Privée de vie, j'entrai dans une rumination morose interminable. Ces livres qu'on voulait brûler me hantaient. Je cherchai une organisation politique capable de défendre le savoir, les livres, la transmission, tout ce en quoi je crois, ce qui me constitue. On était en juillet, mais où était la gauche ? Balayé par la vague gaulliste victorieuse aux élections législatives, François Mitterrand ne donnait pas signe de vie. Son parti, la FGDS, était aux abonnés absents. La gauche était en grandes vacances. Il n'y avait à gauche qu'un seul parti qui, depuis le 3 mai, avait passé son temps à crier casse-cou, casse-cou sur le savoir, casse-cou sur l'alliance étudiants-travailleurs. Un seul parti. Et c'était le Parti communiste.

Mes amis n'étaient pas enthousiastes. En vérité, je n'aurais pu en parler qu'avec Gilbert Lascault et Bernard Pingaud, lui-même très engagé dans la nouvelle Union des Écrivains, installée au siège de la Société des Gens de Lettres, dans l'hôtel de Massa pris d'assaut une nuit qu'il faisait doux. Mais je ne parlais pas à mes amis. J'étais avec eux en silence. Pour une fois dans ma vie, je réfléchissais. *Semel in vita*, comme le dit Spinoza, je m'enfonçais dans une vraie réflexion.

– Tu as raison de prendre ton temps, disait Gilbert inquiet. C'est une décision importante. Ne te presse pas.

Pas de réponse. J'accomplissais les gestes de la vie quotidienne, je parlais un peu à mes enfants, je traversai la rue sans regarder.

– Ne va pas confondre ton malheur privé avec une adhésion au Parti communiste, disait Gilbert. Attention !

Je ne confondais pas, enfin, je ne crois pas. Après quinze jours de silence, je pris ma décision. J'irais au Parti communiste.

À l'avance, je retins un critère inacceptable. Si le Parti communiste acceptait en son sein deux actes de racisme, alors je ferais le nécessaire pour être exclue. C'était une décision très précise. Un acte de racisme, cela peut arriver, il y a des imbéciles partout. Mais deux actes font une ligne politique. Et comme j'avais une claire conscience d'adhérer à une organisation, et non à une religion nouvelle, j'étais résolue à la tenir comme une association de la loi 1901. Il entrait dans ma décision une volonté féroce de considérer le Parti communiste comme une association de pêcheurs à la ligne. Je n'avais aucune foi, aucune croyance dans le communisme. Je voulais préserver l'essentiel à mes yeux : les livres, le savoir, la transmission.

Il me fallut trente ans pour comprendre la part juive d'une décision que je croyais prendre librement. Les livres, le savoir, la transmission.

Je fis ma demande d'adhésion. Elle fut accueillie avec circonspection. Soupçonnés de vouloir pratiquer l'« entrisme », les gauchistes n'étaient pas bienvenus. Mais en ce mois de juillet, il y eut une telle vague d'adhésions de jeunes enseignants qu'on m'accepta. Du bout des lèvres. On allait voir.

Ce fut vite vu. Au début du mois d'août, je partis en vacances avec mes petits chez les Sempé, des amis psychanalystes assez compatissants pour héberger ma détresse de femme abandonnée. C'était au pays basque espagnol, tout près de Guernica, dont les syllabes résonnaient comme des folles dans ma tête. J'étais à Guernica quand les chars soviétiques entrèrent dans la ville de Prague.

– Eh bien, c'est un coup dur, dit Jean-Claude Sempé. Qu'est-ce que tu décides ?

Rien. Je serrai les dents. Le critère que je m'étais fixé pour sortir du parti français ne concernait pas l'impérialisme soviétique. J'endurai. Plus tard, François Mitterrand m'apprendrait le détail du tragique destin du Secrétaire général de l'époque, Waldeck Rochet, physiquement détruit par son opposition au coup de Prague.

Au Parti communiste

Automne 1968. Les Soviétiques ont tué le printemps de Prague. Le Secrétaire général du Parti, Waldeck Rochet, semble avoir disparu corps et bien. Les universités se remettent en marche dans le plus grand désordre ; pendant l'été, Edgar Faure, nouveau ministre de l'Éducation nationale, a concocté une université expérimentale dernier cri où viendront se réfugier les jeunes grands de la pensée : Foucault, Deleuze, Châtelet, Hélène Cixous s'installent dans les bois de Vincennes dans des préfabriqués. Perdue dans ma douleur de femme abandonnée, je ne me soucie ni de Waldeck Rochet ni de Vincennes, mais ce qui est dit est dit : puisque je suis engagée, je deviens bonne élève au Parti communiste. Je sais faire.

Si ma cellule à l'Université de Paris – anciennement Sorbonne, désormais Paris-I – ne me fait pas de misère, plus haut, au Comité Central, ils ont prévu pour moi des épreuves. On m'expédie en stage dans une entreprise pendant une semaine, histoire de me montrer ce qu'est le monde ouvrier – j'ai le sentiment d'être en visite, je me comporte poliment, je n'apprends rien. Puis des intellectuels attaquent violemment les structuralistes et le structuralisme, Lévi-Strauss en tête.

En septembre 1968, j'étais allée le voir dans son grand bureau du Collège de France. Je lui avais demandé avec angoisse ce qu'à son avis, il fallait faire. Lévi-Strauss avait une réponse. Prendre quelques amis de confiance, faire retraite dans un lieu isolé, et là, penser. Penser ! Il n'y avait rien de plus important à ses yeux.

Faire retraite quand on est enseignant avec deux enfants à charge, cela n'allait pas de soi, mais le conseil était bon. Et quand je lus dans *Le Monde* un article de Mikel Dufrenne cisaillant l'œuvre de Lévi-Strauss et proclamant la mort du structuralisme, je répliquai avec un article que j'intitulai « Mort d'un fantôme ». Lévi-Strauss m'avait suffisamment appris que le vrai structuralisme, le seul qui vaille, était une méthode heuristique efficace pour découvrir le vrai en ses cachettes. Ce que Mikel Dufrenne voulait tuer était un phénomène de mode, un simple fantôme.

Mon article plut beaucoup à ceux qui, au Parti, s'occupaient des intellectuels. Il n'allait pas dans le sens du vent, il défendait la constitution des savoirs, il affirmait l'existence du vrai, et que le vrai est différent du faux. Je fus littéralement happée par le Bureau politique, qui me bombarda à la revue des intellectuels communistes, *La Nouvelle Critique*, dirigée par Francis Cohen, ancien de la Résistance, un vieux camarade aguerri. Et pour faire bonne mesure, on m'expédia pour un stage longue durée auprès du secrétaire régional du Parti en Vendée.

C'était un homme à poigne au caractère très doux. Il me prit avec lui dans une de ces tournées qu'il faisait à rythme régulier auprès des importants de sa région. Nous fîmes la tournée des châteaux, à la saison du curetage des douves et des étangs. Les douves étaient lentement vidées ; l'eau une fois évacuée, on retirait de la vase les poissons. Éberluée, je vis le noble camarade flirter avec les marquises qui le recevaient on ne peut mieux ; on aurait dit de vieilles connaissances. Crottée jusqu'aux genoux, une de ces châtelaines commenta avec lui l'état des poissons, soupesant une carpe, écartant une tanche abîmée et lui, très à l'aise, était de la partie. Ainsi, m'expliqua-t-il, un vrai communiste doit pouvoir comprendre tout de la société ; la vieille aristocratie vendéenne n'était nullement à négliger, on pouvait s'en faire une alliée. Cela ne l'empêcha pas de m'expliquer comment, lui, pur bleu de Vendée, assimilait toute l'histoire vendéenne, Clemenceau compris, pour dialoguer avec des aristos.

Cette fois-là, j'appris tout mon comptant. Le Parti communiste était un sociologue collectif de première envergure. Le camarade vendéen dut me recommander, car on ne me chassa pas.

À l'Université de Paris-I Panthéon-Sorbonne, les réunions de cellule étaient peu différentes des Assemblées générales de Mai 68 ; des collègues, toujours des collègues. Comme avec les gauchistes, les discussions tournaient autour de l'Union soviétique, critiquée par à peu près tout le monde dans le Parti communiste français. Depuis peu, nous savions que Waldeck Rochet s'était rendu à Moscou pour protester contre le coup de Prague au nom des communistes français ; le bruit courait que la rencontre s'était mal passée ; il en était rentré malade comme un chien, on parlait d'empoisonnement soviétique.

Une seule personne était encore capable de parler de l'Union soviétique avec un tremblement nostalgique dans la voix. C'était Antoine Vitez. « Il faut comprendre ce qu'est Soyouz en russe, disait ce grand linguiste qui avait traduit du russe plusieurs romans. Il ne faut pas se tromper sur la fierté de Soyouz, car Soyouz, c'est l'union, leur union ; il ne faut pas que les Russes soient humiliés. » Ce que disait Antoine ne donnait pas de quitus à un régime criminel, mais reflétait assez exactement la profondeur de l'illusion soviétique pour les vieux communistes français. Ce n'était pas mon histoire. Ce n'était l'histoire d'aucun intellectuel réfugié au Parti communiste français à cause de Mai 68 pour préserver la rigueur du savoir.

Ce qui serait bien, je le sais, ce serait de renier cette partie de ma biographie. On me l'a souvent proposé.

Nous nous retrouvâmes tous à la *Nouvelle Critique* dans un climat d'excitation intellectuelle que je n'ai plus éprouvé. Défendre le savoir était une belle bataille ; aucun de nous n'entendait renoncer à ce que nous avions construit pendant dix ans avec Lacan, Foucault, Barthes, Lévi-Strauss, Dumézil, Braudel, la connaissance de l'inconscient social par les structures, la remise à plat du sujet, les déconvenues de la liberté et les illusions de l'Histoire conçue comme une métaphysique.

Il existait de vraies contradictions entre le dogme du sens de l'histoire et la sévère critique qu'en fait Claude Lévi-Strauss dans *La Pensée sauvage*. La sémiologie de Barthes n'avait qu'un très lointain rapport avec le matérialisme dialectique, Michel Foucault ravageait l'humanisme classique cher aux communistes français. Et la psychanalyse, science bourgeoise, était mal vue des instances du Parti. Tout aurait dû opposer les jeunes intellectuels structuralistes fous de psychanalyse aux membres du comité de rédaction de *La Nouvelle Critique*, pour la plupart marxistes, historiens, voire psychologues matérialistes. Mais la direction du Parti en décida autrement : désormais, on discuterait de tout ça en famille.

À y bien regarder, dans *La Pensée sauvage*, Lévi-Strauss critiquait le sens de l'histoire, mais uniquement chez Sartre, ce vieux traître devenu le patron des gauchistes ; et dans *Tristes tropiques*, il posait dès le début qu'il trouva son inspiration chez Marx, qu'il relisait en cas de difficulté. Barthes, dans tous ses écrits, était un formidable critique social. Avec *L'Histoire de la folie*, Foucault avait magistralement mis en lumière l'oppression des déshérités dans la société occidentale. Faire entrer ces trois-là dans le corpus de *La Nouvelle Critique* était du domaine du possible, mais ce qui ne l'était pas, c'était d'y faire entrer Lacan. Il fallait admettre que Freud n'était pas seulement un bourgeois décadent et surtout, il fallait reconnaître le rôle de l'inconscient dans les infrastructures, en deçà des causes économiques. Lacan était un os en travers du gosier du Parti communiste.

Nous fûmes collectivement chargés de faire passer l'os.

Établir un dialogue avec Lévi-Strauss ne fut pas difficile ; je m'en chargeai. Je n'avais encore rien publié sur son œuvre, à part quelques articles ici ou là. Mais il fut généreux et se prêta à l'exercice avec une courtoise gentillesse. Barthes étant intimement lié à Philippe Sollers, il fut décidé de passer par *Tel Quel*, groupe assez favorable au Parti avant Mai 68. Séduit par Mao, Philippe renâclait ; il ne rompait ni ne revenait, mais les choses se tendaient entre les communistes et lui. On me confia une tâche redoutable : interviewer Pierre Guyotat.

Vigoureusement anticolonialiste, emprisonné pendant la guerre d'Algérie, mis au secret, interrogé pendant des jours, expédié sans jugement en bataillon disciplinaire, Guyotat avait échappé de peu à la censure au moment de la publication de *Tombeau pour cinq cent mille soldats*, une épopée d'une violence extrême dont la guerre d'Algérie était le ferment et le terreau. Lui aussi avait rejoint le Parti à la fin des événements de mai, après avoir été arrêté plusieurs fois. Il rédigeait *Eden, Eden, Eden* ; et avant toute publication, on attendait un chef-d'œuvre, au moins l'égal de Sade, avec autant de souffle. Voilà ce que je savais de Pierre Guyotat avant de recueillir l'entretien. Autant dire peu de chose au regard de sa force d'écriture.

Je me trouvai en face d'un homme en bloc qui, littéralement, me laissa interdite. Il y avait en lui de l'inaccessible, de la chose souffrante, du très vieux et de l'enfantin, de l'hétérogène à l'état pur. Je posais mes questions gauchement ; il répondait assez laconiquement. Une jeune femme frêle était à ses côtés. Elle était là pour préciser.

– Vous ne posez pas les bonnes questions. Demandez-lui comment il écrit.

– Mais je l'ai demandé !

– Il ne vous a pas dit ce qu'il fait. D'une main, il se masturbe. De l'autre, il écrit, disait-elle d'une voix unie et sans affect. N'est-ce pas, Pierre ? Dis-lui que tu te masturbes en écrivant.

Il acquiesça. Tout ça l'indifférait. Elle, moi, l'entretien, tout ça. J'étais au désespoir ; je ne touchai rien en lui. Mais cette résistance opaque me força à écrire un entretien meilleur qu'il n'eût été si Guyotat m'avait aimablement répondu en jouant le vrai-faux jeu de l'interview. *Eden, Eden, Eden* parut en octobre 1970 avec trois préfaces écrites par Michel Leiris, Roland Barthes et Philippe Sollers. En novembre, le livre était interdit d'affichage, de publicité, interdit aux mineurs par Raymond Marcellin, ministre de l'Intérieur. Ni la pétition de soutien rassemblant Pierre Boulez et Pierre Dac, Sartre et Joseph Kessel, Beauvoir et Nathalie Sarraute, ni la question parlementaire de François Mitterrand, ni même l'instruction écrite de Georges Pompidou ne firent fléchir Marcellin, l'un des plus rudes ministres de l'Intérieur que la France ait connus.

La même année, je publiai mon premier livre dans la joie d'une vie qui reprenait. *Lévi-Strauss ou la Structure et le Malheur* m'avait été commandé par André Robinet, universitaire à l'esprit ouvert dirigeant une collection sur les grands philosophes aux éditions Seghers. Il proposait à de jeunes recrues sans expérience un contrat avec un forfait minuscule, sans droits d'auteur à suivre. Comment refuser un premier livre ? Je publiais le premier ouvrage consacré à Claude Lévi-Strauss, j'étais aux anges et je n'avais pas trente ans. J'avais signé le contrat quand mon très cher Pingaud découvrit le pot aux roses. En Mai 68, il avait fait partie du commando qui avait fondé l'Union des Écrivains. Scandalisé, Bernard Pingaud me mit dans la main un contrat-type avec ordre de ne plus signer de contrat léonin. Un écrivain touche des droits d'auteur, mais je n'en savais rien.

J'avais mis tout mon cœur à défendre les structuralistes, rangeant mon cher Lévi-Strauss avec Lacan, Barthes et Foucault, comme dans le fameux dessin de Maurice Henry paru dans *L'Express* en 1967, et qui les montre en sauvages, torse nu et jupette de feuilles, devisant sous un palmier lointain.

Lévi-Strauss n'était pas content. Il m'écrivit une lettre très à cheval protestant contre cette lignée mondaine – les trois structuralistes français authentiques étant à ses yeux Benveniste,

Dumézil et lui. Dans les éditions qui suivirent, je publiai la lettre avec son accord. Il y a deux ou trois ans, il m'a dit qu'il n'était plus certain de sa trilogie authentique, mais le livre n'ayant pas été repris depuis 1980, je ne vois pas comment corriger le texte. J'avais également exposé une philosophie qui ne lui plaisait pas. Elle n'avait rien de sérieux, elle ne lui ressemblait pas, il ne la reconnaissait pas puisqu'il s'est, dit-il, détaché de la philosophie après deux ans d'enseignement. À le lire, j'avais confondu les échafaudages et la maison, mais il m'avait écrit et j'étais enchantée.

Donc, j'avais publié. Voyant cela, le Parti décida de confier à trois intellectuels communistes, Lucien Sève, Pierre Bruno et moi le soin d'écrire un livre sur la psychanalyse. J'y serais chargée de la partie sur Lacan. Le titre était choisi dans le goût de l'époque, léger comme un camion : *Pour une critique marxiste de la théorie psychanalytique*. Et l'ouvrage paraîtrait aux Éditions sociales, les éditions officielles du Parti, ce qui valait tampon, attestation, passeport. Ce n'était pas grand-chose. Juste une révolution.

Pour la première fois, le Parti s'ouvrirait à la psychanalyse si longtemps combattue, complètement interdite en Union soviétique. Je n'avais pas fait de cure personnelle ; mes connaissances n'étaient que théoriques, et sans doute ce fait minuscule joua-t-il un petit rôle dans la décision du Parti : eussé-je été sur le divan, je ne suis pas sûre qu'on m'eût confié ce fragile bébé. Nous nous mîmes au travail chacun dans notre coin et sans aucun contrôle. Lucien Sève était un philosophe marxiste traditionnel ; Pierre Bruno était très savant sur la psychologie ; et j'avais un petit titre de noblesse. En 1966, au moment de la parution des *Écrits* de Jacques Lacan, j'avais écrit le tout premier compte rendu dans la revue *Critique*, que dirigeait Jean Piel avec un flair de découvreur.

Nos trois textes se contrariaient souvent, mais ils parurent ensemble, disposés bout à bout. Dans leurs contrariétés et leurs savants désordres, ils reflètent le Parti communiste décalé que j'ai connu, acharné à maintenir ensemble une classe ouvrière en col bleu déjà menacée par la destruction des sites industriels français, des couches moyennes à col blanc portées sur le réformisme et grillant d'arriver au pouvoir, et des intellectuels, soldats de l'impossible, chargés de la rénovation de l'idéologie.

Le moment femmes

Je n'étais pas la seule à incarner la psychanalyse à la *Nouvelle Critique*. Nous étions trois flambantes : Christine Buci-Glucksmann, Élisabeth Roudinesco et moi. Au moment où le féminisme allait faire irruption dans le théâtre des idées, la revue des intellectuels communistes ne lésinait pas sur le rôle des femmes.

Fille d'orientaliste, fraîchement divorcée d'André Glucksmann, Christine était d'autant plus communiste que son ex était contre, mais vite, on oubliait l'ex et on ne voyait plus qu'elle. Ses grands bijoux barbares, ses airs baudelairiens, sa voix intarissable, ses arguments ficelés et déficelés, ses cheveux à la diable, sa tendresse, sa fidélité, ses bottes, ses rires, son entièreté. Avec André Gisselbrecht, son alter ego, elle nous parlait de Brecht et de Walter Benjamin, m'apportant enfin une autre image de l'Allemagne. Passionnée par l'intervention artistique dont elle se fit plus tard la théoricienne, Christine ne lâchait rien. Plus tard, quand elle pensa l'esthétique du Japon, elle y mit la même attention méticuleuse. Savante, précise, méthodique, Christine était une bretteuse.

Quant à Élisabeth, elle était stupéfiante.

Élisabeth Roudinesco et moi nous avons essuyé des tempêtes d'amitié. Nos échanges ont souvent été des pugilats ; j'ai écrit sur elle des abominations, elle a publié des horreurs sur moi. Dans les grands moments, il m'est arrivé de la traiter de « roumaine » au téléphone ; et elle de son côté a relevé mes erreurs, sans jamais se tromper. C'est ce qui est ennuyeux avec cette drôlesse, elle a souvent raison. J'ai très vite constaté un étrange phénomène : quoi qu'elle écrive sur moi, quoi qu'elle dise de moi, c'est égal, je l'aime. Lorsqu'elle débarqua à *La Nouvelle Critique*, elle sidéra tout le monde. Les camarades n'étaient pas habitués à voir dans leurs murs une gravure de mode débarquant dans une Alfa-Romeo vermillon. Élisabeth et son style peau de panthère, son allure de mannequin, ses affûtiaux baroques, ses tee-shirts à paillettes, son fume-cigarette interminable. C'est qu'elle est vraiment belle ! Une telle beauté désarme. Elle peut couper la parole à tout propos, comprendre de travers, trépigner, s'énerver, s'angoisser, polariser sur soi des énergies oscillant entre le pic à glace et la caresse, Élisabeth est la fille à peau blanche avec des cheveux noirs, la Reine des neiges du conte, celle dont la bouche rouge contraste dangereusement avec le teint très pâle et le cheveu d'ébène.

Elle était très timide. D'où les affûtiaux. Elle ne cache pas sa passion pour « les fringues », comme elle dit. Mais ce ne sont pas n'importe quelles fringues. Il y a toujours du scintillant qui traîne, de l'ocelle miroitant, du poil, de la couleur. L'autre jour, elle était rouge de la tête aux pieds, col de fourrure et souliers écarlates.

Quand elle arriva, elle m'évoqua Elvire Popesco alors qu'elle ne roule pas les « r » le moins du monde. Ce n'était pas cela. C'était autre chose. Son air d'Europe centrale attirée par l'Orient même si elle ne le sait pas ; son air de francophone exilée. Elle vivait à l'époque avec Henri Deluy, directeur de la revue *L'Action poétique*, mais elle fit des ravages chez les camarades alors qu'elle était plutôt sage au fond, bien plus sage que moi. Follement impliquée dans la Théorie, mot qu'elle prononçait avec une majuscule, elle ne pouvait échapper à la psychanalyse, car elle était la fille d'une grande psychanalyste d'enfants, Jenny Aubry.

Élisabeth devint psychanalyste. Puis d'un pas décidé, elle sauta le pont et écrivit *La Bataille de cent ans*, une histoire de la psychanalyse en France. Par ce geste nouveau, elle devint la première historienne de la psychanalyse, capable de la défendre vigoureusement en cas d'attaque. À cette époque, une attaque semblait invraisemblable, mais depuis la chute du mur de Berlin, la psychanalyse souffre mille morts. À l'imitation de l'Amérique, les partisans des conditionnements, corrections et autres exercices de redressement s'efforcent de transformer la psychanalyse en ennemi du genre humain. Tout le monde sur le pont, Élisabeth, flamberge au vent.

Plus tard, quand sa mère mourut, Élisabeth me conseilla de profiter de ma mère à chaque instant, car ensuite, c'est terrible. J'entendis le conseil comme un commandement. Élisabeth ayant toujours raison, je me hâtai d'obtempérer. C'est une des grâces que je lui dois.

Tel Quel

Comme autrefois le groupe tala dans les quartiers pauvres de Chinon, le Parti nous envoya en terre de mission. Sollers et *Tel Quel* se détachaient lentement du Parti communiste comme un iceberg s'en va de la banquise. Une seule solution : discuter publiquement. On s'en fut à Cluny, dans une salle médiévale sonore et malaisée, débattre tous ensemble. Et ce fut un cauchemar.

Chaque intervenant était un missile, chaque mot, chargé d'explosifs, chaque phrase lâchait une bombe sur la position de l'autre. Formidable attaquant, Sollers excellait dans l'art d'atteindre personnellement sa cible sans la nommer. La cible, selon les cas, pâlissait, rougissait, se levait et partait furibonde ou bien plongeait dans un abîme de désespoir. La cible était souvent Jean-Pierre Faye, ou *Action poétique*, ou encore la blonde Mistou Ronat, une charmante linguiste qui mourut peu après. J'avais horreur de ça. Jean-Pierre Faye au supplice, accusé perpétuel, était-ce une discussion ? Deux-trois jours de bisbilles et de mauvaisetés. Les camarades, qui en avaient vu d'autres, enduraient avec le calme des vieilles troupes, retrouvant dans les procédés de Philippe ceux qu'ils avaient vus à l'œuvre auparavant quand il fallait détruire avant d'exclure. Bof ! disaient-ils, il faut que jeunesse se passe et puis s'il n'est pas heureux avec nous, qu'il s'en aille ! On n'a pas besoin de lui.

C'est ce qui arriva. Sollers rallia Mao. Qu'elle était attirante, cette révolution ! Comment résister à l'alliance de deux mots désirables, « culturelle » et « révolution » ? Avant 68,

Sollers avait repris le mot d'ordre lancé par le vieux président chinois aux jeunes de son pays : « On a toujours raison de se révolter. » Parfait pour les bourgeois, les héritiers du Tiers-État, parfait pour la Gironde, mort au pouvoir central ! Né à Bordeaux, Sollers s'est toujours rêvé en girondin et le mot d'ordre de Mao rejoignait ses idées ; à bas la bureaucratie et le pouvoir central. Quelle aventure, quel rythme ! L'imagerie de la Révolution culturelle était irrésistible. Les Gardes Rouges en rouge brandissant le Petit Livre rouge, la tête du vieux Mao nageant dans les eaux du fleuve pour exhiber sa forme, la diffusion des idées par affichettes livrées à l'imagination populaire, les cadres et les intellos à la campagne, les marches joyeuses, martiales, les chants de femmes, l'aigrelette musiquette et les danses du *Détachement militaire féminin rouge*, un immense soulèvement, une jeunesse intacte. On ne savait rien encore des massacres de masse, rien sur les destructions du patrimoine chinois, rien sur la mort des livres, rien sur la mort des vies. Mais les humiliations publiques avec haut bonnet d'âne posé sur la tête des anciens qu'on mettait à genoux dans les rues en les bastonnant étaient connues. Après avoir perdu la guerre de Mai, elle faisait envie aux jeunes maoïstes, l'humiliation des vieux. Qu'ils s'en aillent ! Qu'ils laissent enfin les jeunes changer la vie !

Les idées de Mao et le Petit Livre rouge étaient arrivés en France dès 1966, diffusés à bas bruit. À Normale Sup, dans les années soixante, Louis Althusser avait commencé à refonder le marxisme en s'inspirant de l'idée de révolution culturelle, démontrant par l'exemple qu'un vrai communiste comme lui, un membre fidèle du Parti, pouvait en retrouver les fondements théoriques en posant une tension entre le dogme officiel et la base philosophe. Oui, c'était une grande aventure. Althusser filtrait le structuralisme en gardant le meilleur de l'Inconscient et se servait de Lacan qu'il comprenait à la perfection ; en inventant le terme d'Appareil Idéologique d'État, Althusser travaillait sur les superstructures, point faible du Parti. Vecteur d'une révolution qui commençait par la culture en bouleversant toutes les superstructures, Mao tombait à pic.

Nous travaillions sur les superstructures, l'école, l'art, l'histoire des idées, la famille, la religion, les mythes. Nous avions ce changement en tête. Mais les bouleverser toutes ! Et toutes en même temps ! Je ne savais pas grand-chose, mais avec 68, j'avais compris où naissait la Terreur, dans le rejet du savoir des ancêtres et dans l'arrêt brutal de sa transmission.

Je ne me passionnais pas pour le marxisme. Mais aux yeux du Parti, cela ne comptait guère. Le Parti communiste tel que je l'ai connu me fait penser au rabbin de la famille Arendt. Quand la petite Hannah, alors adolescente, eut des doutes religieux, elle alla le voir et lui avoua qu'elle ne croyait plus en Dieu. Le rabbin eut une réponse magnifique. « Mais qui te le demande ? »

Personne ne me demandait d'être marxiste au Parti. Ceux qui s'engageaient davantage et voulaient devenir permanents suivaient la formation marxiste des écoles du Parti, mais ce ne fut pas mon cas. On me proposa de devenir permanente sans vérifier mes titres de marxisme et je fus collaboratrice du Comité central sans avoir rien eu à prouver en la matière. Le Parti était comme le rabbin d'Hannah. Il ne demandait rien en termes de croyance.

Comme Claude Lévi-Strauss, j'ai gardé la certitude que les infrastructures inconscientes déterminent les superstructures idéologiques et donc, pèsent sur la conscience. Hormis cette certitude, je n'étais sûre de rien. Mais le Parti non plus. Il n'allait pas tarder à faire l'abandon de la dictature du prolétariat, il se réformait en tapinois.

Qu'on refonde le marxisme m'était à peu près égal.

Ce qui ne l'était pas, c'était le tour que prenaient les vies de mes amis philosophes normaliens. Dans le giron d'Althusser, il y avait les communistes qui ne déserteraient jamais et qui maintenaient comme Étienne Balibar une admirable tension entre la discipline du Parti et le renouvellement du marxisme ; et il y avait surtout mes amis des *Cahiers pour l'analyse*, fidèles de Lacan, qui deviendraient maos dans l'été 68.

La passion maoïste emporta Judith et Jacques-Alain Miller qui s'engagèrent sur le terrain, mon cher Jean-Claude Milner qui lut le Petit Livre rouge en août 1968 et s'engagea dès l'automne pour la première fois de sa vie, elle emporta Sollers, Barthes et Kristeva qui firent un voyage en Chine resté célèbre. Mon frère et ma belle-sœur s'y rendirent en 1974 et revinrent enthousiastes. J'eus droit à un récit circonstancié.

Et ça recommençait. Les enfants des écoles agitant de petits drapeaux rouges, l'agitation fébrile d'un peuple immense, les Gardes en uniforme, l'éducation populaire et rythmée, les dessins au pinceau avec de jolies roses. Mes voyageurs de Chine savaient parfaitement qu'ils étaient encadrés, qu'on ne leur montrait pas tout, mais cela ne faisait rien, comme autrefois en Union soviétique. La passion de mon frère et de sa femme me sidéra. Troublée, j'achetai un manuel français-chinois pour service minimum sur les idéogrammes, mais l'ennui me gagna et je rangeai le manuel avec les mauvais livres, ceux qu'on n'aime pas beaucoup et dont on se dit qu'un jour, peut-être, on les vendra.

Il y eut dans nos vies des dégâts. Jacques-Alain Miller refusait de m'adresser la parole. Communiste j'étais, ennemie à abattre. Rien à faire ; j'attendis. Ce furent des années de rupture silencieuse, des années de mauvais coups.

Elles avaient apporté la mystérieuse disparition de Lin Biao, principal dirigeant militaire de la Chine populaire et bras droit de Mao, dont l'avion s'était écrasé en Mongolie pendant qu'il s'enfuyait. Elles avaient apporté la Bande des Quatre, la perte des Gardes Rouges, la mort de Mao au comble de sa gloire et un mois plus tard, en octobre 1976, l'arrestation de la Bande des Quatre, accusée d'avoir persécuté 729 511 personnes, parmi lesquelles 34 800 morts. La Révolution Culturelle était terminée. Elle avait beaucoup tué. Le maoïsme français s'étiola. À la tête de sa propre organisation, Alain Badiou continua à penser le maoïsme. Les autres abandonnèrent.

Un beau jour, dans les travées de la salle de lecture de la vieille Bibliothèque nationale, Jacques-Alain Miller marcha vers moi avec résolution et me tendit la main : « Maintenant que je ne suis plus militant, je peux te reparler », dit-il.

Jacques-Alain Miller et Judith Lacan

La première fois que je l'ai vu, il se tenait dans la salle Dussane, seul debout parmi les gens assis du séminaire. Lacan avait demandé de l'intervention et un jeune normalien avait relevé le défi. Si on lui pressait le nez, il sortirait du lait, mais de sa bouche sortait une voix grave débitant un discours très construit. Cette bouche avait des lèvres qui, pour parler, s'arrondissaient en ô comme s'il s'étonnait lui-même de ses propos ; les yeux s'écarquillaient par-dessous les lunettes. Il y avait en lui du normalien doué mais aussi autre chose de plus singulier. Jeune et mûr, vingt ans mais dans l'esprit, quarante ; le décalage entre la parole et le corps juvénile était saisissant. Il marchait comme Lacan, traînant un peu les pieds. Chérubin était à Normale et au lieu de chanter la romance à Marraine, il chantait le Sujet à Lacan.

Séduit, Lacan l'adouba. Mais Chérubin n'était pas seul au monde ; il avait avec lui les artilleurs du Cercle d'épistémologie de l'École Normale Supérieure, Milner, Regnault, Grosrichard et Badiou, le senior. Jacques-Alain ayant toujours été la proie d'une passion journaliste, il fonda en 1966 les *Cahiers pour l'analyse* dont il était le « directeur-gérant ». Jusqu'en 69, douze numéros d'anthologie où s'exprimèrent Lacan, Lévi-Strauss, Jacques Bouveresse, mon malheureux beau-frère Michel Pêcheux sous le pseudonyme de Thomas Herbert, et deux femmes seulement, Luce Irigaray et Judith Miller.

Car au séminaire de Lacan, il y avait aussi une fille aux yeux en amande d'un bleu incandescent, une fille aux cheveux sombres avec une voix douce. Un jour que j'allais rendre visite à Jacques-Alain Miller dans sa thurne, j'aperçus des bottines blanches à lacets qui pendaient du lit surélevé. C'est ainsi que je compris les amours naissantes entre Chérubin et la fille aux yeux bleus. Elle s'appelait Judith Lacan. Jacques-Alain disait « Tu te rends compte ! C'est comme si j'épousais la princesse ! » Le mot était exact. Il y a de la princesse en Judith.

Judith, née Bataille, fille de Jacques Lacan, épouse Miller, supporte avec grâce le poids de ses noms écrasants. Je ne sais plus à quel moment j'ai su que son père biologique, dont elle ne portait pas le nom à la naissance, avait pris de vrais risques pour protéger sa compagne et sa fille pendant l'Occupation. Mère de Judith, Sylvia était juive.

Sylvia Bataille avait, l'âge venant, gardé la fine silhouette de fille en robe fleurie qu'un galant à moustache déflore dans *Partie de campagne*, le film de Jean Renoir tourné en 1936. Sylvia avait un corps irréprochable mais un esprit d'acier ; elle n'était pas commode. Un jour, sur le boulevard Saint-Michel, elle marchait avec Judith à ses côtés et quand elle me vit aller à leur rencontre, elle m'accrocha vivement. Mon tort ? J'avais été première d'agrégation un an avant Judith. Elle ne me l'envoya pas dire. Je crois bien que c'est ainsi que naquit l'amitié entre Judith et moi.

Lacan m'avait repérée. Oh ! Pas pour m'inciter à parler. Nullement. Mais comme il le disait, « Vous, vous avez une bonne bouille ». Pour Lacan, c'était très gentil. Il y avait chez lui une grande gentillesse, surtout avec les filles de l'âge de la sienne. Judith m'invita un jour à une fête de famille chez son père, rue de Lille. Je me sentis très gauche. Les invités se comportaient avec simplicité, mais ils étaient fluides, circulant sans effort, échangeant des mots gracieux et des sourires, tous amis, très amis et moi, je ne savais pas me tenir en public. C'était la première fois que je mettais les pieds dans ce qui m'apparaissait comme la « haute société ». Il me fallut presque vingt ans de Quai d'Orsay pour faire bonne figure dans ce genre de lieu, et encore aujourd'hui, avant d'entrer, je suspends ma respiration.

Chérubin épousa sa princesse et ils eurent de merveilleux enfants. J'appris lentement la geste de Judith dont je me demande pourquoi elle ne l'écrit pas. L'aspect profondément mythique de sa naissance, l'action de Roland Dumas pour qu'elle porte légalement le nom de son père Lacan, Judith portant des valises pour l'Algérie, toute jeune, si brave, Judith partie en Algérie après l'Indépendance, Judith maoïste et toujours clandestine, c'est fou comme elle sait faire en clandestinité. Judith sanctionnée : parce qu'elle était la fille de Lacan, Judith fut radiée de l'Éducation nationale – exactement la sanction dont mes chers collègues avaient rêvé pour moi pendant Mai 68 à la Sorbonne. Après son élection, François Mitterrand rétablit Judith Miller dans ses droits – toutes ces années perdues !

Lacan ayant décidé que Jacques-Alain serait l'unique éditeur du séminaire, il se mit au travail ; dans le même temps, il tenait les rênes de l'École de la Cause freudienne après la disparition de son beau-père. Fin du conte de fées et début des ennuis. La décision de Lacan n'était pas un cadeau ; donner à son gendre les droits sur son œuvre sécréterait nécessairement la haine des jaloux chez les psychanalystes, gens de fer et de flamme peu portés sur les compromis de paix. Attaque sur attaque, en justice, dans la presse, diffamations multiples, articles, ça n'en finissait pas. Contre Lacan, Jacques-Alain et en sourdine, Judith, tout était bon. Je me mis de leur côté sans hésiter ; j'écrivis des chroniques régulières dans *L'Âne*, revue fondée par Jacques-Alain et dirigée par Judith ; je publiai dans sa collection au Seuil *La Folle et le Saint*, un livre que je rédigeai en Inde avec un ami psychanalyste indien, Sudhir Kakar.

Sudhir racontait la vie de Ramakrishna, illustre mystique indien vénéré à Calcutta au dix-neuvième siècle ; je racontais celle de Madeleine, pseudonyme d'une patiente de Pierre Janet, mystique française hospitalisée comme délirante à Paris à la même époque. Le parallélisme entre la folle et le saint était le sujet du livre : au Bengale, l'un avait droit de cité et entraînait les foules, à Paris, l'autre vécut des années enfermée entre les murs d'un hôpital. Mais ils se ressemblaient. Pour finir, Sudhir et moi, nous dialoguions sur le corps des mystiques. J'avais adoré faire ce livre à Delhi ; Sudhir ne parlant pas français, nous avions travaillé en anglais dans un climat de parfaite harmonie.

Or je pris des coups aussi ; je découvris dans un livre de psychologie une méchante note en bas de page m'accusant d'avoir délibérément passé sous silence une recherche française que j'aurais été bien en peine de connaître en vivant à Delhi. Je me sentis outragée. Le malveillant auteur n'avait pas pris la peine de s'informer. C'est ainsi que je fis sur moi l'expérience de ce qu'on faisait à mes amis.

C'est l'époque où je me battis avec Roudinesco que je trouvais injuste avec Jacques-Alain, fût-ce au nom de l'histoire. Puis je me mis en tête de les réconcilier, ouvrage difficile puisque la mère d'Élisabeth, Jenny Aubry, avait suivi Lacan, mais pas jusqu'au bout ; je croyais voir dans les guerres des enfants un conflit entretenu par leurs parents fantômes. Parler de l'une aux autres suscitait des éclats et réciproquement, mais je ne désarmai pas. Entre-temps, Roderich m'avait beaucoup appris sur les compromis de paix : aller de l'un à l'autre sans jamais arrêter, attendre un temps de suspens, en profiter, conclure. Cela ressemblait à un texte de Lacan sur le moment de comprendre. J'aimais ça.

Il fallut des années. Puis un gouvernement de droite scrogneugneu eut l'idée incendiaire de réglementer par la loi les métiers de psychologue, psychothérapeute et de psychanalyste et la guerre changea de cours. Le règlement n'était qu'un cheval de Troie pour bannir la psychanalyse des universités en la remplaçant par de nouvelles techniques assez correctionnelles. Nous fîmes l'union sacrée contre l'invasion des méthodes de conditionnement anglo-saxonnes. Défense des libertés et de la psychanalyse ! C'est souvent la même chose, l'histoire nous l'enseigne. Élisabeth et moi nous avions partagé le Congrès de Tbilissi ; vingt ans plus tard, nous n'allions pas laisser un gouvernement français réglementer les affaires de l'Inconscient.

À soixante ans, Jacques-Alain redevint le jeune homme ardent des *Cahiers* et fonda un journal qu'il appela *Le Nouvel Âne.* Il convoqua à la Mutualité des assemblées qu'il appela « Forum Psy » et les mêmes accoururent, fidèles aux rendez-vous : Sollers, Bernard-Henri Lévy, Jean-Claude Milner, François Regnault. Salles combles. Aux artilleurs d'autre fois s'ajoutèrent deux femmes de l'ancien temps : pour ma plus grande joie, Élisabeth Roudinesco était l'autre. Enfin, Gérard Miller en voltigeur ramenait des politiques conscients que la partie de la psychanalyse entraîne des enjeux de liberté.

Jacques-Alain devint JAM. Diatribes, harangues, discours, l'Intervention. La partie fut gagnée, puis perdue, puis regagnée. Elle n'est pas terminée.

Je voyais Jacques-Alain à l'ouvrage et j'avais un souci. Il n'écrivait pas. Depuis le premier jour je le savais écrivain. Soudain, à mon soulagement, il s'y mit et écrivit d'un trait *Le Neveu de Lacan*, un texte satirique façon dix-huitième siècle, éblouissant d'érudition, plein de vie et de verve. C'est alors que je lui rappelai un très ancien souvenir.

Un jour de blues, en un temps où la psychanalyse n'était encore pour moi qu'un objet d'étude, je lui avais écrit une lettre de questions embrouillées. Il me répondit par pneumatique. Ces petits papiers bleus appelés télégrammes ne sont plus de ce monde et on ne garde pas de la même façon un texto, un courriel. J'avais gardé le papier bleu. J'en connais le texte par cœur.

« TE LIVRE ABRACADABRA THÉORIQUE : BIEN FORCLORE ET CAUSE TOUJOURS. »

C'était la clef de l'écriture. Je la répétai à mon ami. Il était très ému. Oui, je veux qu'il écrive. Je veux qu'il laisse une trace. Judith aussi.

Elle fume trop. Elle tousse. Pendant nos déjeuners, elle picore. J'entends sa voix perchée se défendre, mais non, je ne travaille pas trop, et puis cela te va bien ! Fidèle Judith, douce et têtue. La dernière fois que je l'ai vue, j'étais sur la moquette d'un hôtel parisien où se tenait un Forum Psy, couchée de tout mon long avec une crise d'asthme. Trop d'heures à la tribune. Assise à mon chevet, Judith veillait sur moi.

Philippe Sollers et Julia Kristeva

Quand il était mao, Sollers était charmant. Terrible, impitoyable, cravachant ses troupes. Il attachait les uns et irritait les autres. Il donnait des bons points, ou bien il punissait ; il portait au pinacle ou il excommuniait. Ses enthousiasmes étaient suivis de fâcheries, comme avec Derrida à qui il fit la guerre avec des flèches de mots. Philippe était Socrate tel que le décrit Platon, une raie torpille qui flanque des décharges, quatre-vingt volts pour une chasse de nuit. Dangereux ? Évidemment.

L'impression du danger fut longue à me quitter. Dès que je le connus, Philippe m'inspira une terreur passionnée dont je ne me délivrai qu'en écrivant vingt ans plus tard un livre sur lui, *Sollers La Fronde*. J'allai à l'ennemi, mais pas sans le grand glaive qui aurait pu, sait-on, trancher la tête d'Holopherne en cas de nécessité. Mais je n'en eus pas besoin. L'ennemi fut amical et mes terreurs passèrent. Cela me fit penser à l'arrivée des morts dans *Les Paravents*, la pièce de Jean Genet dont j'avais vu la première tumultueuse au théâtre de l'Odéon en 1966. Ils déchirent un cerceau de papier et tombent de l'autre côté parmi des gens tranquilles. Ils sont morts. C'est tout simple. On crève le papier, on passe. Alors, c'est ça ? demande le petit nouveau. Eh oui, répondent les morts. Et on fait tant d'histoires ? Eh oui, disent les morts.

Ce n'est pas un hasard s'il est sensible aux voix. L'oreille agacée par le timbre emphatique d'Aragon et le son métallique de la parole de Sartre, Philippe a une voix feutrée et musicale. C'est un chanteur de mots ; et il a ses groupies. J'ai longtemps fait partie des groupies de réserve en lisière du royaume de *Tel Quel*, mais je manquais d'affiliation. Dire comme le chef et penser selon le chef, cela ne me disait rien ; je trouvais que j'avais passé l'âge. Mais Philippe m'a toujours traitée comme une adolescente. Il va falloir l'éduquer, celle-là ! Éducateur de filles. Philippe veut absolument imposer ce qu'il aime à celles qu'il entretient. *Idoménée* de Mozart ! *Idoménée*, te dis-je ! Mais Philippe, je préfère *La Flûte enchantée*... Tu n'y connais rien, voyons ! *Idoménée* ! Pareil pour Balladur. Pareil pour le pape. Sollers vit Balladur comme il voyait Mao, disant d'un ton ému « Il a quelque chose, tu ne trouves pas ? » et de la même façon, il s'éprit du pape, peu importe lequel, Jean-Paul II à cause de l'attentat manqué, Benoît XVI parce qu'il joue du Mozart au piano. Tout ce que dit Sollers est furieusement attaché au corps dans sa chair. Corps massifs de Mao, de Balladur, corps du Christ, corps mortel – « On t'a donné un corps, eh bien, il faut le rendre », disait-il quand sa mère mourut.

Convaincre est sa passion. Souvent, il y parvient. Après mon si cruel divorce, j'ai longtemps porté un double nom, Backès-Clément. Un jour, Philippe me dit qu'il fallait arrêter et reprendre le nom que mon père m'avait donné. C'étaient des mots très simples, mais au lieu de me dire, comme tout le monde à l'époque, que je devrais reprendre « mon nom de jeune fille », il me rappela à l'ordre paternel et je repris le nom que mon père avait hérité du sien. Philippe avait raison ; ce fut une délivrance. Comme Lacan, Philippe travaille les évidences inaperçues.

Comme j'aime écouter, j'ai écouté Philippe interminablement, car on ne s'ennuie jamais avec lui. C'est son charme. Ses allures libertines me semblaient romanesques au dernier degré ; il s'amusait beaucoup à libertiniser les femmes qu'il côtoyait. *Là ci darem la mano*, et là, mon petit joyau, je t'épouserai. Moi, non. C'était bien plus divertissant de l'écouter parler des filets qu'il tendait aux Barbie intellos. J'eus droit à un patin, mais je me dérobai. Justement, lui aussi. À ce rendez-vous manqué, il n'y avait personne et c'était rassurant ; pour une fois, rien de rien. Je me méfiais surtout des garçons de sa bande ; il y avait en eux du type qui drague sans quoi il aurait l'air d'une truffe, et de l'humiliation à tous les coins de rue.

Mais il y avait une femme dans *Tel Quel*, une femme étoile qui n'était pas comme ça. Je n'aimerais pas Sollers de la même façon si je n'avais pas par hasard surpris à la terrasse d'une brasserie, un matin que je conduisais ma fille à l'école rue Delambre, Philippe et cette femme embrassés. Je fus saisie au cœur. J'avais vu les Amants. Sartre et Beauvoir ? Oui, mais avec de la chair.

J'avais aperçu Julia Kristeva dans les couloirs de la Sorbonne alors que, jeune boursière, elle venait d'arriver de Bulgarie, son pays natal. Elle avait une beauté Tatare, des yeux noirs étirés, une peau couleur de miel de châtaignier, une voix avec un bel accent. Mon jeune mari le Bien-Aimé papillonnait autour de Julia, mais curieusement, je n'étais pas jalouse. Enfin, tout de même un peu ; il ne faut rien exagérer. Je ne l'avais plus revue et soudain, c'était elle, cette fille aux yeux défaits par la nuit. Philippe l'épousa. Ils eurent un enfant au centre de leurs vies, dont elle peut parler mais pas lui, sauf parfois dans ses livres. Philippe est très pudique ; il appelle ça « secret ». Il applique la devise des Royals d'Angleterre, « *Never explain, never complain* ». Pour être heureux vivons caché, dit-il.

Érudite, brillante, d'une agilité intellectuelle sans égale, Julia fut vite promue cœur féminin de *Tel Quel*, comme Béatrice Portinari fut la bien-aimée de Dante. Elle tint le rôle à la perfection, sans afféterie ni arrogance, se contentant de penser pour les autres, et plus souvent encore à la place des autres. Quand les autres décalquaient Sollers, les uns avec bonheur, les autres en catastrophe, Julia avançait dans sa pensée. Il y eut une exception chinoise, mais comme Barthes, Julia sut traverser les zones de danger avec prudence. Elle écrivit sur les Chinoises et n'en fut pas autrement affectée. Elle avait une présence sincère, presque naïve, une sorte d'impunité naturelle et lointaine.

Puis elle devint psychanalyste et j'étais toujours là, ni trop loin ni trop près. Elle n'était plus lacanienne, moi si. Elle était psychanalyste, moi non. Elle se mit à écrire des romans, moi aussi. Les essayistes romanciers sont très mal vus en France ; c'est ce qui nous rapprocha. Je vivais à Dakar quand nous eûmes l'idée d'écrire ensemble un livre sur les femmes et le sacré par correspondance, à l'antique époque où les fax fonctionnaient. Nous avançâmes très vite au rythme d'un fax par jour de l'Afrique à Paris, de Paris à Dakar et le livre parut chez Stock. Il n'est pas mal du tout ; il est beaucoup traduit. Ce fut une expérience simple et heureuse ; telle est Julia pour moi.

Quand elle fut décorée de la Légion d'honneur par le président Jacques Chirac à l'Élysée, elle m'invita. Deux ans auparavant, elle m'avait demandé de lui faire rencontrer Jacques Chirac : sur ce que ce président avait en commun avec elle, Julia avait son idée. Ils se rencontrèrent, mieux, ils se trouvèrent. Jacques Chirac lui confia une mission sur le handicap. Le jour de sa décoration, Julia était maquillée comme une star, belle en tailleur d'un blanc pur. Née étrangère, Julia souffre d'un déficit en assimilation ; c'est un mal que j'ai connu en famille autrefois. Elle a besoin d'honneurs. Elle en reçoit beaucoup, et toujours mérités. C'est une part de sa vie.

L'autre part, c'est Sollers, son éternel frondeur. À la fin des années soixante-dix, Philippe quitta le Seuil pour Gallimard et *Tel Quel* se changea en *L'Infini*. Il n'était plus mao. La jeunesse s'achevait. Passé l'expérimentation romanesque d'une écriture sans ponctuation dans *Paradis*, Philippe publia *Femmes*, simple roman et grand best-seller. Combien fûmes-nous de femmes à nous y reconnaître ? Allez, une vingtaine, par pièces et morceaux. Dans *Femmes,* j'étais reconnaissable à un borsalino que je portais souvent à l'époque, et que j'avais acheté avec Dominique-Antoine Grisoni à Milan – je crois bien qu'il me l'avait offert. Si le borsalino était le mien, le reste était sans doute un patchwork romanesque, mais enfin… J'avais dans le roman de Sollers un rôle absurde, mais c'était bien mon rôle, l'agaçante journaliste immergée dans la Société du Spectacle. Je fus infiniment troublée de retrouver des fragments de nos conversations si exactes, si véraces qu'il m'arriva de penser à un magnétophone minuscule caché dans la poche de Sollers – il est capable de tout, même d'enregistrer des conversations.

Je réfléchis quinze ans. Aller à l'ennemi. Et j'écrivis *Sollers La Fronde*.

Hélène Cixous

Elle m'invita chez elle. Nous ne nous connaissions pas. Hélène Cixous était professeur titulaire à l'Université de Vincennes et moi, enseignante mineure à l'Université de Paris-I après le dépeçage de la vieille Sorbonne. C'était en 1970, deux ans après la fondation de Vincennes. Et quand je fus chez elle, je me trouvai en Orient. Dans un appartement perché en plein ciel, il y avait des banquettes couvertes de tapis, des lampes tamisées par des foulards légers, des bougies et des fleurs. Surtout des fleurs.

Hélène a les pouces verts. Tout grandit avec elle. Cela ne s'explique pas. Un plant de fleur de la passion que je lui avais offert devint une couverture épaisse envahissante ; sur sa terrasse, les hortensias fleurissent comme en Bretagne, les gardénias ne fanent pas. Il y avait donc des fleurs obligatoirement et pas encore de chattes. En chatte, il y avait elle.

Je vis une longue jeune femme au corps mince dont le visage rappelait irrésistiblement celui de Néfertiti, que j'avais tant aimé découvrir à Berlin au musée de Dalhem en 59 : pommettes saillantes, bouche petite, œil noir cerné de khôl, et le crâne bien visible sous une haute coiffe. Hélène ne portait pas la coiffe de la reine d'Égypte, mais elle avait son cou et les cheveux très courts, presque rasés. La mode étant aux shorts, Hélène portait un short élégant sur ce genre de jambes que la presse féminine appelle « interminables » quand il s'agit de mannequins. J'étais estomaquée. Sa voix me surprit. Douce, infiniment, avec de mélodieux aigus. En un an, j'avais pris le pli des fortes voix des femmes de *La Nouvelle Critique*, car Christine Buci, Élisabeth Roudinesco et moi n'avions pas la voix douce et de toute façon, pour se faire entendre au Parti, c'était mieux. Hélène murmurait.

Elle murmurait déjà le féminisme qui m'était inconnu.

Si le Parti s'ouvrait à la psychanalyse, son appareil croyait dur comme fer qu'en matière de féminisme, il n'avait pas de leçons à recevoir. Jeannette Vermeersch, veuve de Maurice Thorez, reprenait de temps en temps la chanson de la natalité, premier devoir des femmes communistes de l'époque stalinienne, mais le Parti s'était débarrassé de l'encombrante vieille dame, respectée, mais de loin. Faire beaucoup d'enfants, la barbe, elle nous embête ! Ayant soutenu l'adoption de la pilule proposée par Lucien Neuwirth, un député de droite, en 1967, le Parti estimait avoir fait son devoir. Quoi, le machisme ? Quoi, le phallocratisme ? Et d'abord, qu'est-ce que c'est ?

La nouvelle chanson que me chantait Hélène tomba dans mes oreilles pour ne plus en sortir. Pendant l'été, un groupe de femmes avaient déposé sur la tombe du Soldat inconnu une gerbe, assortie d'une banderole inoubliable : « Il y a plus inconnu que le soldat inconnu : sa femme. » Comme tout le monde, je m'étais demandé si le soldat tellement inconnu qu'on ne connaissait pas son état civil était ou non marié – c'est dire où j'en étais. Arriérée. Mais Hélène ne me parla pas de l'événement. Elle me parla simplement du fait d'être femme.

Comme souvent avec les évidences, elles n'ont pas besoin de longues explications. Les mains vertes d'Hélène plantèrent ma graine de femme sur un terreau déjà bien préparé. Elle germa vite. Était-ce ce jour-là ou bien un peu plus tard ? Toujours est-il qu'en moins de temps qu'il ne faut pour le dire, il fut décidé que nous écririons un livre à deux voix, elle sur l'écriture propre aux femmes et moi sur les sorcières, leurs pouvoirs et leurs persécutions. J'avais connu le travail à plusieurs pour le livre sur la psychanalyse et le marxisme, mais dans les années 70, je ne connaissais pas encore les délices du livre à deux voix.

Chacune écrivit son texte. Je travaillai *La Sorcière* de Michelet, je me lançai dans l'histoire et même sans les outils méthodiques des historiens, j'adorais ça. Mon écriture était très classique, mais j'avais des récits à raconter. Je raffole des sorcières, ces filles qu'on brûlait pour leurs yeux vairons, leurs boiteries, leurs cheveux rouges ou leurs robes du vert de la couleur du Diable.

J'ai pris ce goût dès l'enfance, en Anjou. Derrière la colline se trouvait une maison isolée, une sorte de masure de conte de fées couverte de lierre et d'églantines. Là-dedans vivait une vieille femme en rouge, peu bavarde et farouche, avec une grosse voix – terrible pour des oreilles de fille pendant la guerre. Elle n'était pas la seule dans les villages à être ainsi sauvage, mais ces femmes farouches et vivant à l'écart avaient une bonne réputation de sorcière. Toutes savaient comment arrêter la douleur d'une brûlure avec une prière spéciale, sans onguent ; certaines étaient « dormeuses », capables de déchiffrer au réveil l'avenir d'une personne qui lui confiait le soir un objet qu'elles plaçaient sous leur oreiller, la nuit. Cela faisait un peu peur, mais ces femmes, souvent vieilles, inspiraient le respect, et pas seulement la crainte. Les curés ne les dénonçaient pas ; au pire, ils en plaisantaient – pas trop fort. On aurait dit que d'un commun accord, les puissances religieuse et laïque voulaient préserver ces savoirs populaires en voie de disparition. C'est la thèse de Michelet : les sorcières furent de vraies thérapeutes quand l'Église maintenait les femmes sous le boisseau. Guérisseuses, avorteuses, sages-femmes. J'aime ces filles de nuit, germes de mes romans. Il y a toujours dans mes pages une boiteuse déhanchée, une femme au regard vert, une rouquine.

Hélène de son côté écrivit. Tout court. Avec elle, pas besoin de complément d'objet ; l'écriture d'Hélène se suffit à elle-même. Le livre s'achevait par un long dialogue. Il n'y eut pas un accroc. Le manuscrit était fini ; restait le titre. Hélène le trouva : *La Jeune Née*. En 1975, le livre parut en inédit en 10/18 par la grâce de Christian Bourgois, à qui rien de nouveau ne faisait peur, pas même la révolte de deux intellectuelles. Étions-nous féministes ? Au sens large, oui. Large et vaste est le vrai féminisme.

Je n'étais pas très sûre de bien comprendre Hélène lorsque je la lisais, mais quand je plongeais dans un de ses livres, je ne m'arrêtais plus. Les textes de *Tel Quel* étaient parfois superbes, mais plus souvent arides. Hélène n'était pas aride ; elle irriguait. À cette époque, elle inventait des mots que j'appelais « néologismes » avant de comprendre qu'elle les transformait, ces mots, de fond en comble, en rénovant leurs significations. Derrida également. Ce n'était pas un hasard. Leurs œuvres se sont écrites ensemble.

Le mariage entre esprits est une chose étrange. Les corps, les sexes, les chairs disparaissent au profit d'une écriture croisée. Définir le genre de relations unissant à la fin Hélène et Derrida, comment faire ? Les poètes pourraient. Pour moi, c'est difficile. Maintenant que Derrida est mort, c'est plus clair. Des âmes doubles. On ne peut même pas employer l'imparfait puisque

Derrida, « JD », l'ami, habite les rêves et les textes d'Hélène et qu'à la lire, il revint la visiter au moins une fois.

Je n'ai jamais cherché à imiter Hélène, je n'ai pas le talent de transformer les mots. Nous avons continué chacune nos écritures et nous ne nous sommes jamais quittées. Ses textes se sont envolés vers un monde tout autre, appelons-le poétique. Il y a quelques années, je lui ai envoyé une lettre – fait très exceptionnel entre nous – car je voulais lui écrire noir sur blanc ce que je pensais d'elle depuis plus de trente ans. Hélène est une mystique. Athée, mais mystique. Elle me répondit « Oui, c'est vrai, je le suis. »

Nous n'avons presque plus en Europe de ces saintes mystiques qui savaient décrire la chair des pensées, leur sang, leurs fièvres, leurs orgasmes ; Julia Kristeva vient d'écrire un superbe livre qui traite de ces vivantes matières spirituelles chez Thérèse d'Avila. Des mystiques athées mâles, nous en avons en France, Georges Bataille, Maurice Blanchot, Roger Laporte. Mais mystique athée femme, je n'en connais qu'une seule. C'est cela qui attire autour d'Hélène Cixous un public passionnément attaché à ce mystère astral qui diffuse une si chaude lumière. Peu de critiques savent la lire ; René de Ceccaty, Hector Bianciotti. Quand la presse littéraire découvre chaque année des femmes qui ont un peu écrit, ou bien beaucoup vécu, ou simplement aimé un peu beaucoup, elle ne voit pas la Moabite qui glane depuis tant de nuits dans le champ d'à côté.

Dans son dernier livre, *Ciguë, Vieilles femmes en fleurs*, Hélène parle de son animisme. Enfin ! J'étais heureuse. Qui comme elle peut animer un téléphone, faire parler une vieille chaise ou bien le cœur des chats et donner de la vie à ce que l'Occident traite d'inanimé ? C'est en Afrique que j'ai vu animer des fétiches qui, lourds de leur action sur les vivants humains, font partie de leur sacré quotidien ; ils aident ou bien, si on ne s'occupe pas d'eux en les nourrissant d'huile, de vin, de sang, ils s'enragent et s'en prennent aux corps. Dans *Regarder écouter lire*, Lévi-Strauss nous parle des esprits des paniers, que les vannières décorent chez les peuples du Nord-Ouest du Canada, laissant dans la vannerie un détail asymétrique, une porte pour que les esprits s'échappent lorsque le panier meurt ; sinon, les esprits du panier mort attaquent, ils ont des dents.

Lévi-Strauss conclut sur les bottes de Baudelaire auxquelles s'adresse le poète des *Fleurs du mal*, car les poètes sont des engendreurs d'animisme. Qu'Hélène soit poétesse n'est pas une découverte. Mais qu'elle soit animiste la projette dans un monde qui, s'il n'est plus le nôtre, peut le redevenir. Il suffit de voir une sportive s'adresser à sa perche à voix basse avant de s'élancer, de s'appuyer sur elle et de réussir un saut d'un peu plus de cinq mètres.

Après *La Jeune Née*, Hélène me proposa de participer à la fondation du premier enseignement d'études féminines en France. Il naquit à Vincennes, dans l'Université. Nous n'étions pas nombreuses. C'était formidable ; chaque semaine, j'avais l'impression d'aborder une île inconnue en parcourant à grandes enjambées des savanes, des clairières, des buissons d'épineux. Filles et garçons ne désemplissaient pas les salles où nous parlions. C'était parfois houleux. Un jour, un groupe de zigs armés de chaînes de vélo et se prétendant représentants des Homosexuels – *sic* – envahirent ma salle. Ils étaient menaçants.

– Ya que des filles ! dit l'un. Des fentes !

– T'as tort, y a un chien ! dit l'autre. Heureusement qu'il est là ! Allez, les filles, dehors ! On garde le chien.

– C'est une chienne, murmura timidement l'étudiante qui serrait l'animal sur ses genoux.

Un rire énorme délogea les intrus.

Dans ce public je me fis deux amis, deux âmes de l'Allemagne qui m'ont beaucoup appris. Jeune Allemande ayant choisi la France, Maren Sell était une belle plante poussant ses feuilles blondes en désordre. Je la revis des années plus tard en Inde avec ma très chère Irène Frain, qu'elle accompagnait dans une longue et difficile enquête sur la Reine des Bandits, une hindoue de basse caste qui flingua les seigneurs qui l'avaient violée. Irène était prudente, réservée, attentive ; c'est une femme méthodique qui avance pas à pas. Mais Maren ! Plus fantasque

que jamais, Maren la généreuse aimait danser, chanter, flamber, ce qui, en Inde, est à portée de main. C'est ainsi qu'elle édite et c'est ainsi qu'elle parle : en flambant.

Laurent Dispot était un étudiant embarrassant. Déjà à cette époque, il en savait plus sur n'importe quel sujet que moi, ou tous les autres. Sa culture est encyclopédique et il la renouvelle tous les jours. Plus intelligent que cet homme-là, je ne vois pas. À Vincennes, il était militant de la cause homosexuelle, cofondateur du Front Homosexuel d'Action Révolutionnaire en 1971, pas le genre des zozos armés de chaînes de vélo. Laurent est un guetteur. Il n'a pas son pareil pour croiser les informations et dénicher une corrélation inaperçue, comme faisait Lacan. L'Allemagne est sa passion, au double sens du terme ; peu de gens la comprennent comme ce germaniste qui pense à la sauvage avec des traits de génie. C'est l'ami le plus malcommode du monde. Il est très affectueux et soudain, pan ! Une claque. Qu'est-ce que j'ai dit ? Qu'est-ce que j'ai fait ? Rien, mais je suis du complot. Autrefois, il partait dans de longues tirades accusatrices, des éboulis de mots en avalanche sous lesquels on restait écrasé. Il s'est assagi. Mais je ne suis pas la seule à avoir enduré pour l'amour de Laurent Dispot.

Hélène me dit un jour qu'elle divorçait des hommes. Je fis la connaissance d'Antoinette Fouque, fondatrice du mouvement Psychanalyse et Politique, communément appelé « Psychépo », et directrice des Éditions *Des femmes*, ainsi nommées en souvenir de Lacan. Fabuleuse chimère ! Un visage à la serpe et pourtant rayonnant, œil indéfinissable et pourtant vert brillant, cheveux tellement bouclés qu'ils ont un air afro, et une voix surtout, rauque, rapide, insolite, avec de brusques éclats de rire comme des coups de poing. Je retrouvai une autre bande avec groupies dont elle était la centrale d'énergie. Elle pouvait être brutale, violente, injuste et d'un moment à l'autre, attentive. Une expression française lui convient parfaitement : pétrie d'intelligence. Antoinette était cela, un pétrin perpétuel pétrissant avec une grande clarté mais sans interruption les femmes, l'inconscient, le phallique, le politique, la politique. À l'époque elle marchait, quoique difficilement. Elle n'était pas encore clouée sur un fauteuil roulant, position qu'elle assume aujourd'hui courageusement.

Dans les années « Psychépo », décennie 70, Antoinette était volontiers canaille, l'œil pétillant d'une malice ravageuse. Feu sur le phallocentrisme. Et que vive la différence des femmes avec les hommes. Antoinette n'a cessé de rappeler qu'il y a deux sexes ; et qu'il est vain de vouloir prendre à l'homme ce qui est de l'homme. Elle faisait de Lacan un usage vivifiant que Lacan reconnut. Lui qui travaillait tant à penser le phallus dans l'ordre symbolique ne pouvait se détourner d'une femme, une libératrice, attachée à penser la différence entre les sexes. Le contraire de Beauvoir. Comme, dans le même temps, Antoinette déposait le sigle « MLF » dont elle avait été l'une des fondatrices, il y eut du vilain.

Époque Madame Sans-Gêne, parler dru, gestes à l'avenant. Elle était d'une labilité verbale à toute épreuve. La période était à l'interprétation systématique usant des méthodes de la psychanalyse à tout propos. On attrape le mot, on « fixe » la personne comme un matador le taureau immobile, et l'on cloue sa victime avec une interprétation. Et ça tue. Moelle épinière tranchée, cœur troué, le taureau s'effondre sur le sable. « Psychanalyse sauvage », dit Freud qui la condamne. La langue bien pendue d'Antoinette cédait parfois à cette sauvagerie. Je détestais cela. Chaque fois, j'avais envie de répondre « Et ta sœur ? » mais l'appel à la sœur aurait immédiatement déclenché des séquences sur l'analyse de ma fratrie, la sœur que je n'ai pas, et ton frère ? Antoinette étant la reine incontestée de ces joutes, je la fermais.

Antoinette aurait dû se consacrer au théâtre. Elle adorait Hélène et lui faisait la guerre façon Far West baroque. Un jour à Avignon, Antoinette m'avait fixé un rendez-vous pour un dîner dans la campagne. Hélène serait présente et j'avais accepté. J'attendais sur le trottoir de la rue Vernet, marchant de long en large. Une voiture s'arrêta ; la porte s'ouvrit, on me saisit les deux mains, vite, on me fit monter, cela ressemblait à un enlèvement ; et fouette cocher en bande dans les Baux-de-Provence jusqu'à un restaurant chic qu'Antoinette mit un point d'honneur à scandaliser sous le regard d'Hélène. Antoinette riait aux éclats, l'œil dur.

Dure, elle pouvait l'être. Exclusive, possessive, toutes griffes dehors. C'est égal, je ne peux me défendre d'une profonde compassion pour la femme aux douleurs, dont elle parle si peu.

Je me tins au plus loin des batailles entre les beauvoiristes et les « essentialistes » dont Antoinette était la cheftaine vilipendée. Les « essentialistes » se battaient pour l'affirmation de la différence féminine ; les beauvoiristes dites aussi « féministes », se battaient contre l'exploitation des femmes par les hommes. Figure emblématique de l'écriture féminine, Hélène était visée. Je n'aime pas qu'on l'attaque ; j'étais très mécontente. Ces batailles entre femmes me paraissant horribles, je me réfugiai derrière mon Parti. Il n'y avait pas de querelles de ce genre et, si elles survenaient – il y eut des tentations –, le Parti avait ses méthodes. Il contourna les drames féministes en s'alliant avec les femmes socialistes du tout nouveau parti fondé par François Mitterrand en 1971 à Épinay, le Parti socialiste.

Le propos était simple. Lutter pour la cause des femmes, c'était lutter d'abord pour l'égalité des salaires, la parité partout, un meilleur remboursement de l'IVG, un meilleur statut des femmes dans le corps social, pas seulement en France, mais dans le monde. Revendications justes. C'est encore ce que je pense aujourd'hui.

Ces exigences paraissaient simplistes aux deux camps féministes. On disait que nos revendications n'étaient pas révolutionnaires – c'était vrai. On disait qu'elles ne s'inscrivaient pas dans la lutte contre l'exploitation des femmes par les hommes. On disait qu'elles ne touchaient pas à la différence féminine. Ces revendications avaient surtout le défaut d'être formulées par deux partis de gauche réformistes, et c'était insoutenable.

Pour défendre ce programme, j'acceptai de tenir un meeting sur les femmes à la Mutualité pour représenter le Parti communiste avec, pour le Parti socialiste, Catherine Lalumière, la bien-nommée. Les troupes du MLF étaient venues en masse. Le meeting se déroulait dans la grande salle et quand nous arrivâmes sous les projecteurs, Catherine Lalumière et moi, nous fûmes copieusement huées. C'était déplaisant, mais ce ne fut pas le pire. Très vite, nous reçûmes des projectiles genre tomates-œufs pourris. Quand je sortis de scène, je tremblais de tous mes membres. On n'imagine pas la destruction intime que provoque une agression publique quand elle vise le corps. Je perdis le sommeil pendant une semaine.

Pourtant, ce n'était pas grave ! Pas de blessure physique, simplement des huées, des insultes et des jets. J'en conclus que je n'étais pas faite pour la chose électorale, dont l'un des buts avoués est l'humiliation. J'ai retrouvé cette mauvaise sensation pendant la campagne de Jean-Pierre Chevènement ; pas chez lui, oh non ! Mais de jeunes militants chevènementistes me firent des croche-pieds quand j'eus la jambe dans le plâtre. Au tapis, la vieille. Il n'y a pas si longtemps, l'ami Henri Weber me proposa d'être candidate à un poste de sénateur socialiste. J'étais tentée, mais quand il ajouta la formule consacrée : « Il faudra venir arracher ta candidature avec les dents ! », je reculai. Les dents ? Mais on n'est pas des chiens !

Pourtant, Henri, je l'aime. Notre plus beau souvenir vient d'une mission que lui avait confiée Laurent Fabius, alors président de l'Assemblée nationale. Au moment où se formait l'Europe, comment fonctionnait l'Union indienne, cette vaste fédération de près de vingt états et qui n'hésitait pas, en cas de nécessité, à en inventer d'autres qui, toujours, s'appellent Inde ? Henri vint à Delhi avec sa compagne, Fabienne Servan-Schreiber, me chuchotant à l'oreille dès qu'elle s'éloignait « regarde, est-ce que ce n'est pas la plus belle des femmes ? » et ma foi, c'était vrai.

Pour explorer l'idée fédéraliste, rien ne valait le Penjab, un État déchiré par une guerre civile, un séparatisme meurtrier, et pour finir l'armée attaquant le Temple d'Or, assaut qui devait coûter la vie à Indira.

Le Penjab venait justement de s'ouvrir aux étrangers. Roderich monta l'expédition et nous fûmes les premiers étrangers accueillis au Penjab dans la ville d'Amritsar dont les murs blancs portaient les stigmates des combats. Enchanté, l'hôtelier se déclara très fier de recevoir l'ambassadeur de la France, ville dont il savait qu'elle était la capitale de la Belgique.

L'enceinte du Temple d'Or était à demi ruinée, mais au milieu du lac, le temple resplendissant n'avait pas gardé trace de sa transformation en réserves de munitions. Roderich décida d'aller vers le Pakistan, tout près de la frontière. Pique-nique dans un champ sur le bord d'une rivière. Brusquement, surgirent des Sikhs armés de pied en cap, certains, cheveux dénoués tombant jusqu'à leurs pieds pour mieux signifier qu'ils respectaient la règle, ne jamais se couper un seul poil. Des militants séparatistes. Le pique-nique s'élargit, ils laissèrent leurs armes et on partagea. La paix était venue.

Henri a ce courage, il fait de la politique.

La gauche vint au pouvoir. Hélène avait déjà écrit pour le théâtre *Le Portrait de Dora* en retournant l'une des grandes analyses de Freud ; une autre de ses vies commença. Elle écrivit pour le théâtre de longues épopées montées par Ariane Mnouchkine. La première d'entre elles était visionnaire : *L'Histoire terrible mais inachevée de Norodom Sihanouk, roi du Cambodge*.

À l'époque, Sihanouk vivait en exil à Pékin avec des séjours à Paris. Le Cambodge sortait à peine du génocide des Khmers rouges et rien ne laissait prévoir que l'ancien président du Cambodge, ce roi qui avait préféré abdiquer pour se faire élire par son peuple, retrouverait son trône un jour. Roderich avait personnellement connu le roi-président en un temps où Sihanouk se voyait couronné du prix du meilleur cinéaste cambodgien dans un festival de films qu'il avait lui-même fondé. La chute avait été terrible. Seules Hélène et Ariane pensaient que l'histoire était inachevée. Pour tous, c'était fini. Plus de Sihanouk.

Le jour où nous vîmes l'épopée écrite par Hélène, le vrai Sihanouk était dans la salle avec sa femme, la vraie princesse Monique.

C'était très étrange. Le vrai roi voyait sur scène le fantôme de son père lui parler en public ; le roi voyait sur scène ses enfants massacrés et leur mère sanglotait doucement devant nous. Le roi voyait un jeune acteur incarner tour à tour deux de ses pires ennemis, Kissinger et Pol Pot. À l'entracte, Sihanouk donna des nouvelles des personnages de la pièce, en parlant très fort, très haut, pour se protéger de l'émotion. Je pensai, mais il parle à tue-tête ! Jamais l'expression ne fut mieux employée. Untel ? Il est mort. Untel est en prison. Ah ! Vous savez, untel ? On l'a trouvé. Il va être jugé.

Et il redevint roi du Cambodge.

Juste avant notre départ pour l'Inde, Ariane nous convia à une répétition de *L'Indiade ou l'Inde de leurs rêves,* l'épopée qu'Hélène avait écrite sur les luttes pour l'indépendance de l'Inde. C'est sur scène que nous fîmes connaissance avec ces grands héros non-violents que j'allais tant aimer, Gandhi, Nehru, et l'immense poétesse Sarojini Naïdu, si laide et si puissante. C'est sous la plume d'Hélène que je les ai connus. Il y avait sur scène une ourse dont la fourrure avait été confectionnée poil à poil pour y mettre l'actrice qui jouait l'ourse. Il y avait une mendiante curieuse comme elles le sont toutes en Inde, des ratiocinations comme savent faire les Indiens. C'était l'Inde de mes rêves qui deviendrait réelle.

Ève, la mère d'Hélène, eut un méchant cancer. Les médecins la disaient condamnée. Hélène décida que non. Et Hélène gagna. Quelques mois après une très lourde intervention chirurgicale, Ève, Hélène et moi déambulions dans Prague et Ève gambadait. Il y a quinze ans de cela. Ève habite les livres d'Hélène ligne à ligne. Elle va sur ses cent ans. Qui la fait vivre ? Hélène.

Ève Cixous n'est pas seule dans les livres d'Hélène. Depuis quelques années, des chattes y sont aussi. L'une d'elles est l'héroïne adorable d'un livre où s'exprime non pas l'amour des bêtes, mais l'essence de l'amour. Tout court et infini. La chatte est une déesse, mais Hélène ? Possible.

La déesse est frileuse, car elle est d'Algérie. J'ai mis longtemps à m'en apercevoir, et longtemps à comprendre l'importance du soleil qui lui manque. L'hiver, elle s'emmitoufle dans tellement de lainages qu'elle est une poupée russe et dessous, une fois ôtée l'ultime coiffe laineuse, elle est là. Une longue et fine femme brune aux cheveux ondulés coupés court, avec le cou de Néfertiti.

10

Maîtres de pensée

J'ai eu la chance d'être formée par trois maîtres de pensée. Contradictoires entre eux, n'ayant comme points communs que d'avoir traversé douloureusement l'Occupation et d'être très français, tous les trois admirés en France et au-dehors. Vladimir Jankélévitch, Jacques Lacan et Claude Lévi-Strauss. Je les cite dans l'ordre de leurs entrées dans ma vie ; Jankélévitch en 1959, Lacan en 1960 et Lévi-Strauss en 1962.

Pas de femmes.

J'avais entre dix-huit et vingt-deux ans, et je n'avais nullement la prétention de penser seule. Écrire, à cet âge, tout le monde sait que c'est possible. Mais penser ? Il se trouvera toujours un exégète pour démontrer qu'à dix-sept ans, quand on n'est pas sérieux, Rimbaud avait une pensée. Bon ! Johnny aussi, et le pigeon qui baise sa pigeonne sur ma terrasse. Ce n'était pas mon cas. Je n'avais pas de pensée à dix-huit ans et j'attendais des maîtres qu'ils m'en donnent une. Il me fallut attendre encore dix ans pour avoir le confus sentiment que, peut-être, je serais capable de penser seule.

Les leçons que je reçus furent très différentes, voire très opposées. Jankélévitch m'apprit la vigilance, Lacan, le soupçon sur la conscience, Lévi-Strauss, son déchiffrement. Mais je pourrais aussi dire que Janké m'apprit le soupçon, Lacan, l'indépendance, Lévi-Strauss, l'usage de la raison. Ou encore que Lacan m'apprit la liberté, Lévi-Strauss, les ravages causés par l'Europe, et Janké, les refoulés de l'Europe à venir. Leur commune expérience est leur point de jonction : vigilance, soupçon, libération, « prophylaxie de la dépendance », cette belle définition de la psychanalyse selon Lacan.

Frappés par les lois françaises antisémites promulguées par le gouvernement du maréchal Pétain, Jankélévitch et Lévi-Strauss perdirent tous deux en même temps leurs postes de professeurs en 1940. Janké se réfugia à Toulouse et entra dans la Résistance. Lévi-Strauss parvint à s'enfuir sur un mauvais rafiot au départ de Marseille, et rejoignit New York après une traversée éprouvante. Au sortir de la guerre, Jankélévitch retrouva son poste de philosophe et finit sa carrière à l'Université de Paris-I Panthéon-Sorbonne, la Sorbonne que j'ai connue avec lui ayant été découpée en quatre après Mai 68. Lévi-Strauss devint brièvement conseiller culturel à New York près l'ambassade de France aux États-Unis avant de connaître un destin plus classique, le musée de l'Homme, l'École Pratique des Hautes Études, le Collège de France, l'Académie française.

Lacan n'était pas philosophe, mais médecin, psychiatre et psychanalyste. Catholique de naissance, il avait un frère bénédictin. Il se maria puis s'éprit de Sylvia ; il fallut protéger son amante et leur fille pendant les années de guerre. C'est ainsi qu'il rejoint dans mon esprit deux juifs persécutés, l'un philosophe, l'autre ethnologue. Plus tard, lorsqu'il fut exclu des instances internationales de la psychanalyse, Lacan se référa spontanément à Spinoza, banni de la synagogue d'Amsterdam pour son esprit critique.

Vladimir Jankélévitch

Il avait un sourire à faire damner les saintes, aigu et drôle. Il avait l'air d'un diable malicieux. Grand, mince, la tête droite, bien pris dans des costumes qui n'étaient jamais noirs, Janké avait l'allure d'un dandy austère. Mais quand il s'échauffait, une épaisse mèche d'argent voltigeait à la hauteur des yeux et comme elle l'empêchait de voir, d'une main, il l'envoyait au front. Cette longue mèche de cheveux très raide, très blanche, posée sur le côté d'une raie, c'était son grain de folie.

La mèche et le sourire demeurent inoubliables, comme la nostalgie profonde qui, parfois, le saisissait quand il était chez lui, assis, à l'abandon. Ses mains, si énergiques dans l'action de la pensée, retombaient mollement de chaque côté du torse ; un voile adoucissait le vert de son regard, perdu dans une mer invisible. Cela ne durait pas. L'instant d'après, sur une blague idiote, le diable au cœur triste pouffait, la main sur la bouche. Il adorait les blagues et les sucreries au chocolat, les « pommes de terre » poudrées de cacao que préparait son épouse Lucienne, qu'il appelait Lulu. Dans mon souvenir, le goût du sucre cacaoté n'est pas séparable de son rire étouffé et des fuites éperdues où il s'en allait, tout seul, dans le passé.

En 1959, quand j'ai suivi ses cours, Jankélévitch était vent debout contre la guerre d'Algérie, contre l'État policier, obsédé par le retour possible d'un antisémitisme dévastateur, danger qu'il n'écarta jamais. Tel que je le connus, dans cette mauvaise période de complots assassins et d'autoritarisme policier, Janké incarnait toute la liberté. Il avait pris parti contre le Général. Il n'était certes pas le seul à la Sorbonne, chaudron de résistance aux policeries du temps, mais il était de loin la plus brillante figure, celle qui attira tout de suite la jeunesse. D'abord cela : son étincelante liberté, sa fulgurante capacité de révolte.

Janké n'était pas un professeur, c'était un maître. Dans son amphi, il parlait sans jamais s'arrêter, à toute allure, jetant à peine un œil sur ses notes manuscrites griffées de sa belle écriture élégante à l'encre bleue. Quand il était à bout de souffle, il sortait un mouchoir qu'il tenait roulé dans sa main et s'essuyait les lèvres, écumeuses comme celles de la Pythie délivrant son oracle. Il n'était jamais loin de la transe, de l'envol. Sa parole magistrale était comme la durée dans la pensée de Bergson, un flux amoureux qui échappait au temps, à la mesure. De sa bouche sortait une voix haut perchée montant vers l'altitude, « mon espèce de voix d'eunuque », me disait-il, une voix vertigineuse comme était sa pensée. Et cette pensée fluide faisait tourner l'idée sous toutes ses facettes, déployée, repliée, enveloppée, retournée. Il était la dialectique en personne. Parlait-il de morale ? La question n'a pas de sens. Il parlait et la vie de sa pensée était là. Ce n'était pas le moins du monde pédagogique, il n'y avait ni plan prémédité ni parties ni système ni d'exposition en deux, trois, quatre points, rien de tel. L'organisation qui présidait à la pensée de Janké venait directement de l'inconscient et s'y tenait très bien. De lui, j'ai appris qu'aucun système d'exposition ne résiste à l'analyse, surtout pas la rhétorique qu'on apprend au lycée.

J'ouvre le premier tome du *Traité des vertus*, sous-titré *Le sérieux de l'intention*. Et dès la première phrase, je tombe sur l'adjectif qui caractérise la liberté : « controversable ». S'il est dans le Littré, ce mot qui signifie « sujet à controverse » est rarement utilisé. Quelques lignes plus loin, je trouve « doxologie » – petit verset destiné à glorifier la manifestation du Christ – qu'il détourne de son sens théologique pour en faire la récitation machinale des conventions morales, par exemple, dit-il, la Bibliothèque rose. Où s'en va-t-il ainsi ? Au Cogito moral, aussi ferme que le Cogito métaphysique démontré par Descartes : « Chassez-le par la porte, il rentre par la fenêtre ou par la cheminée ; bouchez toutes les issues, vous le retrouverez assis à votre table ; comme l'ombre de la conscience selon Musset et l'œil du remords selon Hugo, il est ce qui nous suit partout et à quoi nul ne peut échapper. »

Ainsi, au détour d'un chemin semé de mots savants et rocailleux, Janké arrivait-il à la simple clarté. Dans les pages qui suivent, il travaille sur la « préférabilité » de l'Être et du Plus-Être, sur la paradoxologie de l'organe-obstacle – définition du corps – et sans cesse il avance de trouvaille en trouvaille, en explorateur éclairé du vocabulaire philosophique. Constellé de latin et de grec sans traduction, son langage n'avait aucune chance d'être directement compris par les étudiants qui se pressaient dans son amphi ; mais le charme aidant, il était largement suivi. Que comprenions-nous ? L'essence de la morale, une irréductible liberté. Il en va de Jankélévitch comme de Jacques

Lacan : leur langage étant une invention perpétuelle, ils étaient mécompris dans le détail et compris dans l'ensemble.

Je fis avec lui mon mémoire de maîtrise, car cet homme au parler enchanté me plaisait. Le sujet portait sur la séduction dans l'œuvre de Kierkegaard, autre philosophe décousu qui expose sa pensée comme autant de scénographies théâtrales, ou en vers. Qui, de lui ou de moi, avait choisi le philosophe danois ? Lui, sans doute. Je m'attaquai au *Journal d'un séducteur* alors que je commençais ma grossesse, ce qui prêtait à rire, mais je n'entendais rien. Tout entière enfoncée dans le complot sinueux qui pousse un cynique épris d'absolu à séduire une vierge jusqu'aux fiançailles conclues avant de la déflorer – chose faite, il la quitte à l'aube –, je traquai la geste de la séduction avec ivresse pendant que mon petit se nourrissait de moi. J'accouchai le lendemain de la soutenance. C'est à compter de ce jour-là, je crois, qu'il pensa à me recruter après l'agrégation pour être son assistante, la première d'un groupe qui n'allait pas tarder à se constituer autour de lui pour faire face à l'afflux d'étudiants.

Deux ans après l'agrégation, il me fit entrer à la Sorbonne pour quelques heures de cours appelés « travaux pratiques » et qui ne l'étaient en rien – on ne voit guère comment la notion de « travaux pratiques » peut s'appliquer à la philosophie morale. Mais le besoin de professeurs était trop pressant et mon âge – vingt-quatre ans – fut à peine remarqué. Je préparai un premier cours sur Kant et j'arrivai tremblante devant la porte de la Sorbonne où je devais retrouver mon Janké.

Cet homme avait la manie d'être en retard. Et cela ne manqua pas. Alors qu'il m'avait promis-juré de m'assister pour ma première leçon, et de me présenter aux étudiants, pas de Janké.

J'avais mis un manteau vert bouteille à col de fourrure noire – la fourrure me protège toujours des méchants –, et j'avais mon cartable à la main. J'entrai à la Sorbonne. Entrer à la Sorbonne n'était pas difficile, je n'avais fait que cela toutes ces dernières années. C'est au pied de l'escalier du bâtiment 1 que le trac me saisit. Enseigner, moi, à la Sorbonne ? Non. Cela ne pouvait pas être.

Je montai les quatre étages du bâtiment 1 le plus lentement possible, histoire de faire durer le temps en attendant Janké. Peine perdue. Un gaillard grimpa les marches à mes côtés et entama la conversation.

– Tu la connais, Backès ?

Je répondis par un aimable grognement.

– Paraît qu'elle n'est pas mal, tu l'as vue ?

Etc.

En arrivant dans la salle de cours, le gaillard me dit « Tu viens ? On va s'asseoir. » Rouge de honte, je murmurai que j'allais, certes, m'asseoir, mais pas à côté de lui.

– Mais où veux-tu aller ?

– Là, lui dis-je en montrant le bureau du prof.

Essoufflé, Janké arriva en courant et posa sa serviette sur le bureau. Le gaillard se tordait de rire quand soudain, Janké se mit à expliquer que j'étais le nouveau professeur, précisant que j'étais jeune, sans doute, mais qu'aux âmes bien nées la valeur… Puis il partit, m'abandonnant, le lâche.

Jankélévitch me laissa très libre. Je pouvais enseigner comme cela me chantait. Jamais je n'ai connu esprit plus tolérant pour la pensée des autres – sauf sur l'Allemagne. Je déposai avec lui un sujet de thèse d'État sur le paradis perdu, avec la claire intention de me servir de la psychanalyse et de l'anthropologie, qui ne l'intéressaient pas. Dans les quatre rapports qu'il rendit au CNRS quand j'y fus détachée, il fit de grands compliments sur ma façon d'utiliser « la psychologie des profondeurs », expression désuète venant de l'avant-guerre, et sans doute de son père, le docteur Simon Jankélévitch, l'un des premiers traducteurs de Sigmund Freud.

Rien n'était plus contraire à mes idées que la « psychologie des profondeurs », mais cela ne fit rien. Freud était de langue allemande, mais Janké ne fit pas de réflexion. Il me laissa penser comme je voulais.

Il ne me fit jamais qu'un seul reproche, très drôle. Un jour, il me convoqua, l'air furieux. Que je m'ébroue dans la psychanalyse et l'anthropologie, passe. Mais que je fasse à la télévision des émissions de variétés, cela, non !

Je ne comprenais rien à ce qu'il me disait. Voyant ma confusion, il finit par me dire qu'en regardant le générique des émissions de Gilbert et Maritie Carpentier, il avait lu mon nom, là, en toutes lettres. À l'époque, j'avais repris mon nom, Clément. C'est ainsi que j'appris que mon Janké regardait les variétés à la télévision et que j'y avais une homonyme, avant de découvrir que nous étions quatre ou cinq Catherine Clément. Janké était penaud.

Mais cela signifiait qu'il m'en croyait capable. Et il n'avait pas tort. J'aurais pu. Ce qu'avait pressenti Janké l'intuitif, c'est que je ne resterai pas à l'Université.

Sur l'antisémitisme, Janké avait de l'avance. Vingt ans avant l'affaire Heidegger, il connaissait par cœur le dossier que l'on découvrit plus tard et dont il parlait souvent avec colère. Quand parut le premier livre traitant de l'engagement nazi de Martin Heidegger, je ne fus pas surprise ; je savais presque tout. Janké guettait le moindre signe de collusion avec Heidegger ; il était irrité par l'enseignement de Jean Beaufret, son jeune collègue à la Sorbonne, un fou d'Heidegger. Cette antipathie semblait inexplicable en un temps où Heidegger, en France, était idolâtré ; mais comme il connaissait le dossier de fond en comble, Janké trouvait Jean Beaufret dangereux.

Avant de rencontrer Jankélévitch, j'avais suivi un cours de Jean Beaufret ; pas deux. L'homme était séduisant, poétique, aguicheur ; il parlait de Heidegger avec des accroche-cœurs et je me sentis chassée. Par le soupçon ? Peut-être, mais sans savoir. La clarté vint plus tard quand Janké m'expliqua le dossier Heidegger. Ainsi, c'était cela ! L'histoire de Beaufret est même très étonnante : ancien résistant, ami de Joseph Rovan, Beaufret lut *Sein und Zeit* à la fin de 1943, puis peu à peu glissa dans une fascination si profonde, si aveugle qu'en 1978, il finit par soutenir le négationniste français Robert Faurisson. Dix ans plus tard, en janvier 1988 dans *Le Monde*, Faurisson rendait publiques les lettres de soutien de Beaufret ; en juin de la même année, dans un colloque Heidegger, mon vieil ami Roger Laporte fit une intervention au Collège International de Philosophie pour prendre ses distances – Jean Beaufret avait été son prof de philo adoré. À sa sinistre dérive philosophique, Roger Laporte trouve une explication. Si l'Holocauste n'avait pas existé, alors Heidegger était moins coupable.

Jankélévitch avait la mort en horreur.

Un jour, il m'appela à la rescousse pour recevoir le professeur Jean Hamburger, spécialiste de la greffe de reins à l'hôpital Necker. « Venez, je ne veux pas le voir seul », me dit Janké.

Jean Hamburger venait consulter le philosophe pour l'aider à redéfinir la mort.

Il fallait un certain temps d'ajustement pour comprendre les raisons du professeur. Médicalement, depuis de longs siècles, la mort était définie par l'arrêt du cœur. Mais le progrès aidant, les services étaient submergés de patients dont le cœur continuait à battre et les poumons à respirer mécaniquement, aidés par des machineries que personne n'avait le droit de débrancher. Ces êtres encore vivants et indéfinissables portaient un nom technique abominable qui les dépouillait de leur humanité : les « préparations cœur-poumon ». Ils survivraient. L'urgence était de changer la définition de la mort : au lieu que la vie s'achève avec l'arrêt du cœur, elle s'achèverait avec l'arrêt des fonctions cérébrales.

Effaré, Jankélévitch ne voulut pas répondre à la demande du professeur et me refila le bébé.

J'allai visiter les services médicaux pour comprendre. Hamburger m'introduisit à Necker dans son service de greffes rénales et me confia à l'un de ses confrères pour étudier dans le réel la question de la mort. Et c'était une impasse. Puisqu'elle était philosophiquement insoluble, socialement indispensable, économiquement inévitable, l'affaire fut vite réglée et la mort médicale changea de définition. Entre-temps, le professeur Hamburger m'avait prise en amitié et il me demanda d'examiner de près les questions redoutables posées par la dialyse à domicile, équipement complexe qui supposait l'aide d'un familier, conjoint ou parent capable d'actionner la manette qui ouvrait ou fermait la transfusion sanguine quatre fois la semaine. Autant dire, pouvoir de vie et de mort sur l'être aimé.

Tout était dangereux, l'acte manqué, la culpabilité, l'angoisse, le doute, l'incertitude dans lesquels étaient plongés les proches, devenus responsables de la transfusion. Et comme, selon Janké, je connaissais bien Freud, j'étais supposée donner gravement des conseils sur cet équipement de dialyse à domicile.

Face à ce déploiement technique qui laissait la conscience sans ressources, je dépliai de mon mieux les ruses de l'inconscient qui pourraient affecter les gardiens de la dialyse. Je fus même invitée à faire une communication dans un congrès consacré aux maladies du rein, et je la fis. J'avais, quoi, vingt-six ans, vingt-sept peut-être et les psychologues n'avaient pas encore conquis la place qu'ils occupent dans le dispositif médical d'aujourd'hui.

Pendant que je flirtais avec la médecine, Jankélévitch écrivait sur la mort l'un de ses plus grands livres. Il s'était éclipsé devant la technique, mais pas devant la sollicitation philosophique. La mort, il la pensa.

Musicien d'abord, il se laissait gagner par de grandes émotions dont il était la proie, vive et palpitante. Sans doute avait-il eu des passions tragiques qu'on sentait affleurer parfois dans sa vie apaisée. L'une de ses grandes vertus était de convoquer les expériences les plus quotidiennes, les plus simples, à l'instar de Jean-Paul Sartre, son camarade de Normale Sup. Mais quand Sartre écrasait l'expérience sous l'analyse phénoménologique, Jankélévitch la sublimait. Et pour parler de l'amour en termes philosophiques, il commençait toujours par un film, *Brève rencontre*.

Ce film de David Lean sorti en 1945 raconte en noir et blanc l'impossible amour d'un médecin de campagne et d'une femme au foyer, mariés tous les deux, qui se sont rencontrés à Londres dans une gare, en attendant un train en retard devant un thé au lait. Chaque semaine, leurs trains les conduisent au rendez-vous d'amour pour un après-midi, quelques heures chastement volées au temps conjugal. Jusqu'au jour où, ayant trouvé le nid pour le passage à l'acte, les rencontres, les soupçons, les amis venus un peu trop tôt et les sourires en coin transforment l'amour fou en adultère banal. Les amants n'y résisteront pas. Séparés sans avoir fait l'amour, ils s'éloignent à jamais dans une tristesse affreuse. C'est simple comme bonjour, légèrement écœurant, souligné par les vagues orgasmiques du deuxième concerto de Rachmaninov pour piano et orchestre qui n'était pas pour rien dans la passion de Janké.

J'avais vu ce film à sa sortie en France, flanqué d'un documentaire sur la pêche au thon dans l'Atlantique qu'illustrait, Dieu sait comme, le même concerto de Rachmaninov. J'ai donc en quelques heures entendu deux fois cette musique, une fois sur les corps luisants des thons assommés, une fois sur les visages torturés des amants. Les poissons, les amants, les vagues de l'océan, celles de la musique, tout cela formait un mélange à l'odeur de marée, mais le film d'amour restait bouleversant.

Pour Janké, l'amour ainsi filmé était l'essence même de l'amour. Un coup de foudre dans la banalité né d'une trouée brusque dans deux emplois du temps, parrainé par des figures sympathiques et grotesques, un employé des chemins de fer alcoolo, une tenancière de bar à la blonde choucroute. C'était une passion allumée dans la fumée des trains et l'odeur du charbon. Des regards échangés, trois fois rien, presque rien – Jankélévitch était l'auteur d'un livre magnifique sur *Le Je-ne-sais-quoi et le Presque-rien*. Cette infime césure entre deux vies brisait tout. Résumé en cinq ou six rencontres, le film replie les ailes de la passion avec un rendez-vous d'adieu superbement raté. Une dernière fois, un dernier thé avant le dernier train, les amants se regardent quand une intruse surgit, s'asseyant à leur table, occupant tout l'espace et parlant sans relâche. L'amant se lève pour aller prendre son train et pendant une seconde, pose sa main sur celle de l'aimée. La césure se referme et le malheur commence.

Toute une vie nouvelle déployée comme une fleur japonaise en papier dans un bol d'eau avant d'être jetée aux ordures. Toute une vie brisée par une brèche de durée dans le temps. La durée ou le temps : avant Jankélévitch, Henri Bergson avait pensé l'alternative en opposant l'inspiré au social dans *Les Deux Sources de la morale et de la religion*. Ce vieux philosophe allait se convertir au catholicisme quand Vichy imposa l'étoile jaune aux juifs. L'illustre philosophe quasiment converti en était dispensé, mais il n'hésita pas. Il se fit porter au commissariat de police pour se faire enregistrer comme juif, reçut son étoile jaune et mourut, le 4 janvier 1941.

Jankélévitch puisait dans la pensée de Bergson une fidélité à tout ce qui force avec brusquerie le temps mécanique, laissant libre cours à la durée : la musique, l'amour, la révolution. Si un médecin de campagne et une femme au foyer pouvaient briser le cadre de leur vie quotidienne par un simple regard dans une gare à Londres, la musique et la révolution le feraient tout autant. Pouvait-on les séparer ? Non. L'amour était musique, la musique était révolution. S'il fallait un cadre intellectuel aux sentiments amoureux dont je fus si souvent la proie, Janké était celui qui pouvait me le donner.

Un pousse-au-crime.

Ce philosophe auquel rien des nuances de la pensée n'échappait avait une tâche aveugle. Par un tour de force inouï, contraignant son esprit et son cœur, il s'était obligé à rayer l'Allemagne de la carte de son monde. De temps à autre, il pouvait évoquer Nietzsche en une phrase et même citer Luther, pourtant l'un des tuteurs de l'antisémitisme allemand. Mais son corpus de textes de référence ne s'appuyait plus sur l'Allemagne. Lui, qui avait fait sa thèse sur Schelling et qui s'était nourri de l'âme germanique, il évitait les philosophes allemands les plus connus. Ni Kant ni Hegel ni Fichte. À la place, il mettait Plotin, développant les échelles mystiques des *Ennéades* avec un tel brio que cette pensée hellénistique syncrétique et complexe prenait de l'actualité sous de Gaulle. Il est vrai que les deux concepts majeurs de Janké, le « Je-ne-sais-quoi » et le « Presque-rien » disposent d'une capacité d'insertion remarquable et peuvent se glisser dans les moindres fissures d'une pensée.

Donc, plus aucune Allemagne dans le monde de Jankélévitch. Quand l'Europe commença à s'unir, il se rebella. L'alliance entre la France et l'Allemagne commençait à devenir l'axe de la construction européenne, c'était un fait acquis, et Janké fit front à sa façon. En 1971, il écrivit un court texte dont le titre était un manifeste : *Pardonner ?*

La réponse était non.

L'Allemagne restait impardonnable. L'éditeur de *Pardonner ?*, Roger Maria, un homme original et honnête, était proche des communistes ; c'est au Parti que je l'ai connu. C'est chez Roger Maria que j'ai déjeuné avec Henri Krasucki, futur secrétaire général de la CGT, survivant des camps de la mort, prodige d'intelligence et de culture alors responsable des intellectuels du Parti communiste. Pour Jankélévitch, le choix de Roger Maria était très politique. Les communistes étaient contre l'Europe, Janké également.

L'Holocauste était impardonnable. L'Allemagne en était responsable, donc, l'Allemagne était impardonnable. C'est ce que pensait Rivka, et je le pensais aussi.

Mais pas entièrement. Déjà à cette époque, l'Allemagne de l'Ouest – la République fédérale – commençait à se considérer elle-même comme gravement coupable et ne se pardonnait plus ce qu'on n'appelait pas encore la Shoah. Passé la terreur de la Bande à Baader, ce retour sur les crimes nazis devint systématique, constituant un mythe fondateur de l'Allemagne contemporaine. Et pour construire l'Europe, il n'y avait pas d'autre solution que d'embrasser l'Allemagne dans le même mouvement. Dans un moment historique où Simone Veil était la plus ardente Européenne de France, Janké me parut inquiétant. S'amputer de l'Allemagne philosophique me sembla une tragique erreur.

Mais ce n'était pas l'amputation majeure.

Jankélévitch serait devenu un pianiste virtuose s'il avait eu une mémoire suffisante, disait-il, pour retenir les partitions par cœur. Il jouait merveilleusement bien. Faute de concerts en public, il pratiquait le piano tous les jours, comme en témoignaient deux grands pianos noirs installés tête-bêche dans son appartement quai aux Fleurs, sur les rives de la Seine. Il jouait tellement que, pour la tranquillité de ses voisins, il lui fallut un jour insonoriser les plafonds à grands frais. La musique occupait dans sa vie une place centrale, au même titre que la vigilance politique et la philosophie. Comment ce cœur habité de musique parvint-il à s'amputer de toute musique allemande ? Il le fit cependant. Ni Bach ni Mozart ni Schubert ni Brahms. Pour un tel pianiste ! Et c'était suffocant.

Un jour, mon jeune mari le Bien-Aimé, qui a une belle voix de baryton Martin, fut invité à chanter au cours d'une soirée musicale – on est entre amis, on grignote des sucreries au chocolat, on fait de la musique ensemble. Sans réfléchir, et l'atmosphère étant d'une Schubertiade, le Bien-Aimé se mit à chanter du Schubert. Jankélévitch était d'une extrême courtoisie. Il ne mit pas le Bien-Aimé dehors, non, il se mit lui-même en dehors de chez lui, sortant sur le palier. Écouter chanter du Schubert, et chez lui par surcroît, lui était devenu physiquement impossible.

Il n'était pas dénué de ressources musicales. Ses arguments s'appelaient Albeniz, Déodat de Séverac, Duparc, Rachmaninov, Ravel, Fauré, Chabrier, Moussorgski, Tchaïkovski, Debussy. « Il n'y a pas que la musique allemande, disait-il. Il y a tant d'autres musiques en Europe ! » C'est vrai. En se fermant les oreilles à la musique allemande, Jankélévitch avait retrouvé les autres avec bonheur. Mais plus aucune Allemagne.

Dans le cas de Wagner, tout le monde peut comprendre, car le fils de Wagner, Siegfried et surtout, sa belle-fille Winifred, une ardente nazie d'origine britannique très proche d'Adolf Hitler, avaient compromis le festival de Bayreuth avec ostentation. Mais pour Bach et Mozart, personne ne comprenait Janké. Personne ne peut comprendre un tel ostracisme sur des musiciens germanophones d'ici et de nulle part, voyageant comme Mozart, Beethoven ou Brahms d'un pays d'Europe à l'autre, trois siècles auparavant. Jankélévitch parvint pourtant à s'appliquer cette peine musicale avec une grandeur d'âme incontestable, comme s'il s'était tranché une main.

Mais c'était son affaire. Ce n'était pas la mienne. Le Bien-Aimé étant germaniste avant d'être « russisant », je baignais dans un air germanique qui ne me gênait pas. Rivka, ma mère, refusa de parler allemand jusqu'aux années soixante ; puis elle s'y remit tout doucement. Rivka parlait fort bien l'allemand. Elle n'avait aucune prévention contre les musiciens de langue allemande, pas même Wagner. Quand je partis pour le festival de Bayreuth, Rivka ne fit aucune réflexion. Au retour de Bayreuth, j'étais très enthousiaste, d'autant qu'à cette époque, le petit-fils du maître, Wieland Wagner, qui dirigeait le festival, avait interdit à sa mère Winifred, la fameuse belle-fille, de mettre les pieds en ville.

Un soir, pourtant, dans un Heurigen élégant, un méchant murmure signala la présence de l'intruse. Elle ne fit pas long feu. Sous le feu de regards menaçants, la vieille dame maudite s'éclipsa.

Purifié de la peste maternelle, le festival de Bayreuth me parut magnifique et j'adorais Wagner sans méfiance. Je ne savais pas grand-chose, j'étais très innocente ; les mémoires de l'affreuse Cosima, fille de Liszt et épouse de Wagner, n'étaient pas encore publiés en français. Je n'avais donc pas lu, au détour d'une page, que s'il y avait de l'orage, c'était la faute des juifs. Je ne connaissais pas non plus le livre antisémite du Maître, *Das Judentum in der Musik*. J'ignorais la puissance de l'antisémitisme ordinaire chez les intellectuels progressistes allemands de l'époque. Serais-je moins indulgente aujourd'hui ? Je ne sais pas. L'anachronisme est une pathologie et Janké en était atteint.

Je revenais tout juste de Bayreuth, fin août 1966, quand je revis Janké pour les préparatifs de la rentrée. Je voulus essayer. Je racontai Bayreuth. Il me coupa sans colère, et me fit un long cours sur toutes les musiques qui n'étaient pas allemandes, sortant les partitions et allant au piano. Il n'avait pas tort ; je les connaissais mal. En me prenant au nom de l'éducation qu'il fallait dispenser à une jeune amie, il fit preuve d'affection.

Je ne parlai plus de Wagner.

Ses plus grandes leçons furent franchement politiques. Quand les étudiants philosophes trotskistes, vifs et organisés, commencèrent d'agiter la Sorbonne au début des années soixante, Janké tendit l'oreille. Ils étaient dézingués, mal embouchés, en cuir et à moto avec des airs voyous, mais Janké adorait. Quelque chose l'attirait dans cette agitation, quelque chose d'émouvant et de vital. Il était l'un des très rares professeurs titulaires à avoir compris l'ampleur de la poussée des étudiants du baby-boom.

Pendant les Conseils de Faculté où j'avais le statut d'observateur, je vis monter l'angoisse du futur. De 1964 à 1968, chaque fois, deux professeurs titulaires – deux seulement – se levaient gravement et d'une voix forte, signalaient le danger de ces masses étudiantes qui n'allaient trouver à la Sorbonne ni places dans des amphithéâtres trop petits ni professeurs en nombre, cruellement manquants. Jankélévitch était l'un des deux.

Des années plus tard, en Inde, j'ai demandé à Raymond Barre qui venait tous les ans en janvier à Delhi, pourquoi la Faculté de Paris s'était fourrée dans ce guêpier. « Je crois qu'on n'y a pas pensé, me dit-il avec son sourire d'éléphant de mer. C'est terrible, mais c'est la vérité. Nous n'avions rien anticipé. » C'est ainsi que je compris que l'État, c'est la foire.

Janké le savait. Il présida des réunions avec les trotskistes ; il essaya d'anticiper. À l'usage, ces agitateurs se montrèrent de très bons partenaires. Dès 1964, Janké avait pris le parti des étudiants, avec la même obstination qu'il mettait à bannir la musique allemande. Nous prîmes le chemin des manifs bien avant 68. Nous n'étions pas nombreux. Mais une fois le mouvement de Mai lancé, quelle fête pour mon Janké ! Il était dans les rues chaque jour, sautant joyeusement avec les maos – hop ! hop ! – son parapluie au bras, digne en complet-veston. Il était immensément populaire, adoré de tous les étudiants. Ce vieux prof qui ne les quittait pas était le héros de leur révolte et il était ravi.

Ravi, il l'était au point d'être subjugué, incapable de se défaire de cet attachement. Il y avait en lui une jeunesse retrouvée, un corps marchant et délié. Certains de ses collègues étaient horripilés. Il y eut des tensions, des éclats, des querelles. Des profs passèrent à droite avec armes et bagages, mais pas Janké, cela, non. Il s'arrêta quand même, mais tardivement. À cette époque, j'étais la seule enseignante à demeurer avec les étudiants, poussée par le même démon adorable qui avait saisi Jankélévitch.

À l'automne, il m'envoya un exemplaire du premier tome du *Traité des vertus* avec cette dédicace : « Pour Catherine Backès, pour la retenir, son vieil ami, Vl Jankélévitch. » Me retenir de quoi ? De partir, de quitter à jamais la Sorbonne comme je finis par le faire en 1976 ? De plonger dans le Parti communiste où je venais d'adhérer après les événements ? Ou d'avoir frayé de trop près avec les étudiants ?

À la rentrée universitaire de l'automne 68, Janké avait pris une décision. Les étudiants trouvaient injustes et inégalitaires le système de notations des examens : et Janké les suivit. Désormais, nous étions supposés mettre 18 sur 20 à tout le monde, à l'écrit comme à l'oral. Il s'y tint.

Pas moi.

Il y avait dans cette décision la même absurdité que dans le refus de la musique allemande : une sorte de pied de nez au monde, au « système ». Il trouvait justifié de le dynamiter. En un sens, il avait raison. Le discours magistral était devenu inaudible ; plus personne n'en voulait ; plus personne ne pouvait simplement tendre l'oreille pour recueillir un savoir sans y participer. Mais Janké ne savait pas procéder autrement. Il n'avait aucun autre moyen à sa disposition que cette parole enchantée et solitaire délivrée en chaire. Et puisqu'il était un vrai professeur magistral à l'ancienne, j'ai tendance à penser qu'il bénissait le dynamitage des examens exigé par les étudiants pour garder le droit de parler selon son habitude.

Ce fut un beau désordre.

Par un de ces tours de chauffe dont l'administration française est friande, Jankélévitch et ses aides, dont j'étais, enseignaient dans le cadre d'un certificat de licence baptisé « Morale et Sociologie ». L'idée comparatiste n'était pas sotte au fond : la sociologie expliquerait les racines des règles morales. Mais les professeurs de morale et ceux de sociologie n'étant pas confondus, l'idée s'était perdue dans les sables et chacun professait comme il l'entendait. Néanmoins, à l'oral, les candidats planchaient devant un couple, composé d'un moraliste et d'un sociologue. Assistante de Janké, j'étais donc un juré « moraliste ».

Pendant un an, je me retrouvai en binôme avec un juré sociologue. C'était Raymond Aron. Normalien philosophe, il était devenu sociologue et s'affirmait « marxien », grand connaisseur de Marx et farouche opposant au communisme dont il avait dénoncé les mythes dans *L'Opium des intellectuels*, paru la même année que *Tristes tropiques*, en 1955.

Son chemin avait été complexe ; réticent à l'égard du général de Gaulle à l'époque de la France libre, il avait fondé avec Sartre *Les Temps modernes* avant de les quitter en 1947 et il avait rallié *Le Figaro*. Connu pour sa tolérance, il avait des élèves engagés à gauche, Pierre Bourdieu, André Glucksmann, d'autres engagés à droite. En Mai 68, il avait été le premier à publier dans *Le Figaro* un véhément article démontant l'illusion des assemblées générales d'enseignants, coupables de vouloir changer les institutions de l'État à la va-vite en se dispensant du Parlement et des représentants du peuple. Bref, il était contre le mouvement.

Cet article m'avait horrifiée. Voilà un affreux mandarin ! pensais-je. Et quand un an plus tard, j'appris que j'allais devoir m'attabler avec lui pour examiner des étudiants, j'eus un mouvement de recul. Mon co-juré avait été le plus puissant adversaire du mouvement de Mai, alors que j'y avais été engagée jusqu'aux os. Il le savait. Pire, j'étais devenue communiste. Il le savait aussi. Il était titulaire, âgé, respecté et moi, une jeune insolente. Qu'allait-il arriver ?

Accord parfait. Les 18/20 systématiques de Jankélévitch nous horrifiaient pareillement. Nous en discutâmes brièvement, avec très peu de mots – ce n'était pas la peine. En deux temps trois mouvements, nous prîmes une décision commune : ceux qui auraient obtenu à l'écrit 18 sur 20 avec Jankélévitch auraient 2 sur 20 avec nous à l'oral. Ce n'était guère satisfaisant, mais cela respectait l'esprit de la moyenne, une sorte d'équité abstraite, un rêve de justice. La notation continue mit fin à ce drôle de théâtre.

Je garde de Raymond Aron le souvenir d'un grand cœur. Il ne me fit pas de reproche, il ne fut pas sarcastique, non, il me traita avec bonté comme un grand-père, sa petite-fille odieuse. Il ne s'autorisa pas un seul mot de critique sur les choix de Jankélévitch. À peine un soupir et des yeux éloquents.

Les suites de 68 furent chaotiques et tristes. La glorieuse Faculté de Paris fut taillée en pièces et nous nous retrouvâmes à l'Université de Paris-I Panthéon-Sorbonne avec des crédits réduits, des locaux délabrés, une aura enfuie. Les étudiants étaient moins enragés, moins vifs, moins drôles aussi. En deux ans, les plus engagés des jeunes philosophes trotskistes, ces bons partenaires de disputes qui nous avaient tant secoués moururent très mystérieusement ; encore aujourd'hui, je suis pleine de soupçons sur ces morts si violentes, accidents, disparitions subites.

Pourtant, dans cette nouvelle université ratiboisée, il y avait des professeurs brillants, Georges Canguilhem, Yvon Belaval, Suzanne Bachelard, mais Janké devenait ombrageux. Avec les années, il parlait de plus en plus souvent de sa carrière brisée pendant la guerre, des professeurs qui avaient occupé son poste après qu'il l'eut perdu à cause des lois de Vichy. Parfois, il évoquait avec un brin d'amertume un de ses camarades normaliens plus célèbre que lui, Jean-Paul Sartre. Janké avait été reçu premier au concours d'agrégation l'année où Sartre avait été collé, décrochant à son tour une place de « cacique » un an plus tard. Sartre avait écrit des romans, Janké, aucun. Sartre était illustre, Janké, nettement moins. Sartre et Aron se retrouvaient en petits camarades sur le perron de l'Élysée pour plaider devant Giscard d'Estaing la cause des boat-people vietnamiens, mais pas Janké. Il en souffrait.

Dans les années quatre-vingt, à quelques-uns, nous avons comploté pour rétablir la gloire de Janké à sa vraie place. Une fois dans le comité de rédaction de *L'Arc*, je lui consacrai un cahier. Mais sans *Apostrophes*, rien ne serait arrivé. Grâce à Bernard Pivot, Janké apparut sur la scène, éblouissant, jouant de la mèche argentée, profond et ironique. Ses livres furent réédités ; pendant dix ans, il eut de nombreux lecteurs. Et puis cela passa. Nommée au Quai d'Orsay, passant la moitié de mon temps en voyages, je le vis moins. En juin 1985, j'appris sa mort avec effarement.

Le jour de son enterrement, le petit groupe de ses anciens assistants était au grand complet. Et ce jour-là, Robert Maggiori publia dans *Libé* un entretien posthume : Janké y accusait pêle-mêle ses collègues philosophes d'avoir concouru à sa persécution pendant la guerre. Nous publiâmes un bref communiqué réservé sur l'état de Janké au moment de l'entretien. Car si nous avions tous entendu par moments les soupçons qui le tenaillaient, nous étions sûrs d'une chose : jamais, en pleine conscience et dans la force de l'âge, Jankélévitch n'aurait laissé paraître cet entretien.

En 1986, *Pardonner ?* reparut sous un titre plus juste, *L'Imprescriptible*, sans point d'interrogation. C'est alors que j'appris avec stupéfaction qu'à la fin de sa vie, Janké avait reçu une lettre de Wiard Raveling, un jeune Allemand auquel il avait répondu. Troublé par l'impardonnable, le jeune homme voulait établir un lien, montrer qu'un Allemand pouvait être « pardonnable ». Une correspondance avait commencé et un jour, Wiard Raveling était venu le voir. Une sorte d'amitié était née entre l'irréductible et le jeune homme allemand. L'inouï, c'est que Janké n'ait pas rendu public cet acte généreux.

L'Allemagne maudite, les soupçons, les excès d'une pensée pleine de fièvre, séquelles de la guerre, tout ceci s'oublia.

Mais Jankélévitch, non. Génération après génération, il se trouve toujours un jeune philosophe pour retrouver Janké, le caresser de la pensée. Raphaël Enthoven, par exemple. Il ne l'a pas connu, mais il s'en est imprégné au point de lui consacrer un cycle d'émissions sur France-Culture. Il a repris le flambeau. C'est une grande émotion.

Jacques Lacan

Je n'ai pas choisi d'écouter Jacques Lacan. Il n'était pas un professeur de fac, il ne faisait pas partie du programme, il n'avait rien à voir avec la Sorbonne, ni avec l'Université.

Il est arrivé dans ma vie par surprise. C'était en 1959. Je traînais un jour à Sainte-Anne à la sortie d'une présentation de malades quand ma voisine d'amphithéâtre me parla de ce drôle de type qui venait de commencer son cours dans le même amphi. « Son cours, c'est une façon de parler, disait-elle. Il n'enseigne pas vraiment. » Ma voisine d'amphi parlait le français avec un accent slave qui me charmait l'oreille et je l'écoutais sans faire très attention.

Ce type était génial, disait-elle. Pourquoi ? Ah ! Voilà !

Je la suivis. En bas de l'amphithéâtre où on me montrait les fous, il y avait ce type d'un certain âge qui parlait lentement, poussant de gros soupirs entre les phrases. Il n'avait pas de blouse blanche ; il portait un veston en tweed et un nœud papillon comme celui de mon père – le nœud papillon, accessoire social des médecins chic. Sa voix était grave et prenante. Il avait un sourire de faune qui ressemblait à celui de Jankélévitch. Pendant un long moment, j'ai cru que c'était un fou. Le type parlait de l'angoisse d'une étrange manière et disait, c'était à n'y pas croire, que l'angoisse n'était pas sans objet.

– Tiens ! Un lapsus, me dis-je. Il veut dire que l'angoisse est sans objet. Forcément.

Mais non, il continuait. J'ai cru tellement longtemps au lapsus de Lacan que près de vingt ans plus tard, dans *La Putain du diable*, j'ai publié sa phrase comme je l'avais rectifiée, *l'angoisse est sans objet*. Je disais même qu'elle me faisait froid dans le dos, cette phrase. Or je m'étais complètement trompée. Ce qui me faisait froid dans le dos, c'était le contraire. *L'angoisse n'est pas sans objet*.

« L'angoisse n'est pas sans objet », disait-il et il insistait sur le « n'est pas » comme s'il y allait de sa vie.

De la même façon que j'avais écouté cette fille inconnue à l'accent roucoulant, je ne faisais pas très attention. Je flottais distraitement en écoutant ce type dont j'avais oublié le nom. Et soudain, des idées me passèrent par la tête. Des idées, en troupeau, de vraies idées. Un jour, Lévi-Strauss me raconta que la musique produisait en lui cette éclosion d'idées. Pour moi, ce fut Lacan. C'était extraordinaire ! Ce type coiffé en brosse et en nœud papillon était un déclencheur d'idées dans ma tête.

Je revins chaque semaine avec un cahier. J'y notais les idées que le type suscitait, qui n'avaient rien à voir avec ce qu'il racontait. Vers la troisième semaine, je compris son propos. Oh ! Pas complètement. Juste un peu. J'ai cette capacité d'écouter l'inconnu sans chercher à comprendre mot à mot ce qu'il dit. Car enfin, que disait-il, ce type ? Je n'en savais strictement rien. Je laissais peu à peu la pensée s'installer. La mienne et la sienne. Puis la sienne se fit jour. Pour comprendre Lacan, il est indispensable de laisser l'inconscient écouter ou lire à sa place. Alors tout devient clair.

Tout le monde pense et dit que l'angoisse est sans objet. C'est même sa définition. On est angoissé sans raison, sans motifs, on ne sait pas d'où vient cette angoisse-là, et elle est sans objet. Floue, envahissante, vaste comme la nuit.

Non, disait ce type qui s'appelait Lacan. Non ! L'une des règles fixées par Sigmund Freud consiste à retourner l'énoncé en son contraire, car l'Inconscient, dans sa logique propre, exprime le contraire de ce que dit le conscient. Voyons ça. L'angoisse aurait-elle un objet ? Oui. Ce n'est pas l'objet de l'opinion, ce n'est pas un objet clairement défini, ce n'est pas un objet perceptible. C'est un objet obscur indéfini, surgi de l'Inconscient. L'angoisse n'est pas sans objet.

Car il existe toujours une cause de l'angoisse, d'autant plus qu'elle n'est pas connue. Consciemment, on s'angoisse de rien ; mais inconsciemment, quelque chose est à l'œuvre, cet objet obscur et indéfini qui rôde et qui insiste. Pour lui donner un contour, Lacan l'appelait « l'objet a ».

Le type disait « objet-petit-a » et je ne comprenais rien de rien. Pourquoi la première lettre de l'alphabet ? Pourquoi cet « a » serait-il petit ? Parce que ce n'est pas une lettre capitale ?

Pour en signifier l'insignifiance ? Tout cela à la fois. Cet « objet-petit-a » si opaque, si dur, c'était, en termes freudiens, l'objet du désir. Ce n'était pas une personne humaine, ni un homme ni une femme, mais juste un bout de corps, une lèvre, le son d'une voix, le lobe d'une oreille, l'éclat d'une prunelle, un pied chaussé ou un pied nu. Insignifiant, fondamental, l'objet si petit accroche le désir comme l'ablette à son hameçon.

L'angoisse n'était donc pas sans objet, accrochée à son désir méconnu comme l'ablette à l'éclat du métal au bout de la ligne du pêcheur.

Je ne comprenais pas ; j'entrevoyais. La force de Lacan tenait dans la bataille qu'il menait contre les portes closes. Elles étaient verrouillées, et il y avait ce type qui les entrebâillait, libérant un fin rai de lumière dans l'obscurité. La pensée pouvait s'y faufiler et se retrouver de l'autre côté des portes, où il faisait grand jour. Il fallait beaucoup de temps. Ce n'était pas acquis. On pouvait passer des années sans comprendre et encore aujourd'hui, je bute sur des lignes de Lacan que je ne comprends pas.

Mais entre la compréhension maîtrisée et l'incompréhension radicale, Lacan entrebâillait les portes de la conscience sur une mécompréhension à mi-chemin de la clarté. Plus tard, sur le divan, j'ai fait l'expérience de ce mode si particulier du connaître entre le concept et l'affect ; le corps pige avant l'esprit, et il tremble, le corps. C'est ainsi qu'il signale l'imminence du vrai.

Dans ces années-là, entre 1959 et 1970, même pendant la préparation de l'agrégation, j'allais à Sainte-Anne aussi souvent que possible. Comme les psychiatres Henri Ey et Pierre Mâle, le docteur Lacan présentait des malades devant une audience restreinte dans une petite salle de consultation. Chacun avait son style ; tous étaient de très bons cliniciens, appliquant les catégories de la psychiatrie de l'époque.

Le rond Henri Ey, avec sa bonne figure de copain de bistrot, n'avait pas son pareil pour plaisanter avec les délirants, tantôt en les suivant, tantôt en les moquant – « Allez, vous savez bien que ce n'est pas vrai, tout ça ! » disait-il avec un sourire complice. Spécialiste de l'enfance, Pierre Mâle me semblait austère, immensément réservé. Et le docteur Lacan était d'un grand classicisme.

Une bienveillance à toute épreuve. Questionnaire biographique. Anamnèse en règle. Pas d'interprétation en présence du patient. Pas de sollicitation du malade. Aucune de ces bulles rhétoriques qu'il aimait tant faire briller dans ses séminaires. Là, rien de tel. Cet homme qu'on a tant critiqué pour sa façon de traiter ses patients avait une connaissance clinique, une oreille immédiate, une écoute respectueuse.

Il me donna le goût de la psychiatrie.

Après l'agrégation, je n'avais nullement l'intention de renoncer aux études psychiatriques qui m'avaient passionnée pendant mes certificats de philosophie. Je voulais à tout prix continuer sans chercher à devenir psychanalyste. Non, ce qui m'importait, c'était la psychiatrie. Il n'y avait à l'époque qu'une seule voie : l'internat des hôpitaux de Paris.

J'allai donc consulter Jean Laplanche, normalien, agrégé de philosophie, psychiatre et psychanalyste, à l'époque disciple de Lacan. C'est un homme aimable et ironique, qui me reçut avec bienveillance. Gentiment, il me posa une seule question :

– Avez-vous des vignobles ?

– Nous avons quelques arpents de vigne, juste pour la consommation familiale.

– Ah, dit-il avec fatalisme. Alors vous ne pourrez pas. Pour préparer cet internat, il faut avoir plusieurs années devant soi sans travailler.

Jean Laplanche parlait d'or, étant d'une famille qui possède un illustre vignoble en Bourgogne. En clair, sans argent de côté, l'internat n'était pas possible. Je renonçai, la rage au cœur. Mais je parvins à me glisser dans le groupe des internes en psychiatrie.

Merveilleux compagnons ! Hommes et femmes, ils étaient trentenaires – j'avais dix ans de moins. Une capote bleu marine jetée sur les épaules, ils allaient dans les rues de Sainte-Anne avec une fierté mousquetaire. Ils étaient formidables de gaieté, de vaillance et d'amour de la vie. Ils me traitèrent comme leur jeune sœur, m'introduisant partout où je n'avais que faire, me confiant quelquefois des patients endurcis, m'invitant dans leur salle de garde aux fresques égrillardes, me faisant partager généreusement leur vie. Une philosophe, une gamine, cela leur plaisait. Il y avait là le jeune René Major et Paule, sa première femme, d'une beauté surhumaine ; Monique et Jean Cournut, couple de rêve ; Jean-Claude Sempé ; Jacqueline Rousseau-Dujardin et son mari, le merveilleux Jacques Trilling.

Le docteur André Green présentait des malades dans une petite salle mansardée où l'on pouvait tenir à dix personnes. Les patients étaient vraiment très près et André Green, très près de ses patients, mais distancié, majestueux, avec une autorité naturelle qui tenait au regard – noir incandescent sous de larges sourcils – et à la voix – claire et nette, mais avec des douceurs inattendues. Passionné, impérial, André Green poussait les feux d'une voix enjôleuse jusqu'à faire sortir les crises et les fureurs. Et c'est ainsi qu'un soir, une femme en transe fit soudain devant nous le grand arc hystérique, l'opisthotonos, le corps raidi arqué en équilibre sur la tête et les pieds.

Green fit le silence. La femme retomba sur le sol, inerte et épuisée. Il la réconforta, s'occupa d'elle, puis revint, l'œil vif. Sans gravité, dépourvu d'atteinte neurologique, le grand arc hystérique était exceptionnel ; c'était un symptôme qu'on ne voyait plus depuis longtemps, quelque chose comme un symptôme « vintage ». Un phénomène du dix-neuvième siècle, rarissime dans les années soixante. Et pour en expliquer la résurgence, Green avait son interprétation.

La jeune femme venait de débarquer de Bretagne pour prendre une place de bonne à Paris. On parlait encore couramment de « bonnes » à l'époque, comme en témoigne le titre de la pièce de théâtre de Jean Genet, *Les Bonnes.* Privée de son univers, plongée dans un monde archaïque qui en effet vivait encore à la mode du dix-neuvième siècle avec des chambres mansardées, privées de sanitaires et souvent mal chauffées, un rythme de travail dépourvu de contrôle sous l'effet d'un arbitraire patronal sans limites, la jeune Bretonne de 1960 serait aujourd'hui cataloguée comme esclave moderne.

Elle avait donc fait surgir un symptôme révolté, le même dont ses sœurs de misère usaient au dix-neuvième siècle. Peu développée au regard de son statut actuel, la Bretagne y était pour beaucoup, et Green avait déjà constaté de nombreux phénomènes hystériques chez les jeunes femmes débarquées de la gare Montparnasse pour se placer en maison bourgeoise.

J'en conclus que l'opisthotonos était une lutte de classes, et que Green avait un grand talent.

Il tenait par ailleurs un séminaire à l'Institut de psychanalyse, dans une petite impasse verdoyante, rue Saint-Jacques. Comment y fus-je invitée ? Je ne sais plus. La première fois que je m'y rendis, Jacques Derrida parla de la grammatologie. Le dispositif était très simple : des chaises, une table, rien d'autre. Vingt, trente personnes, pas davantage. Dans ce paysage étréci, la parole de Jacques Derrida avait une force extraordinaire et sa façon de penser était saisissante. Très simple, elle aussi – ou paraissant très simple. En l'écoutant – et j'ai toujours retrouvé cette sensation en écoutant Jacques Derrida – on comprenait chaque inflexion de pensée comme la douceur corrosive d'un miel dilué dans du jus de citron. Mais lorsqu'il répondait, Green changeait de registre.

Sa pensée était à l'arraché. Il proférait des paroles chaudes et drues comme sorties au hasard d'une grande bouche d'ombre. Avec Jacques Derrida, cela fonctionnait bien. Le miel et le caillou, le citron et le couteau. Le séminaire de Green est l'un des rares espaces où j'ai vu la pensée éclore en collectif, à deux, à trois, à dix. Malgré l'allure farouche du maître de maison, rien n'y était intimidant. Derrida ne parlait pas encore de la déconstruction, mais c'est ce qui se passait. Plus tard, j'ai demandé à Jacques une définition courte de la déconstruction. J'étais pressante, allez, dites-moi, ne tergiversez pas, nous ne sommes que vous et moi...

– Plus d'une langue, me dit-il en reprenant la réponse qu'il faisait quand on tendait le micro.

On ne pouvait pas plus court.

Au séminaire de Green, les langues étaient quatre : les psychanalystes de l'Institut pouvaient citer de l'allemand, Green citait du grec ou de l'anglais, nous pensions en plus d'une seule langue. De ce seul point de vue, rien n'est plus légitime que l'alliance entre Derrida et les psychanalystes, mais peu l'ont bien compris : Major, sa femme Chantal Talagrant, Élisabeth Roudinesco.

Au commencement des années soixante, s'engagea une de ces innombrables guerres de tranchées dont les psychanalystes ont le secret. Avec une érudition minutieuse, Élisabeth Roudinesco a raconté superbement l'histoire de ces conflits. Au motif qu'il ne respectait plus les codes en vigueur pour l'administration technique de la cure, notamment la durée des séances, l'Association Internationale des Psychanalystes interdit à Lacan la formation des analystes, dite analyse didactique. Il lui était permis d'enseigner en public, mais cet enseignement ne permettrait plus la qualification comme psychanalyste. Après mille disputes entre les uns les autres, Lacan considéra qu'il était un exclu, un banni chassé de la cité.

Je n'étais pas en analyse. Je ne connaissais pas Lacan personnellement, je ne m'intéressais pas aux règles en vigueur dans l'IPA (*International Psychoanalysis Association*), mais l'idée de ce bannissement me paraissait injuste. Pourquoi le punissait-on ? Un homme trop inspiré ? Je me figurai Lacan comme l'athée de la psychanalyse, exclu comme Spinoza pour s'être écarté de la Loi. Et d'ailleurs, de nombreux psychanalystes prenaient le parti de Lacan le Maudit.

Fernand Braudel, directeur respecté de l'École Pratique des Hautes Études, lui apporta son soutien ; Louis Althusser lui offrit l'asile politique. Je le suivis quand il quitta Sainte-Anne pour la salle Dussane de l'École Normale, rue d'Ulm. Et tout changea. Aux psychiatres et aux psychanalystes s'ajoutèrent artistes, écrivains, philosophes, qu'aujourd'hui on appellerait « people ». La pipolisation de Lacan se voyait aux voitures garées sur les trottoirs, la Rolls-Royce rouge de l'un, la Lotus bleue de l'autre, mais hormis le directeur de l'École, personne n'y faisait attention. On venait pour Lacan comme dans *Cyrano*, les Précieuses viennent pour écouter le discours sur le Tendre. On voyait dans la salle, éternellement tendu, le beau visage d'Alain Cuny, le crâne nu de Foucault, la tignasse en brosse d'Althusser. Philippe – je veux dire Sollers – était là avec toute sa troupe, le groupe de *Tel Quel*. Et il y avait les jeunes normaliens, mes cadets, Jacques-Alain Miller et Jean-Claude Milner.

J'étais au premier rang à côté d'André Green en un temps où il aimait écouter Lacan à la folie. Toujours à la même place, toujours au premier rang, deux élèves assidus suspendus au discours du maître. L'œil d'André Green ne quittait pas le visage de Lacan ; à l'époque, il était en plein enchantement. Nous écoutions ensemble, nous suivions ensemble, nous pensions du même souffle. On a ridiculisé ces séances qui paraissaient dévotes, mais sur la durée, à vivre de près, c'était absolument formidable. Il y avait là une invention continuelle, une audace de pensée qui n'avait pas de limites, une sorte de création continue des idées. Disait-il des bêtises ? Forcément de temps en temps ; personne n'y échappe. Exerçait-il une fascination ? Oui, à n'en pas douter. Mais résumer Lacan à un « fascinateur » ne serait pas sérieux.

Le jour où il a dit « La femme n'existe pas », il était sidérant. Rumeurs, chuchotements, gloussements. C'était un de ces jours où je comprenais Lacan au quart de tour. Il fallait être sourd pour ne pas entendre l'autre phrase : « ~~La~~ femme n'existe pas, mais des femmes, si. » Ce fut un instant libérateur. En cinq mots, Lacan nous sortait de siècles de misogynie ; il expédiait le mythe de « ~~La~~ femme » et le remplaçait par « des femmes » réelles. Et pour mieux s'expliquer, il avait dessiné au tableau la phrase en barrant l'article défini d'un grand trait : « ~~La~~ » femme n'existe pas... Trente ans plus tard, il s'en trouve encore pour accuser Lacan le misogyne, coupable d'avoir osé dire que ~~La~~ femme n'existe pas. Ventre affamé ? Sans doute. Il n'y a plus d'oreilles.

Il tenait quelquefois des propos de comptoir qui n'avaient l'air de rien. Le jour où il a dit « On peut juger un homme à la femme qui est à ses côtés », cela sonnait trivial, un peu bêta, et terriblement vrai. Dans un couple, cela rendait justice à « la bourgeoise », comme il lui arriva de dire dans un style qu'il ne détestait pas, gouailleur et populaire. Grand bourgeois, grand classique, Lacan était aussi un grand hétérosexuel et ne le cachait pas.

Dans un séminaire qu'il avait malicieusement appelé « Encore », il parla longuement du plaisir féminin sans rien en dire du tout, avec une ardeur poétique propre à lever les désirs, car ce qu'il en disait renvoyait à la question des hommes, mais qu'est-ce qu'elles veulent, bon sang, *che vuoi*, les femmes ? La bouche sèche et les entrailles en feu, je ne savais pas si par là, il voulait dire que les femmes ne savaient pas ce qu'était leur plaisir ou si elles avaient décidé une bonne fois de le planquer. J'ignore comment des hommes ont reçu cette séance d'éducation sexuelle, mais des femmes en ont été troublées. Au moins une.

Ces moments de trouble profond où le corps s'émouvait plus vite que l'esprit n'arrivaient pas souvent, mais par leur rareté, parce qu'ils tombaient comme la foudre sur une assistance qu'il jugeait un peu molle, ils méritaient d'être attendus. Ce n'était pas tout. Je voulais profiter du spectacle qu'offrait ce grand rhéteur. Ses phrases étaient souvent cul par-dessus tête, parfois, elles ne s'achevaient pas, elles accouchaient de rejetonnes imbriquées les unes dans les autres avec des tactiques de subordination grammaticales d'enfer, des « en tant que » à tire-larigot, des « puisque » sans rapport, des fins sans horizon. Il s'arrêtait. Les soupirs qu'il poussait à Sainte-Anne, il en exhala bien d'autres à Normale, nous prenant à témoin de notre indignité, de la difficulté extrême à nous convaincre, de l'absurdité de sa situation, lui seul à la parole et nous autres à rien faire. Il essaya souvent de faire parler son auditoire, mais les psychanalystes n'aimaient pas trop cela. Il aurait mille fois préféré partager la parole, oh oui ! C'était si lourd, tout ça. Si fatigant. Pourquoi lui ? Pourquoi cette drôle de passion ? On aurait dit un crucifié devant ses juges, un supplicié rétif et consentant.

Jusqu'au jour où les jeunes normaliens le prirent au mot. Vous voulez partager la parole ? Très bien. Pari tenu. Nous sommes là. Ébloui, Lacan partagea la parole avec eux et les couvrit d'éloges. Jacques-Alain Miller, Jean-Claude Milner, François Recanati firent de brillantes communications en plein séminaire. Chaque compliment que leur faisait Lacan était une épine pour ses vieux partisans, ses fidèles grognards. Lacan leur préférait la pensée fraîche, comme on dit « la chair fraîche ». Et lorsqu'en 1966, il apparut que Lacan avait confié à Jacques-Alain Miller le travail d'édition de ses *Écrits*, les psychanalystes baissèrent la tête et la guerre se leva dans leurs cœurs. Seul le ressentiment que suscite le dépit amoureux peut expliquer la violence qui, plus tard, s'ensuivit.

Il faut dire qu'il leur en disait de belles, réservant ses amours aux jeunes intelligents qui, miracle, acceptaient de partager sa croix. Vous êtes psychanalyste, vous avez quarante-cinq ans, vous avez fait de longues études en psychiatrie, vous vous êtes coltiné les patients, vous espérez apprendre, vous former et que vous arrive-t-il ? Il y a ce type coiffé en brosse, qui rafle tout et vous traite comme le Christ ses disciples. Mal, très mal. Allez, on repart en pleine nuit, on va marcher sur l'eau grimper sur la montagne guérir les paralytiques ressusciter les morts affronter les dignitaires du Temple de Salomon les insulter, voulez-vous me ramasser ces corbeilles, y mettre les poissons et plus vite que ça !

Mais dans le séminaire, je n'avais pas de craintes. Rue d'Ulm, à Normale Sup, c'était chez moi. En entrant dans la salle Dussane, je n'avais pas l'angoisse d'être déplacée. Lacan me tapotait la joue comme Napoléon tirait l'oreille de ses grognards, signe que je ne lui voulais aucun mal – j'ai toujours été une bonne élève, celle qui soutient le regard du prof avec des yeux émerveillés. Avec d'autres, des casse-pieds ou des adorateurs, il fuyait le contact, s'appuyant sur sa fidèle Gloria pour s'échapper. Il est vrai qu'après deux heures de séminaire, debout face à trois cents personnes, Lacan semblait vidé de son énergie.

Assez vite, dès Sainte-Anne, il utilisa des schémas dessinés au tableau, formules de style mathématique, expériences de simple physique, un pot de fleurs renversé avec trois fleurs dessinées de manière enfantine, des jeux de miroirs, béquilles pour la parole très prisées des structuralistes.

La différence entre le schéma qui démontre et celui qui illustre est difficile à établir. Quand, au séminaire d'anthropologie de Claude Lévi-Strauss, le jeune Bernard Saladin d'Anglure dessinait le phoque découpé par les Inuits du Canada selon les lois du partage familial, on voyait la forme de l'animal ; ce n'était pas déconcertant. Dans l'*Anthropologie structurale*, tome deux, quand Lévi-Strauss place sur quatre colonnes les éléments du mythe de la famille des Labdacides – dans lequel se trouve le cher Œdipe –, on s'y retrouve très bien. Lorsque, dans les *Mythologiques*, il trace des schémas géométriques pour expliquer les corrélations entre mythes, c'est plus complexe ; cela ne se comprend pas d'un seul coup d'œil. Il y avait de la difficulté à prendre la mesure d'un schéma dans l'enseignement public des structuralistes, ou dans leurs livres ; mais à l'époque, personne n'y échappait. Ce fut une passion dessinatrice, une mise en architecture de la pensée qui n'était guère plus lisible qu'un dessin d'architecte et qui se résume en un adjectif ambigu : schématique. Sans schéma, on ne pensait pas. On ne pouvait accéder au royaume des idées. Les schémas étaient des passeports. Vos papiers ? Vos schémas ?

À force, je m'étais persuadé que la grammaire française était insuffisante pour exprimer les voies structuralistes ; et ce n'était pas entièrement faux. À lire Lévi-Strauss, on comprend que le structuralisme est une méthode qui permet de découvrir les structures cachées dans les discours : de ce point de vue, le schéma rend visible la méthode et ses découvertes. Les fameuses colonnes du mythe des Labdacides rendent lisibles des regroupements invisibles sans cette mise en espace : la série des infirmes (Œdipe en fait partie) et la série des monstres (dont fait partie le Sphinx) n'apparaîtraient pas sans la scénographie du schéma publié dans l'*Anthropologie structurale*. Mais avec Lacan, le schéma se promenait dans les sentiers de la métaphore sans qu'on sache très bien s'il illustrait ou s'il découvrait. Avec d'autres, le schéma devint un truc, un gimmick, du « mana », cette énergie diffuse à laquelle les Mélanésiens attribuent des pouvoirs magiques. Cette magie agaça. Sans doute ce tic dialectique fut-il nocif pour le structuralisme ; dans les années soixante-dix, il disparut du champ des médias.

Vers la fin, les schémas de Lacan se compliquèrent. Ils devinrent topologiques quand il se servit de la bande de Moebius pour faire comprendre à l'auditoire que, comme cette forme géométrique singulière, l'Inconscient n'a ni envers ni endroit. Il faut le génie d'un dessinateur comme Escher pour donner à l'esprit les moyens de comprendre le sens de la topologie, et Lacan avait parfois du mal avec ces sacrés schémas. Il se trompait avec grâce, reconnaissant ses erreurs avec un sourire, mais la difficulté demeurait. À de certains moments, Lacan donnait l'impression de ne pas maîtriser l'ensemble de ses schémas, ou bien de demeurer dans la fascination mathématique d'une forme qu'il aurait enfin comprise. Parfois, il demeurait pensif, plongé dans une contemplation énigmatique. Au bout de sa fatigue, il montrait les schémas à la place des mots qu'il avait tant de mal à prononcer. De ces dernières séances je garde le souvenir ému d'un véritable apprentissage de la vieillesse, car enfin, c'était cela que Lacan déployait – un Lacan vieilli, mais un Lacan debout.

Il m'est arrivé d'écrire que Lacan était un chaman – d'autres diraient gourou. Dans *La Bataille de cent ans*, Élisabeth Roudinesco cite Lévi-Strauss, qui, ayant assisté à la première leçon de Lacan salle Dussane, le compara à un chaman semblable à ceux qu'il avait vus. Mais à la réflexion, je n'en suis pas certaine.

J'ai vu des chamans par la suite, en Inde, en Casamance, au pays dogon. Ce sont des gens hors d'eux et hors du monde, souvent travestis, volontiers androgynes, arborant des cheveux non lavés, des rubans, des pendeloques, des trucs et du « mana », la part désordonnée de leurs vocations. À Normale, quand il rencontra son public, Lacan, chemise à col mao et veston excentrique, était d'une parfaite élégance, sans le moindre désordre. Était-il hors de lui ? Non. Rien de chamanistique. Le seul désordre que je lui reconnais est celui de l'agencement de ses phrases, mais c'est le désordre ordonné de l'inconscient.

Quant aux gourous, j'en ai fréquenté quelques-uns en Inde, on s'en doute. Leur première technique est celle du regard, qui s'arrête sur chacun brièvement, mais avec précision. Pour l'adepte, recevoir le regard du gourou est le premier acte de l'enseignement. Nul ne peut donc devenir gourou s'il ne sait pas distribuer le feu de son regard à chacun en ayant l'air de regarder tout le monde dans le même temps. Ensuite, règle de base, parler le moins possible, ou alors pas du tout. Il faut savoir se taire à l'infini, instruire sans mots, avec quelques gestes. Car ce qui se partage avec le gourou n'est guère la parole, c'est surtout le silence. Ensuite viennent le toucher des mains, la palpation, l'embrassement, le don des fleurs et l'offrande du sourire. C'est un art difficile, mais ce n'est pas Lacan.

Lacan parcourait du regard l'ensemble de la salle, en saluant de la tête tel ou tel, sans plus. Puis il rentrait brièvement en lui-même et il se lançait, comme un cerf-volant. Si quelque chose relevait malgré tout du chaman, c'est l'écoute qu'il savait susciter. Indirecte, de côté, comme le regard de Socrate, mais profonde, incisive, allant au cœur. Pour attirer les passions et les haines, c'était largement suffisant. Au rang des plus vivaces, la jalousie qu'il suscita en favorisant les jeunes philosophes de Normale n'est pas encore éteinte.

C'est en comptant avec nous qu'il fonda l'École freudienne de Paris, y intégrant des intellectuels non psychanalystes pour retrouver par un biais dérivé la tradition freudienne des « profanes ». Pour Freud, quand il fonda la psychanalyse, étaient « profanes » les non-médecins. Lorsque Lacan fonda l'École freudienne, il y avait beau temps que, sur la masse des psychanalystes, certains parmi les plus chevronnés n'étaient pas médecins ; et même si cette distinction a repris du service par la suite, les « profanes » ne l'étaient plus vraiment. Dans l'École freudienne conçue par Jacques Lacan, étaient donc profanes ceux qui n'étaient pas psychanalystes, ni même analysés, ni en analyse.

Les « profanes » comme moi se sentaient impliqués dans l'histoire de la psychanalyse au titre de l'histoire des idées. La suite prouva que cette appartenance à l'École freudienne de Paris ne conduisait pas mécaniquement au métier de psychanalyste ; ni même forcément au divan de Lacan. Pour moi, je commençai une analyse en 1972, et l'idée ne me vint pas d'aller sur le divan de Lacan. Surtout pas ! Sacrilège et déréliction.

Profane et philosophe j'étais. Jacques-Alain Miller me demanda de rédiger très vite une contribution qui servirait de passe pour l'adhésion, et je planchai très sérieusement sur un texte des *Écrits* qui m'intriguait, *Kant avec Sade*. Je connaissais bien Kant, et très peu Sade, mais j'avais le souvenir de la lecture de *Justine* avec Anne et Myriam au milieu de nos éclats de rire. Si j'entrevoyais quel esprit de système poussait Kant vers l'idée de Bien absolu, et Sade vers le Mal absolu, je ne comprenais pas comment on pouvait établir le moindre rapport entre l'écrivain français prérévolutionnaire et le philosophe allemand de Königsberg. Or Lacan y parvient. Je devins membre de l'École freudienne de Paris, ce dont encore aujourd'hui, je suis fière. S'engager aux côtés de Lacan sans être psychanalyste était un acte désintéressé, un acte pur. Loin des querelles entre psychanalystes, c'était prendre parti pour l'invention dans la pensée.

Je n'étais pas dans le feu de l'action quand Lacan fut expulsé de Normale par Robert Flacelière, directeur de l'École. Pourquoi ? Le fait du prince. Trop de beau monde, trop de belles bagnoles, pas assez d'université. Flacelière fut physiquement bousculé, mais la décision s'appliqua. Le séminaire émigra dans un amphithéâtre de la faculté de droit, place du Panthéon, un vaste lieu clair et sans âme. Avec détermination, Lacan avait fait basculer la psychanalyse du côté de la science ; avec Jacques-Alain, il inventa le terme de « mathème » qui me fit trembler d'anxiété : paralysée par mon handicap d'enfance, je crus que je ne comprenais pas. Mais à la vérité, j'en étais incapable. Ce mot qui m'expédiait vers les mathématiques me catapultait aussitôt vers le souvenir des bombes et des ponts explosés. On ne répare pas ces ponts-là à quarante ans.

J'écoutai d'une oreille plus distraite ; mon voisin n'était plus André Green, qui s'était violemment détaché de Lacan. J'aimais toujours Lacan, car malgré le mathème, il y avait toujours une phrase lumineuse où je trouvais mon miel. Sa parole commençait à se raréfier. Moins de gestes, moins de mots, des schémas. Vint un jour où Lacan parla peu, très peu. Pour moi, ce n'était pas grave tant j'étais habituée aux suspens, aux brisures qu'il avait quelquefois ; mais il y eut des murmures. Était-il malade ? Aphasique ? Mutique ? La rumeur gonfla, qui m'exaspérait.

J'étais journaliste au *Matin de Paris* quand, le 5 janvier 1980, Lacan publia un communiqué annonçant la dissolution de son École, qu'il jugeait trahie par ses membres. Je trouvai le geste formidable, l'entreprise, justifiée. Tant de dignitaires luttent pour préserver les institutions qu'ils ont fondées simplement pour perdurer eux-mêmes ! Et ce Lacan, d'autorité, dissolvait sa propre institution... Au journal, on trouva la chose intéressante. Je rendis compte.

Il y eut du chahut. Je rendis compte. Presque chaque jour dans mon journal. En février 1980, fort de mille lettres de soutien, Lacan fonda une nouvelle École, *La Cause Freudienne*, invitant ceux qui voulaient le suivre à s'y inscrire, comme il l'avait fait pour sa première École. Il n'y avait là rien de scandaleux, mais il était déjà si affaibli qu'à l'extérieur, les psychanalystes hostiles à Lacan se déchaînèrent. Les autres, les fidèles, les fervents, étaient désarçonnés. *Che vuoi ?* Que voulait-il ? Quand ils n'étaient pas perplexes, les lacaniens étaient d'humeur furieuse, prêts à déchirer le maître vieillissant. En mars 1980, à l'hôtel PLM-Saint-Jacques, il nous reçut. L'atmosphère était confuse et tendue ; nombre de lacaniens s'opposaient à la dissolution ; certains avaient eu recours à la justice pour faire respecter les statuts de l'École. Brusquement, Althusser surgit à l'improviste sans y être invité. Au vigile qui voulut lui barrer le chemin, il répondit qu'il était invité par le Saint-Esprit et la libido. En pleine crise, le visage agité de tressaillements, il lança des imprécations et décrivit Lacan comme un « magnifique et pitoyable Arlequin », ce qui n'était pas faux, ni de Lacan ni d'Althusser lui-même. L'irruption d'Althusser pris de folie devant le vieux Lacan fut une vraie scène de tragédie. Je rendis compte.

Ces scènes étaient folles d'une bizarre ivresse. Les Bacchantes d'Euripide déchirant des génisses à mains nues sous l'effet de l'ivresse du dieu Dionysos n'auraient pas été pires. Avec des intentions qui n'étaient pas mauvaises, on exigerait des examens médicaux, des radiographies pour vérifier l'état du cerveau de Lacan, on le pousserait farouchement vers une sage retraite, on lui voulait du bien. Privés de l'autorité de leur maître, les psychanalystes lacaniens se dissocièrent comme l'âme se dissocie du corps. La mort dans l'âme, je rendais compte.

Au printemps 1981, j'allai remettre un exemplaire de mon dernier livre chez Judith et Jacques-Alain Miller. Cet ouvrage aurait dû s'appeler *Vies et morts de Jacques Lacan*, mais Bernard-Henri Lévy, toujours bien informé, me conseilla vivement d'en transformer le titre, qui devint *Vies et légendes de Jacques Lacan*. C'est ainsi, à cause du changement de titre, que je sus qu'il allait vers sa mort.

Nul ne le voyait plus. Il avait disparu. Personne ne savait où il était passé. Quand je sonnai à la porte des Miller, j'étais heureuse comme on peut l'être quand un livre de soi vient au jour. La porte s'ouvrit. C'était Lacan lui-même.

Je lui tendis le livre. Il le prit, le feuilleta, le retourna et me fixa d'un regard où roulaient de grosses larmes. J'ai bredouillé des mots sans suite. Il ne disait rien.

C'est la dernière fois que je l'ai vu. En écrivant ces lignes, ces yeux sombres pleins de larmes où passaient un adieu, un merci, un je-ne-sais-quoi de vivant qui allait n'être plus, je les revois et ils me font pleurer. Cet homme à bout de forces avait bien le droit de protéger sa mort. Je hais les chiens jappant autour de lui au moment où chacun se retire de la vie.

Lacan mourut en septembre. Je rendis compte.

Claude Lévi-Strauss

Au printemps 2007, il était guilleret. L'œil vif, le pas alerte, respirant bien, content. La veille, il avait reçu la visite d'un chef Kwakwaka'wakw, peuple du Canada autrefois appelé Kwakiutl et qui vient de se renommer « Kwakwaka'wakw ».

Venu de Vancouver, le chef canadien était flanqué d'un professeur de l'université et les deux voulaient remercier Lévi-Strauss d'être intervenu à l'Unesco pour sauver la langue de ce peuple autochtone, qui vit sur les côtes dans la région de Vancouver. J'étais gourmande du récit à venir.

– Alors, qu'est-ce qu'il a fait, ce chef kwakwaka'wakw ?

– Il avait une valise. Il a demandé une chambre...

– Une chambre !

– Oui, pour s'habiller. Il en est ressorti en costume de cérémonie et s'est mis à chanter devant moi, dans sa langue, en s'accompagnant de son tambour. Mais ce n'est pas tout ! Le professeur qui l'accompagnait était aussi rabbin. Pour ne pas être en reste, il s'est mis à chanter en hébreu !

Je le connaissais depuis quarante-huit ans. Lorsque je pense à lui – pratiquement tous les jours – je l'appelle « Papy » – mais je n'ai jamais osé employer ce surnom familial devant lui. Les sentiments qu'il m'inspire, l'affection qu'il m'a toujours manifestée m'évoquent irrésistiblement l'amour que me portait mon grand-père chrétien, Louis Clément, un amour bienveillant. Je ne suis pas vraiment élève de Lévi-Strauss, je ne suis pas non plus l'une de ses disciples puisque je n'ai pas fait d'ethnologie. Mais la pensée de cet homme m'aide à vivre ; je crois qu'il le savait.

Donc, en ce jour de printemps 2007 à Paris, l'œil vibrant de joie, Lévi-Strauss savourait la mémoire de la veille, ce magnifique moment de chants et de danses dans son appartement à Paris. Quand on ne peut plus voyager, voir l'ailleurs sonner à sa porte et chanter, en costume à fourrures et à plumes, quel bonheur !

Il avait quatre-vingt-dix-huit ans. Nous étions sur le seuil de sa porte, en direction de l'ascenseur – il m'a toujours raccompagnée sur le palier jusqu'à la fermeture automatique des portes. Il avait encore quelque chose à me dire, d'infiniment précieux.

– Vous savez, quand le chef kwakwaka'wakw a chanté, j'étais enthousiasmé. Mais quand le rabbin a chanté en hébreu, je n'ai rien senti de tel. Cela ne m'a rien fait !

– Au fait, monsieur, vous ne m'avez jamais dit, quel est votre prénom hébreu ?

Il fronce le sourcil, baisse la tête, cherche dans sa mémoire, longtemps, et cela lui revient. Il relève la tête en souriant et me fait ce cadeau...

– Nephtali.

Claude Nephtali Lévi-Strauss, comme je vous aime ! Vous m'avez tout appris de la pensée. Sa difficulté, sa rigueur, ses défaillances, ses joies. Grâce à vous, je connais les pouvoirs de l'esprit, comment ils tiennent la vie en haleine, comment ils peuvent agir de loin sur le réel. Et j'aime qui vous étiez, la flamme sous la glace, courtois et émotif, généreux et violent, l'Esprit en personne.

Je vous appelais « monsieur » depuis toujours, malgré vos protestations. Vous auriez préféré que je dise « cher ami », car de votre côté, vous m'appeliez « chère amie ». Je vous avais expliqué que, dans ma bouche de fille de médecin, « monsieur » renvoyait au titre honorable que les internes donnaient à leur chef de clinique, mais cela ne vous avait pas convaincu. Pour finir, vous vous êtes habitué. Je vous donnais du « monsieur » comme on donne un baiser.

Lorsque j'étais en Inde, je venais à Paris quinze jours tous les trois mois. Chaque fois, j'appelais Lévi-Strauss, chaque fois, il refusait absolument que je lui rende visite.

– Non, vous êtes fatiguée. C'est à moi de venir. N'insistez pas !

J'étais cinquantenaire et lui, octogénaire mais il ne céda pas. J'étais son amie fatiguée. La première fois, je l'attendis le cœur battant, en guettant chaque bruit dans l'escalier, en allant à la fenêtre pour le voir arriver. Je l'attendais comme une amoureuse. Il arriva avec sa sacoche à l'épaule, en vieil adolescent éternellement jeune, et s'assit, non, il ne voulait rien boire.

Je lui offris un petit bovidé aborigène en bronze de style « bastar », l'un des styles de l'Inde. Il a tendu les mains en direction des miennes, et de longues secondes se sont écoulées avant qu'il réussisse à attraper la bête. Je n'ai pas bougé, pas même respiré. Je tenais dans mes doigts mon cadeau, je ne devais pas le poser dans ces mains qui tremblaient. Quand il s'en est saisi, il l'a retourné en tous sens.

– Une cire perdue, a-t-il murmuré.

Ses mains tremblaient depuis quelques années. Ses mains seulement. Pas sa voix ni sa tête. Une fois, chez lui, j'avais évoqué sa maladie de Parkinson. Il n'était pas content.

– Ce n'est pas un Parkinson ! C'est un tremblement essentiel.

Allons bon. Un tremblement essentiel, voilà qui lui ressemblait trop. Mais lui :

– Regardez, me dit-il. Je pose mes mains sur mes genoux, elles ne tremblent pas. Maintenant, je veux vous verser du jus de fruits...

La carafe dans ses mains gicla de tous côtés.

– Non ! lui dis-je en prenant la carafe. La démonstration est concluante. J'ai bien compris. Le tremblement vous affecte lorsque vous voulez faire quelque chose de vos mains.

– Remarquez, lorsque je vous écris, mes mains ne tremblent pas...

J'étais émue aux larmes, ne sachant quoi répondre. Rien. Les regards suffisaient. C'est un homme qui n'a jamais très bien su s'il fallait me traiter comme une intellectuelle ou une aventurière, et qui, une fois pour toutes, m'a prise pour amie. Il a lu tous mes livres, il les a critiqués férocement, sauf les romans, pour lesquels il a toujours eu des mots aimables, les mots d'un ami bienveillant. Lui aussi, comme tant d'autres, il m'a parlé souvent de mon énergie, mon infatigable énergie et quand j'entends cela, je ne comprends pas. Je l'ai laissé dire puisque cela lui plaît. De temps en temps, il avait l'air épaté d'un grand-père devant sa petite-fille qui fait ceci ou cela, avec l'air de penser sans le dire « Mais qu'est-ce qu'elle va encore inventer, cette fois-ci ? »

Je le revois, très beau, très digne, entrer en majesté dans la réception d'adieu que je donnai en quittant le Quai d'Orsay avant mon départ pour l'Inde. Tout le monde s'est tu. J'étais en gaze bleu roi décolletée et pour un peu, je lui aurais sauté au cou. Mais je n'ai pas osé. Lui, si réservé !

J'allais partir en poste avec Roderich, et depuis ce jour-là, la phrase était rituelle.

– Et comment va l'ambassadeur ?

Car Claude Lévi-Strauss ayant été conseiller culturel à New York près l'ambassade de France aux États-Unis, il se souvenait des codes, qu'il respectait.

Que je sois en poste auprès de l'ambassadeur, oui, cela lui plaisait. Il n'avait pas l'air de se soucier du rôle d'ambassadrice sans salaire que j'avais accepté par amour. Nous ne parlions jamais de la logistique à laquelle j'étais confrontée, réceptions, dîners, représentation, broutilles sans intérêt ; nous parlions de l'Inde ou de l'Afrique, ou de l'Autriche, ces pays où j'étais en fonction, représentant la République. Nul besoin de le rappeler. Il ne l'oubliait pas. Comme moi non plus je ne l'oubliais jamais, nous n'avions aucun besoin de le préciser davantage.

Octobre 2007. Au téléphone, il me dit « Je baisse, je baisse » avec une sorte de soupir. Il m'ouvre. Ses mains ont cessé de trembler depuis quelque temps. Il marche mieux. Je lui donne mon dernier roman, *La Princesse mendiante* ; il l'attrape sans effort. Je lui raconte l'intrigue à grands traits – c'est l'histoire de la première Râni qui a refusé de brûler vive sur le bûcher de son mari mort. Il fronce le sourcil attentivement, et quand il voit de quoi il retourne, il acquiesce, se détend, voilà, c'est calé, il sait.

Au musée du Quai-Branly, nous venons de décider du dispositif pour les célébrations de son centenaire. Veut-il que je lui raconte comment nous allons procéder ?

– Non ! Je préfère ne pas savoir.

Un silence. Ses yeux sont d'infinis tunnels noirs. Je voudrais le serrer dans mes bras.

– Imaginez, c'est insupportable !

Sa souffrance est visible. C'est une souffrance morale.

– Encore faut-il y arriver !

Je bondis.

– Ah oui ! Évidemment que vous allez y arriver. Il ne manquerait plus que cela !

Mais l'angoisse est trop forte. Je n'arrive pas à le dérider. Pour sortir du silence, il pose la question rituelle.

– Et comment va l'ambassadeur ?

– Eh bien, il a subi avec succès un traitement contre un petit cancer de la prostate...

– Je sais ! Il y a deux ans.

La mémoire est en place.

– Je suis dans un autre monde, dit-il avec une expression étrange.

Il m'a souvent dit cela. Cette fois, la phrase sonne autrement. Angoisse ? Non. Gourmandise.

– J'ai atteint un état... disons, d'indifférence. L'indifférence bouddhique...

Une ébauche de sourire. Un confus souvenir de la dernière page de *Tristes tropiques*, la plongée dans l'œil d'un chat compatissant. Je ne m'en satisfais pas.

– Allons ! Nous avons souvent rencontré le Dalaï-Lama quand nous vivions à Delhi, où il avait une suite dans un hôtel...

– Je le connais aussi, convient-il.

– Eh bien, cet homme est plein de vie ! Il est gai, souriant, il n'est pas triste !

Mutisme. J'ai l'impression d'être un saumon remontant un torrent de désespoir.

– Quand vous êtes en Bourgogne, chez vous...

– Oh, si peu ! Il faudrait s'y rendre plus souvent, la maison s'abîme.

– Bon, mais vos arbres ?

– Je ne peux plus me promener ! dit-il avec une sorte de colère.

– Alors ?

– Je les regarde de loin.

– Quels animaux voyez-vous ?

Il s'anime. Aligne chevreuils, renard, écureuils.

– Des lapins...

– Non ! corrige-t-il en souriant. Un lièvre.

Le voici, mon lièvre d'angoisse à l'oreille dressée, le cœur palpitant sous la menace. Le lièvre de Maïakovski. Mais à la fin des fins, j'ai eu ce que je voulais. Son sourire.

La cérémonie des cent ans de Lévi-Strauss eut lieu au quai Branly le 28 novembre 2008, pour son anniversaire. Le matin, à son domicile parisien, il avait reçu la visite du président de la République ; et jusqu'au soir, cent intellectuels de tous âges et de toutes disciplines ont lu du Lévi-Strauss au musée, parmi les collections. Mon patron et ami, Stéphane Martin, le président du musée, m'avait confié la tâche de tout organiser. Et ils vinrent, et ils lurent jusqu'à neuf heures du soir au pied du grand poteau sculpté de Colombie britannique, devant les peintures sur papier des aborigènes d'Australie, entre les coiffes de plumes d'Amazonie et du Mato Grosso, sous les tambours d'Afrique, voix multiples réparties sur tous les continents. Il y eut tant de monde qu'il fallut des micros qui n'étaient pas prévus, on rêvait d'une intimité à cent, pas davantage. Douze mille personnes vinrent au lieu de nos cent rêvés, pour seize heures de lecture des textes du héros. Assis par terre, debout, accroupis, entassés, douze mille pour entendre lire du Lévi-Strauss, quelle merveille c'était ! Je ne quittai les régies des lectures qu'une ou deux fois, pour voir comment se passait l'accueil de nos lecteurs, deux étages plus bas – une arrivée toutes les dix minutes, hôtesses pour les conduire à leur place de lecture, temps d'attente, inconfort, et pas un seul lecteur ne manquait à l'appel, pas même Françoise Héritier en fauteuil roulant, s'excusant auprès de ceux qu'elle dérangeait... Celui qui commença fut mon cher Daniel Mesguisch, répétiteur de luxe qui avait ouvert son bureau au Conservatoire d'art dramatique pour guider les novices dans l'art de lire un texte, mon frère Jérôme en tête. Dans la nuit, vers neuf heures, le dernier de mes lecteurs, Claude Lanzmann, lut pendant quarante-cinq minutes admirables la description d'un coucher de soleil en pleine mer qui se trouve dans *Tristes Tropiques*. Physiquement absente, la voix de Lévi-Strauss avait résonné partout dans le musée, portée par cent voix d'hommes et de femmes jeunes ou matures, hésitantes ou bien affirmées, de toutes les professions intellectuelles, anthropologues, professeurs, chercheurs, écrivains, animateurs de radio, romanciers, présentateur de journal télévisé, cinéastes, producteurs, cadres parlementaires. Les plus jeunes n'avaient pas trente ans, les plus âgés, plus de quatre-vingts ans. Lorsque Lanzmann acheva sa lecture, le soleil se couchait dans le texte qu'il lisait. La longue journée Lévi-Strauss s'achevait.

Il me remercia par écrit au lendemain de ses cent ans, avec une lettre émue sonnant comme un adieu. Et il n'atteignit pas l'anniversaire suivant.

À ce point d'amitié, je ne sais plus faire la part de ce qu'il m'a apporté au titre des idées ou à celui de la vie.

Je crois que, comme lui, j'ai des convictions fortes qu'il appelle « rustiques » dans *Tristes tropiques.* Tout compte fait, je pense à cause de lui que « la nature du vrai transparaît déjà dans le soin qu'il met à se dérober ». Que les causes sont cachées, toujours. Et que pour les trouver, il faut mettre en œuvre d'immenses machineries dont on sait à l'avance qu'elles produiront une simple évidence, une vérité cachée par les structures. Lorsque, pour ces raisons, il se réclame de Freud et de Marx parce qu'ils ont eu le souci de traverser les apparences, j'approuve.

Du judaïsme de sa naissance, reste, dans *Tristes tropiques*, l'aridité de la salle à manger de son grand-père rabbin à Versailles, et la banderole en grosses lettres, « Mastiquez bien vos aliments, votre digestion en dépend ». L'indifférence qu'il a manifestée en entendant le rabbin de Vancouver chanter en hébreu, je la prends au sérieux. Du judaïsme, il n'aura pas retenu la chaleur des bougies de la fête d'Hanoukha, la venue de la Princesse Shabbat, le pain tressé rompu, l'admirable mélange de rigueur et de désordre. Le judaïsme ne lui causait aucune émotion ; soit. Mais l'inconscient fait œuvre. Son ardeur à chercher, son goût de la vérité et sa traque des erreurs, l'émotion quand il trouve et qu'on sent dans ses textes, les constructions de l'esprit, inouïes d'intelligence, tout cela me paraît venir en lui d'une source juive. Il y a en Lévi-Strauss un rabbin qu'il ignore, capable de commentaires et d'interprétations qui vont à l'infini sans donner de réponse définitive.

Manque Dieu. Juif athée, comme Freud. Mais son athéisme s'en va vers le Bouddhisme et cette fois, c'est lui seul. Je ne le suivrai pas.

Car le Bouddhisme, pour lui, n'est pas de pacotille.

Quand je partis pour l'Inde, il prit soin de me dire qu'il n'était pas assuré d'avoir bien compris ce pays où il n'avait passé que peu de temps. Il est vrai que, dans *Tristes tropiques*, il assaisonne l'Inde d'épices à sa façon.

Ses descriptions sont irréprochables. Son analyse des « populations médiévales... précipitées en pleine ère manufacturière et jetée en pâture au marché mondial » est exacte pour l'époque – les années cinquante.

Mais il ne voit pas tout. Sa vision des grandes tombes mogholes comme architectures indigentes parce qu'elles seraient des échafaudages drapés, sa façon subtile de traiter le Taj Mahal comme un art 1900, voilà qui ignore l'évolution moghole à partir de l'architecture afghane en Inde.

Surtout, il y a cette phrase : « Ce grand échec de l'Inde apporte un enseignement : en devenant trop nombreuse et malgré le génie de ses penseurs, une société ne se perpétue qu'en sécrétant la servitude. » Non ! Non, monsieur. Vous ne pouvez pas dire ça. Quand vous avez rendu visite à l'Inde, elle était déjà une démocratie. Certes, la Constitution instaurant l'égalité entre les citoyens de l'Inde date de 1950, au moment de votre passage, mais même émergente, l'Inde que vous avez vue était démocratique. Bourrée de servitude, cela ne fait pas de doute ; pesant encore sous le poids des castes, je veux bien. Mais libérée de l'occupation anglaise, dotée d'un Parlement, d'élections libres, de la liberté de réunion, de la liberté d'expression, et grosse de l'avenir ; qui parle d'un échec de l'Inde aujourd'hui ?

Le Bouddhisme qu'il a si bien compris ailleurs, Lévi-Strauss ne l'a pas trouvé en Inde. Il n'a pas passé assez de temps à Sarnath, dans le parc aux daims où se dressent les ruines du stupa du Bouddha. Oui, c'est vrai, le Bouddhisme en Inde est difficile à voir ; les Bouddhistes ne sont qu'une petite minorité d'un seul million, une misère comparée aux grosses minorités des Sikhs et des Jaïns, qui sont également issues de l'Hindouisme. Il n'a sans doute pas su que chacune et chacun à leur tour, depuis les années trente, les leaders des Pariah, aujourd'hui les Dalits, lançaient régulièrement des mots d'ordre politiques de conversion au Bouddhisme, une façon explicite d'échapper au système des castes parce que le Bouddhisme exige l'égalité. Le dernier mot d'ordre, lancé par Madame Mayawati, *chif-minister* de l'État de l'Uttar Pradesh, date de 2006. Voilà le Bouddhisme de l'Inde contemporaine.

Son Bouddhisme, Lévi-Strauss l'a intériorisé dans la douceur androgyne des temples sur la frontière birmane.

Il y a dans *Tristes tropiques* un passage qu'à la première lecture, j'ai avalé tout cru et qui, aujourd'hui, risquerait de provoquer de grands hourvaris. Ces pages touchent à l'Islam. Dans un formidable instant d'intuition, Lévi-Strauss ose penser qu'avec les Croisades, dans la longue confrontation de l'Occident et de l'Islam, quelque chose s'est perdu. L'Islam a coupé l'Occident du Bouddhisme. Et c'est ainsi que « l'Occident a perdu sa chance de rester femme ».

De même que le Bouddhisme écarte les différences très inégalitaires du système des castes, il écarte la différence entre les sexes, qu'il arase. Moines et nonnes ont la tête pareillement rasée ; et Lévi-Strauss décrit merveilleusement l'androgynie tranquille des moines du Laos, vaguement homosexuelle, dépourvue d'interdits. Mais si elle n'est pas fausse, l'idée de Lévi-Strauss bute à nouveau sur l'Inde.

Oublié, le bloc de l'Hindouisme, si majoritaire qu'il envahit toutes les religions de l'Inde au point d'avoir pu transformer la très antique communauté juive de Cochin, au Kerala, en deux castes, juifs blancs et juifs noirs. Oubliée, cette masse d'inégalité jadis réglée jusqu'au dernier détail.

Or l'Hindouisme traite durement ses femmes, réduites à l'état de pariah par leur seule naissance, si inférieures aux hommes, si nocives qu'elles furent longtemps considérées comme coupables de la mort de leurs maris. De ce point de vue, l'Islam et l'Hindouisme se sont longtemps accordés et s'entendent encore très bien aujourd'hui. Enlevez l'Islam, il reste l'Hindouisme.

Quelqu'un manque à cette intuition. Un homme qui, volontairement, prononça un vœu de chasteté à un âge encore tendre, et, de ce moment, n'omit jamais de parler de sa féminité d'homme. Un homme qui se présentait comme la mère de son peuple. Un Hindou de naissance qui lutta toute sa vie pour réconcilier en Inde l'Islam, la Chrétienté et l'Hindouisme et qui ne quittait jamais ses trois livres sacrés, les Évangiles, le Coran, la Bhagavad-Gita. L'homme idéal, en somme, pour conforter l'idée de Lévi-Strauss. Il s'appelait Mohandas Karamchand Gandhi. Mais en 1955, quand parut *Tristes tropiques*, je ne connaissais pas le Mahatma Gandhi, j'avais de l'Inde l'image d'une abomination et l'Inde n'était connue que de rares inspirés comme Arnaud Desjardins, qui réalisa le film *Ashrams* en 1959, ou d'indianistes français érudits.

J'ai souvent entendu dire que Lévi-Strauss était « réactionnaire », quelquefois, sommairement, « un vieux réac ». Cela me fait bouillir.

Réactionnaire, lui ? Un homme qui fut écologiste avant l'heure, et qui toute sa vie lutta contre le racisme avec des arguments ethnologiques et des preuves scientifiques ? Réactionnaire, l'homme qui écrivit au président du Brésil pour protéger les Amérindiens ? Je le revois au début de l'année 68, dans une petite salle de la Sorbonne où il avait rassemblé collègues et amis pour protester contre le sort fait aux Indiens du Brésil par le service chargé de leur protection, le Service de Protection des Indiens. Juste devant moi, Michel Leiris rougissait de colère en écoutant les méfaits du SPI. Lévi-Strauss écrivit sa lettre, publiée dans le livre que je lui consacrai en 1970. Le SPI fut remplacé par la FUNAI qui protège vraiment les Indiens du Brésil.

Qu'il soit conservateur, oui, cela ne fait pas de doute. Avec tranquillité et un certain panache, Lévi-Strauss assumait des positions conservatrices. Il a publiquement fulminé contre le trop-plein de paroles sur France Musique ; il a écrit des « *propos retardataires sur l'enfant créateur* » à donner des boutons aux pédagogues modernes. À l'Académie française, il s'est vigoureusement opposé à l'élection de femmes. Pour me dissuader de m'y présenter, il a voulu me convaincre de fonder une académie féminine, sans chercher à changer les règles établies par Richelieu. Il ne cachait pas son hostilité aux mises en scène modernes à l'opéra et il aurait rêvé de voir un jour une mise en scène de *La Tétralogie* avec de vrais chevaux pour les Walkyries, comme au jour de la création au festival de Bayreuth. Il était respectueux des institutions républicaines, des codes de politesse, des traditions. Après avoir défendu les modes de vie des autres, après un long combat interminable puisqu'en 2007 il sauva la langue kwakwaka'wakw, il défendait nos modes de vie à nous.

Il lui est arrivé de décrire l'ethnologue au retour d'un long séjour sur le terrain comme une sorte de Lazare, ni mort ni vivant, mais entre deux mondes, ne sachant plus où se situer, ni d'ailleurs ni d'ici et c'est une expérience que nombre d'ethnologues ont partagée. Passé l'étape Lazare, établi dans son propre pays, Lévi-Strauss a minutieusement cherché à protéger les modes de vie français en voie de disparition, lançant une équipe de recherches sur les villages français à l'époque où ils allaient changer de mode de vie. Il n'en sera pas content, mais tant pis ! Sa position ne me paraît pas différente de celle des communistes français que j'ai connus, très attachés à la préservation des fêtes et rituels ouvriers ou agricoles, lieux de rassemblement des sociétés. Sans être communiste, son maître Marcel Mauss, qui était socialiste, appelait de ses vœux les retrouvailles avec les coopératives ouvrières et les festivités populaires, en écho à ces grandes cérémonies d'échanges que sont le potlatch pour les Amérindiens de l'Alaska et de Vancouver, et le kula à Samoa.

Conservateur, résolument. Quand il fut élu à l'Académie française en 1973, j'étais membre du Parti communiste, mais avec des élans gauchistes par-ci par-là. Nous étions déjà liés d'amitié ; je lui écrivis une lettre de reproches. Je reçus en retour une petite carte furibonde signalant qu'en Union soviétique, il y avait aussi des académiciens.

Il m'arrive de penser sous forme de fantaisie que s'il a désiré être académicien, c'est à cause des plumes frisées sur le bicorne et des broderies de feuilles sur l'habit vert. Les plumes ! *Tristes tropiques*, chapitre des Bororo. L'apprenti ethnologue est en admiration devant ces grands gaillards à la peau presque noire couverte de duvets colorés, la tête illuminée par de grandes plumes d'ara bleues prises aux perroquets. On capture les oiseaux, on enlève les rémiges avec précaution, il ne faut pas tuer les volatiles, on les garde. Ils trottinent, le croupion dénudé, en attendant que les rémiges repoussent. Les hommes bororo s'enferment dans une vaste case au milieu du village – j'ignore pourquoi le nom en bororo s'est aussitôt inscrit dans ma mémoire, *baitemannageo*, ce qui signifie « la maison des hommes ». Ou plutôt si, je sais. Pas une femme n'y entre, sous peine de mort. Les adolescentes, si elles rôdent, seront attrapées, déflorées, voilà. Mais une femme ? Jamais. C'est là que les guerriers emplumés confectionnent leurs costumes de cérémonie.

L'Académie française, une maison des hommes ? Oui. Lévi-Strauss n'y voulait pas de femmes. Serait-ce une maison où l'on confectionne son costume de cérémonie ? En quelque sorte. L'habit vert y compte suffisamment pour que les candidats soient parfois soupesés aussi sur leurs capacités à l'endosser. Les plumes du bicorne ne sont pas d'ara bleu ? C'est dommage. Lévi-Strauss aurait certainement apprécié de revoir sur des êtres humains les rémiges montées en parure. Et il y a les feuilles brodées ; quand elles ne sont pas de plumes, les décorations corporelles des athlètes bororo sont de feuilles. L'art qui transforme le corps humain en animal, le rapprochant de ses frères oiseaux, l'art qui fait de lui un végétal le rapportant à la plante autochtone, voilà qui rapproche étrangement l'Académie française du *baitemannageo* des Bororo. Entrer dans la maison des hommes, pour une femme, quel désir !

Moi aussi j'aime les plumes et je porte parfois l'immense éventail de plumes d'autruche dont ma grand-mère juive, Sipa, se servait pour se rendre le soir au casino. Elles sont vert Véronèse, longues et frisées. Il faut avoir la phobie des oiseaux pour ne pas succomber à l'art plumaire. Quel enchantement ! Pendentifs d'ailes de colibri turquoise, petite coiffe de plumes courtes jaunes et rouges étroitement accolées, boucles d'oreilles en duvets avec une seule rémige rouge vif... Les trésors d'art plumaire amérindien dorment au musée dans de longs tiroirs fermés, au Brésil. Dans notre logis parisien, deux coiffes, une bororo de plumes d'ara bleues, une Kejara de plumes d'aigle-harpie blanc rosé tacheté noir, s'étalent sur des murs protégés du soleil. Et un bec de toucan avec un manche tapissé de duvets lapis-lazuli, acheté sur un sentier du Pantanal à de jeunes Bororo en baskets qui s'en allaient à pied porter leurs trésors à la FUNAI, en 1986. Cette année-là, Roderich et moi nous suivions les traces de Lévi-Strauss sur le chemin des Bororo. À Cuiaba, la jeune femme blonde qui tenait l'agence de tourisme vit soudain dans mes mains mon vieil exemplaire de *Tristes Tropiques*, dépenaillé à force d'être lu.

– Vous avez ce livre ! dit-elle. Mais je suis la petite-fille de l'un des frères B. !

Les frères B. montèrent l'expédition de Lévi-Strauss, acheminant les bœufs, les chevaux, les chariots. Le souvenir du jeune ethnologue était resté vivant. C'est à partir de Cuiaba qu'il partit à la découverte des hommes parés de plumes, cinquante ans plus tôt.

Et pourtant, c'est un lièvre et du poil qui firent naître sur ses lèvres le sourire de la vie un soir d'octobre 2007 à Paris. C'est qu'au-delà des oiseaux, Lévi-Strauss a fréquenté de près le monde animal. Agressif quand il s'agit d'insectes ou de vermine, affectueux quand il achète à une petite Indienne Nambikwara la guenon que l'enfant porte accrochée aux cheveux. Lucinda ! C'est le nom de la guenon. Ses yeux lui dévorent le visage et elle s'accroche à la jambe gauche de l'homme, poussant des cris plaintifs à chaque pas. Lévi-Strauss ne la détache pas, il endure. Imaginez la jungle, le plafond bas, l'absence de soleil, l'humidité, les lianes, le sol glissant, les trous, et la guenon qui crie pendant que vous avancez. D'autres se seraient délestés du fardeau, lui non. Il a beau être jeune, il s'épuise. C'est alors que, pendant une halte qui dure, il rédige l'esquisse d'une étrange tragédie dont quelques scènes subsistent, drôles et sombres, *L'Apothéose d'Auguste*, un remake de *Cinna*.

Cinna est ethnologue et revient d'un terrain. Ne lui reste que le pire, les yeux brûlés de soleil, l'insecte envahissant et l'animal partout. Auguste empereur va être divinisé ; il attend la cérémonie de l'apothéose dont l'aigle est le symbole. L'aigle impérial surgit. La vermine ronge sa peau ; du bec, il la fouaille en soulevant ses plumes malodorantes. Mais il parle. La divinisation consiste à devenir animal en supportant sans dégoût que des papillons s'accouplent sur sa nuque. Être dieu, c'est cela et c'est la surnature. Rien d'autre pour le dieu, ni pouvoir ni plaisir. Or Cinna constate avec étonnement qu'il en est au même point.

Ce qu'apprennent les autochtones, c'est le respect de toutes les espèces, et que l'espèce humaine n'a pas de privilèges. Comme c'est également la leçon du Bouddha pour qui tout de la vie doit être respecté, Lévi-Strauss s'en est spontanément allé des Amérindiens du Brésil au placide sourire des moines bouddhistes.

Et le voir à Paris, Paris sans plumes qui volent, mis à part les pigeons. La ville sans l'amitié animale pour un homme si profondément relié à la nature. Le sourire enfin apparu sur ses lèvres venait d'un animal bondissant, lièvre libre. Et moi, avec mon roman indien du seizième siècle, féministe par surcroît, que venais-je d'apporter le jour du lièvre ?

Il flanque une bonne tape amicale sur mon livre, bel objet avec une couverture orange vif bordée de rose. Quatre jours plus tard, de sa petite écriture oblique et fine, il m'écrit toutes sortes de compliments immérités.

Pas de critiques. C'est un roman.

Quand j'allais lui remettre un essai, je recevais quatre jours plus tard une lettre en deux temps. D'abord les compliments ; ensuite les critiques. Mon vieil ami avait la dent dure ; mais cela m'était égal. Il avait raison. Après avoir écrit le premier jet du « Que sais-je ? » qui lui est consacré, j'allai lui remettre le manuscrit, l'avertissant que c'était une esquisse. Mon Dieu, quelle avoinée !

Je donnais trop de place à des événements pour lui insignifiants, je parlais trop de la musique et pas assez des masques, j'avais fait des erreurs en quantité ! Par chance, il avait annoté dans la marge, au crayon, rectifiant tout ce qui était faux. Je refis en hâte mon esquisse en la bouleversant de fond en comble. Il en parut content. C'est ainsi que parut le « Que sais-je ? » sur Claude Lévi-Strauss, de Catherine Clément, corrigé par le sujet du livre en personne.

Lui est-il arrivé de recevoir un de mes essais sans le critiquer ? Jamais. Quand il se déclara satisfait d'un essai intitulé *Qu'est-ce qu'un peuple premier ?*, il ajouta qu'il avait pris la liberté de relever la liste des erreurs pour les éditions suivantes. Une liste de plusieurs pages était attachée à la lettre de compliments, identifiant ici une erreur dans la citation, là une information manquante, un travail minutieux de moine copiste.

Il n'y a rien d'offensant dans sa démarche. Pour lui, faire des erreurs était inévitable. Je me souviens d'un jour particulier où j'étais allée l'interviewer sur l'un de ses ouvrages, paru longtemps après la série des *Mythologiques*. J'avais travaillé sur les épreuves et je lui fis remarquer qu'avant publication, il fallait corriger une erreur dans une citation extraite de son œuvre, juste à la dernière ligne, dans les derniers mots.

– Mais non ! dit-il avec un peu d'agacement. C'est impossible ! C'est la fin de *L'Homme nu* ! J'ai recopié moi-même ma citation, voyons !

– Je vous assure, monsieur, qu'il y a une erreur. Vous devriez vérifier.

J'insistai. Je n'avais aucun doute. Je connaissais ce texte absolument par cœur et les derniers mots n'étaient pas ceux qu'il avait cru recopier. Avec un haussement d'épaules, il déplia son long corps et alla dans sa bibliothèque attraper le dernier tome des *Mythologiques*, *L'Homme nu*. Il l'ouvrit à la dernière page, se plongea dans son propre texte et se redressa troublé.

– Vous avez raison, murmura-t-il.

Commença une conversation sur l'erreur qui s'est poursuivie à travers les années. À ma connaissance, Claude Lévi-Strauss est le seul auteur à avoir écrit un texte pour interpréter une erreur commise dans un texte précédent. Il s'agissait d'une communication faite à l'étranger sur la *Tétralogie* de Wagner, et l'erreur portait sur l'un des personnages, Hagen. La correction est éblouissante et la démarche, d'une incroyable honnêteté dans le retour sur soi, décrit avec un mélange d'humilité et d'orgueil extraordinaires.

Dans le même mouvement, c'était logique, commença une conversation sur le vieillissement. Il avait à l'époque dans les quatre-vingts ans, et sa mémoire s'enfuyait, la mauvaise, à toutes jambes. La preuve ? Sa citation.

Dans les années soixante, je suivis quelques trop rares séances de son séminaire où intervenaient ses chercheurs. C'était selon les cas, brillant ou ennuyeux. Il fallait attendre le commentaire de Lévi-Strauss pour l'écouter ramasser les fils et tisser de la pensée. Je garde un souvenir ébloui d'un jour où un bel ethnologue à l'œil velouté nous fit un compte rendu, dont j'ai déjà parlé, à propos du découpage rituel du phoque chez les Inuits ; et l'exposé était si bien pensé que je ne me souviens pas du commentaire du maître. J'ai revu Bernard Saladin d'Anglure quarante ans plus tard à Genève, quand j'essayais de comprendre les difficultés des travaux de la commission des peuples autochtones à l'ONU en 2005, avant que leur Déclaration des droits soit votée par l'Assemblée générale, à l'automne 2007. Le cheveu était rare, l'œil toujours velouté, et Saladin d'Anglure est devenu un grand militant de la cause des autochtones en compagnie de son épouse.

À cette époque, dans les années soixante, Lévi-Strauss prisait. Un jour, dans son vaste bureau au Collège de France, j'ai vu cela avec un étonnement sans mélange. Il prisait discrètement et avec élégance, mais enfin, il prisait comme aux siècles passés et c'était très étrange. Je me suis habituée à ces étrangetés. Chez lui, sur la colline, c'est à peine si je prêtais attention à la tête jivaro, la « tsantsa » aux lèvres énormes, cousues d'épines dans une toute petite face noircie aux longs cheveux. Non, ce que je regardais dans son bureau, c'est la grande « tanka », cette immense bannière peinte tibétaine et bouddhiste représentant la déesse Tara, toute grâce et sourire étiré.

Après avoir vécu quatre ans et demi en Inde, j'écrivis d'un seul jet l'histoire romantique de la longue liaison entre Lady Edwina, épouse de Lord Mountbatten, dernier vice-roi des Indes britanniques et Jawaharlal Nehru, Premier ministre de l'Inde indépendante. Le livre, qui s'appelle *Pour l'amour de l'Inde*, décrit assez longuement la mort de Mohammed Ali Jinnah, le fondateur du Pakistan.

Atteint d'un cancer du poumon en phase terminale, ce que tout le monde ignorait à l'époque, Jinnah fut d'une extrême intransigeance pendant les négociations pour l'indépendance des Indes britanniques, car il allait mourir, il le savait. Et cet homme tenace voulait voir « le pays des purs », son Pakistan, avant de disparaître. Jinnah quitta Bombay pour Karachi quelques jours avant le 14 août 1947, revêtit pour la première fois le long caftan et la toque d'astrakan des musulmans de la région, et devint Quaïd-I-Azar du Pakistan. Avant la fin de l'année 1948, il mourut de suffocation dans sa voiture officielle, arrêtée sur le bord de la route le long d'un bidonville de Karachi, où vivaient des réfugiés de la Partition.

Lévi-Strauss m'écrivit une lettre stupéfiante. En lisant mon roman, il avait brusquement compris que ce qu'il avait pris pour une ville en 1950 était un campement de réfugiés. Le monde n'avait pas pris la mesure de l'événement qui venait de se produire quand Lévi-Strauss se rendit au Pakistan : deux millions de morts (le chiffre officiel a été produit par l'Inde en 2007), trois millions de réfugiés. Première catastrophe humanitaire de l'après-guerre mondiale, la partition des Indes britanniques demeure un désastre méconnu. En 1948, l'ONU, qui venait de naître, s'était contentée d'envoyer des observateurs sur la ligne frontière entre l'Inde et le Pakistan, à la demande de Nehru et contre l'avis du Mahatma Gandhi. Ce furent les tout premiers observateurs de l'ONU. Ils y sont encore.

Lévi-Strauss avait circulé dans deux nouveaux pays largement dévastés, et cela n'avait pas aidé sa vision. Et pourtant, malgré ces perceptions acrimonieuses sur un pays qui est devenu ma seconde patrie, j'ai voulu transformer *Tristes tropiques* en opéra.

Georges Aperghis venait de composer *Histoire de loups*, et il cherchait comment prolonger son travail. Je pensai à *Tristes tropiques*. Je voyais comme si nous y étions les Bororo sur scène, ou les Nambikwara. Georges Aperghis fut aussitôt séduit. Il m'avertit d'avoir de la patience – il lui faudrait, disait-il, une dizaine d'années pour la composition musicale.

Encore fallait-il obtenir l'autorisation de Claude Lévi-Strauss. L'idée lui déplut aussitôt. Ce livre si populaire qui, dès sa parution, marqua l'histoire des idées n'était pas son ouvrage préféré. Il l'avait écrit en trois mois, trop vite à son goût, et sur commande. On demeure pantois devant cette prouesse, trois mois pour un chef-d'œuvre ; mais cela ne lui convenait pas. Et même s'il avait failli avoir le prix Goncourt, s'il ne l'avait pas eu pour la simple raison qu'au grand regret des jurés, ce livre n'était pas un roman, il ne s'y résignait pas. Un opéra ? À partir de ce livre hâtif ?

Lévi-Strauss se nourrissait de Wagner, Debussy, Stravinsky. Chaque chapitre du premier volume des *Mythologiques*, *Le cru et le cuit*, porte un titre de forme musicale, sonate, symphonie, cantate, thème et variations. Les *Mythologiques* comportent une « Ouverture » et s'achèvent avec un « Finale » ; personne n'a plus réfléchi que lui aux relations entre mythe et musique, dont Wagner est le maître. Ensuite, c'est *Pelléas*, de Claude Debussy, et *Noces*, de Stravinsky. Mais pas plus loin. Il n'aimait pas la musique contemporaine.

Ce n'est pas un secret ; il ne s'en cachait pas. Il y aurait donc un livret – passe encore ! – mais il y aurait aussi un compositeur vivant, donc contemporain et cette seule idée l'agaçait. « Je vous préviens, je ne veux pas entendre une seule note de cette partition ! »

Donc, il accepta. Je rédigeai une ébauche de livret que je lui envoyai. Misère ! Je reçus aussitôt une lettre en colère. J'avais manqué les longues conversations qu'il eut sur le mauvais bateau de son exil avec André Breton et Victor Serge, je n'y comprenais rien, bref, c'était impossible. À peine avais-je eu le temps de respirer qu'il m'envoya un télégramme follement généreux. Il n'avait pas le droit, disait-il, de m'empêcher.

J'aimais aussi ses colères, qui m'instruisent.

Je recommençai. J'écartai d'entrée de jeu l'Inde et le Pakistan. Je concentrai le livret sur les bateaux, transatlantiques luxueux dans les années trente quand le jeune professeur partait pour São Paulo, lugubre dans l'équipée de 1941 qui fit voyager l'exilé sur un rafiot épouvantable, de Marseille jusqu'à Fort-de-France. Puis venaient les Amérindiens, un peuple après l'autre, les Caduveo dépossédés de leur culture dont ne restaient que les peintures en volutes bleu sombre sur la peau, les Bororo en système fermé, rigide et spectaculaire, les Nambikwara démunis, miracle d'humanité, les Tupi-Kwahib réduits à quelques-uns, dont un chef capable de chanter seul à plusieurs voix en transe, toute une nuit.

Après quelques hésitations, Lévi-Strauss accepta de recevoir le compositeur d'opéra, Georges Aperghis, qui n'en menait pas large. Lévi-Strauss l'accueillit avec sa courtoisie habituelle, mais dès qu'il fut assis, lui dit d'un ton de défi : « Je vous préviens, monsieur, après Schönberg, je divorce ! »

Georges était averti et demeura de marbre. C'est un homme très doux, dont la voix un peu sourde apaise les inquiétudes des chanteurs et chanteuses. À l'époque, il avait un visage enfantin et un œil malicieux. Georges joua de sa voix et de son œil d'enfance. Lévi-Strauss entreprit d'expliquer qu'à ses yeux, les chants, les percussions, les rythmes des processions ne pouvaient être qualifiés de musique.

S'était-il renseigné sur l'œuvre musicale de mon ami Georges ? Aperghis compose des musiques avec des fragments de mots, des langues inventées, des mimiques sonores – exactement ce que Lévi-Strauss réfutait. Pour un peu, j'aurais juré que Claude Lévi-Strauss insinuait qu'étant contemporain, Aperghis n'était ni musicien ni compositeur. Georges ne se démonta pas, et expliqua longuement qu'il y aurait une partition classique, avec des notes écrites à la main. Comme dans Wagner.

Vers la fin de l'épreuve, Lévi-Strauss sortit des enregistrements qu'il avait faits chez les Nambikwara. Puis il se mit à chanter comme une femme Nambikwara, en dodelinant de la tête, toujours pour expliquer que ce n'était pas de la musique.

Georges jubilait. Cette musique qui n'en était pas une était précisément celle qu'il rêvait de composer. Il composa une musique classique pour la fosse d'orchestre, et une autre, sur scène, avec ses musiciens solistes de bric et de broc.

Yannis Kokkos était le metteur en scène d'une œuvre représentant un ethnologue cheminant dans le passé, de tribu en tribu. Yannis ne voulait pas de plumes. Mais pour la partie cérémonielle qui se déroule chez les Bororo, comment pouvait-on se passer des grandes coiffes magnifiques, faites de plumes d'ara bleues ? « Cela fera Folies-Bergère ! disait-il. – On n'est pas obligé de prendre de la plume d'autruche ! » répliquai-je. Non sans mal, j'eus mes plumes.

Tristes tropiques, opéra de Georges Aperghis mis en scène par Yannis Kokkos avec un livret de Catherine Clément fut créé à l'opéra de Strasbourg dans le cadre du festival Musica, pour cinq représentations. Pas une de plus, car il y avait du monde sur la scène et le prix de la représentation était exorbitant. Pendant le mois de répétitions à Strasbourg, il fallut ajuster le livret constamment, car le chef d'orchestre découvrait en dirigeant la partition que le texte et la musique, parfois, ne raccordaient pas. Travail de fourmi et de dernière minute. L'œuvre prenait doucement forme.

Il était entendu – cela allait sans dire – que Lévi-Strauss ne voulant en aucun cas se compromettre dans cette aventure, il ne serait pas présent le soir de la première. La veille, je fis signer une lettre à tout le théâtre, machinistes compris, que je lui envoyai. Pas de réponse. Non, c'est non. *Tristes tropiques, opéra* vit le jour en septembre 1996, et Lévi-Strauss avait accepté de laisser publier quelques-unes de ses photographies dans le programme, lourd de textes et de documents.

Quand Yannis régla les saluts, je m'aperçus avec terreur qu'il me laissait la toute dernière place, la sienne, normalement, car le metteur en scène vient toujours saluer après le chef d'orchestre et le compositeur. C'était, me dit-il, une façon de reconnaître que cette folle idée était la mienne. Je revêtis la robe des trente ans de ma mère, une splendeur de velours noir avec une courte traîne brodée de paillettes de jais, et je fis mon entrée en dernier sur la scène de l'opéra de Strasbourg. Je n'entendis pas les applaudissements. Une bouffée de lumière m'aveugla. C'était comme un évanouissement. Seul Lévi-Strauss manquait à cet instant.

Il était d'une époque où, au théâtre comme à l'opéra, les œuvres tenaient longtemps la scène ou « tombaient » en cas d'insuccès. Savait-il qu'il y aurait cinq représentations et pas une seule de plus pour raisons budgétaires ? Il pensa que l'œuvre était « tombée » à la cinquième représentation. Nous n'en avons plus jamais reparlé.

À la veille de mon départ pour le Sénégal, Lévi-Strauss me dit d'un air déçu qu'il n'y aurait pas grand-chose pour moi. Certes, il y avait bien dans le Sud les Bassari, mais il n'était pas sûr que ce fût intéressant. Mais il m'avait trouvé quelque chose. Il plongea dans l'un de ses fichiers et me sortit la fiche des Bijogos, qui vivent dans les îles qui bordent la Guinée-Bissau.

Sur le moment, je n'y ai pas pris garde. Je n'ai même pas réalisé que mon maître bien-aimé me traitait comme si j'étais une ethnologue. Je n'y pensais pas, j'écoutais très attentivement. Les Bijogos. Bon. Je tâcherais d'y aller.

Pendant les trois ans de mon séjour au Sénégal, la Guinée-Bissau connut plusieurs coups d'État et une guerre civile. Notre ambassadeur à Bissao vivait dans un recoin protégé avec des CRS qui le balançaient par les bras et les pieds, vlan ! comme un vulgaire gibier, à la moindre alerte. Plus question de Bijagos.

En revanche, en lisant et relisant *La musique et la transe*, chef-d'œuvre de l'ethno-musicologue Gilbert Rouget, je découvris qu'à Dakar existait une cérémonie thérapeutique spectaculaire qu'en son temps Jean Rouch, disait-il, aurait aimé filmer.

Le N'Doeup, thérapie collective pour femmes en détresse, se pratique dans la région de Dakar, et jusque dans la Médina, la partie la plus pauvre de la capitale du Sénégal. Propre au petit peuple Lébou parmi lequel vécut Georges Balandier, le rituel du N'Doeup est très public, protégé par des barrières et la police ; hormis certaines bénédictions particulières, il n'a rien de secret. Je me démenai quelques mois et grâce à Fabienne Servan-Schreiber, un documentaire français fut tourné en pleine Médina.

La Médina est dans la ville. Un rituel dans la ville, c'est trompeur. Pourtant, en 1975, séjournant dans la région de Vancouver du côté de ses chers Kwakwaka'wakw, Lévi-Strauss avait vu avec un grand bonheur des rituels célébrés en pleine ville, à Vancouver au milieu d'une réserve. Sans doute avait-il du Sénégal l'image d'un petit pays démocratique et paisible où les rites avaient disparu. Puissamment réactivé à Dakar par le professeur Henri Colomb à l'époque de l'antipsychiatrie dans les années soixante-dix, le rituel du N'Doeup n'était peut-être plus pratiqué avec le même faste. Mais les rites ne meurent pas.

C'est grâce à Lévi-Strauss que j'ai compris comment le langage peut agir sur le corps en fonction de ce qu'il appelle si bellement « l'efficacité symbolique ». Une expression intégralement freudienne, d'autant que Lévi-Strauss conçoit l'ensemble du corps et de l'esprit en intégrant dès 1955 les données neuro-physiologiques, comme le faisait Freud avant 1900 dans *L'Esquisse d'une psychologie scientifique*. Les textes de Lévi-Strauss qui comparent la psychanalyse et la cure chamanistique dans *Magie et religion* m'ont guidée en Europe et m'ont guidée ailleurs ; ce sont des traités de vie.

Il y a davantage. Partant des composants chimiques fraîchement découverts dans la neurologie, Lévi-Strauss débouche sur Rimbaud comme l'alpiniste découvrant le ciel bleu après les nuées d'en bas. Les mots peuvent changer le corps, c'est ce que disait Freud ; on peut changer la vie, c'est ce que disait Rimbaud.

En 2006, je présentai à Lévi-Strauss mon neveu Julien, normalien ethnologue, apprenti spécialiste du rugby dans les îles Samoa. Épouvanté à l'idée de rencontrer un homme impressionnant dont il connaissait mal les œuvres, Julien avait reculé longtemps avant d'accepter. Les jambes tremblantes, il se rendit au rendez-vous. Lévi-Strauss se montra à son meilleur : généreux, encourageant, attentif à ce très jeune homme dont il écoutait la parole inquiète. Soudain, Julien mentionna qu'aux îles Samoa, tout en mettant de côté des thèses qui lui paraissaient outrancières, il avait néanmoins apprécié la qualité de quelques-unes des menues observations quotidiennes qu'avait faites en son temps la grande anthropologue Margaret Mead.

Dans un mouvement vif, Lévi-Strauss se pencha vers lui.

– Vous avez vu cela ? Vraiment ? Il faut publier, vite ! Il faut publier en anglais ! C'est très important !

Julien, qui n'avait écrit qu'un mémoire de maîtrise et commençait tout juste sa thèse, se recroquevilla sur sa chaise.

– Vous savez, bien sûr, que Margaret Mead a été attaquée à propos de ses travaux sur les îles Samoa ! Si vous avez retrouvé une partie des faits qu'elle a décrits, ne perdez pas de temps !

Intimidé, Julien acquiesça. C'est alors que Lévi-Strauss me fit son plus beau cadeau. Il se tourna vers moi. Il était très joyeux. Et il me dit que, tout bien considéré, j'étais une ethnologue, moi aussi.

Sans formation ? Sans terrain ? Mais il paraît que si, j'ai fait du terrain à ma façon. Il est vrai que je lui ai raconté toutes sortes de récits indiens ou africains. Pouvais-je vraiment le croire ?

Non ! Évidemment, non. Je tourne et je retourne cette phrase incroyable « Vous êtes une ethnologue, ma chère amie », et je n'en reviens pas. Son affection pour moi ce jour-là m'a hissée à un degré d'élévation que je n'imaginais pas, mais je demeurais avec une question.

Pourquoi donc cette phrase m'a-t-elle remplie de joie ? Quel honneur y a-t-il à être ethnologue ? En quoi ce métier est-il préférable à ceux que j'ai exercés ?

Parce qu'il cherche à comprendre les autres par le menu pour atteindre une *Weltanschauung* globale. Parce qu'il s'efforce de se détacher de soi. Parce qu'en comprenant l'autre, en l'expliquant, je peux comprendre le pire, ou ce qui paraît tel. Oui, c'est un honneur. Et si j'en parle avec des mots de moraliste, c'est que je n'oublie pas pourquoi j'ai voulu devenir philosophe : pour comprendre comment Auschwitz fut possible. Il n'y a pas d'autre réponse. C'est la seule.

Un jour, j'allais le chercher à la sortie de l'Académie française et il pleuvait des cordes, une vraie pluie de mousson. Nous partîmes à pied, serrés sous mon parapluie, bras dessous bras dessus pour éviter la pluie. Cousteau venait de mourir et selon les usages, l'Académie lui avait rendu ce jour-là un bref hommage. L'antisémitisme de Cousteau n'était plus un secret ; je pestais. Qui diable avait eu l'idée de faire entrer cet homme à l'Académie ?

– C'est moi, bougonna-t-il. Il défendait les océans. Mais vous savez, il n'est presque pas venu.

Nous avons continué à marcher et la pluie redoublait. J'avais le sentiment d'avoir à mon bras le vieux Faust, un Faust que j'avais connu jeune, attaché à percer les secrets de l'espèce humaine au sein de la nature et dont le cœur n'avait jamais vieilli. Nous nous arrêtâmes à la station de taxis. Et là, nous attendîmes. Pas la moindre voiture. Je lui dis que j'allais en appeler une par téléphone, car je ne voulais pas qu'il prenne froid.

– Mais je ne prends pas de taxi ! s'insurgea-t-il.

– Et qu'est-ce que vous faites là ?

– J'attends votre taxi. Moi, je prends le métro.

Je n'ai pas pu le convaincre de monter dans la voiture. Il pouvait être entêté à l'occasion. Il avait quatre-vingt-neuf ans. *Sabi*, en japonais, la grâce de l'âge.

Au cours de ses visites quand je revenais de l'Inde, il me fit une description de l'histoire du vieillissement. Jusqu'à soixante-cinq ans, aucune difficulté. Autour de soixante-dix ans, premier signal d'alarme. Rien de bien méchant. C'est ainsi qu'il me disait, après chaque visite, que j'étais à ses yeux une enfant, encore une enfant.

– Pfft ! disait-il avec un geste de la main. Mais vous êtes à l'aube de la vieillesse !

Ensuite, avec régularité, on perd de la mémoire, de la vue, de la mobilité. Il disait « Vous perdez dix pour cent de vue, vingt pour cent de mémoire », il était très précis, et j'étais terrifiée.

Pourtant, il n'empruntait pas un ton d'apocalypse, il ne

décrivait ni la fin du monde ni la fin du corps, non, il était factuel.

Sur le seuil de la porte, je le retins un peu.

– Mais monsieur, qu'est-ce que cela fait au fond, le vieillissement ?

Il éclata d'un rire affectueux.

– Cela ne fait rien du tout ! Vous verrez, le cœur, lui, ne vieillit pas. Le cœur a toujours quinze ans !

Quinze ans, ô Roméo ! Il partit, sa sacoche à l'épaule, guilleret.

Claude Lévi-Strauss est mort en 2009, à l'âge de cent ans. La dernière lettre que je reçus de lui, au lendemain de l'édition originale de ce livre, fut aussi la première qui n'était pas de sa main. Dictée à son épouse Monique, sa lettre me remerciait des lignes qu'on vient de lire. Et sa signature, la dernière, était si tremblée que j'eus les larmes aux yeux.

Je ne me console pas de sa disparition.

11

Visiter la Pologne

En 1970, deux ans après mon adhésion au Parti, la Pologne communiste fut secouée par de grandes révoltes qui, tout de suite, attirèrent l'attention en Europe de l'Ouest.

Juste avant les fêtes de Noël, qui comptent dans un pays de tradition catholique, le gouvernement communiste polonais décida une hausse des prix des denrées alimentaires de base. À Gdansk, aujourd'hui capitale de la voïvodie de Poméranie, les ouvriers des chantiers navals s'organisèrent et fondèrent un syndicat indépendant, hostile au régime communiste. La foule demandait du pain. Émeutes un peu partout ; le gouvernement fit tirer sur les travailleurs. Combien de morts au juste ? Vingt-quatre, trente-six, quarante-quatre, une centaine ? On ne savait pas. L'événement provoqua la chute de Gomulka, le dirigeant communiste en place, remplacé par Edward Gierek, à peu près du même genre.

Instruit par le malheur des Tchèques et la subite déchéance physique de Waldeck Rochet, le bureau politique du Parti français était extrêmement méfiant envers les partis frères et surtout son homologue polonais, le POUP, le Parti Ouvrier Unifié Polonais. Avec conviction, les dirigeants du POUP juraient qu'il existait bel et bien un syndicalisme communiste, un vrai, authentique, attention ! Pas comme ces syndiqués anticommunistes et catholiques de Gdansk, ces hooligans. Mais le Parti français n'en croyait pas un mot.

On confia à *La Nouvelle Critique* le soin de bidouiller une vaste expédition sur la culture polonaise – c'était la couverture. Cette mission en partie secrète devrait permettre de savoir s'il y avait en Pologne des syndiqués communistes, ou bien si on nous racontait des fadaises. J'étais du groupe des quatre missionnaires qui, sous couvert de culture, partirent en Pologne expertiser la réalité des syndicats communistes.

Nous fûmes accueillis avec le décorum que, dans ces années-là, un Parti frère réservait à ses invités. Baisers, bouquets, cadeaux, vodka. Rencontre avec les camarades chargés de l'Église catholique. Les pauvres ! Ils se plaignaient énormément. Chaque fois que le gouvernement entreprenait de construire une route, l'Église organisait en vitesse un pèlerinage à l'emplacement requis pour les travaux. Des pèlerinages, je vous demande un peu. Obstruction ! Mais que voulez-vous, on ne peut pas évacuer un pèlerinage ! Que faire avec de tels réactionnaires, hein ? Ah ! L'Église catholique leur menait la vie dure !

Visite d'un sovkhose en plein champ ; c'était en mai et le seigle frémissait sous la brise. Un vieux paysan communiste, ancien combattant qui portait ses médailles, un homme impressionnant, très grand, très moustachu, faisait les honneurs de la table avec des baisemains pour les dames. Bouquets d'épis ceinturés de rubans rouges ; la vodka était obligatoire. Visite d'un combinat industriel à Nowa Huta : sur les marches de l'escalier qui conduisait au bureau vitré des dirigeants, une volée de petites filles en uniforme nous attendaient avec de longs bouquets de roses rouges agrémentées d'asparagus et attachées avec des rubans rouges. Après la visite, qui dura bien deux heures dans la fumée et les éclats de feu, il y eut un banquet et d'innombrables toasts. Chaque toast exigeait son verre de vodka. Combien de toasts en tout ? Je n'en sais rien. À un moment donné, je sortis de moi-même, ivre morte. Il y a dans ma vie un trou de plusieurs heures. J'ouvris l'œil dans la voiture qui nous conduisait à Katowice pour voir en polonais *L'Homme de la Mancha* de Jacques Brel. À en croire mes compagnons, nous avions absorbé chacun bon gré mal gré une bouteille entière de vodka à l'herbe de bison.

C'est ensuite, tôt le matin, que la chose arriva. Le parcours officiel du POUP comprenait une visite d'Auschwitz. Je le savais d'avance ; ce n'était pas une surprise. J'avais prévenu Rivka. Pour elle et moi, ma mission en Pologne passait par ce séisme.

Aux yeux de ma mère, voir Auschwitz était inenvisageable. Elle ne voulait même pas y penser. C'était un nom qu'elle ne prononçait pas. Que sa fille aille visiter Auschwitz était une épreuve également impossible – il faudrait y penser, soulever le couvercle. Or elle n'y pouvait rien. L'impossible aurait lieu. Très agitée, Rivka décida de me confier deux petits bouquets d'immortelles – « Tu trouveras bien un endroit où les poser », puis elle n'en parla plus et attendit. J'avais emmailloté les immortelles, calées dans un coin de ma valise.

Ce matin-là, avant de quitter l'hôtel, je déshabillai mes deux petits bouquets ronds, je les débarrassai délicatement de leur enveloppe de papier en évitant de froisser les pétales secs et je les agrippai solidement. Plus moyen de reculer. Le temps était venu. J'allais subir l'épreuve au nom de la famille.

Auschwitz n'était pas un lieu très fréquenté ; il n'y avait pas un seul de ces aménagements qu'on a construits, depuis, pour les touristes. Comme il se doit, nous avions un guide officiel qui ne nous lâchait pas. Raidis mais ensemble, nous franchîmes tous les quatre la porte du travail qui rend libre en lettres dévorées par la rouille et de ce moment-là, je ne fus plus moi-même. Subitement desséchée, incapable de parler, de pleurer, langue racornie. J'avançais en serrant mes petits bouquets secs, cherchant minutieusement un coin où je pourrais les mettre, seule tâche qui pouvait me rattacher au monde. Il faisait grand soleil sur Auschwitz. Je vis avec étonnement des pissenlits en fleur d'un jaune éblouissant – la Terre est sans mémoire. Les arbres avaient des feuilles, l'herbe verdoyait entre les baraquements, et Auschwitz tout entier semblait dire « De quoi nous parlez-vous avec votre Holocauste ? Vous voyez bien que la vie est revenue. »

À l'intérieur des baraquements vides étaient les salles de torture avec des traces de sang et des milliers de photos d'identité des « patriotes » polonais exterminés. Nulle part sur les murs il n'était fait mention des juifs. C'étaient leurs photos, c'étaient leurs portraits, ils étaient là avec leurs visages tristes, leurs regards menacés leurs rides leurs bouches pincées d'angoisse, tous sous l'appellation de patriotes polonais. Ils apparaissaient, absents, sur une immense carte de l'Europe où étaient indiqués les trajets des trains, comme une toile d'araignée gigantesque ; les lieux d'où partaient les trains étaient les villes d'Europe où avaient vécu des juifs. Dans l'une des salles au rez-de-chaussée, il y avait une grande urne de marbre noir. Je posai mes bouquets d'immortelles devant l'urne, d'un geste pieux. Je me disais « Voilà, c'est fait » et j'avais les mains vides, plus rien où m'agripper. Et puis vinrent les cuves.

Je ne comprenais pas ce que mes yeux voyaient. Des centaines de chaussons de bébés, de paires de lunettes aux verres éclatés, des montagnes de cheveux desséchés, de jambes de bois et de prothèses, de valises entourées de ficelles avec des noms tracés à la craie. Enfin, des noms juifs ! Ainsi, c'étaient eux.

Avec la minutie qui me colonisait depuis mon entrée dans le camp, je cherchai le nom des Gornick sur les cartons des valises, mais je ne les trouvai pas. Mes trois compagnons pleuraient. Moi pas. Sèche comme les vieux cheveux transformés en étoupe. Dehors, il y avait encore les rangées de crématoires fleuris de rouge par les délégations des partis frères ; j'eus un vague regret. Les petits bouquets de Rivka n'auraient-ils pas été mieux dans la bouche des crématoires ? Mais Georges et Sipa n'avaient pas brûlé dans le camp d'Auschwitz. Ils avaient été gazés à Birkenau, brûlés là. Je restai devant les crématoires en sachant qu'ils n'y étaient pas. Je me tenais debout, les yeux levés, les cherchant dans les nuages qui jouaient les innocents au beau milieu du bleu. Et ce soleil.

Quand je sortis de là, j'étais privée des mots. Mes trois compagnons – une femme et deux hommes – m'entourèrent de leur mieux, avec compassion. C'est un beau mot, la compassion. On partage ce que l'autre ressent ; Rousseau dirait « pitié », c'est presque la même chose. Mes compagnons partagèrent ce que je ressentais, mais je ne ressentais rien. Il n'y avait rien à partager. J'étais restée là-bas. Sans doute cette absence était-elle de nature à susciter le désir de me faire revivre ? Mon inertie frappa comme la foudre l'un de mes compagnons. « Reviens ! criait-il. Reviens à nous, à moi ! » Je disais oui. Cela ne changeait rien. Je n'étais plus là.

Je me souviens qu'Antoine Casanova, le chef de notre petit groupe, demanda une rencontre avec les fameux syndicalistes communistes qu'on nous promettait depuis le premier jour. « Oui bien sûr ! répondaient les camarades polonais. Ce n'est pas difficile ! Vous les verrez demain ! » Antoine Casanova finit par se fâcher et nous eûmes notre rendez-vous dans un hangar sonore et désœuvré. Il y avait là une dizaine de faux syndicalistes qu'on avait rassemblés derrière une longue table et qui jouaient mal leur rôle. Antoine Casanova, furieux, mit fin à cette mascarade ; ce fut notre dernier jour en Pologne.

Nous publiâmes dans *La Nouvelle Critique* un gros dossier culturel sur la Pologne. Le dossier ne manquait pas d'intérêt, mais ce n'était pas l'essentiel. Antoine Casanova remit nos conclusions au Bureau politique. Il n'y avait pas de syndicalistes communistes en Pologne, on nous avait grossièrement menti. Et les seuls syndicats polonais étaient ceux des ouvriers des chantiers navals de Gdansk, qui, huit ans plus tard, allaient devenir Solidarnosc.

Je revins en Pologne en 1982, alors que j'étais entrée au Quai d'Orsay.

Le 13 décembre 1981, le général Jaruzelski, ancien héros de la guerre et Premier ministre, avait décrété l'état de guerre au moment où Lech Walesa, à la tête de Solidarnosc, inquiétait beaucoup le pouvoir communiste. Les Soviétiques menaçaient d'envahir la Pologne, l'état de guerre était un pis-aller, Varsovie était comme une ville assiégée – Claude Cheysson, ministre des Relations extérieures du gouvernement Mauroy, déclara tout de go qu'évidemment, on ne ferait rien. Il disait simplement la vérité, qui lui fut beaucoup reprochée. On ne fit rien.

Ou presque. Le Centre Pompidou préparait une exposition Paris-Varsovie. En 1982, après un 1er mai effervescent, Solidarnosc fut dissous, et ce fut pire. Émeutes, agitation. Interné, Lech Walesa fut libéré. Je reçus l'instruction d'aller à Varsovie, avec Jean Maheu, président du Centre Pompidou, et Germain Viatte, directeur du musée d'Art moderne. J'admirais l'émotif poète Jean Maheu, longue mèche adolescente, regard bleu plein de larmes ; un bon compagnon pour les heures difficiles. Nous devions arracher pour le commissaire artistique polonais l'autorisation de poursuivre son travail – il se sentait traqué, il avait besoin d'aide. Nous eûmes des séances clandestines dans une chambre d'hôtel, la nuit. De sa voix raffinée, Germain Viatte jouait de l'ironie. C'était très difficile. Finalement, on gagna. Mais on n'échappa pas au parcours officiel.

Et dans le parcours, il y avait Auschwitz.

Cette fois-là, je pleurai toutes les larmes que j'avais en réserve, les larmes qui attendaient, les larmes de Rivka. Jean Maheu pleurait à mes côtés et ses pleurs me rendirent un peu d'humanité ; il ne pouvait pas mieux me secourir. Les choses étaient dans l'ordre. Je ne m'absentai pas dans un non-lieu, je me contentai de pleurer dans le cimetière d'où s'étaient envolées les cendres de mes grands-parents. J'avais survécu, je m'étais mariée, j'avais eu deux enfants, un gars et une fille, arrière-petits-enfants de Georges et de Sipa. Il y avait de quoi s'en contenter.

Cette fois-là, j'allai jusqu'à Birkenau en mesurant le temps du trajet du camion qui emmena Georges et Sipa de la rampe d'Auschwitz jusqu'à la chambre à gaz. Environ vingt minutes. Ils ont passé plusieurs jours dans un wagon plombé, ils sont épuisés, affamés, assoiffés et là, dans le camion où sont montés les vieux de plus de quarante ans, les femmes et leurs enfants, ils pensent qu'ils vont enfin pouvoir se laver. Je peux les voir encore en train de se déshabiller – on les a séparés – et je peux les voir nus, Georges, grand et rond, Sipa, les hanches pleines, retenant ses seins avec les mains. Ensuite, je ne vois plus rien. Temps de gazage, vingt minutes. C'est horriblement long. Ont-ils été écrasés très vite sous le poids de ceux qui voulaient trouver de l'air et montaient en les piétinant ? Se sont-ils couchés en respirant très fort pour mourir au plus vite ? Ont-ils compris ce qui leur arrivait ? Se sont-ils dit adieu ? Longtemps, Rivka a préféré croire qu'ils étaient morts dans le wagon plombé, mais ce n'était pas vrai. Ils sont morts comme ça.

J'eus ma première crise d'asthme tout de suite après. Cela ne s'est plus arrêté. Mes bronches rétrécissent, je perds le souffle, j'ouvre la bouche où l'air ne rentre plus et je suis avec eux. Ce sont mes rendez-vous avec Georges et Sipa. Sauf que je n'en meurs pas ; quelquefois, c'est terrible.

Pour Freud

En 1972, en revenant de Pologne, l'état de mutisme où je me trouvais encore me précipita sur le divan en catastrophe.

André Green avait sur l'analyse une position simple. Quand on ne souffre pas, pas la peine d'entrer en analyse et d'ailleurs, cela ne marche pas. Pour commencer une cure, une vraie, il faut énormément souffrir ; il faut qu'il n'y ait pas d'autre possibilité. L'autre raison, c'est le sort des enfants. Si les enfants peuvent être menacés, alors il faut y aller. Jusque-là, je m'étais arrangée avec la souffrance. Je ne connaissais vraiment que les tourments du cœur. Ils sont affreux, mais bon. Ils laissent de quoi vivre.

J'avais bien retenu les leçons d'André Green. Au retour d'Auschwitz, je ne parlais presque plus. Des onomatopées, le minimum vital. Or j'étais professeur. Et ça n'allait plus. Est-ce que je souffrais assez ? Une mère qui ne parle plus à ses enfants ? Un professeur qui ne peut plus parler ? La réponse était oui.

À l'époque, entrer en analyse était un processus de longue durée supposant plusieurs entretiens préliminaires et une certaine attente ; entre trois et six mois, parfois un an. Je me préparai donc pour ce genre d'épreuve et je me mis en quête d'un passeur. Trouver la personne qui vous donnera deux ou trois noms de bons psychanalystes, cela ne va jamais de soi. Il faut des gens discrets, bienveillants, des amis. Je trouvai Jeanne Favret-Saada. Comment s'y prit-elle si bien avec moi ? Elle travaillait en Mayenne sur la sorcellerie et elle y avait pris des manières sorcières. J'admirais profondément son œuvre ; elle m'inspira confiance ; il y a en Jeanne Saada une dureté honnête qui ne peut pas tromper. Elle me donna un nom, celui d'une lacanienne peu portée sur l'orthodoxie.

C'est un nom peu français. Quand je l'entendis pour la première fois, je songeai que le patronyme avait un air d'Orient et le prénom, davantage encore. Ce prénom délicieux sentait les Balkans, le harem, le bain turc. Je n'hésitai pas. Je pris rendez-vous. Contrairement aux règles en vigueur, la dame au nom d'Orient me prit immédiatement. Pas une seconde d'attente. J'avais trente-trois ans ; un bon âge pour renaître.

J'ai eu beaucoup de chance. La dame au nom d'Orient a la parole vivante. Elle savait rire et je l'ai vue pleurer à l'enterrement de Jacques Hassoun, notre ami. Elle ne me laissa pas dans le plus grand silence ; elle savait réparer. Vite, les mots sont revenus – le moyen de faire autrement ? Vous êtes allongée, vous payez pour parler, vous n'allez pas vous taire, tout de même ! Elle avait du bon sens. Elle m'a appris l'humour – je n'en avais aucun. Depuis l'enfance, j'avais perdu le rire ; elle me l'a rendu.

Je pris aussitôt de fermes décisions. Ne jamais parler du détail de ma psychanalyse. Le mot qui s'échappe de la cure est perdu pour la cure ; c'est de l'argent gâché. Ne jamais questionner personne sur son analyse ni sur son analyste ; ne jamais se situer dans les étranges généalogies qu'affectionnent les psychanalystes – on est analysé par X, « fils de » Y, son psychanalyste, lui-même « fils de » Z, son psychanalyste, et ainsi de suite jusqu'à Sigmund Freud. Foutaises ! J'entrai dans la psychanalyse avec une serpillière. Au boulot, on récure, on ne perd pas de temps, on ne gaspille rien, on retape, on répare, pas de drame.

Vient toujours un moment tentateur où la question se pose. Voulais-je devenir psychanalyste ? Je caressais l'idée du bout de l'esprit. Je réfléchissais. Voyons.

Se tenir assise sans bouger tout le jour, j'en étais incapable. Écouter sans répliquer immédiatement, pas davantage. Rester enfermée, pas question. Je ne serai jamais psychanalyste.

Un jour, une de mes jeunes camarades normaliennes, excellente philosophe devenue psychanalyste, s'étonna.

– Comment ? Tu n'es pas encore devenue psychanalyste ? Mais qu'est-ce que tu attends ?

Dans les années soixante-dix, le destin philosophe était de devenir psychanalyste, cela ne souffrait pas la discussion. Cela allait de soi. C'était dans le contrat, tu fais Normale Sup, tu passes l'agrégation de philo, dans la foulée tu fais une analyse, cinq ou six ans plus tard tu es psychanalyste. Bingo ! Quand, comment, pourquoi ce glissement d'époque ? Il avait eu lieu sous mes yeux, je ne m'en étais pas aperçue.

Pour moi, c'était tout vu. La réponse était non.

Sortir de l'Université

La même année 1972, le Parti communiste signa un accord de gouvernement avec le Parti radical dirigé par Robert Fabre, et le tout nouveau Parti socialiste dirigé par François Mitterrand. Cet accord s'appelait le Programme commun. Il y eut un grand meeting populaire à la porte de Versailles : nous étions tous debout, écoutant les discours de ces trois messieurs en complet-veston qui tenaient des roses rouges et avaient l'air ému en chantant *L'Internationale*. Marchais levait le poing, les autres, non. Moi, si. J'étais doublement contente : d'abord, j'aime les accords, j'aime les familles réconciliées. Mais surtout, mon frère Jérôme était membre du Centre d'Études, de Recherches et d'Éducation Socialiste, le groupe de réflexion de Jean-Pierre Chevènement, très actif dans le processus d'union des partis de gauche.

Dirigé par un homme un peu plus âgé qu'eux, un aguerri qui avait vu le feu de près en Algérie, les jeunes gens du CERES étaient très attachés à la grande tradition de la pensée socialiste-marxiste, remettant la logique capitaliste en cause et cherchant à tout prix l'union de la gauche. Leur respect de la Commune de Paris me frappa. Pendant des années, Jérôme alla se recueillir le 28 mai au mur des Fédérés, dans le cimetière du Père-Lachaise, à l'endroit où cent quarante-sept communards furent fusillés par les « versaillais » en 1871.

Nous étions tous les deux militants. Jérôme et moi on se disait souvent : l'un est socialiste, l'autre communiste, à nous deux, on est les Gémeaux de la gauche. Rivka n'aimait pas trop. Mais un programme commun de gouvernement, cela laissait présager qu'un jour, peut-être, on serait au gouvernement et l'idée lui plaisait.

Deux ans plus tard, le soir, j'étais avec les enfants quand une de mes étudiantes philosophes m'appela. Très agitée, pleurant à moitié, elle me dit que Georges Pompidou était sur le point de mourir – son père, haut fonctionnaire, lui avait raconté... et là, elle s'embrouillait. Cancer en phase terminale, Pompidou sur un brancard, à l'hôpital, à l'Élysée, elle ne savait pas. Comme tout le monde, j'avais vu à la télévision Georges Pompidou descendre avec peine d'un avion, le visage affreusement gonflé, avec des choses en coton dépassant de l'une de ses narines ; mais j'avais simplement pensé « cortisone » en souvenir des doses massives que j'avais absorbées moi-même adolescente. Je calmai l'étudiante. On ne meurt pas comme ça sans prévenir ! Le lendemain matin, musique classique à la radio. Pompidou était mort.

Campagne présidentielle. Pour la droite, Jacques Chaban-Delmas ; pour la gauche, un candidat uni, François Mitterrand. C'était inédit, un candidat unique présenté par les trois partis : les socialistes, les radicaux de gauche, les communistes. Et tout de suite, la campagne dérapa. Chaban fit une tragique intervention télévisée face caméra aux côtés d'un Malraux drogué et plein de tics qui s'exprimait avec des han ! et des soupirs entrecoupés de mots ; Chaban se tortillait, mal à l'aise. Giscard sortit du bois ; Chirac également. Dans un éditorial inoubliable, Françoise Giroud assassina Chaban en une phrase, « on ne tire pas sur une ambulance. » Chaban sortit du jeu.

Pendant qu'à droite la campagne basculait, nous étions au turbin pour le candidat uni. Ceux qui ne l'aimaient pas prononçaient « Mitt'rand », un tic de droite qui dure encore, comme si l'élision d'une syllabe dans son nom suffisait à exprimer le mépris. Je ne vis pas beaucoup Jérôme ; au parti, j'étais dans le groupe Uni-cité qui fabriquait des murs d'images chaque nuit pour être placardés le matin. On perdit de très peu ; 50,3/49,7. On toucha un jeune président qui voulut changer de style, remonter à pied les Champs-Élysées, inviter des éboueurs au petit déjeuner, aller chez les gens, jouer de l'accordéon, transformer l'audiovisuel public, scinder l'ORTF en plusieurs chaînes, faire du différent, comme tout le monde. Mais ce jeune président demanda à Simone Veil de faire adopter la loi autorisant l'avortement, et il prit pour secrétaire d'État à la Culture un horticulteur qui avait juste le bac et qui serait plus tard l'un de mes meilleurs amis.

La gauche se portait bien. On allait y arriver. En 1978, allez, on gagnerait les législatives. Les anciens de 68 avaient fait du chemin. Quelques-uns, durs de durs, étaient restés maos, ou trotskistes. Mais les autres se préparaient à gouverner l'État, sûrs de tenir ainsi les promesses de Mai 68. Ils étaient très déterminés ; ils travaillaient bien.

Après avoir échoué à l'automne 68 pour cause de Mai, Jérôme était entré à l'Ena l'année suivante avec Laurent Fabius, qui était venu assister son ami à l'épreuve reine du grand oral – je le rencontrai là pour la première fois. Mon frère avait préparé le concours pendant l'été 69 avec ses copains, chez nous en Anjou ; pendant les pauses, après le turbin, les gaillards chantaient les airs de Sheila en levant la guibolle en cadence d'un air grave. Une fois à l'Ena, il avait rencontré Louis Gallois, Bernard Faivre d'Arcier ; avec Bernard Pingaud et Catherine Tasca, ils travaillaient en militants à l'Atelier, un groupe consacré à la politique culturelle en un temps où le Parti socialiste connaissait encore le sens du mot « culture ». On avait un programme, un candidat uni, on avait trois partis, et des tas de jeunes gens. Tout allait bien. La mer était propice. Vent dans les voiles partout.

Novembre 1975. J'avais un cours d'agrégation à faire dans un amphi de physique, l'un des plus vieux de la Sorbonne. Depuis quelques années, je prenais soin de programmer mes cours d'agrégation à huit heures du matin, horaire qui permettait d'éviter les trotskistes, tard couchés, tard levés. Il était donc sept heures quarante-cinq quand je pénétrai dans mon amphi. Tout était sombre et froid. Plus d'électricité, plus de chauffage, vitres brisées.

En novembre à Paris, à huit heures, il fait nuit. On ne voyait rien, on grelottait. Impossible d'enseigner. Une colère m'empoigna, qui ne m'est pas passée.

J'emmène mes agrégatifs au bistrot ; je paie la tournée pour faire mon cours, et je commence à me dire que peut-être, un jour, j'allais déserter l'Université.

En revenant à la Sorbonne, je croise mon amie Élisabeth de Fontenay, collègue en philosophie au même endroit. Je raconte les faits, j'étouffe d'indignation...

– Que veux-tu ! soupira-t-elle avec cet air charmant qu'elle a pour annoncer les désastres, c'est comme ça. Nous vieillirons ainsi.

– Ah non ! Moi pas !

Et je me jurai, croix de bois croix de fer, que je quitterais l'Université tout de suite, là, maintenant.

Comment, c'était une autre affaire. Mais il suffit de faire confiance à l'Inconscient. J'avais décidé, j'attendis. Une semaine plus tard, Martin Even, adjoint d'Yvonne Baby, me proposa de devenir pigiste au *Monde*.

La patronne des pages culturelles me reçut dans son étroit bureau en relevant son chignon bas avec des gestes délicats. Elle était pleine de mots, exquise, mais un peu hésitante. Une philosophe, maître de conférences, disciple de Janké, lacanienne, normalienne, féministe, communiste, cela faisait tout de même beaucoup. Cela sentait l'eau de Cologne bon marché, les socquettes en coton, le poing levé et l'*Internationale*. Consulté, Jacques Fauvet exigea que j'écrive un article d'une page entière sur le millionième spectateur d'*Emmanuelle*, le film porno chic qui faisait un tabac. Forcément, je dirais non.

Forcément, je le fis – mais qu'est-ce qu'il croyait, le directeur du *Monde* ? Le film n'était pas mal ; le sexe y était joli. Je me tapai les livres ; Freud aidant, j'écrivis ma dissertation. Le touchant défi de Jacques Fauvet était le parfait reflet de l'image des intellectuelles des années soixante-dix : bas-bleus, emmerderesses, frigides, féministes sans grâce. Je ne vis pas Fauvet, mais l'article passa. Yvonne Baby me confia des reportages. Je devrais tirer le portrait des célébrités audiovisuelles du temps. Au menu, Léon Zitrone, Guy Lux, Jean-Pierre Elkabbach.

12

Journaliste

Bécassine reporter

En passant le premier appel téléphonique pour prendre rendez-vous avec Léon Zitrone, j'étais presque certaine de me faire retoquer. Mais non. Au contraire. J'eus mon rendez-vous instantanément. Une envoyée du *Monde*, interviewer Zitrone ! Il était à l'envers, le monde, ou quoi ? Le journal des intellectuels et des cadres supérieurs s'intéressait aux journalistes populaires ? Ils ne dédaignaient plus la télévision ? À l'autre bout du fil, on n'en croyait pas ses oreilles.

Je décidai de passer soigneusement sous silence mes titres et diplômes et d'arriver, naïve, avec mon petit carnet. Le patrimoine génétique familial m'a fait le cadeau de paraître toujours environ dix ans de moins que mon âge ; et il en va de même pour mes enfants. À trente-sept ans, j'en paraissais vingt-sept à tout casser. Je m'habillai en gamine pour tromper mon gibier et je rencontrai Léon Zitrone.

Il était sans méfiance, gentil, condescendant, sûr de lui comme on l'est après une carrière ininterrompue de journaliste radio auréolé de la gloire télévisuelle naissante. Je pris sagement des notes, je posai mes questions. Comme j'avais un solide bagage de clinique psychanalytique, je pratiquai en douce l'anamnèse, cette série de questions qui permettent de reconstituer l'histoire du patient depuis sa naissance. Pas un mot de jargon. Rien que de l'innocence. Zitrone ne vit rien venir.

Je n'avais pas beaucoup de place. Je mis la vie de Zitrone en boîte prestement. Et c'était si cruel, si ingénu, que je reçus un appel téléphonique furieux de l'un de ses patrons. Il voulait me voir. Je m'attendais à une avoinée, mais pas du tout. Le patron de Zitrone m'expliqua qu'il n'était pas bien de se moquer d'un « vieux clown au cœur tendre » – ce sont ses mots à lui – et que j'avais fait de la peine à Léon. Moi ? Faire de la peine à Zitrone ? À un type baraqué sûr de lui doté d'une parole tonitruante et d'une belle grammaire ? Mais il me dit que si. Qu'on n'imaginait pas la fragilité de ces grosses vedettes qu'un rien un peu caustique suffit à faire trembler. Que voulait-il au juste, le patron de Zitrone ? Que je fasse un autre papier, peut-être ? Non. Il voulait juste me faire savoir que Léon avait eu de la peine.

J'y repensai très fort quand Zitrone fit le commentaire de la crémation d'Indira Gandhi en octobre 1984. Avant le début de la retransmission, il ne cessait de dire quel événement c'était, Mesdames-messieurs, vous allez assister à la première crémation en direct de l'Inde ! Crémation en di-rect, mesdames et messieurs ! Assisté par des spécialistes, il fit de son mieux pour expliquer le détail du rituel, mais les rituels indiens ne se laissent pas décrire si facilement et le pauvre Léon avait beaucoup de mal. – Alors, là, c'est le fils, Rajiv, n'est-ce pas ? – Oui, c'est toujours le fils aîné qui – Pourquoi fait-il le tour du bûcher ? – Avant d'allumer le feu, il doit – Attention ! Le voilà qui, ah non, on ne le voit plus, alors, dites-moi, qu'est-ce qui se passe ensuite ?

Rien. Une fois le bûcher allumé, on prie et on attend, c'est tout. Une crémation durant entre trois et quatre heures, le malheureux Zitrone eut du mal à meubler. C'était autrement plus coton que les mariages princiers, et dans ces temps obscurs du socialisme indien protégeant la nation avec des taxes énormes, la gentry indienne n'existait pas encore. Léon se servit de ses fiches avec un vrai talent, en se trompant un peu, mais au fond, pas tellement. En repensant à l'étrange façon qu'avait eue pour parler de lui son employeur, je me disais que rien n'était plus faux. Un vieux clown ? Sûrement pas. Ou alors, tous les journalistes audiovisuels ressemblent à des clowns quand ils sont devenus vieux.

La saynète de la jeune pigiste débutante au journal *Le Monde* et qui ne sait rien de la vie fonctionna plusieurs fois. À l'automne 1976, à la veille de l'élection présidentielle américaine, on me confia le portrait de Jean-Pierre Elkabbach, alors patron de l'information sur France-Inter. J'arrivai avec mon petit bagage d'ingénue, mais Elkabbach ne s'y laissa pas prendre une seule seconde.

Contrairement aux « vieux clowns » précédents, il n'était ni vieux ni clown, et assez cultivé pour que mon nom lui rappelât vaguement quelque chose – j'avais déjà publié deux ou trois livres. Que je sois communiste, cela l'amusait ; il avait déjà avec Georges Marchais une relation intense d'attirance et de haine. L'affaire tourna donc tout autrement. L'élection présidentielle américaine opposait le démocrate Jimmy Carter à un vieux cheval de retour, Gerald Ford, ancien président républicain ; et pour Elkabbach, la nouveauté de Carter, son humanisme de démocrate sincère, c'était exaltant. Médusée par l'attirail déployé pour couvrir l'élection présidentielle sur France-Inter, je tombai sous le charme de la retransmission en direct et de l'activité dévergondée d'Elkabbach. Fin de l'innocence.

Ce fut mon dernier papier au *Monde*. La veille du jour où je le remis, Martin Even m'annonça qu'il quittait *Le Monde* pour *Le Matin de Paris*, et qu'il aimerait m'emmener avec lui ; il serait chef de la rubrique culture et je m'occuperais des essais. La création d'un nouveau quotidien était une aventure extraordinaire et je n'hésitai pas ; au demeurant, je n'avais rien à faire dans le journalisme sans Martin, ce grand blond presque chauve qui m'avait exfiltrée de l'Université, fidèle et excessif, trop cultivé pour rester un adjoint.

Sans Martin Even, je ne me voyais pas continuer ce métier.

Le Matin en était aux numéros zéro. Je découvris avec un peu de terreur la salle de rédaction à l'américaine où tout le monde s'entassait rue Hérold. Propriétaire du quotidien,

Claude Perdriel serait également directeur de la rédaction, ce qui mettait en rogne deux ou trois cabochards rétifs aux propriétaires. Il n'était pas plus journaliste que moi ; nous n'avions pas fait la moindre école de journalisme ; pas davantage Françoise Xenakis, qui devait diriger la rubrique littéraire. Dans le milieu du chaos qui préside à la fabrication d'un nouveau journal, je n'y prêtai pas attention ; après tout, je n'étais que pigiste. Une fois le journal lancé, j'y viendrais une à deux fois par semaine, pas davantage. J'étais toujours maître de conférences à Paris-I, travail qui n'occupait, il faut dire, que la moitié de mon temps.

Lancé en juin 1976 pour préparer les élections législatives de 1978, le journal avait une devise : *Pour redonner chaque jour le courage de se battre et le goût du bonheur*. Il était clairement à gauche, rassemblant toutes les couleurs gauchistes et les nuances socialistes. La funeste rupture du Programme commun décrétée par Georges Marchais n'affecta pas beaucoup Claude Perdriel, qui voulait à tout prix des communistes dans sa rédaction. Dans le culturel, c'était mieux ; une prudence. Nous étions deux en tout, Jean-Louis Mingalon pour le théâtre et moi, pour les essais. L'atmosphère de l'équipe était étincelante ; le bel Hervé Chabalier, en grand reporter, incarnait la ferveur et la fougue d'une entreprise risquée.

La veille du premier jour, Claude Perdriel monta quatre à quatre l'escalier, les bras chargés du premier exemplaire du journal. La mèche en bataille et le regard brillant derrière ses grosses lunettes, il souriait de fierté. J'aime cet homme obstiné, j'aime ses rires rentrés, le bleu-gris de ses yeux souvent dissimulés, la façon dont il se tortillait les bras pour mieux penser, et son cœur compliqué. Il distribua le journal ; on sabla le champagne. Le journal commença.

Trois mois plus tard, Claude Perdriel m'appela au téléphone en me demandant de passer le voir au plus vite. Pendant la conférence de rédaction matinale, Martin Even lui avait flanqué sa démission dans une scène très violente ; je ne sais plus pourquoi et sans doute, lui non plus. Mais avant de partir, il avait conseillé à Perdriel de me prendre à sa place. Et voilà que

Perdriel me demandait de succéder à mon ami Martin comme chef de la rubrique culture.

J'hésite très rarement. Et là, pas davantage. On était à la veille des vacances de Pâques ; mes enfants ne seraient pas avec moi à Paris. Je proposai à Perdriel d'essayer pour quinze jours. Et cela dura cinq ans.

Chef de rubrique au Matin de Paris

Je n'avais jamais dirigé quoi que ce soit. En matière de travail d'équipe, je connaissais les réunions de profs trois ou quatre fois par an, à cause des programmes et des examens. Autant dire rien. Je pouvais tenir la rubrique des essais, mais en littérature, hormis les avant-gardes, j'étais peu informée et je ne savais rien de l'édition. Mes connaissances en théâtre et en danse étaient nulles ; et si je connaissais un peu le cinéma, c'était celui des *Cahiers du cinéma* de l'époque, tenus par des théoriciens communistes infiniment pointus, adorateurs des Straub et de Jean-Luc Godard ; prudemment, Perdriel confia le cinéma à Paul Ceuzin. Ne parlons pas de peinture et d'art contemporain, c'était pire. La décision de Perdriel était une folie, mais elle était bien de lui. Risque-tout.

Politiquement, ce fut tout de suite très dur. Pendant des semaines, je trouvai sur ma table des listes de dissidents emprisonnés en Union soviétique, ou hospitalisés comme schizophrènes, ou bien des pétitions anticommunistes insultantes. Qu'est-ce qu'on croyait ? Que je n'en savais rien ? Et que j'allais céder, comme ça, d'un coup d'un seul ? Ce fut dur, mais facile. Serrer les dents, sourire comme si de rien n'était. Et puis cela cessa.

Un jour, il y eut une grève. Perdriel voulait embaucher un billettiste, et il avait choisi André Frossard, catholique écrivant dans *Le Figaro*. Et alors ? me disais-je. Pour qui se prennent-ils ? Un tribunal populaire ? Ils sont fous ! Ils n'étaient pas fous, mais sectaires, cela, oui. Je ne votai pas cette grève. Jamais, pour un empire, je ne voterai une grève dirigée contre une personne.

Parmi les permanents, je fus la seule à ne pas l'avoir votée, et on me fit la tête. Curieusement, je m'en foutais. Mais Perdriel céda.

Un an après mon embauche, on me dit que j'étais cumularde. Je ne connaissais même pas le sens du mot. Des amis se dévouèrent pour m'expliquer qu'il n'était pas bien de rester enseignante en étant journaliste ; cela faisait deux emplois. J'étais mortifiée, je me sentais coupable. Séance tenante, je voulus démissionner de l'Université ; Perdriel me retint, et je me mis en congé pour convenance personnelle. Quand je vois aujourd'hui des journalistes qui ont en même temps une chronique quotidienne dans la presse écrite, répercutée dans la presse régionale, une émission de radio, un coin de télévision doublé de quelques ménages, je me trouve naïve.

Un conflit politique, ça se métabolise. Perdriel tenant bon sur ses communistes, on me laissa tranquille, avec de temps en temps de méchantes fusées. Mais c'était la première fois que je vivais au milieu de gens de gauche très anticommunistes ; six à huit heures par jour, cela compte. Il y avait par chance une cellule des ouvriers du Livre ; même très corporatistes, ils savaient résister. On n'a pas idée de l'anticommunisme de la gauche française quand on n'y a pas vécu ; c'était, et cela reste, une guerre de religion.

Humainement, ce fut formidable, éprouvant, tendre, émouvant, terrible. Quand je pense à ces années du *Matin de Paris*, ce qui me revient d'abord, c'est le tourbillon de pensées incoercibles qui m'assaillait au moment du départ en vacances. Pendant deux ou trois jours, je ne parlais plus. Je ne pensais pas non plus ; j'étais envahie par ce tourbillon de copies à remettre, d'articles en retard, d'intrigues à démanteler, d'irritations rentrées, le tout dans une angoisse épouvantable. Après plusieurs départs en vacances de ce genre, je compris que le journalisme quotidien était comme une armée d'occupation virtuelle. Toujours là, pesant de son poids d'ombre, ne laissant pas l'esprit en repos, grignotant la cervelle, épuisant les affects. Si plus tard j'ai quitté *Le Matin de Paris*, c'est pour penser en paix, écrire tranquille.

Foudroyé plus tard par une crise cardiaque, Gilles Sandier était critique de théâtre ; c'était un homme bouillant, aimant démesurément la vie, par ailleurs professeur au lycée Buffon où il avait ma fille Cécile pour élève. Il piquait des colères à faire tomber le ciel pour un article trop long, une pièce en retard. Il était d'une méchanceté extravagante ; c'était un genre de vie, ou bien un choix éthique. Mais dans le journalisme, le choix de la méchanceté est une obligation ; journaliste bienveillant, c'est une contradiction. Dans un quotidien, sortir tant de pages tous les jours, ça rend fou. Pour survivre, on machine. On se réconcilie, coco, on s'embrasse en regardant qui regarde. C'est un métier de cinglés. Il contient de la fureur, de l'alcool, de la drogue et aussi de l'amour aussi furieux que bref. Il contient des états d'excitation extrême, de l'emphase à gogo, des moments suspendus – les dimanches matin quand il n'y a personne – des surprises de l'esprit, des sursauts de noblesse. Il contient tout cela comme un flacon, l'ivresse et aussi de l'émotion, même fugace, même feinte. Ce métier de cinglés comprenait également deux paquets de cigarettes par jour, quasiment par personne.

Tout le monde fumait au journal. Ou presque. Moi, énormément. Ce métier de cinglés est une drogue en soi, alimentée par ce qu'on a sous la main. Quelques-uns d'entre nous sont morts d'alcoolisme ; Hervé Chabalier a raconté comment il en sortit. Parfois, Claude Perdriel me demandait d'aller faire un tour au café, pour en sortir les incurables et les ramener chez eux. C'était la face tragique.

En face ensoleillée, il y avait le charmant Jacques Martin, cinglé d'anthologie, avec lequel j'ai longtemps échangé des recettes de cuisine recopiées sur des fiches à carreaux. Il y avait Nicolas Domenach et son œil bleu candide frétillant d'insolence, Jean Bothorel avec sa grosse voix de gamin, dérangeant magnifique, Françoise Xenakis qui parlait de sa manière d'écrire en disant qu'elle aimait par-dessus tout « faire greli-grelot avec les mots », alignant pour ses livres sur le sol des bouts de texte jusqu'à ce qu'ils trouvent leur place. Chère Françoise.

En 2007, je reçus un appel de la blonde France Roche, l'une des rares bienveillantes du *Matin*.

Conçu pour vaincre la droite, gagner les élections, le journal traîna la patte très vite après la victoire de François Mitterrand. Je quittai *Le Matin* en 1982 ; en 1987, il sombra. On s'était peu revus ; et moi, encore moins, partie à l'étranger pour de longues années. Trente ans avaient passé depuis la fondation du journal et voilà que France Roche m'appelait.

Pour l'anniversaire de Claude Perdriel, nous allions tous nous retrouver au premier étage de la tour Eiffel, sans le prévenir. Le soir du rendez-vous, la nuit était brumeuse, très froide, et nous, les uns les autres, nous reconnaissant mal à cause de la vieillesse. Tout le monde n'était pas là ; il y avait eu des morts.

Pour appâter Perdriel, on lui avait fait croire qu'il avait rendez-vous avec l'un des deux principaux candidats à la présidentielle. Il entra et nous vit, stupéfait. Quand il entendit nos applaudissements, je crois bien qu'il pleura ; il ne fut pas le seul. Il a très peu changé. Éternel jeune garçon, il a toujours la mèche ébouriffée, le regard bleu-gris enfoncé derrière ses lunettes, et les gestes des bras. Il avait un peu plus de quatre-vingts ans et nous étions nombreux à l'âge de la retraite. J'étais comme toujours *over-dressed*, sanglée dans du brocart indien ; eux, non. Ils étaient restés très parisiens. Ceux qui sont journalistes ont l'angoisse dans les yeux ; les autres, non. Nous nous sommes reconnus, embrassés, c'était presque comme avant. Après trente ans, au doigt et à l'œil, cette communauté s'était montrée capable de se réunir autour de celui qui l'avait autrefois rassemblée. La devise trouva son prolongement : « Trente ans après sa naissance, les fondateurs du quotidien des jours meilleurs s'engagent à poursuivre le combat contre la tyrannie du conformisme et la dictature de la banalité, pour l'avènement du bonheur. » Un peu pompeux, mais bon à prendre.

Sur le plan technique, lorsque j'ai commencé, je ne savais rien. À un point ! C'est inimaginable. Il me fallut apprendre le vocabulaire, l'emploi du temps, comment rendre mes deux ou trois pages par jour avant treize heures, négocier la titraille et le chapô, amadouer les secrétaires de rédaction, récolter les articles du lendemain. Parmi les secrétaires de rédaction, se trouvait par bonheur Bernard Loupias, savant et chaleureux lutin bouclé de noir, aujourd'hui journaliste au *Nouvel Observateur* ; sans lui, je n'y serais jamais arrivée. Je fus beaucoup aidée ; Jean-Paul Morel, cheveux blonds, fan de l'OuLiPo, Claude Samuel, grand sorcier des compositeurs les plus avant-gardistes, Pierre Cabanne, rond et doux, critique d'art, Laurent Dispot, je leur dois mon apprentissage de la vie culturelle à quoi je ne connaissais presque rien ; et dans la rédaction, deux patrons m'entourèrent, Roger Colombani en routier bienveillant, Guy Claisse, compagnon politique amical.

Je fis mes classes au *Matin*. Je découvris le charme des répétitions de théâtre. Cachée dans une loge de la Comédie-Française, j'écoutais ébahie Giorgio Strehler faisant répéter Goldoni, terrorisant son monde, obligeant Ludmila Mikaël à trottiner sur scène sur des talons hauts au rythme exact de sa voix de stentor, vas-y, Ludmila, « tic, tic, toc, tictictic, tac ! » et quand elle se décalait d'un centième de seconde, Strehler hurlait « Ça ne va pas, Ludmila ! Recommence ! » Claude Samuel m'apprit tout de la musique vivante, concerts, créations, solistes, chefs d'orchestre ; quand il me demanda d'écrire un article sur des danses balinaises, je m'y mis avec joie. Je relus Antonin Artaud, une encyclopédie musicale en Pléiade, je travaillai ce tout petit article comme une thèse d'État, mais le ver était dans le fruit. J'étais journaliste depuis quelques semaines et je pouvais écrire sur la danse ! Merveille.

Je voulus écrire sur absolument tout. J'écrivais comme une folle, sans arrêt, facilement, des pages et des pages ; ça agaçait beaucoup. Je suis très joyeuse d'avoir écrit sur le patinage artistique, vieux rêve d'adolescence. Le plaisir de l'écriture m'est venu au *Matin*.

Ce que j'aimais surtout, c'étaient les entretiens avec les grands penseurs. Membre du comité de rédaction de *L'Arc* depuis dix ans, j'avais pris goût à l'exercice. C'est très facile, je trouve ; il suffit d'avoir lu et ensuite, d'écouter. Historiens, philosophes, sociologues, psychanalystes, les penseurs français de l'époque étaient mon univers. Je les interviewai presque tous. Lancer le livre d'une de mes anciennes étudiantes était une fierté ; ce fut le cas avec Élisabeth Badinter et malgré des réserves, avec Blandine Kriegel. Je fis connaissance avec des singuliers, des êtres à part du monde, l'ethnologue Georges Devereux, par exemple. J'adorais dénicher la figure un peu braque, du miel pour la pensée.

Bernard-Henri Lévy

En 1977, parut *La Barbarie à visage humain*. L'auteur était jeune, beau, éblouissant, très anticommuniste, très à gauche. Un livre anticommuniste à ce point, et à gauche, c'était désespérant. Il incarnait si parfaitement la rupture de la gauche unie qu'il m'exaspéra.

Je pris ce jeune Bernard-Henri Lévy en grippe. J'écrivis un article très violent critiquant son emphase, son orgueil, son lyrisme. Au lieu de placer à côté sa photo, je choisis un placard extrait d'un album de Tintin. Dans *L'Étoile mystérieuse*, traîne un prophète fou du nom de Philippulus qui parcourt les rues en chemise en frappant sur un gong. « La fin des temps est venue ! »

Je mis Philippulus au lieu de BHL.

Laurent Dispot me prit à part.

– Est-ce que tu le connais ?

– Moi ? Mais tu es fou, Laurent ! Bien sûr que non.

– Tu devrais le rencontrer.

Les teigneux que je n'aimais pas vilipendant la beauté du jeune homme et sa chemise blanche ouverte sur la peau, je finis par céder. Pas d'attaques au physique. Et quand je vis BHL, je tombai en amour.

Bien sûr, il était beau. Follement. Je l'avais blessé, mais il ne me le dit pas à l'instant de notre rencontre. Il allumait une cigarette après l'autre, ne buvait que du thé, il était suspendu au téléphone posé à côté de lui au bar du Twickenham, il parlait vite, très vite, avec un curieux bruit de glotte par moments, et il m'examinait. Il me regardait comme la bête pharamine : femme, philosophe, féministe, communiste, pas trop vieille, pas toute jeune, journaliste, normalienne, comment la situer ? Bizarre. On parla. De politique, très peu. De la vie, beaucoup. Il n'aime que la ville ; moi, je suis de la campagne. Il n'aime pas la nature ; je ne peux pas m'en passer. Il adore la nuit, moi aussi. Nous avions en commun plus que je ne pensais. Un passé philosophe et la même formation ; Lacan et Lévi-Strauss.

Je ne sais plus comment nous devînmes amis. Au début, parce qu'une journaliste, ça se soigne, mais ensuite, cela dura. Pourquoi ? Il n'y a pas de réponse au pourquoi de l'amitié. Quand elle dure, elle est vraie. Et cela fait trente ans.

J'ai publié trois livres dans « Figures », la collection qu'il dirige chez Grasset. Qu'il ait voulu le premier par intérêt pour la journaliste, je veux bien ; mais trois livres, non.

Le premier était un cri de révolte contre les psychanalystes qui, par goût de leur siècle, s'occupaient beaucoup trop de la chose littéraire en oubliant d'écrire leurs récits de cas. Oublier la clinique, oublier les patients, ne pas transmettre à tous les moyens de comprendre, pour un psychanalyste, c'est un reniement. Françoise Xenakis trouva le titre du livre : *Les Fils de Freud sont fatigués*. Le livre plut, hélas ! Avec vingt ans d'avance, il sonnait le début de l'hallali contre la psychanalyse.

Vies et légendes de Jacques Lacan, le deuxième, était un conte racontant la théorie de Lacan sur un mode facile. J'y expliquai Lacan à Michel, mon fils, encore un tout jeune homme ; Michel fit des dessins de phallus pédagogiques. Phallus pédagogiques ! Pourtant, ils y sont. On le lit encore aujourd'hui. Il n'est pas exhaustif ; il faudrait en écrire un autre. Le livre fut un succès : j'étais journaliste.

Le troisième, *La Syncope, philosophie du ravissement*, fut mon seul vrai livre de philosophie. Bernard le savait et il le publia. Le livre ne marcha pas : je n'étais plus journaliste.

Nos vies se sont mêlées. J'étais à son premier mariage ; il fut à mon deuxième. Mon frère était furieux. Comment ! Tu vois ce type ! Toi qui es communiste, enfin, tu exagères !

J'ai fait mon Dispot. Est-ce que tu le connais ? Non ? Eh bien, tu devrais.

Ils se sont rencontrés et ne se sont plus quittés. Tellement amis intimes que parfois, je suis jalouse. Quand Bernard épousa Arielle Dombasle en Provence, j'étais là mais pas seule ; j'étais avec mon frère. Maintenant, nous parlons de nos enfants, de leurs soucis, des naissances, des déprimes des uns ou des folies des autres. Il me hèle toujours de la même façon, « ma petite Catherine ! », comme si j'avais quinze ans, mais je pense que c'est vrai. Il croit que j'ai quinze ans. Encore un qu'il faudra préparer à ma mort, sinon, il souffrira. La mort, il la déteste.

C'est ce qui le rend unique. Son amour de la vie est inépuisable. Il la risque. Il va au cœur des guerres sur les champs de bataille, dans les camps de réfugiés, chez des guerriers dangereux. L'un de ses plus grands livres touche aux guerres oubliées. Il a commencé tôt, avec le Bangladesh, allant sur le terrain en chien fou pour répondre à l'appel de Malraux quand le Pakistan oriental fit sécession d'avec le Pakistan occidental en 1971. Son premier livre s'appela *Les Indes rouges* et depuis des années, entre nous, il y a l'Inde. Si peu d'intellectuels français philosophes ont le souci du monde ! Bernard a ce souci. Il l'a tout le temps.

Nous avons eu un très grave désaccord sur l'anticommunisme, mais c'est sans importance pour l'instant. Le choix des pays pauvres est le seul qui compte à mes yeux. Il le fait. Il y va.

Il fut très critiqué. Pensez donc : beau, riche, célèbre, de gauche, marié à une actrice ravissante, et par-dessus le marché il écrit ! C'est étrange. Les mêmes qui lui reprochent ses millions lui reprochent de ne pas s'en contenter. D'utiliser sa fortune pour enquêter dans les zones de danger, d'être une vigie du monde, de ne pas se lasser. Personne ne sait comme il est généreux en privé, avec ceux de ses amis dans la difficulté. Personne ne sait vraiment qu'il est faiseur de paix ; la paix ne se tricote jamais à ciel ouvert. Personne ne connaît encore la grandeur de cet homme et c'est très bien ainsi. Plus tard, on saura.

Un jour, dans les années du *Matin de Paris*, je fus invitée à l'École Normale de la rue d'Ulm pour convaincre les jeunes normaliens qu'il y avait un destin hors de l'Université. Nous étions trois, Bernard-Henri Lévy, Françoise Verny et moi.

Trois anciens normaliens ayant cassé le moule – si on peut le casser, je n'en suis pas très sûre. Nous n'étions pas les premiers, mais c'était la toute première fois que l'École reconnaissait comme siens ceux qu'auparavant elle appelait déserteurs. Entre Bernard et moi, il y a ce goût du siècle.

Il y a aussi un sujet difficile dont il parle très peu. Nous sommes philosophes, essayistes, et nous publions des romans. Mais ce qui était permis du temps de Sartre, de Simone de Beauvoir, aujourd'hui, ne passe plus. Philosophe romancier, cela ne se fait plus. Pourquoi ? Je n'ai pas de réponse. Le clivage s'est fait. Son sens m'échappe encore. Je persiste à écrire des romans, mais Bernard n'en a plus publié depuis longtemps.

Il parle superbement. Sa langue s'est épurée. Pourquoi plus de romans ?

C'est un point douloureux. Je le connais par cœur.

13

Je ne suis pas un écrivain

J'ai l'air, comme ça. J'écris chaque soir sur mon ordinateur, et au bout de deux ans, j'envoie une clef USB à l'éditeur. Il y a tant d'années que je publie des livres ! Les libraires me reçoivent par paquets une fois ou deux par an, ils me mettent en pile, quelquefois, ils me lisent, quelquefois, je leur plais. L'éditeur est toujours très honnête : une fois le livre en place – là-dessus, on a fait le nécessaire, ne vous inquiétez pas – on n'y pourra plus rien. Personne n'ayant trouvé comment se lit un livre ni à qui il plaira, on ne peut plus qu'attendre, et oui, nous savons tous quelle douleur c'est d'attendre, il faut des semaines pour en avoir le cœur net, on les aime, les auteurs ! Et c'est vrai. Parole que c'est vrai.

Les critiques, qui lisent les livres avec l'attention que l'on sait, ont l'œil assez exercé pour l'avoir deviné : je ne suis pas un écrivain. Je me sens comme la petite sirène qui, pour l'amour d'un prince, veut devenir humaine et dont les pieds la brûlent quand elle marche ; ou bien comme la petite marchande d'allumettes dans la nuit de Noël, et je les ai craquées presque toutes.

Un écrivain, un vrai, arbore des stigmates. Il boit ou il a bu. Il souffre, il a souffert. Il ne vit que pour les mots, sa seule passion. Il en bave, il se fourre des choses dans le nez, il se les pique, les avale ou bien il se les fume. Il ne dort pas la nuit, ou bien il dort trop. En femme, elle a une souffrance en valeur ajoutée, quelque chose de saignant, affaibli ou bien vindicatif. Un écrivain risque sa peau, ou sa raison ; il fissure le social, met le feu à la maison, il a peur de l'enjeu, qui est énorme. Cela se voit dans son regard ; il a une gueule, une tronche. Il a un corps d'écrivain. Chaque livre lui coûte des sommes de travail. Un écrivain ne participe pas au spectacle du monde, il l'observe. Un écrivain n'est jamais tout à fait heureux.

Mes stigmates ne se portent pas à ciel ouvert. Je déteste le malheur pour l'avoir bien connu. Les enjeux, je les vois à l'échelle du monde, entre pauvres et riches. Mon père étant mort jeune et alcoolique, je ne bois guère. Sniffer, ou se piquer, je ne connais pas, et même les pétards ne m'ont jamais rien fait. Une fois, au Maroc, des amis m'ont bourrée de gâteaux au haschisch sans me prévenir. Mais non. Je n'ai rien senti. Pour drogues, j'avais le tabac et le café, maintenant, je me shoote au thé et à l'eau bien glacée. On ne fait pas plus plat. Récemment, comme je rentrais en France après pas mal d'années en pays musulman, j'ai essayé le vin ; parfois, ce n'est pas mal. Mais à mon âge, il faudrait avoir bu au moins pendant vingt ans pour avoir les stigmates.

C'est important, la tête d'un écrivain. Ce peut être une trogne, un minois, avoir l'air d'un abcès pourvu d'une touffe blonde ou avoir l'air d'un ange plein de perversité, cela peut être misérable ou superbe, à crinière argentée, à frange sur les yeux. Tout est imaginable, pourvu qu'on ait l'excès. La laideur de la face doit être extraordinaire, la beauté, insolente, l'insignifiance, rehaussée de quelques cheveux gras. En femme, nous avons deux versions : ravissante ou vieillarde fragile. Entre les deux, c'est le gouffre. Les critiques ne vous envoient pas dire que votre cou flétrit, cela m'est arrivé dans *Le Figaro.* « Son cou qui fut charmant... » écrivit feu Renaud Matignon. Vers les quatre-vingts ans, visiblement, ça passe. Des rides, un pas tremblant, une belle vieille qui s'appuie sur une autre épaule, il n'y a rien de mieux.

J'attends les rides sans hâte ; il n'y a pas le feu.

Des souffrances, j'en ai eu, forcément. On n'atteint pas soixante-dix ans sans cela. J'en ai eu pour la peine, comme tout un chacun. Deux maris m'ont quittée, c'est presque un abonnement. Vous devriez en faire un roman, disaient-ils. Si j'étais écrivain, je l'aurais sûrement fait.

J'aurais pu naître pauvre, mais non, pas tellement. « Ah ! Si seulement vous étiez institutrice dans la Nièvre, comme on vous aimerait ! » m'a dit un éditeur pour me consoler. Née dans la moyenne bourgeoisie, j'ai parfois tiré le diable par la queue, mais la queue du diable s'est mise à rapporter, l'âge venu. Hors mariage, j'ai eu beaucoup d'histoires d'amour, mais je n'en ai pas fait de livres. Je ne sais pas comment font les écrivains, mais moi, j'aurais du mal, à cause de mes enfants. Vous direz, la pudeur des enfants, un écrivain saurait en faire du livre, c'est bouleversant, grave, indécent, c'est très bien. La vie, voyons ! Faites-nous ça.

J'ignore l'épreuve de la page blanche ; j'écris avec jubilation ; les mots ne me manquent pas. Ils viennent tout gentiment se fourrer sur les lignes, un troupeau de moutons, on dirait les moutons du générique de fin de programme d'Arte. Je les caresse, je les écarte, je les aligne, je leur fais sauter deux ou trois espacements, et les mots obéissent comme s'ils n'avaient rien de mieux à faire. Comme j'ai fait les écoles, je sais les traiter. C'est comme les moutons, il faut les tondre.

Écrire n'était pas mon idée. Je voulais peindre. D'ailleurs, c'est ce que j'ai fait. Depuis que j'ai dix ans, je fais des aquarelles ; elles retracent ma vie autrement que par écrit. Chacune a une histoire à raconter.

Un type à lunettes noires en rose, assis, menton bleuté. C'est le portrait de Kadhafi qui posa pour moi seule trente minutes en gandoura couleur cuisse de nymphe émue. C'était à Alger pendant un sommet de l'Organisation de l'Unité Africaine, en 1999. Le Libyen conversait avec la lie de l'humanité, Foday Sankoh, chef de guerre de la Sierra Leone qui inventa la question « manches courtes ou manches longues ? », pour décider à quelle hauteur couper les bras de ses victimes. Même le Guide avait l'air dégoûté. Armées, bottées, casquettées, ses amazones étaient dans mon dos. Quand je sortis, une journaliste libyenne me tendit un micro et demanda comment j'avais trouvé le Guide.

– En rose, répondis-je. Ça lui va bien, le rose.

Elle traduisit. J'appris par la presse que j'avais trouvé le Guide merveilleux et que j'étais désormais convaincue de son génie. Le portrait fut publié dans *Jeune Afrique*.

Des temples rouges au bord d'un fleuve. Haridwar, ville sainte sur le Gange. Ça m'agaçait tellement d'être harcelée par des pèlerins qui voulaient voir mon pinceau travailler que, pour les faire fuir, j'ai voulu me faire payer. Une roupie le coup d'œil. Hélas ! Ils payèrent.

Masques dogon dansants. Trop vite pour l'aquarelle. J'ai pris des feutres aux tons claquants. J'ai fait de même pour les mamies officielles du Togo qui dansaient à Lomé en l'honneur de Jacques Chirac. Sur chacune de leurs fesses s'étalait un portrait, à droite, Chirac, à gauche, Eyadema, qui tremblotaient au rythme de leurs culs. J'ai bien réussi ça.

Un palais blanc à Abuja la capitale du Nigeria pendant un voyage présidentiel. Comme je commençais à dessiner, des flics voulurent me chasser. Interdit ! Sécurité ! Chirac étendit son long bras. « C'est ma dessinatrice officielle ! », dit-il pour qu'ils s'en aillent. Ce qu'ils firent.

Tombes à Samarcande ; plus bleu, ça n'existe pas. Le rio São-Lourenço au Brésil, dans le Pantanal ; plus semblable à la Loire, on n'imaginerait pas. En pirogue, un très gros caïman faillit nous mettre à l'eau. Des baraques vertes au bord d'une mer turquoise, le sol est couvert de lichens rouge vifs ; une marmite sur un feu, ce sont des Inuits qui cuisent du caribou sur une plage non loin d'Iqaluit, au Nunavut. Une mosquée sur le bord d'un lac à Srinagar ; d'un blanc immaculé, elle contient un poil de la barbe du Prophète.

Je suis devenue professeur parce que je savais parler. Parler, ah ça ! J'adore. Une fois agrégée, je trouverais toujours une histoire à raconter. Et j'y suis arrivée. J'ai parlé à des classes de terminale, à des amphithéâtres, à des salles de conférences, pourvu qu'il y ait devant moi des yeux qui brillent. L'émotion qu'éprouve l'écrivain, je la puise juste avant de parler, quand la gorge me serre et que les yeux me piquent, je ne vais jamais y arriver, ces gens qui m'attendent, mais qu'est-ce que je fais là ! Une envie de filer et puis cela commence, une claire fontaine. Dieu, que j'aime cela ! Et la fatigue, après.

À l'adresse de mes amis qui sont des écrivains, j'avais un discours tout prêt. Toi, tu es écrivain. Moi, je suis une conteuse. Ce n'est pas pareil. Conteur, c'est le Tiers-État des gens de plume, tandis que l'écriture est noble. Mon discours avait trois avantages. Avantage n° 1 : évite les rivalités. Avantage n° 2 : enchante ses destinataires. Avantage n° 3 : me met à l'abri.

Croyais-je. Car à force de répéter mon discours, mes tripes se retournèrent. Non, je n'avais pas accès au jardin merveilleux où pousse l'écriture, cette petite fumée. Je resterais derrière le portail, histoire de sentir l'odeur des lys, mais je n'irais pas cueillir la passiflore.

J'eus envie d'essayer. Sauter le mur du jardin, me faufiler. Je pris donc un cahier comme on fait à quinze ans, et vers mes trente-cinq ans, j'écrivis des fragments d'histoires. À la main et en douce. C'était excitant, agréable. Je montrai le résultat à mon ami Christian Bourgois. C'était une biographie de Freud agrémentée de fantasmes, avec Lou Salomé toute prête à le fouetter, son épouse Martha préparant du bouillon aux boulettes, enfin, une fantaisie.

Le titre en disait long. J'ai appelé cela *Bildoungue* en francisant le noble concept allemand, *Bildung*, qui désigne la culture dans sa formation. Christian publia le livre. Il ne fut pas beaucoup lu, mais cela plut dans le milieu. Lorsque ça n'est pas lu, on plaît. Bernard-Henri Lévy appelle cet exercice « le bide élégant ».

J'en écrivis un autre à la main et en douce sur un petit cahier. C'était l'histoire de l'unique épousée d'un sultan ottoman, fait très exceptionnel, car pour simplifier leur succession, les sultans de la Grande Porte étaient interdits de mariage. Sauf elle, Alexandra, une fille de pope razziée dans son enfance, si rousse qu'on l'appela Roxelane, et si enjouée que Soliman le

Magnifique, son époux, l'appelait Hürrem, la Rieuse. Le style était très simple, l'intrigue, très cruelle. On y mourait beaucoup étranglé par les muets. Cela s'appelait *La Sultane*. Comme j'étais journaliste, l'histoire fut publiée, et mon livre retenu pour le prix Médicis.

Qu'on ne me parle pas des prix ! Il me fut demandé d'engager comme pigiste le fils d'un des jurés pour obtenir sa voix. Et j'eus beau me retirer très vite de la liste des élus, j'y perdis un homme que j'aimais.

Je quittai le journalisme. Folie ! Mes vrais amis tentèrent de m'en dissuader, mais non. Je publiai des livres dans le vide. On t'avait prévenue ! Dirent les amis. Abandonner une place forte des lettres pour un poste de prestige dans un ministère, mais qu'est-ce qui t'a pris ? Autant renoncer à écrire, ma vieille. Ma vieille ! disaient-ils. Je ne m'en étais pas aperçue, mais à force, j'avais quarante-cinq ans.

Dans ces eaux-là, Alain Oulmann, compositeur des chansons d'Amalia Rodriguez et président de Calmann-Lévy, me commanda un roman. J'étais donc si peu écrivain qu'on me commandait mon intrigue ? Je résistai longtemps. Mais enfin, je suis juive et l'héroïne du récit l'était aussi. Alain Oulmann gagna.

L'histoire commence au Portugal en 1492 et s'achève à Safed, en Palestine ottomane un demi-siècle plus tard. Banquière de rois et d'un empereur qui la persécutèrent à travers toute l'Europe, l'héroïne prit la fuite pour devenir la banquière du Grand Turc, qui la couronna reine d'une miette de Palestine. Histoire vraie ? Bien sûr. Elle exista, ma Beatriz, cette femme capable d'avoir monté toute seule un blocus contre la papauté. Maintenant que je la connais, je l'aime. Elle est insaisissable. On change de prénom et de nom quatre fois en une vie, on naît juive sous le nom d'Hannah, on est vite baptisée Beatriz de Luna, on devient Beatriz Mendès, on s'appelle Gracia en secret, on finit par devenir Gracia Nasi dite La Senora, allez raconter ça sans qu'on s'y perde.

Mes enfants étaient grands. Dans les deux mois qui me séparaient d'un départ pour Delhi, je stockai la documentation. Le conteur s'apparente au hamster qui gonfle ses bajoues de biscuit pour l'hiver. J'arrivai à Delhi pleine de mon histoire.

On a beau être une conteuse au long cours, on est désarçonnée lorsque on doit écrire en ayant sous les yeux des vols de perroquets, un bassin où se perche avec grâce une aigrette, un jardin de mangues et de palmiers. Pour la première fois de ma vie, je n'avais pas à courir pour attraper le temps, ce gamin mal élevé qui se tire dans la nuit.

Première version manquée. Quatre cents pages au rebut. À refaire, y compris la longue bataille navale de Lépante où « la mer était rouge de sang ».

En khâgne, on apprend à faire des plans. Grand un, paragraphe un, alinéa un, théorie, exemple, et de la symétrie. À force, ce n'est plus l'esprit qui bricole, c'est le bricolage qui vous saisit la tête. Il fallait casser cette tête, faire craquer les os du crâne, comme disait Jean-Paul Sartre. Tout désosser. Je me suis donc cassé la tête un bon moment, avec l'aide affectueuse de Jean-Étienne Cohen-Séat et de notre mère l'Inde qui en connaît un brin sur la question. Au terme d'une année, je n'avais plus de tête. Enfin vide ! J'écrivis l'histoire de Beatriz et puis ce fut fini, à ma grande surprise.

Il paraît que j'avais écrit un roman historique. « Alors maintenant, vous écrivez des romans de gare ? » me dit un plumitif universitaire avec un soupçon de dégoût.

L'histoire de Beatriz, titrée *La Senora*, parut en 1992, pour l'anniversaire de l'expulsion des juifs d'Espagne en 1492. Un an plus tard, une voix amicale émanant d'un service de la Bibliothèque nationale m'avertit, par téléphone, que j'avais, par malheur, une homonyme publiant des romans. Oh ! Bien sûr, la vieille institution avait fait son travail et dûment séparé les torchons de Catherine Clément, auteur de romans de gare comme *La Senora*, et les serviettes de Catherine Clément, essayiste distinguée. Pour cela, je n'avais rien à craindre. Seulement faire très attention à cette rivale malcommode.

Il est vrai qu'elle m'embête, l'autre qui a mon nom.

L'histoire de la banquière avait intéressé les gens ; le livre s'était beaucoup vendu. J'étais passée dans la catégorie dite des gros tirages ; et cet intitulé me laissa coite. Gros tirage ! Je me voyais dans une parka énorme, les poches pleines de cartouches, un fusil à la main. J'étais grosse et je tirais les bêtes. Le temps de m'habituer à l'image de la Diane chasseresse obèse mais divine, j'étais dans la catégorie « best-seller » et l'on me demandait sans rire comment on fait.

Trois best-sellers de plus et je passai auteur à succès comme on dit femme à barbe. Romancière de gare, auteur à succès, ça ne dure pas, on connaît des échecs.

Suis-je un écrivain ? Je rature, c'est vrai, comme font les écrivains. Mais pas toujours. Parfois, ça sort tout seul. Il m'arriva de pleurer en racontant la grande scène des adieux entre ma Beatriz et son neveu. Ce doit être le côté roman de gare. On pleure sur les quais lorsqu'on se sépare – « pour la dernière fois, adieu, Seigneur » – et pour se consoler, on achète un roman. Un bon roman de gare console ceux qui s'aiment et qui ne se voient plus, car le train est parti en emportant l'un d'eux.

Mais comme je continuais à écrire des essais alimentant le tri de la Bibliothèque nationale, je vis que j'étais double, rejoignant la cohorte des archanges duplices et mélangeurs, Bernard Pingaud, Bernard-Henri Lévy, Julia Kristeva, et ma très chère Hélène.

Les temps avaient changé. Dans les années soixante, il y eut un long moment béni pendant lequel les essais furent immensément lus. À cette époque, *Les Mots et les Choses*, un gros livre difficile de Michel Foucault, fit cent mille exemplaires. En ce temps-là, le roman historique était un genre vieillot. Raconter des histoires était une abomination.

Déjà, dans les années cinquante, le Nouveau Roman avait voulu changer la forme pour agir sur le monde. Ce n'était pas absurde, non, c'était ascétique et révolutionnaire. On ferait la révolution dans le langage. Les consignes étaient strictes. Décrire le subjectif de façon anonyme, voix venues de nulle part ; plus de sentiments, pas d'émotions. On ne sait jamais avec les émotions, elles peuvent vous submerger, surtout après une guerre. Or le Nouveau Roman, je le pense, était un mouvement destiné à gommer les mémoires. La guerre était finie, on allait l'oublier. On serait hygiénique. Pas de chair, pas de tripes.

Passé le Nouveau Roman, dans les années soixante, un roman s'écrivait pour être commenté. L'écrivain sortait ses tripes de côté, les lavant soigneusement de peur qu'un peu d'affect ne demeurât sur la membrane des intestins. Quand le livre était là, les tripes étaient propres. Blanchies.

Le livre publié, les sauciers se précipitaient. Tous professeurs.

On n'était pas saucier d'écrivain sans diplômes. La mission du saucier était d'expliquer le roman. Il ajoutait ses mots à ceux de l'écrivain, comblant les blancs, rehaussant les ponctuations, liant les associations, nouant les signes épars. Un deuxième livre s'écrivait. À lui seul, un écrivain donnait deux livres publiés, celui pour le saucier, et celui du saucier. L'écrivain n'était pas vraiment dupe, mais sans saucier, il était pour ainsi dire fichu. En échange, il offrait son aura et sa protection.

Je fus longtemps saucière, car j'avais les diplômes. En ce temps-là, les romans racontant une histoire rencontraient une inattention stupéfiante dans le milieu littéraire. Leurs auteurs éructaient. Quoi ! Il suffisait d'aligner trois fantasmes, une rencontre, une tripe blanchie, sans goût, sans contenu, et un livre naissait ! Appeler ça un livre, nommer cela « roman » !

On ne disait pas « roman », on appelait ça « fiction ». Il ne fallait pas se tromper ; c'était comme à l'école. Quand parle-t-on de fiction ? Quand l'écrivain se tient au ras des mots sans inventer d'intrigue ni d'histoire. Très bien ! Et dans l'ancien temps, qu'était-ce qu'un roman ? Une histoire avec un début et une fin, des personnages, un point de vue. Presque bien. Il manque l'essentiel. Dans l'ancien temps, un roman exprimait aussi des sentiments.

Cette carte du Tendre austère et dépouillée agaçait d'autant plus qu'en matière d'idées, le structuralisme fit la même toilette. Quadriller la pensée, décrypter ses chaînes et ses lacs, en trouver les secrets et le social, là-dedans ? Disaient d'une même voix les marxistes, les phénoménologues, les humanistes mous. Et ce jargon. Sémantique, sémiotique, sémiologique, on se fiche de nous ! Disaient-ils, vieux perclus de l'existentialisme et jeunes turcs décidés à nous pousser dehors. Il y eut des escarmouches aux frontières. Puis plus rien. La guerre s'éteignit. Entre-temps, j'avais rendu les armes. Le pays où l'on écrivait des romans à histoires était consumériste, mais reposant.

Je suis une repentie de la période saucière. *Bildoungue*, par exemple, était une fiction résolument saucière. Il fallait bien connaître les œuvres de Freud pour lire ce petit livre sans intrigue, mais découpé, propret, même dans le louche. C'est à peu près vers cette période que les sauciers connurent la défaite et se mirent à écrire des thèses non publiées. Mai 68 ayant retrouvé le goût des folles amours, de la dépense et du laisser-aller, on revit des romans qui eurent des lecteurs. Il y avait parfois des sentiments, quoiqu'un peu blanchis au préalable. L'écrivain romancier avait le droit d'être un poil ennuyeux ; s'il donnait dans le sentiment, s'il était émouvant, on posait la question : est-ce un écrivain ? Un vrai ?

Je préférais conteuse.

L'ennui est interdit au conteur. Dans le temps, pendant la veillée, le conteur interrompait son récit et lançait à tue-tête une vibrante interjection. « Cric ! », criait-il quand ses ouailles somnolaient. Réveillé en sursaut, le public répondait « Crac ! » et l'on recommençait. Mais par écrit, le conteur est dans l'obligation de placer ses Cric sans possibilité de Crac. Or des modèles existent.

Au Bengale, les bardes conteurs ont des déroulants qu'ils présentent aux villageois en déclamant leurs épopées. Ce sont leurs Cric-Crac : des toiles peintes découpées en tableaux qui marquent les étapes du conte, comme autrefois, dans les théâtres ambulants, on avait des pancartes pour dire où l'on était. Le Parlement indien. La crémation d'Indira. Les Twin Towers. Ben Laden en calife. La résurrection du Christ. Mais les conteurs bengalis traditionnels ne sont pas universellement connus.

Tandis qu'Hollywood ! Contraints de tronçonner leurs récits au rythme des coupures publicitaires, les Hollywoodiens sont les Maîtres du Cric. Exemple. En tournage depuis plus de trente ans, *The Young and the Restless* fait vieillir doucettement ses quinze personnages, auxquels de temps en temps s'ajoutent des intrus, innocents ou pervers qu'on tuera à la première occasion. Quinze personnages tournés en temps quasi réel sur trente ans, cela fait, pour chacun d'eux, au moins trois mariages, peu d'enfants légitimes mais au moins deux sous X, avec deux vols de sperme, une dizaine de viols, une douzaine de procès dont trois pour crimes de sang, une dizaine de divorces et autant de mariages, une paire de jumeaux, dix raids financiers, trois enlèvements, deux kidnappings d'enfants, aucun avortement, pas un homosexuel et deux mortes du sida, une blanche et une noire. Les acteurs du début vieillissent avec leurs spectateurs. Depuis seulement quatre ans, on ne compte plus les idylles entre les amants noirs et les amoureuses blanches. Et combien de présidents ? Aucun. Ils ne comptent pas.

Lorsqu'il n'a pas à vendre des oreillers pour chiens sur écran publicitaire, le conteur, sans contrainte, rencontre la difficulté. Couper court est la seule solution. C'est ce qu'en sa sagesse avait compris Lacan, pour qui une séance de psychanalyse se coupait au plus court. Au patient, il fallait retirer le tapis sous les pieds au bon moment. Pour le conteur, pareil. De cette technique de narration propre aux soap-operas, Altman a fait *Short Cuts*, si parfaitement ficelé que, pour trouver une fin convenable à ses héros, il n'avait d'autre choix qu'un grand tremblement de terre.

Le conte engloutit tout comme la baleine, Jonas. Se faire avaler dans l'antre du récit cause un plaisir exquis, mais quand on en ressort, on n'en a rien gardé. On est le vomi du conte. D'écriture, pas question. Non seulement rien ne change, mais le conte est fait pour ça.

Les écrivains préfèrent changer le monde. Tous. Même s'ils ne le disent pas, même s'ils ne le savent pas.

Comment naît dans l'enfance le désir de révolution ? Moi, ce fut au cinoche, en m'éprenant de Fanfan la Tulipe. Ce soldat miséreux qui fait la guerre au roi de France pour les yeux de sa belle, c'était bien. J'eus une photo de Gérard Philipe. Puis deux, dix, vingt. En grandissant, je raffinai Fanfan avec Lorenzaccio. Fanfan, soldat rebelle, finissait par se ranger; Lorenzaccio perdait sa révolte en route. Ni l'un ni l'autre n'allaient à la révolution, mais restait leur désir. Voilà pourquoi, comme mes héros de cœur, j'entrai plus tard au Parti communiste.

Pour ne pas faire la révolution. Son désir, c'est parfait.

J'ai vu chez mes amis écrivains ce désir qui les met hors d'eux-mêmes. Ils sont en train d'écrire. Ils ne sont plus avec nous. Ils se font la révolution. Quand ils n'écrivent pas, ils sont presque normaux. Légers à vivre, eux qui étaient si lourds. Un peu distraits encore, un peu nuageux. Ils vivent leur vacance avec stupéfaction. Leur révolution est finie. Déjà, on sent s'agiter à l'intérieur des tronçons de drapeaux déchirés, qui frémissent. Les gens vont au cinéma; eux, rarement. La bouche d'ombre raconte un peu trop d'histoires alors que les saisit déjà une autre révolution. Fraîche comme l'aube, et c'est toujours la même sous une autre figure, viens-tu ? Oh oui. J'ai trop envie de ma révolution.

Je ne cesse jamais d'écrire des histoires; je n'ai pas de vacances; les histoires se bousculent et m'appellent, eh! toi, là, quand vas-tu me raconter ? Elles font la queue chez moi. Tenez, en ce moment, l'histoire du rhinocéros trépigne, je l'ai laissée à la veille d'une bataille où moururent trois rois. Le plus vieux mène l'assaut contre un jeune roi chrétien, il lève son cimeterre, il a mal au bras gauche, son cœur flanche. Le jeune roi disparaît sur le champ de bataille où gisent dix mille guitares de soldats portugais. Et le dernier se noie. Une famille de marranes crève de chaud sur la caraque qui aborde en Afrique. Je les ai habillés de serge et de velours, ils attendent d'être déshabillés. Ils sont là, sur la plage, abrutis par l'humidité. En plan sous les Tropiques, et moi! Je suis ailleurs.

J'avais déjà le goût des histoires quand en classe de première, avec mes amies de lycée dont Myriam, je fondai un journal ronéotypé portant le plus beau des noms. *Zôpyrion*, en grec, le petit feu vivant. Nous fîmes six numéros. Ayant déménagé dix fois, je les avais perdus; mais une amie de l'époque me les a renvoyés, grâce lui soit rendue. Avec stupéfaction, j'ai relu mon premier roman au titre extravagant, *Le si bémol fatal*, un polar avec un début, une intrigue et une fin. Donc, ce n'est pas d'hier.

Moi aussi, je me faisais ma révolution.

Puis, avec les études, ma tête se bricola, les histoires s'effacèrent et revinrent au moment où je m'expatriai. Par chance, j'échouai en des lieux dans lesquels, pour trouver une histoire, il suffit de se baisser. Le Bhoutan, le Bengale, le Tamil Nadu, la cité de Delhi, le Burgenland, la langue de Barbarie, Joal, la Casamance, le désert du Faro. Je ramassai partout des tombereaux d'histoires, celle de la juive anglaise amoureuse de Nehru, celle de la juive d'Égypte devenue déesse en Inde, celle de la princesse mendiante et poète, celle du fou de Dieu qui mourut en extase, celle du fils de Faidherbe, bâtard à la peau noire qui mourut sur le front de la guerre de 14, celle de la prêtresse qui boit le sang des taureaux et tourne folle, et aussi – ah ! celle-là ! – l'histoire du grand-prêtre amoureux d'une pariah.

Oui. Je sais qu'elles appartiennent souvent au passé, ces histoires. Qu'elles ne sont pas d'ici, mais d'ailleurs, qu'elles ne décrivent rien de notre monde. Notre monde est le riche et justement, mes histoires se passent toujours dans l'autre monde. L'autre monde, l'efflanqué, a gardé le sens de l'énergie parce qu'il n'a que cela. Maintenant qu'il émerge enfin de la pauvreté, on lit ses écrivains.

14

Mélusine

Septembre 1976. Brusquement, la rupture. Piqué par une mouche corse en vacances, Marchais dit à sa femme « Liliane, fais les valises, on rentre. » Craignant le recul du Parti Socialiste sur les nationalisations, le secrétaire général du Parti communiste n'avait rien de plus pressé que de rompre l'accord de programme commun. Plus d'union sacrée.

Le vieux rêve qui me tenaille encore d'une union nationale s'était évanoui. Dans les cellules du Parti, ça n'allait pas très fort. On ne comprenait pas. On ne voulait pas comprendre. Il y avait bien des zigs pour affirmer que Marchais faisait tout pour que la gauche échoue, même que les Soviétiques l'avaient payé pour ça, mais on ne les croyait pas.

1978. Même désunie, la gauche allait gagner les élections législatives ; c'était presque certain. Après tant d'années passées loin du pouvoir, la gauche était-elle prête à gouverner ? Elle avait un programme et s'il n'était plus vraiment commun à toute la gauche, il suffirait, pour les grandes lignes. Était-il complet ? Non. Il ne comprenait pas grand-chose sur la culture, encore moins sur l'idéologie.

Maintenant que le mot « idéologie » est devenu une sorte d'épouvantail, on peine à se représenter combien il emportait d'espérances. L'idéologie n'était pas une position sectaire ni un dogme ni un paquet d'illusions ; l'idéologie était le socle sur lequel on pouvait édifier une pensée politique capable de convaincre les citoyens. Il arrive aujourd'hui qu'on retrouve un peu du sens perdu quand on entend quelques observateurs remarquer qu'hélas, il n'y a plus aucune idéologie. À le prendre dans sa définition la plus littérale, le terme comprend l'idée et le Logos : c'est un discours sur les idées.

Sociologue né en 1936, époux de la blonde féministe Annie Leclerc, Nikos Poulantzas était marxiste et structuraliste dans la lignée de Louis Althusser. Comme nombre d'althussériens, il était convivial, chaleureux, amoureux de théorie et passionné de la vie. C'est de lui que vint l'idée de réunir un groupe pour réfléchir à la pensée de la gauche quand elle serait au pouvoir. À son idéologie.

On ne disait pas pensée – c'est un mot trop rarement employé. On disait « idéologie » dans le sens du matérialisme dialectique, les superstructures dépendant des infrastructures matérielles et l'esprit n'ayant d'autre source que la matière. La gauche étant à la veille de prendre le pouvoir – on ne disait pas « revenir aux affaires » –, cette question était d'autant plus urgente qu'Althusser avait forgé le concept d'« Appareil Idéologique d'État » pour désigner et dénoncer ce qui, dans l'État, s'opposerait aux changements de structures matérielles. On n'allait pas se contenter d'un vague réformisme. On allait remplir la bouteille vide, fournir à l'État des idées, lui fabriquer de l'idéologie. Je retrouvais le vin nouveau.

Comment s'y prit Nikos ? En un clin d'œil, il parvint à réunir un petit groupe qui se réunissait chez Blandine Kriegel, dans le Marais. Tous les participants avaient le sens de l'État, même les anciens rebelles. En faisaient partie Olivier Duhamel, Christine Buci-Glucksmann, Pierre Birnbaum, Henri Weber, Daniel Lindenberg, Alain Joxe, Robert Fossaert, Jean-Marie Vincent, Dominique Lecourt, Didier Motchane et Régis Debray. Passé une brève tentative de putsch de Motchane, le groupe se mit au travail six mois avant les élections. Je lui trouvai son nom : Mélusine.

La fée à queue de poisson semblait propice pour nous servir de guide. Mi-femme mi-saumon, c'est un être irréel, mais actif : à Lusignan, la légende veut que Mélusine ait été une grande bâtisseuse d'églises et de couvents.

Nous avions une étoile. C'était Régis Debray. Entré à Normale Sup un an après moi, il venait de passer l'agrégation de philo quand il partit pour Cuba, en 1965, avant d'accompagner Che Guevara en Amérique latine. Nous avions tous suivi le cœur battant l'arrestation de Régis, l'exécution du Che, l'emprisonnement de Régis en Bolivie en 1967, la lutte de Janine Alexandre-Debray, sa mère, pour le faire libérer, sa libération en 1970, son séjour au Chili jusqu'au coup d'État de Pinochet. C'était notre héros. Lui, il s'était battu physiquement ; il avait été guerillero. Il avait enduré la prison ; libéré, il s'était engagé aux côtés d'Allende. À jamais, il garderait une aura romantique éblouissante.

Je me souviens d'une maison à Carthage où nous étions invités tous deux après un colloque. Sur la terrasse d'où on voyait la Méditerranée, Régis avait ramassé un jouet appartenant au fils de la maison. C'était une minuscule mitraillette en plastique et Régis joua longtemps avec la petite arme, démontant et remontant l'objet avec aisance. Il ne disait pas un mot. Il ne regardait personne. L'arme était dans ses mains comme un vieux souvenir. J'ai horreur de ceux qui parlent avec dédain de l'« illusion lyrique », péché de la pensée aux yeux des réalistes. Dites-moi, sans lyrisme, comment vivez-vous ? Au jour le jour, sans grande espérance ? Je vous plains. Régis incarnait peut-être l'illusion – c'est ce qu'il a écrit depuis – mais pour nous autres, il était notre part de vaillance. Et pour moi, c'était simple. Quand je me fais des amis, je n'ai qu'un seul critère : celui-ci, celle-ci, pourrais-je entrer dans un réseau de résistance clandestin avec elle ou lui ? Si j'ai le moindre doute, alors pas d'amitié. Régis est un ami. Il est dans mon critère.

Il n'était pas encore bougon comme aujourd'hui. Il grognait bien un peu de temps en temps, mais généralement, à raison. Il écoutait davantage qu'aujourd'hui, il ne se fermait pas comme une huître quand on disait le mot « universel » ou les mots « droits de l'homme ». Pinochet torturait encore au Chili à l'époque. En 1973, Régis avait vécu l'assaut de la Moneda pendant le coup d'État. Cinq ans plus tard, il avait encore un idéal. Il séduisait avec une grosse moustache, une extrême attention à l'autre, un soupçon de bégaiement et un divin sourire. Nous le savions couvert de femmes ; Don Juan guérillero, ça, c'était magnifique. Il s'éclipsait parfois avec des airs distraits.

Est-ce qu'il avait changé ? Non. Il n'avait pas fini de revenir de là-bas. Est-ce qu'il changea plus tard à l'Élysée, quand Mitterrand le prit pour conseiller ? Quelques mois après la victoire de notre président, il me disait combien il admirait les grands commis de l'État, et leur neutralité. Je le trouvais naïf, mais j'avais tort : une équipe qui arrive à la tête de l'État n'a pas vraiment le choix de ses grands commis, car ils sont peu nombreux. Régis aima l'État français. Il aima la liberté de voyager avec le passeport diplomatique qui le dispensait des tracasseries de l'administration américaine ; il aima faire connaissance avec le monde des grands, en vrai philosophe. Ce qu'il apprit alors est tragique, mais juste.

Est-ce qu'il a changé ? Pour se rendre à ce colloque tunisien, il fut obligé de prendre l'avion avec Bernard Pivot alors qu'il avait fait savoir très publiquement qu'il ne paraîtrait jamais à *Apostrophes*. Il se rendit, bien sûr, mais sur la critique des médias, il a poursuivi son chemin radical. C'est un moine soldat dans le genre Aramis, à la fois dans l'Église et dans l'amour du monde, celui des mousquetaires qui survivra aux autres et qui, tout à la fin, dignitaire de l'Église, voit sur un champ de bataille mourir d'Artagnan, Maréchal de France.

Avoir des amis, c'est endurer des drames lorsqu'ils se déchirent. C'est ce qui m'arriva quand Bernard-Henri Lévy attaqua violemment Régis pour un reportage dans les Balkans, paru dans *Le Monde*. Régis y décrivait une tranquillité paisible en compagnie de Serbes, aux antipodes des massacres qui justifièrent l'intervention de l'ONU. C'est le coup de Fabrice à Waterloo. Dans *La Chartreuse de Parme*, le jeune del Dongo est en pleine bataille, mais il ne le voit pas. Bernard, de son côté, était dans les tranchées de la Bosnie qui défendait Sarajevo contre les tirs des Serbes. Il voyait les massacres que Régis ne voyait pas.

Entre celui qui fut guérillero et celui qui va sur les champs de la guerre, il y a l'Amérique, infranchissable obstacle. L'un s'est battu contre elle et n'oubliera jamais. L'autre non ; jamais il ne se battra contre les États-Unis. L'un réfute l'universalité, l'autre la défend. À eux deux, ils incarnent des géopolitiques si contraires qu'elles dessinent deux avenirs possibles et irréconciliables, l'un avec l'Occident, l'autre sans. Comme Régis, je suis infiniment méfiante envers l'Occident, pire encore quand on parle du « camp occidental » à la recherche de l'ennemi de ses guerres ; mais sur les capacités des forces démocratiques à transformer le monde, Bernard a raison. Mais Bernard connaît l'Inde.

Ma preuve par neuf, c'est l'Inde. Elle fait la preuve que la démocratie démantèle les inégalités. Les basses castes et les intouchables prennent le pouvoir avec leurs bulletins de vote ; c'est ce que Christophe Jaffrelot appelle « la révolution pacifique ». L'Inde incarne l'indépendance. Si je comprends Régis, c'est Bernard que j'approuve.

Printemps 1978. Mélusine était prête quand la gauche perdit les élections, d'un poil. Nous étions furieux et déterminés. Ce ne serait pas cette fois, mais la prochaine, en 1981. On n'allait pas s'arrêter pour autant. Dans mon souvenir, Mélusine se porta plutôt mieux dans les semaines qui suivirent. Puis elle s'arrêta net.

En 1979, Nikos Poulantzas sauta du haut d'une tour dans le treizième arrondissement et mourut. Mélusine s'envola avec son fondateur.

15

Le philosophe aveugle

Claude Perdriel aimait me lancer des défis. « Ah ! Je sais, soupirait-il d'un air faussement triste, je sais bien que nous n'aurons jamais un grand entretien avec Claude Lévi-Strauss. *L'Obs* peut le faire, mais nous... » Je me sentis visée. Une semaine plus tard je revenais avec un entretien exclusif de Claude Lévi-Strauss consacré au Japon, l'une de ses passions. Certes, il m'avait dit que n'étant pas « japonisant », il avait des scrupules et que cet entretien n'aurait aucune portée scientifique, mais enfin, il le fit. C'est un texte magnifique, jamais republié. Si long qu'il parut en supplément spécial du samedi. Mais ça, c'était facile.

Quand Perdriel commença à gémir à propos de ce grand entretien avec Jean-Paul Sartre que naturellement *Le Matin* n'aurait pas – « Sartre, c'est l'*Obs*. Depuis toujours, c'est l'*Obs*. Vous n'y arriverez pas. Ah, si vous y arriviez... » –, je me sentis perdue.

Non seulement je ne le connaissais ni des lèvres ni des dents, mais ma génération philosophique avait été celle qui, dès ses débuts, s'était révoltée contre ce que Sartre représentait. Pas l'existentialisme, disparu depuis longtemps. Il y avait plus grave, le socle des pensées de Sartre : la phénoménologie allemande, Husserl et Heidegger. À Normale Sup, Sartre avait tété ce monstrueux biberon sans l'ombre d'un soupçon. Les descriptions à la première personne de la conscience dédoublée, fausse ou nauséeuse m'avaient copieusement étouffée ; apparemment, je n'étais pas la seule puisqu'en 1960 la parution de la *Critique de la Raison Dialectique*, pourtant très différente, n'avait pas intéressé grand monde. Sartre avait ses fidèles, ses armées, ses disciples – Robert Misrahi défendait superbement la *Critique* – mais il avait perdu son aura. Quand il l'avait retrouvée en Mai 68, c'était version gauchiste, vent debout contre le Parti communiste. Je n'aimais rien de cet homme que je ne connaissais pas. Comment s'entretenir avec lui ? Et puis, comment le trouver ?

Grâce à Bernard Pingaud.

Longtemps membre du comité de rédaction des *Temps modernes*, il l'avait quitté avec deux désaccords.

Le premier touchait à la psychanalyse que Sartre abominait, lui préférant la sienne, la psychanalyse existentielle, une étrange machinerie dont la conscience restait le seul ressort. Sartre ne reconnaissait pas l'existence de l'Inconscient. Ce refus n'avait pas eu trop de conséquences publiques jusqu'à Mai 68. Mais ensuite, Michel Foucault, Félix Guattari et Gilles Deleuze avaient pris le relais philosophique de la pensée libertaire en critiquant radicalement le corset de l'analyse. Sartre prêta l'oreille. Un jour, un patient belge vint lui apporter une bande enregistrée au magnétophone pendant ses séances, cependant que son psychanalyste se débattait avec ce passage à l'acte hors norme. *Les Temps modernes* publièrent l'intégralité de l'enregistrement sous un titre parodiant *Les cinq psychanalyses* de Freud, « L'homme au magnétophone ».

Bernard Pingaud avait une longue expérience du divan, Jean-Bertrand Pontalis, également membre de la revue, était un psychanalyste chevronné. Le procédé les indigna. Pontalis et Pingaud protestèrent et ils avaient raison. L'homme au magnétophone m'était personnellement connu par des liens familiaux éloignés et je ne m'étonnai pas quand, plus tard, à la mort de sa mère, il déroba le cercueil.

Le second désaccord fut un clash sur l'éducation. La revue de Sartre prit parti pour la destruction totale de l'Université, position gauchiste proche de celle qui m'avait autrefois jetée dans les bras du Parti communiste. Pingaud et Pontalis ne vinrent pas grossir les rangs des communistes – quelle idée ! – mais ils démissionnèrent du comité de rédaction des *Temps modernes* et depuis ce temps-là, mon ami Bernard n'avait pas revu Sartre.

Quand je lui demandai d'arranger une rencontre, Bernard n'hésita pas longtemps. Justement, il avait à demander à Sartre quelque chose, c'était une occasion, cela tombait très bien... Une semaine plus tard, j'étais à Montparnasse aux côtés de Pingaud dans le petit appartement du philosophe, dont la porte avait été ouverte par son jeune assistant, Pierre Victor, qui n'avait pas encore décidé de porter son vrai nom, Benny Lévy.

Sartre était dévasté et souriant. Il habitait l'espace avec droiture. Toutes mes réserves tombèrent. Dans ce corps abîmé aux jambes hésitantes, il restait un esprit, certainement pas intact. Mais un Sartre abîmé brillait bien davantage que l'esprit d'un adulte français en bonne santé. Il ne me voyait pas, il écoutait ma voix, une voix de femme vers laquelle il tournait ses yeux morts. Je ne saurai jamais quel était le regard de Sartre quand un seul de ses yeux était hors d'usage, mais j'ai vu son bouleversant regard aveugle. Il distinguait encore des formes et des lumières, mais à ce qu'on savait, il n'était plus capable de porter à sa bouche la nourriture. Il avait été laid, mais il ne l'était plus. Il était vieux.

Il accepta tout de suite l'idée d'un entretien et je revins seule quelques jours plus tard, pourvue d'un magnétophone. Avec une joie paisible, il affirma que la gauche était sans espoir dans le pays ; et que les élections, toutes les élections, étaient perdues d'avance pour les candidats de gauche, à commencer par la présidentielle de 1981. La ligne « Élections piège à cons » n'avait guère changé depuis juin 1968. Savait-il que j'étais communiste ? Sûrement. Le diagnostic politique était sans appel et Sartre, visiblement, prenait du plaisir à m'entendre renâcler sans trop oser le dire. J'enregistrai, furieuse et fascinée. Il s'exposa gentiment au photographe et le samedi suivant, jour de supplément, l'entretien parut, exclusif. Nous avions grillé l'*Obs*. Perdriel était fou de joie.

Il était si content qu'il me demanda d'inviter Sartre à déjeuner dans la petite salle à manger du journal. Sartre accepta. J'enquêtai auprès des serveurs de la Coupole pour connaître ses plats préférés, et surtout, ceux qui lui seraient commodes à mettre en bouche. Une omelette aux asperges, dirent les serveurs unanimes. Une omelette coupée en petits morceaux.

Au jour dit, Perdriel me prêta sa voiture pour aller chercher Sartre. Niché sur le confortable siège arrière en cuir, il était si heureux qu'il me dragua à la psychanalyse – on l'avait sans doute renseigné sur mon compte.

– Savez-vous que j'ai fait une vraie psychanalyse ? me dit-il d'un air entendu.

– Oh. Vous êtes sûr, monsieur ?

– Tout à fait sûr. J'ai fait des séances...

Il s'embrouilla un peu.

– Et combien de séances ? lui demandai-je poliment.

– Oh ! Beaucoup !

J'avais envie de le consoler de son chagrin, de lui dire qu'il était inutile de faire tant d'efforts, que cela n'avait aucune importance et que oui, je l'aimais. À cet instant, je sus comment Sartre avait séduit tant de femmes demeurées amoureuses toutes ensemble jusqu'à son dernier souffle. Un enfant d'or se cachait sous cette laideur extrême, un enfant ébloui en quête de caresses. Je crois bien que je lui ai pris la main.

Le déjeuner fut difficile. Les pontes du quotidien étaient tous à la table et regardaient avec angoisse le vieil Homère porter d'une main tremblante une fourchette à sa bouche en se trompant de chemin. Je ne savais que faire. L'aider ? Oser lui prendre la fourchette, la remplir, l'acheminer ? Il continua bravement en trouvant quelquefois les morceaux d'omelette aux asperges soigneusement découpés à l'avance et enfin, il posa la fourchette du supplice.

– Maintenant, je veux saluer les ouvriers typographes, déclara-t-il d'un ton qui ne souffrait pas la discussion.

Le silence se fit. Il n'y avait plus de typographes au journal depuis longtemps et les ouvriers de la photocomposition, en ce début d'après-midi, s'étaient tous absentés pour leur déjeuner.

Perdriel passa un rapide coup de fil et prit le bras de Sartre pour prendre l'ascenseur qui conduisait au sous-sol, à l'atelier.

J'ai souvent raconté la scène qui suivit. Tous les journalistes présents dans les locaux s'étaient rassemblés en file indienne à la place des ouvriers absents. Sartre leur serra la main à tous chaleureusement et leur dit quelques mots destinés à ceux qu'ils n'étaient pas. L'un de nous répondit au nom des travailleurs, et Sartre repartit, heureux d'avoir serré la main des ouvriers typographes du *Matin*.

Je le raccompagnai dans la même voiture. Il avait fait son devoir en dispersant ses faibles énergies. Il sommeillait un peu. Il y avait des taches d'omelette sur ses vêtements, il était à bout de forces, tremblant sur ses guibolles, privé de vue, mais ce très grand vieillard au terme de sa vie incarnait la force de l'esprit. Oui, on l'avait trompé pour ne pas le décevoir. Non, il ne s'était pas trompé en gardant sa pensée rivée au monde ouvrier.

En mars 1980, Sartre fut hospitalisé. Son agonie dura assez longtemps pour que toute la presse pût guetter l'instant précis de sa mort et je fus priée de préparer le dossier. Une page, deux pages, dix pages à l'avance et Sartre ne mourait pas. Je venais de rentrer à la maison quand mon fils se précipita « Il est mort, maman ! La radio vient de le dire ! » Je repartis boucler la une, et ajouter vingt lignes en vingt minutes. Il était presque onze heures du soir et à l'époque, passé cette heure, le journal ne serait pas distribué le lendemain. Si je dois garder un seul souvenir du journal, ce sont ces vingt minutes de deuil en urgence où vraiment, j'aimais Sartre.

Dans le hall de l'hôpital où reposait le cercueil ouvert se rassemblèrent les amis de Sartre. Simone de Beauvoir demanda à Bernard Pingaud de prendre des photos de Sartre dans son cercueil. Terriblement ému, il grimpa sur un escabeau pour des prises de vue en hauteur et comme ses mains tremblaient, l'appareil tomba. Il recommença et il a les photos. Il dit souvent que, sur ces images, Sartre, tout petit, vêtu de frais, rasé et cravaté, est redevenu le Poulou d'autrefois qu'il décrit dans *Les Mots*, un petit garçon sage. Elles n'ont jamais été publiées.

Je suivis l'enterrement à pied au milieu du « peuple de Sartre », une foule joyeuse, très jeune, considérable. Au cimetière Montparnasse, la bousculade vira à l'émeute. Pressée de toutes parts, assise sur une chaise, Simone de Beauvoir faillit tomber dans la fosse ouverte à quelques pas de moi. Des bras se tendirent ; Simone fut protégée, mais pas moi. Me voyant en péril, Josée Dayan joua les gros bras et je me retrouvai, sidérée, dans un vaste combi avec Beauvoir et ses amies.

Je ne l'avais rencontrée qu'une seule fois, un jour qu'elle m'avait missionnée pour interviewer Indira Gandhi à sa place à cause de ses jambes, ces jambes qui la firent tant souffrir le jour de l'enterrement de Sartre. Maintenant qu'il n'était plus, frappée d'une stupeur mortelle, Simone de Beauvoir était très affaiblie. Autour d'elle nous parlions comme en rêve, brèves interjections, mots hachés semblables à ceux qu'on prononce quand on vient d'échapper au désastre. Comme l'exige chez nous le rituel de la fête funèbre, les mots revinrent et avec eux, la vie. C'était la fin de l'enterrement de Sartre et Simone à son tour fut hospitalisée.

Elle lui survécut de longues années. Je la voyais souvent à l'opéra, fine petite silhouette au turban élégant, spectatrice attentive incroyablement sage. Elle était comme Lanzmann la décrit, « Bon Dieu, qu'elle était belle ! » Ses yeux avaient pris un air chinois, sa bouche me paraissait moins sévère qu'avant, elle goûtait au bonheur. Elle avait gardé la prononciation que Sartre et elle partageaient, précise, précipitée, de la lave en fusion.

Vingt ans plus tard, je demandai à Pontalis ce qu'il savait de la fameuse psychanalyse de Sartre. Pontalis me répondit avec, dans la voix, une tendre nostalgie pour l'ami disparu. Sartre avait pris un seul rendez-vous avec un psychanalyste et n'était jamais revenu.

Rivka et Pauline sont toutes deux enterrées au cimetière Montparnasse, à deux pas de chez nous. Quand je vais les voir – cinquante mètres les séparent – je descends saluer Sartre et Beauvoir. Il y a sur leurs tombes plein de petits cailloux. Ni Sartre ni Beauvoir n'étaient juifs et pourtant, il n'y a pas beaucoup de fleurs sur leur tombe. Il y a des cailloux.

16

Exclue

La présidentielle approchait à grands pas et l'Union de la gauche ne s'était pas reconstituée. L'ancien candidat unique de la gauche se préparait à la campagne socialiste et, côté communiste, le désordre régnait. L'union des intellectuels que le Parti avait fédérés depuis 1968 se fissurait à vive allure. Les uns après les autres, ils rendaient public leur désaccord sur tel point de la ligne ou tel autre : c'était l'Afghanistan occupé par les Soviétiques, la rupture de l'Union de la gauche, l'absence de perspectives pour les présidentielles, le style de Georges Marchais, tout plutôt que le Parti. Ça fuyait de partout. Et le Parti changea ses habitudes.

Exclure, c'était mal ; c'était stalinien. Exclure, c'était faire passer le rebelle devant le tribunal des copains de sa cellule, un cérémonial rappelant de mauvais souvenirs. Georges Marchais décida que désormais, on n'exclurait plus. On se contenterait de dire publiquement que le rebelle « s'était mis en dehors du Parti ». C'était la même chose sans débats. Les statuts n'étaient plus appliqués.

Je ne pensais pas une seconde me retrouver dans cette situation quand au début de l'année 1981, on apprit qu'un maire communiste de banlieue venait de détruire un foyer de travailleurs maliens avec un bulldozer.

Un signal retentit. Je m'étais juré de quitter le Parti s'il tolérait dans ses rangs deux actes de racisme. Et cela faisait un.

Quelques jours plus tard, un autre maire communiste dans une autre banlieue détruisait un autre foyer de travailleurs africains à coups de bulldozer. Et cela faisait deux.

Deux actes de racisme ! L'heure de mon rendez-vous. Deux, c'était une ligne et elle était raciste. Je fus prise d'un accès de colère et j'écrivis d'un trait une violente chronique que j'appelai « Les âmes mortes du PC ». Pour qu'elle fût publiée, il fallait l'accord de Perdriel. Je lui portai ma chronique. Elle était très violente. Il y avait une phrase clef : « Ils m'ont pris les pogroms, ils en font maintenant eux-mêmes. »

Claude Perdriel la lut, lunettes sur le front. Quand il releva la tête, il avait l'œil sévère.

– Savez-vous que vous risquez de vous faire exclure ? me dit-il d'un air de reproche.

– Évidemment !

– Je n'y tiens pas du tout, ronchonna-t-il. J'ai besoin de communistes dans mon journal. Pensez à l'Union de la gauche ! Réfléchissez !

C'était tout réfléchi.

Je n'ignorais pas les raisons invoquées pour légitimer tant bien que mal ces actes scandaleux. Avec ces destructions ravageuses, le Parti voulait signifier à l'opinion publique que le gouvernement de Giscard envoyait toujours les Africains dans les mairies communistes pour les mettre en difficulté. Était-ce une raison ? Non. Bien sûr que non.

Perdriel me laissa publier ma chronique à regret et le processus commença.

Ma chronique fut grandement applaudie. La doxa de l'époque n'admettait plus qu'on pût être un intellectuel en restant communiste ; une intellectuelle, encore moins. Je revenais dans la norme. Sur le racisme du Parti ! C'était inespéré. Je reçus des félicitations et je me sentis gênée. Mais je reçus aussi des insultes d'une telle obscénité que je finis par comprendre, c'était inévitable, comment mon cher Parti abritait des machos homophobes en folie. J'ai déjà publié une de ces lettres de fous, « tu n'es que du caca à t'en rouler dedans dans tes crises mystico-hystérico-phobiques... Adieu mon beau pédé, sois libre et cause. N'oublie pas de changer de culotte de temps en temps ». Pas de fautes d'orthographe ; c'était d'un universitaire distingué.

J'ai retenu l'essentiel, « sois libre et cause ». D'accord.

La cellule du *Matin* fit savoir qu'avec cette chronique, je m'étais mise en dehors du Parti. Je ne voulais pas de ça. Le Parti était une association avec des statuts ; ces statuts comprenaient des règles d'exclusion et je voulais être exclue proprement, selon les règles. Pendant deux ou trois jours, je bataillai. Ma cellule devait se réunir en ma présence et voter l'exclusion. Et mes camarades ouvriers du Livre n'y tenaient pas. J'usai de persuasion, je jurai que ce serait plus simple ; que nos liens seraient ensuite plus justes, plus harmonieux qu'avec cette manière faible. Je parlai du divorce. Sans tribunal pour dissoudre une union, les conjoints se déchirent davantage, n'est-ce pas ? Enfin, il y a les règles. Les règles, on les respecte ; on ne les change pas sur ordre d'un parti, sans délibération collective et sans vote obtenu dans un congrès. C'était indiscutable.

Une date de réunion de cellule pour m'exclure fut fixée.

J'avais un autre souci.

Présidente de la maison Aubier, l'excellente Madame Aubier avait fait traduire un livre de Georg Groddeck, *Nasamecu*, publié dans les années 1920.

Ce titre étrange aux sonorités japonaises venait d'un célèbre adage en latin : « *Natura sanat, medicus curat* » ; en prenant les premières syllabes de chaque mot, on obtient Nasamecu. J'aimais la fougue de Groddeck, son audace à penser que l'esprit avait tout pouvoir sur la matière du corps au point que l'instant de la mort pourrait être décidé par l'Inconscient. Groddeck pensait hardiment et sans peur. Hélas ! Le traducteur avait découvert avec effroi des pages d'un antisémitisme délirant. Rêvant à un projet de grande réforme sociale, Groddeck voulait exploiter les masses juives pour mieux les réduire au servage.

On ne pouvait pas publier *Nasamecu* sans précautions. Suivant les conseils du traducteur, Madame Aubier avait décidé de sortir du texte les pages infamantes et de les placer à part, en annexe. J'avais préfacé le livre et dit publiquement adieu à Georg Groddeck.

Les héritiers de Groddeck demandèrent à Gallimard, qui s'était bien gardé de publier cette œuvre, d'attaquer en justice sur la forme : car sans l'accord des ayants droit, on ne détache pas des pages d'un ouvrage. C'est illégal. Le procès s'engagea. Georges Kiejman défendait Gallimard et Robert Badinter décida de me défendre.

La veille de la date de ma réunion de cellule, j'avais rendez-vous avec lui. J'étais dans son bureau, nous travaillions et il me fixa un rendez-vous pour le lendemain, dans l'après-midi.

– Ah ! Je ne peux pas. Demain après-midi, je me fais exclure du Parti communiste.

J'avais dit cela comme d'autres auraient dit qu'ils allaient chez le dentiste.

Badinter fronça ses sourcils olympiens, décrocha son téléphone, et il prit rendez-vous pour le lendemain matin sur Europe 1.

– Vous n'allez pas vous faire exclure en catimini ! tonnait Robert, furieux. Il faut que cela se sache !

Et donc, cela se sut. J'étais sur Europe 1 le matin et je me fis exclure le soir. Ma réunion de cellule fut triste. Se faire traiter d'âme morte, ce n'était pas sympathique. Je les avais déçus mais que peut-on attendre des intellectuels ? Ça. Pas de nerfs. Les camarades votèrent mon exclusion sans joie.

Bernard-Henri Lévy voulait que je publie dans *Le Monde* une longue tribune pour expliquer ma cause et ce serait facile ! Il se portait garant.

C'est une des rares fois où je lui ai dit non.

Non, je ne voulais pas devenir une anticommuniste. Je n'avais pas violé la morale du Parti ; et si le Parti, lui, l'avait fait, alors je le quittais sans passion et sans drame. Je ne critiquerais pas plus mon conjoint politique que mon conjoint d'amour.

Gallimard gagna le procès contre Aubier. Redoutant les excès langagiers du prétoire, Robert et Élisabeth Badinter m'avaient interdit de venir à l'audience ; Élisabeth me dit qu'elle y serait, en quelque sorte pour me représenter. C'était sage. L'avocat de Gallimard affirma que Clément n'étant pas un nom juif je ne connaissais rien de l'antisémitisme. Le geste de Madame Aubier n'étant pas légal, nous fûmes tous condamnés, mais je ne regrette pas l'esprit de l'éditrice.

Le tohu-bohu sur mon exclusion continuait de plus belle quand, par chance, je partis pour l'Égypte rejoindre mon frère, conseiller culturel « près l'ambassade de France au Caire », comme on dit au Quai d'Orsay. Jérôme m'attendait, mi-figue mi-raisin. Il tenait à la main une dépêche AFP.

– Alors, il faut que tu fasses encore parler de toi ? me dit-il en me tendant la dépêche. Tu ne peux pas rester tranquille ?

La dépêche était claire. Georges Marchais confirmait que j'avais été exclue selon les statuts du Parti par les membres de la cellule du *Matin de Paris*, à la majorité des voix sauf une.

Je me sentis soulagée. Cela n'a l'air de rien, cette victoire abstraite. Pour moi, c'était énorme. Avec une exclusion dans les formes, j'étais sûre de pouvoir retrouver plus tard mes camarades. C'est ce qui arriva.

Ceux qui furent déclarés s'être mis d'eux-mêmes en dehors du Parti eurent du mal à le quitter. Logique. Ils ne l'avaient pas quitté ; ils s'étaient laissé mettre hors la loi. Quand on ne respecte pas les codes et les rites, on souffre. Il y eut des dépressions, des cancers foudroyants. Il y eut de nombreux livres de communistes déçus, des vies brisées.

J'avais adhéré sans foi et sans croyance pour défendre la culture et sa transmission ; je ne souffris pas du tout. J'avais adhéré avec, comme interdit, la limite de deux actes de racisme consécutifs et je m'y étais tenue. Pas de quoi briser ma vie.

Six mois plus tard, trois communistes devenaient ministres du deuxième gouvernement de François Mitterrand, dont le Premier ministre était le cher Pierre Mauroy.

Je prends un grand plaisir à retrouver mes camarades, que je n'arrive pas à nommer « mes anciens camarades » car il n'y a rien d'ancien. Ils m'ont beaucoup appris ; Roland Leroy, Jack Ralite, par exemple.

Lorsque j'ai adhéré en juin 1968, le Parti s'était à peu près débarrassé de sa part stalinienne. Mais dans les cellules, on disait que le lien avec l'Union soviétique n'était nullement rompu sur le plan financier. On évoquait le rôle de Gaston Plissonnier. Les Soviétiques ont-ils provoqué la rupture de l'Union de la gauche pour gêner l'élection de François Mitterrand ? Sans doute.

À compter de ce moment, le Parti perdit de son élan et sa lente descente commença. Nombre de camarades espérèrent longtemps une transformation à l'italienne, mais rien. Renfermement. J'avais connu un Parti communiste en expansion et quand je le quittai, il s'était racorni.

Qu'avais-je appris au juste en treize ans ? Avant, la connaissance que j'avais de mon pays se réduisait à la philosophie, au structuralisme français, à l'Université, à mon village angevin et au Quartier Latin. Dans mon adolescence, en prenant position contre la guerre d'Algérie, j'avais de tout mon cœur refusé l'injustice, mais je ne connaissais pas la nation que nous avions rudement colonisée. Née petite-bourgeoise, j'ignorais tout du monde du travail ; bénéficiaire de la formation la plus sophistiquée des élites françaises, je mesurais un peu plus chaque jour l'ampleur des inégalités qui m'avait fait entrer, moi et mes privilèges, à Normale Sup, mais j'étais loin du compte en matière d'éducation nationale. Avant, j'étais spontanément contre les Américains à cause du Vietnam ; et j'étais pour la paix, la paix à n'importe quel prix.

Quand je quittai le Parti, j'en savais un peu plus sur le monde, l'état des forces sociales en Pologne, les risques de liberté de pensée en Géorgie, la déconfiture de la psychologie soviétique officielle, les fissures politiques à Moscou, l'alliance entre chrétiens et communistes en France. Mon univers intellectuel s'était complètement transformé. À Lévi-Strauss, Lacan et Freud s'étaient ajoutés d'abord des écrivains, ensuite des historiens, des poètes et des sociologues rassemblés dans un climat fervent, des batailles rangées, des moments d'effusion. J'avais appris les heurts et les malheurs du centralisme démocratique : on discute avant de prendre une décision, mais lorsqu'elle est prise, tout le monde l'applique sans exprimer ses doutes à l'extérieur. Pas d'individualisme en expression publique ; on est comme à l'armée ou comme au Quai d'Orsay, avec un devoir de réserve une fois la discussion finie. Cette méthode politique frustrante pour les intellectuels trouve son contrepoint dans le joyeux désordre d'expression des socialistes français, qui font juste le contraire : avant, on discute ; pendant, on décide ; après, on rend public son petit désaccord.

J'avais appris le sens profond des grèves, comment elles équilibrent le corps social, pourquoi une manifestation doit impérativement être encadrée par un service d'ordre syndical – celui de la CGT avait la réputation qu'on attribuait jadis aux opritchniki du tsar Ivan le Terrible. J'avais appris à me taire quelquefois, quand et comment parler au bon moment. J'avais appris à débusquer les manipulations psychiques en petits groupes, les mini-coups d'État des beaux gosses à la parole facile. J'avais un peu appris l'esprit critique qui me faisait cruellement défaut. J'avais appris à déchiffrer l'intention cachée derrière le mot d'ordre, la réforme, le vote, le slogan. J'avais appris ce qu'est une négociation, la science du compromis, le moment du refus.

J'avais appris à écrire pour un public et non plus seulement pour mes pairs.

La fête de l'Huma

Parmi les connaissances apprises au Parti, je mets au premier plan la fête de l'*Huma*. Sa date n'a pas changé, le deuxième week-end du mois de septembre. Elle est toujours vaillante, mais elle a bien maigri. On n'imagine pas la force de cette fête dans la décennie soixante-dix.

La première fois que je m'y rendis, la fête de l'*Humanité* se tenait encore dans le bois de Vincennes. Submergée de visiteurs dans un espace réduit, celle de l'année 1969 était une cohue pour moi terrifiante : mon fils avait huit ans, il s'était cassé le bras, ma fille était petite, je la portais, la foule était pressante. Je ne pensais qu'au bras plâtré de mon gamin et dans la bousculade, ce fut un cauchemar. L'année suivante, la fête déménagea.

Pour s'y rendre, il fallait prendre le train, marcher loin. Il y en avait pour tous les goûts, tous les âges, tout le monde. Pour les enfants, jeux, manèges, barbes à papa, fléchettes ; pour les intellectuels, une tente à écrivains ; pour tout le monde, grandes vedettes, merguez et fumée noire. Dans la Cité Internationale, les stands des partis frères lointains offraient d'étranges nourritures, brochettes épicées, tortillas, lait de coco. C'était un grand voyage, une fenêtre sur ce monde que je ne connaissais pas.

Le Parti n'était pas très méfiant. Il donnait un stand au Vietnam et au Polisario, mais aussi, une année, au tout jeune Kampuchéa démocratique, le pays des Khmers rouges – ils étaient entrés dans Phnom Penh sous les hourras de nombreux intellectuels français. Ils incarnaient l'espoir, leurs brochettes étaient bonnes. Et puis on ne les vit plus.

Les enfants grandissaient. C'était moins difficile. Après l'élection présidentielle de 1974, le Parti donna un grand espace à son dispositif audiovisuel, Uni-Cité. Il y avait là une bande foutraque et inspirée dont je faisais partie.

Nous arrivions la veille. Il fallait préparer le grand écran, vérifier les câbles, essayer la sono, tout installer, la scène, les sièges à orateurs, les chaises pour auditeurs. Nous dormions sur le sol dans des sacs de couchage ; cela tenait de la colo, de la fête de famille, du patronage catho. J'étais préposée à l'animation ; c'est là que je fis mes premières interviews au micro. Il y eut une année de pluie épouvantable et les gens étaient là avec leurs K-way, gelés, souriants, pataugeant dans la boue.

La fête s'achevait le dimanche soir sur une pelouse immense, après un concert populaire où l'on entendit souvent Johnny Hallyday et systématiquement, de jeunes espoirs du rock, des orchestres symphoniques, les grands chanteurs classiques. Les gens étaient assis dans l'herbe par tous les temps avec leurs jeunes enfants et leurs mémés ; ils étaient communistes ou pas du tout ; ils venaient pour le Parti, ou pas du tout ; ils venaient parce qu'il n'y avait pas encore de Zénith et que le Parti, à l'époque, savait rassembler avec de la musique.

Mais avant le concert, il y avait un discours. Le Bureau politique montait sur scène au grand complet et le choix de celui qui dirait le discours était toujours un signe. Fermeture ? Ouverture ? Si c'était Roland Leroy, oui. Georges Marchais, fermé. Une femme ? Cela arrivait.

Le lundi, nous étions encore là pour tout ranger. Et le lundi de l'année de la pluie épouvantable, quelqu'un eut une idée. Il ramassa de la boue, la mit dans des sachets de plastique bien fermés, et vendit aux permanents restés sur place « la boue de la fête de l'*Huma* », allez, un franc. Il continuait de pleuvoir et on achetait les sacs, juste comme ça, pour rire. Les gens s'embrassaient et se disaient au revoir, leur boue à la main. Et puis ils s'en allaient sans même la jeter.

S'il y avait des femmes au Bureau politique, que l'on voyait sur scène pendant le discours final, elles n'avaient pas encore pris le pouvoir. Ailleurs non plus ; on en était très loin. Pourtant, Georges Marchais donna le signal d'une sorte de changement.

Les recrues du Parti de l'année 68 avaient trop respiré le parfum du gauchisme pour y avoir échappé. De leur côté, les vieux stals avaient gardé de méchantes habitudes. Tout était politique, absolument tout. La vie privée aussi ? Oui.

C'était une perversion comparable à la psychanalyse sauvage. Tout vient de l'Inconscient ; je vais te dire tout de suite ce que tu dissimules sans le savoir, tiens ! C'était une façon de vivre accusatoire. En cas de conflit privé, les méconnaisseurs de la psychanalyse balançaient de l'hystérie ou de la paranoïa et les méconnaisseurs de l'engagement politique balançaient de l'origine de classe et du petit-bourgeois. Les deux méconnaissances se superposaient. On pouvait être à la fois accusée d'être paranoïaque col-blanc, hystérique et petite-bourgeoise. À *La Nouvelle critique*, nous faisions attention. Mais ailleurs dans le Parti, ça y allait.

Quoi qu'on dise de Georges Marchais, il fut l'un des premiers à remettre la vie amoureuse à sa place. Ceux qui avaient connu les procès de l'époque stalinienne avaient de bonnes raisons de refuser le dogme. Marchais fit une déclaration.

« Tout n'est pas politique », dit-il un beau jour. Et cela fit scandale.

Mais si tout n'était pas politique, alors, la vie privée était vraiment à soi ? On ne pourrait plus trancher de l'amour en fonction des critères de classe ? Cela n'allait plus du tout ! Les garçons s'en émurent, je m'en souviens très bien. C'est ainsi que je compris qu'ils étaient nombreux parmi les trentenaires à voir dans le Parti un outil commode pour la domination.

J'avais quitté le Parti loyalement. Plus tard, j'ai trouvé des communistes en Inde, dans le gouvernement du West Bengal où, à chaque élection législative, ils sont démocratiquement élus depuis plus de trente ans. Nous parlions le même langage.

Sans eux, l'inévitable progression des « Dalits » de l'Inde, intouchables et basses castes en marche vers le pouvoir, serait plus tourmentée. Ils avaient eu avec Mère Teresa des rapports difficiles au début, à cause du combat contre l'avortement que menait activement la sainte dans Calcutta. Mais quand elle mourut, ces communistes bengalis organisèrent pour la *Mother* de l'Inde des funérailles grandioses en plaçant son cercueil sur l'affût de canon qui avait servi pour les obsèques du Mahatma Gandhi. Pour la chrétienne et le hindou également non violents, cet objet militaire était un peu bizarre, mais dans les deux cas, l'hommage national fit oublier le canon.

Voilà que je m'évade. En Inde, naturellement.

17

Mortelles années

1993. J'ai quitté l'Inde depuis deux ans, mais j'y retourne souvent. Ce soir-là, je dîne avec un ami dignitaire de l'administration indienne avec qui j'ai beaucoup travaillé. Je le connais bien ; c'est un *civil servant* digne de foi, un brahmane socialiste, un athée comme l'était Nehru. Chargé du tourisme, il a décidé de promouvoir la viande de chèvre, qu'il veut me faire essayer. Devant une escalope fibreuse au goût sauvage, il m'entreprend sur le Sida. Pour lui, c'est clair. Le Sida est une maladie occidentale qui ne peut atteindre les Indiens. Le chargé du tourisme n'a pas à s'en occuper. Seuls les Occidentaux en meurent. Pas les Indiens. Et il quête mon avis. N'est-ce pas qu'il a raison ?

Je ne le convaincs pas.

1980. Laurent Dispot arrive éperdument dans la salle de rédaction du *Matin de Paris*. Il est très ému, il agite les bras. Il crie qu'une mystérieuse épidémie frappe les homosexuels. Il n'y a pas de remède, aucune thérapeutique. C'est la première fois que j'en entends parler. Sur le moment, je ne l'ai pas cru. Seulement les homosexuels ? Une maladie mortelle ? Ce n'était pas crédible. C'est ce qu'aurait dit Michel Foucault : « Un cancer gay ? Ce serait trop beau ! »

Laurent n'en démord pas. Ses alertes ne cesseront plus.

1981. En août, François Mitterrand tient sa promesse et le Parlement abroge l'alinéa condamnant l'homosexualité dans l'article 331 du Code pénal. Enfin ! J'ai les mêmes sentiments qu'en 1974, quand Simone Veil fait adopter la loi autorisant l'avortement. Tout ira bien maintenant.

1984. Ce matin, j'ai appris que Michel Foucault venait de mourir à l'hôpital d'une pneumonie. C'est un choc. Foucault, si jeune ? Je me promène sur les quais de la Seine avec André Green, qui, d'un air hésitant, me reprend. Non, ce n'était pas une pneumonie. Je revois André Green, terriblement touché, me dire mystérieusement qu'à propos de Foucault, on parle de tumeurs multiples au cerveau, on ne sait pas exactement ce que c'est, un drôle de phénomène. La maladie a une existence et un nom. Après s'être appelée LAV, elle s'appelle le Sida, mais Green ne le dit pas. Foucault serait mort du Sida ? Impossible.

Comme si l'exercice de la pensée protégeait.

Quand j'apprends la mort de Foucault, j'ai quitté *Le Matin* depuis deux ans, je suis au Quai d'Orsay. Plusieurs diplomates sont morts en poste, très vite. Personne n'en parle. Je ne sais rien des derniers moments de Michel Foucault tels que les a racontés Daniel Defert, son compagnon, dans un bouleversant entretien à *Libération* en 1996. Les médecins qui protègent son travail jusqu'au bout, l'impuissance du milieu hospitalier, la chambre pas désinfectée où on l'hospitalise, silences, confusion, pas d'issue.

1987. Jean-Paul Aron rend public son Sida dans un entretien au *Nouvel Obs*, à la une. Avant lui, personne.

Je dois partir pour l'Inde à l'automne. En juillet, je suis au festival d'Avignon pour la dernière fois dans mes fonctions, chargée des échanges artistiques internationaux du pays. J'ai fait mes adieux à Paris ; ils recommencent en Avignon avec les artistes. C'est un beau jour très bleu sans mistral ; il fait chaud. Je parle avec les uns les autres. Georges Aperghis me tire par la manche.

– Est-ce que tu as vu Marc ?

– Oui, oui, plus tard.

– Non. Tout de suite ! crie Georges, les larmes aux yeux.

Marc est producteur à la télévision. Quoi, qu'est-ce qu'il a, Marc ?

On l'a assis sur un fauteuil, il ne peut plus marcher. Très pâle, très fluet, lui si enveloppé. Il a les yeux brillants de fièvre. Il parle à très haute voix, il parle à l'univers, mais ses mots sont étranges. Pourquoi raconte-t-il notre première rencontre d'un air si solennel ?

Marc est couvert de femmes. Je ne pense pas au Sida. Pas une seule seconde. Pourtant, quelqu'un le dit. C'est ça, c'est le Sida, il a la mort sur le visage. Je refuse.

En août, il est à l'hôpital. Je me le suis juré, je serai à ses côtés. Je lui fais la lecture et il ferme les yeux. « Trop fatigant, dit-il. Raconte-moi des histoires. » Quelques jours plus tard, on m'appelle. Arrêt cardiaque. Marc est réanimé depuis quelques minutes. Je tiens sa main serrée. Il est à plat sur le dos, tout petit, un tuyau dans le nez. Il parle d'une voix hachée, très forte. Nous sommes seuls.

– Tu sais d'où je viens ? crie-t-il.

– Oui, tu viens de là-bas.

– Et tu sais où je pars ?

J'ai souri de toutes mes forces.

– Mais oui, je sais, bien sûr.

Les mots venaient bêtement sur mes lèvres, cela va aller, Marco, c'est l'envers de la naissance, n'aie pas peur, des mots comme ça. Idiots.

– Tu crois ?

Il souriait tendrement. Il est mort dans la nuit. Alors j'ai repensé à ce déjeuner vieux d'un an où je l'avais invité pour le remplumer et il ne mangeait pas. « J'ai un petit truc dans les muqueuses », disait-il comme pour s'excuser. J'ai demandé ce que c'était, ce truc et il a esquivé. « Oh ! Rien. Une candidose. » Je n'avais pas d'expérience, je ne savais rien encore des signes du Sida. Nous avions tous deux quarante-six ans et ce n'était pas un âge pour mourir.

La mort de Marc fut un déchirement et pour moi, un branle-bas de combat. Entre amis, on s'organisa. Ce fut instantané, comme pendant la guerre. Relais téléphoniques, bulletins de santé, visites à l'hôpital, sorties, retours, plongeons, dernières festivités, et puis les agonies. Guillaume qui aimait tant les courses de rickshaws dans les rues de Bénarès avec ma fille Cécile déclara un bouton sur le front à Delhi et mourut en un an, révolté. Journaliste à l'*Huma*, Michel, en mission à Los Angeles avec Franz-Olivier Giesbert et moi ; Roland Leroy m'avait personnellement chargée de veiller à ce qu'il n'aille pas faire trop de choses, attention, hein, pas de blagues ! Olivier, conseiller de ministre en goguette avec moi au carnaval de Venise, s'était peint drôlement le visage moitié vert moitié rouge ; nommé ambassadeur en Asie, il mourut juste après. Soufflé en trois mois, Jacques, brillant jeune diplomate, mort au moment où je refermais la porte de sa chambre. À quelques années près, ils auraient survécu.

Ce carnage de jeunes gens, ces trésors disparus. Cette guerre acharnée contre les grandes peurs, la trouille des baisers, de la salive, des fourchettes, des verres, Michel m'enlevant un verre parce qu'il y avait bu, on ne sait jamais, disait-il, mais si, bon Dieu, Michel, on sait, arrête ! Cet air de peste lente. Et voilà qu'en Inde, un haut fonctionnaire brahmane socialiste athée ressortait les bêtises.

Retirée après l'assassinat de son mari, Sonia Gandhi avait créé une fondation à sa mémoire. J'allais régulièrement la voir – portique de sécurité, fouille au corps – et un jour, elle me demanda de créer la section française de sa fondation, en suggérant que la France avait une grande expérience du sida. Sonia Gandhi avait compris très vite que l'Inde serait gravement touchée par l'épidémie : les conditions de transfusion sanguine n'étaient pas surveillées, les seringues n'étaient pas systématiquement désinfectées, la drogue courait les rues des mégapoles et en tout dernier lieu, il y avait l'homosexualité.

Simone Veil m'aida. Avec très peu d'argent, je montai une minuscule opération pour former en France chaque année trois boursiers médecins dans le service du professeur Michel Kazatchkine. J'allai trois ans de suite auditionner les candidats à Delhi.

À la question « Comment meurt-on du sida ? », trois sur quatre répondaient « Par la tuberculose ». À la question, « quelle est à votre avis la cause du sida ? » un sur deux répondait « C'est la tuberculose. » Comme on sait, la tuberculose est une maladie qui a partie liée avec la pauvreté. En Inde, c'était la première maladie opportuniste, et aussi la dernière ; les malades n'en développaient pas d'autres, ils mouraient. Pour de nombreux médecins indiens de l'époque, le sida, c'était la tuberculose.

Je choisis ceux qui connaissaient le syndrome immunodépressif. Les meilleurs de nos boursiers furent un jeune médecin musulman anglophone du territoire de Pondichéry, et un autre de l'Assam, un État où le trafic de drogue prospère avec une guérilla. Puis Michel Kazatchkine ferma son service. J'eus le plus grand mal à faire comprendre à mes amis indiens qu'on ne mourait plus autant du sida en France. En Inde, ça commençait.

Des brahmanes hauts fonctionnaires moururent rapidement dans le plus grand silence. Pas mon ami athée. Il est devenu ministre. Ce n'est pas un mauvais homme.

La mort des maîtres

L'avertissement de Laurent Dispot marqua le début de l'année des désastres. Nikos Poulantzas se suicida ; Roland Barthes mourut d'un accident banal ; Louis Althusser étrangla sa femme Hélène. Romain Gary mit fin à ses jours.

Je connaissais Romain Gary depuis quelques semaines. À la suite d'un de mes articles sur l'opéra publié dans une revue spécialisée, il m'avait par surprise appelée au téléphone. J'allai une fois chez lui et c'était juste avant. Il me reçut dans le décor baroque de son appartement de la rue du Bac ; il y avait des peaux de bête, du lointain, de l'étrange ; j'étais intimidée. Ses yeux fulguraient ; il fronçait ses sourcils touffus noirs de jais, il secouait sa crinière zébrée de cheveux blancs. Il était en colère ou bien désespéré, il commençait une phrase et soudain s'arrêtait. Je ne disais pas grand-chose. J'avais en face de moi un prophète, un furieux, un homme vieillissant. Il me faisait un peu peur. Je m'étais dit que je reviendrais le voir, que je prendrais le temps.

Son suicide me donna des remords. La nuit où mon père mourut, j'avais trouvé sur sa table de nuit un livre de Romain Gary. *Au-delà de cette limite votre ticket n'est plus valable.* Mon père m'en avait parlé à demi-mot ; c'était un livre sur la mort du désir, la fin de la bandaison, la fin du monde d'un homme. Plutôt mourir.

Roland Barthes

Tout a été écrit sur sa voix de chanteur, parfaitement en place, une voix simple et profonde qui racontait l'histoire du Quadrivium comme il aurait chanté un lied de Schumann ; sur son corps massif et gracieux, nonchalamment posé, l'air de s'ennuyer en attendant la nuit ; sur son regard mélancolique. Roland Barthes était beau. Cela n'aurait pas suffi. Doué d'une empathie certaine avec les étudiants, Barthes était un maître distant et attentif.

Je n'aurais sans doute pas suivi son séminaire si je n'avais pas su qu'il passait tous les jours deux heures au piano, et qu'il pratiquait la musique de chambre avec ma vieille amie Jacqueline Rousseau-Dujardin et Jacques Trilling, son mari. Aux amis qui avaient la chance d'aller chez eux, Jacqueline et Jacques diffusaient l'amour de la musique, l'une au violon, l'autre au piano. Jacqueline troquait souvent le violon pour la voix. Leur vie n'existait pas sans musique ; pour des psychanalystes, c'était rare. Pas l'amour de la musique, toujours très bien porté. Mais sa pratique. Or comme Jankélévitch, Roland Barthes était un pratiquant.

Jankélévitch précipitait sa voix, *allegro* ; il écrivit un livre magnifique sur la virtuosité. Barthes parlait *andante*. Ni trop vite ni trop lent ; de façon modérée. La virtuosité n'était pas son propos. L'expression, oui. En l'écoutant parler, je croyais le sentir au bord des larmes.

Mais pas en le lisant. Éblouissant, cruel, son style mettait en pièces. Quelquefois rigoriste et quelquefois violent. J'avais pourtant lu avec émotion un texte bizarrement titré *Racine-langouste* où il décortiquait la carcasse de l'auteur, faisant sortir la chair. C'étaient les nuits évoquées par Racine, animées du reflet des torches sur les cuirasses, « De cette nuit, Phénice, as-tu vu la splendeur ? Songe, songe, Céphise, à cette nuit cruelle qui fut pour tout un peuple une nuit éternelle... Cette nuit je l'ai vue arriver dans ces lieux », et sous la plume de Barthes, Bérénice, Andromaque, Néron avaient un corps. En 1977, en lisant *Fragments d'un discours amoureux*, je vis en Roland Barthes un héros de Racine, faible et perdu d'amour.

C'était un pédagogue admirable. Pendant toute une année, il développa l'histoire de la rhétorique en développant longuement le corpus médiéval. Chef-d'œuvre d'enseignement magistral, d'une clarté limpide. Des notes que je pris au long cours cette année-là, je fis de grandes fiches qui m'ont longtemps servi à expliquer aux jeunes gens angoissés par l'imminence du bac que l'art de la dissertation hérite d'une longue histoire et qu'il possède des codes. Quand on connaît ces codes et cette histoire, la dissertation n'effraie plus. On applique les codes, on passe son examen. J'ajoutais que la pensée était une autre affaire, dont le baccalauréat n'est pas du tout l'objet.

Oui, mais le contenu ? demandaient les jeunes gens. Le contenu de la dissertation ? Justement. Ce que démontrait le séminaire de Barthes sur l'histoire de la rhétorique rejoignait étrangement l'intuition de Lévi-Strauss sur la dissertation de philosophie. Le contenu n'a aucune importance. S'en convaincre est une libération qui permet de débobiner le peloton des idées. Plus tard, dans sa première leçon au Collège de France, Roland Barthes fit scandale en affirmant que la langue est fasciste. Peut-être, parmi d'autres raisons, avait-il tiré les conclusions logiques de l'histoire de la rhétorique dont il s'était si bien imprégné.

J'entrepris avec lui une thèse de troisième cycle sur les symboles politiques à Sciences-Po. C'était fou et absurde : j'avais déjà en cours une thèse d'État dont le patron était Jankélévitch, j'étais assistante à la Sorbonne, et ce nouveau travail n'avait rien à voir avec mon enseignement, ni ma thèse. C'est précisément ce qui me tenta. Quitter la place, fuir la voie tracée. Mais pourquoi une thèse de troisième cycle en sémiologie qui jamais ne me servirait ? Pour approcher Barthes de plus près.

Je m'inscrivis à l'École des Sciences Politiques avec une dérogation. Je mis un faux nez et je fis l'étudiante ; c'est un rôle dont je ne me lasse pas. Sciences-Po, à cette époque, était taraudée par l'extrême droite et les symboles étaient d'allure facho. Je les relevais sans entrain ; ces étudiants étaient épouvantables. Snobs, bruyants, hautains, ils me déplurent tellement que je finis par renoncer. Étudier l'extrême-droite en gésine, c'est ce que je voulais, mais je n'eus pas le courage.

Avais-je vu Barthes de plus près ? Un peu. Il m'écoutait avec cette empathie qui le rendait profondément aimable, mais j'avais l'impression d'un « cause toujours ! » qui me renvoyait en Sorbonne. Je continuai à suivre ses séminaires avec un plaisir intact, mais avec la certitude attristée de ne pas compter aux yeux de Barthes. Cette tristesse durable n'était jamais passée.

J'en étais là quand pour Noël de l'année 2007, mon frère me fit un étrange cadeau. Jérôme est un fureteur. Six mois auparavant, il avait entendu parler d'une lettre de Roland Barthes qui parlait de moi. Il la chercha auprès de l'antiquaire qui l'avait mise en vente ; mais elle avait été vendue. Après beaucoup d'efforts, il trouva l'acheteur – un de mes anciens étudiants – et parvint à le convaincre de lui revendre cette fameuse lettre, qu'il m'offrit sous plastique devant l'arbre de Noël.

En date de février 1968, elle était adressée à Yvon Belaval, qui venait d'être nommé à la Sorbonne. Barthes me recommandait, car il souhaitait que Belaval fasse partie de mon jury de thèse. Et il y faisait mon portrait. Entre autres, il écrivait cette formule familière : « Mme Backès est quelqu'un de très bien, à tous égards. » Suivaient des éloges excessifs qui s'achevaient ainsi : « beaucoup de curiosité dans les idées et pour les idées. » Je n'en suis pas revenue.

C'est une longue lettre. Il a donc pris le temps. Passons les compliments ; ils font partie du genre, lettre de recommandation. Mais Barthes a vu ce qui m'importe le plus : la curiosité pour les idées. Donc, il me connaissait ; mieux, il m'appréciait. Comment ne l'ai-je pas senti ? Comment ai-je pu me tromper ? À la tristesse de n'avoir pas compté pour Barthes s'ajoute la tristesse d'avoir manqué ce rendez-vous.

Une camionnette le renversa rue des Écoles le 25 février 1980. Quelques semaines plus tard, il mourait. À l'hôpital, des amis l'avaient vu tenter d'arracher les tuyaux, se débrancher de la vie.

« Le philosophe Louis Althusser vient de mourir »

Quand Althusser étrangla Hélène, son épouse, je ne le crus pas. Élisabeth Roudinesco m'avait téléphoné au journal en sanglotant. Elle parlait avec des mots hachés par les pleurs et je comprenais mal. Louis s'accusait d'avoir tué sa femme, il était hospitalisé ; j'en conclus que Louis délirait. J'écrivis sur-le-champ un très bel article sur la déraison du philosophe marxiste, un esprit qui sombrait et s'accusait d'un meurtre. Je parlai d'un suicide social. Mon article parut. Il fallut rectifier.

Je ne m'étais pas entièrement trompée. Quand le directeur de l'École arriva dans l'appartement de Louis, un jeune normalien sénégalais était là. Souleymane Bachir Diagne, aujourd'hui professeur de religions comparées à Columbia, découvrit Hélène morte. Althusser avait été chercher le docteur Étienne « Viens vite ! Je crois que j'ai tué Hélène. » Grâce à Alain Peyrefitte qui me le dit plus tard, le directeur de Normale parvint à soustraire Althusser à la justice en l'internant tout de suite en psychiatrie. Le grand philosophe fut déclaré irresponsable. Dans *L'avenir dure longtemps*, Althusser écrivit qu'il aurait préféré un procès public, et faire de la prison. Mais il ne fut pas jugé et devint une ombre parmi les ombres. Son geste était aussi un vrai suicide social.

Comme tous les normaliens philosophes, je savais qu'il était régulièrement soigné en psychiatrie. Althusser apparaissait et disparaissait ; en Mai 68, il s'était absenté. Je savais qu'il était dans le cours d'une longue psychanalyse qui ne suffisait pas toujours à le faire vivre. À cause de son regard sur mon fils nouveau-né, je ne partageais pas son univers ; mais je ne pouvais m'empêcher de l'admirer. Et maintenant ? Que sa folie pût devenir criminelle ne brisait pas seulement la vie d'Althusser ; c'était un attentat contre la philosophie.

En 1990, j'étais en Inde dans le désert du Thar devant un petit étang bordé de quelques palmiers. À midi, vinrent s'abreuver chèvres, buffles, zébus et plus tard, des chameaux. Les gardiens des troupeaux coupèrent des melons, acceptèrent des sandwiches, partage en oasis, sourires, ce bien unique de l'humanité heureuse...

Un fil lancé sur un palmier permet d'entendre RFI. C'est là, parmi les animaux, que j'entendis soudain une voix qui parlait en ma langue annoncer la mort d'Althusser. « Le philosophe Louis Althusser vient de mourir à Paris. » J'oubliai son regard assassin sur mon fils, j'oubliai que je l'avais banni de mon histoire. Je pleurai Althusser ; dans le désert, c'était mieux. En entendant mon cri, un chameau me toisa. Je levai la tête et le ciel me renvoya le vol immobile des vautours. Pour célébrer la fin de cette vie gâchée, mieux valait un minuscule étang en plein désert et la boue soulevée par les sabots.

1981. Une fois Mitterrand élu, je n'avais plus envie de rester journaliste.

Des leçons d'Althusser, j'avais retenu sa lecture de Freud et celle de Lacan, mais aussi la façon dont il parlait d'Antonio Gramsci. Des mots m'avaient frappée : « intellectuel organique d'État ». Ni haut fonctionnaire ni bureaucrate, cet être partagé s'incarne dans la sphère politique pour y faire travailler l'esprit dans la matière – c'est ce que j'entendais. Ni Althusser ni Gramsci n'avaient cette pensée, aucun des deux n'employait ces mots-là, mais moi, si. Je voulais être ça.

Au *Matin*, une première journaliste entra dans le cabinet d'un ministre du gouvernement Mauroy. Puis d'autres. Passer du commentaire éternel à l'action est une tentation courante si l'on adhère à la *virtù* du journalisme. Il a sa noblesse, il a ses héros. Mais j'avais vu aussi les aspects corrupteurs, les petites bassesses, les guérillas de tranchées pour des enjeux minimes, une plus grande signature, un espace plus visible. Et j'avais entendu Sollers parler avec Bernard-Henri Lévy de ce que mes deux compères appelaient d'un ton moqueur la GSI : La Gestion des Surfaces Imprimées. Or j'en faisais partie, de leur foutue gestion.

Je quittai le journal à l'automne 1982 alors que ma vie personnelle sombrait dans un chaos total, une fois de plus. Allez, du vent ! Contre l'avis de mon frère chéri, j'acceptai d'entrer au Quai d'Orsay. Ancien conseiller culturel à New York, Lévi-Strauss semblait approuver ma décision.

Les années mortelles continuèrent. Lacan mourut, puis Foucault, puis Michel Guy. Michel Pêcheux aussi. C'était l'un des élèves préférés d'Althusser, sa dernière victime.

18

François Mitterrand/Jacques Chirac

La première fois que j'ai vu François Mitterrand, c'était à la tête de la manifestation organisée contre le coup d'État du général de Gaulle, au début de l'été 1958. J'y découvris le plaisir d'être ensemble, la crainte qu'inspire la foule, la joie du collectif. Avais-je vraiment vu François Mitterrand ? J'ai su qu'il était là. Mitterrand était l'une des têtes d'affiche de la manif d'enterrement de la Quatrième République et moi, une gamine en hypokhâgne.

La deuxième fois que je vis Mitterrand, ce fut dans un meeting à la porte de Versailles. Gauche unie ! Enfin. Cette union, nous l'avions célébrée en chantant à tue-tête *La Marseillaise* et *L'Internationale*, et une fois de plus, j'avais aperçu Mitterrand. Mon frère chéri était un socialiste, j'étais une communiste ; pour d'autres, l'Union de la gauche était un espoir magnifique, mais pour nous, elle avait une valeur familiale ajoutée.

La troisième fois que j'ai vu François Mitterrand, c'était à sa demande, en 1978, quand j'étais journaliste au *Matin de Paris*. Il refusa l'entretien que lui proposait le chef du service politique, l'excellent Guy Claisse, à l'occasion de la sortie de l'un de ses livres, *L'Abeille et l'Architecte*. Il me voulait, moi. Nous ne nous connaissions pas. Pourquoi moi ? Je me le demande encore.

Première explication : j'étais l'une des rares communistes du journal à une époque où, malgré la rupture de l'Union de la gauche en 1976, Mitterrand ne désespérait pas de voir revenir les communistes à la table des négociations. Deuxième explication : j'avais publié plusieurs livres, j'étais donc une intellectuelle. Troisième explication, j'étais une femme de moins de quarante ans. Mais je n'avais presque plus de responsabilités au Parti, mes livres étaient souvent barbants et je portais des lunettes. Aucune de ces explications n'était satisfaisante ; c'est pourquoi j'acceptai.

J'avais voté pour Mitterrand deux fois aux élections présidentielles. En 1965, j'avais même transgressé la loi conjugale interdisant la télévision au foyer en achetant sur mes deniers un poste, objet de rudes conflits. C'était uniquement pour le voir et Dieu sait qu'il n'était pas bon en noir et blanc – canine en pointe, voix susurrante, œil papillotant, mains nouées. En 1974, il était en couleurs.

Je m'étais engagée jusqu'au cou dans la campagne présidentielle du candidat unique de la gauche soutenu par le Parti. Uni-Cité, la cellule audiovisuelle des intellectuels communistes, se lança dans une campagne de journaux muraux quotidiens qui occupa mes nuits. À deux heures du matin, le journal mural du lendemain était prêt et de deux à six heures, dans la petite salle de projection qui jouxtait notre atelier de travail, notre bande de zigs visionnait deux films en alternance : *Johnny Guitar* ou bien *La Marseillaise*. Je n'ai pas de souvenir précis du visage de François Mitterrand pendant cette campagne. À la place, j'avais toutes les nuits la grande bouche écarlate et les sourcils très noirs de Joan Crawford en tenancière de bar. Elle et les Marseillais qui entraient dans Paris avec leurs drapeaux et leur accent chantant me tenaient lieu de figure de candidat.

Cela ne faisait rien, j'avais un faible pour cet homme-là. Deux fois le bulletin Mitterrand glissé dans l'urne le jour du vote m'avait donné le goût de son nom propre. Et voilà qu'il me réclamait !

En 1978, je n'avais toujours pas admis la brutalité avec laquelle Georges Marchais avait rompu l'Union de la gauche deux ans auparavant. À l'Opéra-Comique, quand j'avais appris la rupture de l'Union de la gauche pendant l'entracte d'un spectacle de Carmelo Bene, j'avais pleuré toutes les larmes de mon corps. Accepter l'entretien avec François Mitterrand ? Oui. Juste vengeance. Les ouvriers du Livre, membres de ma cellule, allaient-ils protester ? Non. Ils s'en gardèrent bien.

Le rendez-vous fut fixé au siège du Parti socialiste, une sévère bâtisse cité Malesherbes. J'y allai avec un photographe que j'adorais, juchée sur sa moto, le vent dans les cheveux, adolescence tardive. Le secrétaire général était naturellement en retard ; le contraire eût tenu du miracle. Il finit par entrer, poli et glacial, sans s'excuser. Maussade, lèvres pincées, il s'assit derrière son bureau et mon ami photographe entra en action à grands renforts de flashes.

Je vis les yeux de mon client papilloter douloureusement et je fis arrêter net la séance de photos. Le photographe sortit en bougonnant, mais François Mitterrand se mit à sourire. Il allongea les bras, accrocha ses mains l'une sur l'autre, bien à plat, dans la position de la mouche au repos. Je l'avais soulagé des flashes, il m'en était reconnaissant. Il devint velouté, disert, nuageux. Je posai sérieusement mes questions auxquelles il fut répondu non moins sérieusement ; l'entretien fut publié. *L'Abeille et l'Architecte* était un livre bien écrit et le titre, affecté d'un balancement métaphorique vieux genre comme j'aurais pu en inventer moi-même – La fourmi et le géomètre, Le colibri et l'arpenteur. Je n'y mis pas de passion particulière.

Quelques jours plus tard, François Mitterrand m'appelait au journal pour un autre rendez-vous, et puis encore un autre, et ainsi de suite.

Qu'est-ce qu'il me voulait, ce type-là ? On le disait dragueur. J'étais un peu tendue, mais il n'eut pas un seul geste équivoque. Rien ! À ce point, c'était insultant. Il aimait se promener, donc, on se promena. Il aimait parler, donc, il parla. Il aimait parler de la mort, donc, on parla de la mort, qui ne me fait pas peur. Il avait compris cela. Non, je n'avais pas peur, oui, je pouvais écouter ses angoisses assez sereinement. Peu à peu je compris que j'étais dépositaire d'autre chose à quoi je n'avais pas pensé : j'étais spécialiste de la psychanalyse, il cherchait des oreilles et j'avais ces oreilles.

Suffisamment pour percevoir qu'il me fixait chaque fois rendez-vous aux portes d'un hôpital, avant d'aller dire adieu à un mourant, ou bien après un enterrement. C'était l'époque de la mort de son ami Georges Dayan, disparition qui le tourmenta fort, mais je n'en savais rien. Il ne me faisait pas de confidences, il ne me disait pas qui allait mourir, qui était mort, qui allait dans la tombe, ou qui était malade, non. Il parlait de la mort en général.

Un jour, je le lui dis. « Avez-vous remarqué que nos rendez-vous ont toujours une relation à la mort d'un de vos proches ? » Silence de plomb. Il ne desserra pas les dents. J'avais brisé le tabou. Je crus ne jamais le revoir.

Mais dès le début de la campagne présidentielle, nos rendez-vous se rapprochèrent. Il y avait dans sa conversation un enivrement délicieux. Plus aucune promenade. Il préférait mon affreuse voiture blanche, bourrée de journaux froissés qu'il fallait chaque fois entasser sous le siège. Il se rassemblait. Il m'enseignait.

C'est donc dans ma voiture qu'il me raconta l'histoire de Waldeck Rochet, Secrétaire Général du Parti communiste français à l'époque du printemps de Prague. Fort du soutien du Bureau Politique, Waldeck ne voulait pas des chars soviétiques à Prague. En avril 1968, il s'y était opposé avec force. En août, les chars étaient à Prague. Waldeck avait foncé à Moscou. Pour rien. Il en était rentré, mais il n'allait pas bien.

Il avait des crampes dans les muscles, des sentiments corporels bizarres, des raideurs. Mitterrand le conduisit chez sa kinésithérapeute et l'accompagna plusieurs fois, certain de le sauver. Mais non. Waldeck sombra dans un état végétatif dont il ne sortit plus. Mitterrand eut un vrai chagrin. Marchais succéda à Waldeck Rochet.

Georges Marchais reçut un soir François Mitterrand chez lui, les pieds sur la table basse devant la télé. Mitterrand en était encore tout chaviré, n'osant ni en rire ni se plaindre. Il s'étendait sur cette soirée sans savoir quoi faire de cette scène qui l'avait profondément choqué ; pourquoi, ce n'était pas clair. Il n'aimait pas l'impolitesse, mais il connaissait bien le Parti. Il avait pour les communistes une vraie sympathie et un respect certain, oh ! je sais. On va répétant que Mitterrand a délibérément détruit le Parti communiste ; c'est l'opinion commune. Oui, il avait dit qu'il voulait occuper le terrain du Parti communiste, il l'avait dit. Je sais que je peux paraître naïve, qu'il était capable de dissimulation, tout ce que l'on voudra. Mais je ne crois pas que, sans témoins et pendant de longues heures, un homme de cette trempe ait pu mentir à ce point sur ses sympathies pour les militants communistes.

Pour quoi faire ? Je n'avais aucun intérêt politique. J'avais été exclue en bonne et due forme dès le mois de février 1981. À quoi auraient servi ces mensonges ? Je crois au contraire que la décadence du communisme en France lui a échappé. Le Parti a glissé entre les doigts de François Mitterrand en courant vers sa mort politique.

Une autre fois, il m'a raconté ses évasions. J'en connaissais déjà les détails, car il les racontait souvent. Mais le récit n'était pas le but de la rencontre. Nous étions à quelques jours du premier tour de l'élection présidentielle de 1981.

Ce soir-là, il avait fixé notre rendez-vous à la sortie d'un meeting de l'Internationale socialiste, au théâtre de l'Empire. Je m'étais installée sur le bord d'une travée ; le meeting était très ennuyeux et je m'étais endormie. Je fus réveillée brutalement par des flashes en pleine figure.

François Mitterrand me secouait l'épaule, Helmut Schmidt hilare à ses côtés. Je sautai sur mes pieds et nous voilà partis bras dessus bras dessous pour la longue traversée de l'avenue de Wagram, des photographes aux trousses. Ma voiture était garée sur le trottoir. J'hésitai, « ma voiture est innommable ! » Mais lui, impérieux « Montez ! » Il s'installa, les pieds sur mon foutoir. Des photographes s'allongèrent sur le capot pour nous mitrailler à travers le pare-brise.

– Qu'est-ce qu'on fait ? lui dis-je.

– Démarrez !

– Vous êtes fou ! Je vais les faire tomber !

– Démarrez !

Les photographes tombèrent en glissant du capot. Mitterrand rayonnait.

– Où va-t-on ?

– Au Twickenham. C'est au coin de la rue de Grenelle et de la rue des Saints-Pères.

– Je sais !

– Tenez, passez par là, me dit-il distraitement en m'indiquant une rue qui nous détournait de la place de la Concorde.

Pour aller de l'avenue de Wagram au pub du coin de la rue de Grenelle, le chemin qu'il avait choisi passait devant l'Élysée. Il n'eut pas un regard pour le bâtiment convoité et continua de m'entretenir de son passé de résistant. Il changeait de peau.

Mais il n'était pas le seul à me fixer des rancards.

Samedi 9 mai 1981

Pendant la campagne, j'étais chargée de cuisiner les candidats sur leur programme culturel, un enjeu capital à l'époque. Vint le tour de Chirac. Je portais un grand feutre violet spectaculaire. En pleine conférence de presse, le maire de Paris candidat m'en fit grand compliment, pour la plus grande joie de mes confrères. « T'as vu la touche, dis donc ! »

Le lendemain, coup de fil. Puis chaque fois que Mitterrand m'appelait, coup de fil de Chirac dans le quart d'heure. Courtois, gentil. Cela devenait un gag.

La veille du second tour, le samedi 9 mai 1981, nous préparions deux journaux et deux unes pour le lundi 11 mai, victoire de Mitterrand ou victoire de Giscard, avec deux grands portraits. La rue Hérold était en effervescence. Coup de fil de

Chirac en fin de matinée. Il me fixe rendez-vous à l'Hôtel de Ville, à dix-neuf heures. Je fonce dans le bureau du patron.

– Un rendez-vous de Chirac ! Qu'est-ce que je fais, Claude ? J'y vais ?

– Évidemment ! répond Perdriel sans trop d'attention.

– Mais pour quoi faire ?

– Je n'en sais rien, je m'en fous, allez-y, débrouillez-vous !

Je la jouai professionnelle et m'y rendis munie d'un carnet de notes et de mon petit magnétophone d'entretiens. L'Hôtel de Ville semblait à l'abandon. Jacques Chirac était seul dans son bureau immense, tisonnant au mois de mai un feu dans la cheminée ; il tirait encore un peu la jambe, signe de grande fatigue.

J'étais vaguement inquiète, un peu embarrassée. Après tout, je ne le connaissais pas. Que voulait cet oiseau sympathique ?

Je me suis lancée.

– Bon. On commence ?

– Posez votre carnet ! Allons. Je ne vous ai pas demandé de venir pour une interview.

– Très bien, dis-je en m'exécutant. Et pour quoi, alors ?

– J'aurais beaucoup aimé vous nommer à la Direction des Affaires Culturelles de la Ville de Paris, commence-t-il. Mais il y a déjà quelqu'un, c'est dommage. Je regrette, vous y auriez été très bien.

Un blanc. Je tombe des nues. Il n'est pas sérieux !

– Moi ? Une ancienne communiste ?

– Justement, c'est pour ça. Figurez-vous que j'ai été communiste, moi aussi.

– Oh ?

Et le voilà parti dans ses souvenirs de militant, vendant *L'Humanité* sur le même trottoir que moi trente ans plus tard rue du Vieux-Colombier, à l'époque de l'appel de Stockholm. Il avait été communiste pendant quinze jours trois semaines, mais bon ! C'est charmant ; et la drague politique lui va comme un gant. Et de me chanter les vertus des communistes, leur fidélité, leur robustesse morale, il ne va quand même pas se réinscrire ! Alors ?

– Alors Giscard est cuit, dit-il. J'en suis sûr. Les RG sont catégoriques. 52/48 pour François Mitterrand. Et vous, que savez-vous ?

La même chose, pardi. Nous avions les mêmes chiffres au journal, provenant des mêmes instituts de sondages et des mêmes Renseignements généraux.

J'avais une bonne raison de les connaître : à l'époque, mon frère était conseiller culturel en Égypte et mourait d'impatience, faute de renseignements. Socialiste comme lui, Jacques Andréani, son ambassadeur, le laissa volontiers obtenir des infos. Depuis plusieurs semaines, dès qu'un sondage tombait, j'envoyais un télex au Caire avec des chiffres supposés signifier les dimensions d'un studio de 50 mètres sur 50, que nous voulions acheter ensemble. Irréel, ce studio magique avait presque toujours les mêmes dimensions : 50-50, 51-49, 52-48...

Bref, c'était presque fait, 52-48. Là-dessus, mon Chirac se lance dans un long dégagement sur les mains de Giscard, « des mains de feudataire » amputant la maquette du futur Centre Pompidou d'un étage pendant le premier Conseil des ministres après son élection en 1974. Feudataire : ce beau terme féodal exprimait toute son irritation. Il y avait de la critique sociale dans l'air.

– J'ai vu rouge. Je venais d'être nommé Premier ministre et il voulait faire ça ! Pompidou venait de mourir, c'était une insulte à Pompidou. Je m'y suis opposé.

Bon, me dis-je. Où veut-il en venir ?

– Enfin c'est du passé. Giscard est cuit.

D'accord. On n'épiloguera pas davantage. Un blanc.

– Il est cuit, reprend-il, mais Mitterrand ne sera pas président.

– Comment dites-vous ?

– Mitterrand ne sera pas président.

Sa voix ne tremble pas. Il est très sûr de lui. Je passe de longues minutes à le convaincre qu'en vertu de la Constitution et des règles électorales, si Giscard perd cette élection, Mitterrand la gagnera. C'est une déduction irréfutable.

– Je sais bien, mais Mitterrand ne sera pas président.

– Soyons sérieux. Si l'un perd, l'autre est élu, c'est la Constitution qui le dit, vous le savez bien !

Je le presse, le pousse dans ses retranchements et finalement, il cède et murmure d'une voix minuscule.

– Ma voyante me l'a dit.

– Vous consultez une voyante ?

– Mais Mitterrand aussi !

C'était parfaitement vrai. La veille, Jack Lang m'a chuchoté à l'oreille que Mitterrand, cette fois, allait gagner, car sa voyante l'avait prédit. « Ça vaut ce que ça vaut, mais une voyante, quand même... », disait Jack pour se rassurer.

Je déteste les voyantes, Rivka les consulta trop souvent. Qu'un homme comme Mitterrand consulte une voyante, cela m'horripile au plus haut point. Pour moi, c'est dégradant. Que Chirac fasse de même ne me rassure pas. J'élève la voix. Je le gronde.

– Arrêtez ça tout de suite ! Soyez raisonnable !

– Oui, vous avez raison, soupire-t-il. Il sera élu.

Ensuite, tout va très vite.

– Admettons que Mitterrand soit président, dit-il d'un air concentré. Il dissout l'Assemblée, que feriez-vous à sa place, vous ? Il dissout, évidemment. Dans cinq ans, il perd les élections. Il ne peut pas les gagner. Vous qui le connaissez bien, pouvez-vous lui dire de ma part que je suis prêt à devenir son Premier ministre dans cinq ans ?

Comme ça, d'un trait, en toute simplicité.

Je me suis levée sans brusquerie, j'ai ramassé le carnet et le magnétophone...

– Cher Jacques, vous êtes très fatigué, cette campagne était épuisante et de toute façon, il se fait tard...

Ses traits s'affaissèrent ; la fatigue fondit sur lui à l'instant où je la nommais. Il resta silencieux et me raccompagna jusque sur le trottoir, toujours avec sa patte folle un peu raide. Chirac était paisible, comme s'il ne se souvenait plus de ce qu'il m'avait dit. Il me souhaita bonne nuit comme si de rien n'était, debout sur le trottoir devant son havre vide.

Et là, il eut un moment magnifique.

– De toutes les façons, demain, le peuple souverain tranchera. Et ce qu'il décidera sera bien.

Et il m'embrassa sur les deux joues. Je tombai sous le charme.

En 1997, après une dissolution hasardeuse, quand sa majorité perdit les élections, je suis sûre qu'il a dit la même chose : le peuple souverain a tranché, ce qu'il a décidé est bien.

Pourquoi m'a-t-il choisie comme messagère ? Première hypothèse : j'avais des rendez-vous réguliers avec Mitterrand. Mais il se trouvait au moins une dizaine de personnes dans ce cas, qui ont sans doute reçu le même message que moi. Deuxième hypothèse : la nostalgie du communisme n'a jamais tout à fait délaissé Jacques Chirac. C'était un engagement de jeune homme, celui de l'idéaliste qu'il aimerait être à temps plein, c'était un rêve d'égalité auquel il ne saura pas renoncer. J'avais un bon profil : communiste fraîchement exclue n'ayant jamais renié le communisme. Il n'y avait presque personne dans ce cas.

Hormis en politique, j'ai plus de points communs avec Jacques Chirac qu'avec François Mitterrand.

Mitterrand lisait Jacques Chardonne, un collabo, je n'aimais pas cela. Il avait une érudition classique du genre à discuter avec des petits marquis, Dieu sait s'il s'en trouva. J'avais cela en horreur. Il n'aimait ni l'opéra ni le roman populaire. Je n'avais pas ses goûts, sauf en architecture, terrain privilégié qui fit l'objet d'un entretien que j'ai publié dans *Rêver chacun pour l'autre*.

En revanche, je fus profondément touchée à Calcutta, lorsqu'en 1989, il retrouva ses amis de la Cité de la Joie, le fameux bidonville où il avait quelque temps séjourné bien avant d'être président. La presse ne fut pas admise à cette rencontre. Sa délégation non plus. Dans la petite salle, il y eut trois témoins, Jacques Attali, Roderich et moi. Mitterrand ne rendit pas public son séjour au bidonville de Calcutta, non plus que ses retrouvailles, qui furent simples, sans apprêts, du genre « Alors, comment ça va ? » Tout était dans le regard et il était ému. Ce jour-là, j'aimais Mitterrand de tout mon cœur.

Chirac ne parle pas davantage de ses choix profonds. Parmi les traits qui ont pu jouer dans notre amitié, il y a la langue russe. Pourquoi Chirac a-t-il traduit *Eugène Onéguine* dans son adolescence ? Énigme. Traduire Pouchkine de chic à dix-neuf ans, c'est simplement extravagant. Il le fit. On lui refusa sa traduction qu'aujourd'hui il refuse aux éditeurs qui la quémandent. Avec un sûr instinct, il passa du russe au sanscrit, et se passionna pour l'Asie. Cela me va. Comme Alexandra David-Néel, il traversa l'Inde sans s'arrêter et fila vers l'Extrême-Orient. Et comme l'exploratrice du Tibet, Chirac a l'« âme jaune ». C'est un goût pour l'Asie, l'émerveillement devant les dieux multiples, une sorte de tendance à la contemplation.

Oui, oui, j'ai entendu. Chirac l'agité, le nerveux, l'homme qui ne réfléchit pas mais agit. N'empêche. Il suffit de le voir absorbé devant un objet pour comprendre qu'il est capable de s'y fondre.

J'ai scrupuleusement fait le nécessaire pour transmettre le message du 9 mai 1981. Combien de messagers Chirac a-t-il choisis pour poser sa candidature au poste de Premier ministre cinq ans à l'avance, à la veille de la victoire de François Mitterrand ? Sans doute une grosse poignée. Les personnes que j'avais choisies pour écouter le message de Chirac l'entendirent d'une oreille ou alors pour de bon, mais ce n'était plus mon affaire.

Mitterrand président

Au matin du 10 mai 1981, la rue Hérold s'éveilla dans l'excitation. Le grand François-Henri de Virieu, directeur de la rédaction, arpentait les couloirs en tenant à bout de bras les deux unes, ravivant les craintes de ceux qui n'en voulaient qu'une seule. On a beau connaître les sondages, on n'est sûr de rien le jour de l'élection. À six heures du soir, Claude Perdriel déclara la victoire et la liesse commença.

Pendant quelques heures, je vécus le cœur en expansion, comme s'il battait au bout des bronches. Il pleuvait à tout rompre le soir du 10 mai, mariage pluvieux, mariage heureux. Mais dès ce premier soir, je perçus une fêlure. J'étais avec ma fille dans la foule qui se pressait aux *Nouvelles littéraires*, le journal de Jean-François Kahn, tout près de la Bastille où s'installaient podium et musiciens. Il y eut un brouhaha et de mauvais regards. Jean Dutourd venait de faire son entrée. Et alors ?

Alors il était de droite, en tout cas un réac, un affreux qui n'avait pas le droit de sabler le champagne. Des insultes fusèrent; une houle l'entoura. Je me ruai sur lui et je me mis en travers en écartant les bras pour mieux le protéger. On murmura, mais on me laissa faire. On disait que ce genre de connerie était inévitable. Mais dès le lendemain, cela recommença.

Quand on voulait bien l'écouter, Bernard Villeneuve, l'administrateur du journal, se lamentait. Un journal d'opposition, ça marche, disait-il, mais un journal qui soutient le pouvoir, ce n'est pas viable économiquement. On est fichu ! disait-il. Mais ce n'était ni le jour ni l'heure et on ne l'écouta pas. On se mit au travail et il n'en manquait pas. Qui serait ministre ? Comment la victoire était-elle vécue dans les villes, les villages, les rédactions, les usines, les montagnes, les plaines, les vallées, les trous de souris ? Le journal voulait faire un reportage sur Jean-Pierre Elkabbach, supposé être dans tous ses états, et qui serait limogé dès le lendemain, ça, on en était sûr. Tout le monde savait que Nicole Avril, sa femme, était une militante socialiste, n'empêche ! Place de la Bastille, des gens dans la foule avaient réclamé sa tête. Il était celui à qui Georges Marchais avait lancé « Taisez-vous, Elkabbach ! » et la messe était dite. Je me saisis du reportage; j'alertai Elkabbach que je connaissais bien; il ne me croyait pas; il m'en voulut beaucoup. Il vivait l'alternance comme un heureux moment, mais il fut limogé. Je me sentis honteuse.

Quelques jours plus tard, Mitterrand rassembla les membres de son comité de soutien à l'hôtel Continental, dans un salon doré et je vis qu'il n'était plus exactement le même. Il paraissait grandi, le dos massif et droit, l'œil légèrement lointain jusque dans la chaleur qu'il mettait à saluer chacun. Le velouté avait changé de nature. Le 21 mai, les nuages étaient noirs au-dessus de la rue Soufflot quand il commença sa montée vers le Panthéon où l'attendaient les caméras de Serge Moati. On voyait le dos de son costume gris clair et de temps en temps, le bout de la rose rouge qu'il tenait à la main. J'étais au troisième rang dans la foule montante, non loin de Jankélévitch, dans un complet désordre et je me souvenais d'un autre soir pluvieux, désordonné, confus : la grande voix tremblée d'André Malraux appelait Jean Moulin avec son cortège d'ombres et moi, sur le trottoir de la rue Soufflot, je pleurais sans retenue. De droite, Malraux ? Vraiment ?

La pluie tomba à verse. Sous l'auvent de toile blanche qui le protégeait mal, accompagné d'un orchestre symphonique au complet, Placido Domingo, ami de Roland Dumas, entonna *La Marseillaise* orchestrée par Berlioz et je me réfugiai sous les colonnes du Panthéon. J'y retrouvai deux anciens camarades, Roland Leroy, que j'aimais beaucoup et qui me le rendait bien ; et Charles Fiterman qui me fit un peu la tête. On se parla vivement, puis Roland m'embrassa. Fiterman bougonnait. Un mois et demi plus tard, ministre de Mauroy, il faisait son entrée en deux-chevaux dans la cour de l'hôtel Matignon.

Une jeune avocate vit des policiers en faction et cria, folle de joie : « Mais ce sont nos flics ! Nos flics, vous vous rendez compte ? » De tous les changements qu'apportait l'alternance après vingt-trois ans de domination absolue des droites françaises, la question des flics était la plus sensible. On avait beau savoir depuis belle lurette que, dans la police, il y avait un fort courant de gauche, notre perception de l'uniforme changea du tout au tout. L'ennemi était passé chez nous.

Mitterrand avait reçu l'onction. Il avait descendu les Champs-Élysées aux côtés de Mauroy rayonnant. Rentré précipitamment d'Égypte, mon frère Jérôme se retrouva à Matignon avec la charge de la Culture et de la Communication. Un gouvernement étant tissé de tensions, je les connus très vite.

Elles paraissaient normales après tant d'années sans être au pouvoir, mais déjà, on ne disait plus « au pouvoir », on disait « aux affaires » et on parlait de « dossiers ». La transformation était passionnante, injuste, et mon frère faisait connaissance avec l'inexorabilité des choses. Je commençai à me dire qu'il serait indécent de ne pas mettre les mains dans le cambouis.

En décembre 1981, j'appris par un coup de téléphone du Quai d'Orsay que Jacques Derrida venait d'être arrêté par la police tchécoslovaque. Comme trafiquant de drogue. À la douane, on avait trouvé des stupéfiants dans ses bagages. Il était en prison.

Quelques mois plus tôt, Jacques avait fondé l'association Jan-Hus pour soutenir les dissidents de Tchécoslovaquie. Je courus dans le bureau de Perdriel. La une, il aurait la une du journal. *Derrida arrêté.*

C'était exactement ce que voulait le Quai d'Orsay. À l'autre bout du fil se trouvait Jacques Thibau, fraîchement nommé directeur général des relations culturelles, n'ayant pas froid aux yeux et sachant d'expérience, pour avoir écrit un ouvrage sur *Le Monde*, que pour faire libérer un intellectuel, la presse est nécessaire. La une parut le lendemain, avec Jacques en photo, énorme. J'avais mon diplomate tout le temps au téléphone. Épuisé par la violence du choc, Jacques Derrida sortit après une nuit de prison.

Jacques Thibau et moi nous fîmes connaissance en sortant Derrida des geôles tchéchoslovaques. Quelques mois plus tard, comme il me le demandait, j'acceptai d'être candidate à la sous-direction des échanges artistiques au Quai d'Orsay. Jack Lang approuva.

C'était un poste réservé aux diplomates. Jérôme s'opposa farouchement à mon choix, car je n'avais aucune formation administrative. Il vint me voir, me prit les mains, me dit entre quat'z'yeux que c'était de la folie, que je ne devrais pas, que j'allais me planter inévitablement. Je l'écoutais sans rien dire, mon petit frère énarque. Mais Jack Lang voulait me nommer à ce poste et la chose se fit. C'était mon élection à moi. Je serais une intellectuelle organique d'État.

Gérard Fontaine

J'avais un atout secret. Il s'appelait Gérard Fontaine. C'était un de mes anciens étudiants de la vieille Sorbonne, promotion 1966, et depuis cette année-là, nous étions liés d'amitié. Il avait passé du temps en Anjou, il avait nourri à la becquée ma fille quand elle était bébé, il était ma famille. Nous avions un passé. C'est le genre d'amitié si intense, si intime qu'elle ressemble à l'amour et d'ailleurs, c'est de l'amour sauf que cela ne se brise pas. Il avait fait carrière dans des postes culturels à l'époque où aucune formation n'y préparant, on apprenait sur le tas. Il y tenait beaucoup, au tas de l'apprentissage. Nettement mieux que l'ENA, disait-il et il avait raison.

Gérard Fontaine était numéro deux du poste auquel j'étais nommée : si je ne savais rien du fonctionnement de l'État, il savait tout. Il n'était pas énarque, mais philosophe, et c'était encore mieux. Ancien du PSU, formé par Claude Bourdet, il avait le respect de l'intérêt public et une profonde passion pour le rôle de l'État qu'il a mise en action jusqu'au jour de sa retraite, en 2007.

Sans lui, je n'aurais pas accepté cette nomination. Avec lui, j'étais en sécurité. Il me forma à l'administration, me conseilla jour après jour, me guida sans relâche, tonitrua souvent, m'approuva la plupart du temps et les décisions prises ne furent presque jamais les miennes, mais les nôtres. Je me souviens d'un jour extraordinaire où il jeta par terre nos parapheurs dans un geste de colère – j'ai oublié pourquoi et ce que j'avais fait. Il était là, lui si droit, à l'ordinaire si calme, et il me fusillait de son beau regard noir. Puis il claqua la porte. C'était tellement inattendu que je restai les bras ballants. Je rédigeai en hâte un petit billet doux que j'allai glisser sous la porte de son bureau en espérant obtenir mon pardon, mais il ne m'ouvrit pas. Il ouvrit le lendemain. C'est un joyeux souvenir.

Au bout de quelques mois, Robert Fossaert, un ancien de Mélusine, me fit savoir que, pour les diplomates, « la greffe avait pris ». J'étais une gestionnaire assidue ; le bruit courait que j'emportais des parapheurs chez moi le week-end, signe absolu du zèle fonctionnaire. Je ne faisais jamais cela ; le week-end, j'écrivais. Mais je les laissai croire. Désormais, disait Robert Fossaert, le Quai d'Orsay attendait mes fleurs et mes fruits.

C'est alors que j'appris la catastrophe.

Débarqué parce qu'il était supposé giscardien, un diplomate énarque intentait contre ma nomination un recours en Conseil d'État. Président de l'association des énarques diplomates, cet horrible personnage prétendait que mon poste ne pouvait pas être occupé par une simple normalienne et que ma nomination, faite par une simple lettre du directeur du personnel, n'était tout simplement pas valable. Mon sang ne fit qu'un tour. Le salaud ! J'étais d'autant plus en colère qu'au cabinet de Cheysson, le préposé au suivi de mon affaire, Jean-Claude Cousseran, était très pessimiste. Ma nomination avait toutes les chances d'être cassée. Je maudis l'énarque inconnu.

J'ignorais qu'en pareil cas, il suffit de refaire proprement la nomination et hop ! Le tour est joué.

Non, je n'en savais rien. Tout prédisposait à la guerre de tranchées. La nomination d'une femme, une intellectuelle, journaliste de gauche, une normalienne. Mon cas faisait l'objet d'une étrange guérilla entre énarques de gauche et énarques de droite. Pour être juste, je me doutais que les énarques de gauche ne seraient pas fâchés de me voir recevoir une déculottée, mais ils n'avaient pas le droit d'en faire état. Les choses se tassèrent, Cousseran était moins inquiet quand je me rendis compte, Gérard Fontaine aidant, que mon budget était ridiculement mesquin.

Aventures bureaucrates

Ni une ni deux. Je pris rendez-vous avec mon Président, qui me reçut très vite dans son grand bureau d'or. Et franco de port, j'entrepris François Mitterrand sur mon budget.

Il fronça le sourcil, me fixa froidement. J'avais le sentiment de lire dans ses pensées. Mais elle est folle, cette fille ! Comment ose-t-elle venir quémander un budget alors qu'il y a un ministère des Finances, un gouvernement, et un Premier ministre dont c'est le travail d'arbitrer les finances de l'État ?

– Non, me dit-il mi-riant mi-fâché. Jamais de la vie ! Vous ne venez pas me voir pour votre budget, vous m'entendez ? Vous venez me voir à cause de votre recours en Conseil d'État et vous avez raison. C'est une affaire très sérieuse, très inquiétante. J'y attache une grande importance politique. Vous irez voir Michel Charasse qui va vous débrouiller cela.

Il n'ajouta pas « Et maintenant, sortez ! », mais je sortis, tête basse. J'avais bel et bien vu mon Président pour rien ; par chance, il m'avait traité avec amitié. J'allai voir Michel Charasse qui me reçut comme un chien dans un jeu de quilles. Les choses étaient décidément mal engagées. Et je n'avais toujours pas augmenté mon budget.

À peu près à la même époque, comme j'avais écrit un article très politique dans *Le Monde* maladroitement assorti de mon titre au Quai d'Orsay, j'assistai à une scène inouïe.

Claude Cheysson me nommait souvent « commissaire du gouvernement », charge qui consiste à assister le patron pendant les séances des questions au gouvernement. J'étais donc dans les travées de l'Assemblée nationale quand je vis devant moi se lever un député de droite, brandissant mon article et fulminant contre moi, mes foucades, mon inconvenance. Je voyais son crâne chauve rougir avec sa colère ; il s'appelait Jacques Toubon.

Sur le fond, il n'avait pas tort : un fonctionnaire de l'État, surtout au Quai d'Orsay, est tenu à une très stricte réserve politique et mon article n'était pas réservé. Mais le ton était d'une rare violence et Claude Cheysson répliqua vertement.

Le lendemain, coup de théâtre. Jacques Toubon m'invitait à déjeuner dans un bistrot du treizième arrondissement sur la place d'Italie – il était maire de cet arrondissement de Paris à cette époque. Il se tenait là, rouge de confusion, parlant à peine, et quand je lui demandais, « mais pourquoi avez-vous dit cela ? Pourquoi m'inviter à déjeuner le lendemain ? Pourquoi une chose et son contraire ? » il se taisait, jetant des regards de côté sans oser me regarder en face. Au dessert, il me sauta au cou.

Nous sommes devenus très amis et nous n'en avons plus jamais reparlé. Jacques Toubon est de droite ? Ah oui.

Le métier commençait à rentrer avec ses accidents, ses élans, ses sincérités, ses amitiés nées au petit bonheur. Je mis sur pied un dispositif d'opérette pour faire augmenter mon budget coûte que coûte.

Avant la discussion au Parlement, au tout dernier moment, le Premier ministre signe « le Bleu » ; c'est la programmation budgétaire du gouvernement pour l'année suivante. À cette étape, le budget de l'État français est ficelé comme un petit rôti et le moindre changement déséquilibre l'ensemble.

Je pistai le trajet du Bleu. Et je postai à Matignon un ami qui, l'air innocent, pénétra dans le bureau de Mauroy au moment où il s'apprêtait à signer le fameux document.

– Tiens ? Qu'est-ce que c'est ? Le Bleu ? dit cet ami fidèle. Regarde donc le budget de notre amie Catherine. C'est vraiment trop petit ! Allez, on le double. D'accord ?

Mon budget fut doublé. Je n'en suis pas peu fière. C'était un procédé de filou, mais quoi ! Les énarques ne l'avaient pas volé. Puis le gouvernement changea et Roland Dumas remplaça Claude Cheysson, avec qui je passai une dernière nuit à l'Assemblée nationale comme commissaire du gouvernement. Cette nuit-là, un énarque des Finances me fit de violents reproches sur mon procédé d'arsouille, menaçant de réduire mon budget à moins que rien.

J'obtins le maintien de mon budget en échange d'un baiser. Et on dit que ces gens-là sont sérieux ?

Sitôt nommé, Roland Dumas s'empressa de repêcher l'ignoble personnage qui me faisait un procès et le plaça dans un poste où je dépendais de lui.

– Mais vous n'ignorez pas que j'ai déposé un recours contre elle ! s'inquiéta le personnage. Elle ne voudra jamais travailler avec moi !

– Nous ferons appel à son sens de l'État, répondit noblement Roland Dumas.

Il se cassa les dents. Je ne voulus rien entendre.

J'avais de bonnes raisons : l'ignoble personnage était mon supérieur, mais moi, j'avais le budget. Sans mon accord, il était pieds et poings liés. L'affaire fit grand bruit. Je résistai des mois. Puis mes équipes finirent par se lasser d'une bataille dangereuse et qui pouvaient leur nuire ; elles m'enjoignirent de renoncer. Je fis mine de céder, et j'acceptai un déjeuner de conciliation organisé par le secrétaire général du Quai d'Orsay, Francis Gutman.

Il n'était pas du Quai, mais il en était le chef. Quand j'avais pris mon poste, Francis Gutman m'avait convoquée alors que j'allais partir au festival d'Avignon.

Il commença très rogue.

– Qu'est-ce que vous allez faire là-bas ? Vous amuser ?

– Je vais faire mon marché. Je cherche des bons spectacles dignes d'être exportés.

– Qu'appelez-vous « un bon spectacle » ? Comment en jugez-vous ?

Questions, réponses, ça n'en finissait pas. Puis il y eut une dernière question au seuil de son bureau.

– Pourquoi avez-vous pris ce poste ? demanda-t-il d'un ton sévère.

– Pour connaître le monde, dis-je avec un sourire.

Il me fixa longuement et me dit « Bon, d'accord. » J'avais passé mon examen.

Le grand amour arrive sur des pattes de colombe

Le lendemain du jour où j'avais accepté ce foutu déjeuner, Gutman me rappela.

La guerre entre le diplomate et la normalienne avait pris de l'ampleur. Lui qui voulait savoir ce qu'était un « bon spectacle » ! Gutman serait servi. Du spectacle, il y en aurait.

Le déjeuner de conciliation entre les deux ennemis fascinait le chaland. Les membres du cabinet voulaient tous y assister, il y aurait du monde. « C'est un ordre ! » dit Gutman.

– Et quoi encore ? Non. Il n'en est pas question. Nous

serons trois, lui, vous et moi, et je veux pouvoir l'engueuler devant vous, sinon, je ne viens pas.

– Vous êtes une emmerdeuse ! lâcha-t-il.

Là, il avait raison. Mais nous ne fûmes que trois.

J'arrivai en avance. Dans le salon d'attente, le personnage était là. Je ne l'avais jamais vu. Un blond aux yeux bleus. Très blond, très clair, l'œil d'un bleu pervenche. Silence. Regards étranges. C'était interminable. Gutman ouvrit la porte, et le déjeuner commença dans une petite salle à manger du Quai d'Orsay.

Le personnage à l'œil bleu se taisait. Je l'engueulais comme prévu quand soudain, tout à trac, je lui lançais une phrase.

– ... Et ce n'est pas parce que vous êtes né juif allemand que vous avez le droit de me traiter ainsi !

Je vis la main du blond se lever en silence et je n'y fis pas plus attention que cela.

Nous devions nous voir le lendemain pour un premier rendez-vous de travail, mais je ne le pris pas au téléphone. Le personnage avait prévu de m'emmener au Brésil pour une mission urgente ; les dates étaient fixées, l'ordre de mission, signé, ma place réservée dans l'avion pour Rio.

Non ! Cette guerre était la mienne, et je résisterais.

J'intriguai auprès de Matignon pour me faire inviter au Sénégal exactement à la même date. Dans un esprit de réparation de la traite négrière, mon fidèle Jean-Claude Casadesus devait diriger un concert en présence du Premier ministre français sur l'île de Gorée, symbole de l'esclavage en Afrique. Sincèrement indigné du procès qui m'était intenté, Jean-Claude intercéda en ma faveur. Mauroy m'aimait beaucoup ; il m'invita.

Gagné ! Je n'irais pas à Rio.

Le blond se fâcha tout rouge. Il remua ciel et terre, alerta Matignon, Pierre Mauroy recula. Et je fus obligée de partir en mission au Brésil avec lui.

Nous ne nous sommes plus quittés. Vingt-quatre ans de la plus belle des vies.

Roderich, c'est lui.

Quand Roderich fut nommé ambassadeur en Inde par Jean-Bernard Raimond, je rassemblai mon conseil d'administration au grand complet – quarante dignitaires, Louis Joxe président – et là, entre rire et larmes, je leur remis ma démission sans leur en cacher la raison. « Je pars..., dis-je en marquant un temps, je pars avec notre nouvel ambassadeur en Inde. » Puis, baissant modestement les yeux comme une fiancée russe, je me tus.

Les conseils d'administration sont rarement traversés d'une onde de bonheur ; et j'entends encore Louis Joxe, ancien Premier ministre d'un régime gaulliste que j'avais combattu si longtemps, me dire d'un ton ému : « Vous nous quittez, madame le directeur... Mais non ! Vous ne nous quittez pas, puisque vous restez dans la maison. » La maison, c'était le Quai d'Orsay – cette belle maison si gravement méconnue.

Jean-Pierre Thibaudat, critique dramatique à *Libération*, trouva le mot de la fin. Racontant le pourquoi et le comment de ma démission sur une page du journal qu'il avait titrée « Happy Inde », il termina, parlant de l'ignoble personnage que j'avais décidé de suivre pour la vie : « Il voulait sa peau, il l'a eue. »

Je l'ai suivi partout. Il est né allemand d'un père juif à Francfort-sur-le-Main en 1934 et je n'avais aucun, mais vraiment aucun moyen de le savoir quand j'ai lâché sur lui cette phrase mystérieuse. Appelons cela l'amour.

Quelques semaines après notre rencontre, Roland Dumas nous rencontra ensemble à l'Opéra. Puis une deuxième fois. Il ne lui fallut pas longtemps pour comprendre notre histoire d'amour ; il en rit encore aujourd'hui ; notre meilleur narrateur, c'est lui.

Six mois plus tard, Roderich et moi nous décidâmes qu'il fallait prévenir, lui Giscard, son ancien patron et moi, mon Président.

En 1986, Chirac, comme convenu, était devenu Premier ministre de François Mitterrand. Les médias parlaient d'une guerre féroce, d'un antagonisme violent entre les deux hommes et je n'y croyais guère. Je pris rendez-vous avec mon Président, qui me reçut dans son bureau tout en signant des parapheurs. Ce que je savais à coup sûr, c'est qu'il trouvait le temps long et que la cohabitation l'exaspérait – les parapheurs étaient bien trouvés.

Je racontai l'entrevue du 9 mai 1981 et je transmis le message qui n'en était plus un, puisque les choses s'étaient déroulées comme prévu.

– Ooh ! s'indigna Mitterrand en relevant la tête. Chirac a une voyante ? Vraiment ?

Je ne répondis pas « Mais vous aussi, je le sais ! »

– Alors ? dit Mitterrand. Quoi d'autre ?

– Eh bien, j'ai un conjoint, lui dis-je l'air détaché. Je voulais vous le dire parce que...

– Très bien, dit-il indifférent. Qui est-ce ?

– Vous vous souvenez certainement d'un recours en Conseil d'État qui vous inquiétait fort à une époque...

– Je ne vois pas le rapport, coupa-t-il froidement.

– Justement, dis-je d'une voix étouffée. Le conjoint, c'est lui. Le diplomate qui a déposé le recours contre moi.

Il éclata de rire, abandonnant ses parapheurs. Je le revois la tête renversée en arrière, riant à gorge déployée, un vrai bonheur. Si j'ai fait quelque chose pour mon Président, c'est de l'avoir fait rire un jour d'ennui.

Ce jour-là, un jeudi, *VSD* faisait un reportage sur une journée de François Mitterrand pendant la cohabitation. J'étais dans son emploi du temps et j'eus ma photo dans le journal. Il est vrai que je n'étais pas compromettante.

Voyages présidentiels

Mitterrand vint en visite d'État en Inde en 1989, long voyage de quatre jours. Comme il est d'usage, sa visite avait été précédée de plusieurs visites des fonctionnaires qu'on appelle « précurseurs », personnes d'humeur raide comme souvent dans les services du protocole. Dans le courant du programme à Delhi, ils avaient prévu dix minutes pour la visite d'une exposition patrimoniale de peintres fauves et impressionnistes français, une première en Inde.

– Dix minutes ! Vous rêvez ! leur dis-je. Jamais le président n'acceptera de passer si peu de temps dans une exposition !

– Mais on ne lui laisse pas le choix. Dix minutes, pas une de plus.

– Vous ne le connaissez pas ! Je vous préviens qu'il restera une heure.

Ainsi sont les hautains précurseurs, qui disposent du temps officiel de leur grande marionnette. Le jour venu, j'étais à côté d'un François Mitterrand joyeux de retrouver une figure amie, et nous fîmes la visite ensemble. Le Président voulut tout voir et se sachant pressé par l'horaire, il prit son temps.

Il passa exactement une heure dans le musée. Nous eûmes trois quarts d'heure de retard à Calcutta, délai aggravé par le genre de détail qui, quelquefois, échappe aux précurseurs.

De l'aéroport à la ville de Calcutta, le transport s'effectuait avec des hélicoptères de l'armée indienne, des engins surélevés où l'on accédait avec de petites échelles de coupée malcommodes. Les femmes vêtues de jupes étroites devaient descendre d'avion et remonter dans les hélicoptères, où elles eurent beaucoup de mal à embarquer sans retrousser leurs cotillons. Gros retard. Le gouverneur du West Bengal attendit la délégation présidentielle une heure trois quarts. Je le revois abattu sur son canapé, et la délégation française, affamée, se ruant sur le buffet.

Le lendemain, François Mitterrand fit Satyajit Ray Commandeur de la Légion d'honneur. C'était un événement considérable. Stupéfaits, les Indiens découvrirent un cinéaste indien plus célébré ailleurs que chez eux, et tellement important qu'un président français venait le décorer à Calcutta, sa ville. Restait un détail. Satyajit Ray mesurait un mètre quatre-vingt-seize et Mitterrand, un mètre soixante-treize. Pour résorber les vingt centimètres de différence, Roderich décida de les poster tous deux sur un grand escalier : Ray, en contrebas, Mitterrand, à hauteur de son cou pour accrocher le ruban.

Sur les marches de la Bibliothèque nationale de l'Inde, Satyajit Ray était en tenue bengali, les jambes émergeant d'un dhôti blanc plissé, et le reste du corps dans une longue chemise de linon dont chaque bouton de diamant était relié aux autres par une chaînette d'or. Il portait sur l'épaule, soigneusement plié, un châle de cachemire qu'il tenait de sa famille. Face à un petit homme en complet-veston sombre, l'immense Bengali incarnait le raffinement de l'Inde, le passé qu'il avait filmé dans *Le Salon de musique*.

J'eus avec Mitterrand une vraie conversation sur l'Inde dans l'avion officiel indien qui nous conduisait de Calcutta à Bombay – quatre heures de vol.

Le Quai d'Orsay, respectueux du bloc soviétique comme des Juifs orthodoxes craignant Dieu, respectait tout autant la Chine populaire depuis que le Général l'avait reconnue en 1964. L'Inde, non. Dans ces années-là, Alain Peyrefitte s'arrêta à Delhi en revenant de Pékin, ses amours. Il se promena nez au vent selon son habitude et il ne s'y plut pas. Pas assez d'ordre. Quand je lui dis qu'il était certainement le dernier maoïste, il acquiesça. Ce qu'on aurait reproché à un intellectuel de la GP, il l'assumait. Qu'on ne lui parle plus de l'Inde ! Trop de démocratie. Alain Peyrefitte incarnait parfaitement la ligne du Quai d'Orsay.

Pas Mitterrand. À Calcutta, il avait connu brièvement les conditions de vie d'un bidonville – c'est ce dont il me parla. En novembre 1981, Indira Gandhi était venue à Paris recevoir un diplôme *honoris causa* à la Sorbonne ; en 1982, Mitterrand avait fait une première visite en Inde ; en 1983, Indira présidait le mouvement des non-alignés. Il l'avait appréciée ; les femmes chefs de gouvernement étaient rares à l'époque. Et elle parlait français ; pour un non anglophone comme était Mitterrand, cela pouvait compter.

Trente-trois ans après l'indépendance de l'Inde, Giscard avait été le premier président français à faire le voyage. Mitterrand le fit deux fois, et chaque fois sérieusement. Delhi-Calcutta-Bombay, en quatre jours. Il respectait l'Inde démocratique.

Il était détendu, sans fatigue. Cela me frappa beaucoup. On s'étonne de la résistance physique des chefs d'État qui sillonnent le monde en avion. Pardi ! L'absence de souci matériel, la facilité procurée à chaque pas, le moelleux des fauteuils, la cabine protégée, c'est un ensemble de signes qui définit le pouvoir. Ce qui grise défatigue.

Plus tard, j'ai vu deux ou trois fois Jacques Chirac dans le même état d'élation, fait de facilité matérielle et de dissémination d'endorphines.

Sauf en hélicoptère quand les portes restent ouvertes.

En 2003, Jacques Chirac entreprend un voyage africain, Niger et Mali. Je suis son invitée personnelle au Mali ; je ne sais pas encore pour quelle raison. Et je rejoins la délégation à Bamako, où l'accueille le président Amadou Toumani Touré, un respectable général démocrate ayant rendu très vite le pouvoir au peuple après l'avoir débarrassé d'un dictateur, et qui s'est présenté à la présidentielle en ayant attendu la fin des mandats d'Alpha Oumar Konaré, premier président élu démocratiquement. Le lendemain, la délégation doit repartir pour Paris, sauf Chirac et un petit groupe dans lequel je suis. Et maintenant, je sais.

Chirac m'a invitée au Mali pour que je l'accompagne au pays dogon.

Trois ans auparavant, avec Dominique-Antoine Grisoni, j'ai entrepris d'aider un de mes amis dogon. Le premier livre sur les Dogon écrit par un Dogon était paru en 2002 aux éditions du Seuil, signé de son nom, Sékou Ogobara Dolo. En apprenant la visite de Chirac, Sékou lui avait écrit et envoyé son livre. Et voilà pourquoi je me suis retrouvée dans un des trois hélicoptères militaires français qui, toutes portes ouvertes, ont volé pendant une heure le long des falaises rouges en survolant l'illustre ville musulmane de Bandiagara.

Ce fut sans doute l'instant le plus intense de mes échanges avec Jacques Chirac. J'étais sur une banquette étroite entre les deux présidents, le malien et le français, entouré d'officiers à demi accroupis. À cause du vent, du sable et du bruit des pales, nous portions d'énormes lunettes de protection et sur les oreilles, des casques. On pouvait sourire ou grimacer, lever un pouce enthousiaste, mais parler, non. Mais à supposer que nous eussions été libres de nos bouches, je crois que nous serions restés silencieux. L'amitié sait communiquer en silence.

Devant nous, à quelques mètres, défilaient les longues tombes couleur sable creusées dans les falaises de Bandiagara, les hauts greniers pointus du douzième siècle, désertés mais debout, en sentinelles, les sommets des baobabs gris de poussière, les toits plats des premières cases des villages construites sur les éboulis géants, un paysage rose avec des trouées vertes, une traversée des siècles. Qui avait vu ce spectacle avant nous ? Les pilotes, la veille, pendant le repérage. Personne d'autre. Nous voyagions dans l'inviolé.

Quand les hélicos se posèrent dans la plaine, j'aperçus le grand Sékou en boubou blanc ; un roi. Je me suis jetée dans ses bras au mépris du protocole, et nous avons marché enlacés en pleurant jusqu'au champ où les masques allaient danser, venus de tous les villages. Transformé en chef du protocole, Sékou prit un micro et annonça les masques, chacun avec leur explication ; il fait toujours cela très bien, mais le micro crachotait et Sékou avait le trac. Jacques Chirac reçut un masque de taille considérable, et à cette occasion, la presse publia qu'il avait reçu le titre de « Hogon ».

Hogon, Jacques Chirac ? Grand-prêtres respectés, les Hogon sont élus par les patriarches et de ce moment précis, après une période d'épreuve assez rude, ils vivent à l'écart du monde, veillés par de jeunes vierges en blanc, sans pouvoir sortir de leur maison de fonction, sauf portés à bras d'hommes pour se préserver de la souillure du sol à l'occasion des cérémonies religieuses dont ils sont les garants. La nuit, ils reçoivent la visite du serpent Lébé, qui leur lèche les oreilles. Ce sont de vrais reclus. Les Dogon ont beau être prêts à beaucoup de compromis avec le monde extérieur, je ne crois pas qu'ils aient consacré Jacques Chirac comme Hogon. Ils doivent bien en rire dans leurs courtes barbiches.

C'est la seule journée que j'aie jamais passée avec un chef d'État en jouissant des mêmes facilités que lui. Sitôt les danses finies, les hélicoptères repartirent pour Mopti, ville au bord du Niger. Entrée dans la ville, sourires, baisers, sourires. Montée à la tribune, saluts aux notables, échange de cadeaux ; une belle Peul à boucles d'oreilles dorées si grandes qu'elles lui mangent le visage sourit aux côtés du Président français. Régates sur le fleuve, trois fois dans les deux sens. Trois bonnes heures pour finir la journée. On remonte enfin dans l'avion présidentiel, la fameuse « bétaillère », avec quelques photographes à l'arrière. Dans la cabine présidentielle, Chirac pique un petit roupillon d'une demi-heure et émerge affamé. Charcuteries, Corona agrémentée de citron, il dévore. Il m'épate. Il devise, téléphone, cherche à joindre le président dictateur du Togo, le général Gnassingbé Eyadéma...

– Gnassingbé ? C'est toi ? Ah non. C'est l'aide de camp. Passez-moi votre président, je vous prie... Vous allez voir qu'il ne va pas y arriver. C'est toujours la même chose avec cet aide de camp ! Gnassingbé ? Qu'est-ce que je vous disais. Il n'y est pas arrivé.

Infatigable, incorrigible. Je n'étais pas trop fatiguée, moi non plus. Les facilités étaient extraordinaires. L'excitation, la beauté des falaises qu'on sait avoir eu le privilège inouï de voir à vol d'oiseau, tout près, si près des tombes. Est-ce cela le pouvoir ? Il m'a semblé que oui.

M'ont-ils parlé de mes livres ? C'est arrivé. Un jour, Mitterrand m'a coincée dans une réception, car il venait de lire *Pour l'amour de l'Inde* – le seul roman de moi qu'il ait lu, je crois.

– Ah ! Vous voilà. Votre histoire d'amour entre Nehru et Lady Mountbatten, celle que vous racontez, mais je ne savais pas ! Je ne savais pas du tout ! Où avez-vous trouvé cela ? Comment avez-vous fait ?

Et moi d'expliquer que ce fut très facile, l'amour en question n'étant pas un secret en Inde, au contraire.

– Quand on parle de Nehru et d'Edwina Mountbatten, savez-vous ce qu'on dit en Inde ? On parle de la *did-they-did-they-not question*...

– Comment dites-vous ?

Mitterrand ne parlait pas l'anglais et le comprenait mal. Je m'échine à tenter de traduire, j'essaie « la question du l'ont-ils-fait-ne-l'ont-ils-pas-fait », mais il me fixe, l'œil interrogatif. Ça ne passe pas.

– Ont-ils couché ensemble ? Ou n'ont-ils pas...

– Ah ! coupa Mitterrand, ravi. C'est comme cela que vous avez trouvé ?

Il a voulu tout savoir de mes sources, s'assurer que je n'avais pas triché. J'ai aligné une biographie de Churchill qui fut très précis sur le sujet, les rares lettres d'amour publiées, une lettre de Lord Mountbatten à sa fille se réjouissant de la liaison de son épouse, le précieux témoignage de la femme du chef du protocole qui accueillait chaque année Edwina dans la résidence officielle de Nehru, la dirigeait vers la chambre à coucher...

– Elle les a vus ensemble ? Et alors, oui ou non ?

Il avait plongé dans la *did-they-did-they-not question.* Tout, il voulait tout savoir. Que j'ai aimé cette curiosité !

Avec Chirac, même jeu, plus souvent par écrit. Il s'est passionné pour Lévi-Strauss, et parmi tous mes livres, il n'en a lu qu'un seul, *Qu'est-ce qu'un peuple premier ?* Ni François Mitterrand ni Jacques Chirac ne m'ont jamais traitée en écrivain. Jamais je n'ai senti ni chez l'un ni chez l'autre la considération abstraite et volatile qu'un président français accorde aux écrivains. Intellectuelle, oui. Ressource de connaissances. Je préfère.

L'avant-dernière fois que je vis François Mitterrand, c'était le 26 juin 1994, jour de la Fête de la Musique, où m'avait emmenée l'ami Jean-Claude Perrier. Julien Clerc chantait dans la cour de l'Élysée, et j'adore ce chanteur. Pendant la réception qui suivit le concert, je n'osais pas aborder le Président, exsangue de fatigue. J'avais réussi à approcher mon idole quand Mitterrand me trouva et m'agrippa l'épaule.

– Alors, vous me boudez ? Il n'y en a plus que pour le chanteur, hein ?

Voix inchangée, ironique, veloutée. Confuse, je me retournai d'un bloc ; il était presque chauve.

La dernière fois que je le vis, c'était pour la remise de la Légion d'honneur à mon frère. Cet homme qui se mourait n'eut pas une défaillance. Sans fiches, comme d'habitude, il fit aux décorés leur petit compliment avec le même brio, la même précision, pendant une bonne heure. Sur la longue ligne des impétrants, se trouvait Jacqueline Thome-Patenôtre, tremblante, aveugle, qui ne pouvait le voir ni s'avancer vers lui. Il s'approcha d'elle.

Pendant la réception, cherchant à savoir quel mal l'avait frappée, je demandai à la cantonade ce qu'avait Madame Thome-Patenôtre. La voix de mon Président m'attrapa par l'arrière.

– Comment, ce qu'elle a ? me dit-il. Retournez-vous ! Regardez-moi ! Elle a exactement la même chose que moi et nous allons tous deux au même endroit ! Vous avez de ces questions !

Comme autrefois, il me parlait de la mort, mais avec une furie, une détermination, une colère qui me fit fondre en larmes. Il était d'une bravoure à faire peur.

Je l'ai revu pour la dernière fois, les yeux clos, raide et muet sur son grand lit dans une chambre aux rideaux tirés, rue Frédéric Leplay. J'étais avec mon frère en compagnie de Roger Hanin, qui ne se lassait pas de contempler les traits de celui qu'il avait tant aimé. Ce temps particulier dans la vie de Mitterrand, cet instant où il était encore lui-même pour quelques heures étaient dignes de ses derniers mots aux Français « Je ne vous quitterai pas. Je crois aux forces de l'esprit. »

Je ne m'étonnai pas d'entendre Jacques Chirac prononcer un vibrant éloge de François Mitterrand. Sincère ? Oh oui. Si un moment de sincérité ne peut pas être mis en doute dans la vie de Jacques Chirac, ce fut bien celui-ci. L'histoire avait attaché ces deux-là l'un à l'autre.

Quand Chirac fut élu, il changea fort peu. Il resta le beau grand diable sympathique avec un langage de charretier qu'il fallait à tout prix empêcher de sortir en public. Se tenir droit, parler correctement, bien prononcer le français avec toutes ses liaisons, respecter la fonction, rester digne, jamais rien sur la vie privée. *Never complain, never explain*, comme Sollers. Nous étions nombreux à savoir que sa fille Laurence s'était défenestrée. Lui, pas un mot, jamais. En revanche, il restera le Président français qui aura publiquement reconnu la faute de son pays dans la déportation des juifs de France et des juifs étrangers réfugiés.

En mai 2002, après avoir été dans l'équipe de campagne de Jean-Pierre Chevènement, j'ai appelé à voter pour Jacques Chirac dans un meeting convoqué par Jean-Jacques Aillagon devant le Centre Pompidou. J'avais la jambe dans le plâtre, je brandissais ma béquille et j'évoquai les mânes de Georges et de Sipa d'une voix qui tremblait. La béquille, l'émotion, ma jambe cassée, la répulsion que m'inspirait les positions de Le Pen, cela porta. Je fus ovationnée. Toscan du Plantier m'aida à redescendre de la petite estrade qui dominait la place. « Dis-moi, quelle éloquence ! Alors, la politique maintenant ? »

Mon frère boudait un peu, mais Gilbert Lascault, mon fidèle Biquet, m'approuva. J'ai voté Jacques Chirac allégrement et sans me pincer le nez. Avec lui, j'étais en sécurité.

Comme François Mitterrand, il acheva son dernier mandat en état de maladie. Un cancer qui flambe ou bien un accident vasculaire cérébral, ce sont de graves accidents de santé qui ne laissent pas indemne. Les vilenies commencent. Quand elle vit affaibli son champion, la droite ne le ménagea pas. François Mitterrand eut droit à un respect total ; ni la gauche ni la droite n'attaquèrent le malade. Mais Chirac ! Moqué, vilipendé, allez, trop vieux, foutu, du balai. Impardonnable, cette droite.

19

C'est ici, c'est ici, c'est ici

Longtemps, j'ai eu l'Inde en horreur. Lorsque, sous la contrainte, j'y suis allée en mission officielle, je me suis recroquevillée sous la couverture dans ma place d'avion. J'avais plus de quarante ans et le grand méchant loup déguisé en mère-grand allait, c'était certain, me dévorer toute crue. Ses regards extatiques, minauderies mystiques, chevelus aux yeux brûlants comme des charbons, yoga, détachement, sérénité, curry, magie, foutaises ! Je suis descendue de l'avion avec méfiance ; l'air sentait le goudron et le miel, senteur étrange. Dans le hall d'arrivée, régnait une pagaille gigantesque et les loups étaient là, leurs yeux bordés de khôl. Ils se jetèrent sur moi et m'emportèrent dans la nuit parfumée de l'odeur des bouses de la vache.

Je n'ai vécu en Inde que quatre années de ma vie. Circonstance aggravante, j'y étais affectée d'un statut officiel. Sous prétexte que je sais à peu près me servir de ma langue natale, ai-je le droit de parler d'une nation grande comme un continent ? Lorsque j'assaillais de questions mes amis indianistes, leurs réponses neutralisaient toujours la vérité : « En Inde, cela dépend », disaient-ils. De la région, de la religion, de la naissance, de la légende, de l'histoire et même du hasard ; en Inde, rien n'est vrai absolument. Et pourtant.

Sans croire en dieu ni diable, sans croyance, résolument athée ; avec, chevillé à l'esprit, un rationalisme militant, j'ai trouvé en Inde des principes moraux que nous avons perdus. Tels que je les ai perçus, ils font désormais partie de mon apprentissage philosophique. Et ils concernent l'Europe, encore davantage maintenant que le tiers-monde s'est approché tout près de nos frontières, à l'Est de notre continent.

J'ai vécu quatre ans en Inde en découvrant à chaque pas un pays auquel je me sentais appartenir corps et biens, et qui m'attrapait à l'inconscient comme s'il m'attendait. Non que j'aie tout aimé ! Mais lorsque j'avais à connaître les cruels déchirements affectant ce pays qui chaque jour se ressent de son immensité, je vivais la souffrance morale de mes amis indiens comme si elle eût été la mienne ; et je crois qu'elle l'était. Elle le sera toujours. J'ai lutté contre le fondamentalisme hindou comme j'avais pu le faire pendant la guerre d'Algérie contre nos exactions et nos tortures ; et de même qu'à Charonne ou à la République dans la France des années soixante, j'ai manifesté en Inde dans les rues aux côtés de syndicalistes en grève ou de féministes en colère, en parfait accord avec une forte idée d'universalité.

Bien obligée. Si je voulais comprendre les quarts de ton de la musique indienne, les bûchers de Bénarès, la vitalité de Calcutta, il fallait accepter l'amour démesuré de Mother India. Je finis par admettre l'évidence. Je m'étais choisi une patrie mentale, plus intime et plus archaïque que celle de mon état civil.

Après ces années amoureuses, j'ai quitté l'Inde, où sauf imprévu je ne devrais plus jamais vivre au quotidien. J'ai retrouvé la France avec curiosité ; ce pays opulent et bougon, où les femmes montrent leurs belles jambes, où les chiens circulent au bout d'une laisse, ce pays où l'eau du robinet est potable et qui ne connaît que trois ou quatre religions, ce pays entièrement monothéiste, ce riche petit pays paisible et querelleur, c'est donc le mien ?

Gurgaon, printemps 2007. Il y a vingt ans, c'était un gros bourg indien de dix mille habitants avec de larges rues sans grâce et quelques villas chic perdues dans la verdure ; on les appelle des « farms », car c'est à la campagne. À moins de cinquante kilomètres de Delhi, Gurgaon était à une bonne demi-heure de route. Dix ans plus tard, il faut au moins deux heures pour aller de Delhi à Gurgaon.

Avec trois millions d'habitants, l'ancien village est un océan de gratte-ciel argentés dont les vitres irisées resplendissent au soleil. Alors qu'il n'existe pas de skyline à Delhi, mais quelques bâtiments d'architecture moderne réussis, mais épars, Gurgaon est une vraie ville pourvue d'aménagements nouveaux : de larges trottoirs, de vastes pelouses bien entretenues, des boutiques lumineuses, des postes, des pharmacies, des restaurants au pied des gratte-ciel, et d'énormes *malls* climatisés avec escalators où j'ai vu pour la première fois une immense librairie comparable aux Fnac parisiennes. Les grandes sociétés indiennes et étrangères, sont maintenant installées à Gurgaon.

On est encore en Inde et les troupeaux sont là ; vaches, moutons, chameaux, zébus. Les petits temples et les chantiers aussi ; sous de mauvaises tentes dorment les ouvriers qui construisent et construisent encore plus de gratte-ciel. Parfois, il y a des pannes ; et les générateurs ne suffisent pas toujours. Plus loin, dans les quartiers résidentiels, de grandes villas soigneusement protégées abritent de modestes jardins ; et comme on est en Inde, l'une d'elles abrita récemment une clinique clandestine où l'on pratiquait sur de riches patients venus de l'étranger des greffes d'organes prélevés à bas prix sur des malheureux pas toujours consentants – le scandale a été découvert en janvier 2008. La nuit est inquiète, ponctuée par les sifflets des gardes armés qui font le tour du quartier ; il y a des chiens de garde pour toutes les maisons – songer qu'autrefois, les chiens étaient chassés à coup de pied parce qu'ils incarnaient les âmes des voleurs ! Les malfrats ne sont pas loin et la sécurité est un souci constant. Forcément, la richesse.

J'aime cette Inde moderne vite poussée, mal poussée. J'aime que des gratte-ciel trouent le ciel du pays et que le soleil tape dans leurs miroirs bleutés.

Delhi, ici, maintenant et depuis le Moyen Âge. Dans l'un des quartiers les plus chic de la ville, se trouve une petite ville soufie fondée au treizième siècle, le Dargah de Nizamuddin. D'une grande pauvreté, le Dargah est au centre d'un petit bidonville situé à deux pas de l'hôtel Oberoi où les nouveaux riches vont acheter du Gucci. Le pauvre sanctuaire est fréquenté par les pèlerins du Golfe, les Saoudiens aisés, les hindous tolérants et les réfugiés qui viennent du Bangladesh. On vient s'y recueillir sur la tombe d'un saint nommé Nizamuddin, dont des musiciens renommés chantent les poèmes mystiques à la tombée du jour. On y trouve une école, un chaman soignant avec de la transe, une petite mosquée, des boutiques, un cimetière. C'est aussi une soupe populaire où les déshérités trouvent un repas du soir. Lorsque je voulais trouver mon Inde à moi, c'est là que j'allais, plusieurs fois par semaine, pratiquer un exercice que l'Europe avait presque perdu jusqu'à l'apparition des Restos du Cœur. Convivialité ? Charité ? Communauté ? Tout cela à la fois, sans oublier la musique et le chant, ciment social et source de liberté intérieure.

Que cet enclos soit un fragment d'Islam ne change rien à l'esprit de l'Inde qui d'un bout à l'autre du vaste territoire souffle le même vent solidaire. Que l'on croit au ciel ou que l'on n'y croit pas, c'est le sens du prochain qui manque à notre Europe.

Prochaines sont les femmes, présence fluide dont la grâce confère à l'Inde entière une dignité inégalée. Prochain est l'animal, égal à l'homme en Inde, l'oiseau innombrable et la vache dans les rues, bonasse et culottée, centre du respect de la vie. Qui me rendra le vol blanc des aigrettes sur les rizières, le mufle violet et les cornes immenses du grand bœuf de Nagaur, le mariage insensé de l'orange et du rose sur les voiles des femmes ? Où trouver en Europe le passage du rire aux larmes, cette brusquerie qui va de la joie au drame en un soupir ?

Il en est de l'Inde comme de toutes les amours : une fois reconnues dans le premier ravissement, elles ont un parfum d'éternité connu des amateurs du coup de foudre. Au Fort

Rouge de Delhi, un empereur moghol fit graver au fronton d'un mur des mots que chaque visiteur comprend en son langage.

« S'il y a un paradis sur terre,
C'est ici, c'est ici, c'est ici. »

Le sentiment du « c'est ici », je l'ai éprouvé si souvent en Inde que je serais incapable de dire si cette intimité est le propre de l'Inde ou le propre de moi.

Mon Inde revient de loin

Ma première image de l'Inde fut celle de l'épouvante. C'était en 1945. Après la disparition de mes grands-parents, ma mère accepta l'aide d'un couple de médecins homéopathes qui vivaient rue du Cherche-Midi, presque en face de sa pharmacie. Elle était la seule pharmacienne du quartier à pratiquer la vente de médicaments homéopathiques à l'époque où ce n'était pas admis. Homéopathes, ces très gentilles personnes étaient aussi des toqués de l'Inde, adeptes d'une secte hindoue sans danger dont le nom m'était inconnu, la Ramakrishna Mission. Ma mère s'y rallia. Pendant quelques semaines, elle revint de chez eux en sari orange vif, avec une conche trouée à la main.

Était-ce notre Rivka, cette femme déguisée ? Que faisait-elle avec ce coquillage qui, porté en bouche, émet des mugissements ? J'avais horreur de ça. Mon père encore plus. Rivka roula en boule son sari de dévote et fourra sa conche sacrée je ne sais où. À la place, elle prit l'habitude de consulter chaque année voyantes et astrologues.

Ma mère entortillée dans un sari orange ! L'horreur de cette image me fit détester l'Inde, mais j'aurais dû me méfier. Il me resta l'orange, une passion durable. L'orange avait deux sens : le bon et le mauvais. Le mauvais, c'était le déguisement maternel. Le bon, c'était le cadeau de la paix, l'agrume que mon père me rapporta de Londres pour le premier Noël de l'après-guerre. Je la revois posée sur le noir du piano, petite boule granuleuse dont l'écorce brûlée sentait bon. La couleur du fruit me fit oublier l'autre.

Je l'aimais tellement qu'au printemps 68, j'arborai une robe manteau en ratine orange vif pétaradant. En mai, les étudiants massés devant la porte de la Sorbonne hurlaient de rire : « Eh oh ! La mandarine ! » Le fruit s'était réduit. Je n'étais plus orange, mais mandarine.

Oui, j'aurais dû me méfier. Des années plus tard, quand j'ai vécu en Inde, j'ai vu grandir le parti nationaliste hindou dont la couleur fétiche est le safran orange – on parle du « parti safran ». Les pères fondateurs de l'Inde indépendante ont composé le drapeau national avec un soin jaloux : orange pour l'Hindouisme, blanc pour la paix, vert pour l'Islam, avec, au milieu du blanc, la roue de l'empereur bouddhiste Ashoka. Pas d'arrogance orange ! Surtout pas. Vert pour l'Islam dans le drapeau de l'Inde. La paix civile est à ce prix. En écartant le vert et le blanc, les nationalistes hindous déclaraient la guerre à l'Islam. C'est ce qu'ils ont fait. Quatre ans après la naissance du parti nationaliste hindou, des hordes de yogis terroristes dynamitaient la mosquée de Babur dans la ville d'Ayhodhya, rouvrant une guerre de religion difficilement contenue. Maintenant je le sais. Se méfier de l'orange. Le sari de Rivka n'était pas innocent.

Quand je fis mes études de philosophie, je trouvai une consolation dans les rationalismes occidentaux qui, c'était toujours ça de pris, vouaient à l'Inde une détestation qui trouve son acmé dans l'œuvre de Hegel. Comme j'aimais lire Hegel réfléchissant sur l'Inde ! Il lui trouve la beauté d'une femme aux joues rosies, alanguie, sensuelle, innocente en esprit, une pensée engourdie qui ne s'éveillera pas. Incapable de philosophie. Dans *L'Oubli de l'Inde*, mon cher Roger-Pol Droit a fait depuis longtemps le procès de la pensée française ; depuis le dix-neuvième siècle, à cause de l'Université, elle en était restée à l'Inde d'Alexandre, une contrée fiévreuse qu'on ne peut conquérir, une jungle où l'on meurt, un abîme sans pensée. Ces sornettes m'enchantaient.

Une fois au Quai d'Orsay, je ne pensais même pas qu'un jour, je pourrais être obligée d'aller en mission en Inde. D'ailleurs, c'était simple, je refuserais. Je me débrouillerais pour me défiler. En 1983, quand je fus bombardée secrétaire générale de l'Année de l'Inde en France, c'est exactement ce que je décidai de faire.

Ma première Indienne s'appelait Pupul Jayakar. Au printemps, elle vint en visite officielle pour lancer la préparation de l'Année de l'Inde conjointement décidée par Indira Gandhi et François Mitterrand. Son prénom se prononçant Poupoul, elle suscitait l'hilarité chez les Français. L'œil fristouillard, les diplomates les plus guindés fredonnaient « Viens Poupoule » en douce. Pauvre Pupul Jayakar ! Elle était tout le contraire : une belle vieille dame d'une immense dignité malgré sa petite taille et son poids imposant. Elle avait des yeux veloutés cernés d'ombre ; mes premiers grands yeux noirs venus de l'Inde. Elle portait d'admirables saris de soie épaisse rose vif et jaune doré. Elle présidait le comité indien pour l'Année de l'Inde ; on me la présenta comme ma *counterpart*, mon homologue en termes de hiérarchie. Nous ferions l'Année de l'Inde ensemble. Et moi, je me disais que je n'en ferais rien.

Jack Lang donna un déjeuner en son honneur rue de Valois et c'est là que tout commença. Sous les yeux horrifiés d'André Larquié, conseiller du ministre pour les Affaires internationales, on vit arriver sur la table une tête de veau. Elle était magnifique, cette tête, entière et servie avec du persil dans les naseaux. Je sursautai. Sans connaître l'Inde, je pressentais l'incongruité de cette tête de veau. Enfin quoi, c'était bien le pays où les vaches sont sacrées ! Avait-on le droit de les manger, oui ou non ?

Il suffisait de croiser le regard accablé de Pupul Jayakar pour comprendre que non, elle n'avait pas le droit de manger de la tête de veau. Impossible de lui dissimuler que cette tête aux cils tendres et bouillis appartenait à l'enfant de la vache. Pupul se drapa dans son sari et détourna la tête. Elle ne sortit pas de table, elle ne fit pas de scandale, mais elle ne mangea rien. Coupable de n'avoir pas vu venir la tête de veau, le malheureux

Larquié l'emmena visiter les grottes de Lascaux, exceptionnellement ouvertes en l'honneur de l'offensée, conduite avec une escorte de gendarmerie motorisée pour faire oublier la tête de veau. Il paraît qu'elle resta longtemps les larmes aux yeux, saisie par la force du lieu.

Elle me plaisait bien. Elle me fit promettre de venir en Inde. Je mentis diplomatiquement, je jurai de venir, bien sûr, oui, sûrement, voyons ! Six mois plus tard, voyant que je traînais les pieds, Pupul m'envoya une convocation. Nous n'avions que deux ans pour préparer une année entière de manifestations. Plus moyen de refuser. Je pris la tête d'une petite délégation comprenant Vadime Elisseef, patron du musée Guimet et Chérif Khaznadar, patron de la Maison des Cultures du Monde. Morte d'angoisse, je pris l'avion pour New-Delhi. Quinze heures de vol.

À l'arrivée, le conseiller culturel, François Descoueyte, m'hébergea dans une petite maison de type colonial au milieu d'un jardin. Nous étions en septembre, juste après la mousson. Dans la maison, les tapis suintaient d'humidité ; comme chaque année, les murs venaient d'être chaulés de frais. L'air était moite comme mon angoisse. Descoueyte s'en aperçut.

C'était un jeune type dont l'œil bleu jugeait tout impitoyablement, un énarque non conforme extrêmement insolent. Curieux des idées, friand de psychanalyse, il naviguait en Inde comme dans l'inconscient et en bon thérapeute, il me fit la conversation toute la nuit.

C'était l'effet de l'Inde, un symptôme banal, disait-il. L'Inde excite l'inconscient. Pas de quoi s'affoler. Je ne dormis pas du tout. Le jour venu, en sortant dans le jardin, j'eus un choc.

Lorsqu'on est à Delhi, on comprend que le ciel de Paris est vide. Nous avons les pigeons et les merles ; en été, les martinets au cri strident ; quant aux moineaux friquets, ils ont bien du mal. Mais en Inde, le moindre pan de ciel est envahi de milans, de bulbuls, de vautours, d'aigrettes, de huppes, sans compter les grues Antigone qui gardent les maisons dans la région d'Agra, hautes comme des femmes, avec une tête rouge et un plumage gris. L'oiseau bleu des légendes vit en Inde :

je l'ai vu, perché sur les poteaux télégraphiques au Bengale, je l'ai vu avec son ventre rose et ses ailes d'un bleu turquoise éblouissant.

Et ce premier matin, le spectacle était inoubliable. Deux perroquets verts pomme se suçotaient le bec sur une branche. En secouant leurs ailes, ils découvrirent des plumes bleues. Leur cou était rose vif, ils avaient le bec rouge, l'œil outragé et je n'avais jamais vu de perroquets en liberté. C'est cette liberté d'oiseau qui m'attrapa.

Je découvris l'Inde libre.

C'est l'Inde des combattants pour l'indépendance, ces formidables *freedom fighters*, héros chers à mon cœur, Nehru, Gandhi, Patel, le Maulana Azad, Hindous, Sikhs, Musulmans unis dans le même combat. Pupul appartenait à cette génération qui s'était tant battue. Elle n'avait qu'un regret : malgré tous ses efforts, jamais elle n'avait réussi à se faire envoyer en prison. Mais elle avait manifesté en blanc, couleur Gandhi, et c'est en blanc qu'elle avait passé la nuit de l'Indépendance, le 15 août 1947, la plus belle nuit suivie du plus beau jour. Mon Inde à moi est à jamais celle de cette liberté.

Pupul avait gagné. À cause d'elle, j'étais prise.

Travaux préliminaires

Il y eut beaucoup à faire, visiter des musées, identifier les antiques qui viendraient à Paris au Grand Palais, dénicher des danses rares, faire connaissance avec le commissaire artistique indien, spécialiste des miniatures anciennes ; la mission dura un mois entier. Chef de délégation, j'eus les meilleurs des guides. Pour le patrimoine matériel, Vadime Elisseef savait tout sur les sculptures de l'Inde ; et pour l'immatériel, Chérif Khaznadar connaissait danseuses et musiciens par cœur. L'un était russe, malicieux, enveloppé ; l'autre était syrien, mince et poétique. Les deux étaient français et d'excellente humeur. Oui, ils m'apprendraient l'Inde.

Flanquée du grand longiligne Khaznadar et du petit rond Elisseef, je vécus entre Laurel et Hardy trois semaines enchantées. Le plus beau paysage était au Manipur, l'un de ces petits États du Nord-Est de l'Inde situés au voisinage de la Birmanie. Collines verdoyantes, palmiers, bambous, arbres immenses, une douceur extrême alors même qu'invisible, couvait un terrorisme en gésine. À Imphal, capitale du Manipur, nous fûmes reçus par un fonctionnaire aux traits mongols, un ardent chrétien ; car dans ces lointains du Nord-Est, le protestantisme règne, accordé à l'animisme aborigène comme en Afrique. Je n'en revenais pas. Un chrétien animiste ! Je ne savais rien du monde.

Notre tâche comprenant des auditions de danse, il y eut à Imphal un jour consacré à la danse classique du Manipur, dite « Manipuri ». Contrairement aux autres danses de l'Inde, celle-ci est collective. Adolescentes en robe à paniers, la tête ornée d'un cône vert pailleté. Elles tournoient lentement. Au milieu d'elles, une fillette tient le rôle de Krishna, reconnaissable à la plume de paon qui couronne sa tête, et il joue de la flûte, un pied croisé devant l'autre. Le spectacle évoquait la cour de Louis XIV. Au milieu des dames hiératiques et gracieuses, un roi divin dansait.

J'étais encore sous le charme de cette petite fille représentant le jeune dieu libertin quand je trouvai, à l'aéroport d'Imphal, une bande dessinée racontant l'histoire de Mirabaï. La première poétesse de l'Inde avait été, au seizième siècle, une fillette fiancée au dieu Krishna, qu'elle adora sa vie durant. Veuve intraitable, refusant de monter sur le bûcher de son époux puisque seul importait son fiancé divin, elle partit sur les routes en chantant et dansant. Mourut-elle ? Non. Elle se dissipa dans le corps de son dieu – c'est ce que montrait la bande dessinée. Cheveux blancs dénoués, la vieille Mirabaï se pâme toute ridée dans le cœur d'un Krishna gigantesque à la peau d'azur. Ce récit en images me prit si fortement que j'écrivis sur-le-champ un roman dans lequel le dieu était le narrateur. Il me fallut vingt-cinq ans pour le finir. En 2006, aidée par Jacques Binsztok je mis le premier jet de côté et j'écrivis *La Princesse mendiante*.

C'est à Calcutta que survint l'incident. La ville me plut tout de suite ; le chaos, le bordel, des regards qui sourient, des cris qui s'entrechoquent, une vie débordante, l'humanité entière comme nulle part ailleurs. Pendant que mes compagnons se rendaient au musée, je fus invitée à rendre mes devoirs à la déesse Kâli, car c'était le jour de sa fête principale. J'étais accompagnée par un officiel indien et comme nous étions des VVIP– *Very Very Important Person* – on nous colla contre la porte du temple, une minuscule bâtisse dans le quartier de Kâlighat. Derrière nous s'étirait une foule considérable et des policiers tentaient de nous protéger quand la porte s'ouvrit brutalement. Nous fûmes renversés, relevés et on nous fit entrer devant la statue.

D'ordinaire, dans ce temple, Kâli est une petite pierre noire avec une langue rouge et deux yeux blancs. Mais le jour de sa fête, une grande statue de glaise est dressée avec sa langue tirée, ses huit bras armés de glaives, de couteaux, de hachettes, ou bien tenant des têtes coupées. On me poussa vers elle, on me fit lever les bras et on colla mes paumes contre les mains de glaise. Je fus couverte de sang, je pataugeais dans le sang, le sol de marbre blanc dégoulinait de sang, et le prêtre, un horrible bonhomme, exigeait de l'argent. L'officiel indien qui m'accompagnait me jeta un œil désespéré. Avant l'entrée du temple, on nous avait ôté tout ce qui était en cuir, sacs, sandales, ceintures. Nous n'avions rien sur nous, pas la moindre roupie. Il fallut appeler les policiers et nous sortîmes enfin.

Ce n'était pas du sang sur les mains de la déesse ni sur le marbre blanc, mais le jus des pétales de la fleur d'hibiscus. Je m'en aperçus en nettoyant mes paumes, le jus rouge tournant au violet et les pistils des fleurs, roulant sous les doigts. Je me sentis penaude.

Pour nous remettre, l'officiel proposa un verre de citronnade. Et je vis la vendeuse nettoyer ses deux verres dans un petit ruisseau de boue avant de les remplir. Refuser ? Impossible. Je bus. Cette fois-là, je n'eus rien. Mais des années plus tard, donnant une conférence à Delhi, j'attrapai un chat dans la gorge ; j'acceptai un verre d'eau. Typhoïde. C'est à ces détails-là qu'on comprend l'importance de l'eau potable quand elle manque. En Inde, elle manque partout, sauf chez les gens aisés qui achètent des filtres coûtant un mois de salaire d'un cadre supérieur.

Mon officiel et moi nous sirotions nos citronnades quand, sous le coup de l'émotion, une phrase m'échappa.

– Eh bien, Marx a raison !

– Oui, vraiment, la religion est l'opium du peuple, n'est-ce pas ? répondit tout à trac mon officiel indien.

Pour ma plus grande joie, il y avait donc des athées marxistes en Inde. C'était l'excellent poète J. P. Das, natif de l'Orissa, devenu un ami très cher. Du coup, je le regardai. Petite moustache, teint sombre, œil mobile et sensible, un sourire éclatant, une émotivité à fleur de peau. J. P. – prononcer Djaipi – fut mon deuxième Indien.

Je suis souvent revenue au temple de Kâli dans le quartier de Kâlighat. Dans les ruelles qui vont vers la rivière, des femmes font le chemin en roulant sur elles-mêmes, leur sari plein de boue et collé sur le corps. J'y ai vu des groupes de statues identifiables au premier coup d'œil, quand on sait : un corps d'homme allongé, la tête dans le giron d'une femme assise en tailleur, très droite, couverte de rouge. Ce sont les petits cénotaphes des Sâtis, les veuves qui se sont immolées par le feu sur le bûcher funèbre de leur époux.

La journée se termina très mal. Nous fûmes reçus par le consul de France, qui venait d'être nommé. Nous ne savions pas grand-chose sur lui, sinon qu'étant sorti en complet blanc et sa voiture ayant heurté une vache, il s'était retrouvé dans la boue, son costume tropical entièrement sali. Il avait de la chance ; on ne l'avait pas lynché. Le consul nous traita dans un club très british dont il disait grand bien. Il avait invité des Indiens timides et réservés. Avec des mimiques et des chuchotements disant assez qu'il le faisait exprès, il leur fit servir des bananes. Rien d'autre.

Nous étions tous trois pétrifiés. De retour à Delhi, j'alertai le chargé d'affaires qui eut une réflexion magistrale : « Mon Dieu, c'est affreux ! Mais qu'est-ce que vous voulez qu'on fasse avec un consul de seconde ? » Je demeurai interdite. Il y avait donc des consuls généraux de première classe, et des consuls de seconde classe tout juste bons pour Calcutta.

Lorsque je repartis, j'étais accrochée. Pour préparer l'Année de l'Inde, j'étais obligée d'aller là-bas tous les deux ou trois mois et chaque mission m'agrippait davantage. Pupul devint amicale. Puis, en février 1984, alors que Josée Dayan tournait l'adaptation filmée du *Deuxième sexe*, Simone de Beauvoir, handicapée par de mauvaises jambes, me demanda d'aller en son nom interviewer Indira Gandhi à Delhi au sujet des « meurtres pour la dot », les *dowries murders*, phénomène gravissime qui frappait les jeunes mariées pauvres dans les banlieues des grandes villes de l'Inde.

Il en mourait plus de 20 000 par an. Le scénario était bien ficelé. Un père qui marie sa fille devrait la doter de sommes importantes, mais la dot étant légalement interdite depuis 1962, l'usage veut qu'on la remplace par des biens matériels offerts par le père de la mariée. Dans les couches populaires – peu importe la caste – la liste des biens matériels de base comprenait à l'époque un réfrigérateur, un poste de télévision, un scooter. Au bout de quelques mois, si l'un de ces biens n'était pas encore arrivé au foyer des mariés, la belle-mère arrosait sa bru d'essence et y mettait le feu. Ou c'était le mari. Les mariées n'en réchappaient jamais. Leur mort était déclarée comme un accident domestique, et le veuf se remariait aussitôt avec une autre liste de mariage.

Le Quai d'Orsay accepta de me laisser partir pour cet entretien exceptionnel. Josée et moi nous avions souvent travaillé de concert pour des documentaires sur l'opéra, et nous nous connaissions parfaitement bien. Josée avait déjà une tignasse bouclée, une allure de cow-boy et une voix mélodieuse délivrant des phrases extraordinaires.

Nous eûmes le rendez-vous le lundi pour le lendemain mardi, juste le temps d'embarquer, d'être en vol, d'arriver et de dédouaner le matériel. Et nous voilà, Josée et moi, dans le bureau du Premier ministre de l'Inde illuminé par le soleil.

Indira

Une présence vibrante fit son apparition. Indira Gandhi était toute petite, fluette et gracieuse, couronnée d'une tête majestueuse. Comme le mobilier de son bureau, son sari n'avait rien de luxueux ; elle était ouvertement modeste, mais cette modestie, la tête la démentait. Elle baissait les yeux et les relevait soudain, braquant un regard fulgurant. Il y avait quelque chose d'étrange dans ce regard, une palpitation de la paupière gauche. Cela ne s'arrêtait pas. Cela cillait constamment. Je n'en appris la cause que bien plus tard. Dans un meeting mouvementé comme elle en affronta souvent, Indira avait reçu une pierre qui la blessa à l'œil. Elle saigna beaucoup, mais elle n'interrompit pas son meeting et de ce jour, sa paupière se mit à palpiter.

Une autre trace marquait son beau visage. Très noirs et très frisés, ses cheveux étaient sabrés par une grande mèche blanche. La mèche avait blanchi à la mort de son fils, Sanjay, disparu aux commandes de son petit avion. La mèche blanche d'Indira était tellement connue qu'en avril 2007, je découvris, sur un rouleau de toile peinte utilisé par les bardes du Bengale, l'histoire de sa mort tracée sur le tissu quelques semaines plus tôt : l'ensemble des vignettes n'était pas très lisible, mais il y avait sur la chevelure noire d'une femme étendue une grande trace blanche. C'était elle, Indira, elle et son deuil de mère. Vingt-trois ans après son assassinat, la mèche était venue sous le pinceau du peintre bengali.

Elle voulut absolument s'exprimer en français, langue qu'elle avait apprise en Suisse à l'époque où sa mère y était soignée pour une tuberculose dont elle mourut. D'une voix douce et un peu hésitante, Indira répondit lentement à mes questions. Elle n'ignorait rien de la gravité des *dowries murders*, mais l'Inde étant un Etat de droit, elle guettait le flagrant délit, qui, sanctionné pour tentative de meurtre, ferait jurisprudence. Non, il n'était pas possible de légiférer, puisque ces meurtres étaient systématiquement déclarés comme accidents. C'est ainsi, guidées par sa voix de tourterelle, que nous fîmes connaissance avec la rigueur de l'Etat de droit en Inde, démocratie sévère sur les principes.

Josée Dayan filma un mariage en banlieue, dans un quartier de HLM misérable. Pour le père de la mariée, le mariage indien est très dispendieux : non seulement il coûte l'équivalent d'une dot en biens matériels, mais pour la cérémonie, il est d'usage de dépenser environ un an de revenus. Quand Lakshmi Mittal, le magnat de l'acier, loua les châteaux de Vaux et de Versailles pour le mariage de sa fille, il se contenta d'obéir à la règle en dépensant un an de ses revenus. Et dans ce pauvre quartier, en dépit de la misère, les signifiants du mariage y étaient : une grande tente ornée de lampions électriques, des tapis sur le sol, des fauteuils dorés pour le jeune couple, des sièges pour invités, de quoi manger. Au-dehors, dans la rue, les deux pères procédèrent à l'échange : l'un tendit à l'autre une pile de couvertures, un carton comprenant le poste de télé, le tout avec cérémonie. Conformément au rite, la mariée se recroquevillait sous un voile rouge brodé qui la dissimulait – il faut des mariages riches et dégagés pour que la mariée laisse voir son visage. C'était d'une tristesse immense, un désespoir. Mais il y eut pire.

Josée filma des femmes qui s'étaient réfugiées dans un foyer difficile à nommer. Chez nous, ce serait un foyer pour femmes battues. Mais là-bas, c'était un foyer pour futures femmes brûlées. Celles qui se savaient menacées venaient là, parfois pour la journée, quelquefois plus longtemps. Elles étaient démunies, accablées, sans sourire. Pouvait-on les protéger de l'attentat ? Pas exactement. Tout au plus pouvait-on les armer moralement pour les aider à se sauver à temps. Quelques semaines plus tard, le flagrant délit tant attendu par Indira Gandhi fut enfin constaté. La belle-mère et le mari furent jugés pour tentative de meurtre, et les *dowries murders* diminuèrent. Dire qu'ils ont disparu serait exagéré, mais la jurisprudence a fait son effet.

Huit mois plus tard, en octobre 1984, Indira fut abattue par deux de ses gardes Sikhs. Depuis l'adolescence, Pupul Jayakar était la meilleure amie d'Indira, qui lui avait confié l'ensemble de la politique culturelle de l'Inde. Anéantie, Pupul me confia qu'à ses yeux, Indira avait prémédité sa mort. Plus tard, elle l'écrivit dans la biographie qu'elle consacra à son amie.

La succession des faits est en effet troublante. Indira apprend qu'au Cachemire, l'arbre tutélaire de la famille Nehru était mort. C'était un grand chinar, cette sorte de platane majestueux qu'on voit sur les rives des lacs au Cachemire. Indira prend un hélicoptère et vole vers son arbre. Il s'est desséché. Quelques jours plus tard, à Bhubaneswar, elle prononce un stupéfiant discours : demain, lance-t-elle en public, oui, demain, chaque goutte de son sang répandu fortifiera l'Inde ! Grand trouble dans le pays. De retour à Delhi, elle refuse de se séparer de deux de ses gardes Sikhs qui viennent de passer des mois au Penjab, en longue permission. Alors que le Penjab est en pleine rébellion, quand brûle encore le souvenir sanglant de l'assaut militaire donné au Temple d'Or d'Amritsar, le lieu le plus sacré des Sikhs, elle prend ce risque. Et cela ne traîne pas. Elle chemine vers Peter Ustinov qui doit l'interviewer lorsque ses gardes l'abattent avec leurs mitraillettes. Elle meurt avant d'arriver à l'hôpital.

Dans la nuit qui suivit son assassinat, son fils Rajiv fut intronisé Premier ministre. C'était une façon de transmettre le flambeau de la famille Nehru au seul fils qui lui était resté. Ce qu'Indira n'avait pas prévu, c'est que dans la nuit, la foule de Delhi massacra trois mille Sikhs innocents pour la seule raison qu'ils étaient Sikhs.

Deux de mes amis étaient prisonniers de cette nuit terrible. Chérif Khaznadar, en mission pour l'Année de l'Inde, était très vulnérable, car il porte la barbe. La foule était en train de renverser la voiture où il se trouvait quand il eut la présence d'esprit de coller son passeport à la vitre. Et cette nuit-là, mon amie Jacqueline Rousseau-Dujardin débarquait à l'aéroport pour enquêter sur la mort de son fils, disparu dans d'étranges circonstances dans le Sud. Prévenu, François Descoueyte la sauva de cette nuit sanglante.

Indira disparue, son fils Rajiv serait celui qui inaugurerait l'Année de l'Inde avec François Mitterrand, le 8 juin 1985.

Un talkie-walkie avec trente-six fréquences

Pour l'inauguration de l'Année de l'Inde, Pupul et moi, nous avions concocté une fête populaire gratuite au Trocadéro, à la tombée du jour.

Cette décision qui n'avait l'air de rien avait été l'objet d'une vive controverse dans la maison de Pupul, une petite bâtisse coloniale chaulée de blanc où elle recevait en majesté. Un officiel indien immensément brahmane avait décidé, lui, que comme à Londres, l'inauguration de l'Année de l'Inde en France serait à l'Opéra, et en *black tie*. Sur invitations seulement. Très chic.

Je refusai tout net. Au nom de la Révolution française et des fêtes populaires, j'envoyai le brahmane distingué aux pelotes dans mon mauvais anglais. Enivrée par l'évocation de la Révolution française, Pupul s'illumina et limogea le brahmane. Il y aurait donc une fête gratuite dans les jardins du Trocadéro. Question : sachant que Rajiv Gandhi était le chef de gouvernement le plus menacé du monde, où placer les deux dirigeants ?

Je commençai à travailler sur cet intéressant sujet avec le commissaire Robert Broussard. Il n'était pas de trop ! Le chef du protocole – toujours un diplomate de haut rang – voulait placer Gandhi et Mitterrand en haut d'une estrade devant la Tour Eiffel. Ce serait élégant, normal et populaire. Et ce serait aussi à portée de mitraillette, mais le diplomate évacua le problème.

En bougonnant – très peu, je trouve, au regard de l'énormité proférée –, le commissaire Broussard jeta sur la table une grosse liasse de papiers d'identité dont les photographies étaient toutes noircies.

– Qu'est-ce que c'est ? demandai-je avec intérêt.

– Ça ? grogna Broussard. Ce sont les papiers des terroristes sikhs en train d'arriver en France par la Belgique.

– Mais on ne voit rien !

– C'est tout ce qu'on a. Et ils sont des centaines.

Malgré les protestations du chef du protocole, il fut donc décidé de placer les deux excellences au premier étage de la

Tour Eiffel. On ne les verrait pas ? Non. Mais ils seraient vivants.

J'avais commencé à préparer cette fête un an auparavant avec une réunion quotidienne qui rasait tout le monde. Au début, nous étions trois ou quatre. Six mois plus tard, nous étions une vingtaine. Je revois le moment absurde où j'allai présenter au Quai d'Orsay la maquette des dix arcs de triomphe en tissu de patchwork brodé qui se dresseraient dans les jardins du Trocadéro. C'était une grande maquette colorée, très belle ; on aurait dit un jouet.

Mon devoir était de la montrer au directeur d'Asie et au sous-directeur, deux dignes diplomates. Ils contemplèrent l'objet avec circonspection.

– De quoi s'agit-il ? me dirent-ils. Que nous présentez-vous ?

– Ce que vous verrez au Trocadéro.

– Vous n'allez pas faire ça ! s'indignèrent-ils en chœur.

– Mais si ! leur dis-je avec entrain. Bien sûr que si !

Il semble que ce jour-là, le Quai d'Orsay ait collectivement décidé de ne plus se mêler du tout de cette affaire. La sous-directrice des échanges artistiques était devenue folle.

Avec les animaux ce ne fut pas facile. Nous avions six éléphants venus du parc de Thoiry. Mais une éléphante en chaleur blessa les éléphants du parc, et je dus faire venir un troupeau d'éléphants d'Irlande.

Il leur fallait du foin. À qui le demander ? J'imaginais la tête du directeur d'Asie si j'osais formuler ma demande de foin. Par chance, Bernard Faivre d'Arcier était à Matignon, conseiller culturel du Premier ministre, à l'époque, Laurent Fabius. BFA promit de veiller au foin.

Chérif Khaznadar avait engagé deux cent quarante artistes qui n'étaient jamais sortis de l'Inde auparavant. Aucun ne parlait l'anglais ni le français. Nous avions prévu un nombre colossal d'accompagnateurs aguerris, mais par précaution, Chérif fit confectionner des pancartes qui, accrochées à leurs cous, précisaient : « *Cet artiste ne parle pas le français ni l'anglais, veuillez le ramener à l'ambassade de l'Inde si vous le trouvez tout seul.* » Il donna des instructions très strictes au cuisinier de l'Alliance française pour des repas végétariens. Il eut quelques difficultés pour trouver des hôtels comprenant des toilettes à la turque sans lesquelles nos artistes eussent été perdus. Nous allions d'impasses en énigmes qu'il fallait résoudre une à une.

Enfin, nos artistes débarquèrent, épuisés par le vol. Pour leur premier repas, le cuisinier, qui était d'Algérie, avait préparé un couscous d'accueil tonitruant. Merguez, boulettes, agneau. Rien de végétarien. Tout était à refaire et cela, tous les jours.

Pendant les répétitions, les artistes se perdirent et se retrouvèrent dans le jardin du Luxembourg. Il faisait beau et chaud. Que fait-on dans un jardin en Inde par beau temps ? On chante et on danse. Nos artistes chantèrent et dansèrent joyeusement dans le jardin du Luxembourg. On nous appela du commissariat de Saint-Sulpice où les gardiens les avaient expédiés : car sur ordre du Sénat, qui possède ce lieu, il est interdit de chanter et danser dans le jardin du Luxembourg.

En Inde, on a le droit. Mais l'Inde est pleine de liberté.

Je passai des heures en négociations avec les instances de la Mairie de Paris, à une époque où les relations entre Jacques Chirac, le maire, et François Mitterrand, le président, n'étaient pas censées être au beau fixe. Ma réunion quotidienne monta à cinquante personnes puis à cent. Au jour dit, j'avais sous ma responsabilité quelque trois mille personnes – cuisiniers, techniciens, jardiniers, gardiens, éclairagistes, artistes, coordinateurs, traducteurs, chauffeurs. J'avais engagé un excellent maître d'œuvre en événements qui m'avait fourni un boîtier de talkie-walkie avec trente-six commandes, autant que de postes de responsabilité. Trente-six commandes ! Je portais ça au cou, j'étais au septième ciel. Certes, de ce talkie-walkie primitif sortaient des voix puissantes qui tonitruaient sans crier gare, mais quelle joie ! Jamais je n'ai eu une telle sensation de puissance qu'avec cet outil qui me permettait d'appeler mes trente-six responsables dont Bernard Faivre d'Arcier, conseiller du Premier ministre chargé du foin.

À J-3 arriva Cavery. Cavery était une éléphante de six mois, une petite effarée avec son cornac, cadeau de Rajiv Gandhi à François Mitterrand. À J-1, après avoir peint le front de Cavery de fleurs et de volutes colorées, le cornac fut hospitalisé en psychiatrie. Cavery devint complètement folle. Pour la hisser dans l'ascenseur qui devait la conduire au premier étage de la Tour Eiffel, il fallut abrutir la petite éléphante avec une forte dose d'anxiolytiques. Elle dormait debout.

Je devais accueillir les membres du gouvernement à la sortie de l'ascenseur B du premier étage. Arrive Laurent Fabius, Premier ministre. Au moment précis où je lui serrais la main, une voix affolée sortit de mon talkie-walkie.

– Merde, on a volé le foin des éléphants !

– Appelle Matignon, souffla Laurent, hilare.

Bernard Faivre d'Arcier subtilisa le foin des chevaux de l'École militaire et mes éléphants furent nourris.

Coincée au premier étage avec les dignitaires, je voyais de loin ma fête se dérouler dans les mille lumières des petites lampes de terre qui ornaient les jardins, de l'autre côté du fleuve. Cavery continuait à dormir debout, agitant vaguement les oreilles de temps à autre. Il n'y eut pas d'incidents, enfin, presque pas. Un ours illégitime introduit par la route faisait du bazar dans la fête. Il fallut arrêter l'animal et son maître qui voulait le faire danser dans les jardins ; j'avais personnellement décidé d'écarter les singes, qui ont la rage, les ours, qui peuvent mordre, et les cobras dressés, car on ne sait jamais. Mais il n'y eut qu'un pauvre ours édenté dont le destin allait suivre le mien pendant quelque dix ans.

Une fois la fête finie, l'ours étant à l'écart sur une péniche, il fallut le renvoyer en Inde, son pays. La fête ayant connu un éclatant succès, le Quai d'Orsay se mit en quatre et je vis arriver un passeport pour l'ours, dûment estampillé.

Identité : ours de cocotier. Nationalité : indienne. Profession : animal dansant.

L'ours repartit. Deux ans plus tard, quand j'organisai dans les jardins de l'ambassade ma première fête de Noël pour les enfants du personnel – deux à trois cents – j'avais demandé à un ami indien d'engager une troupe d'artistes, des « gypsies » sédentarisés originaires du Rajasthan. Merveilleux acrobates, magiciens, comédiens, ils étaient flanqués d'un ours, un ours qui...

C'était lui. Il avait un peu vieilli, son poil était blanchi, il biberonnait du Pepsi-Cola, et il dansait. Il revint chaque année. Il doit être mort à cette heure.

Vers minuit, le Président français et le Premier ministre de l'Inde descendirent vivants du premier étage de la Tour Eiffel. Une fois tout le monde parti, même Cavery, j'étais étourdie, ivre de joie. Je descendis à mon tour et j'allai me promener dans les jardins du Trocadéro vidés de leurs passants. Appuyée contre l'une des statues, je vis l'ombre d'un homme et je partis en courant. Un peu plus tard, je le revis, planqué derrière une autre statue. La troisième fois, je fis face.

– Pourquoi me suivez-vous ? criai-je. Je vous préviens, j'ai un talkie-walkie et si vous avancez, j'appelle Matignon !

– On ne vous a pas prévenue ? dit le type. Je suis votre garde du corps.

C'est ainsi que j'appris que j'étais menacée moi aussi.

Je n'avais pas envie de croire cet homme-là. Mon unique désir était de me promener dans les rues de Paris, et de rentrer chez moi à pied, seule au désert.

– Savez-vous ce qu'on va faire ? lui dis-je joyeusement. On va prendre un café tous les deux. Vous allez m'attendre un instant, je reviens et on file.

– Où est-ce que je vous attends ? lança le gros naïf.

– Derrière la statue ! criai-je dans le lointain.

Le jardin étant peuplé de statues d'or, mon garde du corps ne m'a pas retrouvée. Il n'était pas malin et franchement, moi non plus.

Passé son ouverture, l'Année de l'Inde eut lieu. Je n'avais plus aucune raison de partir en mission là-bas. L'Inde sortit de ma vie. Je ne m'en remettais pas. Et le miracle eut lieu. Deux ans plus tard, et contre toute attente, Roderich fut nommé ambassadeur en Inde.

20

Iran, Afghanistan

Avant l'Inde, j'avais connu l'Iran. Pas longtemps, mais ce fut suffisant pour fracasser les murs de mes idées. Il y eut d'abord à cela des raisons familiales.

En 1971, Jean-Marie épousa Safoura. Le cousin amoureux de la musique que nous avions emmené à Bayreuth cinq ans auparavant s'était épris d'une fille d'Iran, scientifique comme lui. Le mariage serait célébré à Téhéran ; nous fîmes le voyage en groupe avec une grande excitation. Aucun de nous ne connaissait l'Iran. Dans la famille, certains redoutaient la monarchie, déjà fort détestée ; d'autres en ignoraient tout. Nous ne savions pas grand-chose de la nouvelle branche de la famille ; opposée au régime du Shah, Safoura n'en disait toutefois pas grand-chose. Nous serions hébergés dans la maison familiale.

Quand nous sortîmes de l'avion, une longue limousine noire nous attendait sur le tarmac. Le père de la mariée était un dignitaire, vice-Premier ministre et ministre du Plan. La maison était une grande villa qui nous parut luxueuse au milieu d'un jardin sur les hauteurs de la ville, dans un quartier résidentiel. Saisis, nous regardions l'élégante Beiji, la mère de la mariée, belle comme le fut Rivka, et son père, ancien de Polytechnique et de l'École des Mines, en adoration devant sa femme. Beiji nous offrit du thé et du sirop au coing, de frais petits concombres à saveur de noisette, des tranches de pastèque, des pêches plates et nous avions les larmes aux yeux devant tant de raffinement. Ces fruits qu'on trouve aujourd'hui sur nos étals en août, nous ne les connaissions pas ; c'étaient des fruits d'Orient.

Le contrat fut conclu à l'écart devant un notaire et les festivités du mariage commencèrent. Dans une immense robe blanche, trois rangs de perles au cou, Safoura portait un maquillage de mariée iranienne, bleu intense aux paupières, un gros trait d'eye-liner, du mascara aux cils et des lèvres très rouges. Nous ne l'avions jamais vue ainsi maquillée. Selon l'usage, elle s'assit avec son mari sous un drap blanc tendu au-dessus de leurs têtes ; les témoins devaient y râper le sucre du bonheur. Devant eux s'étalait le tapis de mariage comprenant un pain orné d'encens pour la fécondité, des bonbons, des radis, du fromage, deux pains de sucre, deux coupelles remplies d'eau et de fleurs de jasmin et, pour la religion, un minuscule tapis de prière, des fleurs et un Coran. Entre deux chandeliers, un grand miroir. Selon la tradition, c'est là que l'épouse voit le visage de son mari pour la première fois. Trois fois, on lui demanda son accord et elle se tut deux fois. Dire oui tout de suite eût été mal élevé envers ses parents. La troisième fois, Safoura répondit « Balé ». C'était oui.

J'étais témoin de Jean-Marie, mais divorcée ; j'eus tous les droits civils, mais pas celui de râper le sucre sur le drap. Les musiciens entrèrent avec leurs instruments, târ, tambour et violon jouant des airs populaires. Ensuite, les invités déposèrent leurs cadeaux dans le giron de Safoura, turquoises, tissu, miroir, un portefeuille bourré, un collier d'or. Une danseuse du ventre à peine pubère vint jouer du bassin au nez des invités qui glissaient des billets dans son soutien-gorge à sequins. En découvrant le goût du riz réservé au mariage, je sus que le désir d'Orient ne me quitterait plus. Orange, pistaches, carotte et sucre.

Les hippies, les Bouddhas

Puis, grande aventure, mon frère et moi nous quittâmes Téhéran avec amis et petite cousine. Nous irions à Kaboul en Jeep ; Jérôme, qui sortait du service militaire, avait appris à conduire ces engins. Non sans anxiété. Leurs réservoirs étant trop petits, nous risquions la panne sèche au désert. Je me chargeai des provisions, achetées dans un « supermarket », riz, pains de sucre, conserves. Sur le chemin de la mer Caspienne, nous vîmes des femmes en courte jupe plissée portant sur la tête des charges énormes, un village turcoman et nos premiers nomades sous des tentes rapiécées. Au bord des rizières, le parfum était entêtant et les platanes, immenses ; dans les rigoles d'irrigation, des buffles se baignaient, mes premiers buffles. Assis sur leurs talons, hommes et femmes attendaient immobiles au soleil. « Des petits tas de chiffons », dit Jérôme.

Puis commencèrent les pistes et la poussière. À Meshed, ville sainte où je m'étais voilée par politesse, je reçus des cailloux à cause de mes lunettes ; venues d'Occident et cela se voyait. Sans insister, je notai dans mon journal que les croyantes avaient la face voilée de mousseline noire. C'était la fête de Fatima, le Bazaar de Meshed ruisselait de lumières, mais on ne s'attarda pas. On n'était plus loin de la frontière. Quatre heures d'attente pour les formalités, voitures fouillées à l'os, roues démontées ; des hippies revenaient de Katmandou, des Indiens revenaient de Peshawar. Et soudain, Hérat. Intacte et médiévale. Pas d'électricité, pas de goudrons dans les rues, étrons dans le jardin autour de la mosquée. Scorpions. Une nuit, un petit s'introduisit dans le duvet de Jérôme et le piqua à l'intérieur de la cuisse. Pas moyen de faire un garrot. Si le petit scorpion était mortel, en deux minutes, c'en serait fini de mon frère. Les deux minutes les plus longues de ma vie.

L'Afghanistan était une monarchie et le royaume était en proie à la famine. Des camions brinquebalant peints de fleurs et d'oiseaux transportaient des moutons sur le toit ; des files de camions et des troupeaux entiers. La grande route du Sud construite par les Russes était sillonnée de hippies en voiture qui, constamment drogués, fabriquaient de l'accident. Parfois, le *flower power* avait des allures de brigandage. Ce n'était pas rassurant, car des brigands, des vrais, il y en avait aussi. Agnès, ma cousine, avait dix-huit ans ; fraîche et lisse, éblouissante, elle avait la beauté du diable. Nous avions peur pour elle, si candide et si neuve ; nous avions l'œil sur elle, certainement beaucoup trop. Elle se mit en danger en suivant des zigs complètement camés, ou bien, un beau matin, s'aventurant dans le milieu des hommes au fin fond d'un village. La brebis égarée reçut une claque énorme d'un garçon de chez nous sans doute assez jaloux.

Il ne faut jamais gifler une jeune fille : à cause de cette claque qu'elle trouvait injuste, Agnès décida ce jour-là de faire le tour du monde, toute seule sans les cousins, libre de ses mouvements ; et elle s'y tint. En chemin, elle rencontra un jeune Japonais qui devint son mari.

À Kaboul, on ne pouvait pas faire un pas sans croiser un Afghan proposant de l'héroïne, ou au pire, du haschisch, broutille sans importance. Dans les rues, il y avait des attaques et tout le monde souriait. Drogue et sourire, jus de cerises, sécheresse et torpeur. Kaboul était d'une grande pauvreté, les Afghans crevaient de faim, mais le musée qui plus tard fut pillé comprenait d'admirables verreries alexandrines, les ivoires de Begram et de souriants Bouddhas hellénistiques. La ville était misérable, les Afghans se lavaient dans les ruisseaux boueux, l'eau était rationnée et seuls les hippies trouvaient de quoi se nourrir.

Puis, pendant une halte à la sortie d'Hérat, un vieillard majestueux s'assit à l'ombre des pins. Un signe, et d'un mur en ruine surgit une gamine portant sur la tête un grand plateau de cuivre couvert de raisins roses. On fit l'échange du thé. Le vieillard fit passer une boîte de hasch en poudre dont il prit une pincée. Ce n'était plus de la drogue, simplement du partage. Il ne demandait rien. C'est en Afghanistan que j'ai vu le mariage du clair avec l'obscur, et l'épice partagée devenir de la drogue.

Bamiyan.

La plus belle des vallées. Ruisseau, peupliers, pavots. J'ai noté « Une odeur de jasmin et de tubéreuse, très forte ». Et dans cette vallée, au flanc d'une montagne où tout l'ocre et le rouge se donnaient rendez-vous, se dressaient les Bouddhas sculptés au cinquième siècle, si grands que dix personnes pouvaient se tenir sur leurs têtes. Leurs pieds étaient coupés, les invasions les avaient mutilés, mais ils étaient debout, le plissé de leur tunique intact. Les plus beaux des Bouddhas. Nous restâmes longtemps devant leurs statues, images tendres et paisibles surplombant la folie.

Au pied de la plus grande se tenait une Anglaise au teint cadavérique, une seringue dans le bras, fumant du hasch puis sniffant de la coke, les trois en alternance. À ses côtés, des Afghans hilares l'encourageaient en l'approvisionnant en drogues à mesure, avec de la douceur, presque de la tendresse. Nous poussions de grands cris.

– Arrêtez ! Ne faites pas cela ! Elle va mourir !

– Eh oui ! disaient-ils en riant aux éclats. C'est ce qu'elle veut ! Et nous, on l'aide.

Je pense souvent à cette fille extrême au pied des grands Bouddhas maintenant qu'ils ne sont plus. Les talibans les ont détruits à l'explosif. Et elle ? On n'a pas su.

Vermine, pannes sèches, punaises et mal au cœur. Nous dormions sur le toit des jeeps pour éviter les piqûres de scorpion. Sur la route de Band-I-Amir, en revenant des lacs, des caravanes vinrent à notre rencontre. Dromadaires, femmes à pied en jupe rouge et voile noir, couvertes de bijoux d'argent.

Soudain, une bagarre éclata entre caravaniers. Nous étions très proches et Jérôme la filma. Près des dromadaires, veillant sur les ustensiles accrochés à leurs bâts, les femmes hurlaient. Vainement. Les hommes s'entretuèrent avec leurs grands bâtons. C'était une petite guerre entre deux caravanes, mais comme les machettes, les bâtons tuent très bien. On a fait mieux depuis en Afghanistan, mais dans ce pays qui, déjà, peinait à devenir nation, la guerre commençait par les caravaniers. Fureur, déjà, partout.

En passant de l'Afghanistan à l'Iran, nous avions le sentiment de passer plusieurs siècles. Plus de drogue. Strictement interdite en Iran, elle valait la peine capitale aux hippies pris en flagrant délit. Un soir où nous étions perdus sur une piste, un routier iranien vint à notre secours. Il nous recueillit chez lui, nous offrit de la bière, de la vodka, des poires, et sa femme prépara de la soupe à la grenade ; il était trois heures du matin. La maison accueillante avait un sol en dur recouvert de tapis et de coussins ; le routier nous y installa pour le restant de la nuit. Au réveil, tout le village était là. Photos, échange d'adresses. Merveilleux souvenir ! Comme le vieillard d'Hérat avec ses raisins roses, cette hospitalité ne nous demandait rien.

À Téhéran, Safoura quitta la maison familiale en grande cérémonie. Sur un plateau d'argent tendu par sa mère, se trouvaient un Coran, un miroir, un bol de riz, du sucre, des bonbons et une coupe contenant de l'eau avec des pétales de roses.

Passer sous le plateau et croquer un bonbon, se regarder au miroir, poser la main sur le riz, prendre le Coran et le poser sur son front, repasser sous le plateau et cette fois, c'en est fait. La fille ne vivra plus dans la maison de son père.

– Et les pétales de roses ?

– Oh, c'est pour la beauté, répondit la mère de Safoura.

Croquer un bonbon comme Perséphone au pré quand elle croque le grain de sa grenade.

Sept ans plus tard, à l'automne, commença le crépuscule du Shah. Les processions religieuses de l'Achoura rassemblèrent d'énormes foules protestataires d'hommes et de femmes entièrement voilées de noir qui exigeaient le départ du souverain. Gravement malade, lâché par les Occidentaux, c'était un homme politiquement mort. Pour moderniser de force son royaume, le Shah avait laissé la terrible Savak, sa police d'État, torturer et tuer ; et le puissant Bazaar ne voulait plus de lui. En 1971, dans la mosquée du Bazaar, j'avais entendu des prêches fulminants déjà contre le Shah ; cela ne s'était plus arrêté. Opposant notoire, l'ayatollah Khomeiny avait trouvé refuge en France à Neauphle-le-Château où les Iraniens lassés du régime du Shah venaient lui rendre visite, souvent par curiosité. Jean-Marie s'y rendit en compagnie de sa femme.

Khomeiny incarnait l'espoir de l'Iran ; personne n'en doutait. *Libération* publiait des reportages en flammes sur la force de cette révolution religieuse pacifique ; Michel Foucault s'y laissa prendre. En janvier 1979, le Shah quitta l'Iran pour l'Égypte. Et l'ayatollah Khomeiny rentra dans son pays à bord d'un avion d'Air France, sur instruction du président Giscard.

Le père de Safoura fut jeté en prison. La révolution islamique commençait.

Le 8 mars 1979, on apprit que l'ayatollah voulait voiler les femmes en Iran, en commençant par les fonctionnaires de l'administration. Elles devraient désormais porter un *hijab*, qui paraît anodin au regard de la suite : un simple foulard noué sous le menton et cachant les cheveux. On était encore loin du tchador intégral qui tombe jusqu'aux pieds, qui cache les mains gantées et qui doit être noir, mais c'était déjà trop.

Je connaissais le tchador, du moins, celui d'avant. En 71, Beiji m'avait offert un voile noir fleuri de blanc, si léger qu'il fallait le retenir entre les dents. Il ne voilait presque rien. Je n'étais pas surprise. Je savais qu'en Ouzbékistan, dans les années vingt, la bataille du dévoilement des femmes qu'on appelait « Hudjum », soutenue par Alexandra Kollontaï, avait fait des milliers de mortes, battues ou poignardées. À Kaboul, j'avais fait l'emplette d'un « tchaderi » à la mode mettant les yeux en cage derrière une broderie, mais très court, découvrant les genoux ; tchador pour mini-jupe, d'un vert fluorescent. Je savais que le voile n'était pas une tradition ancienne et que, selon les souverains, il allait et venait sur la tête des femmes au gré des enjeux politiques. Les militantes pro-Khomeiny utilisaient le voile noir contre un souverain haï ; cela se comprenait, mais ce n'était pas sans risque. Elles seraient bientôt privées de leurs libertés.

En France, des femmes cherchèrent à constituer un petit groupe déterminé pour se rendre dans la ville sainte de Qom, avec le projet fou de demander à l'ayatollah de renoncer à ses projets. Malgré les terreurs de Rivka, je décidai d'en être.

Quand j'y pense ! Nous étions dix-neuf Françaises, et une Égyptienne qui nous rejoignit en chemin. Nous avions passé la dernière nuit en France à tailler dans des lés de coton noir douze hijabs pour passer sans encombre le poste frontière. Mais dans l'aéroport, en arrivant devant l'étroit couloir où auraient dû se trouver les policiers, personne. Très affairés, ils étaient en train d'expulser Kate Millett, qui sortit dans l'autre sens pendant que nous entrions voilées.

Le groupe était emmené par Françoise Gaspard et Claude Servan-Schreiber, alors épouse de Jean-Louis. Journaliste au *Matin*, j'obtins l'autorisation de Perdriel à condition de télexer un article par jour. Et je me retrouvai très vite au coude à coude avec Claire Brière, formidable journaliste à *Libération*, qui avait couvert toute la révolution. Nous partagions la même chambre ; je l'écoutais avidement, car de nous toutes, elle était la seule à connaître le pays et les forces qui le traversaient. Claire Brière savait faire la différence entre l'ayatollah Khomeiny et d'autres ayatollahs dont Shariat-Madari, hostiles à ce religieux sectaire. Claire leur téléphonait et elle était reçue. Elle était sur ses gardes ; elle avait des contacts avec les équipes de l'ambassade de France, qui pouvaient être utiles au cas où. Elle avait sur la révolution iranienne un point de vue de militante et d'anthropologue, partagée entre le désir de révolution et l'observation de la révolte de femmes attachées à leurs libertés. Claire était fine, savante et sage.

Elle était également la seule à qui j'avais confié le but secret de ma présence : entrer en contact avec la famille de Safoura, m'assurer qu'ils allaient tous bien, leur passer des devises si nécessaire.

Nous étions logées au Park Hotel dans une ville chaotique. Il y avait un télex, mais plus de télexiste. J'appris à me débrouiller avec cet objet antique sur lequel il fallait taper comme un sonneur pendant que des ados s'amusaient à me braquer dans le dos une mitraillette. Un article par jour ! Il en avait de bonnes, Perdriel. Je tapais en le maudissant. J'oubliai les armes dans mon dos. De temps à autre sifflait une balle perdue. À Paris, tout le monde se payait notre tête avec entrain. Ah ah ! Des féministes à genoux devant l'ayatollah ! Pour empêcher les femmes d'être voilées !

Le groupe était très divisé. Conduites par Maria-Antonietta Macchiochi, les unes voulaient frapper très fort, faire du tapage, contraindre l'ayatollah. Emmenées par Françoise Gaspard, les autres trouvaient indigne d'aller se prosterner devant un religieux, et préféraient rencontrer en toute laïcité le nouveau chef du gouvernement intérimaire, Mehdi Bazargan. J'étais de l'avis de Françoise Gaspard. Finalement, il fut décidé de nous scinder en deux groupes, les unes pour Khomeiny, les autres pour Bazargan. Mais ce n'était pas tout.

L'Égyptienne affirmait que, pour faire du tapage, le mieux serait d'aller voir Khomeiny les seins nus. Elle ne fut pas suivie. Mais les plus audacieuses voulaient voir Khomeiny dévoilées – sans hijab.

Claire Brière et moi, nous étions les seules à avoir séjourné en Iran. Sept ans plus tôt, à Meshed, les mollahs m'avaient fait caillasser. Aller tête nue à Qom ? Notre sang ne fit qu'un tour. Irait-on sans mantille au Vatican ? Oui ! disaient les unes. Stupide ! disaient les autres. Colères, disputes, cris. En pleine nuit, on décida d'en appeler à Simone de Beauvoir. On la réveilla. Maria-Antonietta lui parla la première ; Simone, ensommeillée, répondit que bien sûr, il fallait aller voir Khomeiny la tête nue. Je ne sais plus qui de Claire ou de moi bondit sur le téléphone.

– Mais Simone, on va se faire massacrer !

– Alors ne le faites pas, répondit-elle avant de raccrocher, agacée.

Le lendemain, une dépêche de l'AFP racontait dans le détail le point de vue du Castor. Une traîtresse ? Des micros ? On ne le sut pas. Et on laissa partir pour la ville de Qom la délégation conduite par Macchiochi, à qui l'on fit jurer que sous aucun prétexte elle ne laisserait dévoiler le moindre bout de chair.

Pendant ce temps, nous eûmes un rendez-vous avec le Premier ministre Bazargan. C'était un vieil homme barbichu, un érudit affable et souriant qui nous reçut avec urbanité. Nous eûmes une longue discussion sur la polygamie. Mehdi Bazargan prit un ton paternel pour nous expliquer qu'en France, nous avions la Sécurité sociale, n'est-ce pas ? Eh bien, en Iran, la polygamie jouait ce rôle-là. La polygamie était la sécurité sociale islamique ; il n'y avait pas matière à discussion ; d'ailleurs sa propre fille, qui fit à cet instant précis son entrée, venait de fonder une association officielle des femmes musulmanes dont le voile et la polygamie étaient les fondamentaux. Seraient en outre interdits le vernis à ongles, la viande congelée, l'adultère, l'homosexualité.

Le voile ? Une protection. La polygamie ? Une protection. Bazargan était chef du gouvernement intérimaire dans un chaos total ; c'était un patriote, un homme qui honnêtement défendait son pays. Il ne fut ni violent ni méprisant. Il nous expliqua tout. Rien à faire.

Nos compagnes rentrèrent de la ville sainte de Qom dans le même état d'esprit. Khomeiny les avait reçues rapidement, à distance. Puis il les avait fait sortir sans un mot.

Je ne trouvai nulle part ma famille qui semblait avoir disparu. Au bout de deux jours, je compris que j'aurais pu gravement les compromettre et je n'insistai pas. La révolution islamique était en marche et vingt-neuf ans plus tard, elle est toujours en place. Mehdi Bazargan finit par démissionner ; il ne fut pas arrêté et s'en étonna jusqu'à son dernier jour.

Quelques années plus tard, je fis la connaissance de Jean-Claude Cousseran, que Claude Cheysson avait chargé de mon dossier quand je fus attaquée devant le Conseil d'État. Et je découvris que Cousseran avait été en poste à Téhéran.

– C'était quand ? demandai-je.

– Au début de la révolution islamique. J'étais jeune conseiller à l'ambassade.

– Ah ! Mais savez-vous qu'un groupe de féministes...

– Si je le sais ! J'étais chargé de vous surveiller. Je vous ai suivie partout... Vous m'en avez fait voir des vertes et des pas mûres !

– Moi ?

– Oui, vous et une autre. Vous étiez deux. Vous aviez une protection personnelle. Sur instruction du président.

– De quel président parlez-vous ?

– Du président de la République, bien sûr ! Qui d'autre ?

C'était Giscard, que je ne connaissais pas le moins du monde. Encore aujourd'hui, j'ignore le nom de la bonne âme qui m'a assuré cette protection. Mais j'ai ma petite idée.

Le père de Safoura prit par deux fois le chemin de la potence et ne fut pas exécuté. La première fois parce que les bourreaux étaient las de tuer ; la seconde fois, il fut sauvé par un petit employé qu'il avait aidé autrefois. « Lui, là, sortez-le de la ligne », dit le petit employé. Safi Asfia resta cinq années en prison.

Safoura dut attendre quatorze ans pour retourner voir ses parents. La mère de Safoura resta belle jusqu'à son dernier souffle. Son mari ne lui survécut pas.

21

Hôtellerie de luxe

C'est à Jakarta que j'appris la nomination de Roderich en Inde. J'étais en mission en Indonésie pour assister à la création d'un opéra franco-balinais composé par Georges Aperghis pour gamelan et musiciens français.

Le titre était d'une grande étrangeté : *Faust et Rangda*. Vénérée à Bali, Rangda est une sorcière à tête de cochon qui vient tout droit de la Kâli indienne. Elle mange les petits enfants. Et Faust là-dedans ? Georges avait découvert que la compagnie d'aviation indonésienne avait failli porter son nom ; en 1945, Faust avait été brièvement le héros de l'Indonésie nouvelle. Georges avait tricoté une intrigue entre le vieux savant et la sorcière cannibale ; cela se tenait bien. La première avait eu lieu dans la liesse devant le palais du chef du village, entre les poules et les petits cochons noirs. Et nous étions partis avec *Faust et Rangda* pour montrer l'opéra d'Aperghis à Jakarta.

Ce jour-là, Roderich était à Conakry. Pas le moindre téléphone. Faute de pouvoir pleurer de joie à son oreille, je sanglotais de bonheur avec les journalistes que j'avais emmenés en reportage. J'entends Alain Duault me dire « Quand les amis sont heureux, on est heureux pour eux ». Et de retour à Paris, après avoir donné ma démission, je fus prise d'angoisse.

Le Quai d'Orsay ne donne pas d'instructions aux compagnes de ses ambassadeurs. Il n'existe aucune formation au métier d'ambassadrice. L'esprit de l'administration française n'impose pas de préparation pour les activités non rémunérées, qui ne rentrent pas dans les fiches navettes et qui ne sont l'objet d'aucun traitement paperassier. Avant de partir en poste, je me retrouvais donc dans une situation familière. Je ne savais strictement rien du métier que j'allais devoir faire.

Prudemment, j'allai demander conseil à deux ambassadrices chevronnées. La première avait été en poste en Inde. Son père, le philosophe Martial Guéroult, grand spécialiste de Descartes, lui a donné le prénom de Théia, en grec, la déesse ; elle était digne de son prénom. Et Théia me disait qu'il suffisait d'être seconde de cordée et de suivre en tous points le conjoint premier de cordée ; alors tout irait bien. La seconde était Monique Raymond, épouse du ministre des Affaires étrangères Jean-Bernard Raymond, une femme célèbre pour son allure. Elle fut très rassurante. Tout serait facile. Je n'aurais rien à faire, rien ! Je n'avais pas à me tracasser ainsi.

Munie de ces viatiques élémentaires, je partis avec la peur au ventre. Je me souvenais avoir entendu autrefois Odile, la première épouse de Pierre-Jean Rémy, définir avec une grâce ironique le métier des ambassadrices qu'elle avait observées en Chine.

– De l'hôtellerie de luxe. Ce n'est rien d'autre ! Une ambassadrice tient un hôtel cinq étoiles au nom de son pays.

Odile avait raison. Dans un grand poste, on a beau être entourée de cuisiniers et de maîtres d'hôtel, d'intendants et de jardiniers, on est dans l'hôtellerie. Par semaine, on gère en moyenne deux ou trois cocktails comprenant entre quinze et cent invités ; un ou deux dîners de dix à cent couverts ; autant de visiteurs officiels qu'il y a de chambres de passage. Pour le 14 Juillet, le nombre d'invités explosait : huit mille à Delhi, quatre mille à Vienne, six mille à Dakar, sans compter les touristes français à qui les portes étaient ouvertes ce jour-là en vertu de la loi républicaine. Ambulance et poste d'urgence sanitaire obligatoires.

Quand on arrive, l'hôtellerie est en fonctionnement. Les choses se font d'elles-mêmes ; c'est une affaire qui tourne. C'est alors qu'on découvre, en Inde ou en Afrique, deux contrées où l'eau du robinet n'est nullement potable, que les robinets ne sont pas équipés de filtres ; que pour faire les glaçons, l'intendant achète des pains de glace dans la rue parce que le cuisinier en chef occupe les congélateurs pour faire ses propres sachets de glace, qu'il revend. C'est la première surprise. D'emblée, elle désigne le mal des pays pauvres, même les émergents. À Delhi, les serveurs apportaient un verre d'eau avec des mains gantées de blanc, mais l'eau est à amibes. Filtres obligatoires.

Notre premier dîner officiel à Delhi comprenait une dizaine d'invités. Professeur de physique dans l'une des universités de Delhi, l'un d'eux arriva ce soir-là avec trente de ses élèves. De dix, on passe à quarante d'un seul coup. Cela n'étonne personne. La capitale de l'Inde empile ses mondanités avec une telle fureur que chaque *socialite* parcourt au moins deux dîners par soirée. Un convive, dix, trente, quelle importance ? L'invité vient, il passe, il ressort. Rodés à l'exercice, les cuisiniers assurent. Mais quelquefois, non. Un soir, le cuisinier en chef, chrétien adorable et distrait, prépara pour Edwige Avice, alors Secrétaire d'État à la Défense, un repas pour six couverts au lieu de cinquante.

Délicieux souvenir ! Dans l'immense cuisine, le cuisinier essuyait ses larmes avec son torchon. Après concertation – on dispose d'une minute – Roderich et moi nous nous relayâmes. Pendant que l'un s'occupait de la conversation, l'autre ouvrait en cuisine des boîtes de conserve. Tantôt lui, tantôt moi. Transvasées dans les plats de porcelaine blanche à liseré bleu et or de la République, les conserves avaient fière allure. Six mois plus tard, Edwige Avice avait gardé de ce dîner un si bon souvenir qu'elle nous invita à Paris. On lui découvrit le pot aux roses. Elle ne s'en était pas aperçue le moins du monde.

En Inde, le couvert a ses complications. Indiqué avec des étiquettes bien visibles, le repas se divise entre « Veg » et « Non Veg », clivage qui se retrouve dans tous les lieux où l'on sert de la nourriture à des clients indiens. « Veg » est la nourriture de légumes et de céréales réservée aux végétariens ; les autres sont « Non Veg ». On place sous le verre du Veg un pétale de rose ; rien pour le Non Veg. Sur l'assiette des quelques dîneurs qui viennent un jour de jeûne, on dispose une grappe de raisin à laquelle ils ne toucheront pas.

Sont en général Veg presque tous les brahmanes, les membres des deux autres castes supérieures, guerriers et marchands, ainsi que les Jaïns. Les Non Veg sont plutôt des esprits libres. Les jeûneurs sont parfois des épouses qui jeûnent le lundi en l'honneur du mari. Un plan de table à Delhi donne des informations sur les origines religieuses des invités, sur leur degré d'orthodoxie, sur leur conception du devoir familial. Ce n'est pas anodin. J'appris ce code mondain en me servant une fois de plus de *La Pensée sauvage*, livre dans lequel Claude Lévi-Strauss déploie le sens des classifications dans le fonctionnement de l'esprit ; personne ne me dira plus que le structuralisme est une philosophie de l'abstraction.

Je ne m'en suis guère servie en Autriche. À Vienne, on retrouve les interdits de régime propres à la riche Europe. Sans sel, sans féculents, sans graisse animale, sans sucre ; les repas se déclinent en privations de santé. C'est une autre conception de la pureté du corps. Hygiénique chez nous, métaphysique en Inde.

Les 14 Juillet demandent de l'endurance. Tôt le matin, lever des couleurs et salut au drapeau. À Dakar, en fin de matinée, l'ambassadeur passe en revue les troupes françaises de la base militaire cependant qu'à Vienne, il reçoit deux mille invités non français – autrichiens et corps diplomatique, discours – ; les deux mille Français viendront à dix-huit heures. Il faut serrer les mains à l'accueil. Passé quelques milliers, on ne sent plus ses doigts ; il faut les remettre en place avec de l'eau glacée. On ne sait plus qui est qui, on peut se tromper de nom. À minuit, quand on ne sent plus ses jambes, le poivrot de service entre en action.

À Delhi, ce sera toujours un Sikh qui a forcé sur le whisky ; le turban de travers, il crie, il veut danser. À Dakar, un robuste quidam sorti de nulle part me couche sur le piano. À Vienne, un jeune saint-cyrien en grand uniforme commence à me dire des horreurs sur les juifs. L'ambulance est partie de son côté avec son lot de syncopes. Et pendant que les vieilles habituées, arrivées avec de grands sacs informes, y enfournent les restes et un peu d'argenterie avant de repartir discrètement, les gardes de sécurité évacuent les poivrots *manu militari*.

Quand on ne reçoit pas, on sort. Tous les soirs trois heures. Ce qu'on fait chez soi, on le vit chez les autres avec le même cheptel. Le dîner officiel placé et sans buffet est un coup d'emmerdoir universel : la règle exige dix minutes de conversation avec le voisin de gauche, dix minutes avec celui de droite – toujours des mâles. En anglais, en allemand, en français, la conversation connaissait avec moi un parcours immuable.

– À quoi employez-vous votre temps ? Le golf ou le tennis ?

– Non, j'écris.

– Votre journal, alors ?

– Non, des livres.

– Ah ! Et vous pensez être un jour publiée ?

C'est à peu près ce que me dit Jean-Luc Mélenchon à l'aéroport de Dakar quand j'allai le chercher sur le tarmac. C'était un fou de l'Afrique ; il revenait d'Éthiopie, il en était rempli. Tellement qu'il ne m'avait pas regardée avant de se lancer dans son petit topo. Puis il me reconnut, s'exclama et me prit les deux mains qu'il baisa avec une dignité toute sénatoriale. J'étais toute retournée. Cet ancien Lambertiste, ce gauchiste virulent, devenu si affectueux, si doux ? Ce fut le tout début d'une longue amitié intellectuelle entre Roderich, lui et moi, que ne ternit aucun antagonisme et Dieu sait qu'il y en a. L'Europe, le Tibet. Ah, Mélenchon, cet adorable fou !

Les visiteurs en mission réservaient ce genre de surprise. Maurice Faure ayant amené en Inde son conseil général assorti des épouses, elles déposèrent une plainte ; il n'y avait pas de baguettes. Comment, pas de baguette à l'ambassade de France ? On avait beau leur dire qu'en Inde, le pain est sans levain, rien à faire. Un haut dignitaire vint en Inde flanqué de son épouse. Quarante degrés à l'ombre. Elle buvait du whisky. Beaucoup. Sollicitée sur le genre de tenue qu'elle devrait porter au dîner d'État, j'avais conseillé une robe longue ; les Indiens restent très pudibonds et une femme ne doit pas montrer ses jambes en Inde. Mais l'épouse officielle ne l'entendait pas ainsi.

De quoi se mêlait cette triste intellectuelle ? Lui donner des conseils ? Jamais ! Elle savait mieux que moi, elle porterait du court, tant pis pour le protocole. Elle devint mauvaise devant les journalistes. Je n'avais pas le droit de répondre, je pleurais. Être en proie à l'attaque d'une femme, c'est terrible pour une femme. Et c'était si soudain, si brutal ! Ce jour-là, j'ai failli tout plaquer. Par chance, Roderich avait auprès de lui un numéro deux qui s'appelait Dominique de Villepin.

Nous étions très intimes. Voyant mes sanglots, Dominique entreprit vaillamment de me calmer. Il fit d'abord appel à mon sens de l'État. Sans effet. Il ne désarma pas.

– Soyez raisonnable ! C'est cela, notre métier. Nous sommes là pour nous faire insulter...

– Pour la longueur d'une robe ! Vous, peut-être, moi, jamais ! Je retourne à Paris.

Voyant qu'il n'arrivait à rien, il toucha le point sensible.

– Roderich vous adore ! Vous ne pouvez pas faire ça.

Et je revins à moi. Dominique me connaissait par cœur. Petits drames, grands effets.

Dominique de Villepin avait mille fois raison. Aux yeux des visiteurs français, un diplomate est là pour se faire insulter par ceux de son pays qui viennent officiellement pour le représenter. C'est une indignité.

Je revis l'irascible dame quelques années plus tard ; elle avait divorcé. Je l'invitai pour déjeuner. Débarrassée de la vie officielle, elle fut délicieuse.

Espions et diplomates

Printemps 1984. C'est le jeudi qui précède le dimanche de Pâques et je m'apprête à partir pour rejoindre ma famille en Anjou. Sans crier gare, le conseiller culturel soviétique m'appelle en urgence. Il a l'air affolé. Il exige de m'inviter à déjeuner, dans une heure. Rendez-vous chez Dominique, le restaurant russe de la rue Vavin.

Je connais depuis un an ce jeune homme émotif et fervent, qui parle un excellent français, un passionné de la culture française. Et le voilà qui pleure.

– Un danger nous menace ! Un terrible danger...

– Nous qui ?

– Vous, moi, nous tous ! L'amitié entre la France et mon pays va voler en éclats ! Il y aura la guerre !

Il est tellement ému que je ne comprends pas. Jusqu'au moment où il lâche une phrase lumineuse.

– Vous qui connaissez personnellement François Mitterrand, pourquoi ne l'appelez-vous pas pour l'alerter ?

J'ai beau être crédule, je me défile. Je quitte mon saule pleureur soviétique et j'appelle mon Jérôme en Anjou. À l'époque, il est à Matignon. Et sa réaction me stupéfie.

– Tais-toi immédiatement ! Ne dis plus un seul mot ! Tu vas téléphoner tout de suite à Matignon – tout de suite, hein ? Ne traîne pas. Tu vas dire au permanencier tout ce que ce type t'a dit. Ensuite, tu prends le train et surtout, tu la fermes !

J'appelle Matignon et le permanencier, très aimable, me dit qu'il est bien content de mon appel, qui le rassure. Non, ce n'est pas la peine que je lui raconte. Il sait déjà. Il a tout entendu.

– Comment, tout entendu ? Vous étiez là ?

– Noon, dit-il d'un ton vague. Mais on a des moyens...

Allons bon. Qui donc m'a écoutée chez Dominique ?

– Ne parlez à personne, et prenez votre train.

Le lendemain, vendredi de Pâques, une grosse centaine de diplomates soviétiques en poste à Paris étaient expulsés pour espionnage, sur décision de François Mitterrand. Mon ami conseiller culturel n'était pas de la fournée.

Je n'y pensais plus lorsqu'à Delhi, en 1988, je fis la connaissance du conseiller culturel soviétique à Delhi.

Un jeune homme fervent et émotif qui parle un excellent anglais, un passionné de la culture indienne.

Je ne l'avais jamais vu. Mais après cinq minutes, il me prit à part et se mit à me parler à voix basse.

– J'ai lu votre article sur Lévi-Strauss, vous savez, celui que vous avez écrit hier soir. Je vous le dis en confidence : il est très réussi !

– Hier soir ? Vous l'avez lu ? Mais c'est impossible !

– Voulez-vous une preuve ?

Il sortit un papier de son veston et me lut les deux premières phrases de l'article sur Lévi-Strauss, écrit la veille. Puis il me prit par le bras.

– Si je vous dis cela, c'est pour vous prévenir. Notre ambassade est à deux cents mètres de la vôtre. De si près, nous avons les moyens de lire sur votre ordinateur personnel. Je préfère que vous le sachiez.

– Pourquoi ? dis-je, dressée sur mes ergots.

– Pour que vous compreniez que nous changeons.

La perestroïka commençait.

Si les espions disposent de moyens techniques pour recueillir des propos qui ne leur sont pas destinés, les diplomates n'ont que leurs oreilles. Pour entendre des propos qui leur seraient destinés ? Pas tout à fait. Ils recueillent aussi des propos lâchés sous l'effet de l'alcool, d'une relation intense, d'un affect qui s'égare. Ces propos étaient là, fin prêts à se faire entendre. Champions de la lettre volée, les diplomates sont ceux qui savent la voir, cachée dans l'évidence. C'est un espionnage pauvre comme il y a de l'art pauvre. Dépourvu de moyens techniques, il peut être créatif, ou complètement cinglé.

Il y a des espions fous qui prennent des notes sur de petits carnets en délirant un brin, et des diplomates fous porteurs de fausses rumeurs. Il y a au contraire ceux qui ne voient rien, qui refusent de croire, comme les soviétologues des années quatre-vingt, persuadés que l'Empire soviétique allait durer mille ans. Il y eut un exemple célèbre au Quai d'Orsay, celui du malheureux ambassadeur français à Moscou tombé dans le lit d'une espionne soviétique et que le Général reçut dans son bureau avec une phrase restée fameuse : « Alors, Durand, on couche ? »

Les diplomates sérieux font le choix de la diplomatie pour fuir une question familiale difficile. Ils sont ouverts et francs, ils pigent tout très vite, ils ont le sens du pays où ils sont envoyés, ils voient en tout l'intérêt général d'abord, ils sont exigeants et fidèles en amitié. Quand ils sont d'une intelligence déliée et rapide, je sais qu'ils sont en fuite. Et ce sont les meilleurs. Certains, peu nombreux, sont d'authentiques pervers qui utilisent leur titre d'ambassadeur pour maltraiter leurs collaborateurs. Et il y eut au Quai d'Orsay un accident : un ambassadeur qui venait de perdre son poste prit son fusil et tua sa famille.

Il en va des diplomates comme des ethnologues. Décentrés, contraints de s'adapter en un temps record à d'autres langues, d'autres pratiques sociales, d'autres nourritures et d'autres climats, ils deviennent des « Lazare » selon Claude Lévi-Strauss, ni d'un monde ni de l'autre. Les vrais, les sérieux se meuvent avec curiosité. Changer de monde leur plaît. Passer des riches nourritures qui font des obèses en Amérique aux nourritures de pauvres fortement épicées, des troupeaux de voitures aux troupeaux de chameaux, d'un pays où l'alcool est une façon de vivre à celui dans lequel l'alcool est interdit. Ils engrangent. Au retour, ils ne savent que faire de leur immense savoir composé de bric et de broc, ce que je sais de la Chine, ce que je sais du Brésil, si seulement j'écrivais.

Les vrais, les sérieux évitent le relatif. Ils ne vont pas clamant dans les couloirs qu'on a le droit de voiler et de battre les femmes, c'est selon le pays. Ou de les exciser. Un jour, Claude Cheysson me prit comme philosophe pour arbitrer entre Yvette Roudy et lui à propos de l'excision. Ministre des « Relations extérieures », Claude Cheysson était relativiste : si la coutume veut l'excision, on doit l'indulgence aux femmes africaines qui pratiquent l'excision en France, disait-il. Yvette Roudy, ministre des Droits de la femme, ne l'entendait pas de cette oreille.

Hegel aurait adoré ce débat. Il aurait posé que d'une part, dans une certaine étape de l'Esprit immédiat, il était en effet normal de respecter la coutume si elle faisait partie de la société, mais que d'autre part, l'Esprit se dépassant dans la Raison, la coutume était inadmissible dans la société gouvernée par l'État. C'est à peu près ce que j'échafaudai, en veillant à ne pas vexer mon ministre et ami. Dans les mois qui suivirent, une exciseuse malienne qui ne parlait pas le français fut condamnée en France et fit de la prison. Une décennie plus tard, au Burkina Faso, un premier groupe de femmes africaines se mit à lutter contre l'excision. Elle est aujourd'hui interdite dans nombre de pays d'Afrique. Entre le relatif et l'universel, il faut choisir.

Les vrais, les sérieux parmi les diplomates ont compris que l'enjeu qui divise le monde n'est pas seulement le pétrole ni seulement la banque, mais la question brûlante de la liberté des femmes.

Les autres ont de l'ambition et rien pour la remplir.

Deux ans après la fin de la guerre, alors qu'il était élève au petit lycée de Limoges, Roderich dit à ses parents qu'il serait un jour ambassadeur. À l'école communale de la rue Delambre à Paris, où il avait rapidement appris le français avant d'être caché à Limoges, il détestait voir se battre ses camarades. Faire la paix est sa passion. Au Quai d'Orsay, ils sont deux diplomates français nés dans l'Allemagne d'avant-guerre : Stéphane Hessel et lui.

22

L'Inde, un roman de formation

L'Inde a ses merveilles. Stupéfiantes, farfelues, grandioses ou poétiques, les merveilles sont au coin de la rue. Mais l'Inde a ses noirceurs. Il y a une Inde nazie.

Comme chez nous, il y a en Inde une gauche laïque et une droite religieuse ; des rationalistes et des croyants extrêmes ; des caritatifs sincères, des arrivistes filous ; des féministes et des machos. J'ai vu un Father Anthony, pieux missionnaire, filer avec la caisse destinée à construire une maison pour lépreux. Mais j'ai vu la mère de mon amie Ila militer pour secourir les femmes dans les quartiers pauvres, et elle-même aujourd'hui ouvrir une école modèle dans un petit village de l'Haryana, où elle élève ses vaches après avoir travaillé longtemps dans le commerce.

J'ai appris là-bas comme jamais, sur le tas. La moindre des merveilles est incompréhensible si l'on n'étudie pas ; sans cela, on est perdu. Pour la première fois, j'ai dévoré des livres pour comprendre ce que j'avais sous les yeux, avec, comme viatique, la pensée structuraliste française. Tous les jours se posait une question. Pourquoi cet homme a-t-il des raies blanches sur le front ? Pourquoi l'autre, à côté, arbore un V en jaune ? Et celui-là, tout nu, la peau couverte de cendres, pourquoi porte-t-il un drôle de chapeau en cordes noires tressées ?

Avec les livres et les amis, j'ai su. L'esprit de classement étant le propre de l'Inde, la pensée de Lévi-Strauss m'a servi tous les jours. Le premier porte des raies blanches sur le front parce qu'il est shivaïte, disciple du dieu Shiva. Le deuxième a un signe en V sur le front parce qu'il est vaishnavite, disciple du dieu Vishnou. Le troisième est un ascète nu de la secte Naga Baba ; les cendres lui servent de vêtement ; et son drôle de chapeau, ce sont ses cheveux, qu'il ne lave jamais et qu'il tresse coquettement. Dans un pays à trois cents millions de dieux pour la seule religion hindoue et sans compter les sectes, on n'a jamais fini d'apprendre. Lorsqu'on se repère à peu près dans le polythéisme, restent les monothéismes nés en Inde, bouddhisme, jaïnisme et sikhisme. Et quand on a fini de faire le gigantesque tour de la propriété intellectuelle indienne, restent nos chers vieux monothéismes revisités.

Sur des tableaux anciens, la Vierge Marie a quatre bras – forcément, une déesse. À la synagogue de Delhi, pour la fête d'Hanoukha, le rabbin met des kippas aux juives en sari, car on ne sait jamais. En matière de religion, tout est bon. On prend selon l'inspiration du moment, à tout le monde. Chacun étant libre de fonder à tout instant sa propre religion, l'Inde est un laboratoire géant pour toute l'humanité.

Une chose à la fois et d'abord, les surprises.

On arrive à deux heures du matin et l'on est accueilli dans le salon d'honneur par un dignitaire indien du protocole et les chefs de service de l'ambassade. Les canapés sont tristes et beiges, on a quatorze heures de vol dans les pattes, quelqu'un vous sert du thé. On serre des mains, on dort à moitié, on sort en procession de l'aéroport et l'ambassadeur monte dans sa voiture. C'est le premier acte de sa prise de fonctions : un petit drapeau français avec une frange d'or flotte sur le capot.

On débarque dans une maison géante et on voit les *bearers*, mains jointes, inclinés, enturbannés de blanc et de ruban tricolore avec une grande aigrette en plissé. On monte l'escalier, on est mort de fatigue, on découvre le trois pièces baptisé « appartement privé » où on vivra plusieurs années. L'aube est encore loin. On n'est encore nulle part.

La vie diplomatique commence le lendemain. Selon l'usage, il faut rendre visite aux autres ambassadeurs, tous sans exception ; on les verra en couple sur canapé.

Il y a d'heureuses surprises. Comme Roderich, l'ambassadeur américain est né en Allemagne. Son nom nous est connu. Nous l'avons vu sur scène au Théâtre du Soleil dans *L'Histoire terrible mais inachevée de Sihanouk, roi du Cambodge*, la pièce d'Hélène Cixous. Il s'appelle John Gunther Dean et c'est l'ambassadeur évacué de Phnom Penh au moment de l'entrée des Khmers rouges ; en montant dans l'hélicoptère, il avait sous le bras le drapeau *Stars and Stripes*. Quand je lui tends le texte de la pièce française où il est un héros, un bon Américain, il pleure d'émotion. John ne s'attendait pas à devenir personnage de théâtre.

Si les Européens, onze à l'époque, forment une vraie famille, pour l'ensemble, ces visites rituelles sont une terrible barbe. C'est une société balzacienne avec ses duchesses fofolles, ses vicomtes, ses demi-mondaines, ses Vautrin. C'est pourtant cette petite société qui m'offrit la première merveille de ma vie en Inde.

Je n'étais pas arrivée depuis trois jours. L'ambassadeur de Thaïlande devait quitter son poste quelques semaines plus tard et sa femme ne vivant pas à Delhi, il reçut son collègue français sans moi, c'est la règle. Au retour, Roderich était dans tous ses états. Il fallait que je voie cet homme-là toutes affaires cessantes. Vite ! Il allait partir. Roderich me prit un rendez-vous.

Je m'assis sur la pointe des fesses en femme bien élevée. Il entra. C'était un géant à peau d'or avec des yeux larges et brillants. Il souriait gentiment et parlait un français d'anthologie.

– Vite, asseyons-nous, me dit-il après un rapide salut. Nous avons peu de temps. Je vais vous donner quelques leçons.

– Leçons de quoi ?

– Chut ! Écoutez-moi.

Première leçon. Il voulait m'apprendre à sortir de mon corps.

– Sortir de mon corps ? Mais qu'est-ce que c'est au juste ?

Il m'expliqua. Je ne comprenais pas un mot de ses récits. Il sortait de son corps à volonté, voyageait selon son bon plaisir, puis rentrait dans son sac de peau... J'ai dû laisser paraître mon ahurissement, car il précisa qu'ayant fait ses études à Paris, il avait lu abondamment Descartes, son philosophe préféré. Il était, disait-il, radicalement athée.

Je me détendis et j'entrai dans son monde. À mesure qu'il avançait dans ses propositions, je me mis à lui faire des contre-propositions de vocabulaire. Quand il parlait de « sortie du corps », je proposais d'appeler ce phénomène « catalepsie ».

– Qu'est-ce que c'est ? demanda-t-il.

Ce fut à mon tour d'expliquer. Il tomba d'accord sur ma première proposition : quand on sort de son corps, oui, l'état dans lequel on le laisse est bien de la catalepsie.

« Bon, me dis-je ; c'est une manière d'auto-hypnose. »

Et je lui demandai sournoisement comment, une fois sorti, on pouvait revenir dans ce corps qu'on avait laissé roide.

– Ah ! fit-il avec sagacité, c'est une bonne question. Un jour, j'avais laissé mon corps à Delhi, et j'avais été revoir mon petit appartement à Paris, sur la montagne Sainte-Geneviève dans ce quartier que j'aimais tant. Mais j'étais resté trop longtemps sans revenir, et quand je voulus réintégrer mon corps, il était en train de mourir ! J'étais affolé ; je courus chercher mon gourou à Bangkok, mais il n'était pas là, il était parti dans les Himalayas ; enfin je le trouvai au sommet d'une montagne en grande discussion avec Jésus, et je ramenai mon gourou à Delhi, juste à temps pour qu'il m'aidât à rentrer dans mon corps.

Puis il marqua une pause.

Ouf ! J'en avais chaud. Et je me demandais ce que je faisais là, avec ce rationaliste pur sucre qui me racontait des histoires à dormir debout.

– Mais vous savez, continua-t-il, c'est très distrayant ; on passe son temps en promenade ; je m'y suis mis pour me désennuyer après avoir mené une vie de patachon, et c'est fou ce que je m'amuse...

La vie parisienne sur les Himalayas en compagnie de Jésus. Je n'ai pas résisté, je l'avoue ; je lui ai demandé ce qu'en disait le Christ.

– Oh, il est très conscient qu'il n'a pas réussi à transmettre l'enseignement du yoga au monde ; c'est tout ce qu'il voulait faire, et voyez le résultat...

J'aurais voulu savoir si Jésus allait bien, mais je ravalai ma salive.

– Vous avez raison pour la catalepsie, c'est trop dangereux pour une débutante, fit-il d'un air désolé. Mais, si vous voulez, je viendrai vous aider de là où je serai...

C'était en Scandinavie ; je lui remontrai que c'était assez loin, et je déclinai poliment l'offre de cette première leçon.

Il enchaîna aussitôt avec malice, car il savait bien, l'animal, que pour la deuxième leçon je ne dirais pas non.

– Voulez-vous que je vous apprenne à lire dans les pensées ?

Oh oui, je voulais bien. C'était assez facile.

Pour qui connaît la pratique de la psychanalyse, c'est un transfert violent et rapide, rien de plus. Quand j'en parlai à des amis psychanalystes, ils connaissaient très bien ce phénomène dont ils ne parlent guère ; cela ferait désordre. Freud en parle sous le nom de « communication d'inconscient à inconscient », qu'il constate, sans explications.

Mon ambassadeur thaï en savait aussi long sur les mécanismes psychiques que Freud et Lacan. Après discussion, il convint qu'il y avait là un équivalent « sauvage » de la psychanalyse, pourvu d'une autre mythologie que la nôtre. À l'évidence, il était entraîné aux pratiques chamanistiques de l'Asie, et fort lucide sur le commerce qui s'ensuit.

C'est lui qui m'expliqua que le mysticisme que les Occidentaux viennent chercher en Inde était avant tout un objet de commerce. Des mystiques « authentiques », il y en avait partout. La plupart vivaient des revenus de leurs extases. De temps en temps, l'un de ces capitaines d'industrie au regard lumineux, circulant à travers le monde en limousine et jet pour y vendre ses leçons d'abandon, se retrouve en prison en Californie ; un autre prendra sa place. Une journaliste indienne, Gita Mehta, a écrit là-dessus un petit chef-d'œuvre, *Karma-Cola*.

Karma, c'est le destin; *Cola*, comme dans Coca-Cola. On y trouve l'histoire d'un digne Anglais qui rendit visite à l'un de ces marchands de mystique. Celui-là avait de singulières pratiques: on le vénérait en buvant son urine. De l'urine! Non. Ce n'était plus de l'urine, c'était de l'eau de rose!

L'Anglais se vit présenter un pot de chambre béni et en absorba le contenu sans renâcler. On lui demanda de commenter le goût de la boisson merveilleuse. Il répondit fort bien: « Cela avait tout à fait le goût, l'odeur et la saveur de l'urine ordinaire. »

Ça n'étonne personne en Inde. Un ancien Premier ministre, Mojarji Desai, qui vécut centenaire, fut un ardent propagandiste de l'absorption d'un verre de sa propre urine au petit matin. Il en parlait à la télévision et fut fort écouté. Il paraît que c'est ainsi qu'on se mithridatise, et il n'est pas exclu que le vrai Mithridate se soit contenté, pour s'immuniser, d'avaler sa ration de pipi quotidienne. C'est une des leçons. Dès les premiers jours d'une vraie vie en Inde, elle vous propulse dans un univers où, parmi les valeurs nouvelles qu'il faut apprendre, l'urine et l'excrément vous secouent le kantisme comme le panier, la salade.

Les Indiens adorent déstabiliser l'Occidental. Ils n'en ont pas fini avec ce passe-temps. Car si certains mages extorquent autant d'argent à de bonnes âmes blanches sous le regard hilare de l'opinion publique, c'est que le colonialisme est encore trop présent pour ne pas susciter une certaine passion. L'Occidental, on l'a « eu »; on lui a arraché l'Indépendance magistralement, mais on n'a pas fini de l'« avoir », oh que non! On lui fera boire du pipi. Éventuellement, on parviendra à lui faire absorber la boisson des gourous, composée de cinq substances sacrées toutes issues de la vache, avec de l'urine et un zeste de bouse.

Ce compte colonial est loin d'être réglé. Un remarquable intellectuel indien, Ashis Nandy, en a décrit les méandres dans *L'Ennemi intime*. C'est l'occupant anglais. Objet de grandes invasions, l'Inde les a toujours digérées, gigantesque baleine avalant les Jonas qu'elle rejette ensuite sur le bord du rivage, ressourcés ou détruits par ses sucs.

Mon ami le Thaï était extrêmement sévère sur le point du commerce mystique et l'unique séance qu'il m'accorda fut gratuite. Ce n'était pas un charlatan, c'était un humoriste en spiritualité.

Sa série de leçons n'était pas terminée.

– Voulez-vous, me dit-il avec son bon sourire, que je vous apprenne à vous transformer en serpent ?

– Là, je ne vous crois pas.

– Vous avez tort ! C'est un exercice difficile, je vous l'accorde. Moi-même, j'ai mis du temps. Mais j'y suis arrivé. Voyez-vous, ma femme m'agaçait ; j'ai voulu l'effrayer. Je me suis transformé en serpent dans sa salle de bains ; elle a eu tellement peur qu'elle m'a appelé à l'aide. Alors, acheva-t-il d'un ton très naturel, je me suis pris par le dos et je me suis jeté à la poubelle.

– Mais pourquoi faites-vous ça ?

– Je vous l'ai dit ! Pour me désennuyer.

Sa femme avait failli divorcer le jour où il lui avait avoué qu'il visitait ses rêves. Il me menaça du même sort, et pour rire, mit ses menaces à exécution juste avant de prendre l'avion. Hélas ! Depuis qu'il est parti dans son pays de grand frimas, il n'est plus jamais venu me voir. Même en rêve.

Liste du farfelu

Dans les commencements, il est un peu partout. Ensuite, on s'habitue. Devant le farfelu, on dit « Eh oui, c'est l'Inde ! » avec la nostalgie de cet émerveillement qu'on avait au début, quand on avait l'œil neuf.

Un ascète errant, de ceux qu'on nomme « saddhu » est allongé sur le dos dans une rue de Pushkar, ville de pèlerinage en plein Rajasthan. Ce n'est pas un vieil homme ; il est assez robuste. Ses jambes sont croisées à la hauteur des cuisses depuis si longtemps qu'il ne peut plus se lever ; quand on vient le chercher, on ne le relève pas, on le transporte ainsi, avec ses jambes croisées.

Sur son ventre est posé un paquet de cartes qu'un petit perroquet vert protège de ses griffes roses. Le saddhu ne fait rien, sauf récolter l'argent. Le perroquet dit la bonne aventure en tirant avec son bec une carte quand on paie.

Dans la cité soufie que j'aime tant, je prends le thé avec le dignitaire de la famille Nizami, gardienne du sanctuaire. J'ai dit que j'étais juive au pied de la mosquée ; « *Welcome !* », répondit-on avec ce doux geste, la main droite posée à la hauteur du cœur.

Construites autour du tombeau d'un « saint » soufi, ces cités autorisent les femmes à pénétrer dans l'enceinte de la tombe, toutes, sauf Nizamuddin. Le sachant, je n'ai jamais bravé l'interdit. Et voilà que je vois soudain passer furtivement une silhouette en sari. Mon ami Nizami n'a rien vu. Je l'alerte. Il bondit.

Et ressort en lissant sa barbe d'un air perplexe.

– Eh bien ? Vous laissez une femme entrer ? Alors pourquoi pas moi ?

– C'est ce que ce n'est pas une femme, me dit-il. C'est un eunuque.

Les eunuques en Inde font peur. Ils sont supposés choisir de plein gré leur destin à la puberté, dans un pays interdisant l'homosexualité. Ils s'habillent en femme, ils se maquillent très bien. Ces travestis superbes s'imposent dans les fêtes de famille et si on ne les honore pas comme il se doit, avec de l'argent et de la nourriture, ils jettent le mauvais œil. Mon ami Nizami était très ennuyé. D'abord, c'était un problème théologique ; ensuite, il avait peur.

Nous discutâmes le cas de l'eunuque en sari. Il n'était pas une femme ; il n'était pas impur. L'eunuque demeura.

Près de la ville d'Aurangabad, dans le Sud de l'Inde, est enterré l'empereur Aurangzeb, mort en 1707. C'était un terrible. Parce qu'il lui reprochait d'avoir dépensé trop d'argent en construisant le Taj Mahal, il interna son père Shah Jahan dans son palais d'Agra et fit décapiter son frère, génial poète soufi, sur la place publique. Fini, le soufisme ; terminés, les joies extatiques, la musique et les chants ; retour à un Islam austère. Il fit démolir quantité de temples, rétablit les taxes sur les hindous que son aïeul Akbar avait abolies, bref, il fut impossible. Les hindous le haïssent. Peu d'empereurs ont autant persécuté les soufis. Personne ne l'aime.

Le terrible Aurangzeb est enterré à la porte d'un sanctuaire soufi. Jamais je n'ai vu une tombe aussi belle. Sur un enclos de terre fraîchement remuée, un drap blanc. On le change tous les jours. Par un trou dans le drap pousse un pied de basilic. Les soufis du sanctuaire entretiennent le pied de basilic sur la tombe de leur persécuteur alors que c'est la plante sacrée de chaque foyer hindou. De sorte que le tyran austère rassemble sur ses restes un emblème hindou gardé par ceux qu'il a persécutés.

On dit qu'à la fin de sa vie, le terrible empereur se repentit d'avoir maltraité les hindous. Pour faire pénitence, il voulut entrer dans une secte ascétique connue par sa rudesse, celle des Nath Yogis. Les yogis le punirent. Ils lui mirent sur la tête un pot de terre renversé. Il devint immortel et c'est ainsi qu'il marche, avec son pot d'argile arrimé sur sa tête d'empereur.

Un jour, à Calcutta, Roderich se vit proposer la visite de la Cité de la Joie. C'est un « slum », un bidonville géant appelé Anand Nagar jusqu'au livre émouvant de Dominique Lapierre qui le rendit célèbre sous le nom de « La Cité de la Joie ». Au lieu d'aller à pied discrètement, Roderich décida de transformer la visite en visite officielle et, pour honorer les habitants du slum, il fit mettre le drapeau au capot de la voiture.

À peine était-elle entrée qu'elle s'arrêta, coincée par les murs. Trop étroite, la rue. Mais le drapeau frangé d'or, signe d'une ambassade, un drapeau qui jamais n'était entré dans le grand slum, produisit un effet inattendu. Assaillis de toutes parts, couverts de colliers de fleurs, submergés d'émotion, nous avons sillonné les venelles minuscules et les femmes nous jetaient des pétales de roses, les réfugiées venues du Bengladesh, si petites, si chétives avec leurs nourrissons miniatures dans les bras. Nous sommes restés des heures, tantôt au dispensaire tantôt dans les maisons, buvant du thé au lait, grignotant des douceurs, écoutant les malheurs et respirant la joie car c'est vrai, elle est là, la joie, splendide, paradoxale. Comme à Nizamuddin.

Anand Nagar n'était plus tout à fait dans l'état de misère des années soixante-dix. Les venelles étaient presque toutes goudronnées ; les masures avaient l'électricité et le dispensaire, petit, fonctionnait bien. Ailleurs, à Delhi, j'ai vu comment le génie indien transforme parfois les bidonvilles au lieu de les raser. Ceux qui sont venus là ont perdu leurs repères et les ont reconstruits, même dans la pauvreté. Plutôt que de les en priver brutalement en les entassant dans de nouvelles structures, des urbanistes indiens ont eu souvent l'idée d'aménager les lieux. Souffrant de pollution, envahi de fumées, luttant contre la saleté, Anand Nagar commençait à sortir du malheur.

Le lendemain, Roderich accepta de visiter le décor de *La Cité de la Joie*, film international, production d'Hollywood que devait bientôt tourner Roland Joffé d'après le livre de notre ami Lapierre. C'était en banlieue dans un grand terrain vague et notre guide était un grand Américain très blond en charge des décors.

Nous visitâmes un charmant petit village bengali, rues de sable, toits des masures couverts de lianes fleuries et partout, de grosses boules de coton noyées dans du pétrole pour faire fuir les cobras.

– Mais comment allez-vous en faire un bidonville ? demanda Roderich, stupéfait.

– Très simple, dit le grand Américain. Je déverse des flots de boue, je mets de la pluie battante et je lâche des cochons.

Très simple. Quelques semaines plus tard, Calcutta se révoltait et il y eut des manifs dans les rues contre le tournage du film. Négociations, compromis, aménagements du scénario, accords. Le tournage se fit et le film sortit. Aujourd'hui, Calcutta a choisi de s'appeler officiellement « *City of Joy* ».

Feu le maharajah de Bénarès était un souverain honorable qui n'était jamais sorti de son pays. C'était un petit homme moustachu rond et timide ; il avait un cheveu sur la langue, peut-être un bégaiement. Selon la tradition, le maharajah de Bénarès est une incarnation du dieu Shiva, et pourtant, tout en lui était d'une grande modestie ; ses vêtements, son allure, même son immense palais. Le salon gardait des restes d'une ancienne splendeur ; mais le tapis, démesuré, était mité, les serviteurs portaient des tuniques usées, les murs n'étaient pas toujours chaulés de frais après la mousson. Au mur, sur des photographies, la jeune reine Elizabeth d'Angleterre montait un éléphant de parade.

Je le connaissais depuis 1984. La première fois qu'il me reçut en audience solennelle, j'accompagnais une tournée de ballet de l'Opéra de Paris. Il me posa des questions sur la danse classique, car, s'il n'avait jamais voyagé hors de l'Inde, il avait vu suffisamment de photos pour savoir qu'en Europe, le danseur porte la danseuse à bout de bras. En Inde, non. Pourquoi ?

Il fallait à tout prix trouver une raison. L'un de nous eut soudain une idée.

– Le danseur porte la danseuse en l'air parce que c'est un berger qui porte une bergère.

– Ah oui ! dit le souverain. Je vois. Cela existe aussi dans nos films.

Plus tard, Roderich et moi nous eûmes avec lui des relations suffisamment étroites pour qu'il nous introduise dans sa chambre ascétique, pourvue d'un simple lit de camp et de livres. C'était un homme digne d'admiration.

Bénarès 1989. Première exposition française dans un vaste palais au bord du Gange. Pour la réception d'inauguration, le maharajah prêta son éléphante de parade, préposée à monter la garde à l'entrée.

Mais quand il me demanda de peindre des Tours Eiffel tricolores sur les flancs de l'animal, sa voix, soudain, ne bégayait plus. Roderich me donna un discret coup de coude ; j'acceptai. Venu du palais de Ramnagar – une bonne vingtaine de kilomètres en passant par le pont –, le cornac conduisit l'éléphante sur l'un des quais les plus fréquentés de Bénarès, et la voilà assise. On m'apporta avec solennité une échelle, des pinceaux, un pot d'eau et le cornac me tendit fièrement les trois poudres aux couleurs du drapeau français : argent, vert, rouge.

Je courus dans le Chowk et je trouvai sans peine les deux poudres manquantes, le blanc et le bleu.

Le front d'un éléphant se peint aisément car il n'y a pas de soies à cet endroit. Mais sur les flancs ! À peine une ligne tracée, les longues soies faisaient dégoutter la couleur. J'étais si concentrée que je ne voyais rien, pas même les spectateurs de plus en plus nombreux. J'étais en haut de l'échelle, je peinais sur les soies, j'égouttais et je recommençais. Sacrées bon sang de soies ! Les badauds riaient beaucoup. À la tête, Roderich offrait des bananes pour garder l'éléphante assise ; elle était assez vieille pour se tenir tranquille, mais on ne sait jamais, un coup de trompe est vite arrivé. Le soleil se couchait quand je redescendis, en loupant un barreau à cause de la fatigue.

Au jour dit, l'éléphante du maharajah arborait sur chacun de ses flancs la Tour Eiffel aux couleurs du drapeau, logo de l'Année de la France en Inde qui avait failli être vert, argent et rouge. Peut-être le cornac était-il daltonien.

L'année suivante, le souverain nous invita à suivre un épisode du *Ramayana*, cérémonie religieuse qui dure un mois à Ramnagar. Nous revîmes l'éléphante, qui cette fois-là portait une nacelle d'argent où se trouvait notre ami. Il avait disposé à notre intention un jeune éléphant qui nous attendait à genoux ; il avait sur les flancs des banquettes pour s'asseoir.

La grande éléphante conduisait le cortège, arrachant de son front les fils électriques et les lampions tendus au-dessus des rues. Tous les dix mètres, elle s'arrêtait devant les estrades où des enfants brillamment costumés jouaient les scènes du *Ramayana*. Car le souverain ne descend pas, il doit être immobile ; il voit de haut. Roderich et moi nous étions en tenue de soirée comme le souverain nous l'avait demandé ; lui en smoking, moi en robe longue, tant bien que mal immobiles sur notre jeune éléphant, nous regardions les petites personnes adolescentes mimer l'épisode du jour avec des bracelets de papier d'argent et des guirlandes de Noël autour du cou.

En l'honneur de son peuple et des dieux, le maharajah arborait ses atours, tunique de mousseline brodée, calot d'or. Ce soir-là, à la lueur des torches, le petit homme timide et bégayant assis dans sa nacelle d'argent sur le dos de son éléphante avait vraiment l'allure du dieu qu'il vénérait.

Liste des paradis

Banyans aux longues lianes couvertes de corneilles, verger de manguiers entouré de roses sauvages, champs de blé au Penjab sur le bord des canaux ; au Cachemire, longues nefs blanches « shikara » voguant sur un lac calme en heurtant des potagers flottants.

Haltes à papillons, à chevaux sauvages, à mulets égarés ; arbres à tombes musulmanes recouvertes de tissu vert pâli, et des femmes silencieuses assises sur ces tombes.

Palais abandonnés sur des lacs poissonneux. Des vautours avaient pris position sur les toits d'une ruine, des oiseaux bien polis, bien aimables. C'était la prison de ma princesse mendiante, le palais où elle fut séquestrée, à Chittor.

Près de la tombe d'Aurangzeb. S'il y a tombe, il y a un jardin. La porte s'ouvre et voici la merveille, les cyprès alignés, les quatre pavillons au bord d'un bassin reflétant l'univers, orangers, citronniers, des jeunes gens qui racontent le fantôme de l'épouse d'Aurangzeb, la Begum dont ils ne savent rien sinon qu'elle eut ce jardin verdoyant et ces pavillons sur la plaine sèche.

Dans la cour d'une de ces vastes maisons seigneuriales que l'on appelle « haveli », un musicien joue de la flûte sous un frangipanier. Apparaît le moineau. Il volette autour de la flûte. Irrésistiblement attiré par la musique, ailes vibrantes comme ces papillons de nuit qu'on nomme sphynx, il se tient à hauteur de l'ouverture de l'instrument, et frémit au souffle de la flûte. Une heure ou plus, le moineau vibre avec la musique. Nous sommes une dizaine autour de lui ; il n'en a cure. La flûte se tait ; d'un coup d'aile invisible l'oiseau a disparu.

C'est à Calcutta. Les fêtes de la déesse Dourga ont lieu dans quelques jours. Dans les quartiers des potiers, on prépare ses statues, faites de glaise et de paille. On ne les cuit pas au four. Dès qu'elles sont sèches, on les peint, on les habille, on les maquille, on les bijoute. Quand ces dames sont prêtes, on les installe sur des autels à la croisée des rues. Elles ont des traits connus. Pour récompenser nos actrices, nous avons nos Césars ; Calcutta prime ses stars de cinéma en reproduisant leurs faces sur les milliers de statues de la déesse.

Elles sont plus de trois mille. Chacun ira les révérer au son des tambours. Pour canaliser trois millions de dévots, on fait courir dans les avenues des kilomètres de couloirs en gros bambou solide, gardés par la police. Les plus grandes statues ont cinq mètres de haut ; les plus petites, la taille d'une enfant ; parfois, ce sont des œuvres d'art. Pendant huit jours et huit nuits, les habitants de Calcutta défilent devant la déesse qu'ils appellent leur mère.

Au bout de la semaine, marmottant ses prières, un prêtre capte l'image divine dans un miroir et soudain, hop, le plonge dans l'eau. La déesse est partie. Puisqu'elle n'est plus que glaise inerte et puisque, ruse insigne, elle n'a pas été cuite, on va la jeter au fleuve. Juchées sur des camions, toutes les Dourga courent vers leur dissolution ; leurs centaines de bras tremblent sur les essieux. Quand on arrive au fleuve, les déesses font la queue. Pendant ce temps, on danse et les tambours s'excitent. Avec de grands « han », on les descend, à bras. Un, deux, trois... Au Gange ! La glaise se dissout ; pour un instant flottent des cheveux noirs, un bras blanc, un menton avec des lèvres rouges. La fête de la Mère est finie. L'an prochain, on recommencera.

Dans les vieilles familles de propriétaires terriens, ceux qu'on appelle les « zamindars » et qui furent longtemps les seigneurs du Bengale, on célèbre le rite comme aux anciens temps, avec un oiseau bleu.

Cette année-là, la statue de la déesse était exceptionnelle. Visage fin, ovale pur, rubis véritables aux oreilles, tiare d'argent – un modèle reproduit depuis le seizième siècle. On l'avait installée dans le temple familial à la place d'un Krishna relégué pour le temps de la fête ; le prêtre marmonnait. Dans le vieux palais rose circulaient des femmes silencieuses et même les enfants se taisaient en traversant la cour plantée de bananiers. La patronne faisait tinter son trousseau de clefs accroché à la ceinture de son sari de veuve. Accroché à une fenêtre, un oiseau d'un bleu foudroyant attendait son heure dans sa cage. C'est le geai du Bengale, l'*Indian roller*.

Le prêtre prit un miroir et Dourga disparut. Restait son effigie. Hissée sur des bambous et portée à dos d'homme, elle tangua jusqu'au Gange. Derrière le cortège, un vieil homme transportait en courant la cage de l'oiseau bleu.

Le rite ancien exige qu'une fois au fleuve, on dépose l'effigie sur le milieu de deux bateaux étroitement accolés. Ensuite, on les écarte. Le fardeau va tomber. Alors vient l'heure du geai. Quand la glaise effleure l'eau, on le libère.

Les bateaux s'écartèrent, la statue toucha l'eau, la cage s'ouvrit et le geai s'échappa. Un éclair bleu sur la Mère qui se noie.

Gens de petite ascèse, épris de sécurité, les Français sont prompts à s'effrayer en Inde. Enfants aux yeux purulents, moignons couverts de linges poussiéreux, plaies et difformités, ordures au cœur des villes, sanie de l'eau du Gange où flotte parfois, gonflé, un corps d'enfant, oui, c'est vrai. L'Enfer. Rien de tout cela ne m'a jamais fait peur.

Pour regarder, nos yeux sont pleins d'erreurs.

À sale, sale et demi. Car les Indiens nous trouvent infiniment malpropres. Quand publiait-on en France de désastreuses enquêtes sur le manque de salles de bains, la maigre consommation de savon, l'absence de douches quotidiennes ? Il n'y a pas quarante ans. En Inde, on se récure en permanence, et il suffit de voir les quais de Bénarès à l'aube, immense piscine publique où femmes et hommes se savonnent, couverts de mousse et priant le soleil qui se lève. Pas question de vénérer son dieu si l'on n'est pas lavé ; lorsqu'il est enrhumé, un hindou n'osera pas même fleurir la statue du dieu-éléphant qui préside au travail du jour, car il n'aura pas pu se livrer aux ablutions.

Le vrai problème de l'Inde n'est pas dans le récurage de la peau. Il est dans l'exercice de la défécation. L'« appel de la nature » se célèbre n'importe où, au mépris des règles sanitaires. À Bénarès, mon ami Veer Bhadra Mishra, que l'on appelle respectueusement « Mahantji », Vénérable grand-prêtre, parce qu'il est grand prêtre du temple du dieu singe, fut un jour fatigué des centaines d'étrons qui salissaient les quais.

Mahantji n'est pas seulement l'une des plus hautes figures spirituelles de la ville. Ingénieur en dépollution des eaux par ailleurs, il connaissait les risques du déballage fécal. Intronisé à l'âge de onze ans, il eut une typhoïde et une poliomyélite en prenant son premier bain sacré dans le Gange. Il est resté infirme.

Il décida d'agir avec de petits moyens. Pendant ce temps, les grandes compagnies françaises de dépollution des eaux constituaient dossier sur dossier pour d'immenses chantiers dont aucun n'a vu le jour. Mon ami Mahantji enrôla par centaines les enfants de Bénarès. Chacun savait ce qu'il avait à dire aux passants : « Vous aimez Ganga, le fleuve, vous l'appelez votre mère. Et vous osez la traiter ainsi ? Honte sur vous ! Vous ne souillerez plus votre mère le Gange. »

Il gagna son pari. L'année suivante, il n'y avait presque plus d'étrons sur les quais du Gange. Puis des amis français allèrent à Bénarès et revinrent nauséeux. Des tas d'immondices encombraient les quais, disaient-ils ; les rats fouinaient, quand ils ne crevaient pas sans que personne ne les ramasse. Que s'était-il passé ?

Une grève des éboueurs. En Inde comme en France.

Lors de son premier passage à l'aéroport de Roissy 1, Mahantji était tombé en pleine grève, lui aussi. Son image de la France était celle d'un pays encombré de papiers gras, de canettes vides et de serviettes de papier souillées par terre. Mais ce n'était pas tout.

– Que pensez-vous de la France ? avait dit Roderich.

– C'est un pays où des gens basanés balaient, avait répondu Mahantji.

Humilié, Roderich le fit inviter en France pour un voyage d'études en Normandie. Quand il revint, nous étions impatients de l'entendre. Qu'aurait-il retenu ? Nos haies et nos prairies ? Nos universités ? Notre Mont-Saint-Michel ? Ou bien nos vaches obèses, steaks en stock ?

– Vos routes ! dit Mahantji l'ingénieur, du soleil plein les yeux.

En juin 2008, je l'invitai au musée du Quai-Branly. Passé la conférence, il pria deux fois. Assis dans la nef de Notre-Dame ; et debout, traînant difficilement son corps infirme, devant les noms de mes grands-parents au mémorial de la Shoah.

La merveille des sectes

C'est un malentendu philosophique considérable.

Les fondateurs de sectes en Inde sont légion. Certains sont très connus. Oui, le Bouddha fonda une secte qui devint le Bouddhisme. Oui, le Mahatma Gandhi fit de même lorsqu'il installa, à Ahmedabad, son ashram. En Inde, la secte va de soi.

En France, pas du tout. Pour retrouver en France l'utilité des sectes indiennes, il faut faire un pas de côté, et considérer l'action des associations de citoyens, Restos du Cœur, Médecins Sans Frontières, Aides, Cimade, associations que rend possible l'irremplaçable loi française sur les associations de 1901. Pour le reste, chez nous, les sectes antagonisent, séparent et détruisent.

Mais en Inde, sans les sectes, la démocratie n'aurait pas vu le jour. Véritable monument de l'inégalité entre humains, l'Hindouisme a prévu en son sein une bombe à retardement.

La société des hommes est strictement classée. Les savants indianistes expliquent que cet ordre garantit l'équilibre du monde. Au sommet, le brahmane garantit en priant la pureté du système ; le guerrier le défend, le marchand l'entretient ; le serviteur nettoie. Et le Pariah ? Il n'est pas dans l'humanité. Tellement impur qu'il peut manger de la viande et boire de l'alcool, braver les interdits des autres qui ne sont pas ses semblables. Si le Pariah marche par mégarde sur l'ombre d'un brahmane, s'il croise son regard, ce seul contact entraîne la souillure et le brahmane devra se purifier. Bien que cette mesure eût été interdite, des prêtres intégristes fermèrent dans les années quatre-vingt l'entrée de leur temple aux Pariahs.

Comment la voit-on, cette inégalité ? À la résidence de l'ambassadeur, deux jeunes employés baissaient les yeux dès qu'ils m'apercevaient au loin dans un couloir. Lorsque j'étais à leur hauteur, ils se plaquaient contre le mur bras étendus, des galettes d'homme toujours les yeux baissés. Pas moyen de voir leurs yeux. Je pris mes renseignements. La maisonnée comprenait trois chrétiens dont deux polygames, un brahmane et trois Pariah. Ceux qui baissaient les yeux étaient des Pariah. Mais le troisième Pariah avait un beau regard, franc et direct. S'il relevait les yeux, s'il regardait en face...

Je m'attachai à lui, je lui fis apprendre l'anglais, des rudiments de français. Le brahmane, un fervent socialiste, me guida dans cette entreprise. Peu à peu, le jeune Pariah redressa le dos. Ses épaules s'élargirent ; il souriait largement. Un soir de réception, il arriva fin saoul. Pieds nus, turban de travers, zigzaguant d'un convive à l'autre. Le brahmane m'affranchit : les chrétiens l'avaient enivré par jalousie. Je le grondai vertement ; ce qu'il fit alors m'époustoufla. Il ôta avec soin son turban, le posa de côté et se prosterna à mes pieds. Il se mit à m'appeler, quand il parlait de moi, « Ma », c'est-à-dire maman. Cela faisait rire les autres. Vingt ans plus tard, l'ancien jeune Pariah est devenu le patron des maîtres d'hôtel.

Au sein de ce système réglé par le destin, chaque hindou, quelle que soit sa caste de naissance, a la possibilité de s'échapper. L'éducation des enfants terminée, on peut quitter le « village » – la société –, pour la « forêt » – l'espace, le vide. Il suffit de célébrer soi-même son rituel funéraire comme les moines et les nonnes reclus dans nos couvents. On sera un renonçant. Mort au monde, mais libre. Plus de caste. Hors système.

Libre au renonçant de passer le reste de ses jours en méditant dans la forêt.

Libre à lui d'en sortir s'il veut fonder une secte. Le propre de la secte, c'est qu'elle s'ouvre à tous sans distinction de caste. La bombe est là.

Pour sortir de sa caste, on entre dans une secte. Elle est égalitaire : on est tiré d'affaire. En Inde, les sectes sont des milliers ; elles fourmillent. Elles contredisent le système des castes, elles génèrent de l'égalité. On y rencontre le meilleur et le pire. Du côté du pire se trouvent les sectes pour occidentaux, tout sexe et tout karma ; du côté du meilleur, d'innombrables groupes thérapeutes des esprits, soigneurs d'épidémies et apaiseurs d'émeutes. Chez nous, secte veut dire dogmatisme et terreur. En Inde, tout le contraire. Une libération. Elle fascine.

Ne pas oublier le vide et l'image de l'ascète, attirante merveille avec collier de fleurs. La séduction du vide et de l'ascète fleuri a drainé la génération hippie dont les petits-enfants se recueillent aujourd'hui dans les ashrams de Rishikesh sur les Himalayas, parce que les Beatles y séjournèrent. Elle a opéré sur des femmes éprises d'occultisme et de travail social, Anglaises, Russes, Françaises, étranges filles messianiques devenues, en Inde, des déesses.

Et sur Mère Teresa, une Albanaise en Inde.

Les mains de Mère Teresa

Cinq heures du matin à Calcutta. Messe des Sœurs Missionnaires de la Charité dans une minuscule chapelle. Nous y accompagnions Danielle Mitterrand, venue au nom de la Fondation France-Libertés inaugurer des dispensaires dans le Bengale profond ; de passage à Calcutta, elle tenait à présenter ses devoirs à la sainte des bidonvilles.

Danielle Mitterrand ne fait pas mystère de ses sentiments laïques et athées. Moi de même. Roderich, lui, est agnostique. Donc, aucun de nous trois n'était croyant. Mère Teresa s'abîmait dans ses prières. Les jeunes visages des religieuses indiennes rayonnaient d'une ferveur intense. Du coin de l'œil, je vis Danielle Mitterrand ployer le cou pendant l'Élévation. Roderich et moi également. Quelle force nous poussa ? Appelons-la révérence.

Mère Teresa nous fit visiter l'hôpital psychiatrique, le « mouroir », l'orphelinat et le dispensaire, au pas de course avant les grosses chaleurs qui commencent à huit heures du matin. Les folles, tête rasée, en chemise, tassées sur des matelas côte à côte, vivaient dans un hospice à côté de la puanteur des tanneries. Certains fous, enchaînés au montant d'un lit. Des images médiévales. Mais dans le fameux mouroir, nombre de mourants ressortaient bien vivants, ressuscités par le repos, la compassion, la nourriture.

D'abord, Mère Teresa me parut insignifiante. Cerné de bleu porcelaine autour des iris sombres, le regard était un peu vide d'avoir à faire l'effort de fixer l'interlocuteur. On connaît la silhouette, si publique qu'on est surpris de la voir trottiner devant soi. Observant Mère Teresa au milieu de ses religieuses, je me demandais où résidait le charisme qui la ferait sainte un beau jour.

Ses mains.

Dans l'orphelinat, je reçus un formidable choc. Mère Teresa agrippa un maigre nouveau-né qui ne respirait plus et de ses fortes mains, elle le palpa, le massa, le tripota en tous sens jusqu'au retour du souffle. L'enfant ressuscita. Je regardai mieux les mains auxquelles je n'avais prêté aucune attention ; je devrais plutôt dire les « battoirs », car ce n'est pas faire offense à la vieille dame de Calcutta que de lui attribuer la force d'une géante malgré sa petitesse. Le charisme était tout entier dans les mains.

Elle me confia une tâche. Des photographes étaient autorisés à « shooter » la visite de Danielle Mitterrand. Les Français se gardaient bien de prendre des photos au-dessus des petits mourants. Mais les Indiens le firent. Avec des flashes. Feu sur les nourrissons ! Excédée, Mère Teresa me demanda de leur enlever leurs appareils photo. Je m'acquittai de ma tâche avec soulagement.

Ce qui fait de cette vieille femme une sainte, ce n'est pas seulement son courage, son dévouement, et pour les croyants, le plein exercice de la charité. C'est aussi l'engagement dans l'une des inspirations majeures de l'Inde, terre de structure charismatique où continuent d'éclore les héros de type bergsonien, ceux de l'élan vital. En Inde, son image est popularisée par un poster. Le grand peintre musulman Husain a représenté Mère Teresa sans face. Visage vide. Perfection.

Au sixième siècle, le prince Gautama commença son errance après une triple confrontation avec la vieillesse, la maladie, la mort. Puis il devint Bouddha. Mère Teresa fit de même ; elle deviendra sainte. En Inde, personne ne fuit cette confrontation. En Europe, presque tout le monde.

23

L'Inde nazie

Cela commence dans la rue ou bien dans un temple : soudain, une svastika. Elle est sur un tissu ou elle est sur un mur. L'ami indien qui vous accompagne vous rassure. Non, ce n'est pas la maudite croix gammée – qu'alliez-vous penser là ! Non ; la svastika n'est que le symbole de l'éternité. D'ailleurs regardez. La croix gammée tourne vers la gauche. La svastika, vers la droite. Vous voyez ! dit l'ami. D'ailleurs le dictionnaire dit « le » svastika. Alors vous voyez bien…

Le lendemain, vous tombez en arrêt devant une svastika dans l'autre sens. Vous vous dites qu'après tout c'est un symbole hindou, qu'il vient de très loin, qu'il faut arrêter cette paranoïa et vous vous détournez des svastikas.

Un an après mon arrivée, en 1988, je rencontrai un groupe de professeurs de philosophie des universités de Delhi. Après avoir comparé nos corpus, nos programmes, nos méthodes, je constatai qu'à l'exception d'un seul, tous professaient de la religion. Professeur de Bouddhisme, de Veda, de Vedanta, d'histoire des religions indiennes, etc. L'exception était un professeur de phénoménologie, ancien élève d'Hannah Arendt. Brusquement, l'idée me vint de leur poser une étrange question. Connaissaient-ils l'existence de la Shoah ?

Bien sûr, répondirent-ils.

Quelque chose n'allait pas dans le ton de leurs réponses. Tranquilles et habituées. J'en posai une deuxième. Combien de juifs furent-ils assassinés ?

Oh, de nombreux millions, dirent-ils. Ils savaient. Pourtant, cela n'allait pas.

Ma troisième question fut la bonne. Et comment les juifs furent-ils tués ?

– Au couteau, dit l'un.

– Non ! À la baïonnette ! reprit l'autre.

– Vous n'y êtes pas du tout ! Au fusil, dit un autre.

L'ancien élève d'Hannah Arendt ne disait rien.

– Mais vous, vous savez ? insistai-je. Les chambres à gaz ?

– Oui. Mais en Inde, les massacres, on a tellement l'habitude...

La Shoah était donc un massacre habituel, comme en Inde. Deux millions de morts d'août à octobre 1947. La Shoah n'avait rien de particulier.

Pendant mon troisième voyage à Calcutta, je repérai une grande statue de bronze représentant un homme en uniforme, bras parfaitement tendu. On aurait dit un salut hitlérien. Tellement bien imité, pensais-je.

Mais ce n'est pas du tout une imitation. La statue est celle de Subhas Chandra Bose, surnommé Netaji. Un disciple de Gandhi, devenu un nazi.

Quand l'Angleterre déclara la guerre à Hitler, Gandhi décida de soutenir les Anglais. Pour un temps, la lutte pour l'indépendance passerait après la lutte contre la barbarie. Un disciple refusa. Subhas Chandra Bose. Rallié aux Allemands et aux Japonais, il fonda l'Armée nationale indienne pour se battre contre l'occupant anglais. Et s'en fut en Allemagne adhérer au parti nazi, où il fut reçu en grande pompe par le maréchal Goering. Il disparut à la fin de la guerre quand l'avion qui le conduisait au Japon s'écrasa – à moins qu'il ne soit mort en prison au Goulag. Dans sa correspondance avec sa fille Indira, Nehru est très clair. Oui, il y eut des nazis en Inde, des nazis indiens ; il y eut des liens organiques entre ces nazis indiens et le parti d'Adolf Hitler. Netaji n'était pas seulement un enfant perdu de Gandhi.

Invitée par l'Université de Calcutta, je dis aux professeurs et aux étudiants de philosophie la crainte que m'inspirait le salut hitlérien de la grande statue de Netaji. Ce fut un beau tapage.

– Vous êtes folle ! Ce n'est pas le salut hitlérien ! Il tend le bras dans la direction de Delhi...

– Il montre l'avenir ! D'ailleurs il ne tend pas le bras. Seulement l'index !

Jusqu'au moment où un vieux professeur qui avait l'âge d'avoir connu la guerre se leva dignement.

– L'étrangère a raison ! dit-il d'une voix forte. Vous êtes des ignorants !

On est progressiste au Bengale. On ne supporte pas l'idée du nazisme. Et on aime Netaji, ce héros du Bengale. Alors on ne voit pas qu'il fait le salut nazi.

Dans ces eaux-là, un zigoto nommé Bal Thackeray commença à tenir des meetings à Bombay. Il brandissait *Mein Kampf* et promettait de faire subir aux Musulmans le sort qu'Adolf Hitler avait réservé aux Juifs. Mais six millions, c'est peu ! Bal Thackeray promettait beaucoup mieux. On gazerait cent cinquante millions de Musulmans.

En 1988 commença la diffusion du *Mahabharata* à la télévision indienne, *Doordarshan,* chaîne d'État alors monopolistique. Le dimanche matin à neuf heures et demie, toute l'Inde regardait la télévision et, dans les villages, l'unique poste était décoré de fleurs comme un autel. Sikhs, Musulmans, Hindous, toutes castes réunies regardaient la télé dominicale. Scénariser une épopée mythique de quatre-vingt-dix mille vers était une prouesse télévisuelle extraordinaire, d'autant qu'elle était réalisée avec de petits moyens et des truquages modestes. L'initiateur de cette vaste entreprise était un honnête homme animé de l'esprit de service public ; il avait fait ses preuves. Avant *Le Mahabharata*, il avait fait un feuilleton du *Ramayana,* épopée dans laquelle le dieu Ram guerroie contre un démon du Sud qui lui a pris sa femme.

Les épopées mythiques devinrent nationales, puis nationalistes. Le dieu Ram passa pour le héros de l'Hindouisme moderne. En toute innocence, le haut fonctionnaire chargé de la télévision publique avait alimenté un nouvel Hindouisme, xénophobe et raciste.

En 1990, Lal Krishna Advani eut une brillante idée pour relancer le Parti national du peuple indien qui avait dix ans d'âge. Son objectif était de détruire une mosquée construite sur le supposé lieu de naissance du dieu Ram.

Les historiens, pour la plupart marxistes, eurent beau protester, argumenter, s'indigner qu'on prenne pour de l'histoire le lieu de naissance d'un dieu imaginaire, rien n'y fit. Advani lança un grand pèlerinage qui, parti de Delhi, devait arriver dans la ville d'Ayodhya souillée par la mosquée de Babur, premier empereur moghol venu d'Ouzbékistan. Le temple du dieu Ram serait sous la mosquée. Chaque pèlerin transportait une brique pour le futur temple ; la destruction de la mosquée allait sans dire. Juché sur un camion décoré en lotus, Advani n'alla pas jusqu'au bout, mais sur tout son parcours, des Musulmans moururent assassinés. À coups de trident parfois, car le trident sacré que portent les yogis est une arme. En 1992, une armée de yogis fit sauter la mosquée d'Ayodhya à l'explosif sous les yeux des soldats indiens qui ne bougèrent pas d'un pouce. Les briques des pèlerins sont toujours entassées à côté des ruines de la mosquée ; jusqu'à nouvel ordre, la construction du temple du dieu Ram est suspendue à une décision de la Cour suprême.

Quelques années plus tard, le parti d'Advani gagna les élections. Sa branche d'extrême droite avait dans son programme le royaume hindou, l'*Hindutva*. Les hindous et les membres des religions issues de l'Hindouisme y seraient les seuls citoyens de l'Inde nouvelle ; les autres, chrétiens, juifs et musulmans y seraient privés de la citoyenneté. Ces gens prirent grand soin d'avoir leurs Intouchables. Le racisme n'était plus dirigé contre eux ; on les engloberait dans la rénovation, conçue par des brahmanes pour garder le pouvoir. Désormais, le racisme irait aux étrangers, environ deux cents millions d'Indiens appartenant aux religions venues de l'étranger, chrétiens, juifs, musulmans.

Ils perdirent les élections suivantes.

Dans le même temps, les pariah et les serviteurs du système des castes s'organisèrent enfin en grands partis de masse. Il y eut un premier *chief minister* issu des basses castes dans l'État de l'Uttar Pradesh ; il y a aujourd'hui, dans le même État, une *chief minister* Intouchable convertie au Bouddhisme, Madame Mayawati. C'est le contrepoison.

J'ai gardé pour la fin mon premier traumatisme, la toute première fois où le monstre apparut.

Nous arrivâmes en Inde le 7 septembre 1987.

Le 4, à Deorala, petit village du Rajasthan, une jeune veuve de dix-sept ans décida de brûler vive sur le bûcher de son mari. Les autorités politiques de l'État du Rajasthan, et d'abord la maharanée très belle et très illustre devenue députée de droite au Parlement, célébrèrent l'événement comme une consécration du retour aux valeurs de l'hindouisme. La commémoration du douzième jour qui devait transformer la brûlée en déesse eut un retentissement politique considérable.

La jeune femme n'avait pas vécu avec son mari. Elle faisait des études supérieures à Jaïpur. Elle s'appelait Roop Kanwar ; elle est devenue déesse. La femme dans l'Hindouisme étant toujours coupable de la mort du mari, une veuve est suspecte. Ou tu vis et on te privera d'épices, de fêtes, de saris de couleurs, tu auras la tête rasée, tu vivras en servante, tu n'auras plus de lit. Ou alors tu brûles et tu deviens déesse. Tu seras rachetée et on te bénira. Quand on est inspirée, le feu ne fait pas mal, tout le monde sait cela, c'est comme un bain frais, c'est vite fait, allez. Choisis.

Une fois posés ces événements modernes, alignés le héros nazi du Bengale, le zigoto de Bombay, le parti nationaliste, la destruction de la mosquée à l'explosif et la veuve brûlée qui avait dix-sept ans, il faut penser.

Il y a des évidences.

Condamné à mort et pendu après les procès de Nuremberg, Alfred Rosenberg fut l'un des principaux conseillers idéologiques d'Adolf Hitler ; il diffusa les *Protocoles des Sages de Sion* et fut chargé des massacres à l'Est. Il était membre de la Société de Thulé, pour qui les secrets de l'Atlantide auraient été recueillis dans les Himalayas, notamment chez les lamas de la religion tibétaine, supposés gardiens de la pureté aryenne.

Le symbole de la Société secrète de Thulé était une svastika tournée vers la gauche. On n'échappera pas à cette vérité. Par Bouddhisme tibétain interposé, le symbole nazi de la croix gammée a été déniché en Inde.

Il y a de la métaphysique.

Le symbole de l'éternité qui tourne sur elle-même à l'infini n'est pas eschatologique et ne désigne pas le sens de l'histoire ; il désigne le retour éternel d'un cycle cosmique. Il est inséparable du système des castes. Quand un hindou meurt à Bénarès, le dieu Shiva lui souffle dans l'oreille la parole qui le délivrera ; il sortira du cycle cosmique interminable et ne renaîtra plus. Sinon, il renaîtra dans un nouveau corps pour une nouvelle vie dans une caste donnée. Le cycle du retour éternel garantit la permanence des castes. On naît brahmane ou serviteur, on renaîtra serviteur ou brahmane, et on n'en sortira jamais qu'à Bénarès, où de nombreux hindous s'installent pour cela : recueillir le souffle du dieu Shiva, sortir du cycle, devenir rien.

Le cycle que symbolise la svastika garantit l'inégalité entre les hommes. Il y a la naissance et elle est inégale.

Dans un système aussi métaphysiquement verrouillé, les non-hindous n'appartiennent pas à l'humanité. Ils sont hors système. Passe encore pour ceux qui appartiennent à des religions issues de l'Hindouisme : Bouddhistes, Jaïns et Sikhs, assimilés hindous, font partie de la famille. Mais les autres sont exclus.

Ceux qui sont issus de mariages mixtes entre hindou et non-hindou sont appelés des « hors-castes ».

C'est ainsi que Rajiv Gandhi, fils d'une mère hindoue et d'un père parsi, se vit refuser l'entrée de certains temples. Qu'il eût été le fils d'Indira Gandhi, petit-fils de Nehru et qu'il fût à l'époque Premier ministre de l'Inde, l'homme théoriquement le plus puissant de son pays, ne fit rien à l'affaire. Hors caste. Premier ministre, Rajiv Gandhi n'entrait pas dans les temples gardés par de pieux brahmanes.

L'ennemi désigné n'est pas l'ennemi juif. Grosses de quelques milliers, les communautés juives en Inde ne dérangent personne et l'Inde est le pays le moins antisémite du monde.

Réduits à moins de cent mille personnes, les parsis ne sont pas menacés ; réfugiés en Inde depuis des siècles, ils ont fait le terrible serment de s'en tenir au mariage endogame.

Prosélytes depuis le seizième siècle, les chrétiens sont les héritiers de trois colonialismes : d'abord le portugais, ensuite le français, et pour finir, l'anglais. Souvent attaqués, ils dérangent. Des attentats antichrétiens ont eu lieu sur le territoire de Pondichéry et dans l'État du West Bengal. Ils sont aujourd'hui meurtriers dans l'État de l'Orissa.

Mais l'ennemi principal, l'envahisseur suprême, c'est le Musulman. Il est entré en Inde dès le huitième siècle, il a conquis l'Inde, il est devenu empereur. Les Moghols ont régné trois siècles avant que les Anglais n'emprisonnent le dernier d'entre eux en 1858, à la fin de la révolte des Cipayes. Pire, le Musulman a créé le Pakistan, découpé l'Inde en deux. Voilà pourquoi le zigoto de Bombay pouvait impunément lui promettre en public le sort annoncé dans *Mein Kampf*.

Le Mahatma Gandhi avait bien des défauts.

À ses amis juifs qui venaient d'apprendre l'existence des chambres à gaz, il conseilla de prier pour Hitler, et, réunis dans une foule innombrable, de se poster au-dessus des falaises de Douvres ; là, ils menaceraient de se jeter à la mer et immanquablement, le Führer céderait à l'attendrissement.

Il avait ses manies ; il se soignait à l'argile exclusivement, refusait tout médicament, toute injection, et telle est la raison pour laquelle la fidèle Kasturba, son épouse, mourut d'une pneumonie sous les yeux du médecin anglais auquel, selon les prescriptions conjugales, elle avait refusé une injection de pénicilline. Le Mahatma déclara qu'il était heureux au-delà de toute mesure.

On peut lui reprocher d'avoir négligé ses enfants au bénéfice de ceux et de celles qu'il avait adoptés ; d'avoir négligé son épouse ; d'avoir rendu publiques ses éjaculations nocturnes qu'il punissait avec des jeûnes ; d'avoir, pour éprouver sa chasteté, dormi entre les bras de deux jeunes filles, ses nièces adoptives, rendant la chose publique pour l'exemple. Tout cela et d'autres choses encore.

C'est un type impossible et je l'aime. Pourquoi ?

Il choisit de défendre les sous-hommes et se battit pour les Pariah au risque de sa vie. Il leur trouva un nouveau nom, *Harijan*, les enfants de Dieu. Quand il jeûna à mort pour la première fois en 1924, lui, le hindou, ce fut pour défendre les Musulmans qui refusaient l'abolition du Califat, décidée par l'Occident après la fin de l'Empire ottoman.

Il fut le champion athlétique d'un Hindouisme ouvert qu'il transforma en profondeur. Un ami pariah qui devint président de la République a fait un jour devant moi l'éloge de l'Hindouisme, parce qu'il est, disait-il, *deeply catholic*. Je me souvins qu'en grec, chez les Pères de l'Église, le mot *catholique* veut dire *universel*. Mon ami le président Narayanan pensait que l'Hindouisme emporte des valeurs universelles : la non-violence, la compassion, le partage, le respect de la vie, la non crainte de la mort. C'étaient exactement les valeurs de Gandhi.

Parce qu'il soutenait le Pakistan, le Mahatma fut assassiné en 1948. Par qui ? Un fanatique hindou. Nathuram Godsé était membre d'un mouvement d'extrême droite, le RSS, qui nourrit aujourd'hui la pensée du parti nationaliste.

Nehru prit le relais. Brahmane, matérialiste, athée, il ne céda jamais sur son amour de l'Inde, en reprit le flambeau sans reculer d'un pouce sur son matérialisme ni sur son athéisme. Sa fille Indira reçut en héritage cette grande fermeté sur l'unité de l'Inde, non sans céder parfois aux astrologues, « mères » fondatrices de sectes et gourous ; c'était inoffensif. Rajiv Gandhi, pilote d'avion, était un jeune Indien moderne et rationnel ; l'Inde lui doit aujourd'hui d'être informatisée.

Gandhi, Nehru, Indira, Rajiv : ils ont si bien ancré en Inde le contrepoison que c'est une Italienne qui, aujourd'hui, dirige le vieux parti centre gauche du Congrès. Du vivant de son mari, les hindous virulents – de nombreux journalistes – l'appelaient « l'épouse née italienne du Premier ministre de l'Inde ». Par sa seule présence, Sonia Gandhi annule le nazisme hindou.

Mais il est toujours là.

Pourquoi une religion dont les fondements légitiment l'inégalité entre les hommes attire-t-elle tant d'Occidentaux ? Je n'ai pas cessé de me poser cette question.

Peu de temps avant la Première guerre mondiale, des occultistes rôdèrent en Europe. Ils vénéraient l'Orient ; ils croyaient aux Aryens, comme les cinglés de la Société de Thulé. Les secrets des grands sages étaient cachés en Inde chez de grands inspirés. Ils étaient syncrétiques et tout leur était bon. Le grand mot était « ésotérique », un mot qui définit le salut, l'initiation secrète seulement pour les élus. Parmi ces fous de l'Inde, il y eut une Russe à l'œil bleu ciel ; sur les photographies, ces yeux exorbités sont presque protubérants. Elle s'appelait Helena Petrovna Blavatsky. Elle disait être dépositaire des secrets de grands yogis trouvés sur les Himalayas, à peu près comme mon ami Thaï qui rencontrait Jésus bavardant avec son gourou. C'était une merveilleuse affabulatrice. Elle fonda la Théosophie. Lui succéda une digne Britannique malheureuse en ménage, fort instruite, une femme courageuse nommée Annie Besant.

Elle s'installa en Inde, comme tant d'autres après elle. À Madras – aujourd'hui Chennaï –, elle trouva un jeune enfant brahmane qui deviendrait le Sauveur du monde. Elle éduqua son Messie très strictement, lui enseignant comment il sauverait le monde. Quand il eut dix-huit ans, elle lui remit les clefs de la Théosophie, son royaume. Le jeune messie brahmane du Tamil Nadu fit alors un geste extraordinaire. Il secoua la poussière de ses sandales et s'en fut. Il devint un sage raisonnable. C'était le philosophe Krishnamurti.

La plus juste est Alexandra David-Néel. Anarchiste, instruite par Élisée Reclus, traumatisée à vie pour avoir vu enfant, les cadavres des fusillés de la Commune dans leur fosse, elle quitta son pays et devint tibétologue. Elle étudia les textes et les pratiques. Elle vécut en ermite dans la neige glacée, elle devint savante dans la maîtrise du corps. C'était une sérieuse, sauf avec son mari. Partie pour un voyage de quelques mois en Inde, elle resta près de vingt ans sans le revoir. Bon. Mais si sa liberté dépendit de l'argent qu'envoyait son mari, elle en fit bon usage. Et c'est elle qui voit clair dans l'Hindouisme de ceux qu'elle nomme « ultra-orthodoxes ». Après l'assassinat de Gandhi, voici ce qu'elle écrit sur eux dans *Le Journal de Genève* du 9 mars 1948 : « Bien plus que chez les Allemands nazis, l'orgueil de race fleurit chez eux. À leurs yeux, tous ceux qui ne sont point nés hindous sont des barbares impurs [...]. La seule crainte que doivent éprouver les pays occidentaux à leur égard est l'ascendant qu'ils pourraient prendre sur la politique de l'Inde, ce qui creuserait davantage le fossé qui sépare l'Orient de l'Occident. »

Justesse d'Alexandra.

Les autres folles de l'Inde sont des femmes d'Europe au corps insatisfait, instruites, mais insensibles aux vraies luttes de l'Inde, aux grandes guerres mondiales. Hystériques en fuite, ces femmes sont des fugueuses réussies. Avec elles, on tient le modèle de l'attrait.

Qui veut partir en Inde par amour de l'Inde est en fuite. Cela peut réussir. On change d'identité, on quitte sa famille – c'est le but. On ne la revoit plus. On entre dans une secte ou bien on vit en simili-hindou. On est en groupe mais seul. On est sexuellement libre.

C'est une vie rêvée. Elle sait guérir.

Mais cette vie rêvée ne peut s'intéresser aux combats sociaux. C'est irréconciliable. On n'a que faire de ça. On préfère l'Hindouisme. Il est intangible, cyclique, éternel et il pose en principe que l'injustice existe.

C'est ainsi que le grand musicologue Alain Daniélou, fort respecté en Europe pour ses travaux sur la musique indienne, fut très critiqué en Inde par les intellectuels parce qu'il se situait à l'extrême droite hindoue, farouchement hostile aux Musulmans, à la famille Nehru, à Indira Gandhi, à son fils, et au Mahatma. Il avait longtemps vécu à Bénarès dans un petit palais au bord du Gange. En 1985, juste avant la fête d'ouverture de l'Année de l'Inde, Alain Daniélou publia un article dans *Paris-Match* si virulent contre Rajiv Gandhi qu'il mit réellement la vie du Premier ministre de l'Inde en danger.

Il était membre du comité officiel de l'Année de l'Inde. Jean Riboud en était le président ; Krishna Riboud, sa femme, spécialiste des textiles asiatiques, était une petite-fille de Rabindranath Tagore. Jean Riboud savait tout de l'Inde.

Jean était hospitalisé, au terme d'un cancer. Au téléphone, il rassemblait ses dernières forces. Et il me demanda de sortir Daniélou du comité. L'Élysée confirma. Je sortis Daniélou. Maurice Fleuret, lui-même musicologue et qui avait choisi Alain Daniélou pour notre comité, tomba des nues.

Des hindous fanatiques peuvent changer. Se dé-fanatiser, accepter la démocratie. Dire comme un de mes amis de haute caste des abominations sur les Musulmans, cracher qu'ils se reproduisent comme des rats – comme des rats ! – et dans un deuxième temps, se repentir. Dans ce pays fou de cinéma, des centaines de milliers d'Indiens ont vu *La Liste de Schindler.* Ce que les historiens et les livres d'histoire n'avaient pas réussi, le film de Steven Spielberg le fit. Ces Indiens-là découvrirent l'horreur de la Shoah. Ils relisent Nehru. Il fallait des images de fiction pour les sortir de la noirceur hindoue.

24

L'Inde des Lumières

C'était en 1988. La *Jeanne d'Arc*, porte-hélicoptères et bateau-école de la Navale, avait fait escale au Kerala, dans le Sud. J'avais encore les yeux éblouis de l'entrée du bâtiment dans la baie de Cochin, longeant les grands filets de pêche chinois couleur turquoise ; je revoyais les marins alignés au garde-à-vous et le petit orchestre de chambre, à la proue, jouer *La Marseillaise* comme du Schubert.

J'avais joyeusement escaladé l'échelle derrière mon Roderich, salué par autant de coups de sifflet que de pas accomplis sur la planche cependant que, sous l'œil du Pacha en grande tenue, un haut-parleur clamait d'une voix de baryton « L'ambassadeur monte à bord ! L'ambassadeur monte à bord ! » On aurait dit un film américain tourné à Hawaï et en Technicolor. L'ambassadeur en blanc et sa compagne en rouge reçus par des officiers en blanc dans une baie bordée de cocotiers et de filets chinois bleus comme l'encre d'Europe qui s'appelait jadis « des mers du Sud ».

Cochin est une ville où se côtoient les chrétiens syriaques dont les évêques portent une coiffe noire brodée d'une croix blanche et rouge ; les artistes de Kathakali, genre épique très ancien ; les marchands musulmans ; et une antique communauté juive autrefois glorieuse. J'avais visité avec émotion la petite synagogue de Cochin pavée de carreaux seizième siècle bleu et blanc, dont la maquette se trouve au musée de Tel-Aviv. J'avais contemplé des couchers de soleil rougeoyants, regardé les dieux à la peau verte sur les fresques d'un palais, je m'étais emplie de cette ville, narines ouvertes aux odeurs du poivre et de la girofle dont les tas s'étalent au marché. Je ruminai tout cela dans l'avion où je revenais seule à Delhi, prise par un séminaire que je devais donner à l'Université Nehru le lendemain.

Je cessai de rêvasser et je pris mon carnet. J'avais cinq heures de vol devant moi et pas de temps à perdre. J'écrivais à l'époque *La Senora.* J'étais lancée dans l'écriture quand une voix coupa mon élan.

– *What are you writing so furiously ?*

Je m'arrêtai. La voix avait la douceur d'un coton usé par les lessives, le genre de tissu pour épancher une plaie. Je n'avais pas regardé mon voisin jusque-là. Un visage tout rond, un teint très foncé, de grands yeux noirs brillants derrière des verres de myope, un sourire juvénile et des cheveux de neige ondulés. Il portait un kurta-pyjama très simple en coton gris, et sur l'épaule, pliée soigneusement, une sorte d'écharpe à carreaux bleus et blancs. Pas un homme d'affaires ; il aurait été en veste à col Nehru. Pas un dignitaire religieux ; l'écharpe aurait été orange. Il souriait largement, un peu décontenancé par mon silence.

– Pardonnez-moi, je suis navré, je vous ai interrompue, poursuivit-il dans un anglais parfait arrondi par l'accent de l'Inde. Mais vous écrivez avec une telle fureur que je n'ai pas pu résister. Qu'est-ce que vous écrivez ?

Les Indiens sont curieux. Il n'y a pas d'exception. Vous vous posez sur un banc dans une gare ou un jardin public, il s'en trouvera toujours un pour vous aborder, avec une volée de questions dont l'ordre est presque toujours le même.

– *Where do you come from ? What is your birthplace ? Do you believe in God ? Who is your God ? What is your good name ? Do you have children ?*

Un, le pays d'origine ; deux, le lieu de naissance ; trois, le genre de croyance ; quatre, le nom de votre Dieu ; cinq, votre prénom ; six, vos enfants supposés... C'est juste pour savoir. Ils écoutent les réponses en dodelinant de la tête avec un sourire éternellement gentil, et puis ils se rendorment ou bien ils méditent, ou bien, ouvrant un sac en papier, ils grignotent un beignet frit à l'huile. Mon voisin était curieux comme tous les Indiens, mais trop distingué pour se laisser aller à la volée de questions.

Du moins, pas tout de suite.

Les écrivains ayant en Inde un statut comparable à celui qu'ils ont en France, mon voisin se montra enchanté d'apprendre que j'écrivais un roman. La volée de questions porta donc sur mon héroïne. Où était née cette dame ? À quelle époque ? Quel était son nom de naissance ? Et quel était son dieu ?

– Ah ! Une juive, comme c'est bien ! Nous avons au Kerala une communauté juive très ancienne, vous savez, ils sont venus tout de suite après la chute du Temple. Mais nous n'avons pas de chance. Ils sont en train de partir pour Israël et avec leur départ, nous perdons un trésor...

Mon voisin parlait de l'Inde en disant « nous ». Il y avait chez lui une culture inhabituelle : les communautés juives en Inde comptent toutes ensemble moins de vingt mille Indiens, une minuscule goutte d'eau dans une immensité – en 1988, les Indiens étaient déjà huit cents millions. Les Indiens qui connaissaient les juifs de l'Inde ne couraient pas les rues, et ceux qui connaissaient l'histoire de l'illustre communauté de Cochin étaient l'exception. Qui était cet homme-là ?

Je posai ma volée de questions. Il était candidat à la députation au Kerala, son pays natal ; il venait de terminer sa campagne électorale. Il portait les couleurs du Parti du Congrès. Il se présenta d'une voix douce et timide, comme s'il hésitait, K. R. Narayanan – je ne savais pas pourquoi il hésitait. Il ne m'annonça pas son prénom en entier, Kocheril Raman, il se présenta à l'indienne avec les initiales, *Ka Er* Narayanan. Ka Er avait été ambassadeur en Chine populaire et en Turquie, il avait publié plusieurs livres savants sur son expérience d'ambassadeur, d'autres sur l'Inde. Mon voisin était une pointure.

Enfin, mais tardivement, il me dit qu'il était intouchable – je me souviens très bien qu'il disait en anglais « *Untouchable* », terme aujourd'hui proscrit dans l'Inde mondialisée qui préfère le beau nom de « Dalits », les opprimés. Son nom l'indiquait clairement, mais je n'en savais pas assez sur l'Inde pour l'entendre. Et s'il avait légèrement hésité en le disant, c'était à cause de ça. *Untouchable.*

Je sursautai. Il soutint mon regard en souriant. Raconta sa scolarité. Sept kilomètres pieds nus pour aller à l'école. Interdiction formelle de pénétrer dans les temples – malgré le grand combat du Mahatma Gandhi, nombreux étaient les réfractaires qui persistaient à interdire leurs temples aux Intouchables. Pendant sa campagne électorale, il s'était heurté aux mêmes interdits et quand il en parlait, lui qui n'était que sourire se transformait en un petit enfant triste. Puis il me dit en riant que les paysannes analphabètes avaient une recette infaillible pour tester les candidats. Elles leur prenaient la main, la serraient, la retournaient. Si la paume transpirait, le candidat était un menteur. La paume de mon voisin avait passé le test avec succès.

Plus tard, j'appris que la lutte contre l'intouchabilité a été initiée au Kerala par les Britanniques à la fin de l'époque coloniale ; mon voisin en avait bénéficié. Il avait fait de brillantes études supérieures et dès 1947, aux tout débuts de l'indépendance, son professeur anglais avait écrit à Nehru pour recommander son poulain. Ni une ni deux. Nehru l'avait immédiatement intégré au corps diplomatique dont il avait été le premier Intouchable.

Il revint au roman que je lui racontai. Quand l'avion atterrit, j'avais à peine fini. Nous nous étions promis de nous revoir et c'est ce qui arriva.

Il fut élu député du Congrès et devint vice-président de la République. C'était une fonction purement honorifique avec inauguration de roseraies. Nous nous rencontrions très souvent. Il vivait dans une résidence de fonction plutôt simple, entourée d'un somptueux jardin. Il y était parfaitement heureux, ayant le temps d'écrire et de vivre aux côtés de la femme qu'il aimait, chose assez rare en Inde. Autoritaire et vive, Usha était une Birmane d'une grande beauté et ces deux tourtereaux entrés dans la vieillesse donnaient de la tendresse à leur vie officielle. Je ne vivais plus en Inde, mais j'y revenais deux fois l'an, rapportant à Usha son parfum préféré, Poison de Dior. Malgré une opération à cœur ouvert dont il se remit bien, ce furent de beaux moments pour lui et ses amis.

Lorsqu'il fut élu président de la République par les deux Chambres, sa vie changea de cours. Les présidents en Inde ont deux fonctions. D'abord, ils désignent le Premier ministre en choisissant le leader du parti qui vient de gagner les élections, ou bien celui qui peut rassembler une majorité. L'autre fonction est essentielle. Le président de l'Union indienne est celui qui maintient l'Inde unie. En 1995, le Parti nationaliste, ardemment hindouiste et antimusulman, gagna les élections législatives.

Certes, ce parti n'avait pas protesté lors de son élection, car pour l'Inde tout entière, un président intouchable était un immense sujet de fierté. Mais mon ami Narayanan était néanmoins un président de cohabitation, et les pogroms de Musulmans dont le parti au pouvoir était à ses yeux responsable lui causaient de grands tourments. Il ne souriait plus. Il était accablé. Ses discours sonnaient comme ceux du Mahatma Gandhi quand il voulut éviter la Partition, « Ne tranchez pas le corps de notre mère Inde ! »

Je ne le voyais plus dans son petit jardin, mais dans l'immense palais présidentiel, un monument construit par l'architecte Lutyens et achevé en 1922. Cette bâtisse géante abrita les Vice-Rois britanniques avant d'accueillir les présidents de l'Inde. Si grand, ce palais, que, selon la légende, les serveurs circulent en vélo dans les sous-sols. Si majestueux qu'on y est écrasé. Splendide, massif, inhabitable.

J'avais découvert ce palais le jour de la présentation des lettres de créance de Roderich au président de l'Union indienne, qui était en septembre 1987 un brahmane du Tamil Nadu.

Ce fabuleux rituel a disparu.

Trois jours avant la date fatidique, mon ambassadeur avait appris, furieux, que la jaquette était obligatoire pour la cérémonie. Une jaquette gris clair avec pantalon gris foncé. On lui avait dit le contraire au Quai d'Orsay : « La présentation des lettres de créance ? Oh, ce n'est rien. Très simple, très familier. » Le tailleur qu'on trouva en la place se montra incapable de copier la jaquette obligeamment prêtée par l'ambassadeur d'Angleterre, en soie sauvage légère. Au dernier moment, le tailleur apporta une jaquette gris clair, mais en flanelle épaisse, et avec une couture dans le milieu du dos.

Il faisait quarante degrés ce jour-là. La suite de l'ambassadeur était arrivée à l'avance en voiture ; des chaises étaient disposées sur le grès rose brûlant. J'avais reçu des consignes : pour les dames, chapeau, collant et gants. Je portai une capeline blanche, des gants de filoselle, des collants. Je m'éventais furieusement. Selon l'usage, mon ambassadeur arriva dans la calèche d'apparat attelée de six chevaux noirs qui avait servi pour le couronnement des Mountbatten, et leur départ. La cérémonie commença.

Stoïque sous la chaleur, mon ambassadeur se tint au garde-à-vous sur un petit podium devant une fanfare qui lui donnait l'aubade dans la cour du palais. Il passa les troupes en revue – je revois l'indiscret petit coup d'épée du commandant en chef indiquant à l'ambassadeur l'endroit pour s'arrêter et saluer le drapeau. Il ruisselait. Puis, selon un pas anglais qu'on nous avait appris – lever un pied, marquer un temps suspendu pied en l'air, et enfin poser l'autre – nous montâmes les degrés de grès rouge au son de trompettes d'argent. C'était le rituel des Vice-Rois, d'allure un peu moghole, un rituel qui donnait à l'Empire des Indes britanniques une puissance orientale et à l'Angleterre, une raideur guindée. Une heure et demie sous un cagnard de feu.

La présentation elle-même se déroulait dans le Durbar, une salle immense ornée de fresques d'oiseaux et de fleurs comme dans les palais moghols d'Agra et de Delhi. C'est là qu'avait eu lieu le couronnement des Vice-Rois. Et rien n'avait changé. Le président de l'Inde prendrait place sur un trône d'argent. Il ferait son entrée entre les gardes présidentiels, dont la règle exige qu'ils mesurent deux mètres sans compter le turban. De sorte que, lorsqu'il arriva, personne ne le vit.

Le président de l'Inde était au milieu de ses gardes et il mesurait à peine un mètre soixante.

Debout, à trois mètres de distance, le chef du protocole présente *His Excellency* au président de l'Inde ; *His Excellency* demande à son numéro deux de lui tendre la large enveloppe plate contenant la lettre écrite par le président de l'ambassadeur au président de l'Inde ; *His Excellency* la tend à icelui qui ne la lit pas et la passe à son numéro deux sans l'avoir ouverte. Pas un mot échangé, et à peine un regard.

Puis tout redevient du vingtième siècle. Réception sur de grands canapés devant un aquarium, boissons sans alcool, autorisation de parler, chapeau et gants aux pelotes. *Where do you comme from ? What is your birth place ? Do you have children ?*

Je connaissais la grande salle du Durbar, la salle à manger des dîners d'apparat, les escaliers immenses, les salons aux murs de vingt mètres de hauteur, et la roseraie dans le jardin ouvert aux visiteurs certains jours. Pour rien au monde je n'aurais voulu vivre là-dedans.

Mon ami président s'en serait bien passé. Usha et lui eurent du mal à s'y faire. « C'est trop grand ! gémissait Usha dans les débuts. Comment va-t-on s'y prendre ? » Les gardes de deux mètres me saluaient au passage et parfois, l'un d'eux, ensommeillé, laissait tomber sa hallebarde sur le marbre sonore. Narayanan n'y était pas à l'aise. Lui si spontané, si vivant, vécut dans un carcan.

Il fut invité en France par Jacques Chirac. Les deux chefs d'État étaient en pleine cohabitation ; en France, nous y mettons une certaine rondeur. Mais l'Inde, non. Mon ami président me reçut à l'hôtel Marigny, où je fus introduite par des gens de sa suite, ses ennemis politiques – comme cela se sentait ! Narayanan était sous surveillance. D'un regard inquiet, il me demanda le silence le temps que ses gardes-chiourme politiques quittent la pièce. Il ne se plaignit pas, il demeura prudent. Seul son regard très triste confessait son malaise. Je le vis prisonnier, malheureux.

Il m'avait apporté une écharpe écarlate brodée de papillons. J'avais apporté pour Usha son Poison de Dior, et pour lui, une de mes aquarelles du Kerala. Le soir du dîner d'État, je fus prise à partie dans les salons de l'Élysée par de jeunes journalistes indiens très énervés qui me reprochèrent vivement – pourquoi à moi ? – les titres unanimes de la presse française, pourtant très élogieuse, sur « Le président intouchable ». Une insulte ! Intouchable était devenu un gros mot.

Je me mis en colère. J'invoquai pêle-mêle Victor Hugo, la Révolution française, la Commune de Paris, tout ce qui, en France, exalte les Misérables, mais comme les jeunes journalistes étaient de l'extrême droite indienne, ce fut pire. L'altercation se poursuivit sur le perron de l'Élysée, et je reçus l'approbation des diplomates présents. Lorsque je lui racontai l'épisode, Narayanan se montra très content. Il y tenait, lui, au terme d'Intouchable. La devise de la République, pour lui, avait un sens actuel.

Il prit sa retraite de président de la République dans une paisible petite maison blanche avec un jardin planté de roses blanches. Usha allait très mal. Narayanan souriait avec difficulté. La dernière fois que je le vis, en 2006, il endura stoïquement devant nous le supplice de qui voit sombrer l'amour de sa vie et ne s'en cacha pas ; nous étions trop intimes. Six mois plus tard, il mourut.

Kocheril Raman Narayanan était la face lumineuse de mon Inde.

« But I am a Nehru ! »

En février 1991, il fallut aller dire au revoir à Rajiv Gandhi ; Roderich avait été nommé en Autriche. Devenu Premier ministre contre sa volonté après l'assassinat de sa mère Indira, Rajiv Gandhi était un jeune homme rapide qui, propulsé à la tête de cette immensité, avait résolu de la moderniser. Entouré d'une bande de jeunes amis de son calibre, il décida d'informatiser l'Inde. Et ce pays aux six cent mille villages dont le Mahatma Gandhi était si fier, ce pays aux mille pesanteurs s'informatisa à toute vitesse. L'essor actuel de l'Inde, c'est lui. Le capital d'intelligence informatique qui fait la croissance de l'Inde, c'est Rajiv Gandhi. Revenus des États-Unis avec une ardeur enthousiaste, les ingénieurs qui l'entouraient voulaient aller très vite. L'un d'eux, Sam Pitroda, furieusement brillant, furieusement barbu, avec de furieux cheveux longs romantiques, était tellement obsédé par l'implantation des lignes téléphoniques dans les villages qu'il eut une crise cardiaque à force de travail ; pour rien ! Ce martyr de la modernité fut dépassé par les portables.

Rajiv vivait simplement avec sa femme Sonia, « *The Prime minister's italian-born wife* ». Je n'ai jamais compris pourquoi l'AFP reprenait cette formule xénophobe. De toute son âme, Sonia l'Italienne, épouse Gandhi, naturalisée indienne, s'était livrée au pays de son mari. Elle avait tendrement aimé sa belle-mère Indira qui le lui rendait bien, mais elle ne voulait pas que Rajiv fasse de la politique. Trop cruelle. Rajiv dut essuyer une campagne de presse à propos d'un achat de canons suédois, les canons Bofors, fondée sur des soupçons jamais vérifiés. Mais en Inde, les soupçons suffisent. Rajiv tomba. Le lendemain, on vit dans les journaux une photo de Sonia en cuissardes et en cape, signe de sa délivrance. Il n'était plus Premier ministre.

Quelque temps plus tard, vinrent les élections législatives. Vicieusement, le Premier ministre de l'époque enleva à Rajiv Gandhi ses *black cats*, les Chats Noirs, gardes du corps expérimentés. Rajiv fut donc obligé de faire campagne sans protection rapprochée. Criminelle décision. Pendant cette visite pour lui dire au revoir, Roderich le supplia de ne pas faire campagne ainsi, sans protection. Un attentat est si vite arrivé ! Rajiv fronça le nez. Son regard scintilla.

– *But I am a Nehru !* répondit-il fièrement.

Il était un Nehru et il n'avait pas peur.

Paris, trois mois plus tard. Nous étions en train de nous préparer pour une réception à l'ambassade d'Autriche quand nous entendîmes la radio. Il était un Nehru, il n'avait pas tremblé et il venait de mourir assassiné au Tamil Nadu. Une jeune femme s'était approchée de lui avec un paquet fleuri et ils avaient explosé ensemble. Dahlip Mehta, son chef du protocole, nous raconta en pleurant que son ami Rajiv – ils avaient fait leurs études ensemble – avait été réduit à « une lame de chair ».

Pendant quelques années, quand je me rendais en Inde, j'avais des rendez-vous avec Sonia Gandhi. Très réservée, elle pleurait l'amour de sa vie avec une dignité saisissante. Tout en elle est de l'Inde : sa chevelure noire et lisse, ses yeux droits et profonds, son maintien, la façon qu'elle a de draper son sari, sa parole timide. Surtout ça. En visite officielle à New York, Nehru lança aux journalistes américains : « Nous parlons d'une voix faible parce que la voix de l'Inde a la force des faibles. » Ainsi est Sonia.

Son deuil fut très long. La vie n'habitait plus son beau visage. Puis, avec le temps, la vie revint un peu. Elle était résolue à ne jamais entrer en politique ; elle avait créé une fondation orientée sur l'éducation et la santé. La fondation de Sonia semblait devoir combler sa vie, mais l'Inde fut la plus forte. Elle résista longtemps, puis elle accepta de lui appartenir. Elle fut élue présidente du Parti du Congrès. La timide a appris à parler en public, à tenir des meetings en hindi, à faire face à la foule. Elle commence à ressembler à Indira. Alors que Maneka Gandhi, une fille de l'Inde, veuve de Sanjay Gandhi, l'autre fils d'Indira, est passée dans le camp de la droite, l'Italienne, l'étrangère est celle qui relève le nom des Nehru.

But she is a Nehru.

Le clair et l'obscur

C'était une grande maison dans les faubourgs de Calcutta. Cette année-là, en 1993, mon ami le documentariste Alain Lasfargues tournait un film sur le Gange ; j'étais « l'auteur ». Je lui avais parlé du rituel de Dourga, il voulait le filmer au sein d'une famille. Ayant appris, Dieu sait comme, que nous cherchions une maison bengali traditionnelle, une jeune femme était venue nous voir à l'hôtel en proposant la demeure de son père. Elle insista beaucoup ; c'était une dévote de Dourga et elle garantissait la pureté rituelle.

Nous campâmes dans le palais bourgeois avec notre attirail de cinéma. La jeune femme nous traita en amis de la famille. Il y avait une bibliothèque, des rocking-chairs, des sucreries, des colonnades et des balcons donnant sur une vaste cour où se dressait la statue de la déesse en glaise et sari de soie, retenue par un fil léger.

Le dernier jour, notre jeune amie se mit au pied de l'immense statue en attendant le moment fatidique. Après le stade du miroir où se prendrait le reflet de Dourga, le prêtre allait couper le fil qui l'entourait et elle irait rejoindre le dieu son époux dans les Himalayas. Sa dépouille, au Gange. Notre amie redoutait ce moment.

– Que ferai-je sans elle ? Elle est toute ma vie. Je ne veux pas qu'elle parte !

L'instant était venu. Elle joignit les mains. Le fil fut coupé. Des larmes ruisselèrent sur ses joues. Elle ne supportait pas la séparation d'avec la déesse qui remplissait son cœur, mais curieusement, la jeune femme rayonnait.

En soi, cette dévotion n'avait rien d'exceptionnel. Les femmes peuvent pleurer lorsque Dourga s'en va. Ce qui était exceptionnel, c'était l'histoire de cette jeune Bengali.

Ses parents l'avaient mariée selon l'usage indien ; jusqu'au jour de ses noces, elle ne connaissait donc pas le fiancé. Nulle rébellion. Elle avait accepté de bon cœur la coutume. Puis, dès les premiers jours, le mari « arrangé » par les parents s'était mal comporté ; il l'avait battue tous les soirs. Cela non plus n'a rien d'extraordinaire. Mais la jeune femme avait demandé le divorce, fait très rare en Inde à cette époque. Elle était revenue chez son père avec le plein accord de ses parents, ce qui ne se fait jamais ; un père n'accepte pas. Cette jeune femme battue avait bravé les rites sur deux points essentiels : le divorce et le retour au foyer paternel.

Versées en l'honneur d'une déesse partie rejoindre son époux divin, les larmes de la jeune femme exprimaient à la fois son malheur conjugal et une libération. Elles étaient lumineuses, ces larmes. Avec leur part d'enfance et leur émoi dévot, elles n'appartenaient plus à l'Inde cruelle aux femmes, mais à l'Inde des lumières.

Nous vivions en Inde quand Yasser Arafat vint en visite officielle à Delhi, à l'époque où Shimon Peres commençait secrètement les négociations qui devaient aboutir quelques années plus tard aux accords d'Oslo. Arafat n'était pas chef d'État, mais Rajiv Gandhi décida qu'il serait accueilli comme s'il l'était. Il y eut des drapeaux palestiniens dans les avenues de la capitale et un accueil diplomatique grandiose. Les ambassadeurs rencontrèrent Arafat et je fus invitée.

Ce n'était pas encore le Yasser Arafat de la deuxième Intifada. Ému d'un tel accueil, il rayonnait. Quand je fus devant lui, je lui dis que j'étais juive et que je me réjouissais de le connaître. Il me prit dans ses bras, me bénit avec un curieux geste du pouce, et il m'embrassa sur le front. J'eus une pensée pour ma mère sioniste à qui je n'ai jamais voulu raconter ce baiser. Les yeux brillants de Yasser Arafat rayonnaient de l'Inde des lumières.

Quelques semaines plus tard, Nelson Mandela sortit de la prison où il avait été détenu pendant vingt-huit ans. À peine libéré, il voulut rendre hommage au Mahatma Gandhi et se rendit dans l'Inde des lumières. Il n'était pas encore chef d'État, mais Rajiv décida d'anticiper. Je vis pour la première fois les soufis noirs du Gujarat, descendants d'esclaves africains déportés en Inde huit siècles auparavant. Un peu voûté, Mandela reçut debout l'hommage d'une foule immense avec un sourire lumineux.

La mondialisation a enrichi en Inde des centaines de millions de citoyens. Quand nous sommes partis en 1991, il y avait, selon les sources officielles, environ 90 millions d'Indiens appartenant aux couches moyennes aisées. Dix ans plus tard, ils étaient 400 millions. Comme ailleurs, la mondialisation laisse de côté les pauvres, 600 millions ; comme partout, elle apporte son lot de monstruosités. L'échographie, par exemple. Quand elle fut accessible financièrement, les femmes enceintes y eurent recours en masse. Quand le fœtus était féminin, elles avortaient. Il fallut interdire l'échographie. Entre-temps, il disparut tant de promesses de filles qu'il manque aujourd'hui dix pour cent de femmes en Inde. « C'est un féminicide ! » tonna Man Mohan Singh, Premier ministre depuis 2004. C'est encore l'Inde obscure, mais son chef de gouvernement la dénonce.

Il n'y a plus de famines. Sur la carte de la crise alimentaire mondiale publiée par la Food and Agriculture Organization, organisme apparenté à l'ONU, l'Inde ne fait pas partie des pays menacés. La dernière grande famine en Inde eut lieu en 1943 au Bengale sous administration coloniale anglaise, alors que les armées japonaises étaient déjà sur la frontière birmane, menaçant Calcutta. Rien depuis. Soumise au chantage du président Johnson – du blé contre votre soutien à la guerre au Vietnam –, Indira Gandhi se révolta et lança la Révolution verte. L'année de notre départ, en 1991, l'Inde fournissait du blé à l'Union soviétique alors à l'agonie. Que l'Inde soit pratiquement en autosuffisance, c'est sa part lumineuse.

Six heures à Lucknow devant un grand tombeau musulman. Danièle Sallenave et moi sommes parties avant l'aube pour un exercice familier que nous appelons « aquarelle-carnet » ; je peins, elle écrit, nous confrontons ensuite. Nous avons fait cela de Delhi à Lucknow, Bénarès, Calcutta, Bhubaneswar, pendant que Roderich filmait quand il avait le temps.

Un petit feu de feuilles brûlait dans un coin du jardin, le soleil léchait le sommet du bulbe blanc. Je trouvais ce matin ravissant. Mais une inexplicable angoisse saisit Danièle Sallenave, pour qui cette même aube représentait le pire de l'Inde. Je lui parlai clarté, elle me parlait puanteur ; j'évoquai le paradis du lieu, elle décrivait ce mélange de bois brûlé et de feuilles qui furent, ce matin-là, ses enfers. Cette odeur exquise à mes narines, elle la rejeta comme un parfum funèbre à lui lever le cœur. Son Inde en demeura triste et la mienne ne l'est pas ; elle ne le fut jamais. Nous en parlons parfois comme si nous pressentions dans ce souvenir d'une aube un divorce métaphysique : le tragique de l'Inde ou le moment parfait. La tristesse ou l'instant lumineux.

Mon Inde à moi est gaie. C'est celle des amitiés, des rencontres, des merveilles, de la joie. Je connais l'Inde nazie, c'est celle de mes batailles. Mais ce n'est pas celle de la vie de tous les jours.

Il faut arrêter. Je n'en finirais pas. Alors un dernier conte.

Notre Mère à moustache

1987. L'histoire commence à Pondichéry le jour où un jeune cadre tamoul, veston-cravate et chemise blanche, guide l'ambassadeur dans la visite de son usine agroalimentaire, si briquée qu'avant d'entrer, on se déchausse. Comme au temple. On ne saurait faire plus moderne que ce chef d'entreprise dans son usine modèle. Pendant le repas, il parle avec émotion de sa mère. Ah, sa mère ! Soudain, je dresse l'oreille : il ne parle pas de sa maman, mais de Celle qui le guide. Une Mère avec une majuscule.

Il m'en dit tant et tant que je m'émerveille : cette Mère qui a fait sa réussite et sauvé nombre de ses fidèles prédit l'avenir, et même elle rend l'oracle, deux fois la semaine. C'est, ajoute-t-il les yeux brillants d'excitation, un avatar de Shakti, la force divine. Et justement son temple est à cent kilomètres de Pondichéry ! On prend rendez-vous aussitôt, par télex ; par télex la Mère accepte de nous recevoir – elle a un courriel aujourd'hui.

Temple frais bâti aux colonnes rose shocking fourmillant de fidèles en pagne rouge sombre, « de la couleur du sang des hommes », nous dit-on. Bonne fondatrice de secte, la Mère est universaliste ; le sang humain ne fait pas la différence entre les castes. Sur le carreau du temple, une jeune femme toute mouillée, sari collé au corps, roule sur elle-même au sol, bras tendus en avant. Notre ami le patron d'usine agroalimentaire n'a plus de complet-veston. Le front rougi de poudre, torse nu, en pagne rouge sang, il nous entraîne vers la petite maison où nous attend la Mère. Il est enthousiaste et pressé.

À travers la porte étroite nous le voyons s'abattre à plat ventre. On nous fait entrer dans la petite pièce. Pas de femme. Un moustachu nous regarde en souriant.

C'est un homme sympathique avec de beaux yeux lumineux. Notre ami est toujours en prosternation. Il faut se rendre à l'évidence : la Mère, c'est le moustachu. Un peu enveloppé. À cet instant, il est encore un homme. C'est quand il rend l'oracle qu'il devient femme.

Au fond d'une grotte, se dresse une immense statue de stuc sous un dais de cobras aux capuchons déployés. Les chants commencent, accompagnés de cloches et de gongs ; les fumées montent. Il entre, environné de filles en sari rouge sang. Il se dresse sur les deux gros orteils. Ses jambes défaillent, agitées de tremblements. Ses yeux se révulsent. Il est en transe. On le prend sous les bras, on l'entraîne vers la grotte. Une file interminable de paysans, de cadres, d'enseignants, d'employés attend de consulter la Mère.

Nous pénétrons dans l'antre. Assise sur un lit de feuilles de margousier, la Mère dicte ses prédictions à une armée de scribes qui grattent frénétiquement le papier. On ne voit plus ses yeux, mais les globes oculaires, tout blancs. Elle ne cille pas. C'est à nous. On nous fait asseoir à ses pieds ; l'industriel chuchote la traduction. Elle parle à toute allure. Conseils moraux simplistes, prescriptions diététiques, l'oracle de la Mère n'a rien d'extravagant. Mais nous aurons vu la Pythie, comme jadis à Delphes dans la fumée des herbes, les yeux révulsés, le regard blanc.

Au sortir de la grotte, on nous dirige vers la salle réservée aux hôtes. En sirotant le thé nous regardons la geste de la Mère, peinte à fresque sur les murs : l'enfant au berceau sur lequel se glisse un cobra qui ne l'a pas mordu – signe évident de la divinité ; l'instant de la révélation divine, la transformation de ce simple citoyen en déesse ; la construction du temple. Nulle part la Mère n'est représentée sous la figure d'une femme ; c'est inutile.

D'ailleurs elle est mariée et elle a quatre enfants qu'on vous présentera poliment. Surgit une dame en sari : c'est, vous dit-on, « la femme de la Mère ». La déesse s'incarne où elle veut ; dans le corps d'un homme très viril, dans un veau, un enfant, peut-être une femme. En contemplant les photographies de famille – la Mère et son épouse ; la Mère, sa femme et leurs enfants –, je songeais à la phrase de Lacan, qui fait toujours scandale : « La femme n'existe pas. » À preuve.

En Inde, le nom du Père n'aurait pas fait l'affaire. Seule la Mère a force d'imposition. Dans cette société où le pouvoir social des hommes domine radicalement les femmes, dans cette Inde qui avorte ses fœtus de filles et voudrait tant brûler encore ses veuves, c'est la Mère qui occupe le champ du symbolique au point d'en affubler un moustachu en transe.

25

Quinquin au Bhoutan

J'aurais aimé l'appeler Tintin, mais ce parfait jeune homme ne portait pas de pantalons de golf, il n'avait pas de mèche en virgule sur le sommet du crâne et de toute façon, il est beaucoup trop grand. Non. Je l'appelle Quinquin.

1990. Deux mille mètres d'altitude dans les Himalayas. C'est en juin et il pleut. Nous attendons les secours. Glissement de terrain, tremblement de terre ? On ne sait pas. Toutes les routes sont coupées par des coulées de boue. Nous sommes quatre bloqués au centre du Bhoutan, petit royaume situé entre l'Inde et le Tibet. Il n'y a plus de téléphone ni d'électricité; aucun moyen de communiquer. Roderich est resté à Delhi; je suis l'aînée et le chef de la délégation. Rien à faire. Attendre. Un jour viendra quelqu'un. Nous nous sommes réfugiés à Dzongka dans une petite *guest house* au-dessus d'un de ces monastères forteresses qu'on appelle un « dzong », peuplé de moines bouddhistes.

La troisième nuit, je suis prise d'un malaise. Le cœur dans un étau, l'épaule gauche douloureuse, le souffle court, je me traîne dans le dortoir des garçons pour réveiller Quinquin. Il bondit sur ses pieds et fou d'inquiétude, il me raccompagne jusqu'à ma chambre. Je suis en chemise de nuit, assise sur le lit, haletante, et lui, en pyjama, debout devant moi, s'applique à rester calme.

L'étau me broie le cœur et Quinquin ne bouge pas. Surtout, pas d'affolement. Est-ce une crise cardiaque ? Quinquin n'a pas trente ans et nous sommes perdus dans les Himalayas.

Je me souviens que j'avais la voix froide en énonçant mes hypothèses. De deux choses l'une. Ou bien c'était vraiment un infarctus et dans ce cas, il n'y avait rien à faire faute d'infrastructures et de moyens de transport. Je mourrais là. Ou bien j'avais un simple trouble psychosomatique et dans ce cas, il n'y avait rien à faire non plus. La conclusion s'imposait. Autant se recoucher. Je replongeai sous le drap, l'âme en paix. Après m'avoir veillé un brin, Quinquin finit par repartir.

S'il s'était affolé, je ne réponds de rien. S'il avait laissé paraître ne serait-ce qu'un soupçon de panique, j'aurais peut-être eu cette crise cardiaque que par son calme, il évita. Peut-être le Bouddhisme où nous baignions dans ce petit royaume en plein Himalaya n'est-il pas étranger à cette résolution. Si tout est impermanent, quand il n'y a rien à faire, l'âme s'apaise. Ma douleur disparut et je m'endormis paisiblement. Quinquin, sans doute, aussi. C'est cette nuit-là que se noua entre nous quelque chose d'éternel.

À Delhi, Roderich était son ambassadeur. Le si parfait jeune homme était le benjamin de l'équipe politique, qu'on appelle en jargon du Quai « la chancellerie ». Vingt-six ans, beau comme un Roméo, énarque jusqu'aux bouts des dents, langue acide, esprit vif. Posé sur une peau fraîche, son regard d'écureuil était à la fois brave et craintif, parfois d'une extrême insolence. Les autres, fort sympathiques, étaient un peu guindés, mais lui, pas du tout. Un escrimeur.

En un rien de temps, la joute commença. J'aime à lancer des phrases qui sont autant d'orties, et comme il répondait par des piques adaptées, c'était délicieux. Mais au premier échange, il avait rougi. Et c'était si touchant, cette rougeur enfantine sur la peau de ce jeune homme, que je ne pus m'empêcher de le rebaptiser. Je l'appelai « Quinquin ».

Le Chevalier à la rose, opéra de Richard Strauss, est l'histoire d'un jeune aristocrate amoureux d'une femme mûrissante. Elle, c'est une grande dame et lui, c'est un blanc-bec.

L'intrigue se déroule à Vienne au dix-huitième siècle ; au deuxième acte et malgré ses serments, le chevalier épousera une jeune roturière, délaissant sa maîtresse avec son consentement. C'est un opéra sur le vieillissement féminin, une valse mélancolique pour héroïne plaquée. La Maréchale, « Bichette » pour les intimes, est l'épouse d'un noble important à la cour d'Autriche sous le règne de Marie-Thérèse, mais le mari compte peu, il n'est jamais là.

Seuls comptent les amants. On les voit s'adorer au saut du lit quand les odeurs de sexe imprègnent encore les draps ; il l'embrasse et l'enlace, mais non, Bichette est triste. Bichette se sent vieillir, c'est son dernier amant. Elle l'appelle « Quinquin ».

Au bout de quelques jours, l'apprenti diplomate finit par me poser la question. Pourquoi « Quinquin » ? Je répondis « Chevalier à la rose ». « Ah bon ? » dit-il en rougissant.

Je le sentis inquiet. Supposer que son ambassadrice, qui vient juste d'arriver, se soit toquée de lui, mais quelle horreur ! Lui, vingt-six ans aux fraises et moi, cinquante et un... Nous étions dans les âges conformes à l'opéra de Strauss. J'étais un peu troublée de le voir s'inquiéter, comme si un grain de vrai se cachait dans le surnom. Aurais-je une attirance cachée pour ce gamin ? Moi, tellement éprise de mon Roderich ? Impossible. Mais alors, d'où viendrait ce « Quinquin » qui me tombait des lèvres, sinon de l'envie de le mettre dans mon lit ?

En le regardant davantage, je vis qu'il avait l'exacte carnation de mon fils, et le même âge que lui. Ce n'était donc qu'un doux parfum d'inceste à dix mille kilomètres de Paris. Pas de quoi fouetter un chat. Quinquin m'évita un temps, puis, voyant que je ne le pourchassais pas outre mesure, il reprit notre escrime, exercice sans risque. Je pris soin de lui préciser qu'outre son charme autrichien dix-huitième, il me rappelait mon fils, ce qui le rassura.

Nos joutes continuèrent, et surtout sur l'amour. Pour moi, l'amour coup de foudre tant célébré chez nous n'existait pas en Inde, sauf dans les adultères et encore ! Pas toujours. L'omnipotence des mariages arrangés, l'absence de liberté des jeunes gens de cette époque, le puritanisme d'une société où l'homosexualité reste encore interdite et où le célibat, quoiqu'autorisé, est une mort sociale gravissime pour les femmes, autant de faits sociaux qui freinent l'amour fou. Quinquin n'était pas de cet avis. Il n'avait guère d'arguments, mais il faisait la moue. Un jour, très vite, il me coinça entre deux portes et me jeta à la figure que je n'y connaissais rien, que l'amour fou existait en Inde, qu'il en était certain et que... Il n'acheva pas sa phrase. Quinquin était amoureux à la folie, et il avait trouvé l'amour en Inde.

Nous en étions là quand Joséphine se mit en tête de faire venir à Paris les lamas sauteurs du Bhoutan. Comme aujourd'hui, Joséphine Markowitz était directrice des programmes musicaux du festival d'Automne, que dirigeait alors Michel Guy, ancien secrétaire d'État à la Culture de Valéry Giscard d'Estaing, horticulteur.

Le jour de sa nomination, on lui avait demandé la nature de ses diplômes pour remplir la paperasse et fixer son traitement. Le nouveau ministre de la Culture avait juste le bac. Tête des bureaucrates. Michel Guy racontait souvent cette histoire quand il voulait montrer l'étroitesse d'esprit de l'administration. C'était un homme de droite entouré de jeunes gens de gauche qu'il aimait : Alain Crombecque, Joséphine et mon frère Jérôme, en poste à la Culture quand il y arriva. Un jour, ce fut moi. Il nous traitait comme les enfants qu'il n'avait pas eus. Tour à tour généreux, inquiet pour notre avenir, grondeur ou attendri, Michel devint pour Jérôme et moi un père de remplacement. De la même façon, il couvait son équipe en piquant des colères que tout le monde pardonnait.

Il avait une vertu : il laissait libre. En feuilletant un magazine d'Air France, Joséphine avait vu un article illustré, « Bhoutan, terre de contraste », quelque chose de ce genre. Les photographies étaient surprenantes. Sur fond d'Himalaya, enjuponnés de jaune à petites fleurs, des lamas tibétains à têtes de cerf et d'aigle dansaient en sautant à des hauteurs vertigineuses. Déclic. Les lamas sauteurs du Bhoutan seraient invités au festival d'Automne. Quand ? Un de ces jours. Comment ? Joséphine n'en avait pas la moindre idée.

Dans ces temps-là, Roderich décida de se rendre au Bhoutan en visite officielle. Pour un ambassadeur de France en Inde, cela n'allait pas de soi. Le souverain du Bhoutan, un jeune homme réfléchi, ne voulait pas de relations diplomatiques avec des pays de grande taille. La Suisse, le Danemark, oui. La France, non ; trop grande. Une visite officielle sans relations diplomatiques demande des précautions et surtout, des alliés. Or Roderich avait trouvé l'alliée.

Son long corps moulé dans la *kira*, une étroite tunique en épaisse soie rayée retenue par une châtelaine en argent et turquoise, Françoise Pommaret, jeune tibétologue, avait creusé son sillon au Bhoutan. Une visite officielle, cela l'intéressa. Sur ses conseils, Roderich partit pour le Bhoutan avec des projets de coopération technique sur mesure ; vagins de vache artificiels et restauration de temples. Nous partîmes par la route de Delhi à Timphu ; une semaine en voiture. À la lisière de la plaine gangétique, dans la ville frontière, se dressait un immense portique orné de dragons et de fleurs écarlates : le Bhoutan.

Aussitôt, grimpette à trois mille mètres. Montagne puis vallée, montagne et ainsi de suite. En bas poussent les figuiers de Barbarie ; en haut, sur les cimes, l'herbe que broutent les yacks. Coiffés d'or, les stupa blancs tendent des drapeaux de prière comme des mouchoirs sur une corde à linge, des paysans vendent sur le bord de la route fromages blancs et frais ou bien des champignons, les marcheurs sont partout, moines, femmes, enfants. Dans la capitale, Roderich rencontra des ministres en nombre, parla élevage et patrimoine, mais ne vit pas le roi. Pas de relations diplomatiques avec les grands pays !

Le bâtiment d'insémination artificielle pour les vaches bhoutanaises ressemblait à un chalet suisse dans un paysage d'alpages comme en Suisse, entouré de sombres forêts de conifères d'allure suisse. Tout avait un air suisse au Bhoutan, sauf les rhododendrons de trente mètres fleuris d'orange ou de rose, les yacks velus, les immenses monastères chaulés de blanc, ornés de rouge, et les gamins cul nu, la morve au nez. Disparue, la Suisse. Fumiers sous les maisons sans eau courante ni électricité, enfants aux cheveux couleur paille – signe de dénutrition –, paysans en guenilles. Le Bhoutan de ces années-là ne volait pas les subventions que les institutions internationales accordent aux PMA, les Pays les Moins Avancés.

Sur les collines, pendant les séances rituelles de tir à l'arc, les subventions se voient dans les chaussettes. Le costume traditionnel étant obligatoire, les archers portent un kimono à carreaux rouges et jaunes doublé de coton bleu ciel, et relevé sur les hanches ; mais aux mollets, ils ont presque tous des chaussettes Burlington, rapportées de New York à l'occasion de l'Assemblée générale annuelle de l'ONU. Les délégations du Bhoutan changeant chaque année, les dignitaires du minuscule royaume portaient des chaussettes Burlington, confortables dans ce froid pays.

Les autres allaient nus pieds.

Une Renault de grand style, c'est rare au Bhoutan. Quand les archers aperçoivent la voiture au drapeau bleu-blanc-rouge, ils l'arrêtent. Le tir à l'arc est participatif. On ne se fait pas prier ; les archers sont joyeux et de bonne compagnie. Ils offrent le thé au beurre et à la chaux dans les vastes Thermos décorées de pivoines rouges dont la Chine populaire inonde le monde entier. Ne pas penser au thé ! C'est un bouillon revigorant, avec un écho de thé noir. De même : ce qu'on prend pour de fins haricots verts au gratin sont de petits piments qui arrachent la gueule. Les délégations officielles n'étant pas logées à la même enseigne que les touristes, nous eûmes droit à des appartements décorés tibétains avec du bois découpé et fleuri, comme en Suisse. Seule la moquette humide et odorante signalait que nous étions dans les Himalayas, ainsi que le thé au beurre, le grand froid, les brumes sur les sommets et le chant des oiseaux.

Le marché de Timphu, capitale du Bhoutan, se tient sous de grands peupliers dont les feuilles bruissantes font un boucan d'enfer. On trouve du coton brut, des boîtes en peuplier tourné qui servent de cantine aux travailleurs et des brassées de fragiles orchidées sauvages pour l'omelette. On y trouve aussi des colliers de faux « Dzi » ; les vrais sont des perles d'agate noire veinée de jaune, des pierres porte-bonheur qui valent des fortunes, du genre qu'on n'achète pas au marché. Alors, même au Bhoutan, on fabrique des faux Dzi très ressemblants, en plastique. Les vieux marchands ont des visages plissés à barbiche et des yeux en amande ; les femmes marchent la tête droite, des pendants aux oreilles et des parures au front, turquoise argent corail, bijoux d'Himalaya. Les arbres sèment des chatons légers et les grillons grillonnent plus fort que les cigales. C'est l'Asie tibétaine qui vous donne l'« âme jaune », celle d'Alexandra David-Néel et de Jacques Chirac.

Notre première visite dans une lamasserie me laissa stupéfaite. Roderich et moi, nous avions vu, sortant des monastères bouddhistes au Sikkim et à Darjeeling, des volées de moinillons en rouge et crâne rasé, jouant au football avec de grands cris. Mais au Bhoutan, rien de tel. Assis jambes croisées sur d'étroites banquettes, les moinillons crâne rasé et en rouge ânonnaient leurs prières sous la surveillance d'un lama de grande taille armé d'un long fouet. De temps en temps, zip ! Le fouet sifflait, cinglant le dos d'un enfant. À ce qu'il paraîtrait, le fouet ne les touche pas, il les effleure ; mais moi, ce que j'ai vu, ce sont des coups de fouet. Chaque famille bhoutanaise se devait à l'époque d'envoyer au moins un fils en lamasserie : c'est l'école publique, sauf qu'elle est religieuse.

Selon la tradition, le jeune roi du Bhoutan venait d'épouser quatre sœurs. C'était un souverain écologiste. Surveillant l'équilibre entre le passé et le futur, il protégeait son pays des touristes en les taxant chaque jour de cent dollars – le double aujourd'hui. Il avait décidé que, dans son royaume, la forêt couvrirait toujours au moins 60 % des terres. Il n'avait pas encore autorisé la télévision, mais le téléphone, oui. Il n'avait pas encore inventé le « BNB », le Bonheur National Brut, une idée qui n'aurait pas déplu à saint Just ; mais elle était dans l'air. Pour éradiquer la pauvreté, le roi faisait son devoir : il éduquait.

Quand je lui racontai notre première équipée, Joséphine prit sa décision. Nous irions au Bhoutan chercher les lamas sauteurs et quelques musiciens hautboïstes, elle savait très bien où, dans un monastère situé à la frontière du Tibet. Elle fixa la date en juin. Françoise Pommaret fit observer que, le mois de juin étant sous la mousson, le voyage ne serait pas facile mais Joséphine ne changea pas d'avis. Une semaine, ce n'est rien, disait-elle. On passera !

Vraiment ? Sous la mousson ?

Je n'étais pas tranquille. Je demandai donc à Roderich de détacher Quinquin au Bhoutan pour une petite semaine. Ne désespérant pas de nouer des liens plus solides avec le rétif petit royaume, Roderich accepta. Quinquin était ravi de sortir de Delhi, et moi, j'étais rassurée. Nous étions quatre : Joséphine, un photographe chargé d'illustrer le futur programme du festival d'Automne, Quinquin et moi. Et comme au Bhoutan on ne voyage pas seul, le ministère de la Culture nous flanqua d'un guide souriant que Joséphine appelait « Precious Guide ».

Passé l'atterrissage en piqué sur l'aéroport de Paro, il nous fallut quatre jours de route pour atteindre, près de la frontière du Tibet, le monastère aux lamas sauteurs. Il était à trois mille mètres d'altitude avec une grimpette à pied assez raide. J'eus une crise d'asthme, j'arrivai épuisée. Suffocante, la tête vide, je commis une faute impardonnable. Il est vrai que je suis gauchère. Alors, au lieu de tourner autour du monastère pour actionner les moulins à prières dans le sens des aiguilles d'une montre, ma gaucherie m'égara et je me trompai de sens.

Calamité ! Les lamas étaient sens dessus dessous. J'allais attirer le malheur sur nous, le monastère, le Bhoutan, le monde ! On me fit un brin d'exorcisme. Dans la cour, les masques allaient danser. Joséphine souffrait de l'altitude. On nous installa au balcon sur des banquettes ; et les nausées de Joséphine commencèrent. Les lamas l'allongèrent, pourvue d'une bassine et de linges. Le photographe sortit ses appareils. Pour juger de la qualité des lamas sauteurs, restaient Precious Guide, Quinquin et moi.

Ils dansèrent des heures d'un pas majestueux sous leurs masques pesants et leurs robes de brocart. Les plus légers sautèrent à trois mètres, masqués de mufles à cornes et d'aigles au bec crochu. Hommes oiseaux ! Entre deux vomissements, Joséphine écoutait les hautbois et puis se rendormait.

Je fis des aquarelles des masques dans la cour. Puis, comme le temps passait, j'en fis une de l'orchestre qui les accompagnait, ronds tambours décorés et longues trompes de cuivre. Impassible en robe de satin jaune, la tête surmontée d'une mitre cramoisie, le Rimpoché qui présidait à la cérémonie portait de petites lunettes cerclées de fer. On se serait vraiment cru dans *Tintin au Tibet*, mais le Rimpoché venait d'arriver d'Asnières.

Pendant qu'on nous servait dans une immense marmite de l'oreille de cochon bouillie et du riz rouge, les lamas poursuivaient leur danse, coiffés de noir, tapant du pied, frappant la terre avec des lanières de rubans, bondissant en cadence, masqués de têtes de mort. Les mugissements des trompes et le son des tambours, l'air glacé et la buée qui sortait de nos lèvres, l'odeur du cochon bouilli et celle, sucrée, du riz rouge, tout nous engourdissait, dans la brume des rêves. Puis les tambours cessèrent. Des voix mâles fatiguées sortirent du corps des masques. Ils se retirèrent en marchant ; ce n'étaient plus que des hommes. Nous repartîmes à temps pour gagner notre gîte avant la tombée du jour. Une maison rustique sans eau ni électricité, avec quatre chambres sommaires, deux pour les filles, une seule pour les gars, hébergement correct, on ne demandait rien d'autre. Le soir venu, les pluies tombèrent en masse, les grosses pluies tièdes de la mousson.

Et c'est le lendemain que la chose arriva.

Nous repartions contents, repérage terminé, dans un minibus avec Precious Guide. Il ne pleuvait plus. Un soleil éclatant rendait les frondaisons plus vertes que jamais et les rhododendrons d'un rose encore plus vif. C'était un moment à chanter des chansons de colonie de vacances, un moment frais et joyeux.

Brusquement, la montagne s'abattit sur nous. Un énorme rocher écrasa l'avant du minibus et nous jeta dehors. Soudain, il pleuvait dru. Nous étions là, intacts et ahuris. Et comme nous venions d'échapper à la mort, Joséphine dansa sous son blanc parapluie et je me jetai à plat ventre sur les fraises des bois qui tapissaient le sol.

Precious Guide voulut me dissuader de les manger – elles sont sales ! Pleines de bouse ! Dangereuses ! – mais trop tard. J'avais mangé les fraises des bois. Quinquin se paya ma tête. « Manger des fraises des bois quand la terre tremble, Duchesse ! » On avait échappé au pire, on riait. Ensuite on fit le point ; plus de moyen de transport. Precious Guide nous conduisit en procession jusqu'au gîte que nous venions de quitter ; trouver une autre voiture serait l'affaire d'une heure, deux peut-être.

De là ou nous étions, à près de deux mille mètres, on voyait le Dzong, gigantesque monastère fortifié, au loin, la vallée et tout près, un village. Au flanc des montagnes, ce qu'on voyait surtout, c'était l'absence de routes. Dévastées, les routes. Nous étions prisonniers dans notre bel abri.

– Si les hélicoptères de l'armée indienne ne viennent pas nous tirer de là... dis-je d'une petite voix.

Quinquin me gourmanda. Qu'est-ce que j'allais imaginer... On repartirait tout à l'heure !

Precious Guide revint un peu pâlot. Il faudrait attendre le lendemain. Il irait demander du secours au village, juste à côté du Dzong. Non, non, aucun problème ! Tout était sous contrôle. D'ailleurs, d'autres voyageurs aussi étaient bloqués. On fit chauffer de l'eau de pluie et on se fit du riz – il y avait le gaz. Sans électricité, on se coucha fort tôt et quand on ouvrit l'œil, il pleuvait davantage. Precious Guide promettait du secours pour tout de suite, mais les heures passant, l'évidence apparut. On sortit des bassines pour récolter l'eau de pluie. Le soir, Precious Guide admit qu'il fallait quelque temps pour réparer les routes – un jour de plus. Je m'énervai. Pourquoi ne pas nous dire la vérité ? Il n'y avait aucun moyen pour réparer des routes effondrées à si brève échéance.

– Mais si, dit Precious Guide, les larmes aux yeux.

Le lendemain, il nous dit que les lamas du Dzong allaient sortir en grande cérémonie pour chasser les démons sur les éboulis. Il ne le dit pas, mais nous pensions tous que la malédiction venait de ma gaucherie qui avait perturbé gravement l'ordre du monde. Chasser les démons contre un glissement de terrain provoqué par une femme qui s'était trompée de sens, cela semblait logique, quoique désespéré.

Nous descendîmes avec lui au Dzong, l'austère forteresse où prient les lamas. Il faudra faire attention aux ours, avertit Precious Guide. Il pleuvait terriblement et nos chaussures glissaient. Nous arrivâmes trop tard pour les grandes trompes des lamas en prière, nous ne croisâmes pas d'ours en chemin, mais Quinquin descendit jusqu'au village pour chercher un moyen de communication. Il n'en trouva aucun. Ah, si ! Une radio, qui ne donna rien.

Ce jour-là, nous avions rendez-vous avec le ministre de la Culture dans la capitale du Bhoutan. Je fis mes comptes. Le temps qu'on s'aperçoive que nous n'étions pas au rendez-vous, que Françoise Pommaret prévienne New-Delhi et que, de là-bas, une âme compatissante décide de nous envoyer les hélicoptères de l'armée indienne... Cinq à six jours.

Joséphine paniqua. Atteinte de rhumatisme articulaire, une affection qui s'aggrave en altitude, elle avait une réserve de médicaments pour six jours. Pas un de plus. Ensuite elle serait en danger. Quinquin se moqua de moi. J'étais trop pessimiste, je gâchai un moment exquis, quoi de plus ravissant que cette aventure dans les Himalayas, hein, Duchesse ?

D'un seul bloc, la troupe s'organisa. Au réveil, thé et biscuits pour le petit-déjeuner. Collecte de l'eau de pluie, vaisselle, lessive, ménage. Marche et gymnastique jusqu'au déjeuner. Riz et légumes. Lecture avant la tombée du jour – armé d'un couteau, Quinquin découpa en quatre le livre qu'il avait emporté, le premier tome des œuvres de Cocteau, en Pléiade. Dîner avant six heures, légumes et riz. Le soir, à la bougie, veillée culturelle. Récitation de poèmes, conversation sur les spectacles, jeux de société, récits d'aventures. Et pendant ce temps-là, le bon Precious Guide qui jamais ne mérita mieux son nom allait et venait du gîte au village et du village au Dzong sans aucun résultat.

Je me mis à écrire sur un long cahier d'écolier acheté à Timphu. Couverture de carton avec fleurs imprimées, rayures sur toute la page, papier buvant l'encre des feutres. J'écrivis ce que j'avais en tête.

C'est curieux, une tête. Cela n'obéit pas à la claire conscience. Il me vint des poèmes et encore des poèmes dont certains en anglais. Je n'avais jamais écrit le moindre vers, la poésie m'était parfaitement étrangère, je n'avais pas idée de ce qu'elle pouvait être et par la grâce d'un glissement de terrain, les poèmes me coulaient des doigts. Inlassablement, tous les jours. Des poèmes et rien d'autre.

Au matin du septième jour, Joséphine sanglota. Elle avait épuisé ses médicaments et pleurait sur sa fille qui ne reverrait pas sa mère, car elle allait mourir... Je la pris dans mes bras quand se fit entendre un ronronnement sublime. Je sortis en trombe, le ciel était limpide et au loin, dans le bleu, resplendissaient deux hélicoptères de l'armée indienne.

Je criai à tue-tête les mots qui me venaient « Les v'là, Fifine, les v'là ! Les hélicos ! » Et c'était eux. Il n'y a rien de plus beau que deux hélicoptères tournoyant dans le ciel quand on est égaré sur les Himalayas. Nous sautions, nous criions « Par ici ! On est là ! » comme s'ils ne savaient pas qu'on y était. Ils zigzaguèrent sur deux ou trois collines avant de trouver un bout de prairie à cent mètres du gîte. Descendirent deux pilotes de l'armée indienne, polis et moustachus, armés d'une civière.

« Où sont les blessés ? » demanda l'un d'eux. Pas de blessés. Juste des rescapés. Combien ? Quatre. Il y avait six places disponibles et autour des engins s'était amassée une petite foule venue du village, gamins, vieillards, et d'autres égarés d'Occident. Comme il restait deux places, les pilotes choisirent une mère en perdition, Christiane, et ses petits, Maya et Gilles.

Ensuite, ils nous pressèrent. Pas question de se laisser déborder. Vite ! On embarqua. Les engins étaient de vieilles Alouette de fabrication française dont les portes usagées s'ouvraient de temps en temps, surtout de mon côté. Ç'aurait dû être terrible, cette porte s'ouvrant sur le vide au-dessus des Himalayas, mais quand on est ivre de joie, on s'en moque. Je refermai la porte de l'Alouette tranquillement, une fois, deux fois, dix fois. Sous nos pieds défilaient les montagnes, les sommets des rhododendrons, les paysans relevant la tête pour nous voir, les yacks paissant l'herbe des cimes, les temples tibétains, les caravanes et tout cela, certainement, était magnifique, mais je n'avais pas mon regard ordinaire. « Que c'est beau ! » disait la conscience claire. « On s'en fiche ! » disait la conscience embrumée. « Mais regarde ! Jamais tu ne verras une chose aussi belle ! » disait la conscience claire. « Rien à battre ! On est sauvés ! » disait grossièrement la conscience embrumée. Je revois les prairies ombragées, le jeu du soleil sur le vert, le noir des conifères d'où pendent des lichens, les neiges au loin, l'or des toits sacrés... La mémoire m'a rendu la beauté que je ne voyais plus, que je ne pouvais plus voir.

Il fallut faire trois fois le plein en se posant sur les héliports aménagés par l'armée indienne sur le pourtour de la frontière du Bhoutan. Au bout de quatre à cinq heures, nous nous posions enfin sur l'héliport de la ville-frontière bhoutanaise.

Entre-temps, la conscience embrumée avait rejoint la conscience claire. Nous étions sauvés, c'était une affaire terminée. Il suffisait de traverser le Brahmapoutre pour se retrouver en Inde. Le voyage s'achevait. Entre les hélicos, les pilotes dressèrent une petite table et des chaises pour prendre le thé confortablement. La nappe était de dentelle synthétique, les tasses, en porcelaine, le thé était au lait, bouilli et très sucré.

C'est alors que surgit un vieux petit monsieur qui agitait les bras d'un air furibond. Le consul de l'Inde au Bhoutan était venu nous avertir que nous n'avions pas le droit de traverser la frontière ni en hélicoptère ni en voiture. Non ! Avec un débit de bureaucrate, il nous ordonna de remonter jusqu'à la capitale – cinq heures de route – et de repartir en avion. C'était, il l'affirmait, la seule possibilité.

– Mais il n'y a plus de route ! Réfléchissez. Toutes les routes sont détruites ! Personne ne peut rouler jusqu'à la capitale !

– Ce n'est pas mon affaire.

– Vous nous bloquez ici pour trois mois !

– Oui. Trois ou quatre mois, c'est bien possible. Mais c'est la procédure. Quand on vient de l'Inde au Bhoutan en avion, on repart en avion.

– Mais pourquoi à la fin ?

– Les tampons ! Vous n'auriez pas de tampons sur vos passeports ! Je ne peux pas laisser faire ça !

Les pilotes, qui n'avaient pas le droit d'intervenir, manifestèrent de la mauvaise humeur. Leur avait-on, oui ou non, donné l'instruction de ramener les rescapés en Inde ? Voyant leur air fâché, Quinquin donna toute sa mesure. L'air de rien, il leur chuchota des choses à l'oreille. Tourna autour des hélicos pendant que je tentais de fléchir l'inflexible bureaucrate.

Soudain, les pilotes nous entourèrent. « En route ! crièrent-ils. On embarque ! » On ne se le fit pas répéter. Pris dans le vrombissement géant des hélicos, le consul levait les bras en cadence, désespéré. On décolla, en soulevant les cheveux argentés du type qui s'agitait en bas, petit, tout petit, un point sur le tarmac...

– Que leur avez-vous dit ? demandai-je à Quinquin.

– Que vous étiez une amie de leur Premier ministre.

– Vous n'avez pas honte ?

– Pourquoi ? Ce n'est pas vrai ?

– Si ! Mais on est sortis illégalement !

– Oh ! Cela se réglera...

Les Alouette survolèrent la réserve où vivent les rhinocéros unicornes, les innombrables bras du Brahmapoutre aux reflets cuivrés par le soleil couchant, et lorsque vint la nuit, nous étions sur le sol de l'Inde. Nous voulions absolument inviter les pilotes à dîner au seul hôtel de Siliguri, la ville frontière indienne, mais ils étaient hommes de devoir et déclinèrent l'invitation. Une chose pareille en Inde s'apparente à de la corruption.

Chacun de nous eut sa chambre à air climatisé, douche avec eau courante, électricité, téléphone. J'appelai Roderich ; c'était lui, bien sûr, qui avait demandé de l'aide à Rajiv Gandhi. Est-ce qu'il avait été inquiet ? Eh bien oui, six jours de détresse, oui, quand même un peu, d'ailleurs il toussotait, grand signe d'émotion. Puis Joséphine et moi nous appelâmes ensemble à Paris Michel Guy, pour qui nous avions l'une et l'autre une affection profonde et qui nous la rendait au centuple.

Il nous fallut quelque temps pour l'obtenir. Pour la première fois depuis qu'il se savait malade, Michel était à l'hôpital, avec une pneumonie ; sa voix était très faible, oui, il était content, très content, oui. Nous raccrochâmes en frissonnant. Nous savions ce qui allait suivre. À cette époque, on ne survivait pas à cette maladie-là. Un an et un mois plus tard, Michel Guy mourut.

La veille, il avait voulu voir mon frère pour un dernier adieu et il avait appelé le bureau du festival d'Avignon, où il savait trouver Alain Crombecque et moi. Alain pouvait à peine parler ; au téléphone, la voix de Michel était d'une bravoure inoubliable. Nous nous dîmes adieu. Je ne sais plus ce que je lui ai dit, que je le serrais dans mes bras, que je serais avec lui, qu'il ne nous quitterait pas, ce qu'on dit dans ces moments où un ami s'approche de sa mort ressemble à ce qu'on dit à un enfant qui pleure parce qu'il s'est écorché le genou.

Nous n'aurions plus jamais de bavardages idiots sur les antibiotiques ou sur Jérôme Deschamps, il ne me dirait plus jamais « Allez ! C'est marre » d'un air tendre et malin, il ne me conseillerait plus sur ce problème ingrat qu'on appelle si mal « politique culturelle », il ne serait plus là pour me rappeler à l'ordre des artistes, celui de la création, le seul qu'il admirait et le seul que j'admire. De droite comme lui, oui, j'en redemande.

Deux ans plus tard, dans une soirée à Delhi, je liai connaissance avec un diplomate indien en poste dans la capitale. On bavarde, on papote ; mon nouvel ami avait été ambassadeur au Bhoutan. Vous connaissez le Bhoutan ? me dit-il. Bien sûr ! Et d'ailleurs un jour, en pleine mousson...

De fil en aiguille j'en viens au petit bonhomme qui prétendait nous retenir à la frontière pour trois mois.

– Ah ! C'était vous ! Quand j'ai appris ce qu'il avait osé faire, j'ai viré ce crétin...

Sur mon passeport diplomatique, que je n'ai pas rendu, contrairement aux usages, et que j'ai déclaré « perdu » pour le conserver, manque sur mon visa bhoutanais le tampon de l'aéroport de Paro, d'où les avions repartent pour Delhi. C'est de là que s'envolèrent pour Paris les lamas sauteurs du Bhoutan, qui se rendirent au festival d'Automne où ils obtinrent un grand succès.

Le roi du Bhoutan décida d'abolir la peine de mort en 2004 ; à cette date, il annonça qu'il abdiquerait en 2008 en faveur de son fils, qui aurait vingt-cinq ans. En 2008, le nouveau roi organisa les premières élections parlementaires démocratiques au grand dam des citoyens du Bhoutan qui ne comprenaient pas pourquoi déposer un bout de papier plié dans une urne surveillée quand ils avaient un roi pour prendre soin d'eux. Françoise Pommaret est devenue consul honoraire de France au Bhoutan.

Je montrai mes poèmes de glissement de terrain au poète J. P. Das, le bon compagnon avec qui j'avais été écrasée dans le temple de Kâli, à Calcutta, six ans plus tôt. En Inde, la poésie fait partie de la vie ; on se rencontre en public pour la déclamer, on passe des soirées interminables à la lueur des lampes de terre cuite deux à trois fois la semaine. J. P. ne trouva pas mes poèmes trop mauvais, dénicha un éditeur indien, m'aida à les traduire, et ils furent publiés en anglais à Delhi chez Vikas sous un titre trouvé par Sudhir Kakar, *Growing an Indian Star*.

Je n'ai plus jamais écrit de poèmes. Et je crois que j'ai compris d'où vient la poésie chez les humains quand ils ne sont pas poètes. Il faut un coup de fouet cinglant sur l'ordinaire des jours, un isolement forcé dans un cirque montagneux, des routes qui ne sont plus, un glissement de terrain. Les vrais poètes vivent leur vie entière dans ce glissement de terrain, risquant la stabilité infertile s'ils se réveillent. Ma muse fut un rocher s'écrasant sur l'avant d'une voiture entourée d'un tapis de fraises des bois, à l'ombre de Quinquin.

26

Tu ne connais pas l'Afrique

En Inde, tous les trois jours, Roderich me disait « Tu ne connais pas l'Afrique, donc tu ne sais rien de l'humanité. » Quand je m'émerveillais de nos découvertes, il me répétait que l'Inde n'était pas le tout et que, sans connaître l'Afrique, je ne pourrais rien dire qui fût universel. Cela m'agaçait beaucoup. Quoi, qu'est-ce qu'elle avait, l'Afrique ? Et d'abord c'était faux.

– Tu oublies que je suis allée en Afrique, tu vois, je la connais !

– Non. Tu ne la connais pas.

1978. Je me rends en Afrique pour la première fois avec Jacqueline Piatier pour le journal *Le Monde* et Anne Pons pour *Le Point*. J'y suis pour *Le Matin*. Parce qu'il publiait un livre d'entretiens édité par Claude Glayman chez Plon, Senghor invita trois journalistes françaises – il ne voulait que des femmes.

C'était un homme très petit au regard acéré, un chef d'État au cœur d'acier, capable de faire tirer à balles réelles sur une foule d'étudiants – avant d'être le grand sculpteur qu'on sait, Ousmane Sow était kinésithérapeute et à Dakar, il eut à soigner les blessés. Non, Senghor n'était pas seulement un doux poète chrétien. Mais quand il nous fit visiter Joal, son lieu de naissance, il changea.

Le lieu est sublime. En face de Joal, il y a une île. Toute blanche, étincelante au soleil. Sur cette île, il y a un cimetière et rien d'autre. Le cimetière se dresse sur une montagne de coquillages où sont plantées les croix des tombes.

Au sommet de ce mont de coquilles, il y a un baobab. Un seul, comme une sculpture. Pour aller au cimetière, il faut prendre un grand pont de bois, qui domine des cases de pêcheurs sur pilotis. L'eau de l'océan se perd dans les bras de mer bordés de palétuviers indistincts et de plages où déambulent gravement des échassiers. C'est un lieu de nulle part et d'ailleurs comme toujours en Afrique, mais je ne le savais pas.

Les yeux de Senghor s'embuaient. Il marchait sur le sable, cherchant les lamantins, ces sirènes mammifères énormes et massives qu'il mit dans ses poèmes pour la beauté de leur nom. Lamantin. Il n'était plus président, mais poète – Abdou Diouf, pour parler de Senghor, dit toujours « le président-poète », et parfois, quand il parle un peu vite en avalant le mot, « le présidentpouèt ». À Dakar, Senghor était un homme politique sur ses gardes, vif argent argumentant sans cesse, avec une dureté potentielle dans le regard. À Joal, devant l'île coquillage, Senghor devenait coquillage à son tour.

Je fis un deuxième voyage en Afrique en 1981, comme journaliste invitée à couvrir pour *Le Matin* la conférence des ministres de la Culture francophones à Cotonou, Bénin.

Le maître de céans est un marxiste-léniniste tendance mao-kitsch, Mathieu Kérékou. Le jour de l'ouverture de la conférence, il arrive dans une Jeep étincelante bourrée de gardes et de mitraillettes ; il y en a tant pointées autour de lui qu'on ne le voit presque pas. À l'arrière, une mitrailleuse. Quand il descend, on ne voit plus que son uniforme bleu ciel à épaulettes dorées et sa poitrine piquetée de ces décorations qu'on appelle des « crachats ». Il porte des bottes brillantes et il tient à la main une récade de bois, le signe du commandement des rois.

Le chef d'État en bleu de la couleur du ciel délivre à la tribune un discours absolument parfait. Sa maîtrise de la rhétorique marxiste-léniniste sert une langue admirable, le français tel qu'on le parle en Afrique de l'Ouest. C'est la première fois que j'entends ce mélange de doctrine et de lyrisme battu en omelette à la fourchette marxiste. Je suis stupéfaite et je n'y comprends rien.

Dans la délégation se trouve Geneviève Guicheney, blonde et charmante présentatrice du journal de France 3, qui, plus aguerrie que moi, prend les choses avec une distance amusée. Nous deviendrons des amies. C'est une conférence où l'on flirte beaucoup avec les ministres, notamment le Québécois, un ami de mon frère. Rien de tout cela n'est sérieux, sauf le dogme marxiste en uniforme bleu ciel. Il est d'une élégance dictatoriale.

J'oublie très vite l'Afrique. Quand j'entre au Quai d'Orsay, l'Afrique n'y est pas.

L'Afrique à cette époque est étudiée ailleurs, au ministère de la Coopération. Les diplomates n'ont pas le droit d'aller voir de trop près. Quand ils sont ambassadeurs là-bas, leurs chefs de mission de coopération sont les vrais patrons, ceux qui ont le budget. C'est aux chefs de mission que va la révérence ; d'ailleurs, ils la méritent. Eux, ils aiment l'Afrique ; eux, ils la connaissent. À cette époque, le Quai d'Orsay préfère penser que l'Afrique, c'est l'Élysée. Foccart s'occupe de tout.

Dans le milieu des années quatre-vingt, les actions artistiques changent d'attribution et passent au Quai d'Orsay. Or l'action artistique au quai, c'est moi. J'ai de la chance ; parmi les « Africains » qui rejoignent mon secteur, il y a l'excellent Jean-Marc Granier-Bouffartigue. Il ne sera pas de trop, car les ennuis commencent.

J'ai voulu une vraie tournée de l'orchestre national de Lille avec l'ami Jean-Claude Casadesus, habitué aux terrains difficiles. Première tournée d'un orchestre symphonique français en Afrique. Las ! En Côte-d'Ivoire, dans l'immense cathédrale, l'ambassade avait éhontément placé les Blancs devant l'orchestre, au beau milieu et les Africains dans le chœur, derrière lui. C'était si choquant que mes ouailles, d'un bond, rejoignirent le chœur et les Africains. Ce n'est pas tellement vieux ; il n'y a pas trente ans.

Le ballet de danse contemporaine de l'Opéra de Paris s'en fut à Dakar au théâtre Daniel Sorano. Patron de TF1, alors chaîne publique, Hervé Bourges avait accepté de retransmettre le spectacle en direct de Dakar en prime time – une première technique et politique. Pendant des mois, les techniciens de Paris et de Dakar avaient travaillé sur les transmissions, transporté le camion de la régie, tout vérifié ; il ne manquait pas une prise électrique, pas un seul groupe électrogène en cas de coupure de courant. Hervé Bourges et moi nous étions dans la loge présidentielle aux côtés d'Abdou Diouf. Le rideau se leva. Les danseurs dansaient superbement.

Une brève agitation nous fit dresser l'oreille et d'un même mouvement, Hervé Bourges et moi, nous fonçâmes sur le camion de la régie. Le réalisateur levait des bras désolés. Il n'y avait pas d'images sur l'écran. Rien. Affolé, Bourges téléphona. À Paris, l'écran était traversé de vagues grises. C'était cuit. À l'entracte, nous avions prévu un débat sur la danse avec Myriam Makeba et Jean Rouch, filmé dans les coulisses. Hélas ! Le direct fonctionna pour le débat. De sorte qu'il eut lieu à propos d'un spectacle que les téléspectateurs français ne voyaient pas. Total désastre.

Que s'était-il passé ? Un technicien sénégalais légèrement distrait avait observé qu'un fil électrique n'était pas branché comme d'habitude. Il avait rectifié le branchement. Et fichu en l'air le direct du même geste. Je maudis le Sénégalais distrait et j'envoyai l'Afrique aux oubliettes.

C'est ce que je croyais. Mais il y eut Roderich. Roderich et ses adjurations, « Tu ne connais pas l'Afrique ! »

Comme premier poste d'ambassadeur, il avait été nommé dans la Guinée de Sékou Touré, un ancien syndicaliste progressiste, le seul qui avait osé dire non au général de Gaulle à l'époque des indépendances. Alors qu'il avait vocation à devenir l'une des figures lumineuses de l'Afrique, Sékou Touré s'était transformé en créature paranoïaque, l'un des plus féroces tyrans que l'Afrique ait connus. Il tuait très simplement au moyen de la « Diète noire » : en prison sans boire et sans manger. Dix jours d'agonie avant de mourir de soif. Or miraculeusement, après avoir sorti de ses griffes une quarantaine d'otages de plusieurs nationalités – dont l'archevêque de Conakry –, Roderich avait su apprivoiser le tyran et s'était éperdument épris de l'Afrique. Côtoyer un tyran pour éviter qu'il ne tue est un exercice à hauts risques, mais Roderich a dans ses vocations celle de vouloir dompter les monstres. Il le fit, en dépit du danger. Roderich ne passe pas de jour en France sans un appel d'Afrique, pour dire bonjour, pour une recommandation, pour demander des nouvelles de la famille, pour un service à rendre à toute heure du jour et même de la nuit. Fusionnel.

Lorsqu'il fut nommé à Dakar, je ne savais toujours pas pourquoi l'Afrique était indispensable à qui veut penser l'universalité. J'allai poser la question à mon cher Dominique, alors secrétaire général de l'Élysée. Il n'avait pas encore le cheveu argenté, il n'était pas Premier ministre de Jacques Chirac, mais il avait déjà de ces emportements qui l'ont rendu célèbre.

Dominique de Villepin me répondit avec un enthousiasme rempli de la fureur qu'il aimait en l'Afrique. L'Afrique ? Elle est directe comme un coup de poing. Elle vous regarde en face sans ces hypocrisies de Blancs. Elle est violente. Quand elle vous aime, c'est à la folie ; sinon, elle peut tuer. L'Afrique, c'est le sang et la chair reliés à la terre, vous verrez. Ne reculez pas. Aimez-la.

Ses yeux bleus brillaient de cet éclat qu'il réserve aux amis quand il est poétique. Ses lèvres débordaient de mots précipités. En Inde, où il avait été le second de Roderich, il était plus serein. Il écrivait des poèmes, il peignait. Nous parlions beaucoup ; parfois, j'avais l'impression de me retrouver à l'École Normale de mes dix-huit ans. Dominique avait souvent dix-huit ans, en Inde. Tandis que là ! Je voyais que l'Afrique l'excitait, qu'il en avait envie. Je le quittai perplexe. Quoi, directe ? Quoi, le sang ?

Deux autres de mes amis ont le goût de l'Afrique.

J'ai connu le premier quand il était à l'Élysée, conseiller culturel de François Mitterrand et, comme le dit drôlement sa notice d'Immortel à l'Académie française, « rédacteur des ébauches de discours subalternes ». De ces années de palais, il tira *Grand amour*, un roman qui tint la première place de la liste de *L'Express* pendant de longs mois, cependant que mon *Voyage de Théo* occupait la deuxième pour la même durée.

Bien qu'il fût nettement plus jeune que moi, j'éprouvais pour Erik Orsenna une sorte de vénération craintive qui ne m'est pas passée. Je le voyais se mouvoir en glissant dans la vie comme un danseur sur un parquet ciré. Sa moustache épaisse me rappelait mon père ; c'était une cachette. Il écrit à la dure tôt le matin, jetant ses brouillons, me reprochant parfois de ne pas en faire autant, d'écrire toujours trop vite et à la diable. Nous avons en commun le goût du monde. Ses romans sont d'une drôlerie douce-amère remplie d'idéal et de désespérance. Or Eric, sous son vrai nom d'Arnoult, a été membre du cabinet de Jean-Pierre Cot, ministre de la Coopération, vite remercié pour avoir voulu nettoyer la Françafrique.

Eric Arnoult s'est occupé des matières premières et plus tard, avec Roland Dumas, de la démocratisation en Afrique. Passionnément lucide, critique de l'Afrique, il ne peut s'en passer. Voilà pourquoi, sous son nom d'écrivain, Erik a écrit l'un de ses plus beaux romans, *Madame Bâ*, longue épître d'une Malienne endurante au président de la République française sur l'impossibilité d'émigrer dignement.

Je me souviens de l'enquête qu'il mena dans les chaleurs de Kayes, grande ville d'émigration au sud-est du Mali. Je me souviens des dangers qu'il courut en allant se fourrer au milieu des trafics clandestins au sud du Sahara. Erik n'écrit jamais sans investigations préalables ; parfois, il me dit que c'est notre ressemblance. Aller chercher le réel, il est si dur.

Il vint à Dakar alors qu'il préparait un film sur les anciens combattants africains que la France pénalisait lourdement en « cristallisant » leurs pensions à un taux ridiculement bas. Roderich allait justement remettre la Légion d'honneur au dernier tirailleur sénégalais de la Grande Guerre, un centenaire qui vivait au Nord du Sénégal. C'était un événement considérable. Mais au matin de la cérémonie, en essayant son boubou, le centenaire mourut sous le coup de l'émotion.

Roderich décida de le décorer quand même et Erik le suivit. Ils partirent pour le Nord. Selon la règle musulmane qui veut qu'on enterre les morts dans la journée, le vieux combattant venait d'être inhumé. Sur la tombe de terre fraîchement remuée, Roderich déposa la croix et le ruban rouge. Erik raconte cette scène dans *Madame Bâ;* sous son vrai nom, André Lewin, Roderich est l'un des personnages. Depuis ce moment-là, Erik m'appelle « Grande sœur », comme mes amis d'Afrique. Il prononce « Gouande sœur » ; Erik parle africain.

Je vois Erik et même s'il s'occupe d'eau douce ou d'eau salée, d'amour ou d'amitié, je sais que l'Afrique est en lui. Une inquiétude. Ça danse en lui. Ça ne peut pas se reposer. Elle n'est pas reposante, l'Afrique. Quand on l'aime, on a peur pour elle et ça ne s'arrête pas.

L'autre ami fou d'Afrique l'est pour d'autres raisons. C'est un initié, un thérapeute. Où qu'il soit au monde, Tobie Nathan cherche partout les moyens que l'humanité invente pour se guérir, petits rouleaux de papier avec versets de Coran écrits à l'encre, dissous dans l'eau et qu'il faut avaler, mots qu'il faut prononcer, rites qu'il faut accomplir ou sinon, les génies vont entrer en action. C'est en région vodoun au Bénin que Tobie Nathan a compris l'essentiel: le traitement des morts, ces jeunes-nés que les vivants conduisent dans leur nouvelle patrie, pas en une seule fois, très vite comme fait l'Occident, mais sur de longues années, une étape après l'autre. Quand on ne construit pas l'image de ses défunts, on s'abîme la vie. Freud dit aussi cela, mais Tobie n'aime pas Freud. C'est notre grande dispute.

Tobie, je l'ai connu après avoir quitté l'Afrique, grâce à Fodé Sylla, dans un restaurant africain du onzième à Paris. Je vis ce petit homme aux cheveux argentés et au visage rieur, je vis sa femme Nathalie, belle blonde à l'œil bleu qui me rappelle ma Myriam. Tobie nous regardait en dessous, parlait un peu du nez, lançait des phrases étrangement directes. Directes ! Coup de foudre à quatre, lui, Nathalie, Roderich et moi. Une fois, Tobie nous installa dans le cercle des thérapeutes au centre Georges Devereux, qu'il a fondé à l'Université de Saint-Denis ; les thérapeutes en rond, les patients dedans. Comme les thérapeutes sont juste des humains comme vous et moi, ce qui soigne, c'est le cercle. Ce n'est ni vous ni moi. Il faut des traducteurs sinon, le cercle ne voit pas le monde qu'il faut entendre. Il ne s'agit pas de classer les symptômes comme dans un herbier, mais d'entrer dans les signifiants des autres. Ensuite le cercle agit.

Exactement le contraire des présentations de malades à Sainte-Anne. Tout le monde est à égalité et pour cette raison, c'est fou comme on comprend. C'était impressionnant et cependant, naturel. Rien de plus naturel que la pensée de Tobie. Je m'y suis glissée comme dans des draps frais, avec la sensation de trouver le repos. Ce que j'avais vu en Inde et en Afrique, Tobie me le rendait clair. Les événements qui transforment le corps avec de l'esprit et guérissent la folie avec des substances ou des rôles, je les ai vus à l'œuvre et je les ai compris en pensant à l'efficacité symbolique décrite par Lévi-Strauss dans *Magie et Religion*, son texte le plus utile. La force de l'esprit agit à chaque endroit, les synapses, les muscles, la chair, la conscience, l'inconscient en usant du langage comme d'un traducteur, mais Tobie y ajoutait un point décisif.

C'est un croyant. Il n'est pas du dehors. Quelle que soit la croyance, il est toujours dedans.

Or on ne peut pas comprendre l'Afrique du dehors.

Dogon

Avant de l'aimer en vrai, j'avais un point de contact intellectuel avec l'Afrique. Ce point était un livre et il parlait d'un dieu. En partant pour Dakar, j'avais ce livre en tête comme un fanal éclairant une coque de noix sur l'océan.

Dieu d'eau. Paru en 1946, le livre de Marcel Griaule devint vite un classique ; Françoise Burgelin, ma prof de philo, l'évoquait dans ses cours. Les philosophes n'étaient pas seulement européens, disait-elle. Il en existait également en Afrique, colporteurs de vastes systèmes aussi complexes que ceux de Hegel ou Kant. En Afrique, dans une région de falaises escarpées, quelqu'un avait recueilli les propos d'un vieux chasseur aveugle et le nom du chasseur s'était gravé en moi. Ogotemmeli.

Je ne savais rien de Marcel Griaule. J'ignorais qu'à la tête d'un groupe de chercheurs très divers, cet esprit enthousiaste et curieux avait monté en 1931 l'expédition Dakar-Djibouti. Michel Leiris en tenait le journal ; le Parlement français ayant délivré à Griaule un permis de « capture scientifique » qui valait autorisation de pillage, ses collectes africaines, d'abord exposées au Palais du Trocadéro, devinrent ensuite des gloires du Musée de l'Homme avant de traverser la Seine jusqu'au musée du Quai-Branly. Je ne savais rien de tout cela, mais en lisant *Dieu d'eau*, je fus éblouie.

Construit en trente-trois journées d'entretiens, le livre de Griaule commençait par dresser le décor. « Le soleil s'était brusquement levé de la plaine du Gondo et dominait les terrasses d'Ogol-du-bas. Les oiseaux s'étaient tus, lui donnant la parole. Dans la cour du caravansérail qu'est tout campement soudanais, les dernières minutes de paix s'écoulaient. » Ces mots chantaient bien, Ogol-du-haut, Gondo ; valise bourrée de sens, le terme de caravansérail faisait lever des images de harems et de chameaux. Lorsque je lus Griaule, le Soudan n'était pas comme aujourd'hui un pays situé dans la corne de l'Afrique, mais au contraire à l'Ouest ; c'était le Soudan français, entité coloniale disparue en 1960. Comprenais-je que l'Empire français était en train de se décomposer ? Après Dien Bien Phu et la guerre d'Algérie, oui.

Griaule ne masque rien. Coproducteur de la narration, il se décrit à la troisième personne pour ce qu'il sait qu'il est : le Blanc ou bien l'« Européen ». Parfois, le Nazaréen. L'autre, c'est le chasseur. Lorsque le Blanc arrive devant sa porte, le vieil aveugle, debout, appuyé sur son bâton, lui dit dans sa langue : « Salut ! Salut de fatigue ! Salut de soleil ! » Puis, comme promis aux patriarches, le chasseur veut enseigner à ce Blanc trop curieux un peu du système philosophique de son peuple.

« Ogotemmeli s'étant assis sur son seuil, racla sa tabatière de peau rigide et posa sur sa langue une poussière jaune :

"Le tabac, dit-il, donne l'esprit juste."

Et il entreprit de décomposer le système du monde.

Car il fallait commencer à l'aurore des choses. »

Pour qu'un livre d'ethnologie dépasse le cercle étroit des ethnologues, il faut une écriture. Celle de Griaule donnait corps à *Dieu d'eau*. Apparurent des jumeaux, une fille, et un garçon pervers qui brise les parois de l'œuf et descend forniquer avec sa mère, la Terre ; des dieux fâchés envoient une arche pour rectifier la faute du garçon qu'ils transforment en animal inquiet. Dans les falaises rocheuses, la parole et l'eau passant à travers dents s'accordent au tissage pour engendrer le monde des Dogon. Au nom d'Ogotemmeli s'ajoutèrent deux magies sonores : falaises de Bandiagara, pays dogon.

Il m'arrivait d'en parler dans mes cours. Or l'un de mes étudiants fut pris par la magie. Il s'appelait Dominique-Antoine Grisoni. Quand je le connus mieux, je compris qu'il était de la bande de « BHL » à l'époque des santiags et des airs de pirate. Il fut l'un de ceux qui montèrent l'opération des Nouveaux Philosophes cependant que Françoise Verny poussait les feux. Rien ne le raccordait au monde des Dogon ; il s'entendait aux philosophes classiques comme aux aventures scientifiques ; et il avait un maître, Jean-Toussaint Desanti, dit « Touki », son deuxième père.

Dominique barbotait avec bonheur dans le mouvement des idées où personne ne s'intéressait aux Dogon. Sauf lui. Il en rêvait.

Ce grand gars aux boucles noires et au regard brillant devint vite un de mes proches. Dominique était beau. Son rire était de braise, il parlait fort et haut, il marchait dans la vie comme un explorateur. Quand j'avais des misères, il accourait. Au moindre coup de blues, Dominique était là. Il venait dîner en tête à tête pour absorber ce qu'il appelait « sa ration de survie » – et moi de lui préparer des petits plats en vain. Chez moi, il buvait de l'eau. Rien d'autre. Pour la métaphysique, c'est mieux.

C'était l'un des esprits les plus philosophiques que j'aie jamais connus. Il rêvait des Dogon.

Vingt ans plus tard, Roderich étant ambassadeur au Sénégal, je lui dis que ce serait trop bête de ne pas en profiter. Le Sénégal est le voisin du Mali et c'est au Mali que vivent les Dogon. Nous fîmes le trajet Dakar-Mopti, six heures dans un coucou bruyant, avec escale à Bamako. Restaient deux heures de piste jusqu'à Bandiagara, et deux autres heures pour rejoindre Sangha, cœur du pays dogon.

Les falaises étaient là, rose et or. Hérissé de rochers énormes et déchiquetés, le sol caillouteux laissait voir par endroits des champs verts d'une fraîcheur incroyable. En pagne indigo qui découvrait les seins, des femmes les arrosaient avec des calebasses. Comme en Inde le spectacle si beau des femmes qui vont au puits en portant sur la tête une jarre de cuivre évoque irrésistiblement Jacob et Rébecca, les champs verts des Dogon en appellent à l'image du vieux Booz. Un paysage biblique, désert et oasis.

De près, c'est autre chose. D'octobre à janvier, sur des champs minuscules de la taille d'un mouchoir installés dans les creux des grands rocs, les Dogon font pousser des oignons qu'ils arrosent tous les jours à la main. La fraîcheur verte, ce sont les pousses d'oignons. Une fois coupées, les femmes les pilent et font deux tas de boules : les blanches sont faites avec les têtes d'oignons, les vertes avec les pousses. Exportés dans toute l'Afrique de l'Ouest, les oignons assurent la vie quotidienne des Dogon, ces preux cultivateurs capables de faire germer du vert sur des rochers.

Sangha est un canton regroupant dix villages. Nous logions à Ogol-du-haut dans l'hôtel-campement érigé sur les lieux du premier campement de Griaule et de Germaine Dieterlen, sa compagne de travail. Du haut des rochers, je voyais enfin les toits plats des maisons d'Ogol-du-bas, le village du vieux chasseur Ogotemmeli. On pose les bagages sur les lits de camp, on sort ; un homme au regard vif et malin nous aborde.

– Je suis le petit-fils d'Ogotemmeli ! nous dit-il fièrement.

Je suis bouleversée. Le livre vient de s'incarner ! Le petit-fils du vieux chasseur aveugle s'appelle Apéma et il porte un grand sac de peau de chèvre. Son sourire s'élargit. Du sac, il sort un masque.

Le petit-fils d'Ogotemmeli vend des antiquités dogon. Les gens autour de lui ont l'air agacé. Ou bien ils sourient, l'air de dire « S'il se sert de l'aïeul, qu'est-ce qu'on y peut ! » En souriant, mine de rien, le chef des guides officiels nous détourne d'Apéma. Il a dans les trente ans. Sékou Ogobara Dolo.

Je n'étais pas venue les mains vides. Chérif Khaznadar, patron de la Maison des Cultures du Monde, m'avait confié une mission : vérifier le budget d'une tournée de masques dogon qui devaient venir danser dans le hall d'entrée du musée des Arts africains et océaniens à Paris. Tout dans cette entreprise semblait extravagant. Organisés en sociétés secrètes dont les membres sont toujours initiés, des masques dogon pouvaient donc sortir du cercle sacré et danser à Paris ? Dans un bâtiment construit à l'occasion d'une exposition coloniale française ? Les masques que, sous peine de mort, les femmes n'ont pas le droit de regarder ?

Mais Sékou Ogobara Dolo était le responsable d'une société des masques qui, elle, voyageait. Il avait un bon regard franc et ouvert, très direct. Il s'exprimait lentement dans un français superbe, cherchant les mots les plus justes. Oui, les masques peuvent sortir. Il suffit – c'est très simple – de les désacraliser. Les danseurs également. Au retour, le danseur se purifiera avec un œuf non fécondé ou un cauri, et des formules secrètes. Il sera re-sacralisé.

Nous remîmes au lendemain l'étude du budget et je pris mon matériel d'aquarelle. Il me restait deux heures avant le crépuscule. Tout ce que je voyais était resté fidèle aux descriptions de Griaule. Les ânes qui braient, les cris dans l'air vibrant, « Tout était craquelé sous les pluies et les chaleurs ; les parois de torchis se fissuraient comme des peaux de pachyderme. Par-dessus les murs des courettes, on voyait, sous les fondations des greniers, les poules, les chiens jaunes et parfois, les grosses tortues, symboles des patriarches. » Je voulais peindre ça ; et Roderich, filmer.

Notre nouvel ami nous guide dans les ruelles et la magie se complique.

– Attention ! Il ne faut pas marcher sur ce rocher.

– Pourquoi ?

– Il est sacré. À côté, tu peux. Non ! Pas de ce côté-là ! Ce sentier-là est interdit aux femmes !

– Mais pourquoi ?

– Ah ! Je ne peux pas le dire. C'est secret.

On n'ose plus faire un pas. Chaque roc est un piège. Le moindre fragment de chemin dissimule un mystère et on a fait, quoi, cinquante mètres ? Pas davantage. Finalement, au milieu d'un cercle de pierres plates, j'avise un cône de glaise sèche couvert de rigoles blanches.

– C'est l'autel du Lébé ?

– Oui ! Tu as deviné ! répond Sékou, heureux.

J'avais dit cela au petit bonheur la chance. J'aurais pu dire « Amma » à la place de « Lébé », car Amma veut dire Dieu, Dieu comme chez nous, l'unique. Mais je suis bien tombée, pour une première fois. J'ai le vague souvenir que Lébé est un serpent, qui fut homme jadis. C'est le premier des morts.

Sékou m'installe sur le rebord du cercle en mesurant soigneusement l'espace entre l'autel et le rocher sur lequel je m'assieds. Hors du cercle sacré. Roderich hisse sa lourde caméra sur son épaule droite et les voilà partis.

J'en suis à poser le bleu du ciel sur le papier mouillé quand des enfants se mettent à crier comme des hirondelles. En voletant, ils vont de maison en maison alerter des hommes, qui accourent. Vénérables Dogon en boubou indigo, bonnet replié sur la nuque, barbichette blanche, bâton. Ils ont l'air furieux. Ils brandissent leurs bâtons. Ils attrapent des cailloux et...

Parole, ils me lapident ! Qu'est-ce que j'ai fait de mal ?

– Va-t'en tout de suite ! dit l'un. Il ne faut pas être là !

– C'est interdit ! dit l'autre. Fiche le camp !

J'ai un peu peur, j'appelle. Sékou revient. Maintenant, c'est lui qui crie. Il engueule les vieux qui l'engueulent, c'est le bazar. Mais tous, ils pointent le doigt sur le cercle sacré.

Avec de grands gestes, Sékou m'explique. Les vieux sont persuadés que je suis à l'intérieur du cercle interdit. Sékou dit que c'est faux ; il a bien mesuré. Comme la querelle tarde, il est donc décidé de demander l'arbitrage du Hogon.

Le Hogon vit à deux pas de là dans un grand palais de terre ocre à la façade ornée de niches sculptées. Son gardien écoute les récriminations. Il se caresse la barbe puis prévient le Hogon. S'il n'a pas le droit de sortir, il peut arbitrer sur le seuil du palais. La palabre commence. Plus un cri, paroles basses. Sékou argumente longuement et soudain, je vois les Dogon irascibles revenir, l'oreille basse.

– Ils viennent s'excuser, dit Sékou. Si, si ! Il le faut.

L'un des vieillards bougonne. Je salue. Ils repartent, zigzaguants.

– Il arrive que les hommes aient la main un peu lourde avec la bière de mil, dit Sékou.

Maintenant, j'ai la paix. Devant moi se dresse l'autel du Lébé et ses rigoles blanches de bouillie de mil sacré, le grand baobab auquel restent trois feuilles jaunes et sous l'arbre, la *toguna*, case où viennent papoter les vieillards une fois le soleil couché. Couverte d'épaisses couches de longues tiges de mil, la toguna est calculée pour que les hommes soient contraints de baisser la tête avant d'y pénétrer. Comme cela, ils s'humilient et ils parleront bas. Au fond, se dresse la façade du palais du Hogon. Tout est rose. Les toits plats des maisons, les cônes des greniers, le sol de roches, le tronc du baobab, même le ciel est rose. Seules les traînées de mil sur l'autel du Serpent restent d'une blancheur resplendissante au crépuscule. Il n'y a plus personne, pas même les enfants.

Le lendemain, Sékou nous fait descendre l'escalier cyclopéen dont chaque marche est un bloc d'un bon mètre de haut. Varappe. Au bout de vingt marches, je m'arrête. Sur le bord de l'escarpement, il y a des buissons, de la fraîcheur, des femmes, une fontaine.

– Les pythons viennent là, dit Sékou. Tu sais ? Le serpent Lébé est peut-être un python.

Pas moyen de faire un pas dans le pays dogon sans faire de la varappe et rencontrer le Lébé. « Le sacré nage dans tous les coins », écrit Michel Leiris le premier jour dans le journal de l'expédition Dakar-Djibouti.

Le soir, on étudie le budget. Ce n'est pas difficile. Et quand on a fini, Sékou me dit son rêve. Il veut écrire un livre sur les Dogon. Il en a plus qu'assez que des Blancs l'interpellent et critiquent les Dogon qui papotent pendant que les femmes triment. Cela, c'est l'apparence. Les Blancs ne voient pas les hommes partir aux champs à cinq heures du matin ; ils ne connaissent rien de leur travail terrible, déraciner, sarcler, planter, désherber. Les Blancs qui se lèvent tard voient les Dogon au repos, leur journée de travail achevée. Les Blancs ne voient que les femmes qui pilent, cuisinent, fabriquent la bière de mil dans de vastes bassines pendant le repos des hommes. Ils ne savent même pas qu'un Dogon doit coudre tous ses vêtements. Alors il faut écrire.

Je pense brusquement que Griaule a signé les propos d'Ogotemmeli.

– Mais mon pauvre français ne me permet pas d'écrire, poursuit Sékou. Pendant la période de Moussa Traoré, il y a eu des troubles, je n'ai pas pu passer mon baccalauréat. J'ai seulement le brevet.

La décision arrive sur des pattes de colombe. Je serai le scribe de Sékou s'il le veut. Il signera son livre, il aura un contrat, son nom sera sur la couverture. L'auteur, ce sera lui.

Un an plus tard, je reviens à Sangha, mais avec Dominique.

Parce qu'il connaît très bien le pays dogon et qu'il se passionne pour l'Afrique, Claude Cherki, le patron des éditions du Seuil, nous a confié l'à-valoir en liquide pour Sékou. C'est un à-valoir normal pour un premier livre. Je revois Sékou glissant les billets sous son chapeau, puis soulevant le chapeau pour regarder à nouveau les billets inattendus et s'assurer qu'il n'a pas rêvé. J'ai apporté le contrat, qu'il signe avec émotion. Et dès le lendemain, on se met au travail avec un magnétophone. Dominique prend des notes, je travaille au pinceau et pendant ce temps-là, Sékou parle.

Son père, un marchand avisé, chef de village, a quitté l'Animisme pour l'Islam, utile pour le commerce. Sékou a fait le contraire. Élevé dans l'Islam, il est retourné à l'Animisme dans un monde où les deux s'accommodent sans mal pour l'instant. En bon Dogon, Sékou est devenu un initié de la société des masques ; il commençait à « danser » dans les sorties de masques lorsque je l'ai connu. En vertu d'une logique admirable et des lois de l'inconscient, un grand-oncle de Sékou avait été le premier à faire sortir les masques dogon qui se produisirent pour l'Exposition coloniale de 1931 ; son petit-neveu faisait maintenant de même, la seule différence étant que le père de Sékou, né dans l'Animisme, était devenu Musulman et le fils, retourné à l'Animisme. Pour l'état civil, il s'appelle Sékou, mais il a un autre prénom, un prénom dogon. Ana.

En vadrouille dans les villages, le magnétophone enregistre pendant des heures la longue litanie des saluts que Sékou échange avec chacune des personnes qu'il rencontre. Une vingtaine de formules cent fois répétées d'un ton neutre et rapide, à voix basse. Comment ça va ? – Bien – Et la famille ? – Ça va. – Et les enfants ? – Ça va. – Et la grand-mère ? etc. Que Sékou ne croise personne en chemin est devenu tellement rare qu'on décide de se planquer.

L'affaire *Dieu d'eau* se complique.

– Et Griaule ?

– Oh ! Nous le respectons. Griaule a beaucoup fait pour les Dogon, dit Sékou. C'est à cause de lui que nous avons un barrage. Il a tout fait pour le construire. Sans lui, nous ne cultiverions pas autant d'oignons, tu te rends compte, Dominique ?

– Mais ce qu'il dit dans *Dieu d'eau* ?

– Ce n'est pas lui qui parle, c'est Ogotemmeli.

– Très bien ! Et ce que disait Ogotemmeli ?

Sékou éclate d'un rire embarrassé.

– Alors ? dit Dominique intrigué.

– Alors, le plus probable est que, pour l'en détourner, les patriarches ont chargé le vieux chasseur aveugle d'enseigner à Griaule une partie de leur savoir. Une toute petite partie.

– Mais toi, tu t'y retrouves ?

– Moi ? Je suis au début de mon initiation. Je ne sais pas tout !

– Est-ce que tu reconnais ce qu'on t'apprend dans *Dieu d'eau*, oui ou non ?

– Non, répond Sékou. Je ne reconnais pas... Enfin, pas tout.

Il marque un temps.

– Il faut que vous compreniez, dit-il d'une voix sourde. Ogotemmeli a dit ce qu'il voulait. Il n'avait pas le droit de dire la vérité. Alors...

– Il inventait ?

– C'est possible, dit Sékou. Mais il est possible que non. Le Dogon est très secret, vous savez.

– Mais enfin, Sékou, nous savons que Griaule a été initié !

– Peut-être, mais lui non plus n'avait pas le droit de dire toute la vérité.

Nous aurons peu de réponses.

Autrefois, les Dogon sacrifiaient des humains pour régénérer la grande Mère des masques, cette figure de bois interminablement longue qu'on sort en grand secret, la nuit, sans la montrer aux femmes. Elle a besoin de sang. En général, les Dogon attrapaient le premier étranger venu et son sang irriguait la figure serpentine.

Dominique avait apprivoisé le Hogon. Ce n'était plus celui qui m'avait protégée, mais son successeur, en pleine initiation. Il n'était pas vêtu de bleu mais de blanc ; il portait un bracelet particulier. Mais il était tenu aux mêmes obligations qu'un Hogon consacré : il ne mettait pas un pied hors de son palais.

Dominique avait entrepris le gardien du Hogon avec qui il taillait des bavettes sur la pierre plate, au seuil du palais. Un matin apparut le Hogon en personne ; comme son prédécesseur, c'était un ancien combattant de l'armée française, l'un de ceux qu'elle avait consciencieusement grugés. Connaissant l'interdiction des femmes, je me tenais à l'écart. C'est donc Dominique qui maintenait le cap.

Quand ils en arrivèrent au sacrifice humain, le Hogon fut carré. Sacrifier des hommes ? Non ! Non, on ne sacrifiait plus d'êtres humains. On avait bien compris qu'il fallait changer et on avait trouvé d'autres moyens pour recueillir le sang de la régénération. Le sacrifice humain avait disparu des falaises de Bandiagara.

– Peut-être, disait Sékou. Moi, je ne recommande pas de traîner en pleine nuit quand on refait les masques. Il vaut mieux éviter.

Voilà pourquoi il nous emmène au tombeau de Griaule, au-dessus du barrage. Une fente dans le rocher. Dominique escalade, me tend la main, je monte. Ce n'est pas une vraie tombe ; plutôt un cénotaphe, car le corps de Griaule n'est pas enterré là. Une fois habitués à l'obscurité, nous apercevons avec émotion les restes du mannequin, corps de paille, bouts de veste, et des crânes humains, signes de l'ancienneté de la tombe.

Pour honorer Griaule, les Dogon ont célébré ses funérailles qui jamais ne concernent le corps qu'on enterre au plus vite, mais toujours, et plus tard, un mannequin représentant le mort. Le mannequin de Griaule portait une saharienne, un carnet, un crayon, ses outils de travail. Il y a quelques années, après sa mort, Germaine Dieterlen fut honorée de la même façon, car elle était Yasiguin initiée, « Sœur des masques », seule femme autorisée dans certaines circonstances, servant à boire aux masques quand ils dansent, et les éventant avec une queue de vache.

Dominique déborde d'une joie inépuisable. Les rocs qu'il escalade à grandes enjambées, les femmes, dignes, réservées, insoumises puisqu'elles ont le droit de quitter leur époux sans consulter personne, la liberté des mœurs entre garçons et filles qui se marient très tard après avoir couché, la pudeur qui leur interdit de se toucher la main en public, tout lui plaît, tout lui rappelle la Corse où il est né. À longueur de journée, Dominique commente l'étrange similitude entre la Corse et le pays dogon.

Sous ses airs de pirate et de grande aventure, Dominique était si casanier qu'à l'exception de l'avion Paris-Ajaccio, il ne voyageait jamais. Informé de nos projets, Bernard-Henri Lévy m'avait alertée.

– Dominique en Afrique ! Tu n'y arriveras pas. Il ne prend pas l'avion ! Il accepte, il dit oui et puis, le matin même, il annule. Tu verras !

Mais Dominique avait pris l'avion pour Bamako. Il avait avec grâce tenu sa partie dans un dîner à quatre au palais présidentiel, avec le président Alpha Oumar Konaré et sa femme, mon amie Adame Bâ Konaré. Il avait accepté les quatorze heures de route jusqu'à Mopti, et les quatre heures de piste pour rejoindre Sangha. Il pressentait la Corse. Bien sûr, il la trouva. Dans les étangs vivaient des caïmans, mais les étangs aussi lui rappelaient la Corse.

La Corse est sorcière. Les Dogon également. Sékou nous emmena au sommet des falaises consulter la table de divination du Renard Pâle.

Le Renard est le jumeau perfide qui brisa la construction du monde et viola sa mère dans les commencements. C'est un dieu qui sait tout, mais pour sa punition, il est privé de parole. En revanche, il a des pattes. De grandes oreilles aussi, un peu comme un fennec. Il paraît que c'est un bel animal ; Sékou l'a vu une fois, il était secoué, on ne se trouve pas souvent face à face avec un dieu renard.

Le devin dessine sur le sable une sorte de marelle rectangulaire où il plante des bouts de bois, des cailloux répartis sur des carrés protégés, comme les champs minuscules des paysans dogon, par des murets de sable lilliputiens. Il disperse des cacahuètes. La table se dessine toujours au crépuscule. La nuit, le Renard vient manger les graines semées par le devin. À l'aube, l'animal divin aura laissé les traces de ses pattes sur la marelle de sable et ce sont ces traces qu'interprète le devin.

Notre devin était un oncle de Sékou vivant à Gogoli, dans un village construit sur les éboulis. Il versait au pied d'un petit autel un peu de bouillie de mil dans un bout de poterie pour honorer le Renard et puis il commençait. La première fois, je posai une question soigneusement conçue pour être sans conséquence ; je me méfie beaucoup de la divination. Dominique savait que la divination avait joué un rôle dans la mort de Rivka : un devin sans conscience lui ayant prédit le jour et l'année de sa disparition, Rivka lui obéit. Et elle mourut l'année et le jour dit.

Dominique connaissait bien Rivka. Ils avaient en commun une passion coupable, faucher des bricoles dans les grandes surfaces, exercice qu'il leur est arrivé de pratiquer ensemble. Je rappelais à Dominique le danger de la divination, mais il ne m'écoutait plus. Dès la première fois, il se livra tout cru aux pattes du Renard. Le devin hésitait. Dominique décida de revenir tous les soirs.

Chaque jour au crépuscule, nous retrouvions le vieux devin dans les herbes sèches au sommet des falaises. Bouillie de mil, dessin, carrés, murets, cacahuètes. Et chaque matin à l'aube, le devin interprétait les questions de Dominique en étudiant les traces des pattes du Renard Pâle.

J'avais beau dessiner tous les jours le devin, la table, les belles herbes, les lumières, parfois, c'était pesant. Patiemment, le devin éludait les réponses et Dominique revenait à la charge. Cela préoccupait énormément Sékou.

– Il faudrait qu'il arrête. Ce n'est pas bon pour lui.

Au bout de trois semaines, Sékou tenait son livre. Il ne nous restait plus qu'à décrypter le tout et à le mettre en forme. Nous rédigerions à deux une préface pour expliquer la genèse du livre que Sékou signerait.

Nous reprîmes notre avion. Suzanne Jamet nous attendait à l'aéroport. Elle se jeta dans les bras de Dominique. Touki venait de mourir. Écrasé de douleur, Dominique se sentit coupable. Et sa divination à lui était très claire : si Touki était mort, c'était sa faute. Il n'aurait jamais dû partir en Afrique. S'il était resté à Paris, il l'aurait empêché de mourir.

On lut le décryptage. Et on fit la préface. Mais quand il fallut mettre en forme les propos de Sékou, Dominique disparut pendant des mois. Soudain, il n'était plus là. Je me mis au travail, Sékou devait venir relire le texte en France, je n'avais plus le temps d'attendre Dominique. Sékou vint en Anjou sur les bords de la Loire. À dix heures, il était couché. À deux heures du matin, je glissais sous la porte de sa chambre les feuillets que nous avions relus et il les vérifiait lentement dans la journée. C'était un grand bonheur ; Dominique nous manquait cruellement.

Nous étions au printemps avant la pousse du blé. Un jour qu'il ne pleuvait pas, j'emmenai Sékou en promenade et nous longions un champ fraîchement labouré lorsque Sékou s'arrêta net.

– Tu vois, rien qu'avec ce champ-là, je pourrais nourrir les deux villages, Ogol-du-haut et Ogol-du-bas.

Deux mille neuf cent âmes. C'était un champ français de petite taille. Pas une grande surface beauceronne.

Puis Sékou repartit. Le livre s'acheva sans Dominique. Sur la couverture, le portrait photographique de Sékou est de lui. L'hiver suivant, Anne de Cazanove, à l'époque directrice de la presse au Seuil, ainsi que Jacques Binsztok, mon cher éditeur, emmenèrent quelques journalistes à Sangha pour préparer la sortie de *La Mère des masques*, par Sékou Ogobara Dolo, propos recueillis par Catherine Clément et Dominique-Antoine Grisoni.

Dominique n'était pas comme d'habitude. Il m'en voulait ; j'aurais dû l'attendre plus longtemps, retarder la sortie du livre. Il avait pris l'avion pour la seconde fois, il avait retrouvé le pays dogon avec bonheur, mais il était irritable, nerveux, malgré son grand rire de loup.

Les masques de la société secrète de Sangha vinrent danser au musée des Arts africains et océaniens, dans le hall couvert de peintures coloniales. Excellent pédagogue, Sékou expliquait aux familles assises sur le sol le sens de chaque masque. Quand je voulus le suivre dans les loges, il m'arrêta.

– Tu ne peux pas entrer, me dit-il. C'est secret, tu sais bien...

C'est alors qu'il fut décidé entre Sékou et moi qu'il y aurait un autre livre de lui. Sujet : l'éco-tourisme.

Dominique me boudait. Pendant mes séjours à Paris, nous n'avions plus ces dîners de ration de survie. Il me manquait terriblement, mais je ne m'inquiétais pas. C'était une petite brouille qui cesserait un jour.

C'est en lisant *Libération* que j'appris la mort de Dominique. En plein été. Je ne le croyais pas. Roger-Pol Droit me dit que c'était vrai. En quelques semaines, un cancer du poumon avait foudroyé mon ami. Je songeai au Renard, j'en avais des frissons.

Lorsque je lui appris la mort de Dominique, Sékou était à Sangha. Le téléphone venait enfin d'être installé ; j'entendais le son de sa voix lointaine à travers un brouillard. Sékou ne fut pas surpris ; il marqua une pause, s'affligea un instant et me dit gravement que le temps était venu de rendre de sa part un dernier hommage à Dominique, un hommage dogon.

– Il suffit de verser dans le cours d'une rivière un peu de la boisson préférée du défunt. Pour Dominique, je sais ! Chez nous, à Sangha, il buvait du gin, mais aussi du café. Tu te souviens ? Des pots entiers de café.

– Et un fleuve, ça ira ?

– Très bien, dit Sékou d'une voix embrumée. Je sais à quoi tu penses. Tu le verseras dans la Loire, tôt le matin.

Je versai du café et des larmes dans ma Loire en me levant à l'aube, l'heure du Renard Pâle.

Sénégal

1991. Nous sommes à Dakar. Alizés, on respire ; vent de sable, on suffoque. On passe du grand bleu au jaune soufre. Et comme partout j'ai des repères indiens, je vois tout de suite des images à l'indienne : zébus blancs dans une brume dorée au coucher du soleil, femmes en couleurs vives portant sur la tête des charges énormes, la tête droite. Ancienne colonie, cela se voit très vite ; langues superposées, wolof phular mandingue et le français là-dessus. Mais quel français ! Phrases longues, syntaxe parfaite, balancement rhétorique, métaphores inouïes, un raffinement que nous avons perdu.

Mise à part l'exception de la langue, je trouvai en Afrique ce qui me touche en Inde : la vertu du chaos, la force du désordre, la beauté du désert, la présence animale et la grâce des femmes. Comparé à l'Inde innombrable, le Sénégal est un grain de poussière sur la carte du monde, mais comme elle, ce petit pays est d'une résistance incroyable. Comme en Inde, le bricolage y atteint des sommets d'énergie ; en pleine misère, la trouvaille fait partie du quotidien. Baptisé « travail informel », le petit métier clandestin-officiel est un art de survie national. Dans un pays où la polygamie progresse terriblement, tout repose cependant sur la puissance des femmes. Comme l'Inde, le Sénégal pratique la contradiction avec un singulier génie.

Il n'y avait pas de perroquets en liberté, mais, sur le balcon, des geais métalliques à longue queue bleu marine, des tisserins jaune d'or, des petits mandarins rouges, enfin des calaos, grands clowns culottés qui, pour avoir du grain, cognent à la vitre avec leur gros bec orangé. Le ciel n'était pas vide et j'étais en Afrique.

Très vite, je fis la connaissance de deux intellectuels qui sont tous les deux aujourd'hui professeurs à l'université de Columbia – car les États-Unis ont su les choisir alors que la France, non.

Le premier, Souleymane Bachir Diagne, Bachir pour tout le monde, Souley pour les intimes, était conseiller d'Abdou Diouf pour la culture et professeur à l'Université Cheikh-Anta-Diop quand nous sommes arrivés à Dakar. C'est un normalien agrégé de philosophie, disciple d'Althusser, spécialiste de l'épistémologie et du soufisme, notamment du grand poète indien Mohammed Iqbal, l'inventeur de l'idée du Pakistan. Bachir est d'une élégance morale et physique qui saisit ses interlocuteurs. À l'Université populaire dont j'ai la charge au musée du Quai-Branly dans le théâtre Claude Lévi-Strauss, Bachir fait salle comble.

Or un soir que, comme souvent, nous nous étions isolés tous deux au milieu d'un dîner tout ce qu'il y a d'officiel, je lui demandai s'il connaîtrait l'un de ces princes sénégalais esclavagistes dont j'avais entendu parler.

– Oh oui ! dit mon Bachir avec son beau sourire. Regarde-moi.

– Bon, je te vois, et puis ?

– Tu vois l'un de ces princes. Oui, ma famille a sans doute été esclavagiste. J'ai aussi ce passé. J'ai choisi d'être philosophe. Ce doit être pour ça.

Soufi jusqu'au bout de l'âme. Ardent et détaché. Nous étions loin de l'Afrique violente chère à Dominique de Villepin. Encore que...

Le second, Mamadou Diouf, est un sociologue à la langue étincelante. Capable d'assimiler en un clin d'œil les dogmes et les tics de pensée, il est résolument sénégalais et aujourd'hui, résolument américain. S'il est couvert d'amis français, il n'a pas d'attachement pour la France. Une fois pour toutes, il a décidé de se passer de cette mère indigne. Il suffit d'avoir vu ses amis africains subir la torture des visas pour comprendre ce rejet.

Un jour, Mamadou nous a emmenés, Roderich et moi, partager le riz au poisson préparé par sa mère dans son petit village. Sur la bassine ronde pleine de brisures de riz accommodées avec un capitaine, des légumes et ces petits piments ronds qu'on appelait à Dakar des « Saddam Hussein » et qui, aujourd'hui, se nomment des « Ben Laden », Madame Diouf mère traça des lignes légères séparant nos portions. Assis sur le sol, nous mangeâmes le « tiboudiène » en puisant chacun dans nos portions avec la main, ce qui améliore le goût. Ce fut un beau moment, et un grand tiboudiène. Puis Mamadou partit près de Detroit à l'Université d'Ann Harbor. Joyeux comme un gamin dans les rues enneigées, il pérorait avec excitation sur la merveille des dettes obligatoires aux États-Unis d'Amérique – on était au début de l'ère des subprimes.

– Quel pays ! disait-il. Tu ne peux rien acheter si tu n'as pas une dette. Pour exister, emprunte. C'est ce que m'a dit le banquier.

Trois ans plus tard, Mamadou Diouf, élu à Columbia University, à New York, y fonde le département des Études africaines.

– Quel pays ! dit-il avec effroi. Ils ne pensent qu'à l'argent...

Pas d'inquiétude. Mamadou est un voltigeur de la pensée. Mais là encore, je ne retrouvai pas la violence et le sang dont m'avait parlé mon ami Dominique. Encore que...

Deux ou trois ans avant notre arrivée, RFI avait par mégarde évoqué une bagarre entre Maures et Sénégalais à la frontière entre le Sénégal et la Mauritanie. C'était une bagarre de bergers ordinaire ; mais la ville s'embrasa. C'était pendant la présidence d'Abdou Diouf. À Dakar, où vivaient depuis toujours des Maures de Mauritanie qui travaillaient le cuir et l'argent, des émeutes éclatèrent. Ce fut un pogrom. Les gendarmes voulurent s'interposer : douze d'entre eux furent hachés menu. Le sang avait coulé en un éclair.

Abdou Diouf

Je savais peu de chose d'Abdou Diouf en arrivant au Sénégal. Il avait été le Premier ministre du président Senghor auquel il avait succédé tranquillement et il avait été réélu tranquillement deux ou trois fois de suite. C'était un homme doux, de caractère heureux, marié à une chrétienne en secondes noces. Sa vie se confondait avec le Sénégal, qui fut longtemps la seule démocratie d'Afrique : Senghor avait abandonné le pouvoir sans s'accrocher. Apparemment, le président sénégalais était grand.

Mais quand je fus en face de lui, j'eus un choc. Abdou Diouf est très mince, il se tient très droit, et il mesure deux mètres. Je rejetai la tête en arrière et je vis un visage qui n'était que sourire, avec de courts cheveux blancs. Aujourd'hui, quand il se penche vers moi pour m'embrasser et qu'élégamment il courbe son cou gracile, j'ai peur qu'il ne se brise. Dès la première fois, j'ai pensé qu'il avait l'allure peule. Mais il rectifia.

– J'ai un peu de Peul en moi, mais je suis aussi Wolof, et puis aussi Mandingue, enfin, je suis comme les Sénégalais, d'un peu partout.

Et comme au Sénégal on donne des surnoms, Abdou Diouf a le sien. La Girafe.

Le surnom de Senghor était « le Toubab noir ». « Toubab » signifie blanc. Nourri au lait des classes préparatoires françaises, Senghor n'avait pas réussi le concours de Normale, mais il en avait l'âme, l'âme blanche d'un normalien. Marié en premières noces à la fille de Félix Éboué, un éminent Guyanais, il épousa ensuite une Normande. En fonction de quoi, après la négritude, il inventa « la normanditude ». Toubab noir : Senghor était un noir blanc.

Abdou Diouf n'a rien d'un toubab noir. Pour les dîners d'État, Senghor imposait aux serveurs africains un habit de laquais à la française de style dix-huitième siècle, avec perruque blanche et catogan. Abdou Diouf, pas du tout. Simplissimes, les dîners d'État de son temps avaient pour décorum des musiciens sénégalais jouant de la kora. Abdou Diouf porte le boubou avec cette belle allure qu'ont les Sénégalais quand ils veulent être chics – comme le Grand Sérigne de Dakar, dignitaire qui arbore un boubou aux ailes immaculées. Abdou est d'Afrique.

Il supporte assez mal qu'on lui pose la question du racisme qu'il aurait pu, qui sait, affronter pendant ses études au Sénégal.

– Moi ? Mais jamais de la vie ! J'étais un Français ! Un petit Français comme les autres ! J'ai fait mes études à Saint-Louis dans une école française, de quoi me parlez-vous ?

Saint-Louis du Sénégal était une commune française. Être né à Saint-Louis est un titre de noblesse et quand on parle des « Saint-Louisiens », c'est comme si on parlait de Versailles ou de Neuilly.

Senghor, c'est différent. Senghor était un catholique de la région où vivent les Sérères, majoritairement christianisés. C'est là qu'au seizième siècle ont abordé les premiers colons portugais, laissant des noms portugais aux villes qu'ils fondèrent, Rufisque, Portudal ou Joal. À peine étais-je arrivée au Sénégal qu'un petit-cousin de Senghor – c'est une large famille – m'annonçait qu'ayant lu mon roman *La Senora*, il avait acquis la certitude que Senghor descendait directement de Gracia Mendès, mon héroïne.

– Senghor, en portugais, veut dire « Senora », disait le petit-cousin. C'est le même mot, contracté. Les premiers Portugais arrivés à Joal étaient juifs. Ils descendaient de votre Senora. Vérifiez !

Je vérifiai. Les archives du Sénégal, fort bien conservées, attestent que les Portugais arrivés en Afrique étaient bien des neveux de la Senora. Léopold Sédar Senghor descendait peut-être des marranes que Dona Gracia Mendès parvint à envoyer sur les côtes d'Afrique. Oui, bien sûr, un roman. Bien sûr, je l'écrirai.

Au printemps 2008, le romancier Jean-Christophe Rufin, ambassadeur de France à Dakar, expliquait au Quai d'Orsay que malgré la présence accrue des Américains, des Chinois ou de qui l'on voudra, la France reste essentielle au Sénégal, comme une vieille mère, ou une vieille maîtresse. On peut vouloir la disparition de la Françafrique, protester qu'il faut changer du tout au tout, ce n'est pas la France qui y pourra grand-chose.

J'ai rencontré un peu de Françafrique. Roderich était nommé, nous préparions notre départ. Et brusquement, j'appris que je devais passer mon examen d'Afrique devant Jacques Foccart, qui fut pendant des décennies l'incarnation de la Françafrique. Cela ne me disait rien, mais je n'eus pas le choix et puis, je suis curieuse. Le vieux Foccart nous reçut dans un appartement orné de défenses d'éléphant et m'examina sous toutes les coutures avant de donner son agrément. Je paraissais normale, je savais dire bonjour et au revoir, je ne citais pas Marx à tout propos, les stigmates du gauchisme échevelé qu'on lui avait décrit n'étaient plus très visibles et nous pouvions partir.

Abdou Diouf m'apporta sur l'Afrique de rares connaissances qui ne sont pas dans les livres. Il fallut quelque temps, car il est réservé et sa femme, plus encore. Puis, dans l'intimité de soirées avec eux, nous découvrîmes que ce grand musulman, ce « Hadji » qui a fait plusieurs fois le pèlerinage de La Mecque lisait la Bible avant de s'endormir.

Au Sénégal, l'Islam est organisé en confréries soufies dont les plus anciennes ont été fondées à Bagdad au douzième siècle. Abdou Diouf appartient à celle des Tijianes, traditionnellement pondérée. La plus récente, remuante et énergique, est la confrérie des Mourides, fondée au dix-neuvième siècle au Sénégal par un prophète noir, Ahmadou Bamba. Mais quelle que soit la confrérie, partout au monde le soufisme emporte avec lui une tolérance accrue et une capacité d'extase. C'est ce qui le rend si précieux dans l'*Umma*.

Élevé à l'école républicaine française dans le respect de la laïcité, président d'une république laïque, Abdou Diouf président ne manifestait rien de sa foi personnelle, comme c'était son devoir. Et s'il a épousé une catholique, c'est en appliquant le Coran qui lui en donne le droit.

Dans la Bible, il préfère les Évangiles. En l'entendant parler avec feu de sa lecture, j'ai tressailli. Un autre que lui lisait les Évangiles tous les soirs, et s'en servait comme d'une arme pacifique contre la violence de son pays ; c'était le Mahatma Gandhi. Soudain, j'ai vu Gandhi dans le grand Abdou Diouf. Comme Gandhi, il a toujours voulu apaiser les conflits ; comme lui, je le crois capable de colère et capable de la maîtriser. Or Gandhi était à la lisière d'un mysticisme qu'il refusa toujours. Et je crois qu'Abdou Diouf aussi. Quelque chose d'infiniment sensible, quelque chose de direct s'en allait en secret sur la voie des extases inassouvies.

Au Sénégal, la transe, c'est la danse. Avec une folle rapidité, lançant les reins dans l'air, le corps danse dix minutes et s'effondre épuisé. C'est le début. J'ai vu des femmes chercher la transe au plus près des percussions ; ce ne sont pas les rythmes qui émeuvent leur corps, c'est le groupe. Elles sont au beau milieu, entourées d'hommes qui frappent la peau tendue de leurs tambours. Elles tirent sur leurs cheveux, elles se cassent et le souffle coupé, elles tombent.

J'ai failli tomber. Il s'en est fallu d'un cheveu.

J'étais en retrait sur un sol de ciment dans une petite cour en pleine Médina, le quartier populaire de Dakar. Les percussionnistes tambourinaient en force – dix gros tambours dans une cour minuscule. Le ciment vibrait. J'ai senti dans mes jambes un fourmillement monter. J'ai dû tituber, car le griot armé du petit tambour des transes s'est approché de moi, riant à belles dents, percutant mes oreilles en tirant de son instrument des gammes suraiguës. Je me sentis partir.

Je l'ai arrêté net. « Non ! » Il redoubla.

– Si tu me fais tomber, je n'ai plus de métier ! hurlai-je de toutes mes forces. Tu me mets au chômage !

Saisi, il s'arrêta.

– Écoute ! lui dis-je en haletant. J'écris des livres. Pour cela, j'ai besoin de ma tête. Si tu me fais tomber, je n'aurai plus de tête, tu comprends ?

– Ah oui ! dit-il avec un bon sourire. Alors tu ne tomberas pas.

Et il s'éloigna.

Dans les messes catholiques en plein air au pèlerinage de Popenguine, des brancardiers ramassent tous les quarts d'heure des femmes qui crient et tombent comme des masses. La transe va de soi. Elle est obligatoire. Nous l'avons eue chez nous où elle a disparu, sauf dans les rave parties et franchement, c'est dommage.

Ce qu'Abdou m'a appris sans même le savoir, c'est la ligne continue entre la transe et lui. La tolérance que je lis sur son visage lui vient du soufisme, mais aussi de l'Afrique. Entre la danse et lui, il n'y a pas de rupture. Abdou danse la Bible sans bouger. Prière, méditation, incantation, transe ? C'est une seule famille.

Ainsi, à Saint-Louis, le jour de l'inauguration de l'Université Gaston-Berger, Maurice Béjart, venu rendre hommage à son père, dansa devant le micro à la place du discours qu'il ne pouvait pas prononcer, car les mots ne sont rien en face de la danse. Il dansa immobile, il dansa avec son corps massif et vieillissant. Fils de Gaston Berger et d'une Africaine, métisse et soufi, Maurice Béjart était de la famille.

Battu aux élections présidentielles, Abdou Diouf reconnut sa défaite le soir même et quitta le Sénégal. En anglais, dans la presse indienne, c'est ce qu'on avait dit de Rajiv Gandhi : « *He stepped down with grace.* » Son escalier, il l'a descendu avec grâce. Abdou avait l'air soulagé.

Ses études à peine terminées, il était administrateur colonial, gouverneur de région, Premier ministre de Senghor, puis président de la République, longtemps. Trente ans de service ! Il pouvait enfin goûter la saveur du temps, lire à loisir la Bible. Même si, aujourd'hui, il est à la tête de l'Organisation internationale de la francophonie, la Girafe a retrouvé le sourire.

La dette

Peu à peu, j'éprouvai la violence que la démocratie au Sénégal maîtrise la plupart du temps.

Intronisée par Bachir dans le département de philosophie, il m'arriva d'être menacée à coups de tesson de bouteille par des étudiants grévistes. Sans Bachir, j'y passais. Pas comme Blanche ; je ne crois pas. Mais comme ambassadrice, c'est possible.

Le Sénégal a beau être lié à la France par des liens qui remontent au dix-septième siècle, avoir rédigé des cahiers de doléances pour les États Généraux de 1788 – en réclamant l'augmentation du prix des esclaves dans la traite ! –, avoir disposé de quatre communes françaises, de députés éminents, d'un académicien, le compte colonial n'est toujours pas soldé. Est-ce parce que le commencement de ma conscience politique est né dans le combat pour une Algérie libre ? Je sens intimement cette dette et ce compte.

De chez nous, on voyait l'île de Gorée, juste en face. Pour aller à Gorée, il faut prendre un bateau appelé « la chaloupe », ce qui lui va bien : toujours surchargée, la chaloupe brinquebale et on a l'impression qu'elle va chavirer. Sur l'île, il n'y a pas d'eau. Les filins électriques circulent sous l'Océan. Les rues sont de sable blond et les maisons sont rouges. C'est un monde à part. Pour tous, il symbolise l'esclavage africain à cause de la Maison des esclaves.

C'est une grande demeure aux murs roses, construite en 1776, appartenant à une de ces dames qu'on appelle « signares », filles d'Africaines et de marchands français qui, selon une coutume de l'époque, leur avaient transmis leur héritage. Riches et belles, les signares étaient des élégantes arborant une haute coiffe en mouchoir, un châle de cachemire précieux, des robes longues et bouffantes. Certes, la dame de la maison rose possédait des esclaves, de ceux qu'on appelait « les esclaves de case » et qui, comme aujourd'hui encore en Mauritanie malgré des empilements de lois non respectées, restaient attachés à une famille à laquelle ils appartenaient. Ils étaient asservis, ils n'étaient pas libres ; pas déportés non plus.

Mais cela ne fait rien. Il importe assez peu que la maison rose n'ait pas été le principal centre de triage de millions de déportés – le vrai centre de la déportation de masse des esclaves africains est la ville de Ouidah, au Bénin. Par la grâce d'un adjudant sénégalais à la retraite, Joseph N'Diagne, la demeure d'une belle élégante est devenue la Maison des esclaves. Avec de petits moyens, en tout cas au début, Joseph N'Diagne a retrouvé l'esprit de la traite négrière, ses cachots, ses fers, sa porte étroite donnant sur des rochers, ses bateaux où les négriers entassaient les victimes en les allongeant, tête bêche, à fond de cale. Gorée restera l'île symbole de l'esclavage africain.

On ne se lève pas impunément chaque jour en regardant Gorée. La violence des négriers d'Occident, je l'avais sous les yeux. Pour m'en protéger, j'ai peint Gorée à l'aube, au crépuscule, au zénith, dans la nuit, masse noire entourée par un orage sec, menacée par des cieux orange, sous la pluie tropicale, après la pluie. Insuffisant. Il fallait purger la violence de la traite. J'écrivis *Afrique esclave*, un livre où je ne ménage rien ni personne. Je compris un peu mieux Mamadou et Bachir.

Dans ces années-là, au sud du Sénégal, la Casamance était en guerre contre son nord, Dakar. Entre le Nord du Sénégal en plein Sahel, et son Sud tropical, l'Angleterre a planté un doigt colonial en travers de la route. C'est la Gambie, minuscule pays anglophone indépendant auprès duquel Roderich était également ambassadeur – c'est en Gambie qu'ont été capturés les ancêtres de l'auteur de *Racines*, l'américain Alex Haley. Or la Gambie tranche le Sénégal en deux. J'entends encore le cardinal Thiandoum, archevêque de Dakar, petit homme affectueux d'une vive intelligence, s'exclamer « La Gambie ! Bien sûr qu'on veut la manger. Moi qui suis sénégalais, je veux la manger ! »

Séparé de son Nord, le Sud vit très mal. Pour le rejoindre, il faut contourner la Gambie, attendre un bac hasardeux, rouler sur piste, espérer que les coupeurs de route ne vous feront pas la peau, ou alors prendre le bateau. Toujours surchargé. Le 26 septembre 2002, commandé par la marine nationale sénégalaise, le *Joola*, bateau reliant le Nord et le Sud, coula : 1 853 morts, pire que le *Titanic*.

L'abbé Diamacoune, prêtre charismatique, avait lancé la guérilla indépendantiste au milieu des années quatre-vingt. À l'entendre, il y aurait eu des plans français tenus cachés, et démontrant que la Casamance n'avait jamais fait partie du Sénégal. C'était un vieil entêté en soutane blanche ornée d'un collier de perles de couleur, un vieux monsieur poli et redoutable. Sanctionné par l'Église catholique et par Abdou Diouf, il était assigné à résidence. Pendant ce temps, ses militants coupaient les routes, pillaient les véhicules, attaquaient l'armée sénégalaise. Quatre touristes français avaient disparu ; on parla de sacrifices dans les Bois sacrés, ces hautes futaies où se déroulent les initiations, toutes classes d'âge mélangées. Des initiations dans les Bois sacrés ? Senghor était loin.

Comme à l'accoutumée, Roderich entra dans le rôle du faiseur de paix. Désigné par Abdou Diouf comme « facilitateur », il partit souvent seul dans les maquis pour discuter avec la guérilla. Une fois, deux fois, dix fois ; une fois avec Jean-Luc Mélenchon. Un matin, Roderich apprit qu'un roi de Casamance voulait bien le recevoir.

Un roi dans le Bois sacré

Comme souvent en Afrique, les rois en Casamance sont comme « le roi du Bois » dans l'œuvre mythologique de James Frazer, l'un des pères de l'anthropologie européenne. Ce sont des rois sacrés élus par divination parce qu'ils ont des signes particuliers. Une fois élus, ils vivent à l'écart, nourris par une vierge impubère, et ils ne peuvent manger devant un être humain ; c'est le cas des Hogon dans les villages dogon. C'est une vocation si rude, si terrible qu'aujourd'hui, ceux qui risquent l'élection préfèrent se sauver. En Casamance, l'un d'eux avait décidé d'initier plusieurs classes d'âge dans la forêt, événement que la guerre avait longtemps empêché. On trouverait le roi dans le bois, aux portes du couvent d'initiation.

On prit un petit avion. On chemina longtemps sous la protection des indépendantistes, à travers champs et bois sous un soleil de feu. On arriva enfin dans une maison royale où l'on fut reçu près de l'arbre sacré, orné de bouteilles vides en guise de fruits. J'avais une petite heure devant moi, et le temple était là, dans son enceinte de sable : une case avec les tambours sacrés mâles et femelles, des objets mystérieux, des poteaux essentiels. Je demandai avec solennité la permission de peindre le petit temple ; le maître de maison décida de m'asseoir dans l'enceinte de sable au mépris de la coutume. J'eus mon heure et mon temple.

Au sein de la forêt, le couvent d'initiation était un espace fermé avec des palmes étroitement tressées ; on voyait de la fumée sortir de l'espace clos, on entendait les chants et les tambours. Le roi fut prévenu ; les palmes s'écartèrent. Il se glissa dehors avec, dans les mains, les signes de sa royauté : un petit tabouret, un sceptre de tiges de mil. Il était en grand boubou rouge couleur sang, coiffé d'une grande chéchia du même rouge ; on nous avait prévenus, nous devions être en bleu. Seul le roi a le droit de porter du rouge.

Il nous fit asseoir sur un tronc d'arbre mort et prit place sur son tabouret. Je peux dire que j'ai vu un vrai roi dans ma vie : cet homme si simple, si noble. La modestie voulue des insignes du pouvoir, le sceptre de céréales, le trône portatif sont là pour signifier que le roi a pour fonction d'éviter la guerre. C'est son unique rôle. Telle était la raison pour laquelle il voulait discuter avec mon Roderich, car ils avaient le même but.

Un serpent familier rampa dans mon esprit. S'il y avait quelque part un peu de polythéisme, je saurais peut-être où trouver la violence. Comme en Inde.

Le Sud est animiste et chrétien ; le Nord est musulman. Le clivage est simpliste, car il y a au Nord des musulmans animistes et au Sud, de nombreux musulmans orthodoxes. Comme on m'expliquait cela, je compris brusquement qu'au Sénégal aussi, comme en Inde, « ça dépend ». Comme en Inde, la tapisserie religieuse comprend du monothéisme musulman ou chrétien, et du polythéisme, caché ou apparent. C'est à ce moment que j'appris l'existence des castes au Sénégal.

Elles ne sont pas publiques. Elles surgissent au détour d'une conversation quand on vous dit à propos d'un Premier ministre, que bien sûr, s'il a épousé une femme blanche, c'est parce qu'il est « casté ». Il ne peut pas prétendre épouser une Sénégalaise « libre ». À propos d'un autre, on vous glisse qu'il ne peut pas devenir président parce qu'il est « casté ». Et donc inéligible. On reconnaît les hommes libres à leur nom, et les castés aussi. Il y a donc des castes.

Comme en Inde, j'étais fort ignorante ; j'ai pris des livres en masse et j'ai lu, usant comme d'habitude de l'esprit structuraliste puisqu'il s'agissait de classifications. Sont castés en Afrique sahélienne les forgerons – et dans la séquence « forgeron », les orfèvres et les joailliers ; sont également castés les griots. Au bas de l'échelle sociale, ils sont nécessaires à la société parce qu'ils assument des fonctions sacrées, magiques ou impures. Dans le pays dogon, quand on voit dans sa forge le forgeron actionner son soufflet posé sur deux grosses bourses de terre cuite représentant les sources des semences de l'homme, on comprend qu'il occupe une fonction chamanistique. Redouté, mais à part.

En chantant les généalogies des personnes qui le paient, le griot occupe la fonction d'un courtisan. Il sert les nobles. Le griot est poète officiel – le contraire d'un poète maudit. Le griot peut devenir important, il peut être populaire, jouer un rôle national avec ses chansons : capable de chanter les slogans d'une campagne gouvernementale pour la propreté, l'immense Youssou N'Dour, grande star mondiale, est d'une célèbre famille de griots.

Un jour, j'ai vu un griot à cheval, déclamant la généalogie d'une prêtresse de N'Doeup, cérémonie thérapeutique de grande ampleur. Prêtresse le jour du rite, la dame était assistante sage-femme à la maternité, dépourvue de diplômes, sans aucune formation ; on l'admettait parce qu'elle était douée, qu'elle avait de l'expérience – et puis, une prêtresse. Petit statut social, mais c'était une femme « libre ».

Le griot à cheval était en boubou bleu. Le torse ceint d'une grande cartouchière et le sabre à la main, il donnait à la dame accoucheuse des titres de noblesse époustouflants ; à chaque titre nouveau, son cheval se cabrait. Les griots procèdent comme les animateurs à la télévision ; ils encensent le client.

Donc, il y a des hommes libres et il y a des castés. Et quand on tend l'oreille, on comprend que l'abîme les séparant demeure infranchissable. Un jour où j'étais invitée par le « Forum démocratique » à l'initiative de Djibo Ka, aujourd'hui ministre, j'ai parlé des castés, de l'inégalité, de la démocratie. Il y eut un flottement. Après un silence, Djibo Ka, bravement, affronta la question. Personne ne le suivit. J'avais posé une question mal élevée.

J'aurai vécu dans deux démocraties où existent des castes ; et par deux fois, j'ai vu l'infranchissable. En Inde, on en parle ; c'est une affaire publique et politique. Pour franchir l'obstacle, il y eut parfois en Inde des primes pour ceux qui épouseraient des filles d'une autre caste – ou d'une autre religion. Seuls y parviennent les enfants éduqués de la grande bourgeoisie, sous condition qu'elle soit progressiste. Autrement, difficile. Mais tout est sur la table.

Au Sénégal, l'affaire est sous le manteau. Pourtant égalitaires, les deux monothéismes, l'islam et le christianisme, n'ont rien changé au statut des castés.

Les transes et le taureau

C'est en voyant le N'Doeup que je compris Villepin.

D'abord, il y a les transes. Un corps qui convulse, c'est extrêmement violent. Ça ne doit pas continuer. Une transe, cela se travaille.

Les prêtresses musulmanes qui dirigent la cérémonie

entourent la convulsante, l'apaisent, la redressent, lui font faire quelques pas, humectent ses joues, son front. Et là, de deux choses l'une. Ou bien la fille en transes reconnaît son génie et elle endosse son rôle ; alors elle s'apaise. Ou bien elle hurle en agitant les membres. Dans ce dernier cas, les prêtresses l'emmènent dans un endroit où personne n'a le droit d'entrer.

Un soir de N'Doeup difficile, j'ai fini par trouver ce que l'on fit à une convulsante indomptable. Son djinn venait de loin – elle était du Mali. Le djinn était un lion. On lui fit dévorer de la viande crue.

Autrement, la fille qui a reconnu son djinn rampe sur le sol s'il s'agit d'un serpent, pagaie dans le vide s'il est piroguier, ouvre et ferme la bouche en roulant de gros yeux et dodelinant de la tête si le djinn est un caméléon. Ou alors elle titube, une casquette sur la tête, la clope au bec si le djinn est « Jean », figure que l'on retrouve Outre-Atlantique, un soldat français toujours pris de boisson et qui prend possession d'un corps de musulmane. Cela dure trois heures. Les filles sont une trentaine dans le cercle sacré devant un bon millier de spectateurs. Il y a toujours une fillette qui entre en convulsions, qu'il faut traiter d'urgence. Cela ne dure pas. Un rite, ce sont des règles.

Il arrive que des Blanches convulsent dans le public. Mais si, au Brésil ou dans les Caraïbes, les Blancs peuvent être « montés » par les génies, dans le N'Doeup, ça ne va pas. Il n'y a pas de métissage. Les transes, le rituel, le serpent, le soldat, la pirogue et le caméléon sont la propriété exclusive des Lébou, établis sur le site de Dakar avant l'arrivée des Blancs. Seule une fille lébou de religion musulmane peut se laisser posséder par un djinn soldat de l'époque coloniale, qui boit de l'alcool et fume la cigarette.

Ont-elles été droguées, ces femmes ? Inutile. Sont-elles inconscientes ? Pas exactement. Alors, sont-elles conscientes ? Pas tout à fait non plus. Les filles du N'Doeup sont dans l'entre-deux, cette région de l'esprit que connaissent les chanteurs, les rockers, danseurs, comédiens, écrivains. Parfois, les amants. Ce n'est pas loin de la mort et pourtant, c'est la vie.

La transe est violente, directe, elle vous regarde en face. Elle se passe en public et c'est un grand spectacle. Le lendemain, les filles qui ont « dansé » avec leurs djinns disent qu'elles sont reposées, comme après un bon bain. Est-ce qu'elles ont fait l'amour ? Oui, dans l'esprit. Avec leur djinn ? Sans doute. Elles ne peuvent plus s'en passer.

Le sang vient le deuxième jour.

Avant de sacrifier le taureau, on fracasse sur son flanc un œuf cru. Sous les cornes de la bête, la prêtresse s'accroupit, une calebasse à la main. Le sacrificateur – jamais la prêtresse – tranche la gorge. Le sang jaillit. La prêtresse le recueille et aussitôt, le boit. Douze gorgées et pas une de plus. Dans la foule, on les compte.

J'ai vu une prêtresse ivre d'elle-même avaler seize gorgées et se faire huer pour non-respect des règles. « Elle se met en danger », murmura un initié vodoun, un savant qui venait du Bénin. On lui prit de force la calebasse, elle y replongea la tête pour une dernière goulée, la foule murmura. Le visage plein de sang, triomphante, elle criait : « Je suis la plus forte ! Je suis la reine ! Regardez-moi, vous tous ! » Quelque temps plus tard, elle mourut. « Je te l'avais bien dit », me glissa mon ami béninois.

Boire plus que de raison, c'est voler le sang réservé au traitement des patientes. Un djinn les tourmente ; il faut trouver lequel. Une fois qu'il s'est nommé, viendra l'heure du sang. Son usage peut varier, mais le sang servira toujours à « fixer » le génie caché. De la tête jusqu'aux pieds, on enduit le corps de la patiente – presque toujours une femme. La prêtresse que j'ai vue faisait tourner un coq qu'elle tenait par les pattes au-dessus de la tête ; puis elle essuyait le sang de l'onction avec les plumes en se servant du coq comme d'une vivante éponge. Ce jour-là, quand la prêtresse arriva aux pieds de la patiente, le coq était mort. Étouffé ? On vous dira que non. Le coq a pris la maladie. Dans le pays dogon, lorsque quelqu'un est mort, on sort le Grand Masque de dix mètres de longueur ; on pose l'immense serpent de bois contre la porte du défunt. En haut, on attache un coq vivant. Il bat des ailes et il paraît qu'il meurt. C'est l'effet du Grand Masque, tout le monde vous le dira.

La patiente est guérie ; elle sera prêtresse. Sinon, c'est bien simple, elle retombera malade. Et le onzième jour, elle entre dans le cercle pour sa première transe avec son djinn d'amour. Le lendemain, elle retourne au travail, détendue. Les transes, le public et le sang du taureau, ce sont les grandes vacances de sa vie quotidienne. C'est la célébrité, la gloire du théâtre. S'il n'y a pas de texte, il y a de grands rôles, des animaux qui rampent et des soldats qui dansent. Pour une fois, ce sont les hommes qui servent en frappant leurs tambours. C'est la vie à l'envers.

Et quand des hommes deviennent thérapeutes, pour diriger le N'Doeup, il arrive qu'ils s'habillent en femme avec de grands tutus. Comme la Mère à moustache dans le Tamil Nadu change de sexe à l'instant de sa transe.

C'est le monde à l'envers.

27

Des nouvelles du monde

Nichée entre pierres et buissons dans les collines de l'Haryana, il y a en Inde une ferme où mon amie Ila élève une dizaine de vaches. Puisque Rivka voulait se réincarner en animal sacré, Roderich et moi nous avons acheté une vache grise et blanche pour le troupeau d'Ila. Notre vache s'appelle Rivka. Elle vient d'avoir un veau.

Roderich a soutenu sa thèse d'État en histoire sur le tyran africain qu'il a apprivoisé. Je sais à quoi il rêve. Mon aimé pense qu'en face d'Adolf Hitler, il aurait réussi à freiner la Shoah. C'est l'ombre portée de son livre, l'ombre portée de sa vie.

Le 1er mai 2008, pour la première fois, mon frère a emmené sa femme, ses enfants et mon fils à Auschwitz. Et pour la première fois, je n'y suis pas allée. Roderich s'y est farouchement opposé. Il disait « Ils ne t'ont pas tuée pendant la guerre, eh bien, si tu y vas, ils vont y arriver ! Ca suffit. Je ne veux pas. » Comme autrefois Rivka, j'ai préparé deux bouquets de fleurs sèches pour que mon frère les pose à l'endroit de son choix. Il a mis sa kippa, son fils et le mien également, ils ont dit le Kaddish en franchissant le portail ; Jérôme a posé mes bouquets avec sa croix de la Légion d'honneur.

Le village sur la Loire où j'ai passé la guerre n'est presque plus rural. Cernés par les « rurbains » qui se sont établis en venant de la ville, les vignerons disparaissent peu à peu. Dans les années soixante ont fermé les deux épiceries, le Spar, la boulangerie, mais au tournant du millénaire, est née une guinguette avec vue sur la Loire. La ferme de mes parents nourriciers est devenue une librairie spécialisée dans les livres sur la danse et la musique ; je n'irai plus fouler le raisin de mes pieds nus, ni nourrir le cochon dans l'étable auprès du potager. Avec stupéfaction, je vois ma vallée s'adonner aux joies de la musique : quatuor à cordes dans la petite église romane de Saint-Aubin, festival d'opéra sur une prairie de Baugé et même, dans une chapelle, d'admirables musiciens classiques de l'Inde sans que j'y sois pour rien.

À la fin de l'été, Mariame, fille de Loire et d'Iran, épousa Jakob, fils d'Allemagne né comme Roderich à Francfort-sur-le-Main. Leurs amis étaient d'Angleterre, d'Iran, d'Amérique, de Belgique, d'Allemagne ou de France. Beaucoup étaient venus avec leurs instruments. Le matin des noces, le cousin Jean-Marie, le père de la mariée, poussa les meubles, disposa les pupitres, y mit les partitions, appela les musiciens. Deux enfants de mon frère, mon neveu ethnologue et ma nièce l'artiste, sortirent hautbois et violoncelle. Parmi ses six violons, Roderich choisit celui que je lui offris en Inde, fait avec du bois rouge, le fameux rouge Brésil, rouge couleur du mariage. Le père du marié, psychanalyste allemand disciple d'André Green, était en promenade et surgit essoufflé avec son alto. Et quand ils furent tous là, nous eûmes six violoncelles, six violons, deux altos, deux hautbois et comme chef d'orchestre, l'ancien répétiteur de Jacques-Alain Miller à l'époque du lycée, normalien et ami d'Althusser, qui mit tant d'enthousiasme dans sa direction qu'il faillit décrocher le lustre en cristal en agitant les bras. La répétition commença. Ça grinçait, ça fautait, le normalien philosophe secouait furieusement ses crins blancs et faisait recommencer. Rien n'allait. Ils ne se connaissaient pas, ils n'avaient jamais joué ensemble et leur cacophonie fut à l'image du monde.

Mais dans l'après-midi, et le mariage conclu, les anneaux échangés mains tendues par-dessus le meneau Renaissance qui partage la fenêtre de la petite mairie, le chef se fit tout doux, les amateurs ne firent pas une faute et jouèrent dans l'harmonie du Wagner et du Bach. On ouvrit les fenêtres et le jardin se tut. Les gens étaient debout, émus et immobiles. La musique emplissait les cœurs et le ciel bleu; sur ses longues boucles noires, la mariée avait des fils tressés de pétales de rose et le marié était au violoncelle. C'était ce que Victor Hugo disait dans *La fête chez Thérèse*, « Nous étions tous ensemble et chacun tête à tête ». Des moments comme cela ne s'oublieront jamais.

Il y avait l'autre jour un banquet sur le mail.

Sur le terre-plein planté de tilleuls centenaires, une tente abritait lorsque j'étais ado un orchestre et deux bals, le 14 juillet et le 15 août. À la place du ticket, on vous tamponnait le bras avec de l'encre violette – ça ne partait pas du tout. Il n'y a plus de fêtes aujourd'hui, plus de bal, mais il y a ce banquet appelé le « mi-quai » parce que le mail adossé à l'église romane se situe au milieu du village.

Le mi-quai date de 2003, année de la tornade qui, à la fin juillet, tua sur la Loire un jeune dans un camping; désastre en trente secondes. Arbres tombés partout, cheminées abattues, toits arrachés. Trois jours plus tard, pour fêter le retour de l'électricité, une riveraine inspirée sortit sur le quai du champagne, des verres, nous trinquâmes sur la route en regardant le fleuve et ce fut le premier des banquets du mi-quai.

Des mêlées comme celles-ci, tables dressées en vrac et chacun apportant un plat, il y en eut au village lorsque c'était la guerre. Rien de particulier; on est trente, on parle, on mange, on plaisante, on boit. Rien de particulier sauf le rassemblement. Qu'il soit en temps de paix me comble.

Beaux jours sauf la mort des amis.

28

Vissi d'arte, vissi d'amore

Je ne me console pas de sa mort. Chaque jour, sa pensée me traverse et c'est une douleur, toujours aussi aiguë. Nous sommes, je le sais, quelques-uns dans ce cas, unis par un lien qui ne peut s'exprimer, sinon avec difficulté, au hasard des rencontres. Et quand la lune est pleine, je ne peux plus la regarder.

23 décembre 1996. Pleine lune sur l'Atlantique. À Dakar, pour Noël, nous nous apprêtons à vivre en famille notre premier réveillon. Daniel Toscan du Plantier sera là. Sophie, sa jeune épouse, est encore en Irlande pour quelques jours ; elle le rejoindra à Paris, ils seront avec nous pour les fêtes. Daniel, c'est la famille.

Un peu avant minuit, mon frère me téléphone, il a une voix trop neutre, ces appels tard le soir sont toujours menaçants. « Il s'est passé quelque chose, me dit-il. Sophie a été assassinée. » D'abord je ne le crois pas.

– Est-ce qu'elle est morte ?

– Écoute ! Assassinée, tu comprends ?

Daniel cette nuit-là, voix blanche débordant de mots. Cela vient d'arriver. Il regarde les infos à la télé, il voit qu'une Française a été tuée en Irlande, un vague pincement au cœur mais non, forcément, ce n'est pas elle, il l'appelle, il ne la trouve pas et cinq minutes plus tard, « le ministre des Affaires étrangères souhaite parler à Monsieur Toscan du Plantier ». C'était Hervé de Charette. Le gouvernement vous présente ses condoléances. Daniel n'était pas encore conscient. C'est venu au matin. Il sanglotait, et tous les autres matins. Une phrase revenait sans cesse « Mais qui peut être assez méchant pour faire une chose pareille ? »

Sophie, la tête broyée sur un sentier d'Irlande. Le médecin légiste traîne plus de douze heures avant d'examiner le corps. Traces perdues, police incertaine. Les soirs de pleine lune, les fous sont de sortie et il y en avait un dans la région, un habitué qui battait les femmes quand la lune était pleine. Pistes confuses. La police irlandaise n'a pas encore confondu le coupable. Composée de sa famille et de quelques amis, une association, l'ASSOPH, s'est formée pour obtenir justice. Et un jour, on saura.

Mais dès le premier jour, entre deux sanglots, Daniel disait qu'aucune punition ne lui rendrait Sophie et qu'il ne connaissait pas l'envie de se venger. La justice ? Il n'en avait pas cette idée-là.

On s'appelait tous les jours de Paris à Dakar. Préparatifs de l'enterrement dans le petit cimetière près de sa maison du Gers. Le grand kimono blanc, souvenir du tournage de *Madame Butterfly* avec Frédéric Mitterrand comme réalisateur, tu imagines, ce kimono préparé pour le seppuku de Madame Butterfly, mais pourquoi j'ai laissé ce kimono sur le mur ? Sophie est arrivée à Toulouse, le cercueil est scellé, comme ça je suis sûr de ne pas regarder son visage détruit et tu sais quoi ? Ce matin, quand j'ai ouvert les yeux, justement aujourd'hui, le jour où je l'enterre, il a neigé sur les champs, les champs étaient tout blancs, tu te souviens du nom de sa société de production ? *Les Champs Blancs*, c'est fou quand même, et les champs étaient blancs en son honneur.

Gorgé de mots, gorgé de larmes. Pendant des mois, il a pleuré. J'étais venue me joindre à la petite cohorte qui prenait soin de lui dans la maison de la cité Malesherbes qu'il avait aménagée pour Sophie. Toutes ses femmes étaient là, Marie-Christine Barrault, Isabelle Huppert, Isabella Rossellini,

Francesca Comencini, toutes ses femmes et moi, l'amie que jamais il ne prit dans ses bras. David et Ariane, ses grands enfants, montaient la garde ; Carlo, son jeune fils que j'aimais tant chérir, le couvait. Roger Vadim, guetté par la mort, était intensément présent. On était entassé, on ne quittait pas Daniel. Il était le roi d'une fête douloureuse. Il sanglotait, commençait un récit, se laissait emporter, on riait, il pleurait. Il dormait terriblement mal. En Irlande, l'enquête piétinait et comme pour finir il s'y laissait prendre, autant de mots à mouliner. Quelque chose de doux enveloppait la maison ; les femmes qui l'avaient aimé le nourrissaient du lait de la tendresse humaine. Peu d'embrassades. Elles étaient inutiles.

Je repartis quelques semaines plus tard ; la garde veillait toujours. À l'automne, Daniel fit une rencontre. Il était incapable de vivre seul et de toute façon, la question de la durée n'avait aucun sens avec lui. Au bout d'un an, David et Ariane parvinrent à lui faire quitter la cité Malesherbes. Il se remaria, eut vite deux enfants, sa vie changea de cours et il fut très heureux. Le jour de ses noces avec Melita fut limpide et gracieux.

Trois ans plus tard, nous allions quitter Dakar pour Paris définitivement quand Daniel débarqua tout à trac avec, dans ses valises, un projet de coproduction franco-africaine. Il voulait laisser sa chance à un jeune réalisateur sénégalais qui tournerait à Gorée une Carmen noire, mais ce n'était pas la seule raison.

Un soir, sur le balcon en face de Gorée, Daniel sortit de sa poche un petit film qu'il nous demanda de regarder en sa compagnie. On y voit Sophie en gros plan, ses cheveux échappés autour de son visage, ses fines boucles d'oreille, ses taches de rousseur, son sourire, ses moues. « Tu comprends, me dit-il le lendemain, avant votre départ, je ne pouvais pas ne pas venir ici, dans la maison où nous devions venir juste avant que... » Il ne finit pas la phrase. Sophie n'avait nullement disparu de sa vie ; il l'avait enfouie en lui profondément, et il avait besoin de la partager.

– Avec qui peux-tu parler de Sophie maintenant ?

– Avec vous deux, dit-il avec l'air innocent d'un enfant pris en faute.

Il fait toujours doux à Dakar quand la nuit tombe.

Vingt-cinq ans plus tôt, j'avais reçu un appel d'un drôle de zig qui voulait en savoir davantage sur le rôle des psychanalystes. Je ne me souviens plus du détail de cette conversation, sauf que je fus prudente. Le zig avait tout l'air d'un jaloux. Je prêchai la retenue – la retenue de Toscan du Plantier, il y a de quoi rire ! Mais le zig souffrait beaucoup. Notre premier contact fixa notre amitié ; j'écoute un homme qui souffre, j'essaie de l'apaiser. Ce jour-là, rien à faire. J'avais affaire à un furieux.

Je ne l'avais jamais vu, je ne le connaissais pas. Pourquoi moi ? Sans doute parce que j'avais écrit sur la psychanalyse. Le lendemain, je reçus un appel d'Isabelle Huppert, que je ne connaissais pas davantage. Isabelle était la jalousée. Il n'y eut aucun rendez-vous, simplement deux voix au téléphone, celle d'un homme et celle d'une femme dont je connaissais les visages par la presse. Daniel, tout en cheveux, moustache ébouriffante, grosses lunettes d'écaille sur œil bleu porcelaine ; Isabelle, époque des *Valseuses* avec de bonnes joues enfantines, des taches de rousseur attendrissantes et déjà, le célèbre regard réservé, magnifique, qui ne laisse rien paraître mais ne cède jamais.

Ensuite, plus aucune nouvelle pendant presque quinze ans.

Nos liens se renouèrent quand mon frère fut nommé directeur du Centre National du Cinéma. Nous étions quelques femmes plus tard et mon frère venait de lui présenter Sophie quand nous partîmes pour l'Inde. Il attendit six mois, puis, à l'occasion du festival du film à Delhi, il débarqua, flanqué de Gérard Depardieu.

Daniel m'avait prévenu.

– Attention, il hait les ambassades et les ambassadeurs, sais-tu ce qu'il vient de faire à Moscou ? À la réception en son honneur, il est arrivé sans cravate, tu sais comme il s'habille, toujours le même costume, pantalon noir et chemise noire en soie, mais l'ambassadeur a fait la tête, tu sais comment ils sont, ces diplomates ! Et Gérard... Oh, c'est simple. Il a pris un vase, il l'a fracassé, il a tourné les talons. Et tu ne sais pas le plus beau ? Au retour, dans l'avion, il était à côté de l'ambassadeur. Tu aurais vu ça !

J'étais terrifiée. Comment faire ?

– C'est un sorcier. Ne prémédite rien, il le saura tout de suite. Sois absolument naturelle.

Débarquer à l'aéroport de Delhi à deux heures du matin est une épreuve qui assomme même un diable. Foule énorme, odeurs de bois brûlé et de bouse séchée, camions, pollution, l'air est tiède, on étouffe, c'est très long. Une fois mes deux lascars couchés, il était cinq heures du matin et je me mis à ma table de travail. Cinq minutes plus tard, la porte s'ouvrit. Ensommeillé, Gérard Depardieu me tendit sans un mot un objet que j'eus du mal à identifier. C'était une carte de presse de journaliste indien, avec une chaînette en acier pour la suspendre au cou.

– D'où ça sort, ce machin ?

– Le type s'était caché dans la baignoire, me dit Gérard d'un ton lugubre.

– Attendez deux minutes ! On va s'occuper de lui.

Le temps d'alerter Roderich, les gendarmes de sécurité firent irruption dans la chambre de Gérard et expulsèrent le journaliste indien. On a eu beau chercher, on n'a jamais su par quel trajet de corruption ce type avait pu s'introduire jusque dans la baignoire de la salle de bains d'une ambassade protégée comme une forteresse. Les policiers indiens devant la grille ? L'un des maîtres d'hôtel ? Ça commençait bizarrement. Le soir, nous donnions une réception dans les jardins en l'honneur de Gérard Depardieu.

– Rappelle-toi qu'il a horreur de ça, me dit Daniel. Ne l'embête pas !

Mais comme nous arrivions sur la pelouse, il me poussa contre le grand acteur et me souffla à l'oreille « Vas-y ! »

Comment ça, vas-y ? Il en avait de bonnes ! Je mis d'autorité ma main sur le bras de Depardieu en lui débitant un petit topo bref, que c'était une corvée, qu'il fallait s'y soumettre, que j'étais avec lui, que ça ne durerait pas. Et le grand sorcier me suivit gentiment, serrant des mains, émettant des phonèmes, souriant, poli, ma main toujours posée sur son bras droit. J'avais peur comme une dompteuse d'ours qui balade son animal apprivoisé, en un éclair la patte pouvait s'abattre et Dieu sait qu'elle peut être griffue. Au bout d'un temps qui me parut interminable, mon ours s'agita légèrement. Je serrai son bras, « On arrête ». Nous rentrâmes d'un pas lent, il avait l'air content. C'est ce soir-là, je crois, qu'il commença à me parler de Lacan.

Le lendemain, nos deux lascars barbotaient dans la piscine quand Roderich, s'y plongeant à son tour, leur exposa une idée lumineuse. Frappé par un deuxième infarctus, Satyajit Ray n'avait plus de producteurs en Inde. L'Inde du cinéma n'est pas tendre. Pas de subventions publiques. Le cinéma d'auteur étant inexistant en Inde, un vieux cinéaste illustre mais affaibli ne pourrait pas trouver de producteur indien. Pourquoi ne s'y colleraient-ils pas ? Je les revois penser dans l'eau ensemble. Ils ne réfléchirent pas très longtemps, et la chose se fit. Ils devinrent les producteurs de Satyajit Ray. Pendant quatre ans, Daniel Toscan du Plantier et Gérard Depardieu revinrent en Inde tous les trois ou quatre mois, au rythme du développement des films de Satyajit Ray : étude du scénario, tournage, montage, sortie du film à Calcutta.

Roderich me chargea d'accompagner Toscan et Depardieu, formidable devoir et jours de grand bonheur.

Le rituel était immuable. Mes lascars arrivaient un vendredi à l'aube. Samedi, shopping à Delhi. Dimanche, excursion. Lundi, départ pour Calcutta. Lundi 16 heures, rendez-vous chez l'immense Satyajit Ray qui, en ouvrant la porte, courbait sa haute taille en exprimant toujours une grande surprise, « Ooh ! Mais c'est vous ! » – sans doute craignait-il chaque fois de ne plus nous revoir aux fameux rendez-vous des lundis de Calcutta. Thé, discussions sur canapé, parfois, on écoutait des disques, toujours de la musique classique européenne. En 1951, Satyajit Ray avait été l'assistant de Jean Renoir sur le tournage du film *Le Fleuve* et en avait gardé, disait-on, un amour éperdu pour l'Occident.

Mais ce n'était pas l'exacte vérité. Vêtu à l'indienne, un châle sur l'épaule, épris de Beethoven qu'il connaissait par cœur, Satyajit Ray était indissociablement bengali et occidental. Cette fusion entre l'Inde et l'Occident, on ne la trouve qu'à Calcutta ; il y a de bonnes raisons et elles sont historiques. Un jour, j'osai demander à Satyajit Ray si d'aventure il n'appartiendrait pas à ce mouvement réformiste bengali fondé au dix-neuvième siècle à Calcutta, très anticlérical, extrêmement moderniste et pro-occidental, qui s'appelle le Brahmo-Samaj et dont Rabindranath Tagore faisait partie.

– Comment avez-vous deviné ? me dit-il, surpris. Je suis l'un des derniers représentants du Brahmo-Samaj. J'ai fait mes études à l'Université de Santiniketan fondée par Tagore, savez-vous ce que c'est ?

Sur un campus au nord de Calcutta, j'avais donné une conférence à Santiniketan où les enfants apprennent sous les arbres, assis sur le sable rouge. On est dans la campagne. Les professeurs y avaient le même maintien que le cinéaste, austère et raffiné, d'une grande discrétion.

C'est au cours d'un de ces rendez-vous du lundi que Satyajit Ray nous raconta son expérience de scénariste à Hollywood, où on l'avait appelé parce que, non content d'être un illustrateur professionnel et un compositeur talentueux, le cinéaste bengali était aussi un auteur de fictions, souvent policières, parfois de science-fiction.

Il avait rédigé un très beau scénario. C'était l'histoire d'un enfant extraterrestre qui débarquait chez des enfants humains dans une famille banale. L'extraterrestre et les enfants s'apprivoisaient ; l'extraterrestre jouait avec ses pouvoirs, les enfants adoraient. Pour finir, la famille aidait le petit extraterrestre à rejoindre sa maison dans les cieux. Hollywood reçut le scénario et congédia le cinéaste indien. Quelques années plus tard, sortit le film *E.T.* Satyajit Ray n'avait pas réussi à se faire reconnaître comme le véritable auteur du scénario.

Tant de récits contés sur tant d'années. Par chance, Pierre-André Boutang a filmé l'une de ces rencontres.

Le mardi matin était jour de travail, souvent dans les studios. Mardi soir 18 heures, Calcutta-Delhi par avion suivi de l'embarquement pour Paris au petit matin. Les avions des lignes indiennes étant fréquemment en retard, nous connûmes de belles heures d'attente à Calcutta.

Un soir, nous attendions à l'aéroport quand des jeunes filles russes reconnurent Gérard. « Depardiou ! Depardiou ! » Daniel se mit à l'œuvre, protéger la star, mais pas trop. Et Gérard, avec une bourrade : « Tu as vu comme il fait sa perruche, regarde-le, il ébouriffe ses plumes, frrttt ! »

Daniel était vexé. Et pourtant c'était vrai. À l'image d'une jeune fille pendant son premier bal, Daniel s'allumait d'un seul coup. Derrière les lunettes, l'œil gris-bleu rayonnait ; sa fameuse tignasse blanche devenait vivante, sa moustache frisait, il s'illuminait. Il me rappelait furieusement mon père, avec ses manières de séducteur désuet. Tournant comme un derviche, il commençait des phrases qu'il ne finissait pas, il faisait sa perruche. Il y avait chez lui du charme de Natacha Rostov, la petite comtesse de *Guerre et Paix*, légère et innocente, cruelle sans le savoir.

Mes lascars étaient intarissables. Daniel entamait le Grand Récit du tournage de *Sous le soleil de Satan*. Gérard, gloussant de rire, se lançait dans la prosopopée des amours de ses camarades comédiens, faisant parler les passions des absents ou les ruses des morts ; Daniel jouait le coryphée. Pour m'embêter, comme dans une cour d'école, ils étaient souvent graveleux, rigolards, se chuchotant à l'oreille des obscénités assez haut pour que je les entende, sales gamins, des claques ! Daniel parlait de Gérard comme d'un génie total. Gérard parlait de Daniel comme d'un inspiré empêtré dans les questions d'argent, tendre et rusé. Quand, sur un film de Pialat, Gérard le quitta pour un autre producteur, Daniel se sentit profondément trahi. Pour un peu, je dirais qu'il en parle encore. Il commençait une phrase avec les mots « Quand Gérard... » et il s'arrêtait net.

« Non. Je ne veux plus en parler. » Mais ça ne tenait guère. Il en parlait toujours.

Nous eûmes de ces moments que l'Inde sait offrir à ceux qui l'aiment. À Calcutta, un soir de Dourga, quand des milliers de statues se dressent aux carrefours, nous allâmes les voir avec deux voitures. Dans l'une, Gérard et l'ambassadeur ; dans l'autre, Daniel et moi. Trois millions de bengalis circulent chaque nuit pendant les « Dourga-puja ». Il y a tant de monde dans les rues que des policiers, armés de gros bâtons cloutés, sont postés le long des barrières de bambou. Nos voitures s'arrêtent, les portes claquent, l'ambassadeur descend avec la star et je ne sais pourquoi, la deuxième voiture s'arrête un peu plus loin.

Séparés de nos compagnons, Daniel et moi nous étions submergés par la foule, perdus comme les amants à la fin des *Enfants du paradis*. Fou d'inquiétude, Daniel se hissait sur la pointe des pieds pour voir où étaient les deux autres, mais rien. Il me tenait la main et disait « Eh bien dis donc... » Pour une fois, il ne trouvait plus les mots. Et soudain !

Sur une estrade en hauteur, au pied d'une statue, Gérard haranguait la foule dans une langue inconnue. Assise sur son lion, une immense Dourga de vingt mètres de haut brandissait en souriant son épée, sa hache, sa massue, son fouet, avec ses quatre bras. La foule, enchantée, applaudissait Depardieu qui parlait, mais en quoi ?

– Du bengali ! Il parle en bengali !

– Ça ne m'étonnerait pas, soupira Daniel. Quand je te dis qu'il est capable de tout...

Comment avait-il fait ? « J'entends des choses, je les répète, me disait Gérard. Tu sais, dans la scène du mariage, quand j'ai valsé dans *Trop belle pour toi*, je ne savais pas danser, mais devant une caméra, je sais tout faire. Tout ! Et là, ces gens formidables, j'ai eu envie de leur parler, voilà. »

Le plus beau de nos soirs fut celui de la flûte. Allongés sur la terrasse d'une vieille demeure en pleine campagne, nous écoutions un musicien indien lancer vers les étoiles le chant d'une flûte en roseau. Il n'y avait plus de mots et plus d'individus.

Nous étions confondus les uns avec les autres dans le cœur de la nuit. Il faut bien se connaître pour en arriver là.

Quand il parcourut pour la première fois le chemin qui va de l'aéroport à la ville de Calcutta, Daniel regarda sans mot dire les flaques sur la route, les gros tuyaux de canalisation servant d'abri aux gens, les pauvres sous la tente, les lustres de verroterie vendus sur les talus. Puis il vit un palmier surplombant un étang où une fille en sari se baignait. « Voilà les paysages de Satyajit Ray, dit-il, très ému. Je les connais ! »

Jusqu'à cet instant précis, il avait peur et cela se conçoit ; même s'ils n'atteignent pas l'horreur de ceux de Bombay, les bidonvilles de Calcutta inspirent une frayeur à ceux qui ont un toit. Mais quand le réel rejoignit les images des films qu'il adorait, la frayeur de Daniel disparut. Le cinéma n'était que partiellement son métier ; il lui servait surtout à vivre. Ces moments où la réalité rejoint l'imaginaire et qui sont l'expression d'un bonheur infini, je les trouve dans les livres ; Daniel les trouvait dans les films qu'il n'avait pas produits.

Ceux qu'il avait produits, il les connaissait trop ; les coulisses des tournages lui brouillaient les images. *Sous le soleil de Satan* le renvoyait impitoyablement à de longues journées d'attente angoissée pendant que Pialat et Depardieu colloquaient dans une auberge normande. *Madame Butterfly*, cette splendeur, lui rappelait une dune tunisienne surplombant un bras de mer et le tout transformé en rade de Nagasaki par le talent de Frédéric Mitterrand. *Carmen*, tourné par Francesco Rosi, était lié à la figurante qu'il avait réussi à placer, nue, dans une fontaine, une très jeune fille avec de petits seins comme il les aimait. Des trois films de Satyajit Ray qu'il produisit avec Depardieu, lui restaient les pique-niques charmants organisés par l'épouse du cinéaste sur le plateau de tournage dans les vieux studios de Calcutta, les exclamations très British du cinéaste bengali, la façon dont il surplombait la caméra, son amour dévorant pour sa ville délabrée. En bon démiurge, Daniel voulait passionnément créer à travers d'autres.

Pour produire un film, il avait besoin d'admirer follement un cinéaste. L'élu avait du génie ; c'était un monument que

Daniel vénérait ; le moindre de ses rhumes avait un sens profond ; pour le meilleur et pour le pire, Daniel épousait le cinéaste qu'il avait choisi. Il épousa ainsi successivement Rossellini, Losey, Kurosawa, Comencini, Rosi, Satyajit Ray, Frédéric Mitterrand, Benoît Jacquot et Maurice Pialat. L'amour pour les pères, parfois, débordait sur leurs filles, Isabella Rossellini, Francesca Comencini. Quand Pialat le quitta, quelque chose se brisa. Daniel ne trouvait plus aucun génie à admirer. « Il n'y a plus personne, gémissait-il. De la taille de ces géants de la pensée, je ne vois absolument personne. »

Il aurait dû écrire. Mais il avait du mal. Son expression parlée était si magnifique qu'il ne lui restait plus assez d'énergie pour l'écriture. Je l'ai vu peiner sur des feuillets en geignant, incapable de fixer son attention, levant le nez pour suivre le vol d'un oiseau, ou d'une guêpe. Un feuillet, cela n'a pas d'oreilles et pas d'yeux pour briller quand le récit s'envole ; le feuillet ne l'écoutait pas. Nous décidâmes donc qu'il parlerait et que moi, j'écrirais. Ce long travail où je faisais le nègre officiel nous valut des heures d'intimité précieuses ; car il ne voulait pas briller de tous ses feux, non, il se livrait à sa pensée. Au début, un écheveau emmêlé. Puis je tirais un fil ; comme s'il tendait les bras à la façon dont les filles aident la grand-mère à faire une pelote, l'écheveau se débobinait. Nous adorions cet exercice que Sophie protégeait à merveille.

Elle partie, Daniel n'eut plus le goût de publier. Il en parlait encore, mais le désir de livres semblait lié à Sophie. À la place, il dépensa des trésors d'attention pour ses nouveaux enfants, ses œuvres de chair vive. Personne n'a mieux parlé de cette partie de lui que Nicolas Seydoux à son enterrement, quand il évoqua les deux petits logés contre les grandes jambes de leur père. Si vite parti, si tôt.

En 1992, quand j'écrivis *La Senora*, je donnai au personnage de Gracia Nasi les traits d'Isabelle Huppert. À cette époque, je la connaissais un peu mieux ; son visage s'était épuré, son regard était d'airain. J'eus besoin de sa rousseur, de sa pâleur farouche, de son air d'éternelle fiancée juive résistante à toute domination. Ma Senora ressemblait tellement à Isabelle que Ronnie Chammah, son mari, la reconnut en lisant le roman, le lui donna à lire, et acheta les droits cinématographiques pour une adaptation qui, depuis dix-sept ans, a déjà connu trois scénaristes. C'est ainsi que nous devînmes amies. Un jour, mon Isabelle sera la Senora.

Daniel se proposa pour être le premier des producteurs du film. Cela allait de soi.

En 1996, j'étais de passage en France ; nous poursuivions notre éternelle conversation dans sa maison du Gers quand mon frère m'appela un peu avant minuit. Rivka était morte subitement ; c'était avant l'été, il faisait très chaud dans le Sud-Ouest. Daniel réveilla Sophie qui m'enveloppa dans une couverture ; je grelottais. Daniel fit le silence, signe de grande tendresse. Ils me ramenèrent à Paris avec très peu de mots. Je n'aurais pas pu être mieux entourée.

Grâce à Melita, Daniel avait retrouvé le bonheur quand au début de l'hiver 2002, il apprit que Pialat allait mal. Il se précipita à son chevet.

Nous étions rentrés de l'étranger depuis trois ans. Pialat habitant juste à côté de chez nous, Daniel me téléphonait quand il allait le voir, « Je passerai juste après. Tu es libre ? – Oui. – Bon. »

Ce qui n'était pas bon et qui ne me plut pas, c'est que Daniel passait à peu près tous les jours. Le 11 janvier 2003, Pialat mourut. Daniel devint très sombre. Ça n'allait pas du tout, il faudrait en parler.

Je n'en eus pas le temps.

Mardi 11 février, un mois après la mort de Pialat. Depuis une semaine, à cause de la guerre qui menace en Irak, je laisse allumée la chaîne continue d'information, sans le son pour mieux lire les dépêches qui défilent en bandeau. Soudain, un urgent rouge.

MORT DU PRODUCTEUR DANIEL TOSCAN DU PLANTIER À BERLIN.

Je crie « Non, oh non ! » J'appelle Roderich, je lui hurle aux oreilles « Daniel-est-mort », tout ce qu'il a dans les mains lui échappe. Il revient, il est blême. On se tait, on se prend les mains. Ensuite, c'est le chaos, la confusion des cœurs.

Jérôme téléphone, crispé : « Tu connais la nouvelle ? » Nous nous retrouverons chez Isabelle Huppert. Melita est partie à Berlin, on ne sait pas quand Daniel reviendra. Des gens passent, l'air triste, parlant bas. Isabelle, yeux rougis, erre dans l'appartement. Un appel, elle répond, elle supplie, « Arrête, Lolita, arrête ! » Lolita Chammah, la fille de Ronnie et d'Isabelle, est encore une enfant, elle n'admet pas la mort. « Elle hurlait, elle hurlait ! » gémit Isabelle en fermant les yeux, les mains sur les oreilles pour étouffer le cri de Lolita. La nuit, parfois, j'en rêve.

Le jeudi, Melita est rentrée de Berlin. Ses mots, inconsolables. Lui savait l'apaiser, lui seul, la protéger, « il me disait je t'aime, n'aie pas peur, je suis là », Melita, ses mots simples et doux. Rassemblement chez elle. Nous sommes tassés autour d'une grande absence. Melita parle de lui au présent. Daniel n'est pas encore devenu un mort. Ce sera samedi.

Samedi. Il fait un froid de loup sous un très grand soleil. Devant la Madeleine, policiers en grande tenue, barrières, badauds, et, sur le côté des marches, couronnes comme des haies d'honneur. Nous avons nos places réservées au dernier rang de la famille. Mon aimé est toujours aussi blême. L'église est pleine. Melita m'a demandé de dire quelques mots. Malgré une dose massive de corticoïdes, je respire très mal. Jérôme me demande à voix basse si je vais y arriver, je réponds en sanglots que non, ce n'est pas sûr du tout.

Daniel arrive, un roi dans son immense cercueil. Bernard-Henri Lévy, la voix enrouée, lit son texte en détachant les mots pour lutter contre l'émotion. Quand vient mon tour, je me lève d'un bond et je parle sans penser. Un « mon chéri » m'échappe et je sais qu'il m'entend mais plus pour très longtemps, vite, il faut lui transmettre l'amour et la chaleur, tout à l'heure, dans sa fosse, il va crever de froid et soudain, j'ai fini.

Le Père Lachaise et un ciel éclatant. Devant le cercueil, mon frère dit à l'ami mort que le jour même, juste avant son enterrement, il a composé son numéro de téléphone pour lui donner le palmarès du festival de Berlin, réflexe de tous les jours. Puis il a raccroché, cœur battant, c'est vrai, Daniel est mort. Comment ferons-nous sans pouvoir lui parler ? Et sans pouvoir l'entendre, comment seront nos vies ? Sans lui, sans sa lumière, qui sera le récitant de notre histoire commune ? Le cercueil va descendre. Daniel va disparaître. Encore quelques mots et soudain, c'est Callas, Tosca, *Vissi d'Arte*. Comme un fleuve trop longtemps prisonnier sous le gel, le chagrin se libère.

Aucune autre musique n'aurait pu mieux convenir. Daniel aimait tant l'opéra de Puccini qu'en produisant le film dirigé par Benoît Jacquot, il a donné le nom de Tosca à sa dernière fille. Et comme Floria Tosca, la cantatrice romaine trop amoureuse, hélas, et trop jalouse, Daniel aura vécu d'art et d'amour. *Vissi d'arte, vissi d'amore*.

L'année passa. Daniel eut une salle avec une belle plaque au Centre National du Cinéma. Quand certains d'entre nous se retrouvent un peu seuls, les mêmes mots reviennent, « C'est fou ce qu'il nous manque, qu'est-ce qu'on pourrait faire pour qu'il revive un peu ? »

Il nous manque et pourtant, il est là.

Une fois son corps physique disparu, il s'incorpora vite au creux de mes songeries. Il passe à peu près tous les jours. J'ai souvent l'impression qu'il est derrière moi, drôle et fidèle, me poussant à écrire, « Vas-y ! » Il ne m'a pas quittée quand j'ai écrit ce livre. Ses longs récits épiques, je les ai dans l'oreille. Sa voix est là. Ses yeux ne me font pas défaut, je les fais apparaître sans difficulté. Je l'ai beaucoup trop aimé pour le perdre. Ce qui me manque surtout, ce sont ses tristesses, ses soupirs, sa façon de craindre pour sa santé, ses maux de tête, de jambes, sa lenteur à mettre le couvert, son goût forcené des téléphones high tech, sa passion pour les toiles avec des femmes toutes nues, comment il assaisonnait les spaghettis. Et ses silences.

Index nominal

Index géographique

Remerciements

À celles et ceux qui ont bien voulu relire tout ou partie :

Cécile Backès, Michel Backès, Myriam Billet, Jérôme Bonnafont, Jean-Marie Clément, Julien Clément, Marie-Christine Clément, Safoura Clément, Sékou Ogobara Dolo, Amos Gitaï, Gérard Fontaine, Jacqueline Laporte, Anne Leclerc, Élisabeth Lévy-Leblond, Serge Moati, Jean-Claude Milner, Émilie Pointereau, Michel Richer, Guy Seligmann, Agnès Yamakado.

À Nicole Marcet, ma camarade de lycée qui m'a permis de retrouver les numéros du *Zôpyrion*.

À Gérard Szwec, qui a assuré mon retour au pays.

À mon frère Jérôme Clément, pour son aide constante.

Et naturellement, A.L.

Remerciements

[illegible]

Table

Du même auteur
(suite)

Essais

Lévi-Strauss ou la Structure et le Malheur, Seghers, 1re édition en 1970, 2e édition en 1974, dernière édition entièrement remaniée Le Livre de poche, « Biblio essais », en 1985.
Le Pouvoir des mots, Mame, « Repères sciences humaines », 1974.
Miroirs du sujet, 10/18, série « Esthétiques », 1975.
Les Fils de Freud sont fatigués, Grasset, « Figures », 1978.
L'Opéra ou la Défaite des femmes, Grasset, « Figures », 1979.
Vies et légendes de Jacques Lacan, Grasset, « Figures », 1981, et Le Livre de poche, « Biblio essais », 1983.
Rêver chacun pour l'autre, essai sur la politique culturelle, Fayard, 1982.
Le Goût du miel, Grasset, « Figures », 1987.
Gandhi ou l'Athlète de la liberté, Gallimard, « Découvertes », 1989, 2e édition, 1990.
La Syncope, philosophie du ravissement, Grasset, « Figures », 1990.
La Pègre, la peste et les dieux, chroniques du festival d'Avignon, Éditions théâtrales, 1991.
Sissi, l'impératrice anarchiste, Gallimard, « Découvertes », 1992.
Sollers, la fronde, Julliard, 1995.
Les Révolutions de l'inconscient : histoire et géographie des maladies de l'âme, La Martinière, 2001.
Claude Lévi-Strauss, PUF, « Que sais-je ? », 2003.
La Nuit et l'été : rapport sur la culture à la télévision, Le Seuil/ La Documentation française, 2003.
Pour Sigmund Freud, Mengès, 2005.
Promenade avec les dieux de l'Inde, Panama, 2005, et « Points sagesses », n°221, 2007.
Maison mère, NIL, 2006.
Qu'est-ce qu'un peuple premier ?, Panama, « Cyclo », 2006.
Éloge de la nuit, Albin Michel, 2009.

Poésie

Growing an Indian Star, poèmes en anglais, Delhi, Vikas, 1991.

En collaboration

L'Anthropologie : science des sociétés primitives ?, avec J. Copans, S. Tornay, M. Godelier, Denoël, « Le point de la question », 1971.

Pour une critique marxiste de la théorie psychanalytique, avec Pierre Bruno et Lucien Sève, Éditions sociales, 1973, 2e édition, 1977.

La Jeune Née, avec Hélène Cixous, 10/18, 1975.

La Psychanalyse, avec François Gantheret et Bernard Mérigot, Larousse, « Encyclopoche », 1976.

Torero d'or, avec François Coupry, Hachette, 1981, nouvelle édition entièrement remaniée, Robert Laffont, 1992.

La Folle et le Saint, avec Sudhir Kakar, Le Seuil, 1993.

Le Féminin et le Sacré, avec Julia Kristeva, Stock, 1998.

Éprouver mais n'en rien savoir, entretiens avec Edmond Blattchen, Alice éditeur, 2000.

La Mère des masques : un Dogon raconte, de Sékou Ogobara Dolo, propos recueillis par Catherine Clément et Dominique-Antoine Grisoni, aquarelles de Catherine Clément, Seuil, 2002

Le Divan et le Grigri, avec Tobie Nathan, Odile Jacob, 2002, et « Poches Odile Jacob », n°151, 2005.

L'Inde des Indiens, avec André Lewin, Liana Levi, « L'Autre guide », 2006.

Cet ouvrage a été composé par
IGS-CP à L'Isle-d'Espagnac (Charente)

N° d'édition : L.01EHQN000491.N001
Dépôt légal : octobre 2010
Imprimé en Espagne par Novoprint (Barcelone)